孙笑侠　主　编
葛江虬　副主编

数字法治
人与科技间的秩序

科际法学第二辑

商务印书馆
The Commercial Press

目 录

第一部分 数字法治理论

数据保护权的多维视角 ………………………………… 季卫东（3）

法学研究新范式：计算法学的内涵、范畴与方法 ……… 申卫星、刘云（19）

人的"数字属性"及其法律保障 …………………………… 龚向和（44）

数据权利：范式统合与规范分殊 …………………………… 许可（59）

大数据治理：基于权力与权利的双向度理解 …………… 吴理财、王为（83）

第二部分 算法风险及其治理

算法不正义与大数据伦理 ………………………………… 林曦、郭苏建（99）

用户画像、个性化推荐与个人信息保护 ………………… 丁晓东（126）

公共卫生领域算法治理的实现途径及法律保障 ………… 唐林垚（146）

算法自动化决策与行政正当程序制度的冲突与调和 …… 张凌寒（167）

解释论视角下《电商法》定制搜索结果条款的规范目的及限制适用 …… 葛江虬（187）

第三部分　人权与技术规制

数字人权时代人脸识别技术应用的治理 ················· 郭春镇（211）

理解技术规制的一般模式：以脑机接口为例 ·············· 胡凌（234）

"被遗忘"的权利及其要旨：对"被遗忘权"规范性基础的批判性考察

··· 王凌皞（250）

论私法中数字货币的规范体系 ························· 冯洁语（269）

第四部分　智慧司法

论司法信息化的人文"止境" ··························· 孙笑侠（297）

"人工+智能"：司法智能化改革的基本逻辑 ········ 胡铭、宋灵珊（323）

人工、智能与法院大转型 ····························· 程金华（339）

司法大数据应用的法理冲突与价值平衡：从法国司法大数据禁令展开

··· 王禄生（360）

司法区块链的复合风险及其双层规制 ··················· 韩旭至（379）

第一部分 数字法治理论

数据保护权的多维视角

一、引言：数字覆盖、结构转换以及权利创新

2013年首先由德国提出的"产业革命4.0版"概念，有一个非常重要的属性，这就是通过数字化的信息与通信技术（ICT），使物联网、大数据、人工智能形成一个有效互补的支撑关系。2015年国务院颁布《中国制造2025》规划，同样也是以数据驱动、智能生产、万物联通为基本目标。根据IHS Technology（芯智讯）的统计和推测，2015年全球通过互联网连接在一起的装置共有154亿个，到2020年增至304亿个。①在这里，装置不仅指电脑和智能手机，还包括汽车、家用电器、产业设备等不具备通信功能的机器。不言而喻，网络空间中的各种活动和感应会不断产生大量的数据，这类大数据的分析和应用需要借助人工智能；反之，人工智能本身又使物联网能够进一步发展，同时不断产生大数据和提高大数据的质量，这就是数字空间里普遍存在的"三位一体"关系。这种互动过程使社会逐步形成一个信息和实体交融的系统，也就是智能融入物理世界的状态。

在物联网的世界，物品借助感应器自动收集的信息也可以通过互联网加以利用，这意味着人工智能将不通过人类而直接影响现实环境。到目前这个阶段，人工智能从机器学习到深度学习，实现了从量变到质变的飞跃，导致了新一波的人工智能热。人工智能在过去一二十年的时间里飞速发展，正在引发产业模式乃至社会结构的大转型。在2000年的时候，人工智能还属于一种他律系统，强调的是逻辑演算；但2012年深度学习功能出现和加强之后，人工智能逐步演变成一种自律系统——从事实、数据中进行归纳，而不仅仅按照人类给出的指令或程序运算——这就势必带来失控的风险。此外，经济和社会的许多方面都在使用人工智能，然而各种人工智能系统的目

---

① 日本総務省情報通信国際戦略局『平成28年版情報通信白書：IoT・ビッグデータ・AI—ネットワークとデータが創造する新たな価値』（2017年7月29日公表），第80頁。

标却并不一样,有时甚至互相矛盾,在人工智能物联网(AIoT)当中也可能引起混沌现象。于是人们开始关注人工智能的伦理和治理问题。

伴随着人工智能的发达,我们所面对的当今社会呈现出以下特征:首先,传感器无所不在,特别是二维码移动支付和刷脸通关的普及,使得当今生活世界的几乎每一个角落都被转化成数字化表现形式,积累为各种形态的大数据。这次疫情防控进一步提升了社会的数字覆盖程度,很多城市甚至达到了数字全覆盖,不仅行踪信息、社交信息,连体内生理信息和医疗病历信息都可以通过"健康码"等系统或网络式治理平台进行分析、监控以及预测。通过对大数据的人工智能分析,我们社会的透明度大大提高了,几乎再无真正的隐私可言。但在另一方面,对大数据进行处理、分析以及预测的人工智能运作却越来越复杂,特别是机器学习算法以及具有深度学习功能的算法越来越让人难以理解、难以说明。这就是所谓"算法的黑箱化",使人工智能实际上变得不可解释、难以控制,人工智能系统用于决策也会使问责机制变得名存实亡。由此可见,社会的透明化与算法的黑箱化,这是考虑经济和社会的智能化转型时必须注意的一对基本矛盾。

其次,大数据能产生经济价值,甚至成为企业和社会的驱动力量。阿里巴巴之所以强势,一个重要原因就是它通过电商掌握了近十亿人口在各种应用场景的行踪数据、消费取向数据,使得生产和销售的计划与实施都变得更加精准,在相当程度上可以预测和影响人们的未来。所以,马云曾经说数据就是 21 世纪的石油。[①] 这意味着数据是能源,是生产资料,是交易通货,是企业的利器,数据会产生利润和效益。特别值得注意的是,中国在数据收集和利用方面具有独特的优势。例如:中国公民的价值观和权利意识与欧美人有显著的不同,对人工智能持比较乐观和友好的态度,也没有很强的隐私观念;为了生活的便捷、社区的安全以及防疫的需要,对各种数据的采集大都持支持的态度,至少没有特别明显的抵触情绪。因此,大数据产业在中国更容易发达,人工智能水平也因富有数据养料而迅速提升。在现行体制下,中国优质数据的百分之七十到八十都是由国有企业或者国家机构掌握的。[②] 其好处是可以打破不同行业、不同利益集团的壁垒,使数据的多维度利用得到充分实现。也就是说,中国的数字空间没有碎片化,没有使得人工智能的发展遭遇太多的人为障碍。但是,这种状态也存在数据安全和数据伦理上的隐患,如果缺乏相应的规范制约就有可能极大地削减个人自由度。

---

① 参见夏旭田:《马云:数据是新一轮技术革命最重要的生产资料》,载《21 世纪经济报道》2017 年 9 月 10 日。
② 相关数据来源为天府大数据研究院的《2018 全球大数据发展分析报告》(2019 年 5 月 12 日发布)。

再次，数据的本质是信息，而信息的特点在于流动性。所以数据主体的界定、数据权利的保护也就比较难，尤其是很难以某种绝对化的方式进行界定和保护。欧盟曾经制定过关于数据库权利的法规，试图加强对数据的排他性保护，结果却失败了。① 失败的证据之一就是在欧洲没有出现大规模的数据产业，没有出现在国际社会具有影响的巨型网络公司或数字经济平台。物联网、大数据及人工智能结合起来导致社会发生的一种也与流动性相关的深刻变化，是市场交易的形态从物品转向服务。我们都知道，现代法律体系的本质是物品的所有、利用、处分以及交易，其基础是物权，在意识形态中还表现为所有制。的确，迄今为止对个人或企业而言，财富或物品的占有具有非常重要的意义。但是，进入智能网络化时代之后，服务变成了更重要的交易形态。例如现在拥有光碟及其播放机变得不再那么重要了，因为人们可以随时上网付费下载和收听收视有关的音乐或影视剧，质量更好，也更方便。汽车市场也有类似的趋势：原来买一部好车对于很多年轻人来说是一种生活的梦想，但现在移动服务非常发达，可以根据需要随时租到任何品牌的汽车，也可以随时利用网约车，买车、养车的负担就显得有些多余了。

最后，以智能物联网为基础的数据空间对法与社会的影响不限于改变了作为秩序基石的物权的结构和功能，而且还改变了规范形态本身。从 20 世纪 90 年代中期以来，很多专家已经指出代码取代法律、代码即法律的趋势。② 本来法律上已经明文规定的权利，技术性规格和代码的设置就有可能导致这些权利没办法行使，或者使其行使的方式和内容不得不改变。比如说 DVD 复制是很方便、很常见的行为，但是为了保护知识产权，避免人们不断对某个作品进行 DVD 复制乃至牟利，有关行业制定了新的技术标准，通过代码使 DVD 的复制次数只能限于两到三次，也就是说限于家庭内的消费。不言而喻，在这里，技术代码实际上取代法律发挥了行为规范的作用。在这个意义上可以说，人工智能可谓一种规制嵌入式系统，有利于约束效力的刚性化，也有利于借助技术手段加强社会的守法精神。但也要注意，没有立法权的机构或企业可以通过代码框架或算法的设计绕开民主程序来修改法律、创制法律，或多或少有可能在数据空间里开拓出一片自由的飞地，带来潜在的不确定性。因此，法律还应该反过来规制代码，这样就形成一种法律与代码双行的格局，导致规范多元化。

从上述社会特征，我们可以发现法制变迁、权利创新的一些重要契机。例如社会

---

① 具体内容详见 1998 年 1 月 1 日生效的《欧盟数据库指令》(EU Database Directive)。参见李扬：《数据库特殊权利保护制度的缺陷及立法完善》，载《法商研究》2003 年第 4 期。
② 最有代表性的著作当然是莱斯格的《代码》一书及其修订版。参见〔美〕劳伦斯·莱斯格：《代码 2.0：网络空间中的法律》，李旭、沈伟伟译，清华大学出版社 2018 年版。

透明化与算法黑箱化的基本矛盾,意味着有必要从制度层面加强对个人数据安全和隐私的保护,防止监控过度,并且应该从公民基本权利的高度来理解个人信息的收集、分析和应用;与此同时,要强调算法的公开透明、可解释性、可理解性,使个人享有抵御算法歧视的权利,并确保对现代法治至关重要的问责机制不因人工智能辅助决策而遭到瓦解。例如数据的经济价值,意味着数据权属关系的明晰化、利益分配的合理性和公正性都应该提上议事日程,要考虑适当的制度设计方案和权利认定程序,还要在数字经济发展与个人权利保障之间达成适当的平衡,并为数据的商业利用画出一条清楚的伦理底线。另外,随着民商事法律体系的基石从物品转向服务,权利观当然也从所有者的视角转向消费者的视角,能否确立消费者主权的理念、能否使服务评价产生规范效力就成为重要的法学课题。在代码即法律的状况下,如何防止机器官僚主义或技术至上主义压抑个人权利、公民怎样才能切实维护自己的合法权益、在代码框架中能否适当进行权利的创造和认定、如何对代码进行监控等一系列问题也应该被纳入探讨的范围之中。

二、关于数据保护权及其价值前提的国际共识

在人工智能用于数据分析而导致社会结构转型的过程中,有两种法律现象很值得我们关注和深入研究。一种是大数据预测式警务系统。通过对大数据的机器学习,人工智能可以精准把握行为方式及其趋势,这有助于刑事案件的侦查和证明,也有助于对城市犯罪进行预防。5G通信系统使大数据和人工智能的应用范围更广,技术安装和操作更便捷。这种预测式警务起源于洛杉矶,然后在美国其他城市以及欧洲、亚洲的一些城市普及,在中国也有广泛的应用。[①] 值得注意的是由此引起的法律和权利的原理性变化。预测式警务的根据是过去的行踪以及社会状况的大数据,在数据处理之际必须按照一定指标对个人进行分类,实际上就是给各个公民贴上标签进行区别对待。分类、贴标签以及重点监控的操作很容易受到大数据内在的系统性偏误的影响,出现算法歧视的问题。一旦根据某些指标和标签预测某部分人存在较强的犯罪倾向,人工智能系统就会促使警察部门加强对他们的监控,实际上就采取了不同的法律待遇,有违法律面前人人平等的原则。更重要的是,现代法治国家在刑事

---

① 参见《美国一警局率先利用预测犯罪系统降低犯罪率》,载中国新闻网,http://www.chinanews.com.cn/gj/2013/08-13/515835.shtml,2021年8月6日最后访问;李思佳、赵蓉洁编译:《国外警方是如何运用"警务预测"的?》,载《南方法治报》2018年3月11日;闫铁鑫《大数据背景下预测型警务的构建》,载《犯罪研究》2018年第2期。

领域特别强调无罪推定原则以防止冤枉无辜,但预测式警务针对特定人群提前采取监控和防范的举措,容易产生疑人偷斧的效应,造成故入人罪的错误,在一定意义上也可以说对他们的刑事追究其实是以有罪推定为前提的。这就导致既有的基本权利观念发生蜕变。

另一种是联合信用惩戒系统。为了改进社会信任度、惩戒各种失信行为,近年来中国兴起了信用评价活动。其中一个非常有代表性的实例就是芝麻信用的打分和等级化,由蚂蚁金服根据身份地位、信用履历、履约能力、行为偏好、人脉关系等因素和淘宝、天猫、支付宝等平台积累的大数据综合计算,以 350 分为下限、950 分为上限。具体的等级划分如下:350 分到 550 分属于信用较差,550 分到 600 分属于信用中等,600 分到 650 分则信用良好,650 分到 700 分是信用优秀,700 分到 950 分是信用极好。在芝麻信用系统里,信用分是与个人享有的权利挂钩的,例如信用较差的只能使用支付宝的快捷支付转账、缴纳水电费等基础功能,信用良好的则可以享有免租车押金、免租房押金等优惠。一般而言,芝麻信用分超过 700 的属于信用极好的群体,可以享受信用医疗、快速退税、无抵押借贷等特权,还可以在申请部分国家签证时不必提交资产证明、在职证明、户口本等各种资料。① 类似的信用评分做法在欧美金融界也已经悄然流行经年。这种信用评分本来是以激励为宗旨的,但换个角度来看当然也有惩戒效果。所以中国的行政执法部门和司法机关为了改进债权回收、债务履行的绩效,纷纷与芝麻信用评分系统开展合作。例如最高人民法院系统在 2015 年与芝麻信用签署了对失信被执行人信用惩戒备忘录,全面限制相关人员的消费,以解决长期困扰司法当局的"执行难"问题。但是,从正义和法律的角度来看,各种信用打分特别是联合信用惩戒系统也存在一些隐患,其中最大的问题是把人分成三六九等并贴上标签,容易造成一个差别化、等级化的"打分社会",助长某些权利上的歧视,甚至形成所谓"自动不平等""数字济贫院"的事态。②

这两种司空见惯的现象说明,人工智能的算法公正以及数据伦理的确是当今世界的法学正面临的重大课题。在人工智能治理方面,2016 年构成一个重要的界标。对于从那时起国际社会形成相关原则和规则的主要动向,笔者曾经在一篇论文中做过如下概述③:2016 年 4 月,欧洲议会法务委员会召开了关于机器人和人工智能的法

---

① 参见维基百科的"芝麻信用"词条的具体解说;オラフ・グロス、マーク・ニッツバーグ『新たなAI大国』,第 44—48 页;Mara Hvistendahl, "Inside China's Vast New Experiment in Social Ranking", Wired, Dec. 14, 2017。
② 详见〔美〕弗吉尼亚・尤班克斯:《自动不平等——高科技如何锁定、管制和惩罚穷人》,李明倩译,商务印书馆 2021 年版,特别是第 33—70 页。
③ 参见季卫东:《人工智能开发的理念、法律以及政策》,载《东方法学》2019 年第 5 期。

律和伦理问题的听证会,并在 5 月公布了与机器人相关的民事法律规则的报告书草案。2017 年 2 月,欧洲议会通过《向欧盟委员会提出的关于涉及机器人民事法律规则的提案》,建议设立专门的欧盟机构、采纳智慧机器人登记制、明确严格的损害赔偿责任、保障知识产权等,要求欧盟委员会制定相关的欧盟法律。这个提案还建议确立机器人研发者的伦理行动规范,其中包括尊重基本人权、预防原则、包容性、问责、安全性、可追溯性、隐私权保护、效益最大化和危害最小化等内容。[①] 2018 年 5 月 25 日,欧盟开始施行《一般数据保护条例》(GDPR),要求人工智能研发涉及个人信息处理时要通知本人,受到影响的个人有权获得解释。其中有些举措比美国更加严格,对违反该法规的企业采取重罚政策。这项法规对数据向其他国家的转移业务也生效。[②] 2018 年 12 月,欧盟委员会 AI 高级专家组发布了《人工智能开发和适用伦理指南》草案,以《欧盟基本权利宪章》为基准,力争形成值得信赖的、负责任且没有偏见的人工智能,为此提出了七条关键要求。[③] 这个伦理指南从 2019 年夏季开始试行,所有企业、政府部门以及社会团体都可以参加欧洲人工智能联盟(European AI Alliance),通过共同遵循伦理指南,在数据、算法、技术等方面推进伙伴关系。这里要补充的新信息是,2019 年 4 月,欧盟高级专家组发布《可信任人工智能指南》,把合法性、伦理性、鲁棒性作为可信任人工智能的构成元素,并提出了根据基本原则、主要要求而制作的评估项目清单。2020 年开始,欧盟对 GDPR 的某些过时的内容进行重新审视并起草了新的法案。

  与欧盟几乎同步进行,美国政府从 2016 年 5 月开始正式研讨人工智能的法律、伦理以及政策等方面的问题,为决策进行准备。当年 10 月白宫发表了题为《为人工智能的未来做准备》的报告书,提出人工智能的相关系统必须可控、公开透明、可理解、有效发挥功能、与人类的价值和愿望一致等原则。[④] 与此同时,国家科学技术会议网络和信息技术研究开发小委员会还发表了关于运用联邦政府预算研究人工智能的方针《美国人工智能研究开发战略计划》,提出了副作用最小化的要求。[⑤] 2019 年 6 月,美国国家科学技术理事会发布了这项战略计划,特别强调要提高人工智能系统

[①] European Parliament, European Parliament Resolution of 16 February 2017 with Recommendations to the Commission on Civil Law Rules on Robotics (2015/2103[INL]).
[②] 实施的情况,参见熊剪梅:《GDPR 实施近一年,数据隐私保护何去何从?》,人民网"公共政策"专栏,2019 年 5 月 7 日。
[③] 七条关键要求是:人的管理和监督,稳健性和安全性,隐私和数据管理,透明度,多样性和公平性以及非歧视性,社会和环境福祉,问责制。
[④] Executive Office of the President, Preparing for the Future of Artificial Intelligence, October 2016.
[⑤] Executive Office of the President, The National Artificial Intelligence Research and Development Strategic Plan, October 2016.

的公平、透明度以及建立问责制。但在立法方面,美国没有采取统一方案,而是由各州酌情自行立法,为立法的社会实验以及企业、行业的自治和创新留下了较大空间。由亚马逊、DeepMind、谷歌、脸书、IBM、微软六大巨型网络平台公司发起,欧美产业界在2016年9月还缔结了关于人工智能的伙伴关系,旨在构建一个研究和讨论人工智能技术改进和社会影响的开放性平台,并发表了关于确保社会责任、采取防护措施等八项信条。来自不同机构和学科的专家也按照人工智能"可接受、负责任"(Acceptable Intelligence with Responsibility)的理念结成伦理专题社群,进行关于失控风险的脚本分析并提出对策建议。

日本总务省信息通信政策研究所通过系列研讨会在2016年10月制定了《人工智能开发指针方案(征求意见稿)》,经过讨论修改,在2017年7月正式公布《为国际讨论而作的人工智能开发指针方案》。日本方案的基本宗旨是:尽管人工智能的技术创新和互联网化有望给经济和社会生活带来各种各样的效益,但也存在黑箱化和失控的风险。人工智能是跨越国界互联互通的,因此相关的效益和风险也势必跨越国界产生连锁反应。在这个意义上,智网社会的治理不可能局限在一国范围内,而应该形成全球化的治理框架。为此,有必要通过开放式讨论在利益相关者中凝聚国际共识。在人工智能研发的初期阶段,通过立法来进行规制有可能导致创新活动的萎缩,因此对刚性规范的制定应持慎重态度,不妨更多地借助"软法"等非正式的有序化机制。① 日本的人工智能开发指针方案提出了五大理念:(1)人通过与人工智能网络共生而共享其恩惠,并建立一个尊重人的尊严和个体自主性的"以人为本"的社会;(2)利益相关者应该对作为非约束性软法的指针及其最佳实践经验进行国际共享;(3)应该通过创新的、开放式的研发活动和公平竞争增进社会效益,在尊重学术自由等民主主义社会价值的同时防范风险,确保效益和风险的适当平衡;(4)坚持技术的中立性,注意不给开发者造成过度负担;(5)对指针方案的内容不断斟酌,根据需要灵活进行修改。②

在中国,从2017年国务院颁发并实施的《新一代人工智能发展规划》可以看出,关于数字化社会秩序构建的基本理念、主要方法、立法重点都是非常清晰的。值得高度评价的是,规划指出有必要积极参与人工智能全球治理,加强机器人异化和安全监管等人工智能重大国际共性问题研究,深化在人工智能法律法规、国际规则等方面的国际合作,共同应对全球性挑战,并且在全球范围内优化配置创新资源。特别是规划

---

① 参阅〔日〕福田雅樹、林秀弥、成原慧(編著)『AIがつながる社会——AIネットワーク時代の法.政策』(東京:弘文堂、2017年),第87頁以下。
② AIネットワーク社会推進会議「報告書2017——AIネットワーク化に関する国際的な議論の推進に向けて」(2017年7月28日)および同報告書別紙1「国際的な議論のためのAI開発ガイドライン案」,第3—5頁。

关于人工智能治理的九条原则,即共享互信原则、个体尊严原则、民主参与原则、国际合作原则、相机治理原则、公开透明原则、双重规制原则、追踪制裁原则、预防响应原则。①这些内容都是与国际接轨的。当然其中也有一些中国特色,比如说第五条关于相机而动的治理,与网络社会的特征相吻合,也反映了中国传统治理方式的影响。还有双重规制原则,也体现了中国行政主导、综合治理的特色。

2019年,国家新一代人工智能治理专业委员会制定《新一代人工智能治理原则——发展负责任的人工智能》,明确提出了八条基本原则,即和谐友好、公平公正、包容共享、尊重隐私、安全可控、共担责任、开放协作、敏捷治理。其中特别值得注意的是责任分担和共担的方式以及对敏捷治理的要求。② 实际上,无论是数据治理,还是算法治理,都包括制度治理与技术治理这两种不同的方式或者层面。制度治理主要表现为法律、法规、标准、指南、政策以及伦理规则等,硬法、软法都有。有必要指出,2019年世界人工智能大会法治论坛上提出的法治导则,把算法纳入专利保护的范围,这体现了中国制度治理的重要成果;另外,关于人工智能侵权的责任,强调根据过错程度进行分担,也具有鲜明的中国特色。而技术治理则主要表现为人工智能操作中的技术细则以及系统日志、记录软硬件的情况、监督数据的收集等等,还包括同态加密、安全多方计算、联邦学习、可信计算等隐私增强技术(PETs)的采用。值得注意的是,制度治理和技术治理的这种耦合是理解人工智能治理规则体系的重要视角。

综上所述,2016年以后的国际社会就人工智能治理以及数字权利保护达成的基本共识如下:(1)对国际通用的指针、标准等采取合作态度。包括确保数据空间互联互通,必须共有相关信息,参照国际标准和规格进行人工智能系统及算法的设计,实现数据格式的标准化,公开应用程序编程接口以及协议,揭示知识产权的特许合同条件,等等。(2)实现技术的中立性以及透明性。为此需要实现人工智能系统输入和输出的检验可能性,对演算结果要履行说明义务。(3)实现人工智能的可控性。应该由其他人工智能系统进行监视和警告,实现技术与技术的制衡,并为人工智能系统的停止、网络的切断和修理预先做好充分的准备。(4)优先保护人的安全。算法设计应该坚持的价值优先顺位为生命、身体、财产。对于数据和算法的安全性,要对利用者和利益相关者履行充分说明的义务。这种共识也反映到了2019年5月公布的

---

① 另外,北京智源人工智能研究院联合北京大学、清华大学、中国科学院自动化研究所、中国科学院计算技术研究所、新一代人工智能产业技术创新战略联盟等,在2019年5月25日共同发布《人工智能北京共识》,从研发、使用、治理三个方面,提出了以下十五条准则:造福、服务于人、负责、控制风险、合乎伦理、多样与包容、开放共享、善用与慎用、知情与同意、教育与培训、优化就业、和谐与合作、适应与适度、细化与落实、长远规划。
② 参阅薛澜:《访谈:中国人工智能治理重点与对策》,载《可持续发展经济导刊》2019年第7期。

《OECD关于人工智能的政府间政策指导方针》和同年6月公布的《G20人工智能原则》之中,倡导以人类为中心、以负责任的态度开发人工智能和培养数字生态系统。新兴权利的形成和发展正是以这样的共识为前提条件的。

如果把人工智能治理分为数据治理、算法治理以及应用系统治理这三个不同层面来具体考察国际社会已经达成的共识,还可以发现其中存在不同的原则和规制,或者各有其重点内容。在数据治理层面,特别强调审慎处理个人敏感信息,侧重保护隐私以及个人信息安全,并要求消除数据噪音,提高其质量和规格化程度。在算法层面,以透明性、准确性、可靠性、可解释性、可验证性、可追溯性作为衡量的标准。在应用系统层面,追求向善性和无偏性等目标。① 仔细推敲又可以发现,在人工智能治理方面似乎若隐若现存在欧盟和美国这两种不同的模式。欧盟始终侧重统一立法,特别强调数据安全和算法公正,并倾向于事先规制。例如《一般数据保护条例》严格限制数据跨境流转,降低数据跨境传输的风险,并且要求企业履行事前审批手续。与此形成对照的是美国,采取逐步立法的渐进路线,针对人工智能典型应用场景分别制定特殊法规,更强调数字经济的开放性和竞争性,鼓励数据有条件的自由流通,倾向于事后救济,例如建立数据泄密通知机制。② 对不同层次、不同模式的问题状况进行梳理,有利于新兴权利群的体系化,特别是从宪法与民法、基本权利与一般权利、道德与商务等不同维度来进行分类。

三、欧盟关于隐私和数据安全的宪法视角和司法救济

在现代启蒙精神的影响下,欧洲各国历来重视人权和公民基本权利的保障。关于数据和算法的有关原则和规则,也以《欧洲人权公约》(1953年生效)、《欧盟基本权利宪章》(2009年生效)作为高阶法律根据,特别是后者明确把个人数据保护纳入宪法规范之中。从1995年的《数据保护指令》到2018年的《一般数据保护条例》,再到2020年11月提上议事日程的《数据治理条例建议稿》《数字市场法草案》以及《数字服务法草案》,始终从宪法规范的视角来强调信息自决和个人隐私保护的基本权利,对数据画像和自动化决策采取断然拒绝的态度。与此同时,欧盟也非常重视数据主权问题。③ 众所周

---

① 具体实例的描述和分析可以参见郭锐:《人工智能的伦理和治理》,法律出版社2020年版。
② Bill Gardner, Valerie Thomas, *Building an Information Security Awareness Program: Defending Against Social Engineering Hacks and Technical Threats*, Syngress, 2014, pp.15—24.
③ 与数据主权和数据跨境流动相关的法律问题,参见唐思慧:《大数据时代信息公平的保障研究——基于权利的视角》,中国政法大学出版社2017年版,第5章"数据主权:数据强国与数据弱国的博弈",特别是第148—154、180—203页。

知,中国在人工智能研发和数字经济转型方面紧追美国之后,进展非常迅猛,以致欧盟不得不采取"高筑墙"的对策,把拒绝成为美国和中国的数字殖民地作为制定法规的基本指针。① 这就势必更进一步强调信息安全和算法公正,通过法规和审批程序严格限制数据跨境流转,使人工智能治理的相关制度宛如一座固若金汤的城堡。

自2018年5月25日起实施的欧盟《一般数据保护条例》号称人工智能时代的人权宣言。该法以个人尊严和基本权利保障为宗旨,直接约束各加盟国的立法,并对欧盟各国的数据向其他国家的转移业务也产生效力。欧盟GDPR还规定了一些新型的基本权利,例如第5条强调限定数据收集和处理的目的,在一定目的范围内最大限度减少对数据的处理和保存,让数据保持完整、正确、更新以及匿名的状态(信息安全保障权);第13条第2款则从另一个角度强调了透明性原则(信息公开请求权),要求数据管理者必须对数据权利主体履行信息公开的义务,并且所提供的信息必须能为数据权利主体所理解。GDPR第20条还特别规定个人享有自我数据便携式获取权;第21条承认数据主体的异议权,如果数据管理者不能出示正当性根据,必须中止电脑化处理;第22条宣布数据主体享有不服从那种仅根据人工智能而自动化做出的决定的权利,并且明确指出数据管理者不得通过假装有人介入的方式来规避第22条的约束。这些权利条款分别涉及数据获取、数据权属、数据保护、信息隐私、伦理问题等不同的法律维度。有关权利的保障以及具体事项的权衡主要有赖于各国法院以及欧盟普通法院、欧洲法院、欧洲人权法院。

从GDPR上述条款可以发现,仅就数据治理而言,首先应该让公民充分享有两项最基本的权利:一项是捍卫隐私,因为这是意志自由的基础;另一项是信息安全的保障,因为这是通信自由的基础。这些基本权利在欧洲过去的宪法规范中都已有明文规定,在数字化时代需要刷新的是怎样界定隐私和信息安全的范围,在什么情况下允许干涉隐私权的判断标准及其正当性根据。从相关原则和规则中其实还可以归纳出一种新型的基本权利,这就是数据保护权,直接影响到数据处理的范围和意义。② 在欧盟的语境里,数据保护权包括公民个人有权接触和更正其个人数据,对数据保护权进行限制的条件、程序以及标准,对数据的收集、处理、应用进行监管的独立机构等具体内容。如果把数据保护权适用于大数据的收集—分析—应用流程,在法律上必须考虑的问题还包括个人数据的概念和类型、公共空间获得的个人信息的私生活宁静的意义、不同场景中的个人可识别性、应该告知的事项或权利清单、对风险进行监控

---

① 参见林靖东:《不做数字殖民地,欧洲反击硅谷》,载腾讯网"科技"专题,2014年7月7日。
② 详见〔荷〕玛侬·奥斯特芬:《数据的边界——隐私与个人数据保护》,曹博译,上海人民出版社2020年版,第94—100页。

的方式、算法透明度以及例外情形、各种利益权衡的尺度、公共利益的界定等等。在欧洲数据权认定的司法实践中,当然坚持基本权利优先、赋予个人自由较高权重的立场。

由于 GDPR 以及相应的司法实践主要着眼于个人数据以及相应的宪法性权利保障,不能在私人主体之间的纠纷中强制执行,也就不能完全适应数字经济发展的现实,所以在欧盟内部也出现修改法律框架的议论和政治动向,试图把数据保护的范围扩大到所有数据(不限于个人可识别数据)。在司法实践中,有些判例已经开始把消费者保护法、竞争法的相关规定以及集团诉讼方式适用于大数据流程,以提升个人与强势的网络大公司进行博弈的谈判地位。在行政实践中,各国政府也开始加强对数据行业的监管和算法审计,并强调大数据伦理的意义。与这种新趋势相关联,法学界开始讨论创设数据财产权的议题,以充分实现数据的商业价值并加强个人数据主体的议价能力。总之,欧盟开始调整过强的宪法指向,正在探索针对大数据特征的综合治理方案,试图实现个人信息安全和隐私保护的多层多样性和整合化。

四、中国关于智能物联网治理的民法视角和行政救济

中国的现实与欧盟形成鲜明的对照,不是侧重宪法,而是主要从民法以及行政举措的视角来加强对隐私、信息安全及人格利益的综合保护。因此,关于数据和隐私的中国法律规范主要在公民个人、集体以及企业之间强制执行,很少针对政府。从2016 年年底开始,中国通过一些单行的法律、法令、规章来对数字化时代的新兴权利进行认定和保护,并明确了相应的义务和责任。例如《网络安全法》(2016 年 11 月)规定了公民对个人信息的删除权和订正权,《个人信息安全规范》(2017 年 12 月)加强了对网络平台的规制,《电子商务法》(2018 年 8 月)使网络平台经营者的监管责任具体化,《网络信息内容生态治理规定》(2020 年 3 月)着手整顿个人信息交易、调整算法推荐逻辑。《数据安全法》已经在 2021 年 6 月 10 日通过,同年 9 月 1 日起开始实施。《个人信息保护法(草案)》2021 年 4 月也在二审后进一步完善;2021 年 8 月 20 日,《中华人民共和国个人信息保护法》正式颁布,并于 2021 年 11 月 1 日开始施行。

特别值得高度评价的是,《民法典》专设人格权编,清楚地界定隐私和个人信息的权利范围,以加强对新兴权利的保护,具有补充《宪法》的基本权利清单的意义,适应了数字化时代经济社会的需要。例如《民法典》第 1034 条规定,受这项基本法律保护的个人信息包括健康信息、行踪信息,还规定了处理虚拟身份(第 1017 条)、数字肖像(第 1019 条)、数字声音(第 1023 条)等个人信息时必须遵循的原则、条件以

及义务。《民法典》第1035条规定了大数据收集和应用之际应该坚持的合法、正当、必要、适度的原则;第1033条、第1038条、第1039条还分别明确了信息安全保障义务,包括不得泄露、不得篡改以及不得非法提供;第1037条进一步完善了个人信息主体的权利构成,确立了查阅权、复制权、更正权、删除权以及网络侵权的责任、网络服务提供者的注意义务,把数据和虚拟财产都纳入法律的保护范围之内。

《民法典》并没有创设数据财产权,但《数据安全法》第7条表明,"国家保护个人、组织与数据有关的权益,鼓励数据依法合理有效利用,保障数据依法有序自由流动,促进以数据为关键要素的数字经济发展"。该法第19条规定,"国家建立健全数据交易管理制度,规范数据交易行为,培育数据交易市场";第33条还指出,"从事数据交易中介服务的机构提供服务,应当要求数据提供方说明数据来源,审核交易双方的身份,并留存审核、交易记录"。这意味着中国通过对数据进行评价和共享的程序来确保数据交易的顺利进行,并把合法、同意以及通过契约之链确认的正当来历作为数据处理合法性的基础,对个人数据的人格利益和财产利益进行债权式的保护——例如对违约及侵权行为的损害赔偿请求权,借助反不正当竞争法和消费者权益保护法的规定进行维权。

根据《民事诉讼法》,还存在非营利机构或公益机构代表分散的数据主体进行民事集团诉讼的可能性。例如《个人信息保护法(二审稿)》就规定对于违法处理个人信息、侵害众多个人的权益的,人民检察院、履行个人信息保护职责的部门和国家网信部门确定的组织可以提起公益诉讼。另外,《未成年人网络保护条例(2021年4月稿)》也规定如果未成年人的网络合法权益受到侵犯,且相关组织和个人未代为提起诉讼的,人民检察院可以督促、支持其提起诉讼;涉及公共利益的,人民检察院有权提起公益诉讼。但是,在这样的状况下,实体法上的数据财产权关系不清晰,也是很容易引起纠纷的。多明戈斯(Domingos)指出,"控制好数据,控制好算法掌握的模型的所有权,这就是21世纪战争的内容"①,已经暗示了数据财产权以及学习后模型的知识产权之争的必然性。与这种新式战争相关,中国大数据产业和人工智能产业在走出去的过程中反复遭到欧美各国的质疑和制裁,主要理由就是涉及数据安全和算法伦理的基本权利保障不充分。因此,完善数据财产权的实体规范,进而将之升级到基本权利的高度,是一项很重要并具有迫切性的立法课题。

可是,如果完全按照欧盟那样的根本规范行事,又难免遏制数字经济高速增长的

---

① 〔美〕佩德罗·多明戈斯:《终极算法:机器学习和人工智能如何重塑世界》,黄芳萍译,中信出版集团2017年版,第58页。

势头。鉴于上述问题状况，笔者曾经揭示了数据的规模和质量与人工智能的预测能力之间的正比例关系，指出中国在数据收集和应用方面的独特优势正是机器学习算法提高精密度的重要条件。① 何况数据的本质是信息，以流动性为特征，很难进行排他化、绝对化的处理；如果采取过度保护的立法政策，反而有可能使数据的经济价值无法实现。例如欧盟设立数据库权利并进行严格的保护，最终导致没有一家大型的数字经济平台和企业在欧洲崛起。实际上，欧盟也开始对以 GDPR 为核心的数据法制框架进行反思，试图兼顾数字经济发展的需求，在厘清数据产权关系的基础上充分发掘数据的商业价值。在这里，我认为中国可以与欧盟相向而行，互相借鉴。

五、数据合理使用原则与个人基本权利的保障

对于中国而言，首先，应该认识到片面强调数字经济发展和对数据权利偏重民法救济的弊端，结合中国的实际情况适当借鉴欧盟保护数据权利的宪法方法。因为对隐私和个人信息的保护是自由的基础，涉及个人意思自治、言论自由、信息处分权以及反歧视，所以必须把隐私和个人信息保护提升到基本权利的高度，②进而强调数字人权的保障。结合大数据和人工智能应用场景可以看到，预测式警察系统和信用评分系统的初衷虽然很好，但却会导致标签主义和身份原理的复活和无所不在的监控，导致社会的区块分化和阶层固化，这与党的十八大以来强调的国家治理体系和治理能力现代化的目标是不太相符的。另外，缺乏伦理制约的机器学习会导致算法黑箱化，在决策自动化的同时导致问责机制分崩离析，形成机器官僚主义支配的格局，使法治国家的大厦崩塌。因此，人工智能时代的数据权利保障不仅需要民法的视角，而且还非常需要宪法的视角，包括对基于数据画像而复活的身份原理、基于遗传信息而抬头的血统主义、基于算法偏见而加强的差别对待等现象的预防或纠正。③ 一旦保障数据基本权利的宪法框架得以确立，数字经济立法的空间反倒有可能适当拓展。

其次，为了在人工智能时代有效地落实基本权利保障，有必要特别关注区块链技术在社会治理方面的应用，因为区块链的本质在于隐私的黑箱化、个人和社会自治功能的强化，避免大数据内在的监控可能性导致人们在言论和行为方面自我禁锢的寒蝉效应。鉴于集中化的人工智能技术与分散化的区块链协议之间的平衡化效应，我们甚至可以主张新时代宪法秩序变迁的方向就是人工智能系统之间的分立、互查、警

---

① 参见季卫东：《数据、隐私以及人工智能时代的宪法创新》，载《南大法学》2020 年第 1 期。
② 参见李忠夏：《数字时代隐私权的宪法建构》，载《华东政法大学学报》2021 年第 3 期。
③ 详见季卫东：《数据、隐私以及人工智能时代的宪法创新》，载《南大法学》2020 年第 1 期。

告以及制衡,尤其要以区块链技术来限制人工智能技术,也包括用对高度规格化的小数据进行机器学习的结果来检验对大数据进行机器学习的结果、在机器学习之际把已有的数据分为训练集和测试集等方法的采用。这样的技术分权制衡机制,可以被理解为一种新型的"数字化监察权",也构成当今中国宪法学发展的一个新的切入点或增长点。

再次,有必要更鲜明地提出"数据公平使用"的立法原则,在个人基本权利保护、数字经济发展以及数据利润共享之间达成适当的平衡。提出这种主张并非作者标新立异,事实上该主张已经得到部分发达国家立法实践的支持。例如欧盟最新的制度设计图——《数据治理条例建议稿》(2020年11月25日)、《数字市场法草案》(2020年12月15日)和《数字服务法草案》(2020年12月15日)已有统筹兼顾之意。日本在2021年5月19日提出的《数字社会法制改革法案》,特别强调在保护隐私权和数据安全的同时,还应该保持数字经济发展的机会。美国参议院在2021年6月9日通过的《美国创新和竞争法案》为了永久维持本国的优势,更明显地把重点放在科技产业创新方面,于数字基本权利方面反倒着墨不多。美国不采取统一立法方式,关于数据伦理、算法公正以及网络空间竞争秩序的规范制定,主要委诸各州,从而给企业的自由发展、策略诉讼以及司法外交留下了充分的回旋空间。

从数字经济的角度来把握基本权利,还应重视一项法理原则,即对公平分配利益的合理期待。在某种意义上可以说,这种赋权的关键是形成一种对不同属性的人权之间的关系进行适当处理的机制,即人权相互的调整,当然也势必涉及个人数据权利与公共利益以及改进人类整体福祉的导向之间的协调。关于这种机制设计,可以举出英国的数据信托构想①、日本的数据银行构想②以及中国的数据交易所构想。这些构想的宗旨和目标都是要防止大型网络平台企业或政府部门垄断数据所带来的各种弊端,改变数据主体与数据控制者之间的非对称关系,通过独立的、中立的、可信任的第三方机构或平台或交换机制以及相应的法律制度安排,在数据储存、管理以及交易中确保隐私和信息安全。

数据信托构想付诸实施之际的问题是数据的权属关系很难界定,也很难征求利益攸关者的同意并以此作为数据管理的正当性基础,因而具体的运作有赖于情境思维,不得不因地制宜,采取多样化的组织方式。与此不同,数据银行更明确地以数据

---

① 参见翟志勇:《论数据信托:一种数据治理的新方案》,载《东方法学》2021年第4期。
② 报道「『情報銀行』創設へ実験——個人データ預かり保管・加盟企業に提供」『日本経済新聞』朝刊2017年2月24日付け、日本総務省「情報通信白書(2020年)」「情報銀行の取り組み」、白井斗京、高根孝次「『情報銀行』ビジネスの現状と今後の展望」『ファイナンス』2021年2月号52—53頁、総務省報道資料「『情報銀行』認定の決定」(2021年3月29日)などを参照。

货币化为特征,通过储存数据的利息或者对数据主体给予积分奖励等方式增强诱因,通过匿名化处理后以数据的贷出创造经济价值,进而在数据主体与分析和应用数据的企业之间形成合理的利益分配关系,以此作为可持续性商业模式的基础。如果说数据信托和数据银行在本质上更倾向于企业组织,那么也可以说第三种构想在本质上更倾向于自我调节的市场。数据交易所的设计方案试图直接把中国现实中已经存在的数据交易现象加以制度化,依托行业协会和专业化评估机构与仲裁机构,使数据交易所成为要素市场化配置的一种赋权机制。

最后,还要探讨与机器人权或者电子人格(e-person)相关的权利问题。① 赋予人工智能系统或者机器人以法律人格以及权利之议听起来似乎有些玄虚,但如果人机混合状态更普遍,人工智能系统的性能变得更强,机器人开始具有自我意识和精神作用,那么这样的思考就将具有现实意义,犹如关于动物、胎儿、植物人权利的学说已经为社会所接纳一样。实际上,只有承认人工智能系统的法律人格,才能实现向机器人征税、让智能技术之间达成分权制衡、认定自动化创作的著作权和发明权、依法追究智能合约的违约责任、合理解决自动驾驶汽车或智能医疗机器人造成损害的法律责任分担问题以及推动人工智能企业从无限责任形态转向有限责任形态等制度设计方案。一旦承认智能机器的法律人格和权利,势必还会随之出现机器人的言论自由以及拒绝歧视和虐待的宪法性议论,基本权利的外延和内涵也将获得重新认识。

六、结语:数字人权之争与中国宪法学的增长点

智能软件"ZAO-逢脸造戏"消费协议的霸王条款引爆全国舆情,针对杭州野生动物世界强行采用人脸识别技术的诉讼也成为法律界的热点,这两个标志性事件几乎同时发生,使我们有理由把2019年视为中国"数字人权元年"。从更广泛的意义来说,提出数字人权的概念是为了对抗算法独裁,对抗已经开始蔓延的机器官僚主义倾向。值得重视的是,张文显和马长山两位教授还进一步把数字人权理解为第四代人权,至少构成其中一项最核心的内容。② 但是,究竟能否提出数字人权的概念,能否把数字人权作为第四代人权,迄今为止在中国法学界仍然存在尖锐的对立。例如刘

---

① 参阅杨立新:《人工类人格:智能机器人的民法地位——兼论智能机器人致人损害的民事责任》,载《求是学刊》2018年第4期;陈吉栋:《论机器人的法律人格——基于法释义学的讨论》,载《上海大学学报》(社会科学版)2018年第3期;朱程斌:《论人工智能电子人格》,载《天津大学学报》(社会科学版)2019年第4期。
② 参见张文显:《新时代的人权法理》,载《人权》2019年第3期;马长山:《智慧社会背景下的"第四代人权"及其保障》,载《中国法学》2019年第5期。

志强教授就认为数字权利不仅不能被理解为新型人权,甚至不宜作为人权的下位概念。① 通常所说的三代人权是指:(1)自由人权(信仰自由、人身自由、言论自由、选举自由等),(2)社会人权(受教育权、居住权、健康权、择业权、最低生活标准等),(3)族群人权(少数民族语言、民族自治、环境权、发展权、女权、同性恋权等)。人们提出数字人权这个概念时,主要针对数字鸿沟、算法歧视、监控社会、网络人格等问题,其内容的确与既有的自由权、社会权、族群权有着千丝万缕的联系。在这个意义上,刘教授的主张也不无道理。

但是,尽管如此,我们还是不得不指出:信息和实体交融的系统的确产生了前所未有的互动关系和生活方式,势必导致社会结构的大转型。在这里,公民的身份具有更加明显的多重多样性;人的权利行使不仅受到主权而且还受到代码框架的规制,在很多方面代码甚至取代了法律;人际沟通的空间因聊天室和微信群的人数上限以及监测技术而发生质变,控制成本大幅度下降;社群可以采取在线方式,形成虚拟的第二人生;信息具有越来越丰富的经济价值,但给信息赋予财产权却又会带来各种风险。另外,隐私不仅受到传统的威胁,还受到来自无所不在的数字感应器的威胁以及来自私人组织(例如电商、外卖店)自动收集信息活动的威胁,这样的事态是前所未有的。由此可见,数字人权的概念的确存在独特的形式和内容,具有充分的事实依据和法理基础;数字基本权利的认定和保障也的确形成了某种崭新的范式,是既有的制度框架难以涵盖的,称之为第四代人权并无不妥。

总而言之,由于信息通信技术和智能物联网的普及,我们正在经历人类社会的空前巨变,政府的治理体系、法律的制度安排乃至宪法的基本框架都需要重新认识。基本权利理论同时面临发展的挑战和机遇,需要我们共同努力,不断尝试知识范式的创新,提出适应世界大转型趋势的制度设计方案和政策工具。在这样的背景下,我认为,提出数字人权以及第四代人权的议题,以此为契机深入探讨新兴权利的各种类型和具体内容,对当今中国的法治秩序构建具有重要而深远的意义。特别是在把体制问题转化为法律程序和数字技术问题的基础上,围绕数据保护权以及数字人权的自由讨论,可以为宪法学和人权论的发展以及范式革命找到若干新的切入点、突破口或者增长极。

(季卫东/文)*

---

① 参见刘志强:《论"数字人权"不构成第四代人权》,载《法学研究》2021年第1期。
* 季卫东,上海交通大学凯原法学院教授。本文原刊于《政治与法律》2021年第10期。

法学研究新范式：计算法学的内涵、范畴与方法

　　自 2009 年 15 位科学家在世界著名的《科学》杂志联合发文宣告"计算社会科学"诞生以来，①很多研究者推断"计算法学"也将成为一门新兴学科并不断发展壮大。② 事实上，近年来许多国内外法学院都将与信息科技的融合作为一个重要的学科发展方向予以建设，③法学领域和计算科学领域交叉的研究论文和著作也不断面世。在与信息技术相关的各类法律问题研究大繁荣之际，传统的民法、行政法、刑法等部门法都在积极回应信息技术的发展带来的机遇与挑战，同时也出现了计算机法学、互联网法学、信息技术法学、数据法学、人工智能法学、机器人法学、未来法学、法律科技等新的学科概念。然而，这种碎片化的发展致使法学研究对于社会需求的应对不足，亟须构建一个具有科学基础的信息社会的法学理论体系。计算技术给法学研究方法和法治运行模式带来了计算主义的本体论和认识论，即通过计算思维、计算方法和计算技术丰富法学研究的方法和内容。本文将探究计算法学概念的历史渊源与内涵演进，并对计算法学的基本范畴、研究方向、研究方法等进行深入分析，从而为计算法学成为一门新兴学科提供理论基础。

---

① David Lazer et al., "Computational Social Science", Science, Vol. 323, Issue 5915, 2009, pp. 721-722.
② 相关研究包括但不限于张妮、蒲亦菲：《计算法学导论》，四川大学出版社 2015 年版；钱宁峰：《走向"计算法学"：大数据时代法学研究的选择》，载《东南大学学报》（哲学社会科学版）2017 年第 2 期；于晓虹、王翔：《大数据时代计算法学兴起及其深层问题阐释》，载《理论探索》2019 年第 3 期；张妮、徐静村：《计算法学：法律与人工智能的交叉研究》，载《现代法学》2019 年第 6 期；张妮、蒲亦菲：《计算法学：一门新兴学科交叉分支》，载《四川大学学报》（自然科学版）2019 年第 6 期；邓矜婷、张建悦：《计算法学：作为一种新的法学研究方法》，载《法学》2019 年第 4 期。
③ 例如，2019 年 10 月，牛津大学法学院和斯坦福大学法学院的官网首页不约而同地将跨学科建设作为主题呈现，特别突出了法学与信息科学的交叉研究。斯坦福大学法学院首页主题为"面向未来的法学教育：创造无限可能的跨学科与前瞻性思维"。牛津大学法学院提出要让专家和学生共同在跨学科教育领域进行探索。荷兰教育部在 2018 年发布了 2019—2024 年的法学创新发展计划，每年额外资助 600 万欧元用于法学院的跨学科研究和人才培养，设立 Sectorplan Digital Legal Studies 项目推动荷兰法学教育向新的方向发展。参见 https://www.sectorplandls.nl/wordpress/，2020 年 9 月 5 日最后访问。

一、一种源于计算主义的法学发展趋势

在西方传统中，法律和计算一直是相互依赖的，法律文化也被称为计算文化。① 尽管"计算"是人类文明很早就发现并经常应用的一个认识工具，但是我们对计算的科学认识一直处于不断深化的过程中。早期的"计算"主要是日常生活中最为常见的纯粹数学意义上的加减乘除等数学运算，这种计算运用绳结、算盘、算筹或者人类简单的计算经验，通过四则运算法则获得纯数学上的结论。随着计算科学的发展，"计算"在文艺复兴时期开始应用到人文社会科学领域。② 以哲学为代表的人文社会科学中存在很多缺乏准确答案的争议问题，培根和笛卡尔在其自然哲学中对此进行反思并提出了通过演绎计算来认识社会真理的科学方法。③ 这种具有包容性的"计算"在当时的法律领域主要是指计算逻辑学。霍布斯在此基础上提出了"推理即计算"的经典论断，④并以此追求社会纠纷解决规则的精确和科学化，这与法律的最终发展方向在很多方面是一致的。

随着计算工具的不断进步，人们对"计算"的应用和想象空间也在不断扩展，早期的手动计算工具、机械式计算工具、机电计算工具正在逐步退出历史舞台，电子计算机、并行与分布式计算、高性能集群计算、云计算已经日益普及，而量子计算、社会计算、生物计算、海计算等新型计算也必将不断走向成熟。⑤ 社会的生产生活正在从简单计算向复杂计算、"有限计算"向"普适计算"(ubiquitous computing)进化。随着可计算范围的扩展和普适计算理论的提出，美国著名的计算机专家魏泽尔(Mark Weiser)曾预测：我们将进入一个计算无处不在的普适计算时代。⑥ 麻省理工大学媒体实验室创始人尼葛洛庞帝(Negroponte)也提出，"计算不再只和计算机有关，它决定我们的生存"⑦。普适计算致力于信息空间与物理空间的高度融合，将从根本上改变人们对"什么是计算"的思考，也将全方位改变人类的生活和工作方式。⑧ 与之相

---

① See Simon Yuill, "Section Editorial: Critical Approaches to Computational Law", *Computational Culture*, Issue 7, 2019.
② 近现代科学革命包含"实验性"和"数学化"两大传统，"计算"在文艺复兴后期就已经不仅仅指数学运算，而是兼具人文科学和自然科学的双重意义，也正是"计算"搭建了不同学科之间的科学共识。
③ 参见李猛：《经验之路：培根与笛卡尔论现代科学的方法与哲学基础》，载《云南大学学报》(社会科学版)2016年第5期。
④ 参见〔英〕霍布斯：《利维坦》，黎思复、黎廷弼译，商务印书馆2009年版，第27页以下。
⑤ 参见唐培和、徐奕奕编著：《计算思维——计算学科导论》，电子工业出版社2015年版，第3页。
⑥ Mark Weiser, "The Computer for the 21st Century", *Scientific American*, Vol. 265, No. 3, 1991.
⑦ 〔美〕尼葛洛庞帝：《数字化生存》，胡泳、范海燕译，海南出版社1997年版，第15页。
⑧ 参见徐光祐、史元春、谢伟凯：《普适计算》，载《计算机学报》2003年第9期。

关联的是计算主义世界观的出现,其代表性观点认为物理世界复杂的问题都可以科学化、简化、计算化。处在21世纪科技前沿的人们已经开始生活在一个高度计算化的社会,此时兴起的一种"计算主义"思想指出:宇宙是一台蕴含计算逻辑的巨大自动机,人的大脑是一种超复杂的神经网络系统,从宇宙到人的大脑均可以通过认知计算的方法得到理解和分析。[①] 这一思想反映出"计算"在现代科学发展中的地位。随着计算科学技术的发展,计算化的社会本身也开始成为专门的研究对象,我们需要从本体论和认识论的角度研究计算空间的关系结构和行为规范,从而构建一个有序的计算社会。事实上,从图灵机的产生到新一代信息技术的发展,可以总结为信息技术所做的一切都是一种"计算",但计算的问题、方法、介质、领域以及能力均有不同。不同的技术问题由此产生,并带来不同的社会以及法律问题,包括信息技术引发的法律问题、法律问题的大数据分析和法律科技创新问题。

当前,"计算+X"已经成为"计算"与相关学科交叉融合的一个范式,在国内外出现了计算数学、计算力学、计算化学、计算医学、计算语言学、计算社会科学等新学科。国内外正在日益广泛开展的计算法学基础理论研究和学科建设,也是在计算范式之下涌现的"计算+X"学科家族的一员。美国哈佛大学和康奈尔大学的研究者近期发表的《计算在社会变革中的作用》一文指出:"计算"可以分别作为诊断(diagnostic)、形式(formalizer)、辩驳(rebuttal)和提喻(synecdoche)的工具,以此利用计算的特殊优势为社会变革提供服务。也即,利用计算分析工具可以帮助诊断社会问题,通过计算程序的形式建立的网络社会可以塑造人们理解社会问题的方式,计算技术的可计算领域和限度有助于技术和社会的辩证反馈,计算技术的应用可以使得一些长期存在的社会问题重新凸显。[②] 可以认为,计算时代已经从"未来"变成了"当下",各类主体的行为和社会关系都开始进入计算空间,计算技术本身也带来了很多传统社会所没有的新问题,法学作为对社会行为准则进行研究的社会科学,也必然要适应计算范式的转变。

法学作为社会科学的重要组成部分,总是在与社会发展需求的互动中不断发展,从而日益复杂和精细。马克思曾经在法庭上拿着《法国民法典》指出:"社会不是以法律为基础的,那是法学家们的幻想。相反地,法律应该以社会为基础。"[③]法学从来不是也不可能是一个封闭的体系,而是要与时俱进。很多在今天被我们认为理所当

[①] 参见李建会、符征、张江:《计算主义:一种新的世界观》,中国社会科学出版社2012年版,第227页。
[②] Rediet Abebe et al., "Roles for Computing in Social Chang", Proceedings of the 2020 Conference on Fairness, Accountability, and Transparency, 2020, pp. 252-260.
[③] 《马克思恩格斯全集》(第6卷),人民出版社1961年版,第291页以下。

然的独立法律部门或二级法学学科，无不经历在其产生之初面临重重质疑而后逐步借由社会发展登堂入室的过程。法学的这种扩张、革新不仅促成了法学学科体系的科学化，同时也因其密切回应社会发展的需求而自我完善。当前，计算技术的全面应用引领人类社会步入了数字经济时代，计算不再只和计算机有关，它引发了社会治理模式和法治范式的根本变革。这不仅从形式上极大地改变了社会的生产、生活方式，也在根本上塑造了新的社会格局。① 计算技术在与法律和法学的交叉、碰撞、融合中，一方面，引发了法治规则的变革，从计算机犯罪、网络隐私、数据确权与利用、网络欺凌，到网络主权、网络空间独立宣言②、在线生活宣言③乃至"代码即法律"④，反映出信息技术对法治所形成的重大冲击；另一方面，计算技术给法学研究和法律治理带来了新的方法论——计算主义。计算主义与信息法治相结合，促成了计算法学的诞生与衍变。

二、计算法学的衍变：概念由来与内涵演进

（一）从法律计量学、法律信息学走向计算法学

计算法学的形成具有深厚的历史渊源，特别是随着电子计算机的发明和应用，走过了理论设想、实验探索和内容不断丰富的发展过程。早在17世纪，霍布斯和莱布尼茨就提出将计算逻辑学和普遍数学应用于法律领域的想法，希望通过科学计算的方式解决充满争议的法律纠纷。莱布尼茨及其之后的实证主义者相信，法学乃是一门科学，它自在于其理由与体系之中，而非陷身于杂乱无序的价值泥潭。这些早期思想反映出法哲学家很早就意识到"计算"与法律实践具有密切的联系。

在电子计算机发明前夕，时任美国律师协会科学技术法委员会主席的李·洛文格（Lee Loervinger）借鉴生物统计学（biometrics）和计量经济学（econometrics）的做法，在1949年首次提出法律计量学（jurimetrics）的概念，致力于通过统计学等方法对数量庞大和日益复杂的法律问题进行定量研究。代表法律计量学研究旗帜的《法律计

---

① 参见〔英〕曼纽尔·卡斯特：《网络社会的崛起》，夏铸九、王志弘等译，社会科学文献出版社2001年版，第589页。
② John Perry Barlow, *Declaration of Independence of Cyberspace*, Davos, Switzerland, February 1996.
③ 〔英〕卢恰诺·弗洛里迪：《在线生活宣言——超连接时代的人类》，成素梅等译，上海译文出版社2018年版，第1页。
④ 语出约尔·雷登伯格，参见〔美〕劳伦斯·莱斯格：《代码2.0：网络空间中的法律》，李旭、沈伟伟译，清华大学出版社2018年版，第3页以下。

量学:法律与科学、技术杂志》在持续至今的六十多年里聚焦于法律与科技交叉的广泛领域。我国部分学者将"法律计量学"翻译为"计量法学""数量法学"等概念引入中国,致力于通过计算技术辅助法学研究和法治模式的完善。但是,由于法律计量学起源于计算技术尚不发达的历史时期,"计量"的内涵也难以与人文社会科学在本质上相融合,目前的法律计量学已经被法律信息学、计算法学等概念所替代。

自香农(Claude Shannon)创立"信息论"以来,信息成为计算技术的核心研究对象,信息学开始成为一个跨越各个学科的新理念,法律信息学这一概念也在世界各地被广泛采用。德国的威廉·施泰米勒(Wilhelm Steinmüller)教授领导的研究小组在1970年首次采用法律信息学来概括信息科技在法律领域的应用研究所形成的新学科。[①] 赫伯特·菲德勒(Herbert Fiedler)教授指出:法律信息学在德国是一个独立学科,其内容不仅包括信息技术在法律领域的应用,也包括计算机相关法律问题的研究。[②] 法律信息学此后在北欧和美国等国家和地区取得了长足发展。斯德哥尔摩大学、斯坦福大学、印第安纳大学等高校分别成立专门的法律信息学研究机构和教学项目,致力于在法律领域推动信息技术的应用,同时也研究与信息技术相关的法律问题。然而,美国有学者通过论文数据库检索1997—2005年的相关研究发现,以法律信息学为关键词所能获得的相关文献非常匮乏。但这并不是说没有相关研究,而是相关研究并没有使用法律信息学这一概念。这种结果与美国没有专业的法律信息学协会、没有专业的法律信息学杂志、以法律信息学为名开设课程的法学院也只有寥寥几家不无关系。[③] 法律信息学在美国一直没有发展壮大,随着"计算法学"概念的提出并为斯坦福大学、麻省理工学院等高校广泛采用,计算法学取代法律信息学而逐渐在世界范围内得到广泛发展。

(二)计算法学概念的确立及其传播

计算法学[④]不是国内生造的概念,而是从域外研究文献翻译而来,是在法律信息学基础之上不断发展而来的一个新概念。早在1977年,瑞典法律信息学领域的彼

---

① Wilhelm Steinmüller, *EDV und Recht-Einführung in die Rechtsinformatik*, Berlin, 1970, S. 1; Carl-Eugen Eberle, *Organisation der automatisierten Datenverarbeitung in der öffentlichen Verwaltung*, Berlin, 1976, S. 13.
② Herbert Fiedler, "Forschungsaufgaben der Juristischen Informatik", in Kaufmann Arthur (Hrsg.), *Münchner Ringvorlesung EDV und Recht-Möglichkeiten und Grenzen*, Berlin, 1973, S. 236ff.
③ See Christopher L. Hinson, "Legal Informatics: Opportunities for Information Science", *Journal of Education for Library and Information Science*, Vol. 46, No. 2, 2005, p. 136.
④ "计算法学"一词在英文中的表达形式包括"computational law""computational jurisprudence""computing law""computable law""computational legal studies"等。本文将上述英文表达统一译为"计算法学",并且建议采用最为普遍使用的"computational law"作为计算法学未来学科发展的统一英文名称。

得·塞佩尔(Peter Seipel)完成的博士论文就以"计算法学"(Computing Law)为题,他认为计算法学将成为一门新学科,①其主要内涵是以计算技术为支撑的法学教育、法律信息检索、法律数据库、法律信息安全及相关的个人权利保护。此后,这一概念在一些关于法学研究范式和信息法学等类别的文章中被引用,但在相当长的一段时间内并没有得到足够的重视。

在计算法学概念的现代发展过程中,斯坦福大学发挥了积极的推动作用。该校计算机系教授迈克尔·吉勒赛瑞斯(Michael Genesereth)于2005年第十届"人工智能与法律"国际研讨会上发表了题为《计算法学》(Computational Law)的论文,②积极倡导计算法学的学科发展;其所在的斯坦福大学法律信息学中心(CodeX)专门设立了计算法学的研究项目和课程;斯坦福大学法学院自2013年开始举办的未来法学国际论坛成为计算法学理论与实践的交流中心,广泛推动了计算法学在全世界的传播。时隔十年,吉勒赛瑞斯于2015年5月再次发表"计算法学:后座上的警察"的主题演讲,③更加清晰地阐释了计算法学的发展环境和趋势。此后,以计算法学为主题的国际会议、课程设置在世界各地纷纷出现,④越来越多的学者撰写计算法学的专题论文并将自己的专业领域确定为"计算法学"。在计算法学广泛传播的过程中,尤以欧盟根据《欧洲2020战略》⑤在2019年资助的两个以"计算法学"为主题的研究项目⑥为里程碑和标志,该行动正式确立了欧美分别推进计算法学发展的世界格局。欧盟的这两个官方资助项目分别以计算法学的内涵与计算法学的方法作为研究主题,打出

---

① See Peter Seipel, *Computing Law: Perspectives on a New Legal Discipline*, Liber Förlag, 1977, pp. 155-156.
② Nathaniel Love, Michael Genesereth, "Computational Law", *Proceedings of the 10th International Conference on Artificial Intelligence and Law*, 2005, pp. 205-206.
③ Michael Genesereth, "Computational Law: The Cop in the Backseat", *White Paper*, CodeX-The Stanford Center for Legal Informatics, 2015.
④ 举其要者,德国海德堡大学欧洲和国际税法研究所与乌尔姆大学分布式系统研究所联合主办了"大陆法系地区的计算法学发展:欧洲视角"的研讨会议(2016年11月6日在德国乌尔姆大学);美国麻省理工学院媒体实验室和德国布塞留斯法学院自2018年开始分别创办计算法学课程;荷兰阿姆斯特丹大学法学院的Alexander Boer于2009年取得了计算法学理论方向的博士学位,其所在的法学院在2011—2016年启动了专项的计算法学理论建构研究计划;香港大学法学院于2018年6月组织召开了新兴计算法学研究会议并组织出版了《计算法学研究》一书;弗吉尼亚大学自2018年8月开始定期举办计算法学在线研讨会;新加坡管理大学也自2020年8月起开办理学(计算与法律)学士学位项目。
⑤ European Commission, *Europe 2020: A Strategy for Smart, Sustainable and Inclusive Growth*, Brussels, 2010.
⑥ 第一个项目"计算法学时代的类人算法"(Counting as a Human Being in the Era of Computational Law)是自2019年1月至2023年12月出资约256万欧元开展计算法学时代的认识和应对策略研究,研究即将到来的计算法学时代对法治机理的影响,包括计算法学的含义,特别是关注基于人工智能、大数据和区块链的计算法学如何改变法律的许多假设、运作和结果,如何维护个人在计算法学时代的法律救济权利。该项目明确提出了"计算法学时代"的概念并将其作为研究项目的标题,揭示了计算法学的美好发展前景。第二个项目"可计算的法律"(Computable Law)是自2019年11月至2024年10月出资约227万欧元开展计算法学的方法和路径研究,致力于通过创新的法律和技术框架解决计算过程和计算系统的管理问题,为开发可计算的法律和符合法律的信息计算提供认识性、技术性和规范性指导。

了"计算法学时代"(Era of Computational Law)的旗帜,宣告具有重要影响力的欧盟已经正式布局计算法学的发展。

"计算法学"这个概念在中国的传播,以系列计算法学专题研究论文和中国计算法学发展联盟的成立为标志,① 由此开启了我国计算法学基础理论研究和学科发展工作。计算法学这一概念逐渐为国人所认知、接受。

(三) 计算法学的内涵演进

尽管计算法学的概念已经被广泛采用,"计算"一词也日益彰显出其科学的内涵,但是"计算法学"尚未形成统一的内涵。吉勒赛瑞斯指出:有些人使用"计算法学"这个短语来指代任何与计算机和法律有关的东西,但是斯坦福大学法律信息学中心选择在狭义的层面使用这个短语,② 即仅指法律科技的研究。这种狭义上的"计算法学"可以理解为"法律的可计算理论与实践"。这意味着,计算法学具有广义和狭义之分,计算法学可以区分为作为法律科技的计算法学、作为数量分析的计算法学和进行综合研究的计算法学等多种类型。

其一,以美国斯坦福大学为代表的科研机构认为,计算法学是指自动化法律推理的方法。此种认识将计算法学列为法律信息学的一个分支,其目标是通过技术嵌入的方式落实法律的要求,以此建立可以根据业务场景即时提示法律要求的显性行为约束,避免复杂的法律规则难以让人知晓、理解和执行。吉勒赛瑞斯认为,计算法学特别适宜用于在电子媒介上进行各类行为合规提示,因为在电子媒介上的交易行为、电子合同、业务规则等数据都能够被完整地记录和分析,法律规则可以通过可计算的法律系统自动适用于这些具体的业务场景。③ 根据这种狭义理解,计算法学是法律信息学中的一个对法律进行编码的研究子集,也被称为"法律科技";编码简化了法律,让非法律人士更容易理解法律,因此被认为是一种可取的追求。④ 基于此开展的

---

① 在国内学者积极研究计算法学的同时,清华大学于2018年4月创办"计算法学全日制法律硕士学位项目",于2019年9月发起成立中国计算法学发展联盟,同时于2018—2020年连续举办了三届计算法学国际论坛等,进一步提高了计算法学在国内外的知名度。该学科建设已经被收入新加坡法学会和新加坡管理大学共同发布的《2019年亚太地区法律创新发展报告》,参见 https://www.flip.org.sg/post/state-of-legal-innovation-in-asia-pacific-report,2020年9月5日最后访问。
② Michael Genesereth et al., "The Role of Rules in Computational Law: Summary of a Panel on Computational Law", *Future Law*, 2017, available at http://complaw.stanford.edu/readings/rules.html (last visited on 2020-08-30).
③ Nathaniel Love, Michael Genesereth, "Computational Law", *Proceedings of the 10th International Conference on Artificial Intelligence and Law*, 2005, p.205 and below.
④ Eran Kahana, "Rise of the Intelligent Information Brokers: Role of Computational Law Applications in Administering the Dynamic Cybersecurity Threat Surface in IOT", *Minnesota Journal of Law, Science & Technology*, Vol.19, Issue 2, 2018.

计算法学研究将随着数字化场景的普及而拥有广阔的应用前景。

其二,我国部分学者在其研究成果中选取作为数量分析的狭义计算法学内涵。我国的计算法学概念分别从法律计量学和计算社会科学发展而来。过去十年,计算社会科学蓬勃发展,研究人员利用观察数据、实验设计和大规模仿真发表了海量论文。[①]

受此影响,我国学者提出了计算法学的研究方向。钱宁峰指出:大数据时代法学研究的发展方向是走向基于社会计算的法学,即"计算法学",其内容包括动态法律数据的整合分析,基于法律大数据开展法律社会分析和发展预测。[②] 于晓虹也指出:计算法学是计量法学进入大数据时代的产物,属于实证法学的范畴,计算法学在兼容并蓄地吸纳了定性与定量、规范与实证方法的基础上,呈现出复合式、开放型构造,突出了复合研究方法的重要意义。[③] 上述计算法学的研究内容集中在法律信息的数据挖掘,与国外早期法律计量学、法律信息学的研究内涵比较接近,但与前述以法律科技研发为内涵的计算法学概念存在一定的差异。

其三,香港大学法学院和我国部分学者提出了"数量分析+法律科技"的中观计算法学内涵。香港大学法学院在2018年6月组织召开新兴计算法学学术会议的公告中指出:我们对计算法学研究的定义是广泛的,使用的计算科学技术包括机器学习、自然语言处理、大数据集分析、网络分析、计算机模拟和建模、计算数据收集等。具体包括:(1)将计算数据处理或分析方法应用于法律学者感兴趣的问题的研究;(2)探索作为独立分支学科的计算法学研究;(3)开发或评估法律学者感兴趣的计算方法的方法论工作。[④] 张妮、蒲亦菲从国内外法律计量学的发展历史和内涵中,总结认为:"计算法学是以具有数量变化关系的法律现象作为研究的出发点,采用统计学、现代数学、计算智能等技术方法对相关数据进行研究,旨在通过实证研究评估司法的实际效果、反思法律规范立法的合理性,探究法律规范与经济社会的内在关系。"[⑤]在最近的研究中,张妮、徐静村进一步指出:"计算法学是使用建模、模拟等计算方法来分析法律关系,让法律信息从传统分析转为实时应答的信息化、智能化体

[①] See David Lazer et al., "Computational Social Science: Obstacles and Opportunities", *Science*, Vol. 369, Issue 6507, 2020, pp. 1060-1062.
[②] 参见钱宁峰:《走向"计算法学":大数据时代法学研究的选择》,载《东南大学学报》(哲学社会科学版) 2017年第2期。
[③] 参见于晓虹、王翔:《大数据时代计算法学兴起及其深层问题阐释》,载《理论探索》2019年第3期。
[④] The Emergence of Computational Legal Studies Conference 2018, available at http://www.lawtech.hk/the-emergence-of-computational-legal-studies-2018/ (last visited on 2020-08-30); Ryan Whalen, *Computational Legal Studies: The Promise and Challenge of Data-driven Research*, Edward Elgar Publishing, 2020, p. 1.
[⑤] 张妮、蒲亦菲:《计算法学导论》,四川大学出版社2015年版,第5页。

系,旨在发现法律系统的运行规律。"①也即,利用计算技术收集和分析法律信息,最终辅助法律系统的完善。邓矜婷、张建悦认为,计算法学是将计算机科学运用于研究或解决法学问题的方法,其目前的价值集中体现在让计算机自动提取、处理大量数据上。② 这表明,他们所采用的计算法学内涵较为折中,计算法学被定位于计算科学在法学研究和法律实践中的应用方法。这种理解虽然可以在一定程度上将法学专家和技术专家的力量聚集到法律业态的创新之中,但实际上是一个统计学、数学或者计算机科学等技术知识占主流的内涵。

其四,麻省理工学院创新计划(MIT Innovation Initiative)在其课程中选取综合研究的广义计算法学概念。现有的很多研究将法律规则研究和法律科技研究作为两个截然不同的领域,而在德国、北欧等地区,两者长期以来被统合在法律信息学之下进行融合、互促式研究。为了推动计算法学的发展,麻省理工学院媒体实验室自2018年起开设计算法学课程,在课程中致力于通过跨学科的方法探索新兴技术对法律及其实施过程的影响。课程内容包括规则驱动的法律人工智能系统研发,数据驱动的复杂法律关系可视化,数据资产的法律问题,智能合约及数字化身份的法律问题。这一做法是将新一代信息技术与法律之间的交叉研究都纳入计算法学的范畴,将法学问题和计算机科学问题共同置于计算法学这一名义之下,尝试一种跨学科的融合概念。但是,麻省理工学院的计算法学项目负责人和合作专家尚未对计算法学做出一个清晰的界定,因为他们认为计算法学尚在不断发展的过程中。③

三、何为计算法学:计算法学的范畴体系与研究方向

(一)计算法学的范畴体系

计算法学的发展历史表明,计算法学的内涵是在发展变化的,并且与计算科学的发展状况密切相关。但是,计算法学所包含的内容必须具有一致性,才能成为一门独立的学科,并成为能够不断累进发展的科学。法律领域的一致性主要表现为内部逻辑一致,强调线性发展体系,能够抽象总结出成体系的法律结构和核心的制度规范,并由此可以通过法律释义学的研究实现知识在整个法律部门发挥作用,而不仅仅是

---

① 张妮、徐静村:《计算法学:法律与人工智能的交叉研究》,载《现代法学》2019年第6期。
② 参见邓矜婷、张建悦:《计算法学:作为一种新的法学研究方法》,载《法学》2019年第4期。
③ 在清华大学举办的第一届计算法学国际论坛中,笔者就计算法学的定义与麻省理工学院计算法学项目负责人 Dazza Greenwood 及其他合作专家做了充分的交流。

在特定领域解决具体问题。① 一般认为,各个方向的法学学科都是通过基本范畴来凝聚知识、深化思想、联结实践、引导学术进步的,②如我国1988年召开的"法学基本范畴研讨会"将权利义务确立为法理学的基本范畴,③使法理学提升了其科学化程度。民法学则通过主体平等、意思自治、诚实信用、公序良俗等基本原则和民事主体、民事法律行为、民事权利、民事责任等核心概念构建了基本范畴体系,由此形成了民法学的科学体系和基础性地位。本文所倡导的计算法学,一方面必然会承继法理学和部门法学中的一些既有范畴,另一方面也必须具备自成体系的基本范畴,这样才能证成其自身的独立性。

计算法学的发展基础是承认计算技术的广泛应用是一个必然趋势,这会形成有别于现实社会的计算空间身份、行为和关系,而传统的法学理论、法学方法和制度规范不足以应对这种革命性变革。计算法学是基于计算的对象、方法以及能力等方面的差异而产生不同的法律问题以及与法律相关的技术问题,从而融入计算思维研究法律问题,利用计算方法开展法律大数据分析,以及结合计算技术研究法律科技的一门学科。在这一基本设定的基础上,可以初步明确计算法学在不同维度上的范畴体系,以此确立计算空间法治发展的基本原则,总结计算技术运行在法律上的基本范畴,明确计算社会的规范工具、应用格局,进而总结出计算法学的知识体系,如下图所示。

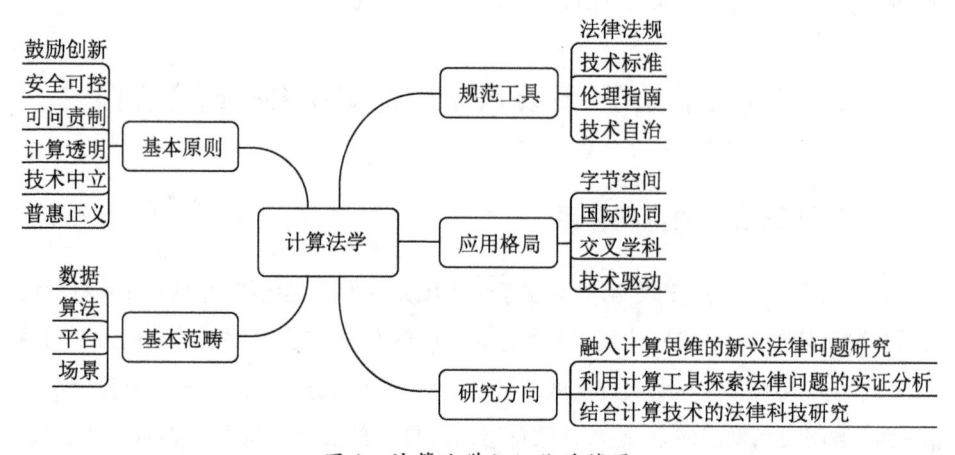

图 1 计算法学知识体系简图

计算法学以鼓励创新、安全可控、可问责制、计算透明、技术中立和普惠正义为基

---

① Theodore W. Ruger, "Health Law's Coherence Anxiety", *Georgetown Law Journal*, Vol. 96, 2008, p. 629.
② 参见张文显:《论法学范畴体系》,载《江西社会科学》2004年第4期。
③ 参见蒋安杰:《"法学范畴与法理研究"学术研讨会在长春举行》,载《法制日报》2018年7月25日。

本原则。类似于合同法上的"合同自由"和"鼓励交易"原则,鼓励创新应当成为计算空间的基本原则,据此要求对计算技术的合法性评判遵循谦抑性原则,在不违反法律禁止性规定且没有损害公共利益或者他人合法权益时,应当对其予以承认和保护。此处的法律禁止性规定需要通过一定的原则或者程序进行限缩来给予创新力量以变革式发展的空间。在创新发展的同时,需要确保计算空间的安全可控,不仅要保障国家利益和社会秩序的安全可控,同时也要确保利用计算空间的用户的个人法益安全和风险可控。可问责制则是在创新发展和安全可控基础上所设计的责任机制,技术的研发、生产、使用者需要对各自行为所引发的风险承担责任,由此为应用计算技术引发的各种社会问题提供救济。计算透明是在计算技术日益复杂的背景下所提出的必要信息公开原则,通过平台运行规则透明、算法可解释性透明等方式,为用户的使用决策和追责溯源提供参考依据。技术中立要求对计算技术中的法律问题进行专业定性,减少法律对技术的不当监管,同时要求技术运营方一视同仁地对待网络用户。[1] 普惠正义则是适应智能化、个性化的计算技术发展所必须重视的基本原则,一方面要求为中小企业和用户提供公平参与的环境,另一方面则要求通过技术手段降低法律实施的成本并提高公民对法律正义的可及性。

　　计算空间以数据、算法、平台和场景为基本范畴,由此构成了计算法学的结构体系。数据是计算空间的底层元素,在技术上体现为进位制数,原码、反码和补码,字符、字符串和文字,图像数据的表示,声音数据的表示等,[2]同时在经济上成为与劳动、资本、土地、知识等同等重要的生产要素。数据可划分为个人数据、企业数据和公共数据,建立数据的利用秩序并对其财产价值、人格利益进行分配,是计算法学的重要研究内容。此外,各类法治相关数据的增加和开放,也为法学研究和法律行业的创新发展带来了科技创新的机遇。算法是一种有限、确定、有效并适合用计算机程序来实现的解决问题的方法,一般认为编程形成的代码仅仅是实现一种已有的算法来解决某种问题。[3] 因此"代码即法律"(Code Is Law)仅仅是一种表象,本质上是算法而非代码构成了计算空间的运行规则,所谓的人工智能也主要是算法与数据相融合所实现的功能,算法规制、算法解释、算法责任等构成了计算法学的基本命题。平台是计算空间的"数字门卫",[4]它们是计算空间中的"二政府",决定了各类组织进入市

---

[1] 参见郑玉双:《破解技术中立难题——法律与科技之关系的法理学再思》,载《华东政法大学学报》2018年第1期。
[2] 参见董荣胜:《计算思维与计算机导论》,载《计算机科学》2009年第4期。
[3] 〔美〕Robert Sedgewick、Kevin Wayne:《算法》,谢路云译,人民邮电出版社2012年版,第1页。
[4] See Orla Lynskey, "Regulating 'Platform Power'", LSE Legal Studies Working Paper, No. 1/2017, available at http://eprints.lse.ac.uk/73404/1/WPS2017-0_Lynskey.pdf (last visited on 2020-09-05).

场的规则,同时也对电子化运行的消费者服务产生重要影响。各国政府越来越多地依赖平台实现社会治理目标,平台规则、平台竞争、平台安全、平台责任、平台纠纷解决机制等也成为计算法学研究的基本制度。场景是计算空间的各个分支领域,如电子商务、智慧政务、自动驾驶、精准医疗等,其中电子商务可以划分为互联网销售、互联网医药、互联网金融、即时配送等,这反映出场景的多样性。法律实践和法律场景是研究法律体系的两个重要维度,[1]普适计算背景下的法学研究也需要特别重视不同场景的法律问题研究。康奈尔大学的尼森堡姆(Helen Nissenbaum)在研究隐私权问题时曾指出,场景的各种组成要素都可能影响该特定场景的信息规范。[2] 计算空间的不同场景原则上都应当遵循计算法学的基本原则和数据、算法、平台等方面的基本规则,通过场景理论的研究可以验证一般规则的有效性,也可以发现一般规则的缺漏,区分一般规则和不同场景下的特殊规则是计算法学基础理论研究的内容。

计算空间的规范工具包括法律法规、技术标准、伦理指南和技术自治四种主要方法,其规范效力、规范方法和规范作用均存在差异。法律法规在其中发挥国家基础性和国家强制性规范的作用;技术标准可以利用利益相关方共同制定的统一规范将法定要求或者市场需求具体化、技术化;伦理指南则是面对不确定性风险所要自觉遵守的指导性原则;网络运营者还可以自行采取技术性措施维护自身权益、避免伤害他人权益。

计算空间的应用格局是计算技术发展所形成的新样态,主要包括字节空间、国际协同、交叉学科和技术驱动。字节空间是代码、算法、数据等计算要素所构成的技术社会,是未来法治发展需要拓展的新维度;万物互联、国际融通的计算空间有鲜明的国际协同需求,在相关领域推动国际治理组织和国际治理规范的形成是网络空间治理协调性发展的重要趋势;计算技术在各个领域的推广应用是普适计算的发展方向,需要包括法学在内的各个学科与计算技术等学科进行交叉融合;技术驱动创新的同时也在塑造新的社会运行逻辑,这需要我们更加全面地研究技术发展与社会治理之间的关系。

基于所针对信息技术面向的不同,计算法学可以形成三个具有一定独立性的研究方向:作为研究对象的计算法学,即融入计算思维的新兴法律问题研究;作为研

---

[1] See Philip Selznick, "'Law in Context' Revisited", *Journal of Law and Society*, Vol. 30, No. 2, 2003, p. 177.
[2] See Helen Nissenbaum, "Privacy as Contextual Integrity", *Washington Law Review*, Vol. 79, Issue 1, 2004, p. 119.

工具的计算法学,即利用计算工具探索法律问题的实证分析;作为研究技术的计算法学,即结合计算技术的法律科技研究。

(二) 融入计算思维的新兴法律问题研究

计算思维已经成为一种与实证思维、理论思维相并列的解决问题的思考方式,其内涵是运用计算科学的基本理念来解决问题、设计系统以及理解人类行为,但其并不是编程,也不是计算机的思考方式,而是立足于计算空间的人类思维方式。① 计算思维目前是现代各个学科都积极引入的研究方法,由此计算社会的范围也不断拓宽,产生了电子商务法、网络安全法、电信法、个人信息保护法、数据安全法等新兴法律领域,还出现了人工智能法、自动驾驶法、云计算法、互联网信息服务法、互联网竞争法等新的发展方向。对于这些问题的理解,都必须融入计算思维才能做出符合社会发展规律的科学解释。与此同时,在"法律即计算"(Law as Computation)成为趋势的背景下,我们更需要研究法律的计算机技术化是否可取以及法律科技实现的规范问题,这里面不仅仅是自然语言处理等相关的信息科技问题,还存在很多传统法学领域的问题。② 因此,对于计算法学的研究,需要在计算技术应用的背景下,结合传统法学与计算思维进行法律基础理论和新兴问题的研究。

计算技术的发展和应用塑造了许多新的行为、资源和社会关系。这些新的行为、资源和社会关系如何在法律上进行评价,是法学研究必须与时俱进并予以解决的基本问题,也是计算法学研究的重要任务。在计算技术相关问题产生的初期,有些观点认为这些虚拟空间的问题是现实社会问题在另一个空间的投射,按照类比适用的方式就可以解决所有问题。但是,新一代信息技术引发的信息科技革命影响巨大:改变了全球的生产方式、生活方式和社会治理模式,产生了数据这一新的生产资料,创造了机器智能这一高度自动化的行为主体,还进一步强化了互联网平台的支配地位和社会影响力;对相关的社会治理结构、权利义务分配、法律上的因果关系、技术风险的预防等产生了一系列的影响;引发了新的数据保护与利用需求、新的平台治理问题、新的经济竞争模式、新的技术风险和新的利益平衡等基础问题,需要掌握必要的计算理论、计算思维和计算实践基础方能做出更深入的法律分析。这些研究内在地需要跨学科的知识,这与计算法学本身的交叉学科属性相一致。

---

① See Jeannette M. Wing, "Computational Thinking", *Communications of The ACM*, Vol. 49, No. 3, 2006, pp. 33-35.
② See Michael A. Livermore, "Rule by Rules", in Ryan Whalen (ed.), *Computational Legal Studies: The Promise and Challenge of Data-Driven Legal Research*, Edward Elgar Publishing, 2020, available at https://papers.ssrn.com/sol3/papers.cfm? abstract_id = 338770 (last visited on 2020-09-05).

传统法律规范的对象是人的行为,传统的法学研究也是着眼于人与人之间的关系进行制度安排研究。随着现代社会从信息化走向智能化,计算成为独立性日益增强的一类社会行为,数据、算法、平台和具体的计算场景都成为需要独立研究的对象。计算空间的法律及其执行者只能借助技术规则进行操作,这导致传统的法治模式只能授权给网络平台的运营者来实现法律的基本目标。对于这种现象,一种做法是继续确立传统法律主体的行为规则,所有的计算行为最终须溯源到传统的法律主体进行规制。然而,直接确立传统法律主体的行为规则已经与计算空间的实际情况日益脱节,其后果是导致法律实施的抽象化增强而具体化缺失,具体的社会运行规则制定权从代表民主的立法机关手中流失。出现这种结果的原因在于,将传统上着眼于人类行为的立法转移到计算空间,只能是一种责任担保机制的立法,其目标在于解决由谁承担责任的问题,但是无法为具体的计算行为提供准确的行为规则。因此,现在的立法更加强调对具体的计算行为进行区别对待,法学研究也需要融入计算思维以增加对计算行为的认识,对计算行为的种类、行为机制和规范方式等进行具体研究,才能适应我们正在进入的数字化社会,从而直接为计算行为提供行为规范。

(三)利用计算工具探索法律问题的实证分析

利用计算工具探索法律问题的实证分析,是指变传统的规范法学研究为以事实和数据为基础的实证研究,特别是在大数据时代,利用大数据挖掘技术对传统法律问题进行实证分析将成为探究法律问题的新方向。法律大数据分析是一个高度依赖研究工具的研究方向,日益扩张的计算空间是一个被全面记录留痕的数字化环境,非常适合研究人员开展计算分析和实验。法律大数据分析是利用数学建模等信息技术的方法,以足量的法律数据为支撑寻找法律实践的量化和趋势规律。这种研究方法是计算社会科学的主要思路,也是国内计算法学现有研究成果的主要聚焦点。这一方向的研究可以涵盖传统法学关注的各类问题,充分利用科学的计算方法挖掘大数据的价值,探索数据视角下的法学研究方法和内容。

目前的法律实证研究在一定范围内存在研究选题乏味、理论应用不力、量化数据不足和统计操作随意的技术缺陷,[①]这反映出,开展计算社会科学研究需要将社会科学和数据科学的思想结合起来,才能充分利用数字时代带来的研究机遇。[②] 着眼于计算方法的计算法学实则是以问题为导向、以计算工具为基础、以法律数据为轴心展

---

① 参见程金华:《迈向科学的法律实证研究》,载《清华法学》2018年第4期。
② 参见〔美〕马修·萨尔加尼克:《计算社会学:数据时代的社会研究》,赵红梅、赵婷译,中信出版集团2019年版,第8页。

开的"数据密集型科学",实现了法律数据与规范理论的深度融合。其要义是借助计算分析工具对数据进行采集与分析、交互与整合、结构化与类型化,进而试图通过计算复杂的数量关系变化来表征潜藏在法律现象背后的社会性构成要素和生成路径,透过数据科学因果关系的推论以探知法律事实的内在结构和外部联系,并将数据分析结果用于裁判预测、立法评估、法律实施质效评估等领域,借此实现法学研究与应用的转型升级。①

利用计算工具的法律大数据分析将在法律数据的可视化分析和社会仿真实验等领域不断扩展。法律数据的可视化一般很难通过传统的法律分析或实证分析实现,它能够使专业人员和非专业人士直观地分析复杂的法律关系和逻辑趋势,成为法律印证和关系图谱构建等领域常用的表现方式。例如,以美国法典不同年份的 XML(可扩展标记语言)格式数据为基础,可以通过数学建模来可视化地展示包含2200多万字的美国法典在结构层次、内部引用关系和语言使用等方面的变化幅度。② 又如,可以将我国公司法领域的全部案例数据样本、评估有效及纵横交错的法律关系等挖掘结果以可视化的方式进行分析。③ 此外,社会科学领域的虚拟仿真实验也被称为社会科学计算实验,是区别于定量分析、定性分析的一种实验分析。其可以在计算机系统中依托历史经验数据构建虚拟仿真的社会环境,基于计算技术进行可控、可复现的实验,从而解决社会科学领域的复杂性和不确定性难题。社会仿真实验不仅在法律谈判、选举、量刑和离婚等实践中具有价值,④在税法等法律政策的预期目标评估等领域也有重大价值。⑤ 社会科学的研究者可以用计算机的标准化程序语言来描述自己的思想,并且通过计算机的辅助来讨论过去、分析现状和预测社会系统的未来。⑥ 利用计算工具的法律大数据分析基于科学数据构建社会仿真模型,继而可以在科学可控的环境中研究法律政策和理论的社会效果。

---

① 参见于晓虹、王翔:《大数据时代计算法学兴起及其深层问题阐释》,载《理论探索》2019年第3期。
② See Michael J. Bommarito, Daniel M. Katz, "A Mathematical Approach to the Study of the United States Code", *Physica A: Statistical Mechanics and its Applications*, Vol. 389, Issue 19, 2010, pp. 4195-4200.
③ 参见马俊彦:《案例归约模式——公司法案例指导与知识图谱》,法律出版社2018年版,第27页。
④ Nicola Lettieri, Sebastiano Faro, "Computational Social Science and Its Potential Impact upon Law", *European Journal of Law and Technology*, Vol. 3, No. 3, 2012, available at http://ejlt.org/index.php/ejlt/article/view/175 (last visited on 2020-09-05).
⑤ Ghanem Soltana, "A Model-Based Framework for Legal Policy Simulation and Legal Compliance Checking", IEEE InternationalConference on Model-Driven Engineering Languages and Systems, 2015, available at http://158.64.76.181/handle/10993/21799 (last visited on 2020-08-30).
⑥ 参见盛昭瀚等:《社会科学计算实验理论与应用》,上海三联书店2009年版,第93页。目前常用的建模软件(语言)包括 NetLogo、Vensim、Swarm 和 RePast 等。参见盛昭瀚等:《社会科学计算实验案例分析》,上海三联书店2011年版,第26页以下;[美]克劳迪奥·乔菲·雷维利亚:《计算社会科学:原则与应用》,梁君英等译,浙江大学出版社2019年版,第247页。

（四）结合计算技术的法律科技研究

计算技术的发展不仅给法律带来了挑战，也为法治模式创新发展和法学的"硬科学"转型提供了机遇。法律行业本身是一个利用法律规则建立秩序、解决纠纷并追求正义的服务领域，在法律领域出现内容纷繁复杂、适用成本高等现实问题之际，如何利用计算技术促进法律更好地实现其既定目标，是我们长期以来的一个重要研究方向。将既有的计算技术直接应用到法律工作中，固然是计算技术给法律行业带来的最基本的影响，其带来的司法公开、司法便民和司法效率等问题值得深入研究，但与此同时，越来越多的观点认为，以汉谟拉比法典为代表的成文法开启了对法律规则进行文字编码的历史，随着成文法数量的急剧增加，需要通过新的信息编码技术推动法律的可计算发展，这是法律演变趋势中自然会出现的下一步。[①] 这种观点的理论和实践推动了法律人工智能的发展。耶鲁大学法学院教授莱曼·艾伦（Layman E. Allen）早在1957年就提出了运用符号逻辑技术起草和解释法律的设想，[②]人工智能技术的发展则为信息化时代的法律可计算性提供了强大的推动力。许多计算科学家和法学家都在探索法律的智能化发展。[③] 在法律逻辑学领域，有不少研究分别基于哈特（H. L. A. Hart）、霍菲尔德（Wesley Newcomb Hohfeld）、阿列克西（Robert Alexy）等学者的理论，建立了各种法律执行程序的计算模型。[④] 研究者开始在法律计算模型构建的基础上，利用不断增强的计算技术和信息化系统实现辅助法律实施的各种具体目标，研究的议题涉及法律推理的形式模型、论证和决策的计算模型、证据推理的计算模型、多智能体系统中的法律推理、自动化的法律文本分类和概括、从法律数据库和文本中自动提取信息、针对电子取证和其他法律应用的机器学习和数据挖掘、概念上的或者基于模型的法律信息检索、自动化执行重复性法律任务的法律机器人、立法的可执行模型等。

目前，构建可计算法律系统最实用的方法是基于计算逻辑，其本质是以符号主义

---

① Eran Kahana, "Rise of the Intelligent Information Brokers: Role of Computational Law Applications in Administering the Dynamic Cybersecurity Threat Surface in IOT", *Minnesota Journal of Law, Science & Technology*, Vol. 19, Issue 2, 2018, p. 338 and above.
② Layman E. Allen, "Symbolic Logic: A Razor-Edged Tool for Drafting and Interpreting Legal Documents", *Yale Law Journal*, Vol. 66, No. 6, 1957, p. 833.
③ 1987年，在美国波士顿的东北大学举办的首届"国际人工智能与法律会议"（ICAIL），旨在推动人工智能与法律这一跨学科领域的研究和应用，并最终促成了国际人工智能与法律协会（IAAIL）在1991年成立。与此同时，美国匹兹堡大学法学院1992年创办《人工智能与法律》杂志，已经出版了80余期，推动了法律人工智能理论与技术的持续研究。
④ 参见〔德〕托马斯·F. 戈登：《诉答博弈：程序性公正的人工智能模型》，周志荣译，中国政法大学出版社2018年版，第2页。

为基础的法律推理过程机械化,也即规则驱动的法律人工智能。法律是专业人士通过严格程序对各类行为活动所作的抽象性总结,其运用过程具有较强的逻辑性,这为法律的符号表示和自动化推理创造了良好的条件。早在1958年,在英国国家物理实验室举行的思想机械化会议上,法国法学家卢西恩·梅尔(Lucien Mehl)就阐述了法律思维过程机械化的可能性。在20世纪80年代人工智能中兴的时期,就一直有人尝试使用符号主义的方法将法律翻译成可执行代码,也有人提出了辅助法律决策的实现路径。① 早期可计算法律系统研发的一种方法是直接从法律文本对法律语言进行编码,例如伦敦帝国理工学院的一个小组用编程语言PROLOG(Program in Logic)对英国国籍法的一部分进行了可计算系统的建模。② 随着可扩展标记语言(XML)的发展,阿姆斯特丹大学莱布尼茨法律中心在XML标准下创建了通用的MetaLex可扩展交换框架,③用于建立法律规则文本的统一机读标准。该框架在2010年前后已经被采纳为欧洲标准并被许多欧洲国家采用,其法律文本已经可以提供结构化的XML格式的元数据。这种通用机读格式的法律数据可以用来快速构建和分析数据库,而不需要先进的文本处理技术。连接主义人工智能技术的繁荣为法律的可计算性提供了新的思路,形成了一种数据驱动的法律人工智能。法律行业高度重视文本,积累了反映经验知识的大量文本数据。连接主义的技术本质是利用数据之间的相关性发现规律,通过机器学习的方式处理大量裁判案例等法律数据,并配合一些人工标注数据和可计算规则训练计算模型的法律工作能力。数据驱动的法律人工智能之所以具有可行性,是因为这样一个规律:将法律规则应用于一组社会事实就是一个依赖于概念和规则之间的相互作用的算法过程,这些概念和规则在不同的概括性级别上表达,原则上与神经分层和将相对权重分配给新的信息输入没有什么不同,这些新的信息输入具有深度学习中使用的人工神经网络的特征。④ 与此同时,构建符合特定法律工作场景需求的知识图谱,提高数据驱动模型的可解释性,将是法律人工智能未来发展必须完成的基础性工作。

规则驱动和数据驱动两条技术路线并非是相互矛盾的,未来的技术需要在两个维度上并行发展、互相补充,乃至寻找第三条出路。面对法律的模糊性、开放性

---

① See Anne vonder Lieth Gardner, *An Artificial Intelligence Approach to Legal Reasoning*, The MIT Press, 1987, p.1.
② See M. J. Sergot et al., "The British Nationality Act as A Logic Program", *Communications of the ACM*, Vol.29, Issue 5, 1986, pp.370-386.
③ See Alexander Boer, *Legislation as Linked Open Data: Lessons from MetaLex XML*, Leibniz Center for Law, University of Amsterdam, 2014, pp.1-8.
④ See Christopher Markou, Simon Deakin, "Ex Machina Lex: The Limits of Legal Computability", available at https://ssrn.com/abstract=3407856 (last visited on 2020-08-30).

和法律人工智能实践中出现的问题,长期以跨学科的方法研究法律与计算机科学的凯文·阿什利(Kevin D. Ashley)教授提出前端信息化和后期计算模型的相互配合,并建议使用本体论来恰当地描述特定法律领域内的相关关系。① Wolfram 编程语言的开发者则提出通过高度自然语言化的符号语言来建立一套可计算法律系统。② 还有学者结合量子计算最近的技术突破,阐述了量子计算机的诞生将超越经典计算机 0 和 1 的精确计算,通过量子纠缠理论为模糊乃至可能发生内部冲突的法律提供新的可计算方法。③ 在实践应用和法学教育方面,中国、英国、澳大利亚等先后启动数字法庭建设,④斯坦福大学、牛津大学、新加坡管理大学、荷兰教育部等众多高校和教育部门开始加强法律科技的教育工作,还有更多的政府部门、民间机构启动法律科技的革新项目,法律科技产业也进入高速发展的历史时期。⑤ 为此,在法律科技的未来发展中,已经过了"是否可以"的疑虑时期,进入了"如何更好实现"的探索时期。

四、计算法学的意义:面向"计算主义"的法学研究范式变革

(一) 通过计算法学去除"法律+信息技术"的碎片化

法律和信息技术的交叉是一个发展了数十年的研究分支,在部门法研究以外出现了科技法学、计算机法学、信息技术法学、网络法学、数据法学、人工智能法学等众多所谓的新兴学科,但是这些领域尚未形成一个具有科学理论支撑的学科体系。⑥ 从国内外的学科发展史来看,科技法学、计算机法学、信息技术法学因为基本范畴不

---

① Kevin D. Ashley, *Artificial Intelligence and Legal Analytics: New Tools for Law Practice in the Digital Age*, Cambridge University Press, 2017, p. 210.
② Stephen Wolfram, "Computational Law, Symbolic Discourse, and the AI Constitution", in Edward J. Walters (ed.), *Data-Driven Law: Data Analytics and the New Legal Services*, CRC Press, 2019, pp. 103-126.
③ Jeffery Atik, Valentin Jeutner, "Quantum Computing and Algorithmic Law", *Los Angeles Legal Studies Research Paper*, Vol. 38, 2019, pp. 1-23.
④ 参见〔美〕伊森·凯什、〔以色列〕奥娜·拉比诺维奇:《数字正义:当纠纷解决遇见互联网科技》,赵蕾、赵精武、曹建峰译,法律出版社 2019 年版,第 235 页以下。
⑤ 根据荷兰法律科技网站 legalcomplex.com 的统计,2010—2019 年 7 月,全球新成立的法律科技公司达到 3081 家。根据彭博(Bloomberg)的统计,全球法律科技领域年度融资总额在 2018 年达到 16.63 亿美元,较 2017 年实现了 713%的爆炸式增长;2019 年 1 月至 10 月初,全球法律科技投资总额为 12.29 亿美元,将继续维持繁荣发展的态势。而在科技发展方面,根据汤森路透(Thomson Reuters)2017 年发布的报告,新法律科技的全球专利申请量在五年内增长了 484%,其中美国和中国的专利申请量最多。
⑥ See Michael Guihot, "Coherence in Technology Law", *Innovation and Technology*, Vol. 11, Issue 2, 2019, pp. 311-342.

足或者不适应时代趋势而被淘汰或边缘化;数据法学和人工智能法学则处于前途未卜的热点前沿之列;网络法学经过二十年的发展取得了较大成绩,但无法满足法律与信息科技深度融合发展的需求,无法涵盖普适计算下的法律新领域,特别是智能化时代的新问题。计算法学的价值不仅在于研究内容的拓展,它还带来了新的法学研究基础,是一个打破传统部门法学划分方式的新兴学科,代表的是一种基于"计算范式"的法学研究的范式变革。范式在学科的发展和形成中至关重要,因为范式确立了一个学科公认的基础框架和研究视角,形成一个研究范式是任何学科在发展中达到成熟的标志,范式转变则会带来对于传统问题的新认识和研究的新方法。[1] 计算社会科学的发展中专门提出了"计算范式",[2]其内涵主要包括信息加工范式的内容和方法两个方面,给社会科学研究提供了全新的视角,可以新颖而深刻地洞察社会宇宙的本质。[3] 这一总结也适用于计算法学领域。

国内外法学界对于信息时代的新法学范式做了多种不同的解读。再复兴的网络时代应当树立去中心化的治理范式,[4]通过"代码即法律"将网络空间纳入法律轨道,利用代码空间的分析范式来构建网络时代的民事权利,[5]以及近年来兴起的法律程序工程范式对于未来法律职业的设想,[6]都是学者在面对计算空间的新兴问题时所做的大胆探索。库恩认为,范式表现出两种基本素质:此类范式的成就空前地吸引了一批坚定的拥护者,并且能够为各种争论问题提供统一的解决方案;同时,这一范式成就又足以无限制地为重新组成的一批实践者留下有待解决的种种问题。[7] 有学者认为,法学研究范式的形成需要具备三个条件:相对于已经建立范式的其他学科而言,新范式具有比较特殊的研究对象;可以根据研究对象集合的某些特征构建具有连贯性的理论,这意味着这些对象必须表现出某种可以分析的行为;研究对象表现出一种潜在的秩序,没有这种秩序就没有理论或范式,因为范式的首要目的就是阐明在人

---

[1] 参见〔美〕托马斯·库恩:《科学革命的结构》,金吾伦、胡新和译,北京大学出版社2003年版,第10、46页。
[2] See Ray M. Chang, Robert J. Kauffman, Young Ok Kwon, "Understanding the Paradigm Shift to Computational Social Science in the Presence of Big Data", *Decision Support Systems*, Vol. 63, 2014, pp. 67-80.
[3] 参见〔美〕克劳迪奥·乔菲·雷维利亚:《计算社会科学:原则与应用》,梁君英等译,浙江大学出版社2019年版,第2页以下。
[4] See Orly Lobel, "The Renew Deal: The Fall of Regulation and the Rise of Governance in Contemporary Legal Thought", *Minnesota Law Review*, Vol. 89, Issue 2, 2004, p. 343.
[5] 参见吴伟光:《构建网络经济中的民事新权利:代码空间权》,载《政治与法律》2018年第4期。
[6] 参见於兴中:《法律工程师:一种新兴的法律职业》,载《法治周末》2019年11月21日;〔英〕理查德·萨斯坎德:《法律人的明天会怎样?——法律职业的未来》,何广越译,北京大学出版社2019年版,第155页。
[7] 参见〔美〕托马斯·库恩:《科学革命的结构》,金吾伦、胡新和译,北京大学出版社2003年版,第10页。

们感兴趣的现象背后的可感知的秩序。① 由此可知,一个新的研究范式应当在体系上形成共识以解决基本问题,同时又为具体问题保留开放的讨论空间。当前,仅仅对信息技术的局部进行抽象总结无法形成理论秩序,反而由于缺乏体系共识而加重了知识碎片化问题。计算法学是从技术的本质和思维方法层面进行体系设计,有利于摆脱信息技术的具体应用形式,能够在普适计算时代确立法学研究范式的新体系。

(二) 计算法学研究范式变革的具体体现

计算法学学科背景下的"计算范式",立足于计算空间的数据、算法、平台和场景,将鼓励创新、安全可控、可问责制、计算透明、技术中立和普惠正义作为基本原则。通过计算思维认识法律现象及其蕴含的科学规律成为研究的新内容,通过计算方法进行大数据的挖掘和量化分析成为研究的新方法,通过计算技术辅助法律的理解和实施成为研究的新手段。从范式转变的角度而言,"计算主义"至少对传统的法学研究范式产生了三个方面的影响。

其一,计算空间的治理结构从过去的权威法治规范向多元治理转变。大陆法系国家长期受到法释义学研究的影响,将国家立法机关制定的法律规则划分为不同的部门并进行解释成为法学研究的主要方法。对于这种法学研究的视角,有学者将其总结为权威范式(authority paradigm)。这一范式具有稳定性、确定性和可预测性的优势,但是也导致法学研究更加接近神学而不是社会科学,因为法治及其法学研究成了一个封闭的体系,它的结构、概念和基本范畴都只是用来解释和重新解释这个封闭系统。② 随着社会的高度技术化和平台化,权威范式下的法学研究方法已经无法满足计算空间的治理需求,法治的各个方面都需要融入数字化时代,故而我们必须以问题为导向扩展法学研究的视野,将多元治理作为法学研究的定位基础。2019 年,英国上议院发布《数字化时代的规制》,明确将互联网空间的规制分为政府规制、合作治理和自我规制三种类型。③ 对计算空间的法律进行研究,一方面需要认识到法律的有用性和局限性,从而让法律有所为有所不为;另一方面需要认识到制定法之外的其他治理工具也可以为法治提供支撑,故而应当积极利用合作治理和自我规制的机制,

---

① See Peter Ziegler, "A General Theory of Law as a Paradigm for Legal Research", *Modern Law Review*, Vol. 51, No. 5, 1988, p. 586.
② See Geoffrey Samuel, "Interdisciplinarity and the Authority Paradigm: Should Law Be Taken Seriously by Scientists and Social Scientists?", *Journal of Law and Society*, Vol. 36, No. 4, 2009, pp. 431 – 459.
③ House of Lords Select Committee on Communications, *Regulating in a Digital World*, 2019, p. 9, available at https://publications.parliament.uk/pa/ld201719/ldselect/ldcomuni/299/29902.html (last visited on 2020 – 09 – 06).

将多方主体、多元工具引入现代化的治理体系。

其二,计算时代的法学研究从规范分析向数据分析拓展。随着计算存储和处理能力的提升,现代社会的大量行为和关系通过数据的形式反映出一系列可测量的有用信息,现代数据科学成为可在各领域提供辅助的研究方法。① 法律是规范人类行为的准则,传统的法学研究主要依靠定性分析,对各类社会问题进行价值判断和规范分析从而得出相关结论。随着经济学、社会学等众多人文社会科学采用定量分析的研究方法提高学科的科学性,越来越多的法学家也在积极倡导以定量分析为代表的法律计算分析,如倡导开拓中国的法律实证研究,打造"定量法学"的广阔前景。② 在"计算无处不在"的时代,法律及其实施的电子化记录积累了许多数据,这些数据种类的增多、数量的增加、质量的提高以及处理能力的提升为法律问题的定量分析创造了良好的条件。③ 建立在大数据基础之上的法学研究将在很多方面改变法学的理解方式。④ 数据分析将引导法学研究更加关注法律现象的经验维度,并使其在与其他学科的对话中更加开放,这也是与知识社会的复杂性和动态性有关的正确法律决策的两个基本要求。特别值得一提的是,从方法论的角度来看,计算范式还可能建立法律实验分析中的科学思维模式,培养一种解决法律问题的计算方法,并提供更有科学依据和基于证据的答案。⑤ 总之,计算时代必将促进计算工具的发展和法律大数据的积累,最终通过计算分析方法丰富法学研究的方法和内容。

其三,计算化社会需要法律与技术融合的治理模式。计算化社会的很多行为都是电子化行为,相应的治理方法也需要采用数字技术来主动发现和防范危险行为。⑥ 法律和技术都是人类社会发展中的文明成果。其中,法律历来被视为社会治理的有效工具,但是技术在社会治理体系中的地位却长期被忽视。许多传统的法学研究不把技术细节纳入研究学习的范畴,或者仅仅将技术作为对立面进行批判,这就导致法律和技术仅仅是监管和被监管的关系。十九届四中全会的决议提出了"法治保障、

---

① See S.C. Olhede, P.J. Wolfe, "The Growing Ubiquity of Algorithms in Society: Implications, Impacts and Innovations", *The Royal Society*, Vol. 376, 2018, p. 2128.
② 参见左卫民:《一场新的范式革命?——解读中国法律实证研究》,载《清华法学》2017 年第 3 期。
③ 需要说明的是,大数据对应的英文为 big data,而不是 huge data、large data、vast data。这里的大数据的规模级是"抽象的大",能实现统计学意义上置信度的量级数据即可称为大数据。在简单的统计分析任务下,数百个数据也可以称为大数据。
④ See Catalina Goanta, "Big Law, Big Data, Law and Method", December 2017, available at https://www.bju-tijdschriften.nl/tijdschrift/lawandmethod/2017/10/lawandmethod-D-17-00007 (last visited on 2020-09-06).
⑤ Nicola Lettieri, Sebastiano Faro, "Computational Social Science and Its Potential Impact upon Law", *European Journal of Law and Technology*, Vol. 3, No. 3, 2012, available at http://ejlt.org/index.php/ejlt/article/view/175 (last visited on 2020-09-05).
⑥ See Patrice Dutil, Julie Williams, "Regulation Governance in the Digital Era: A New Research Agenda", *Canadian Public Administration*, Vol. 60, No. 4, 2017, p. 562.

科技支撑"的现代化国家治理体系,科技必将成为与法律相并列的治理工具。在这种认识视角下,法学研究者从事社会治理的研究,需要重新确立与技术的关系,把对于技术知识的学习作为法学研究的重要内容,引导技术成为社会治理的一环,甚至利用信息技术创新纠纷解决机制。随着计算空间的发展,我们所制定的法律法规也不应当仅仅面向物理世界,而是需要同时面向网络空间,也即需要在特定领域将为人类书写的法律规则转化成计算机可读的计算规则。[1] 例如,在高度电子化的金融交易领域,复杂的金融监管法规也需要按照计算行为的方式进行可计算化的立法或解释,才能得到全面的实施。与此同时,抽象的法律规则需要法律专家来细化、解释,才可能变成可计算执行的技术规则,这一工作无法仅仅交给程序员来完成。[2] 因此,法律与技术融合的认识视角,既鼓励法律人积极学习技术,又鼓励技术专家积极学习法律,通过科技的方法改善法治化的实现方式,让计算技术赋能法治国家建设。

五、计算法学的未来:构建交叉融合的计算法学共同体

(一)计算法学反映了法学与计算科学交叉的本质

新一代计算技术的快速发展开启的不仅是新的商业模式,而且是一轮具有颠覆性的信息科技革命,引发了社会治理模式和法治范式的转变。计算法学的提出,是法学教育对这一重大社会变革所做的科学而全面的应对。陆续展开的国家治理体系和治理能力现代化建设,以及网络强国、科技支撑平安中国建设等,必将为我国的计算法学发展带来巨大的政策机遇。与此同时,互联网产业的繁荣发展为计算法学的发展创造了客观条件,互联网产业中日益增长的技术与治理风险则为计算法学的发展创造了需求,高校一流学科和新文科建设也为计算法学的发展提供了方向。

在法学研究不断走向成熟的过程中,专业化、细致化发展是法学研究的必然趋势,但是这种趋势并不意味着学者必须将自己禁锢在术业专攻的那一领域。[3] 未来的法学研究应当步入知识融合时代,融合法学和相关学科的知识以及法学内部各学科的知识,并尽量付诸法学实践,即从学科分立到知识融合,以此夯实学术发展的创

---

[1] See Javier Vazquez-Salceda *et al.*, "From Human Regulations to Regulated Software Agents' Behavior", *Artificial Intelligence and Law*, Vol. 16, Issue 1, 2008, pp. 73-87.
[2] See Vytautas Čyras, Friedrich Lachmayer, "Technical Rules and Legal Rules in Online Virtual Worlds", *European Journal of Law and Technology*, Vol. 1, Issue 3, 2010, available at https://ejlt.org/index.php/ejlt/article/view/27 (last visited on 2020-09-06).
[3] 参见王利明:《"饭碗法学"应当休矣》,载《法学家茶座》2003年第4期。

新点。① 我们必须意识到，法学作为一门学科的独立性不是建立在法律规范与其他事务严格分离的基础之上的。相反，法律研究就是要深入到社会生活的所有领域去识别问题，只有通过法学与非法学方法的结合，才能给出完整的答案。② 站在科技时代的前沿，我们应该以一种开放的心态和开阔的胸怀，不断聚焦计算法学这一法律与计算科学交叉融合的新方向。

随着计算机的诞生，在信息技术发展、互联网普及、大数据应用、人工智能繁荣等一系列热门社会现象出现的过程中，法律不仅成为了一个研究工具，同时也成为了一个研究对象。计算机法学、互联网法学、信息技术法学、数据法学、人工智能法学、机器人法学等概念，都是历史上或者当下被广泛聚焦的研究方向，但是其中一部分已经被束之高阁、弃而不用，一部分陷入边界模糊不清而互相交叉的境况，还有一部分由于新现象的出现而正当勃兴发展之时。通过对法律与信息科技交叉研究过程中不断涌现的诸概念的比较可以发现，现有的命名大多取自计算机技术的应用形式，因而具有与生俱来的局限性。随着信息技术发展的不断迭代更新，它们都存在以偏概全的缺点，难以涵盖新技术带来的法律问题。在一定意义上，希冀从计算机技术的应用形式中选取一个涵盖广泛的命名，既包括传统的作为工具的互联网技术，又包括基于机器学习的智能信息技术，本身就是一件不可能完成的任务。于是，人们转而采用"未来法学"等描述性的界定，但其内涵模糊、覆盖面过宽，会导致学科概念功能的丧失。

学科发展应该是对社会现象背后的本质理论问题进行抽象，从而具有相当的概括性和科学延展性。故而本文建议，应转换思路，透过不断迭代的信息科技发展现象，从新的研究方法和研究对象的本质来提炼学科概念。计算法学同时反映了计算技术相关法律问题的本质和计算思维在法学研究中的应用，是参考"计算范式"发展背景下"计算+X"跨学科家族③的一种通用命名方式。计算法学不仅有很强的概括力、包容性，而且与传统的民法学、刑法学命名一样简洁，是一个具有很强传播力的学科概念。

---

① 参见王利明、常鹏翱：《从学科分立到知识融合——我国法学学科30年之回顾与展望》，载《法学》2008年第12期。
② See Jan M. Smits, "Law and Interdisciplinarity: On the Inevitable Normativity of Legal Studies", *Critical Analysis of Law*, Vol. 1, No. 1, 2014, pp. 85-86.
③ 根据《中华人民共和国学科分类与代码国家标准》(GB/T 13745—2009)，教育部已经普遍认可的目录类二级学科包括计算数学(学科代码：11061)和计算物理学(学科代码：14075)等依托计算所形成的学科。根据教育部发布的《学位授予单位(不含军队单位)自主设置二级学科和交叉学科名单》(截至2020年6月30日)，在国家标准目录之外，结合计算方法形成的自主设立二级学科已经有计算语言学、计算力学、计算化学、计算生物学、计算医学、计算材料学等学科。

(二)计算法学代表了法学与计算科学相互赋能的趋势

法律的普适性决定了法学研究要进入社会生产生活的各个方面,同时也需要或多或少地利用各个相关学科的知识,并需要随着各个学科知识的变革而做出必要的调整。传统的法学研究在计算科学领域面临着治理工具不足、应对效率不高、社会效果不佳等多维度的困境,未来在新一代信息技术相关的法律教学和研究中,需要更多地引入计算科学的概念和方法,不仅为法学研究提供新的研究视角和研究工具,而且可以丰富我们对于法律规则在现代社会中的形成机理和作用机制的认知。计算与人文科学交叉形成的数字人文,其研究既包括使用计算机从而以新方式理解人文材料,又包括将人文学科的理论和方法应用于解释新技术。[①] 本文以立足过去、展望未来的态度提出计算法学的新内涵,也是认识到法学与计算科学相互赋能的重要性。计算法学的发展需要构建融合法学、计算机科学和计算社会科学等领域的跨学科学术共同体,才能培养出适应计算社会发展趋势的复合型人才,才能提供满足计算社会需求的研究成果。

法律科技的发展史告诉我们,法律科技需要一个法学家和计算科学家相互协作的共同体。在 20 世纪 80 年代,随着信息技术的第一次推广,法律专家系统经历了繁荣发展的十年,许多计算机科学领域的专家和律师投入法律专家系统的研发之中。这种法律专家系统的热潮,实际上是在哈特所倡导的那种简单化的、以规则为导向的法律理论的影响下成长起来的。但是,这种依据一个法哲学理论所进行的研发,在实践中必定会遭遇各种复杂的法律问题,因为逻辑编程无法反映法律运行的真正逻辑;我们必须重视实体法的具体问题,但是这些研发者缺乏足够专业的法律知识。[②] 此后,部分计算机科学家变得更关注法律学科而不是技术发展。"法律专家系统"这一术语在 2000 年后被"法律决策支持系统"所替代,也间接反映了预期的下降。可以说,20 世纪 80 年代的计算法学实践,是由计算机科学领域的专家主导发起的,其从繁荣到衰落的发展过程,揭示了培养复合型人才的重要性。自 2015 年以来,由于人工智能技术的突破以及政策、社会和商业机构的关注、投入,法律科技市场再次繁荣,热门法律科技产品问世、法律科技学位项目创设、法律科技国家政策出台、高校专门研究机构成立,但是目前通用人工智能技术仍有缺陷,人工智能法律科技产品依然依赖于大量的知识图谱和数据标注,亟须发展法律科技的基础科研平台和数据资源,培

[①] See Lewis Levenberg, Tai Neilson, David Rheams (ed.), *Research Methods for the Digital Humanities*, Palgrave Macmillan, 2018, pp.1-13.
[②] See Philip Leith, "The Rise and Fall of the Legal Expert System", *International Review of Law, Computers & Technology*, Vol.30, Issue 3, 2016, pp.94-106.

养专门的法律科技人才。

　　计算科学相关的法律问题也证明,将法学定位为文科,将法学生定位为文科生,是存在局限的。计算法学所根植的技术密集型社会存在大量复杂、紧迫的问题,利用计算科学赋能法学发展的价值也在此得到了充分的体现。无论是在学术研讨会、立法论证会上,还是在研究论文和法律文本的形成过程中,精通法律和技术的人都需要进行有意义的交流,通过跨学科的方法寻找问题的破解路径。在美国,以"我们机器人"(We Robot)为主题的机器人法律和政策年度会议,每年都能吸引与法律人几乎一样多的机器人专家,雷恩·卡罗(Ryan Calo)认为这一现象应归功于将网络法学作为一个独立学科,通过跨学科的方法建立了一个跨专业的学术共同体。[1] 概而言之,计算科学相关的法律问题是一个深度跨学科的领域。例如,法律上的术语定义、自动化代理程序的本质、个性化推荐原理、云平台的法律责任、算法治理、数据确权、无人机监管、自动驾驶汽车高精地图数据的收集与使用,如果不运用跨学科的知识,恐怕连问题都无法理解。这里谈论的不是生搬硬套地借用计算技术的知识来说明法律,而是通过跨学科的方法解决实际问题。法律治理与技术自治成为解决社会问题的两个并列方案。

　　日益计算化的社会需要建立一个法学家和计算科学家相互赋能的共同体,仅仅依靠新兴计算科学,或者仅仅依靠传统法律规则,均无法适应计算社会发展的需要。计算技术使得计算法学的理论能够付诸实施,但是实践也证明,徒有计算科学的发展,不足以发展法律科技。在计算技术应用于法律实践的过程中,法学基础知识的规则总结和实践需求提炼越来越重要,这是保障计算技术能够在法律领域得到科学且规范应用的条件。与此同时,计算技术相关法律制度问题的研究需求也越来越突出,这是保障法律科技有序发展的条件,也是保障计算技术本身长远发展的基础,以此来保障计算技术为包括法律行业在内的全社会带来整体福利。计算法学具有深厚的历史渊源和理论基础,同时计算法学仍是一个处于发展变化中的概念。本文所倡导的计算法学新内涵符合时代需求和学科趋势,是"计算+X"交叉学科趋势在法学领域的必然结果,有助于通过新兴法学学科建设应对计算科学革命触发的国家治理体系和治理能力现代化的机遇与挑战。

(申卫星、刘云/文)*

---

[1] See Ryan Calo, "Robotics and the Lessons of Cyberlaw", *California Law Review*, Vol. 103, No. 3, 2015, p. 561.
* 申卫星,清华大学法学院教授;刘云,清华大学法学院助理研究员。本文原刊于《法学研究》2020年第5期。

人的"数字属性"及其法律保障

　　自石器时代到信息时代,人类每一次重大技术革命都是其心智与脑力延展、肢体与体力解放的过程。① 在技术革命的冲击之下,人们的生产生活方式一次又一次被科技赋能与重塑。随着互联网、大数据、云计算、5G、物联网、人工智能等一系列信息科技向纵深发展,当今社会已然呈现出虚实同构的双层社会表征,人们也由此开启了数字化生存模式。但正如麦克卢汉(Mcluhan)所说:"我们塑造了工具,此后工具又塑造了我们。"② 在信息科技为人们生产生活带来便利的同时,数据和信息也逐渐变成了每个人不可分割的构成性要素,表达与建构着人的自然本性、社会角色与个性特征。③ 越来越多的人观察到,人类从创造技术、利用技术到依赖技术,到现在脱离技术寸步难行的现象,以至于有学者提出:随着大数据技术的发展,"人的本质到底是什么"可能将成为接下来20年需要深入思考的问题。④ 在此背景之下,张文显教授提出了"无数字,不人权"的数字时代人权理念,⑤引人深思。作为人权研究者,应对不同时代下人的本性变化具有足够的敏感性。数字化时代,人的本性会发生何种变化、是否拓展到人的"数字属性",则是一个关乎数字人权的基本理论问题,是人权理论研究拓展至数字空间的逻辑起点,应当引起足够重视。

一、数字化时代凸显人的"数字属性"

　　数字化时代造就了数字社会。人类利用信息、数据与代码等"原材料"搭建起一个与物理世界平行存在的虚拟空间,这个空间成为继陆地、海洋、天空、太空之后的第五大战略空间。⑥ 当人类进入这个虚拟空间开展各种社会活动时,正如吉登斯(Gid-

---

① 参见徐汉明、张新平:《网络社会治理的法治模式》,载《中国社会科学》2018年第2期。
② 〔加拿大〕马歇尔·麦克卢汉:《理解媒介:论人的延伸》,何道宽译,商务印书馆2000年版,第17页。
③ 参见马长山:《智慧社会背景下的"第四代人权"及其保障》,载《中国法学》2019年第5期。
④ 参见〔美〕史蒂夫·洛尔:《大数据主义》,胡晓锐、朱胜超译,中信出版社2015年版,第306页。
⑤ 张文显:《无数字,不人权》,载《北京日报》2019年9月2日。
⑥ 参见刘艳红:《互联网治理的形式法治与实质法治》,载《理论视野》2016年第9期。

dens)以"脱域化"形容工业社会取代农业社会那样,数字化生存使得人们的生活不再被束缚在土地之上,同时也跳出了物理场域,打破了地域、领域以及族域的界限。① 而作为城邦政治动物的人,在这个虚拟的数字社会中的存在形式也凸显出了全新的"数字属性"。

(一)从生物人到"信息人":人的存在形式具有"数字属性"

无论是在以土地为依托的农业时代,还是在以工厂为依托的工业时代,人们都是以"血肉之躯"存在于社会之中开展各种社会活动,"生物人"的存在形式成为千百年来人类认知中的唯一形式。

进入数字化时代,面对大数据、区块链、人工智能、物联网等信息技术,人们很难理解"行为人在地球的一个角落实施操纵,而该行为通过数据联接会同时在一个或几个国家产生后果"。② 并且,"数字化越普及,数字力量所能影响的领域就越多,个人面对的与数字化及个人身份有关的挑战就越多"。③ 于是,有学者开始审视信息科技对人的本体论与认识论观念的冲击,技术哲学大师唐·依德(Don Ihde)教授曾在《技术中的身体》中明确提出了身体理论三分法:一是从物理维度出发,认为人的身体是具有物质属性的血肉之躯;二是从政治维度出发,认为人的身体是社会与文化意义上的后现代话语身体;三是从技术维度出发,认为前两种身体会在科学技术作用下呈现出新的身体状态。④ 正如依德教授所认为的,在信息技术维度下人的存在形态并非还是传统的"生物人",而是成为具有"数字属性"的"信息人"。

从存在形态来看,在数字空间中具有"数字属性"的"信息人"主要以静态与动态两种形式出现。

静态的"信息人"是生物人在数字空间中的映射,属于一种信息身份。具言之,自出生时起至死亡时止,除了在物理空间中存在一个"生物人"之外,在虚拟空间数据库中的个人信息也在不断累积,直至形成一个虚拟世界的"信息人"。⑤ 这种静态的"信息人"有助于其他网民了解与辨识特定的生物人。例如,针对近年来频发的证明"我是我"等一系列问题,部分地区施行了"互联网+可信身份认证"模式,以虚拟空

---

① 参见张康之、向玉琼:《网络空间中的政策问题建构》,载《中国社会科学》2015年第12期。
② 〔德〕乌尔里希·齐白:《全球风险社会与信息社会中的刑法》,周遵友等译,中国法制出版社2012年版,第287页。
③ 〔德〕克里斯托夫·库克里克:《微粒社会》,黄昆、夏柯译,中信出版社2018年版,第186页。
④ Don Ihde, *Bodies in Technology*, University of Minnesota Press, 2002, pp.16-28.
⑤ 参见〔英〕约翰·帕克:《全民监控:大数据时代的安全与隐私困境》,关立深译,金城出版社2015年版,第1页。

间中的"信息人"来证明生物人的身份。而在影视圈,"流量明星"通过上传生活细节营造"人设"提高知名度,甚至在婚姻大事上男女双方都可以通过相亲软件对性格与兴趣爱好进行匹配,实现"大数据帮你找到另一半"。① 此外,近年来出现的"大数据画像",即利用大数据分析特定的目标人物在数字社会中的各种行为,对其外貌、爱好、性格、习性等各种特征进行汇总画像,也属于静态"信息人"的直接表现形式。

而动态的"信息人"则是静态"信息人"的升级,属于具有"数字属性"的社会人。与静态的"信息人"功能不同,人们不再满足于将生物信息映射在数字社会中,而是要在数字社会中进行沟通交流、买进卖出、生产生活等一系列社会活动,于是便出现了动态的"信息人"。所谓动态的"信息人",是指线下生物人利用信息技术,操纵静态"信息人"实施一系列社会行为,由此便达到了行为与物理身体相分离的效果,在哲学上被称为"离身性"②。动态的"信息人"最大的特点在于会产生合法或违法、盈利或亏损、道德或不道德等一系列结果,对物理社会中的生物人产生影响,这是仅具备身份属性的静态"信息人"无法做到的。并且由于数字社会的有痕化特征,各种行为更容易记录量化,例如在司法解释中规定网络诽谤转发 500 次、点赞 5000 次"积量成罪"的标准。③ 因此,动态"信息人"与静态"信息人"的区别在于能否实施行为与产生社会后果。

(二) 人的"数字属性"来源:人的社会活动数字化进阶

考察人的"数字属性"来源是对其进行理论定位的前提与基础。当今世界正在经历百年未有之大变局,数据化实现了数据资源的获取与积累,网络化实现了数据资源的流通与汇聚,智能化实现了数据资源的配置与整合转型,基本完成了由"办公数字化"到"社会数字化",开始迈向"万物数字化"的终极目标。④ "社会数字化"形成了物理世界—数字世界、现实生活—虚拟生活、物理空间—电子空间的双重构架,二者相互影响、相互嵌入、相互塑造,⑤使得"数字社会"在这一时期成为较为稳定的概念。我们认为人的"数字属性"诞生于"社会数字化"时期,在"万物数字化"时期因人的社会活动数字化加深而得到巩固,并稳定存在。

首先,数字社会已成客观事实,而数字社会稳定存在的前提应是人的社会活动被数字化。马克思主义曾旗帜鲜明地指出:"人是最名副其实的政治动物,不仅是一种

---

① 参见〔美〕伊恩·艾瑞斯:《大数据:思维与决策》,宫相真译,人民邮电出版社 2014 年版,第 24 页。
② 参见冉聃:《赛博空间、离身性与具身性》,载《哲学动态》2013 年第 6 期。
③ 参见刘期湘:《人工智能时代网络诽谤"积量构罪"的教义学分析》,载《东方法学》2019 年第 5 期。
④ 参见梅宏:《建设数字中国:把握信息化发展新阶段的机遇》,载《人民日报》2018 年 8 月 19 日。
⑤ 参见马长山:《智能互联网时代的法律变革》,载《法学研究》2018 年第 4 期。

合群的动物,而且是只有在社会中才能独立的动物"[①],并强调人的社会属性是人的本质属性。反之,"社会得以诞生,是通过理性和意志的运作而自由合意而成的事物"[②]。某个仅仅存在某些无理性、无意志物质的空间不能被称为社会,而是需要人类的社会性活动存在。因此,社会与人互相成就,脱离了社会的人不能被称为人,脱离了人类活动的社会也不能被称为社会。当下,虽然生产要素数字化、货币数字化、政府数字化甚至空间数字化都在逐步被承认,但物与事的数字化并非真正的数字社会,只有数字空间中出现了具有意志的理性人,被数字化的生产要素、货币等物才有存在的价值,相应的社会关系才会形成,数字空间才能被称为"数字社会"。但有一点需要明确,数字社会的形成并不是指人的物理身体进到数字空间,而是由于信息科技发展使得人的物理身体与社会活动剥离开来,人们利用电脑与网线连接到数字空间,将身份信息与社会活动数字化,实现了生物人与"信息人"的转换,并以"信息人"的形态在数字空间中完成了一系列社会活动。

其次,人的社会活动数字化与人的"数字属性"构成数字社会发展的一体两面。人的社会活动数字化造就了数字社会,同时也对人类自身产生了巨大影响。进入数字化时代以来,小到进出小区的人脸或指纹识别,大到竞选总统线上投票,人们的学习娱乐、交流互动、买进卖出等一系列社会活动都可以在数字社会中展开,数字化生存方式使得人们的生活变得更为迅捷,但也导致人们对信息技术的依赖性越来越强。"数字化"一词也成了信息革命浪潮中最热门的话题,但从数字社会的形成逻辑来看,"数字化"仅属于动态的"侵蚀"过程,并非数字社会发展的结果。在"web 2.0"时代,人们开始在数字空间中发表言论与他人交流互动,这个时期仅言论与作品被数字化为虚拟空间中的社会行为;进入"web 3.0"时代,区块链、大数据、人工智能、物联网等技术使得除了言论之外,各种商业买卖、教育教学、公益慈善等社会行为也逐步被数字化,人们的社会活动正在由简单到复杂、由平面到立体、由碎片到整体地被数字化"侵蚀"。而不同阶段的数字化"侵蚀"均表现为人的社会活动以信息、数据、代码为基础的存在、表达与实施,这便是静态的人的"数字属性"。因此,数字社会发展的过程本质上也是人的社会活动数字化与人的"数字属性"相互转化的过程。

最后,具有稳定的"数字属性"是人的数字化进阶状态。从动态的数字化到静态的数字属性,历经数据收集、整合、表达、接收等一系列复杂过程,科技发展水平决定着人的社会活动数字化进程,也决定着人的社会活动"数字属性"的稳定程度。正如

[①] 《马克思恩格斯选集》(第 2 卷),人民出版社 1995 年版,第 2 页。
[②] 〔法〕雅克·马里旦:《人权与自然法》,吴彦译,商务印书馆 2019 年版,第 8 页。

有学者所提出的,由于大数据中的信息具有碎片化、片面化的特征,难以与现实生活接轨,需要进一步对数据与信息加以界定、定义、分类与赋值,赋予其特定的人类意义。① 所谓特定的人类意义,也并非简单地将个人信息数据化传入互联网,而是赋予这些信息以社会意义,以便于人们在数字社会与物理社会的双层架构下能顺畅衔接与互动。"在信息时代中全部社会实际上都被网络社会普遍化的逻辑以不同的强度穿透了。它的动态扩展,逐渐吸收与制服了先前存在的社会形式。"② 身处于全球信息化、数字化浪潮之中,我们应当冷静思考当人类社会实现了"万物数字化"时,"数字化"一词便没有了存在的价值,数字空间实名制使得人们的"数据身份"得以确立,由生物人转变成"信息人",人们在数字空间中的生产生活都通过数据表达,也都具备了稳定的"数字属性"。

(三) 人的"数字属性"与社会属性、自然属性关系之厘定

人的"数字属性"是指人们以"信息人"的形态在数字空间中的社会关系建构、人格尊严维护以及个人价值实现都有赖于信息、数据与代码的描绘与表达。人性作为人生而固有的普遍属性,有人认为包含了自然属性、社会属性与精神属性三个方面,它们又分别表现为生理的、社会的与心理的需要。③ 而在当代科学背景下,"物理学、生理学、脑科学与认知科学都已经清晰地表明,精神活动完全是物质的、生理的"④,代表生理的自然属性与代表心理的精神属性二元对立结构已然崩溃。如前所述,"数字属性"的出现并未改变人固有的属性,而是某一种属性外延的拓展。关于人的"数字属性"定位的进一步精细化,需要从自然属性与社会属性两方面进行思考。

人的"数字属性"不属于人的自然属性演进范畴。一般而言,人的自然属性是指人的生理或生物方面的属性。如果认同人的"数字属性"是人的自然属性的延伸,便是认可了人的血肉之躯带有"数字属性",即利用科技改造人。而利用科技手段对人的自然属性进行改造或加以技术赋能一直存在争议,在哲学上分为"激进主义"与"保守主义"两大派别。其中,激进主义者认为技术是人在获悉自然性质后产生的,具有"可控性",技术不仅仅是人类用于改造客观世界的手段,也应该是改造自身达到某种目的的手段,甚至用以提高后代的自主能力。例如,经颅直流电刺激(tDCS)技术,将低电流传送到人脑,可以强化使用者的精神集中能力与创造思维能力。保守

---

① 参见马长山:《智慧社会的治理难题及其消解》,载《求是学刊》2019年第5期。
② 〔美〕曼纽尔·卡斯特:《千年终结》,夏铸九等译,社会科学文献出版社2006年版,第333页。
③ 参见姜登峰:《法律起源的人性分析》,载《政法论坛》2012年第2期。
④ 孙志海:《人学存在论的反思与重构——人的自然属性、社会属性与精神属性关系研究》,载《东南大学学报》(哲学社会科学版)2014年第4期。

主义者则认为人是世界的"主体",技术仅是一种"外在",应当在人的可控范围内,而不能存在任何"反向"塑造人的可能性,而新兴人类增强技术是将人与技术的关系"反转"的表现。[①] 这种由人的自然属性引发的主体地位之争,在法学界表现为对人工智能体的法律主体地位的讨论。从人权法学视角来看,宪法与法律都具有保障人权的功能,人权所保障的是人依其自然属性与社会属性应当享有的权益,人工智能体缺乏自然属性,不应拥有人权,更不应赋予其法律主体资格和地位。而在面对将人的自然属性拓展至"数字属性"的新兴人类增强技术(HET)问题时,应当坚持克制与审慎的态度,应当将人作为目的,可以在医疗领域救治病人,但不能将人作为手段,利用科技改造人的自然属性,使之增加数字属性,从而增强后代自主能力。

人的"数字属性"应当属于人的社会属性外延拓展的结果。信息科技化浪潮推动着社会的发展,人性理论中社会属性的"社会"也分化为物理社会与数字社会,正如卡斯特(Castells)所认为的,"网络彻底改变了人类生活的根本物质向度:时间与空间,地域性解体脱离了文化、历史、地理的意义,并重新整合进功能性的网络或意象拼贴之中,导致流动空间取代了地方空间。当过去、现在与未来都可以在同一则信息里被预先设定而彼此互动时,时间也在这个新沟通系统里被消除了"[②]。作为人类经验的物质基础确已发生了转化。"人的社会属性是指人生活在各种人与人之间的社会关系中,人的利益与道德、思想与行为都不可能不受各种社会关系的性质与特点的影响和制约。"[③]这也是人区别于动物的本质属性,其内涵也不可能被改变。但个体的社会属性并非与生俱来,正如有学者所提出的,刚出生的婴儿只具备自然属性,其成长的过程也是不断被社会化的过程,从而逐步由生物人转为社会人,人的存在、素质与能力对社会关系与社会实践都有极强的依赖性。[④] 反之,社会对人也具有一定的形塑作用。在信息革命推动之下,"社会"的外延发生了重大变化,数字社会对人的形塑不再像农业时代的熟人社会或者工业时代的生人社会,人与人之间产生的社会关系也不一定局限在物理空间,并且人的生产生活方式受到了数字化"侵蚀"。"社会"一词的外延拓展导致了人的社会属性在数字社会与传统物理社会呈现不同形态。因此,虽然人的"数字属性"并未超越马克思、恩格斯"人是一切社会关系的总和"这一基本论断,但由于整体社会数字化不断推进,传统语境下的人类社会外延发生了变化,导致人的社会属性延展。

---

① 参见易显飞、刘壮:《当代新兴人类增强技术的激进主义与保守主义:理论主张与论争启示》,载《世界哲学》2020年第1期。
② 〔英〕曼纽尔·卡斯特:《网络社会的崛起》,夏铸九等译,社会科学文献出版社2001年版,第465页。
③ 李步云:《论人权的本原》,载《政法论坛》2004年第2期。
④ 参见王孝哲:《论人的社会属性》,载《天府新论》2006年第1期。

二、权利保障：以人的"数字属性"为本原确立
　　数字人权的法律权利形态

人的本性包括人的自然属性与社会属性，是人权产生的正当性根源，即人权的本原。数字化时代人的"数字属性"作为人的社会属性外延拓展结果，属于数字化时代人性理论的重要组成部分，表现了人们在数字社会中的存在形态所引发的社会关系新样态，是数字人权产生的正当性根源。但根源于人的数字属性的应有人权要想在现实生活中获得实现，还需通过从应有人权到法定人权再到实有人权的两次转化过程。因此，人的数字属性的法律保障机制就包括前后相互联系的两个部分。一是以人的"数字属性"为本原确立人的数字属性的法律权利形态，通过立法将应有人权转换为法定人权，即权利保障；二是通过义务人的义务履行促使法定人权转化为现实生活中的实际享有的人权，即义务保障。下文将先分析权利保障机制，涉及数字人权的正当性根源及数字人权的内容架构。

（一）数字人权作为新型人权之证立

当下，算法歧视、大数据杀熟、深度伪造、黑箱操作等各种新型社会现象对人权的法治保障提出时代挑战。"数字人权"的提炼引发了学界对于数字空间中人权理论问题的广泛讨论，但"数字人权"能否成为新型人权目前仍有争议，主要存在新型人权说与非新型人权说两种观点。

支持新型人权说的学者从几个不同角度加以论证。有学者强调"数字人权"能够满足人们对美好生活的追求，强化法律对科技伦理的约束力以及增强中国法学界在国际社会的话语体系，应当作为一种新型人权。[①] 也有学者认为"数字人权"是一个崭新的术语，是大数据时代下的新兴人权，兼具了国家推进"互联网+"公共服务等基础建设的积极面向与人们在大数据时代"独处的权利"不受侵犯的消极面向。[②] 还有学者提出由于数字经济与智慧社会的融合发展，侵权形态呈现出机械化、客观化、耐受化与覆盖化，传统三代人权格局被打破，人权面临着被数字化重塑的局面，"数字人权"不仅是一种新型人权，更是"第四代人权"。[③]

非新型人权说则认为数字人权不是新型人权，而属于传统三代人权范畴，并在

---

① 张文显：《新时代人权的法理》，载《人权》2019年第3期。
② 参见郭春镇：《数字人权时代人脸识别技术应用的治理》，载《现代法学》2020年第4期。
③ 参见马长山：《智慧社会背景下的"第四代人权"及其保障》，载《中国法学》2019年第5期。

此基础上对数字人权发展有不同的理解。有观点认为数字人权虽具虚拟性,但并非独立于传统人权或公民基本权利体系外的新型人权,而是线下网民使用互联网时所享有的基本权利集合,不属于新兴的虚拟人权,而应当属于三代人权范畴。[①]也有观点认为网络本质上是一种媒介,由于很难将网络与现实区分开,也就没必要将网络人权单独作为一种新型人权加以强调,但由于网络人权与传统人权表现形式差异较大,应当重视与发展网络人权。[②] 还有观点认为数字人权缺乏道德基础,难以通过人性实现道德人权层面证成,不仅不能作为新一代人权,甚至不宜作为人权的下位概念。[③]

人性理论属于人权的理论基础。[④] 人权是人之为人依其自然属性和社会属性所享有和应当享有的权利,数字人权成立与否,决定于其是否具有人性基础,是否具有人权的本原。[⑤] 在人权话语体系中,人性理论包含了人的自然属性与社会属性。如前所述,随着数据作为一种全新的生产资料,数字社会与虚拟社会双层架构已然稳定存在,数字社会的出现要求我们用一个新的角度去理解规则的运作,它迫使我们超越传统法学家的视野去观察——超越法律,甚至超越社群规范。[⑥] 数字化进程颠覆着传统社会中的人和事,传统物理社会中人性理论发展已较为成熟,而数字社会作为人类利用技术塑造而成的新场域,必然倒逼着人的社会属性外延拓展变化,例如,在网络空间中的诽谤、暴力、诈骗、歧视等社会现象,虽然是由线下生物人所操纵的,但这些行为的实施以及所产生的后果早已超越了生物人所能达到的程度。因此,审视数字人权能否作为新型人权,应当将其放置在虚拟的数字社会中加以审视,而非以传统物理社会的人权理论考察其合理性。本文认为,人权理论迭代源于人的本性理论变化,而数字社会的出现拓展了人的社会属性外延,形成了"数字属性",数字人权应是以人的"数字属性"为本原发展而成的新型人权。

(二) 数字人权之权利保障体系二元架构

数字人权作为一种新型人权,并非完全与传统人权割裂开来,而是在对传统人权转型升级的同时,又拓展出了新的人权内容,并形成了其独有的理论体系。根据权利

---

① 参见黄学贤、陈峰:《互联网管制背景下的网络人权保障体系研究》,载《法治论丛》2008年第2期。
② 参见郑宁:《网络人权的理论和制度:国际经验及对我国的启示》,载《人权》2016年第5期。
③ 参见刘志强:《论"数字人权"不构成第四代人权》,载《法学研究》2021年第1期。
④ 参见林喆:《人性论、人道主义与人权研究》,载《法学家》2006年第6期。
⑤ 参见李步云:《论人权的本原》,载《政法论坛》2004年第2期。
⑥ 参见〔美〕劳伦斯·莱斯格:《代码2.0:网络空间中的法律》,李旭、沈伟伟译,清华大学出版社2018年版,第5页。

内容的新旧程度可以采取二分法形式建构数字人权的内容框架。

第一,传统基本权利数字化进阶。数字社会在信息科技推动之下,从早期封闭性、单向性、静态化的连接状态发展成为交互性、精确性、个性化的智慧社会,人们的日常生活在不断得到便利的同时,也不断被数字化"侵蚀"。

一方面,以自由权为核心的传统基本权利出现了数字化升级。自由权作为人权理论的重要组成部分,涵盖了言论自由权、个人隐私权、平等权、通信自由权、宗教信仰自由权等众多权利,在数字化时代下呈现出了全新样态。以平等权为例,2018年4月英国发布的《人工智能发展的计划、能力与志向》明确指出人工智能技术发展在训练数据、数据处理、算法设计等方面都可能导致算法歧视。[①]虽然算法歧视与传统歧视本质上都是对现实空间中的人进行差别对待,但在表现方式与存在形式上却具有极大差别。此外,通过数据与代码呈现的个人隐私也突破了传统意义上个人隐私权的保护范式,人们惊奇地发现指纹信息、面部信息、虹膜信息等生物特征信息成为个人隐私的重要组成部分,而各种APP的使用也设置了通信录读取权限、短信权限、电话权限甚至身份证权限等敏感信息权限,以至于人们在数字化时代不仅"丢了脸",更是处于一种"裸奔"状态,侵犯个人信息成为数字化时代的痛点,作为基本权利的个人隐私权亟待数字化转型升级。除了平等权、个人隐私权之外,言论自由由于具有脱身份性与跨地域性而呈现扩张样态,正确理解数字空间中言论自由权的射程范围,廓清言论自由的民法边界、行政边界、刑法边界也亟待言论自由权数字化升级。

另一方面,以社会权为核心的传统权利也受到了数字化"侵蚀"。社会权是公民依法享有的要求国家对其物质和文化生活积极促成及提供相应服务的权利。[②] 后于自由权出现的社会权,不再强调国家扮演"消极的守夜人"角色,而是要求国家积极履行保护和给付义务,包含生存权、受教育权、工作权等。

数字化时代人们开启了数字化生存模式,生产工作都具有了浓厚的数字属性。在受教育权方面,数字鸿沟进一步放大了城乡教育差距,优质的数字教育设备、环境、师资及学生使用数字科技产品能力等因素所形成的教育马太效应日益凸显,互联网+教育、智慧教育等新兴教育模式正在重塑公平优质受教育权的时代内涵。在工作权方面,如前所述,数字经济、科技企业、网络平台对传统的劳动关系发起了全新的挑战,电商微商、直播带货等新兴经济模式使得就业权、休息权、劳动保障权等合法权益

---

① 洪丹娜:《算法歧视的宪法价值调适:基于人的尊严》,载《政治与法律》2020年第8期。
② 龚向和:《社会权的概念》,载《河北法学》2007年第9期。

呈现出数字化形态。生存权是包含社会保障权、适当生活水准权以及健康权的权利束,①同样逃脱不了数字化侵蚀,特别是在数字生活作为实现美好生活的重要组成部分后,适当生活水准权也具备了数字化形态。

因此,数字人权二元架构中的一部分应是以人的"数字属性"为本原所形成的,具有数字化形态的传统人权。

第二,新兴的数字权利。数字社会出现之初,大量传统权利通过扩张解释得以保障数字空间中公民的合法权益,但数字社会与物理社会存在本质上的差别,必然也会生成其独有的新兴权利。

网络接入权(上网权)是数字生活的起点,也是一项新兴的数字权利,因 2010 年爆发的中东"茉莉花革命"事件而备受各界关注,目前网络接入权在国际社会中已被确立为一种基本人权。② 而数据权作为数字化时代最耀眼的新型权利,也分化出各种新型权利,像物理空间中从摇篮到坟墓一样,在数字空间也存在从出现到消失的一系列新型权利,人们有权要求在数字空间中获得高质量数据、技术支持以及侵权救济等基本权利,这被称为"数据生存权"(right to digital existence)。③ 也有在 2017 年"Google Spain 诉 AEPD 和 Mario Costeja Gonzalez"一案中,欧洲联盟法院所确立的个人有权要求搜索引擎删除通过搜索其姓名获得搜索结果的权利,被称为"数据遗忘权"。④ 此外,还有数据可携权、数据用益权、数据迁移权、数据资源权、算法排他权等各种新型权利,并且随着人们权利意识觉醒,数字空间中人权体系还会出现更多数字权利。因此,数字人权二元架构中的另一部分应当以人的"数字属性"为本原所形成的新型数字权利组成。

三、义务保障:以数字人权为依据构建数字人权的法律义务体系

人的数字属性的法律保障机制除了以人的"数字属性"为本原确立法律权利形态外,还必须通过义务人的义务履行促使法定数字人权转化为现实生活中实际享有的数字人权,即义务保障。具言之,以数字人权为依据构建由个人义务、科技企业义

---

① 参见龚向和:《生存权概念的批判与重建》,载《学习与探索》2011 年第 1 期。
② 参见《联合国:上网权是基本人权》,http://www.cnsdchina.com/s/2020/gj_0224/9074.html,2020 年 12 月 1 日最后访问。
③ Faini Fernanda, "The Right to Digital Existence", *Biolaw Journal*, 2019, pp. 91-113.
④ Beata Sobkow, "Forget Me, Forget Me Not—Redefining the Boundaries of the Right to Be Forgotten to Address Current Problems and Areas of Criticism", *Annual Privacy Forum Springer*, Cham 34, 2017.

务与国家义务构成的数字人权的法律义务体系。

（一）个人义务

法律作为调整社会关系的一种手段，总是滞后于各种社会现象。数字空间出现之初并无配套法律制度。身处于具有虚拟性、开放性、随意性的新型公共场域之中，人们渴望自由的情感诉求及对他人的道德要求迅速膨胀，权利泛化、虚化与权利拓展和权利生成随之产生。① 以人权为名侵犯国家、社会、他人合法权益的现象时有发生。数字社会中数字人权常常遭到个人的侵害，因而数字人权的实现需要个人履行不得侵犯他人数字人权的法律义务，个人义务的履行是保障人的数字人权的重要手段。

第一，数字空间中的"信息人"虽然跨越了物理空间甚至物理国界，但仍具有公民属性，在保障数字人权的同时，个人必须遵守宪法所规定的基本义务。虽然正如约翰·佩里·巴洛（John Perry Barlow）在《网络独立宣言》中所强调的"关于财产、表达、身份、迁徙的法律概念及其情境不适用于我们。它们都是基于物质的，这里没有物质"②，但"信息人"在数字空间中的行为仍是由生物人所操纵的，线下生物人作为一国公民，无论是在物理空间中，还是在数字空间中，其基本义务都不曾改变。例如，近年来，西方霸权主义国家利用数字空间虚拟性、社会性与跨物理国界性等特点，频繁实施干涉别国内政，输入西方腐朽的文化观念和生活方式，刺探秘密，或者煽动、支持政治异端分子搞"颜色革命"，颠覆国家政权等行为。③ 我国《宪法》第52条明确规定了"公民有维护国家统一和全国各民族团结的义务"。我国公民化身"信息人"在数字空间中的言行举止都应遵循这一基本义务，不能滥用言论自由、政治自由等权利损害国家利益。

第二，人们在数字空间中应当履行数字化形态的传统义务，以促进数字人权的实现。权利与义务是社会关系发展的一体两面，权利的实现总是要依靠义务的履行来实现，在传统权利数字化的同时，传统义务也会呈现出数字化形态。在言论自由方面，不得利用互联网的虚拟性、便捷性实施侮辱诽谤或公开他人隐私，侵犯他人名誉权、隐私权的行为；在行为自由方面，不得利用信息技术窃取公民个人信息与治理成果，不得在数字空间中实施开设赌场、传播暴力色情信息等违法犯罪行为；在财产自

---

① 参见征汉年：《拓展与泛化：现代权利的科技影响因子》，载《甘肃理论学刊》2016年第2期。
② John Perry Barlow, "A Declaration of the Independence of Cyberspace", https://www.eff.org/cyberspace-independence, accessed Dec. 13, 2020.
③ 参见严存生：《网络社会的法哲学思考》，载《北方法学》2019年第3期。

由方面,数字化浪潮使得虚拟财产成为一种趋势,公民在妥善保管好个人财产的同时,不能利用木马病毒盗窃 QQ 号、微信号及游戏账号,不得利用人工智能深度伪造技术窃取、诈骗他人虚拟财产。

第三,人们在数字空间中还应履行各种新生成的"数字义务",保障数字人权。从空间特性来看,数字社会由代码、数据、信息等"原料"搭建而成,在这个新型场域中也衍生出各种新型义务。例如,就数字空间中的信息发布者而言,在他人行使数据遗忘权时或者发现知识产权侵权时,接到通知后必须履行删除义务,在发表言论信息对他人权利行使可能有影响时,必须履行审查义务与合理的注意义务。① 这些依托于数字社会而存在、脱离数字空间不具备现实意义的法律义务,都应属于数字化时代所形成的新型义务。

(二) 数字科技企业义务

在数字化时代下,数字科技企业的日益壮大与平台经济的崛起,使得数字空间中原有的"公权力—私权利"的二元结构变成了"公权力—私权力—私权利"的三角结构。② 作为"私权力"出现的数字科技企业利用技术优势获取了大量的数据资源,极容易侵害作为私权利的数字人权,因而需对其课加数字人权的尊重与保障义务,这两种义务来源于数字科技企业"私权力"的本质属性。一方面,数字科技企业负有尊重数字空间中公民不受歧视与自由选择等基本人权的消极义务;另一方面,数字科技企业还应当通过规范技术开发人员与网络平台在数字空间中的行为,营造良好的数字社会秩序与生活环境的积极义务。具体表现为技术开发公司、网络企业及网络平台的尊重与保障义务。

其一,明确技术开发公司的尊重与保障义务。数字科技企业必须注重培养技术开发人员的人权尊重与保障思维,坚持以人为本理念与技术开发合伦理原则,不得开发违反伦理道德与国家法律禁止的科技产品。在算法技术商业秘密与数字人权保障出现冲突时,必须以保障人权作为第一原则,对可能侵犯人权的科技产品应当积极报备并反复论证。与此同时,技术开发公司还应当承担技术治理义务,依靠其专业的科技知识,对抗数字空间中出现的侵犯人权现象。

其二,明确网络企业的尊重与保障义务。网络企业是技术的使用者,也是平台的

---

① 参见王杰:《网络存储空间服务提供者的注意义务新解》,载《法律科学》(西北政法大学学报)2020 年第 3 期。
② 参见韩新华:《从二元到三角:网络空间权力结构重构及其对规制路径的影响》,载《广西社会科学》2020 年第 5 期。

管理者,还是网络用人单位。既要强化"政府+科技企业"合作模式,积极配合政府管理,又要正确引导、控制、规范网络平台商业活动,还要保障网络工作者就业自由权、就业平等权、休息权、劳动报酬权等基本权益。

其三,明确网络平台的尊重与保障义务。网络平台作为生产经营者,直接向人们提供各种商品和服务。在尊重义务方面,应当充分保障消费自由权、平等权、知情权与隐私权,不得利用技术与数据资源优势,使用"大数据杀熟"等手段侵犯消费者的合法权益。在保障义务方面,应当建立数据信息采集、整理、存储、加工合法性与合理性审查机制,妥善保管公民个人信息,营造诚信、平等、和谐的服务环境。而相对应的平台管理者与经营者则应具有数据报送义务、内容过滤义务、信息披露义务、安全保障义务,①以及与"数据遗忘权"相对应的"通知—删除义务"。

(三) 国家义务

国家义务直接源于公民权利并以公民权利为目的,是公民权利的根本保障。②对以人的"数字属性"为本原的数字人权的义务保障,除了需要个人与数字科技企业履行尊重与保障的法律义务外,还需要国家承担相应的法律义务,且国家义务是数字人权的根本保障。根据国家义务赖以产生的公民权利发展的历史进程及国家义务履行的难易程度,可以将国家义务构造概括为尊重、保护和给付三个依次递进的层次。③因而国家对数字人权的法律义务同样包括尊重、保护与给付三层次递进义务。

尊重义务是数字人权的第一层次国家义务,也是首要的、最根本的、最主要的义务,其来源于基本权利的防御权功能和抑制国家的理念,主要体现在两个方面:第一,数字社会是人类生活的新型场域,国家应当最大限度地尊重公民自由地开展社会活动,充分尊重公民的人格尊严与自我发展;第二,抑制国家权力,将国家权力的行使严格控制在保障数字人权需要的法定范围和法定程序之内,通过职权法定与法律保留等原则防止国家机关过度干预数字空间中公民各种权利的享有与行使。国家尊重义务强调国家不得侵犯公民依其"数字属性"所享有的数字权利,特别是要尊重数字人权的实践发展,对于上网权、数据遗忘权、数据可携权、算法排他权等新型权利概念中的自由权成分履行消极义务。

---

① 参见刘权:《论网络平台的数据报送义务》,载《当代法学》2019 年第 5 期。
② 参见龚向和:《国家义务是公民权利的根本保障——国家与公民关系新视角》,载《法律科学》(西北政法大学学报)2010 年第 4 期。
③ 参见龚向和:《理想与现实:基本权利可诉性程度研究》,载《法商研究》2009 年第 4 期。

保护义务是数字人权的第二层次国家义务,是在国家以外的第三人侵害"信息人"在数字空间中的数字人权时产生的国家义务。根据第三人侵害的可能性、实在性和破坏性,可以将第三人侵害划分为事先、事中和事后三个阶段,从而国家保护义务可细化为预防、排除和救济义务。事先预防主要表现为立法义务,事中排除主要表现为执法义务,事后救济主要表现为司法义务。① 国家应当为数字空间中个人信息权、数据权、工作权、受教育权、生存权等具体权利遭受的第三人侵害积极提供事前立法预防、事中执法排除、事后司法救济等法律保障条件,特别是针对数字空间中网络诈骗、盗窃虚拟财产、侵犯公民个人信息等犯罪行为,以及网络暴力、网络谣言等违法行为强化排除义务与救济义务。

给付义务是数字人权的第三层次国家义务,是公民享有维持进入数字空间并稳定开展各种社会活动的基本物质或经济利益,通过再分配以财政转移支付的方式实现,在形式上表现为产品性给付义务和程序性给付义务,在效果上表现为保障个人在数字空间的数字化基本生存。据我国互联网络信息中心发布的第47次《中国互联网络发展状况统计报告》显示,我国目前有10亿网民,互联网普及率达70.4%。不难看出,我国仍有30%的公民在没有互联网的环境下生存,上网权作为一种基本人权,要求强化保障公民数字化生存的网络基础设施建设的国家给付义务,特别是针对偏远地区的互联网基础设施建设。此外,针对数字空间中的教育、医疗以及工作等社会活动,应当强化物质性给付与程序性给付义务。

四、余论

人权是一个不断发展中的概念。"数字人权"作为信息科技时代人权理论数字化流变的产物,不仅需要从实用主义视角考察其功能性的社会需求,更需要从人权的基础理论层面审视其形成机理。本文从人权的基础理论人性论出发,探索"数字人权"作为新型人权的理论起点。本文所提出的人的"数字属性"绝非一种标新立异的概念,而是旨在强调当今社会,人们的数字化生存已成客观事实,其在存在形式、生活方式与生产活动等领域被不断数字化"侵蚀"后具备了"数字属性",形成了"信息人""智慧社会""数字经济"等相对稳定的概念。人的"数字属性"嵌合于数字空间所有的社会关系之中,属于数字化的进阶状态,也是人的社会属性外延拓展的结果。通过法律保障人的"数字属性",既可以正向确立数字人权的法律权利形态和"数字

---

① 参见龚向和、刘耀辉:《论国家对基本权利的保护义务》,载《政治与法律》2009年第5期。

化传统权利"与"新型权利"二元体系架构,也可以反向构建起数字空间中保障数字人权的法律义务体系。正如霍金所说:"强大的人工智能的崛起,要么是人类历史上最好的事,要么是最糟的。"①随着智慧时代的到来,诸如算法黑箱、算法权力等新型问题将会对人权保障产生新的挑战,"数字人权"能否担负起这一时代使命,我们拭目以待。

(龚向和/文)*

---

① 〔英〕史蒂芬·威廉·霍金:《当我们站在一个美丽新世界的入口》,载《新华日报》2017年5月23日。
* 龚向和,东南大学法学院教授。本文原刊于《华东政法大学学报》2021年第3期。

数据权利:范式统合与规范分殊

新一轮科技革命和产业变革正在重塑世界。在这百年未有之大变局的历史进程中,人们对数据价值的认识与日俱深。2020年以来,中共中央、国务院先后发布《关于构建更加完善的要素市场化配置体制机制的意见》《关于新时代加快完善社会主义市场经济体制的意见》《关于制定国民经济和社会发展第十四个五年规划和二〇三五年远景目标的建议》,确立了"建立数据资源产权制度,推动数据资源开发利用"的目标。经济、社会与政治的多重需求,使得如何在法律上对数据做出有效回应成为当代最激动人心且富含智识挑战的学术议题之一。我国《民法典》第127条"法律对数据、网络虚拟财产的保护有规定的,依照其规定"开创性地将"数据"纳入民法的保护范围,尽管这一条款并未指向任何具体规定,却有着鲜明的信号功能:制定数据保护规范已成为《民法典》所宣誓的重大任务。另外,《数据安全法(草案)》作为数据领域的基础性法律之一,亦为我国数据安全与利用奠定了公法架构。从既有研究和立法实践出发,本文尝试着提出一套统合"数据赋权模式"与"行为规制模式"、融贯"数据私法定位"与"数据公法管控"的数据保护体系,不但为数据权利的生成、归属和行使锚定理论之基,而且为我国数据规则的制定、解释和完善提供操作指引。

一、数据研究范式的检视与改进

(一) 数据研究的形式主义范式

"法律形式主义"(Legal Formalism)是一个含义宽泛且芜杂的术语。① 在本文中,我们主要在方法论而非本体论,在应然论而非实然论使用它。② 基于此,法律形式主

---

① 关于形式主义不同界定,参见 Duncan Kennedy, "Legal Formalism", *Journal of Legal Studies*, Vol.2, Issue 2, 1973, pp.351-398。
② 对形式主义方法论的剖析,参见熊丙万:《法律的形式与功能——以"知假买假"案为分析范例》,载《中外法学》2017年第2期。

义范式具备如下特色①:首先,这一范式以法律"全面性"(comprehensiveness)和"完整性"(completeness)为前提,即法律体系可以为任何案件提供制度化的解决机制,并且可以为任何法律问题提供唯一正确的解决方案。当然,这并不是说法律是完美无缺的,而是说即便出现法律漏洞,也能在法律体系内填补和发展。其次,这一范式以"法律概念有序性"(conceptual order)为基础,即法律是由分门别类的范畴(如物权法、侵权法、合同法)所构成,并通过位居底层的法律原则推演出操作性的具体规则。当一个新的个案出现却没有规则可适用,它可以被范畴化和抽象化,从而得到一个可适用于它的正确规则。最后,这一范式以法律形式逻辑为工具,即每一个法律裁决都应经由可证明且可展示的演绎推理得出,而无须诉诸实质的道德、利益或政策证立。

透过上述棱镜,既有数据研究大多呈现出鲜明的形式主义色彩。例如,纪海龙教授认为,因数据无形,其并非传统民法中的物,但数据的确是物理上有体的存在,与电、热能等类似,因此可借鉴物权原理,对数据加以绝对权保护。② 与坚持物权保护的主张不同,崔国斌教授从知识产权出发,认为著作权和商业秘密已满足数据产业的基本需求,至于处在公开状态、没有独创性的大数据集合,可设置"有限排他权",即公开传播权。③ 显然,不论是数据的"物权说"还是"知识产权说",都是延续之前法律体系的努力,而不容易发现的是,即使是声称另起炉灶的数据新型权利说,也往往落入了传统制度,特别是物权法的窠臼。例如,齐爱民教授认为,数据财产权是权利人直接支配特定的数据财产并排除他人干涉的权利,其权能包括数据财产权人对自己的数据财产享有的占有、使用、收益、处分的权利。④ 无独有偶,在我国首部全面阐述数据权的著作《数权法1.0》中,从数权法定到数据所有权再到数据用益权,均带有浓重的物权法痕迹。⑤ 不过,随着数据研究的深入,物权进路已经捉襟见肘。职是之故,申卫星教授综合物权法和知识产权法,借助"自物权—他物权"和"著作权—邻接权"的权能分割思想,设定数据原发者拥有数据所有权与数据处理者拥有数据用益权的二元权利结构,其中的数据用益权包括控制、开发、许可、转让四项积极权能和相应的消极防御权能。⑥ 龙卫球教授进一步引入了公法的财产权,⑦建议赋予数据从业

---

① 这一对形式主义的理解,参见〔美〕托马斯·格雷:《美国法的形式主义与实用主义》,田雷等译,法律出版社2014年版,第40—43页。
② 纪海龙:《数据的私法定位与保护》,载《法学研究》2018年第6期。
③ 崔国斌:《大数据有限排他权的基础理论》,载《法学研究》2019年第5期。
④ 齐爱民、盘佳:《数据权、数据主权的确立与大数据保护的基本原则》,载《苏州大学学报》(哲学社会科学版)2015年第1期;程啸:《论大数据时代的个人数据权利》,载《中国社会科学》2018年第3期。
⑤ 大数据战略重点实验室:《数权法1.0》,社会科学文献出版社2018年版。
⑥ 申卫星:《论数据用益权》,载《中国社会科学》2020年第11期。
⑦ Charles A. Reich, "The New Property", *Yale Law Journal*, Vol. 73, Issue 5, 1964, pp. 733-787.

者数据经营权和数据资产权,前者系具有专向性、排他性的经营权,后者指合法数据活动形成的数据集合或其他产品的占有权、使用权、收益权和处分权。①

法律形式主义的影响不限于学界,事实上,它已成为各地数据立法的理论渊源。例如,《深圳经济特区数据条例(征求意见稿)》第二章规定:自然人、法人和非法人组织享有数据权,公共数据的数据权归国家所有;数据权包括自主决定、控制、处理、收益、利益损害受偿的权利。《北京数据条例(草案)》第10条至15条规定,保护自然人、法人和非法人组织的数据权益。其中,个人数据主体享有同意权、查阅权、复制权、更正权、删除权、可携带权、管理权、使用权、收益权和处分权,法人和非法人组织则享有查阅权、复制权、更正权、删除权等;此外,政务数据归国家所有,政府对政务数据享有管理权、使用权和处分权,社会机构和自然人对社会数据享有管理权、使用权、受益权和处分权。

(二) 数据研究的实质主义范式

"法律实质主义"(Legal Substantivism)可追溯至马克斯·韦伯(Max Weber)的"实质理性",就如它的对手——"法律形式主义"一样,其同样混杂了多种理论要素,从美国的法律现实主义、批判法学到德国的利益法学与价值法学,不一而足。在本文中,我们尝试着从法律形式主义的相反的角度去把握。② 质言之,法律实质主义首先意味着法律不可能完备。正如哥德尔(Gödel)的"不完备性定理"所证明的:任何一个复杂到一定程度的系统,其无矛盾性与完备性不可兼得。③ 其次,它意味着,法律是混合物,而非纯净物。法律的适用既要依据法律概念和规则,更要考虑标准、原则及其背后的实质性理据,不论这些理据是立法目的、公共政策、各方利益,还是社群价值。最后,它意味着,具体判决无法从一般性的法律主张中被演绎出来,两者之间存在永恒的鸿沟,必须通过解释或预设才能缝合。

实质主义的数据研究不乏其例。譬如,李爱君教授认为,数据权利不属于物权或知识产权,从数据所关涉利益出发,可以将其定位为一种具有财产权、人格权和国家主权属性的新型民事权利。④ 包晓丽博士和熊丙万教授对数据上的利益做了更细致

---

① 龙卫球:《数据新型财产权构建及其体系研究》,载《政法论坛》2017年第4期。
② 对法律形式主义的批评,参见〔美〕朱尔斯·科尔曼,斯科特·夏皮罗:《牛津法理学与法哲学手册》(上册),杜宴林、朱振、韦洪发译,上海三联书店2018年版,第190—228页。
③ 用自然语言来表述,即如果一个公理集是一个递归集并与能产生自然数论的形式系统是一致的,那么它是不完备的,它不能揭示自然数集中的全部真命题,并且也不能证明自身的无矛盾性。参见〔英〕斯蒂芬·里德:《对逻辑的思考》,李小五译,辽宁教育出版社1998年版。
④ 李爱君:《数据权利属性与法律特征》,载《东方法学》2018年第3期。

和更精巧的切分,其中,个人享有隐私利益、信用利益、名誉利益、信息安全利益、社会关系资本利益和其他利益,企业则享有剩余索取权。① 正是由于洞见到数据利益的多元性,丁晓东教授主张,对企业数据不宜进行绝对化与排他性的财产权保护,而应予以类型化与场景化:用商业秘密保护非公开数据,用欧盟数据库特殊权利保护半公开数据,用竞争法保护网络平台公开数据。② 与通过数据的类型化不同,姚佳教授进一步提出搁置数据产权争议,立足于公共利益需要的特定领域、消费者福利、数据企业的整体生态建构以及数据标准化等场景,设立企业数据的利用与分享准则。③ 除了上述打破整全性"赋权模式"的诸多研究,最彻底的实质主义范式莫过于完全诉诸"行为规制"。④ 梅夏英教授率先阐发了这一观点,其指出:数据无所谓确权,其实质是一种网络操作权限或代码,立法者要综合考虑网络发展规律、网络技术和商业的进步、网络安全及公民的自由和发展等要素,使用强制性的公法明确数据流动、分享、储存和操作的规则。⑤

法律实质主义范式在我国司法实践中已然成为主流。在刑事方面,2009年《刑法修正案(七)》设立"非法获取计算机信息系统数据罪",以打击侵入或用其他技术手段获取计算机信息系统数据的行为。在民事方面,法院多将数据定位于"竞争性的财产利益"。在2010年"大众点评诉爱帮网系列案件"、2013年"百度诉360违反robots协议案"、2015年"新浪诉脉脉非法获取微博用户数据案"、2016年"大众点评诉百度抓取用户点评信息案"、2017年"酷米客诉车来了破坏加密措施、不正当爬取APP数据案"、2018年"淘宝诉美景案",2019年"微博诉饭友数据抓取案"中,法院频频援引《不正当竞争法》的一般条款,通过对相关方不正当竞争行为的认定,保护企业数据。

(三)寻求数据研究的第三条道路

数据研究的形式主义范式与实质主义范式各有所短。就形式主义而言,数据已

---

① 包晓丽、熊丙万:《通讯录数据中的社会关系资本——数据要素产权配置的研究范式》,载《中国法律评论》2020年第2期。
② 丁晓东:《论企业数据权益的法律保护——基于数据法律性质的分析》,载《法律科学》2020年第2期。
③ 姚佳:《企业数据的利用准则》,载《清华法学》2019年第3期。高富平教授亦主张,目前无法通过法律赋权,但企业对因其合法获取并控制的数据享有事实上的数据使用权。参见高富平:《数据流通理论》,载《中外法学》2019年第6期。
④ 对这两种模式的深入分析,请参见张素华、宁园:《论数据利益的保护路径》,载《私法》2019年第31卷。
⑤ 梅夏英:《数据的法律属性及其民法定位》,载《中国社会科学》2016年第9期。在梅夏英教授"数据受代码和技术规则的控制"这一观点的基础上,韩旭至研究员主张通过算法规制反向实现数据确权,参见韩旭至:《数据确权的困境及破解之道》,载《东方法学》2020年第1期。

在传统民法构想以外:因其无形,故而无法适用物权法,因其有体,①故而无法适用知识产权法。至于抛开传统规则,以新兴权利之名另起炉灶,看似颇具针对性,但却因缺乏体系性而难以与我国法律相融,更因理论基础的匮乏,不得不"旧瓶装新酒",甚至陷入"命名谬误"(Explaining by Naming Fallacy)。② 就实质主义而言,尽管其正确认识到数据利益内容的复杂性、利益边界的动态性和利益衡量的模糊性,但这一进路所引发的难题就如它所解决的一样多。首先,伴随世界数字化转型,数据已经从对世界的"量度"发展为对世界的"记录",其至演化为孪生的数据世界,数据之上的利益期待必将倍增,试图穷尽所有的数据利益注定是不可能完成的任务。其次,场景化的规则设定诚然是既有纠纷的化解之道,但由于没有普遍的秩序立场和理论框架可依托,相关规则不具有应对未来问题的拓展空间,也因此戕害了法的安定性。③ 再次,公法规制以社会公益和经济秩序为鹄的,无法对相关各方形成有效的正面激励,有碍数据流通市场成型。研究表明,若国家对无形资产提供保护,企业更愿意授权他人使用,这正是知识产权"垄断并公开"原理所在。④ 最后,将事实占有作为数据权利的来源,是"强权即权利"(Might Makes Rights)的财产权版本。⑤ 可它既无法保证公正,也难言效率,因为其必然大幅增加权利人的"防害成本"以及相对方"相互侵夺"(Reciprocal Takings)导致的"反常成本"。然则,有没有数据研究的第三条道路?

法律的形式主义与实质主义看似非此即彼,其实已经相互接纳。以德国"二战"后法教义学的发展为例,出于对纳粹时期形式主义危机的反省,无论是基本法还是以契约法为代表的私法都在迈向实质化。而在另一端,利益法学的巨擘菲利普·黑克(Philip Heck)也明确指出,其目标"不是要自由创造新的法律制度,而是要在现有的法律制度范围内实现那些已经被承认的观念"⑥。事实上,林端和黄宗智教授早以中国传统司法为例,揭示了韦伯"形式理性/实质理性"二分的谬误,因为中国法的"形式与实质"恰恰是一多相融和既此且彼的。⑦ 与之异曲同工的是,美国学者的研究也

---

① 在互联网上,数据以电子形式存在,根据物理学家的估算,2017 年的全球数据质量约为 5 盎司(141 克)。Isabelle Robinson, "How Much Does the Internet Weigh?", https://www.azoquantum.com/Article.aspx?ArticleID=68.
② 这一谬误是指,当你给特定事物或行为提供一个名称时,你就错误地以为已经合情合理地解释了它。
③ 〔德〕卡尔·拉伦茨:《法学方法论》,黄家镇译,商务印书馆 2020 年版,第 160 页。
④ Mark A. Lemley, "The Surprising Virtues of Treating Trade Secrets as IP Rights", *Stanford Law Review*, Vol. 61, 2008, pp. 311-353.
⑤ John Umbeck, "Might Makes Rights: A Theory of the Formation and Initial Distribution of Property Rights", *Economic Inquiry*, Vol. 19, Issue 1, 1981, pp. 38-59.
⑥ 〔德〕菲利普·黑克:《利益法学》,傅广宇译,商务印书馆 2016 年版,第 8 页。
⑦ 林端:《韦伯论中国传统法律》,中国政法大学出版社 2014 年版,第 42 页;黄宗智:《中国的正义体系的过去、现在与未来》,载《开放时代》2018 年第 2 期。

表明,当我们从法律世界回归到生活世界(life-world),合同法的形式主义与功能主义就出现了惊人的趋同,因为"市场"会调和两者。① 故此,问题与其说是这两种主义能否统合,毋宁是如何实现统合?

德国法学家贡塔·托伊布纳(Gunther Teubner)的"反省法"(Reflective Law)在形式主义和实质主义之外,开辟了第三条道路。在其构想的法律发展历程中,形式主义旨在保障私法自治,实质主义旨在矫正市场弊端,而反省法的目的就在于为法律内部要素和外部诉求之协调提供整合性架构。② 基于此,反省法一方面坚持形式主义关于法律是一个闭合网络的自治系统的观点,另一方面亦认可实质主义的立场:现代法律与经济、政治密切交织,以至于不同领域的耦合和干涉,不但是普遍的,也是必要的。③ 如欲调和两者的矛盾,就必须诉诸法律的反省功能。这里的"反省"有双重含义:既指自我指涉的"反身性",即法律将自我再生产结果再引入,从而产生出法律内部的统一性——"只有法律才能产生法律,只有法律才能改变法律";也指建立在系统—环境区分之上的反思(reflexion),即法律在区分属于自身和不属于自身的元素后自我观察、描述和调整。通过双重反省,法律将系统封闭性与环境开放性结合了起来,由此成为规范封闭而认知开放的系统。④ 我们不妨进一步认为:"法律的开放有赖于其封闭",此即法律作为自创生系统的真意。

(四)数据研究的反省进路

循此理论脉络,数据研究的反省进路包含着层层递进的三层含义:

其一,民法无目的论和民法工具论均有失偏颇。实际上,民法并不是独立封闭的法律空间,相反,民法作为中立性框架,努力透过形式理性将所栖身的经济结构、社会关系、公众观念、政府调控、意识形态兼容并收。⑤ 对于时代、科技和经济变迁结果的数据,民法不应固守旧貌,也不应根据数据利益等实质理由贸然创设新型权利,而应在体系内予以调试和接纳。

其二,作为民法基石,权利同样也是一个框架性概念,是法律对于主体的授权,一种"可以作为"。⑥ 不仅如此,从法律关系的元形式看,任何权利都必有相关的法律负

---

① Alan Schwartz and Daniel Markovits, *Function and Form in Contract Law*, Oxford Handbook of the New Private Law, 2020, pp. 332-334.
② 〔德〕贡塔·图依布纳:《现代法中的实质要素和反思要素》,矫波译,载《北大法律评论》第2卷第2辑。
③ 〔德〕贡塔·托依布纳:《法律:一个自创生系统》,张骐译,北京大学出版社2004年版,第8—9页。
④ Niklas Luhmann, "The Unity of Legal System", in Gunther Teubner (ed.), *Autopoietic Law: A New Approach to Law and Society*, Berlin: Walter de Gruyter, p. 20.
⑤ 许可:《民法与国家关系的再造》,载《法商研究》2015年第1期。
⑥ 〔德〕卡尔·拉伦茨《德国民法通论》(上),王晓晔译,法律出版社1998年版。

担(义务)存在,所以,数据的权利进路和行为规制进路相向而行、殊途共归。那种认为这两种进路水火不容的观点,源于将"数据"想象为物,源于"人们不习惯从行为的角度理解权利,而喜欢从物的角度来形象地理解权利"①。其实,数据绝不是法学第一次面对的未知之事,正如汉斯·多勒(Hans Dolle)在《法学上之发现》一文所展示的:发现的本质不在于其客体或隐藏规则的发掘;而在于阐释仍属幽暗不明之事的洞察力,在于发现"尚未被人所知悉的特定规则上的关联"。② 正是由于数据的特性前所未有,我们才不能从物权、知识产权等传统权利类推出数据权利,而应深入权利内部的行为模式及其关联,也就是"权利结构"去发现它。③

其三,数据权利的结构不仅是形式的,也是实质的,前者意味着它可以抽象出普遍化的逻辑结构,后者意味着它必须立足于具体场景,识别、考量、权衡各方主张,设置特定条件下当事人的"当为"及"可为"。借此,数据权利的探求便转化为"数据权利结构"的分析。然则,数据权利的结构究竟是什么?要回答这一问题,就不得不深入到权利结构的一般理论之中。

二、数据权利的结构与选择

(一) 权利结构的隐喻:"球""束"与"块"

长久以来,权利结构主要表现为两种迥然不同的观念构造。一种是将权利理解为主体对客体完整、单一、绝对、自治性的权利。在例外情形下和一定期限内,权利可被限制或分割,由此产生"限制性权利",而在这些权利消失的一瞬间,初始权利人又重获其全部地位。④ 在权利受到侵害或有被侵害之虞时,权利人可以请求排除侵害或防止侵害,回复圆满状态。就此而言,这一结构像是完美无缺且弹力十足的"权利球"(a ball of rights)。与此不同,另一种观点是将权利理解为主体针对他人可以做的一系列行为,描述了人们对所拥有的资源可以做什么、不可以做什么,包括占有、使用、开发、改善、改变、消费、消耗、破坏、出售、捐赠、遗赠、转让、抵押、出租、借贷,以及阻止他人侵犯。⑤ 因

---

① 王涌:《私权的分析与建构:民法的分析法学基础》,北京大学出版社2020年版。
② 〔德〕汉斯·多勒:《法学上之发现》,载王泽鉴:《民法学说与判例研究》(第4册),中国政法大学出版社2003年版。
③ 雷磊:《法律权利的逻辑分析:结构与类型》,载《法律与社会发展》2014第3期。
④ 陈华彬:《外国物权法》,法律出版社2004年版,第9页。
⑤ 〔美〕罗伯特·考特、托马斯·尤伦:《法和经济学》(第5版),史晋川、董雪兵译,格致出版社2010年版,第66页。

而,该结构更像是一个个权利木棍(sticks)扎成的"权利束"(a bundle of rights)。这里,我们不妨借用比较法学家梅利曼(John Henry Merryman)的表述阐明两种结构之别:前者由上自下设定权利,"权利球"里装着法定的几种权利,可供权利人享用或让渡给他人,只要"球"还属于他,即便变成了空壳,权利人仍有最终权利。相反,后者由下自上设定权利,当权利人将"权利束"中一项或几项权利转让给他人时,"权利束"的一部分就丧失了,即便是完整地享有一宗财产上各项权利的"非限嗣继承地产权"(fee simple absolute),有的只不过是最大一部分权利而已。①

人们常将"球"和"束"理解为大陆法和普通法的法系差异,②但一旦我们放宽历史视野,就会看到不一样的景观。首先,普通法中"权利束"的观念并不悠久。在18世纪,古典自由主义的法律人对财产权的理解与大陆法一般无二:拥有财产就是对某物排他的控制。如英国法学家布莱克斯通(Blackstone)所言,"财产权即一个人对世上外在物品所主张并行使的独占和专断的支配权,且有权完全排斥世上其他任何人的权利"③。其次,大陆法中同样存在"权利束",合同义务群以及相对应的请求权便是一例。④ 即便是物权,也不尽然表现为"权利球"。譬如,德国法的"禁止让与的所有权"和"所有权的信托让与"就是相对所有权的示例。⑤ 再如,斯堪的纳维亚国家将"他物权"界定为"附带限制作用的权力"(entailing limited powers),而非所有权中分割的权利,从而以独立权利的形式与所有权相聚合,这与权利束结构非常类似。⑥ 最后,从演进观点看,两大法系正在混合。大陆法的物权不断迈向相对化和功能化,抽象所有权的统一性和圆满状态被击破,他物权和所有权的对立越发薄弱,权利的经济目的和权能取得了独立存在,回归所有权不再像过去那样当然合理。⑦《荷兰民法典》和《欧洲私法的原则、定义和示范规则》(DCFR)均鲜明体现出对"权利球"的修正甚至抛弃。⑧ 另一方面,普通法学者对权利束也展开批评,认为其忽略了对物的维度而过于空洞,无法把握财产权作为绝对权的特殊性质。⑨

---

① John Henry Merryman, "Ownership and Estate (Variations on a Theme by Lawson)", *Tulane Law Review*, Vol. 48, 1973-1974, pp. 916-927.
② Chang Yun-chien and Henry E. Smith, "An Economic Analysis of Civil versus Common Law Property", *Notre Dame Law Review*, 2002, pp. 1-55.
③ 〔美〕托马斯·格雷:《财产权的解体》,许可译,载《美国法的形式与实质》,法律出版社2014年版。
④ 韩世远:《合同法总论(第四版)》,法律出版社2018年版,第350—351页。
⑤ 〔德〕鲍尔·施蒂尔纳:《德国物权法》(上册),张双根译,法律出版社2004年版,第41—42页。
⑥ 大陆法系其他的例子如德国法上的所有权人土地债务,参见〔德〕马蒂亚斯·赖曼、莱因哈德·齐默尔曼:《牛津比较法手册》,高鸿钧等译,北京大学出版社2019年版,第1044页。
⑦ 苏永钦:《私法自治中的经济理性》,中国人民大学出版社2004年版,第94页。
⑧ 朱虎:《物权法自治性观念的变迁》,载《法学研究》2013年第1期。
⑨ Henry E. Smith, "Property Is Not Just a Bundle of Rights", *Econ Journal Watch*, Vol. 8, Issue. 3, 2011, pp. 279-291.

在上述两种权利结构以外,近 20 年来,美国"新私法运动"(New Private Law Movement)蓬勃兴起,在扬弃权利束理论的基础上,开辟了"作为模块的权利"(right as modularity)的新思路,本文称其为"权利块"。① 所谓"模块",是指"半自律性的子系统,通过和其他同样的子系统按照一定的规则相互联系而构成的更加复杂的系统或过程"②。从该理论出发,权利首先可分解为诸多独立的模块权利(子系统)。区别于"权利束",这些模块权利并非权利任意分割的产物,相反,它们各自具有特定功能,且一个功能不依附于其他功能而发挥作用。此外,模块权利必须具备标准化接口,从而能按照一定设计规则与其他模块组合,实现权利的重构与扩充。③ 同时,为了降低系统复杂性,每个模块权利的信息处理都隐藏于内,对观察者而言,关键是了解该模块能够发挥何种功能,至于具体过程则无须考虑。此理论的首创者亨利·史密斯(Henry E. Smith)曾用乐高积木喻之:权利模块就像可以拆拼的不透明积木,一旦人们精通了连接积木的接口,就不需要去担心个别积木的形状和颜色,以及它们为何如此。④ "权利块"理论就财产权结构提出了新主张:所有权模块系最基础的模块,应以简明的排他权为标准,发挥差异化功能的他物权则以不同程度的标准化模块出现。"权利块"还解释了,为何权利的标准化程度取决于与之关联的主体身份:在陌生人之间,权利采取极端标准化形式;在交易人之间,采取中等标准化形式;在共有人或内部人之间,则是高度多样化的。⑤

球、束、块三种权利结构,为数据权利提供了多个备选方案,那么究竟何种结构是最优选择?

(二) 数据权利与"权利球"结构不兼容

"权利球"以"主客二元"为基,对于有体物之外的事物,只有勉强将其模拟成"无形物",它才能成为主体拥有的对象。⑥ 为维系逻辑自洽,客体扩展便不得不采用拟制技术,《民法典》第 114 条第 2 款下"物"与"拟制物"(权利)的复合便是例证。但究竟哪些可拟制为"物",除诉诸物权法定外,并无答案。显然,对客体的自我设限,

---

① "新私法运动"主张,私法要走向一种多元包容的实用主义,重拾和发扬私法自身内在的独有特性,如具有实用价值的概念体系和逻辑结构。对这一运动的详细介绍可参见熊丙万:《实用主义能走多远? 美国财产法学引领的私法新思维》,载《清华法学》2018 年第 1 期。
② 〔日〕青木昌彦、安藤晴彦编著:《模块时代:新产业结构的本质》,周国荣译,上海远东出版社 2003 年版,第 5 页。
③ 张伟:《模块化组织的形成、演进及运行机理研究》,经济科学出版社 2011 年版,第 34—35 页。
④ Henry E. Smith, "Property as the Law of Things", *Harvard Law Review*, Vol. 125, 2012, p. 1708.
⑤ Thomas W. Merrill, "Property as Modularity", *Harvard Law Review*, Vol. 125, 2012, p. 151, 158.
⑥ 马俊驹、梅夏英:《财产权制度的历史评析与现实思考》,载《中国社会科学》1999 年第 1 期。

使无体数据权利化存在根本性的体系障碍。① 更致命的是,权利球将权利想象成主体与客体之间的关系,而非主体之间的关系,大谬! 正如拉伦茨(Karl Larenz)所言,在鲁滨逊的荒岛上无需权利,岛上一切资源皆归其所有,只有仆人"星期五"到来之后,才有了权利存在的空间。② 因为任何权利皆系对人。③ 面对权利球和权利关系的矛盾,学者或主张层次论,或主张一体两面:前者表明权利对象,后者指称效力范围。④ 但一个追求简洁、适用广泛、无内在逻辑矛盾的权利结构,不必叠床架屋,回归到人与人的关系即可。⑤

"权利球"视"支配"为权利内容,这种以有体物为原型的权利结构,忽略了附着于有体物的诸多质素(attributes)以及保存、审美等具有经济价值的非消耗性使用。恰如张五常所言,苹果可吃,是私用;苹果可看,是共用。⑥ 科斯(Coase)进一步指出:噪音、光照、污染等非实体利益亦是财产权利。⑦ 以此观之,"对数据的支配"预设了权利人能够独占数据所有价值,这不止有违事实,更与数据作为通用资产的特性扞格不入。一方面,数据作为企业的生产要素、国家的战略资源和个体的数字人格,负载多元利益;另一方面,数据的复杂性、不确定性和流动性使得不同来源的数据互相融合和连接,生出前所未有的结构和功能,在反复迭代下数据的涌现语义,即分布式智慧有望浮现。⑧ 故此,数据价值并非源于对数据单边支配,而在于对数据多次利用。⑨ "权利球"对此缺乏眼力,赋予权利人过多权利,妨碍了数据的有效流转和利用并助长垄断。

(三) 数据的"权利束":优势与不足

与"权利球"截然相反,"权利束"摆脱了"客体"的窠臼,不再纠结于数据"物性"(thingness)所在。⑩ 它还打破了支配的迷思,通过"人与人的冲突协调"而非"人与物

---

① 梅夏英:《民法权利客体制度的体系价值及当代反思》,载《法学家》2016年第6期。
② 〔德〕卡尔·拉伦茨:《德国民法通论》(上),王晓晔等译,法律出版社2004年版,第257页。
③ 〔美〕霍菲尔德:《基本法律概念》,张书友译,中国法制出版社2009年版,第101页。
④ 前者如崔建远教授主张物权有三个层次的意义,既有人与物的关系,也有是人与人的关系,参见崔建远:《物权:规范与学说》(上册),清华大学出版社2011年版,第21页。后者参见冉昊:《论"中间型权利"与财产法二元架构》,载《法学研究》2005年第6期。
⑤ 张永健:《物权的关系本质》,载《中外法学》2020年第3期。
⑥ 张五常:《经济解释》,中信出版社2015年版,第213页。
⑦ R. H. Coase, "The Problem of Social Cost", *Journal of Law and Economics*, Vol. 3, 1960, pp. 1-44.
⑧ 王元卓、靳小龙、程学旗:《网络大数据:现状与展望》,载《计算机学报》2013年第6期。
⑨ IFIT, *The False Appeal of Data Nationalism: Why the Value of Data Comes From How It's Used, Not Where It's Stored*, 2019.
⑩ 张永健:《物权的本质》,载《南京大学法律评论》2014年春季卷。

的绝对支配"来界定权利。以物权为例,他物权并非单纯的支配,其规制的中心多放在所有权所无的内部关系——所有权人与他物权人的动态关系上。① 即便是所有权,也是在界分无契约关系的多种所有权冲突,而与是否直接支配无涉。就此而言,物权法关注的不单是"支配权",更和债法一样重在由"权利(物上权利)—义务(物上义务)"组成的"物上关系"。亨利·史密斯看得尤为清楚,根据他提出的"排除(exclusion)策略"和"管理(governance)策略"二分法,权利人自行决定资源使用的"支配"只是财产使用的方式之一,权利人透过合同安排的自愿管理和国家透过立法的非自愿管理毋宁是更重要的财产使用。宽泛地看,"支配"和"管理"存在着反相关关系,即管理策略适用的范围越宽,支配的空间越窄。②

对于多元主体之多元利益载体的数据而言,更要从"关系"入手,由此形成"数据权利束",即数据上同时负担多个物权、债权、其他权利甚至包括无权利基础占有的情形,而其实质是权利竞合或权利冲突。③ 对此,以绝对化等级制为圭臬的"权利球"难免捉襟见肘。相反,"权利束"以权利的相对性为宗旨,将数据诸权利看作一束束完整和独立的存在("静"的相对性);同时,每一束权利互不隶属,无法通过先定的、绝对的位阶高低来确立优先保护对象,而只能在实际场景中对各方加以具体比较后才能确定("动"的相对性)。④

面对纷繁的权利堆叠,权利束进一步提出将"管制强度"和"时间次序"作为权利优先与劣后的取舍标准。⑤ 一方面,权利束将国家管制纳入其中。作为应对私人秩序失灵或补偿私人自治的工具,管制系国家主动实现特定目的之手段,从而令负有管制功能的权利优于自治功能的权利。例如,经国家机关登记的财产权利一般优于未经登记的财产权利。对于均承担管制功能的权利来说,又以管制目的较重要者或管制程度较强烈者为先。例如,国家针对数据的主权性权利优先于企业对数据的财产性权利。另一方面,权利束将时间之维引入到数据之中,在线性结构下形成了平行分化、前仆后继的权利并存局面,并以"先后定序、先位优先"为原则,建构出符合处分自由和物尽其用的法律秩序。⑥

权利束的灵活性和相对性不仅为数据权利分化提供了可能,还与数据保护的

---

① 苏永钦:《大民法的理念与蓝图》,载《中外法学》2021年第1期。
② Henry E. Smith, "Exclusion Versus Governance: Two Strategies for Delineating Property Rights", The Journal of Legal Studies, Vol. 31, No. 2, 2002, pp. 453 – 487.
③ 在此借鉴了"物上权利束"的概念,参见孙宪忠:《中国物权法总论》(第3版),法律出版社2014年版,第92页。
④ 冉昊:《论权利的"相对性"及其在当代中国的应用》,载《环球法律评论》2015年第2期。
⑤ 常鹏翱:《民法中的财产权竞合规范——以优先规范为中心》,载《法学研究》2010年第5期。
⑥ 苏永钦:《寻找新民法》,北京大学出版社2014年版,第469页。

"场景理论"(contextual theory)高度契合。肇始于隐私保护的场景理论,主张在具体场景中确定数据的性质与类型,并根据场景中各方的合理预期来确定相关主体的数据权益。① 因此,数据权利束足以成为富有吸引力的结构选项。然而,所谓成也萧何败也萧何。权利束意味着权利可以采用无穷多样的形式,同时每一个片段还能再继续分解,这使得数据权利束可以将个人、国家、企业的人格权、财产权甚至主权囊括无遗。② 并且,随着数据新型利用方式和价值发现,权利束的数量还会持续增长,权利束必然走向开放。③ 从"反省法"观察,不断开放的权利束也在不断空洞化,在开放和封闭之间失去平衡的权利束,最终丧失了对何种权利应当纳入及权利构造为何的解释力,就像亨利·史密斯尖锐指出的:没有"架构"的权利束根本无法称作权利理论。④ 不惟如是,权利束主要是描述性的,对在规范层面化解数据权利间冲突难有作为。⑤ 而为了解决该问题而引入的"场景理论"既消解了"权利",也消解了"规则"——其本质上是通过"合理规则"(rule of reason)而非"规则本身"(rule per se)进行权衡判断。如"反省法"所洞见的,权利束过分诉诸规则外的实质性因素,不可避免地有损于数据法体系的稳定性。

(四)数据的"权利块":最佳选择

"数据权利块"是对"数据权利束"的积极扬弃,是"权利束"解构"权利球"之后的再重构。⑥ 这一结构在保留权利束的人际性和相对性的前提下,克服了权利束的极端开放性,认为权利不应被毫无限制地罗列,也不能被任意切割,相反,权利总是不同程度地被标准化,并受相对固定的形态约束。与权利束与大陆法存在一定抵牾不同,数据权利块在保留权利束优势的同时,最大限度地与我国"权能分离"理论相融贯,足以成为数据权利结构的最佳选择。

作为大陆法系的古老制度,"权能分离"以权利与权能的关系作为出发点,通过所有权化整为零,将各种权能分离并成立他物权,再令权能和权利连环转化,从他物权中再分出占有、使用、收益、处分的某一项或几项权能。⑦ 我国学者创造性地将这

---

① 丁晓东:《数据到底属于谁?——从网络爬虫看平台数据权属与数据保护》,载《华东政法大学学报》2019年第5期。
② 闫立冬:《以权利束视角探究数据权利》,载《东方法学》2019年第2期。
③ 包晓丽、熊丙万:《通讯录数据中的社会关系资本——数据要素产权配置的研究范式》,载《中国法律评论》2020年第2期。
④ Henry E. Smith, "Property as the Law of Things", *Harvard Law Review*, Vol. 125, 2012, p.1708.
⑤ Denise R. Johnson, "Reflections on the Bundle of Rights", *Vermont Law Review*, Vol. 32, 2007.
⑥ 冉昊:《财产权的历史变迁》,载《中外法学》2018年第2期。
⑦ 孟勤国:《物权二元结构论》,人民法院出版社2004年版,第4、15页。

一理论引入到数据权利中,提出数据所有权和数据用益权的二元结构:原发者(个人或国家)享有数据所有权,采集者(企业)享有数据用益权,包括数据控制权、数据开发权、数据许可权、数据转让权等。① 该观点旨在平衡数据多元主体与利益,其意值得赞许。但遗憾的是,其囿于权利球的结构,②仍以"物"为中心,将数据设想为物权客体,以至于未能在更广泛的财产谱系中把握数据权利。实际上,从公物财产权到私人所有权,从单纯的排他性到复杂的可转让性,财产权有着广阔的外延,物权不过是其中一种而已。③ 再者,受制于权利球,该观点不得不将数据所有权定位于数据用益权的母权,因之,无论数据用益权如何充实,都不能脱离所有权人的掌控,因为用益权永远是派生性的、特定目的性的和期限性的。④ 显然,这为长期性、长链条的数据共享和数据流通埋下了隐患。最后,"权能分离"无法对哪些权能可以单独分离,以及用益权中包含何种权能做出合理性论证——倘若权能过少,便不足以促进数据充分利用,但倘若权能太多,甚至延伸到"数据转让权",则又会令数据所有权虚化和形骸化,导致其有名无实。

对权能分离和数据用益权的批评并非否定其价值,从信托法移植到准物权确立,再到集体土地所有权、承包权、经营权的三权分置,均证明了权能分离理论的生命力。因此,如何在权利结构转换的背景下,重构和完善权能分离和数据用益权,才是问题的关键。⑤ 从权利块的观点看,权能和权利实为一体,权利为本质,权能为表现。⑥ 两者并无难以逾越的鸿沟,例如,形成权和期待权就是从权能发展成的权利形式。故而,权利和权能不存在整体部分之别、上下优劣之分。但是,若允许权利无限分离与组合,则会重蹈权利束的覆辙,不仅会引发高昂的信息披露和识别的成本,还会造成权利重组成本高企的"反公地悲剧",⑦因此,对数据权利块的创设必须在交易成本约束下予以标准化,以实现数据的有效治理。不过,与权利球下普遍性的形式化物权不同,权利块通常聚焦于特定目标,并在特定关系场景下展开,从而呈现出动态模块化的格局。职是之故,下文将依循权利块的原理,在梳理数据权利基本规则的基础上,提出数据权利块的可能构造。

---

① 申卫星:《论数据用益权》,载《中国社会科学》2020 年第 11 期。
② "权能分离"和权利球结构的关系,参见崔建远:《母权—子权结构的理论及其价值》,载《河南财经政法大学学报》2012 年第 2 期。
③ 王涌:《财产权谱系、财产权法定主义与民法典〈财产法总则〉》,载《政法论坛》2016 年第 1 期。
④ 马新彦:《罗马法所有权理论的当代发展》,载《法学研究》2006 年第 1 期。
⑤ 从权利束角度对权能分离的完善,参见李国强:《"权能分离论"的解构与他物权体系的再构成——一种解释论的视角》,载《法商研究》2010 年第 1 期。
⑥ 孟勤国:《物权二元结构论》,人民法院出版社 2004 年版。
⑦ 张巍:《物权法定的效率问题再思考》,载《中研院法学期刊》第 13 期。

三、数据权利块的设计规则

（一）数据权利规则：理一分殊

系统的模块化包含两个相互交叠的过程，设计者先将复杂的系统分解为一系列相对独立、具有特定功能的模块，再通过有意识的设计和自发演化实现各个模块的联系与统合。美国学者鲍德温（Carliss Y. Baldwin）和克拉克（Kim B. Clark）使用"整体设计规则"和"个别设计规则"来描述其中的系统规则与模块规则。所谓"整体设计规则"，即每个模块都必须遵循的规则，一旦该规则确定，每个模块就能够在其指引下独立设计，而"个别设计规则"系每个模块特有的信息、参数、场景规则。前者是强制性的，后者是个性化的，因而每个模块无须考虑与之相关的其他模块，就可以自我改进与协同发展。[①]"整体设计规则"可细分为如下三种：一是架构规则，即关涉系统各部分是何种模块，及其具有何种功能的规则；二是界面规则，即关涉不同模块之间如何匹配、连接和相互作用的规则；三是标准规则，即关涉各模块的设计与运行是否符合系统一体化要求的规则。将上述原理应用于数据权利块之中，"整体设计规则"意指数据权利组织架构和普遍适用的一般规则，"个别设计规则"意指数据权利因关系而异，不对其他权利模块和系统产生直接影响的内部规则。借用我国传统哲学"理一分殊"的观点，前者可视为数据权利的"抽象之理"，后者为数据权利在特定场景下的"具体表象"，两者并行而不悖。[②]

（二）数据权利的整体设计规则

如前所述，数据权利的架构规则、界面规则、标准规则共同组成了整体设计规则。

1. 架构规则

数据架构规则从功能角度对数据权利予以模块化，立基于公私二元，数据权利可分解为服务公共利益目的的"公共数据权利模块"和以私主体利益为依归的"私人数据权利模块"。鉴于权利须在关系中展开，依法律关系的类型，两大模块可进一步拆解为"数据权利人与一切人""数据权利人与其他意定数据权人""数据权

[①] 〔美〕卡丽斯·鲍德温、金·克拉克：《设计规则：模块化的力量》，张传良译，中信出版社2006年版，第58—60页。
[②] 景海峰：《理一分殊释义》，载《中山大学学报》（社会科学版）2012年第3期。

利人与其他法定数据权人""数据权利人与国家"等子模块,①由此形成两对八组基本模块。

2. 界面规则

数据界面规则意图规范各数据权利模块之间的勾连、互动关系,尤其是"公共数据权利模块"与"私人数据权利模块"的转换。就此而言,界面规则包括如下两种规则:

其一,公共数据私人化的规则。其主要处理两种情形:一是私主体对公共数据二次利用后形成新数据并创造新价值,②美国数据经纪人便是其典型。对收集信息并打包出售给企业和其他机构的中间人而言,驾驶执照、机动车记录、人口普查数据、出生证、结婚证、选民登记记录、犯罪记录、职业许可记录等公共数据在验证个人身份、营销产品、防止金融欺诈等方面意义重大,由此成为其重要的数据来源。二是政府在透明性和无歧视的原则下,以特许方式将公共数据与特定私主体共享,并根据使用者付费或补偿成本原则收取费用。尽管公共数据一般应无差别地向社会开放,但正如欧盟《数据治理法》(Data Governance Act)议案第4条所规定,在公共利益所必需的范围内,可在一定期限内(不超过三年)授予企业数据再利用的专有权。总之,公共数据的私人化使之跳脱出"公共数据权利模块",并带来双重效果:一方面,私主体得以享有"私人数据权利模块"下的权利。以此观之,《贵州省政府数据共享开放条例(草案)》第32条"行政职能部门因国家安全、社会公共安全和公共利益,需要使用公民、法人、其他组织利用开放的政府数据增值开发应用形成的产品或服务的,公民、法人、其他组织应当无偿提供"不当将公共数据逻辑延伸到转换后的私人数据之中。另一方面,私主体亦应承担"私人数据权利模块"下尊重个人权利、提升数据处理透明度并遵守风险规制的义务。③

其二,私人数据的公共化规则。这亦关涉两种情形:一是政府强制性取得私人数据,并运用于公共目的。在新冠疫情期间,政府和企业积极合作,开发数字技术、共享企业数据成为抗疫的重要助力。④ 从权利块的角度看,政企协作绝不意味着政府的企业化或企业的政府化,相反,其要求政府对企业数据的访问仍应坚持法律保留、正

---

① 这四种关系借鉴并修改了张永健教授对物权关系的描述,参见张永健:《物的本质》,载《南京大学法律评论》2014年春季卷。
② 其包括了"数据改装"和"数据内容增值"等不同形式,参见吕富生:《论私人的政府数据使用权》,载《财经法学》2019年第6期。
③ U. S. Senate Commerce Committee, *A Review of the Data Broker Industry: Collection, Use, and Sale of Consumer Data for Marketing Purposes*, 2013.
④ 许可:《重大公共卫生事件的数据治理》,载《暨南学报》(哲学社会科学版)2021年第1期。

当程序和比例原则等公法原则,并应满足一系列具体要求,包括透明度、合法目的、必要且适当的方式、明确授权与限制、独立的监督、有效的救济措施,以及数据的安全保障。① 二是私主体出于医疗、环保、统计、科学研究、改善公共服务等公益目的而自愿向社会或政府无偿公开数据。为了给这一"数据利他主义"(data altruism)提供激励,同时避免使之沦为强制性义务,欧盟《数据战略》(A European Strategy for Data)和《数据治理法》议案特别设立非营利的"数据利他主义组织"制度,该组织通过法定的"数据利他同意表"从自然人、企业法人处收集数据,或者汇聚处理他人收集的数据后用于公益目的。此外,从界面规则观察,还应留有逆向转换的空间,即应赋予私主体撤回同意或反对特定数据处理的权利,从而恢复到"私人数据权利模块"。

3. 标准规则

数据标准规则旨在从系统角度确立各个数据权利模块的共通规则,其包括但不限于如下三项规则:

首先是"数据与信息的区分规则"。数据和信息的学理纠葛由来已久,②在我国立法、司法中,数据和信息的混用屡见不鲜。《电子商务法》第 25 条、《人类遗传资源管理条例》第 24 条、《废弃电器电子产品回收处理管理条例》第 17 条以及在"阳光数据诉霸财数据案""新浪诉脉脉案"的民事判决书中,均不加区分地使用"数据信息"的概念,并由此滋生大量争议。③ 譬如,《个人信息保护法(草案)》第 44 到 45 条规定了个人信息的查询、复制、更改、删除等权利,但究竟其指向是机器可读的"数据",还是人可读的"信息"?结果大不相同。以复制权为例,若复制的是由文字组成的"信息",则其主要实现个人知情权;若复制的是由 0 和 1 编码组成的"数据",那么在实践中就可能演化为中国版"数据可携带权"。因此,无论在其他学科或比较法上如何界定数据和信息,在数据权利规则的建构中有必要对两者严加区分。④ 这不但符合"概念经济性"原理,避免问题复杂化,⑤而且有着坚实的实体法基础。事实上,《民法典》第 111 条和 127 条已将"个人信息"和"数据"分而对之,《数据安全法(草案)》第 3 条"本法所称数据,是指任何以电子或者非电子形式对信息的记录"亦首次阐明了

---

① OECD, *Government access to personal data held by the private sector: Statement by the OECD Committee on Digital Economy Policy*.
② 关于数据和信息的多种观点,参见许可:《数据安全法:定位、立场与制度构造》,载《经贸法律评论》2019 年第 3 期。
③ 韩旭至:《信息权利范畴的模糊性使用及其后果——基于对信息、数据混用的分析》,载《华东政法大学学报》2020 年第 1 期。
④ Henry E. Smith, "On the Economy of Concepts in Property", *University of Pennsylvania Law Review*, Vol. 160, 2012, p. 2097.
⑤ 梅夏英:《数据与信息的区分法律意义》,载《比较法研究》2020 年第 6 期。

数据和信息的关系。基于此,在数字环境中,"数据"可被界定为"可通过特定设备读取的二进位比特集合",而"信息"是"人对数据的读取、解读和沟通"。

数据和信息的区分使"数据权利模块"和"信息权益模块"得以区隔。作为二阶观察,法律对客观世界上"同一电磁记录"进行了多次评价:其下层是公共数据权利和私人数据权利,而上层则是个人信息权益、商业秘密、知识产权、国家秘密、政府信息等关乎信息内容的一系列权益。基于权利块理论,各个权利(权益)既相互独立又彼此连接:就独立性而言,各权利(权益)均按照其自身规则发生得丧变更的后果;就连接性而言,各权利(权益)的行使要考虑到他方的影响并通过"权利不得滥用"或"权利堆叠"(rights stacking)规则,化解权利冲突。

其次是"数据权利取得的捕获规则"。在信息与数据的区分规则下,信息就像石油、天然气、水流或奔跑着的野生动物,是一种流动性资源(fugitive resource),由于它具有从一地移动到另一地的能力,让人们对其所获之物享有权利便是成本最低的规则。① 数据就是数据生产者捕获信息所得的战利品。这是因为,没有物质或能量,在热力学第二定律作用下,任何信息都将最终耗散。就此而言,数据的形成就是数据生产者运用电子技术、服务器和电能将世界上弥散信息固定化的过程。在法哲学中,数据捕获规则被洛克的劳动价值论和功利主义的财产论所支持。② 在经济学层面,其亦被"福利超越理论"(welfare overtaking theorem)所验证:数据生产者所创造的财富具有强烈的溢出效果,社会福利的增加将会超过生产者的所得。依据不同场景,捕获规则面貌不同:(1)在数据由个人与企业、企业与企业共同生产的情形下,它意味着根据各自贡献的"按份享有",当份额无法划定时,应视为"共同享有";(2)在他人对原始数据进行加工、融合形成衍生数据且缺乏事前约定的情形下,它意味着由数据的加工、融合方对衍生数据享有权利,除非其贡献非常微小。③

最后是"数据权利行使的比例规则"。与公法中比例原则不同,"数据权利行使的比例规则"源于知识产权法,意指数据权利的范围和大小应当与其保护的价值和重要性成比例,换言之,数据给予权利人的杠杆优势或市场力量,不得与其应得的权利比例失当。④ 究其本质,比例规则是对数据资源的合理配置,从而在数据生产激励

---

① 〔英〕艾琳·麦克哈格、〔澳〕巴里·巴顿、〔新西兰〕阿德里安·布拉德布鲁克、〔澳〕李·戈登:《能源与自然资源中的财产和法律》,胡德胜、魏铁军译,北京大学出版社2014年版,第196页。
② 许可:《数据权属:经济学与法学的双重视角》,载《电子知识产权》2018年第11期。
③ 与物权法中的添附规则不同,由于原始数据依然保留在原权利人手中,加工或融合方恶意与否不影响衍生数据的权利取得,但可能影响赔偿责任的承担。
④ 〔美〕罗伯特·P. 莫杰思:《知识产权正当性解释》,金海军等译,商务印书馆2019年版,第292—293页。

和社会公共利益之间,在数据的法律控制与数据分享互惠之间达致平衡。① 对此,美国法学家莫杰思(Robert Merges)曾用桥梁寓言为例予以说明:在一座桥梁桥墩坐落的土地中,阿尔拥有其中的5%,但鉴于大桥地处要津、盈利颇丰,阿尔于是主张40%的收益。② 显然,这属于"不合比例回报"(disproportionate reward)。不过,与桥梁不同,数据的利用和价值创造不是纯线性的,数据的归集、加工和融合富含边际效应,数据的数量、质量、算法、算力的改进将会带来效用的突增。更宽泛地说,鉴于数据具有涌现性(1+1>2)和互补性,比例规则所处理的不只是数据权利聚合(assembly)的问题,③还是权利人拒绝数据二次利用导致利用不足的"反公地"问题,及其独占数据全部交换价值的公平问题。基于此,数据权利行使的比例规则包含了两种规则:一是事前(ex ante rule)规则,即法律通过精巧设计,调整数据权利人的市场力量,促进更有效率的数据使用。对此,可借鉴知识产权法的经验,以数据创新为导向,就数据权利的保护范围、保护期限和保护方式做出灵活规定。④ 具体而言,在保护范围上可选择"构成实质性结构的数据"或"每一组数据",在保护期限上可选择"短期保护""长期保护"或"永久保护",在保护方式可选择"法定赔偿""赔偿损失"或"回复原状"。总之,通过范围、期限和救济的三维组合,立法者能够因地制宜地框定数据权利的市场力量。二是事后规则(ex post rule),即由法院或国家机关根据具体场景,限制数据权利,以最大化社会福祉。这是由于,在对数据权利进行事前配置之时,国家不可能预见到因数据资源使用引发的全部第三方效应,事后的有条件调整不可避免。

(三) 数据权利的个别设计规则之一:公共数据权利

所谓公共数据(public data),意指国家机关以及履行公共管理和服务职能的机构在依法履职过程中,采集和产生的各类数据资源。作为行政法上的"公物",公共数据供公共目的使用,并依公法受国家或相关国家机关支配,⑤由于国家系公共数据权利人,"数据权利人和国家关系模块"不再适用,公共数据权利子模块限于如下三种:

其一,数据权利人与一切人的权利模块。随着数字政府的兴起,公共数据开放已

---

① 梅夏英:《在分享和控制之间:数据保护的私法局限和公共秩序构建》,载《中外法学》2019年第4期。
② 〔美〕罗伯特·P.莫杰思:《知识产权正当性解释》,金海军译,商务印书馆2019年版,第313—316页。
③ Lee Anne Fennell, "Lumpy Property", *University of Pennsylvania Law Review*, Vol. 160, 2012, p. 1955.
④ Robert D. Cooter, Uri Y. Hacohen, "Progress in The Useful Arts: Foundations of Patent Law in Growth Economics", *Yale Journal of Law & Technology*, Vol. 22, 2020, p. 191.
⑤ 吴庚:《行政法之理论与实用》,三民书局2014年第12版,第182页。

成为全球潮流,我国上海、贵州、安徽、宁夏、浙江、重庆、天津等地纷纷制定地方法规,《数据安全法(草案)》亦单辟一章,规定数据开放事宜,我国《政府数据开放条例》出台的时机日益成熟。① 立足于公物法的逻辑,国家机关一般应向所有公众免费地、无须授权地、无差别地开放公共数据。但另一方面,为了维护数据的完整性、可用性,国家机关有权要求一切人不侵犯公共数据安全。据此,公共数据权利人与一切人的权利模块具有如下内涵:其一,一切人都有权利使用,且无权利要求他人不使用;其二,一切人都有权利要求国家机关以机器可处理的方式,完整、全面、及时、无歧视地提供公共数据,国家机关负有积极作为的义务;其三,国家机关有权要求一切人不侵害数据安全,一切人负有不作为的义务。

其二,数据权利人与其他意定数据权人的权利模块。在特定情形下,国家机关可依其意思在公共数据上为他人设立"专有使用权"(exclusive right)。针对不宜向社会公开但确有社会价值的公共数据,国家机关为公共利益之必需,在明确数据利用条件、用途、期限、访问方式的前提下,和特定人签署公共数据使用协议,授予其在一定期限内使用数据的权利。根据欧盟 2019 年《开放数据和公共部门信息再利用的指令》、英国 2015 年《公共部门信息再利用规则》以及我国各地数据开放法规下"受限开放"之规定,②此种意定的数据权利应满足如下要求:其一,数据限定,包括对数据安全和处理能力要求较高的数据;具有特别显著的经济社会效益,但现阶段安全风险难以评估的数据;涉及商业秘密、个人信息但所指向的公民、法人和其他组织同意共享的数据。其二,期限限定,一般不得超过 10 年。其三,用途法定,不得用于商业用途。③ 其四,再许可禁止。其五,程序限定,政府机关应对专有权的授予进行安全评估、公开遴选方式、资质要求、合同条款和获得专有使用权的组织或个人名单。其六,政府机关应定期(不得超过三年)开展事后复核,以判断专有使用权的存续是否正当、合法、必要。综上,数据权利人与其他意定数据权人的权利模块具有如下内涵:其一,国家机关有权为他人设定或撤销专有使用权;其二,专有使用权人有权依据使用协议向国家机关主张权利,但无权向第三方转让该等权利。

其三,数据权利人与其他法定数据权人的权利模块。在法定情形下,国家机关应在其管理的公共数据上为其他国家机关设立"非专有使用权"(non-exclusive right)。近年来,"政府作为平台"(government as a platform)和整体性政府的观念,打破了国

---

① 刘权:《政府数据开放的立法路径》,载《暨南学报》(哲学社会科学版)2021 年第 1 期。
② 参见《上海市公共数据开放暂行办法》《浙江省公共数据开放与安全管理暂行办法》《重庆市政务数据资源开放应用管理暂行办法》等等。
③ 由此区别于公共数据转化为私人数据的"界面规则"。

家机关间的孤立,以实现跨边界的横向连接、中央和地方政府间的纵向连接以及有关互操作性议题上的基础设施连接。① 在此背景下,《国务院关于印发政务信息资源共享管理暂行办法的通知》明确提出,公共数据在政府机关之间以共享为原则,以不共享为例外。疫情防控期间,不同级别、不同地区之间及时、准确、充分的公共数据共享问题越发迫切而重大。根据我国各地公共数据共享法规,②数据权利人与其他法定数据权人的权利模块具有如下内涵:其一,国家机关有权依法向其他国家机关提出数据共享要求,后者有义务提供;其二,国家机关无权将共享数据挪作他用,无权对外转让或公开,有义务维护数据安全;其三,提供数据的国家机关对他方因共享数据导致的风险和责任不承担责任。

(四)数据权利的个别设计规则之二:私人数据权利

所谓"私人数据",意指个人、企业或其他组织出于非公共利益目的,记录、清洗、整理、汇集、演算、分析所得的数据。在数据与信息的区分规则下,"私人数据"在内涵上迥异于"与已识别或可识别的自然人相关的个人数据"。这是因为,个人数据仅仅表明个人是数据的来源,无法表明个人是否就是数据的创制者。③ 基于捕获规则,作为数据描述对象的个人对数据不享有权利。当然,私人数据在外延上与个人数据可能交叠,导致"私人数据权利"和"个人信息权益"的冲突与协调问题,不过,这已经不属于私人数据权利模块的范围。私人数据权利包括如下四种权利模块:

首先是"数据权利人与一切人的权利模块"。作为对世权,私人数据权利以排他权、追及权为核心。据此,数据权利人与一切人的权利模块具有如下内涵:其一,权利人可立足于《网络安全法》下"数据安全"之规定,禁止他人破坏、删除或未经授权访问数据,即有权请求任何人停止侵害、排除妨害、消除危险,此为"防御性数据权利"。需要指出,当权利人将数据设置为公开可见时,这仅仅意味着权利人并未施加访问限制,④而并不意味着任何人有权任意爬取复制,其爬取复制的正当性应在综合考量权利人的意思表示、对数据权利的干涉程度以及爬取方获益后做出判断。其二,权利人基于财产权"追及效力",有权针对无权占有数据或其副本之人主张返还或删除,并有权禁止该等无权占有人以发行、出租、传输或其他形式向公众提供该等数据或其副本,由此

---

① 许可:《健康码的法律之维》,载《探索与争鸣》2020 年第 8 期。
② 参见《贵阳市政府数据共享开放条例》《广东省政务数据资源共享管理办法(试行)》《浙江省公共数据和电子政务管理办法》《北京市公共数据管理办法(征求意见稿)》《湖北省政务信息资源共享管理暂行办法》《宁夏回族自治区政务数据资源共享管理办法》等等。
③ 高富平:《数据生产理论》,载《交大法学》2019 年第 4 期。
④ hiQ Labs, Inc. v. LinkedIn Corp., No. 17-16783. 9th Cir. 2019.

区别于商业秘密的保护。还要说明的是,受制于"数据权利行使的比例规则",较诸所有权,权利人追及权在期限和范围上有所限缩,可称之为"有限的追及权"。

其次是"数据权利人与其他意定数据权人的权利模块"。数据权利人有权处分数据,包括在数据上设定限制性数据权利。据此,数据权利人与其他意定数据权人的权利模块具有如下内涵:其一,权利人有权将数据控制权转移给他人,丧失排他权和追及权;其二,权利人有权将数据与他人共享,各方作为数据的共同控制者(joint controllers)享有同等权利,对外承担连带责任;其三,权利人有权向他人授予数据使用许可,各方根据许可协议享有权利,承担义务和责任;其四,权利人有权在数据上设定担保,担保权人在债权无法实现时可拍卖、变卖数据,并优先受偿。鉴于数据价值在于实时流动和更新,数据担保不宜采取转移控制权的"质押"形式,而应尽量采取权利人保留控制权的"抵押"形式。意定的数据权利必须公之于众,可数据的物理特质使其难以适用传统的占有或登记。此外,数据也非自在自为之物,它始终依托于特定硬件设施、技术架构和操作系统,因而不妨借鉴域外管理无形财产的公示方式,①将"控制"作为数据权利的形式基础。质言之,若意定数据权人在事实上和法律上获得了数据的操作权限,能够单独或与他人联合对数据做出处分,即构成"数据控制"。随着区块链技术的应用,不可篡改、分布式共识的机制进一步强化了每个节点(各意定数据权人)的控制力,可追溯、公开透明的特征又带来了社会信任,基于区块链的控制由此成为最佳的数据权利公示途径。

再次是"数据权利人与其他法定数据权人的权利模块"。除法律行为外,数据权利也可依法自动设立,这主要基于"数据权利行使的比例规则",避免数据权利人独占数据所有价值,而强制性赋予他人对数据访问和/或复制的权利,原权利人应当容忍,此即"数据的有限排他权"。参照我国知识产权法的法定许可、合理使用以及《关于平台经济领域的反垄断指南》中的必要设施制度,数据权利人与其他法定数据权人的权利模块的内涵可梳理如下:其一,如数据公开可见,且不能被独立生成、收集或从任何其他来源获得,则第三方有权在通知数据权利人的前提下,以公允价格和非歧视性条件将数据集的实质部分用于商业目的。为此,数据权利人和第三方应就使用费率和支付条件达成合意,否则,相关政府机构或法院有权依其职权做出市价补偿的决定。其二,如数据公开可见,且不能被独立生成、收集或从任何其他来源获得,则第三方有权在通知数据权利人的前提下,以法定价格和非歧视性条件将数据集的实质

---

① 《美国统一商法典》(UCC)、加拿大的《动产担保法》(PPSA)、《欧洲示范民法典草案》(DCFR)对存款账户等金融资产均采用控制公示方法。

部分用于教育、科研、文化传播等非商业目的。此时的使用费率和支付程序由法律直接规定，并可通过特定机制予以定期调整。其三，对于公开不可见的数据，若数据权利人在数据驱动型市场中占据支配地位，数据无法从其他途径获取，拒绝开放数据没有正当理由且数据共享可行，更重要的是，数据闭锁"阻碍下游市场有效竞争"和"阻止新产品的产生"的，[1]第三方可以该等数据构成"必需设施"为由主张数据使用权，数据权利人应按照"FRAND"（公平、合理、非歧视）原则进行有偿许可。其四，除上列明定情形外，可以通过更具弹性的司法适用，将不与数据的正常使用相冲突、不会不合理地损害数据权利人合法利益的特殊情形纳入数据合理使用范畴，以回应日新月异的数据利用场景。[2]

最后是"数据权利人与国家的权利模块"。尽管国家在数据利用中有着多种角色，可从财产权的角度，国家显示出两个截然相反的面向，一是数据权利的特许者，二是数据权利的管制者。就前者而言，国家根据私主体的申请，直接授予其特定类型的数据经营权，该等经营权具有竞争性、排他性和营利性，属于能够产生私法效果的"新财产"。[3]我国《数据安全法（草案）》第 31 条"专门提供在线数据处理等服务的经营者，应当依法取得经营业务许可或者备案"，初步确立了数据经营权的法律基础，不过失之过宽，有碍我国数字产业发展。鉴于行业特许的正当性建立在公共风险控制的基础上，建议将数据经营权限定于医疗数据、金融数据、能源数据等高风险数据，至于其他一般数据的经营权，私主体可自动取得。[4]就后者而言，即国家为维护国家安全对数据权利的苛减，这主要体现为管控"重要数据"和"数据跨境流动"。根据《国家安全法》《数据安全管理办法（征求意见稿）》以及相关国家标准，"重要数据"是一旦遭到篡改、破坏、泄露或者非法利用就严重危及国家政权、主权统一和领土完整、人民福祉、经济社会可持续发展和国家其他重大利益的数据。《数据安全法（草案）》对重要数据增设了一系列特别负担，包括但不限于重要数据收集、使用应在法律、行政法规规定的目的和范围内，开展数据风险评估并报送评估报告，配合境内执法调取数据及境外调取数据的先行报告义务。另一方面，"数据跨境流动"不但是经济全球化的一部分，也是全球数据经济博弈的焦点，还是网络空间犯罪、恐怖活动和执法冲突的风暴之眼。基于国家安全、公共秩序、基本权利和经济发展管控数据跨境流动已经成为常态。因此，问题的关键不在于是否管制，而在于如何在不过分戕害

---

[1] 孙晋、钟原：《大数据时代下数据构成必要设施的反垄断法分析》，载《电子知识产权》2018 年第 5 期。
[2] 李杨：《著作权合理使用制度的体系构造与司法互动》，载《法学评论》2020 年第 4 期。
[3] 刘东霞：《行政法上的新财产问题研究》，中国社会科学出版社 2018 年版，第 104 页。
[4] 龙卫球：《再论企业数据保护的财产权化路径》，载《东方法学》2018 年第 3 期。

数据权利的前提下,实现安全与自由的平衡。①

四、结语

作为数字时代的新事物,"数据"早已超脱出工业时代法律的想象。面对这一世界性的全新挑战,观念革新是唯一应对之道,恰如维特根斯坦所言,一旦新的思维方式得以确立,之前的旧问题就会消失,因为它们与旧方式相伴而生。回顾既有数据研究,其形式主义范式和实质主义范式各有缺陷,更重要的是,它们看似泾渭分明,实则殊途同归,最终落在了权利人可以行为和不得行为的规则之上。为此,我们有必要采取"反省法"这一统合性进路,从权利内部的行为模式及其关联入手展开数据权利研究。在权利球、权利束、权利块三种权利结构中,权利球与数据权利难以兼容,由权利束发展出的权利块既贴合数据权利的多元性、动态性,又融通并改进了我国"权能分离"理论,足以成为我国数据权利的基础性结构。

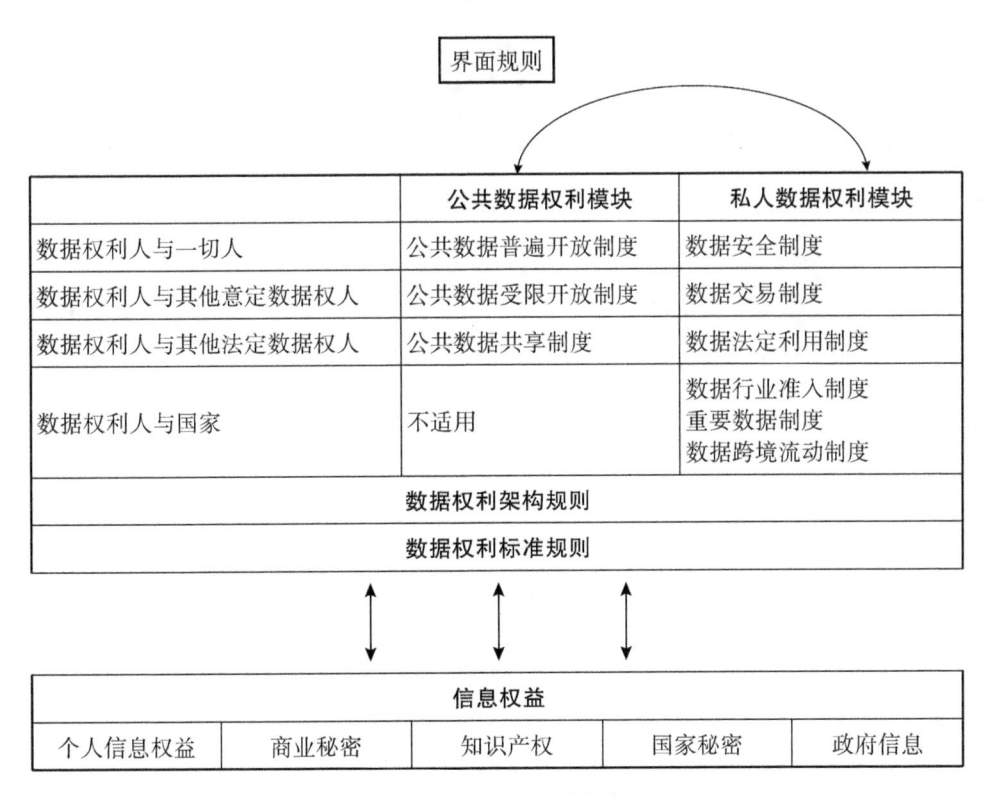

	公共数据权利模块	私人数据权利模块
数据权利人与一切人	公共数据普遍开放制度	数据安全制度
数据权利人与其他意定数据权人	公共数据受限开放制度	数据交易制度
数据权利人与其他法定数据权人	公共数据共享制度	数据法定利用制度
数据权利人与国家	不适用	数据行业准入制度 重要数据制度 数据跨境流动制度
数据权利架构规则		
数据权利标准规则		

界面规则↷

信息权益

| 个人信息权益 | 商业秘密 | 知识产权 | 国家秘密 | 政府信息 |

图 1　数据权利制度框架

---

① 许可:《自由与安全:数据跨境流动的中国方案》,载《环球法律评论》2021年第1期。

数据权利的理论设想固然有着无穷多的路径,但数据制度建构必须在我国法律体系之内展开,此即"认知开放、规范封闭"之真意,亦是数据权利块的实践价值所在。通过整体设计规则和个别设计规则,数据权利各模块不但与公共数据开放与共享、数据安全、数据交易、数据法定利用、数据行业准入、重要数据、数据跨境流动等诸多制度相互勾连,而且使其相互配合,在衔接与整合了现有规定的前提下,共同构成体系性和操作性兼备的制度框架(见前页图1)。毋庸讳言,该制度框架依然是初步的和尝试性的,我们不妨将其看作对数据权利这一人类未知区域的初步勘探地图,其中有大量的空白和细节有待填补,但权利块结构的开放性和延展性,足以容纳后续的调试与发展,就此而言,本文不过是万里长征的第一步。

(许可/文)[*]

---

[*] 许可,对外经济贸易大学法学院副教授。本文原刊于《政法论坛》2021年第4期。

大数据治理:基于权力与权利的双向度理解

当前,信息技术与经济社会交汇融合,共同促进了数据技术的迅猛发展和广泛应用,数据日益成为社会经济发展和国家战略发展的重要资源,大数据治理也成为学界和社会热切关注和广泛谈论的话题。关于大数据治理,学界目前存在狭义和广义两种解读:从狭义角度来看,大数据治理就是将大数据作为治理对象,主要涉及相关管理标准与规范的制定、隐私权利保护、数据产业发展等问题;从广义角度来看,大数据治理则不只是传统信息治理领域的拓展和延伸,更是将大数据视为治理手段与治理工具,用来破解国家治理与社会治理的难题。然而,对于大数据治理的内在逻辑关系以及如何开展大数据治理实践,尚存许多疑问没有得到解答。因此,本文尝试从大数据的兴起过程着手分析,试图从政治学的角度理解当前大数据治理过程中的权力与权利关系问题,以期为大数据治理实践及后续深化研究提供启发与借鉴。

一、大数据的兴起与权力生成

(一)大数据的兴起:社会数据化与数据社会化

大数据的兴起源于近现代自然科学的蓬勃发展,是"信息爆炸"的直接产物。天文学、基因学等这些需要处理海量数据信息的学科,最先经历"信息爆炸",创造性地提出了"大数据"的概念。前沿杂志《自然》(Nature)和《科学》(Science)也曾分别出版大数据专刊,介绍大数据发展的巨大前景以及带来的革命性机遇和挑战。

当前大数据的研究者主要从技术分析、应用价值、社会发展影响等角度出发对大数据概念予以解读。技术分析角度主要在于强调大数据的规模特性及其技术要求。麦肯锡全球研究院认为,"大数据是指其大小超出了典型数据库软件的采集、储存、管理和分析等能力的数据集"[①]。联合国"全球脉动"计划也在研究报告中指出,大数

[①] 麦肯锡全球研究院:《大数据:下一个创新、竞争和生产力的前沿》,载《赛迪译丛》2012年第25期。

据是描述海量数据的流行短语,包括结构化与非结构化的海量数据,难以利用传统的技术与方法进行处理。应用价值角度主要在于强调大数据作为信息或知识获取的手段及其创造的价值。借助大数据技术,数据企业能够从混沌的数据中提取有价值的信息。例如,高德纳咨询公司(Gartner Group)就十分注重大数据在增强洞察力、决策和过程自动化等方面的经济贡献。社会发展影响的角度在于强调大数据对思维方式和社会生活的变革与创新。数据科学家迈尔-舍恩伯格(Mayer-Schönberger)和库克耶(Cukier)将大数据视作一场生活、工作与思维的"大变革","是人们获得新的认知,创造新的价值的源泉","为改变市场、组织机构,以及政府与公民关系服务"。① 总的看来,大数据既是一种技术,又是一种能力,通过数据采集、存储和分析来挖掘信息、发现知识、创造价值。

纵观人类发展历史,数据是人类理解与发现世界的重要工具,人类文明在某种程度上就是建立在数和数据的基础之上的。古希腊毕达哥拉斯学派就是数本主义哲学的忠实拥趸,主张数是万物的本原,对数充分尊崇。近现代以来,数在方法论层面又进一步拓展,为科学研究与社会认识提供了普适性语言。进入大数据时代,数的边界进一步拓展,数据技术将海量数据转化为相关信息或知识,深刻影响社会价值创造与社会关系塑造。一方面,社会能够借助数据的形式呈现,大数据能够通过对人类行为和社会活动进行数据化记录,为决策分析与管理规制提供依据;另一方面,数据的表现形式也日趋社会化,逐渐破除现实世界的物理疆界,在渗透到更为广泛的社会生活层面的同时对社会生活产生重大影响。可以说,大数据的兴起是社会数据化与数据社会化相统一的过程。

社会数据化的实质在于全面实现对社会数据的分析与管控,将"社会"与"社会中的人"视为分析与管控的对象。社会并非空洞的存在,而是由活生生的个体的人所组成。对社会及社会中的人的分析与管控,本身就意味着一种社会权力。早在19世纪的时候,社会学家孔德(Comte)就提出"社会物理学"的设想,划分社会静力学(分析社会结构、社会秩序问题)和社会动力学(分析社会变迁、社会进步问题),期望运用自然科学的方法将社会行为数据化来揭示社会运行规律。但是囿于思考与分析的局限性,其理论是基于单一的社会经验而建构的,难以针对整体性情况给予有效解释,也就难以实现有效管控的目的。大数据技术的出现,开始打破这种困境。通过大数据分析,管理和决策活动开始摆脱纯粹的经验和直觉,能够实现对社会及社会中的

---

① 〔美〕维克托·迈尔-舍恩伯格、肯尼思·库克耶:《大数据时代:生活、工作与思维的大变革》,盛杨燕、周涛译,浙江人民出版 2013 年版,第 9 页。

人的科学化管理。正如史蒂夫·洛尔(Steve Lohr)所认为的那样,所有的管理决策活动将越来越少依赖本能的经验和直觉,数据驱动决策的活动将日益受到倚重,甚至引发"管理革命"。① 基于同样的理解,吉姆·格雷(Jim Gray)指出,受数据洪流的影响,科学研究正在形成数据密集型研究范式。② 由此可见,世界万物皆可表征为数据。通过大数据技术,人类行为与社会现象能够得到更为真实、全面的描述,社会运行规律也能够被更为精准地揭示,整个社会发展也处于可控制、可预期的状态。

社会数据化的同时,还伴随着数据社会化,不过两者各有侧重。前者强调社会的数据呈现形式,后者关注数据在社会中的主体性问题。关注数据在社会中的主体性问题,就是要明确人在社会中的主体地位,即站在人的立场与角度来审视数据。不同于社会数据化的权力,数据社会化过程离不开社会中的人的主体性参与。人是构建社会意义的主体性动物。缺乏人的主体性参与,数据及配套数据技术就沦为缺乏价值寓意的纯粹性手段与工具,数据化赋予的权力意志必然因此凌驾于人类之上。所以,要理解数据社会化,就必须重视占据主体地位的人所必然具备的权利问题。在这里,关于权利问题的主张是基于大数据的权力生成逻辑而提出的,社会数据化所昭示的权力性在逻辑上是优先于数据社会化所赋予的权利性的。这样,通过社会数据化与数据社会化的双向互动,我们就可以尝试从大数据的权力生成逻辑着手,围绕权力与权利的关系进行分析与阐释,建构理解大数据治理的基本分析框架。

(二) 数据、信息、权力的关联性视角:大数据的权力生成逻辑

从大数据的视域来理解,世界的本质就是数据,数据是人们认识世界的基本单元,而大数据则是基于数据采集、存储与分析而形成的技术与能力。处于大数据时代,数据能够表征一切社会关系,人在某种意义上是相关数据的总和。作为一种符号系统,数据通过 0 和 1 的二进制组合来表达具备丰富意涵的文字、音频、视频等材料,描述社会关系的基本事实。就这样,通过数据的简化表征,最简单的两个要素之间的混合就具备了展现现实政治与社会生活的无限可能。

数据是对客观事物的符号表示,其目的在于信息的表达。大数据的核心在于挖掘和分析海量数据,以获取数据所负载的信息。通过数据挖掘,计算系统如同人的感觉器官,获取相关数据文本;通过数据分析,计算系统如同人的大脑一般,对获取的相关数据资料文本进行分析处理。通过数据分析,数据能够转化为信息。信息的本质

---

① 〔美〕史蒂夫·洛尔:《大数据主义》,胡小锐、朱胜超译,中信出版社 2015 年版,第 103 页。
② Tony Hey, Stewart Tansley, Kristin Tolle, *The Fourth Paradigm: Data-Intensive Scientific Discovery*, Microsoft Corporation, 2009.

在于消除不确定性,作为与外部世界相互交换的内容,调节着人与世界的关系。同时,信息还能抽象为知识,作为具备普遍性与概括性的信息来理解。可以说,知识在某种程度上亦可视为信息的特殊形式。然而,由于数据的低价值密度特性,数据分析处理并非都能够得到有效信息。大数据为了能够分析事物的全部细节,不再进行归纳与抽象处理,而是采用全体数据,这就要求挖掘对象除了面向传统的结构化数据,还包括大量的半结构化、非结构化数据。这些数据类型繁多、复杂多变,在贡献有价值的信息的同时,也必然充斥着大量没有意义或者意义不相关的数据。从某种程度上看,数据的价值是相对的,其价值主要体现在信息的转化上,只有那些转化为信息的数据才是有价值的,而那些没意义或意义不相关的数据则是没有价值的。

数据能够转化为信息,信息便是权力的来源。长期以来,社会学者与政治学者们往往强调权力的强制性内涵,将权力视作一种获得物质利益的硬性手段。而约瑟夫·奈(Joseph S. Nye)指出,权力"正在从'拥有雄厚的资本'转向'拥有丰富的信息'",而且"对新信息及时做出反应的能力是一种至关重要的能力权力资源",[1]这种区别于硬性权力的形式就是"软权力"。一方面,信息是权力生成的关键资源,掌握信息资源就意味着掌握权力。信息是判断和决策的依据,处于信息资源优势地位的一方能够凭借其掌握的信息资源做出正确的决策判断;而处于信息资源劣势,甚至是信息被垄断的一方则处于决策与行动的被动地位,受制于信息资源优势的一方。由此,信息不对称导致相互关系的不平等,从而形成一定的权力关系。那么,权力在某种程度上也可以理解为对信息的占有与垄断。另一方面,信息作为知识的来源,其本身也具备权力的特性。信息的获取与积淀,为专业化的知识体系建构奠定基础,而专业化的知识体系往往赋予相关主体以权威,生成权力不对等的社会关系。信息或知识自被生产出来,就蕴涵着权力的特质,通过信息或知识的传播,权力关系也得以传递和延续。当前大数据的蓬勃发展,日益强化了这一态势,成为一项渗透着权力的知识性活动。

与此同时,权力也影响数据和信息的挖掘与转化。从数据的角度来看,权力能够在某种程度上影响数据的挖掘和分析。数据虽然是客观存在的,但是权力主体的意志却可能导致数据采集和分析具有主观偏向性,即在数据采集与分析过程中输出其支配意愿,制约或控制其作用对象,实现权力目标。从信息的角度来看,权力也能够在解读信息的角度与立场上展现其意志。信息或者说抽象化的知识所体现的权力关系,本身就蕴涵了维系和发展其自身的机制。

---

[1] 〔美〕约瑟夫·S.奈:《硬权力与软权力》,门洪华译,北京大学出版社2005年版,第105页。

那么,数据、信息和权力三者的关系就形成了一个如下图所示的严密逻辑链条,大数据的权力生成也就顺理成章。数据是人们理解世界的基本单元,但数据往往处于杂乱无序的状态,难以被科学精准地解读,需要大数据等相应的技术手段介入。数据转化为信息,才具备了被解读的可能。信息是由数据转化而来的、被人获取并被人所理解的数据。大数据的发展,为数据转化为信息的飞跃发展奠定坚实的基础,人们也能够通过数据分析获取更多的信息。数据转化为信息,而信息体现权力:信息可以被视作一种权力供给的关键资源,也是权力关系得以传递与延续的媒介。同时,权力主体的意志对于数据和信息也或多或少产生影响,使得数据的挖掘与分析及信息的转化过程闪烁着权力的特质。

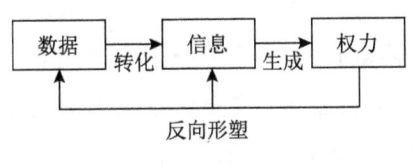

图 1 "数据—信息—权力"关系示意图

二、数据权力:基于数据资料的权力形式

"除了上帝,任何人都要用数据说话。"[①]数据不仅是度量科学的尺度,更在某种程度上成为人们理解问题的方式。基于"数据—信息—权力"的分析进路,大数据的权力生成逻辑得以确立,数据权力就是对这种权力形式的集中概括。由此,在理解数据权力的基础上,可梳理出大数据治理过程中的相关权力特征。

(一) 数据权力的概念界定

权力是政治学研究的核心命题。借由对权力的关注,相关研究得以深入分析行为主体之间的互动关系以及配套规则制度的建构与实效等问题。权力的本质在于反映社会关系的不平等性,数据或信息资源的非均衡性分配则是社会关系不平等性的直接体现,数据权力正是基于这种不平等性而产生的。数据权力并不局限于政治领域,但其权力关系却具有政治性。数据权力存在于无处不在的社会关系网络之中,并以广泛存在的差异化关系网络展示其影响力、支配力和控制力。

数据权力是在数据资料基础上衍生而出的权力形式,关注数据资料的生成、供

---

① 涂子沛:《大数据》,广西师范大学出版社 2012 年版,第 13 页。

给、分配与使用所产生的赋权与分权问题。通常而言,数据的生成来源主要包括两类,一类是由人生成的数据,另一类是由机器生成的数据。[①] 其中,作为数据生产者的"人"是数据资料的主要供给方,不仅包括自然人,还包括法人、非法人组织等组织主体,而机器生成数据则是网络行为的副产品,即由计算机程序、应用和服务以及自动化设备等生成的数据,其产生过程没有人类的直接干预。但是,不论是由人直接生成的数据还是由机器生成的数据,都是没有明确主观偏向性的生成物,仅仅是形成数据权力的原料。要形成数据权力还需要相关主体的参与和意志表达,通过这些要素的加成才能进一步转化为数据权力。这也就意味着,数据权力在很大程度上产生于数据资料的供给与分配。在这一过程中,数据资料的转化需要相关主体及相应大数据技术的参与,尽管大数据技术在计算分析过程中可以杜绝主观意志的干扰,具备一定的客观性,但是相关主体却不可能做到价值无涉,其在数据的生成、选择与获取以及数据信息解读等环节都有可能参入自身意志,造成权力干涉。为此,有研究者指出,互联网大数据存在数据操纵和数据偏态的可能,无法实现迈尔-舍恩伯格等大数据倡导者对大数据真实、自然的客观性预设与假定。[②] 而且,即使是无涉价值的客观数据,并存在具备客观性的大数据技术,也是被部分组织或个人掌握的,由此,进行数据分析、信息转化所形成的权力结构也是分化的。数据权力在供给与分配中产生,却集中展示于使用环节。毫无疑问,权力只有在被展示、被运用的时候才能得到最直观的感受。然而,随着现代权力技术的精细化发展,身处互联网社会权力场域中的人们越来越难以意识到权力的存在,它早已借助大数据等现代技术渗透到社会成员的日常生活之中,如同全景敞视监狱一般每时每刻掌握着所有人的动向。

(二)数据权力的特性分析

1. 数据权力的关系性

基于"数据—信息—权力"的逻辑来理解,数据权力是基于数据资料而形成的"元权力"。也就是说,数据权力在逻辑上和形式上都是先于其他权力而存在的,无论是政治权力,还是经济权力、文化权力等权力形式,都可以由数据权力塑造而成。由此,通过数据权力的进路建构,大数据治理得以切入政治社会关系的广泛研究之中。

数据权力可以作为理解政治社会关系的切入点。无可否认,人们当前身处的世

[①] 文禹衡:《数据确权的范式嬗变、概念选择与归属主体》,载《东北师大学报》(哲学社会科学版)2019年第5期。
[②] 郝龙:《"计算"的边界:互联网大数据与社会研究》,载《中南大学学报》(社会科学版)2018年第2期。

界正在不断地遭受信息技术的编码,现实社会与网络社会在信息交互的过程中产生了海量的大数据,政治社会关系通过数据的形式被临摹与复制。而且随着大数据技术的发展,数据采集的边界必将极大拓展,甚至可能实现社会科学研究的"全样本分析"①。那么,通过数据的形式,政治社会关系能够被整体性归纳与概括,实现全面映射现实的数据体系建构。如此,基于数据资料而产生的数据权力则必然成为切入数据体系的关键性力量,是实施大数据治理的重要抓手和可靠手段。

同时,数据权力还可以作为塑造政治社会关系的着力点。作为基于数据资料而产生的权力形式,数据权力由数据资料的转化而生成,但是其根源却在于现实社会。通过数据与信息的转化,数据权力得以产生。而且,数据权力在生成的同时,它也能够对数据和信息的转化施加影响,从权力产生的根源上来表达权力的意志、形塑生成权力的资料供给内容与途径。如此一来,数据权力就能够对政治社会关系的诸多方面施加影响力、支配力和控制力。也正是基于这样的理解,迈尔-舍恩伯格等大数据倡导者才坚信大数据开启了重大的时代转型,能够改写人类的认知与行为方式,重构社会结构与资源配置模式。

2. 数据权力的技术性

数据权力是典型的技术赋权,是大数据技术赋予的权力形式。所谓技术赋权,指的是通过技术手段来赋予相应主体以权力的行为。借助大数据的技术手段,相应主体能够分析数据、获取信息,进而掌握权力。

从国家建构的维度来看,数据权力是现代民族国家建设与发展的必然选择。随着政治发展的民主转型,科学技术越来越成为国家提升能力、巩固政权、构建政治合法性的重要途径。回顾我国的现代民族国家建构历程就能发现,改革开放以来,我国政治发展从体现个人魅力的克里斯玛型权威转向注重务实科学技术的法理型权威建构,"技术民族主义"②就是这一趋势的集中概括。必须意识到,通过大数据技术来获取增量权力、构建政治合法性目的,已经成为国家发展的重要战略举措。

从国家与社会关系的维度来看,数据权力亦将促成国家与社会互动关系的再次交锋。大数据技术融合现实社会与网络社会,营造了数据化的社会情境,也为国家与社会关系开辟了新的权力博弈空间。在这一空间领域,技术赋权是双向的,国家与社

---

① 对于大数据是否能够实现社会科学研究的全样本分析,学界尚存争议。支持者坚信,在大数据时代能够借助信息技术对社会科学进行总体数据分析,研究对象将不再局限于抽样,研究结论的准确性和适用性也将因为抽样误差的消失而获得极大提升。反对者则批评指出,所谓的全样本分析是相对存在的,不能立足于明确研究对象与研究问题的畅想是无意义的。总的看来,数据采集的边界必然极大程度地拓展,本文对于是否能够实现全样本分析不作过多讨论。
② 郑永年:《技术赋权:中国的互联网、国家与社会》,东方出版社 2014 年版,第 23—38 页。

会都能够在大数据技术发展过程中得到能力提升和权力实现,但是国家与社会借由大数据所获得的权力并非均衡的,所以国家与社会关系也极有可能在大数据发展过程中得到重塑。

3. 数据权力的结构性

大数据的技术赋权是二维向度的,在赋权增能的同时也可能会造成权力关系的结构分化。权力关系是社会互动情境中相关主体的结构关系。一般而言,权力关系的影响要素主要包括两个方面:一是利益驱动,它是权力关系结构形成的动力来源;二是资源供给,它是权力关系结构形成的物质基础。数据权力的结构性特征就体现于此。大数据的技术赋权,使得社会各方面与各组成主体获得相应的增量权力,但是相关利益主体基于自身利益维护与拓展的考虑,必然极力垄断数据资料与信息资源,进而最大可能地占有数据权力。虽然数据资料不会因为被某一特定主体收集与占有而将其他人排除,也不会因为被某一主体使用而排挤其他使用主体,但是,进行数据分析的大数据技术却是排他性的,通过掌握大数据技术垄断权力关系结构的物质供给,会将其他主体杜绝在外。

而且,作为先进技术的大数据,其本身也存在技术门槛,将没有掌握技术的人拒绝在赋权之门以外,并将其置于权力关系中的被动一方。这也就是说,大数据的发展从普遍意义上提升了获取和分析数据的能力,能够为国家与社会各方面的权力巩固与提升提供更为便捷和精准的信息支撑,同时大数据的发展也不可避免地导致权力关系结构的分化,即一方通过大数据技术掌握信息资源,处于权力关系的主动和支配地位,其他方则囿于信息供给的缺乏而陷于被支配的处境。尤瓦尔·赫拉利(Yuval Noah Harari)甚至预言随着大数据的推进,数据权力将被转移到智能化的数据系统手中,传统的政治结构与权力结构将不复存在。[①] 必须承认,数据与信息原本是能够得到公正分配和普遍可及的基本品,但是客观存在的技术门槛却将绝大部分无法掌握大数据技术的个体或组织隔绝在外,形成新的技术鸿沟,使得数据与信息资源不能为人公平享有。

4. 数据权力的隐蔽性

数据权力无处不在,也往往让人无所察觉。作为生成数据权力的原料,数据资料主要是对人们社会生活的直接复写,零散且琐碎,缺乏系统性的梳理与整合,其中的价值通常难以被察觉和发现,难以获得重视。大数据技术是数据转化为信息或知识的关键,在梳理和整合数据资料的过程中起到关键性作用。但是,囿于客观存在的技

---

① 〔以色列〕尤瓦尔·赫拉利:《未来简史》,林俊宏译,中信出版社2017年版,第338—342页。

术门槛,大数据难以实现普遍的完全的技术赋权,而主要是为掌握和控制技术的个体或组织实施权力供给,绝大多数人则被隔绝在权力主导的幕布之外,在享受大数据带来的新奇与便利的同时,有限地获取数据权力的增量溢出和渗透涓滴。如此,基于数据资料而产生的数据权力便具备了一定程度的隐秘性,隐藏于社会日常生活的后台,需要拨开社会现象的迷雾才能窥见其真相。正如前文所描述的那样,社会中的人们只是权力关系网络中的诸多节点,虽置身于被数据包裹的网络之中,却难以察觉其背后存在权力的影响、控制与支配。数据权力对社会及社会中的人的作用如同"隐藏的文本"[1],成为某种描述现代生活数据权力后台运作的话语体系,从而达到数据霸权的目的。

5. 数据权力的生产性

数据权力的生产性体现在两个方面,一方面,是对其自身的生产性,即在发挥权力作用的同时可以反向形塑数据与信息转化,维持自身权力的再生成与再产出。"权力是在支配结构的再生产中,并通过它产生出来的。"[2]数据权力自身的生产性,主要得益于数据技术建构形成的"数据—信息—权力"转化系统,强大的数据采集能力能够为数据权力的生成提供源源不断的原料供给,而且数据权力还能够基于自身意志形塑数据与信息的转化,使数据资料的采集和信息资源的转化更为契合权力表达与统治的目的。另一方面,数据权力的生产性体现为对社会的生产性,数据权力是技术进步的集中体现,能够为国家建设与社会发展贡献力量。合理运用大数据技术,国家与社会治理能够有效强化多元治理主体的治理能力,实现治理决策的科学化、治理目标的精准化与服务供给的高效化,形成协同高效的现代化治理体系。

三、数据权利:立足数据权力的权利主张

(一) 数据权利的概念界定

权利是与权力相伴而生的,对于权力问题的探讨必然涉及权利主张的问题。同样地,以数据为中心的权力体系建构,必然离不开对数据权利的关注。数据权力是基于数据资料而衍生出来的,是以出让数据权利为前提的。在数据权力产生的过程中,人们在将数据资料贡献出去的同时,也将数据自身的权利出让出去,以获取社会生活

---

[1] 〔美〕詹姆斯·C.斯科特:《弱者的武器》,郑广怀等译,译林出版社2007年版,第479页。
[2] 〔英〕安东尼·吉登斯:《社会的构成:结构化理论大纲》,李康、李猛译,生活·读书·新知三联书店1998年版,第378页。

中的自由与便利。可以说,数据权力的产生类似于契约权力的产生,需要人们通过个体权利的出让来形成强大的权力形式。然而,这就形成了"权力悖论":大数据赋予的数据权力是人们改造社会的强大力量,而这强大力量却主要掌握在拥有大数据等信息技术的权力实体的手中,存在着危害乃至牺牲个人权利的巨大风险。而且,数据权力本身的结构性特征也存在分化的可能,即部分处于权力关系弱势地位的人们往往遭受数据权力的倾轧而难以保障自身基本权益。因此,立足数据权力的权利主张必须引起重视。

数据权利是面对数据权力而形成的防御性保护,权利保护的边界线就是权力的边界所在。在这里,立足数据权力形成数据权利保护边界的主张与法学界将个人数据权利进行防御性保护的观点相一致,他们认为对个人数据权利的保护"旨在保护个人对其数据的自主决定利益,从而防御因个人数据被非法收集和利用而侵害既有人格权和财产权"[1],其作用主要包括:要求停止侵害的效力、查询与更正的效力及要求获取侵害赔偿的效力等。必须承认,出让数据是个人社会生活的常态,置身于大数据时代的人们已经不可避免地被数据权力所包围。而且大数据的发展是不可阻挡的,社会生活日益数字化,海量的个人数据在大数据技术的加持下被采集、存储和分析利用,为个人生活提供便捷服务的同时,也为国家战略与社会经济发展注入新的活力。总之,立足数据权力的权利主张,就是将数据权力控制在合适的范围内,既要保护个人的数据权利,也要充分尊重数据权力合理拓展的自由。

(二)数据权利的价值分析

数据权力的特性如同硬币的两面,既能够为国家建设与社会发展带来丰厚的技术红利,又存在滑向"数字利维坦"[2]的政治与社会风险。数据权利的存在,在于彰显其正义价值主张,反思数据权力造成的盲目技术崇拜,防范数据权力导致的社会结构分化,警醒数据权力膨胀引起的权力迷思,维护人之为人的人性尊严。

1. 数据权利对技术崇拜的反思

数据权利在某种程度上可以被视为在对数据权力造成的盲目技术崇拜的反思的基础上提出来的。毫无疑问,大数据等先进信息技术对人类社会生活造成的影响是颠覆性的,它创造性地解决了人类社会发展过程中面临的诸多问题,也为人们描绘出神话般的新世界的美丽蓝图。于是,社会滋生出一种社会思潮——盲目崇拜数据技

---

[1] 程啸:《论大数据时代的个人数据权利》,载《中国社会科学》2018年第3期。
[2] 唐皇凤:《数字利维坦的内在风险与数据治理》,载《探索与争鸣》2018年第5期。

术,相信数据技术是解决一切社会难题的钥匙。诚然,社会数据化形成一种具备普遍性的认识范式,通过二进制的方式创造了一个全新的世界,在这个世界中原本不可逾越的社会差别与界限被贯通,原本为人类独享的智慧和自由意志也开始被挑战、被超越,技术似乎成为无所不能的存在。为此,有人就认为海量的数据已经超越了人类所能分析处理的极限,人类自身理解力的局限反而会限制信息自由的发展,不如就此将权利交予数据与算法,由数据权力来主导人的发展。① 然而,技术的价值尺度是人,技术原本是属人的。对数据技术的无限崇拜必然使人们被技术的工具属性所遮蔽而意识不到技术之于人的价值属性,进而也就可能在技术奴役下丧失人之为人的尊严和权利。因此,强调数据权利,实际上就是要唤醒人们对于数据技术及其所形成的权力的警醒,明确认识到数据处理与信息获取的目的在于人,是人而非其他事物赋予数据和信息以价值。

2. 数据权利对结构分化的防范

数据权利可以对数据权力造成的结构分化进行防范。技术赋权亦使数据权力存在结构分化的政治与社会风险,民主平等的政治价值在大数据浪潮的冲击下随时面临着分崩离析的危险,数据技术的拥有者与管理者,甚至是掌握数据算法的人工智能本身都有可能进行"数据独裁",②支配和统治处于弱势地位的庞大群体,侵蚀其个人利益。作为数据权力的边缘群体,他们往往被动地遭遇大数据信息采集,却无法主动表达其权利主张和利益诉求,社会分化在技术的加持下进一步加剧。数据权利的存在就是要给予技术以正确的价值导向,促进公平正义。毕竟,技术的持续进步需要公平正义的社会环境作为基础性保障,从而防范结构分化的张力与矛盾过分消耗社会发展的活力。

3. 数据权利对权力迷思的警醒

数据权利还可以作为对权力迷思的警醒。数据权力的极端强化很容易引起权力迷思,迷信数据权力笼罩下的数据的绝对价值和信息的绝对自由。所谓数据的绝对价值,就是相信智能化的数据处理系统能够处理社会生活的一切难题,价值的最终归属是数据,而不再是人;而信息的绝对自由,就是要实现数据流的最大化,即将数据的权利置于人的权利之前,而将人降维到数据的次层级,放弃隐私权、自主权等个体权利。然而,面对数据权力的支配,人们应该有权思考并选择拥有怎样的生活。尽管数据技术拥有强大的算法能力,但人不应该沦为纯粹的数据,被溶解于汇聚为洪流的数

---

① 〔以色列〕尤瓦尔·赫拉利:《未来简史》,林俊宏译,中信出版社2017年版,第342—355页。
② 〔英〕维克托·迈尔-舍恩伯格、肯尼思·库克耶:《大数据时代:生活、工作与思维的大变革》,盛杨燕、周涛译,浙江人民出版社2013年版,第208页。

据之海中，甚至掀不起一丝涟漪。主张数据权利，就是要警惕并反对数据权力对弱势群体，甚至是对所有人的控制、支配或征服。

4. 数据权利对人性尊严的拯救

数据权利还对人性尊严进行拯救。人性尊严的前提，在于人之为人的独立自主。缺乏约束的数据权力在造成权力迷思的时候还可能异化为某种科技宗教，将数据和算法视作神圣信仰而坚信奉献人类自身的独立自主性就能换取超越一切的绝对自由。事实上，这样的奉献是以人性尊严的丧失为代价的。一旦失去独立自主性，人类就可能彻底沦为数据的奴隶，不再拥有人性尊严。自我立法的理性主张和纯粹意志是人性尊严的根本依据，主张数据权利，就是要坚守人的主体性价值，强调数据技术发展过程中人的意志表达与价值彰显。

四、数据权利与数据权力的统一：大数据治理路径探索

大数据治理不仅是对大数据本身的治理，还包括利用大数据破解国家社会治理的难题。在现实社会生活中，大数据治理实践必须实现数据权利与数据权力的有机协调。须知，大数据的发展是社会数据化与数据社会化相统一的过程，数据权力以其技术表征隐藏了强制性特征，悄无声息地掀起国家政治生活与经济社会生活变革的同时，也对数据权利的维护、保障与发展提出了新的要求与挑战。因此，大数据治理的路径探索，就是要探求数据权利与数据权力的协调统一之道，在保障个人权利的基础上，致力于谋求政治经济社会福利的数据权力发展。

（一）权利维护：用数据权力强化数据权利

数据权利是立足于数据权力的权利主张，在很大程度上可以视作一种防御性权利。因此，数据权利的维护还需要数据权力作为强力支撑。现代社会是一个具有内生复杂性的社会系统，居于其中的国家与政府面临越来越艰巨的治理任务，治理难度不断增大、治理风险高度集聚，不仅需要多元主体参与到治理实践中来，还需要借助大数据等技术手段来辅助治理。用数据权力来强化数据权利，就是要超越技术发展的现实困境，在确立人的主体性地位的基础上，充分发挥科学技术的价值来实现人的自由解放和全面发展的目标。

用数据权力强化数据权利，首要任务就是明确理解数据权力的性质。数据权力对数据权利的倾轧，归根结底是技术发展过程中出现的问题，这不应该成为阻碍技术发展的理由，也不应该作为否定数据权力的借口。相反，从生产力的角度来理解，科

学技术是社会发展的第一动力,是无涉价值的工具与手段。人类的最终目的不是臣服于技术,而是借助科技的力量实现人的自由发展。再者,强化数据权利还要确立人在数据技术中的主体地位。数据权力是技术性的,但是技术的旨归是服务人、发展人。因此,在推进大数据治理的过程中要突破技术的单向度模式,将实现人类社会发展的真实需求作为数据技术发展的动力与方向,注重人的价值的发现与培育,塑造具备科学理性的数据权力。同时,强化数据权利还需要致力于数据技术的转化与应用,拓宽社会参与、意见表达和权利维护的渠道。

(二)权力规制:用数据权利制约数据权力

作为一种技术性权力形式,数据权力往往直接掌握在具备大数据等信息技术的数据型企业手中。借助大数据算法,数据型企业能够在收集与分析海量数据资料的基础上发现个体行为规律,预测个体行为趋势,进而针对性推出相应的商业活动策略。一方面,数据企业能够通过用户数据的分析预测来提供个性化服务;另一方面,数据企业也能够通过差别化定价来获取超额利润。"大数据杀熟"就是通过数据分析来实现价格歧视的典型案例,透过它也能管窥数据权力泛滥之一斑。近年来大量事实表明,美国大选和英国脱欧公投等政治事件背后都存在互联网科技巨擘的身影,他们化身掌握数据权力的"超级政府",数据和信息成为他们操纵民意的强大武器。必须承认,披上数据的甲胄,数据型企业会获取强大的信息资源优势,其至具备蚕食政治国家的强大实力,个人权利面临着公权力和私权力的双面夹击风险。

数据权力的无序发展必然侵蚀权利。权力规制,就是要制约权力的无序发展,明确数据权利的正义价值主张。数据权利的正义价值主张,最根本地体现在对人的尊重与权利的保护上。首先,要将数据权利保护作为基本原则纳入大数据核心算法研发、应用和管理,确保大数据技术是以保障人权为基础的。在现实生活中,大数据技术是中立的,但是大数据技术的研发与运用却是基于特定人员的操作的,他们能够在大数据技术的设计与研发过程中实现对数据权力的占领,并输出其主观意志,实现对个体自由权利的倾轧。其次,要将数据权利保护主张转化为国家权力意志的表达,实现国家权力对数据权力的制约。国家权力作为综合性权力的集中展示,必须体现其正义性,防止数据权力的异化是体现国家政治合法性的必要之举。因此,由政府主导建立的国家大数据系统应该统一数据统计口径、传递方式和提取使用标准,有效落实对数据平台与数据企业的监控与管理,防止出现数据霸权对于数据权利的侵蚀。此外,要实现数据权利的制约功能,还应该深入到数据权力的"技术黑箱"之中,通过开源的方式逐渐实现数据技术共享,破除数据垄断与独裁的空间,提升人们运用数据技术的能力与水平，积极构建大数据治理的多元共治模式。

（三）迈向善治：数据权利与数据权力的均衡与统一

善治实现的根本路径在于协调矛盾与建构秩序，进而完成治理成效最大化的治理目标。数据权力与数据权利是大数据治理的两个基本面向，要实现大数据治理的善治目标就必须确保数据权利与数据权力的均衡与统一。要做到两者的均衡，就要有效协调两者之间的矛盾张力，将数据权力激发政治社会发展活力的积极效用最大程度地发挥出来，而将数据权力的冲击与破坏的风险降至最低；要做到两者的统一，就要建构两者之间的良性秩序，将数据权利的价值主张贯彻到数据权力的生成与效用发挥过程之中，并将数据权力的效用发挥约束在致力于落实数据权利主张、促进政治社会发展的道路上。此外，斯科特（James Scort）的研究也为实现大数据治理的均衡统一提出警醒：现代国家往往基于其现代化意识，倾向于清晰化和简单化的规划设计，期望通过量化数据和指标来实现治理的目标，然而技术知识的泛滥却忽视了地方实践知识和权利诉求，导致"那些试图改善人类状况的项目"[1]的最终失败。因此，要实现大数据治理的善治目标，除了要协调两者之间的矛盾张力、建构良性秩序外，还需要将大数据治理实践置于具体情境中予以分析，充分发掘地方性知识的智慧，避免落入治理僵化的陷阱。

总的看来，通过对社会数据化与数据社会化的双向互动的分析解读，数据权力和数据权利作为大数据治理的两个基本向度得以确立。数据权力是基于数据资料而产生的权力形式，数据权利则是立足于数据权力的权利主张，两者的协调统一是探索大数据善治的根本路径。当前大数据已经进入深化发展的关键阶段，加快大数据国家战略部署，深化大数据运用与实践已经成为持续推进政治社会发展的内在要求和必然选择。因此，在大数据治理实践中，要有机协调数据权力与数据权利的互动关系，不断谋求科技进步和人类幸福。

（吴理财、王为/文）*

---

[1] 〔美〕詹姆斯·C.斯科特：《国家的视角》，王晓毅译，社会科学文献出版社2004年版，第3—5页。

* 吴理财，安徽大学社会与政治学院教授；王为，华中师范大学政治与国际关系学院博士研究生。本文原刊于《学术界》2020年第10期。

第二部分

算法风险及其治理

算法不正义与大数据伦理

在过去的十年间,大数据对我们身处的社会进程和发展产生了很大的影响,在世界范围内,我们都可以观察到"数据化"(Datafication)的现象。① 它包含了数字技术的蓬勃发展,而且,数据在各个国家的发展过程中发挥越来越重要的作用。数据的体量、应用规模、速度、范围等都出现了大规模的增长,数据也逐步成为政策决策的重要参考对象。② 联合国把这个过程称为"一场数据革命"③,并预言这样一场革命将带领人类社会进入可持续发展的轨道。新形式的数据,尤其是大数据和人工智能,能够帮助发展中国家更好地实现可持续发展的目标,比如,通过无人机、数据监控,更好地服务农业的发展、提高第一产业的效率,在工业上运用大数据实现智能制造,在公共卫生方面运用大数据预测流行病、提前部署疾控措施,通过大数据提高政府透明度和行政效率,等等。④

从定义上看,大数据所包含的数据种类繁多、体量巨大,运算速度也比传统数据高很多。⑤美国公共舆论研究学会曾给大数据下了一个定义,其认为大数据作为一个词汇,只是笼统地描述了一堆内涵丰富、复杂无比的数据集合,里面包含了各种与数据相关的特性、实践、技术、伦理议题以及结果。⑥ 正因为大数据体量巨大、种类庞

---

① R. Heeks and S. Shekhar, "Datafication, Development and Marginalised Urban Communities: An Applied Data Justice Framework", *Information Communication & Society*, Vol. 22, No. 7, 2019, pp. 992-1011.
② R. Heeks, *Information and Communication Technology for Development*, Abingdon: Routledge, 2018.
③ UN, *A World that Counts: Mobilising the Data Revolution for Sustainable Development*, 2014, https://www.undatarevolution.org/report/.
④ N. Kshetri, "The Emerging Role of Big Data in Key Development Issues: Opportunities, Challenges and Concerns", *Big Data & Society*, 2014, pp. 1-20.
⑤ Douglas Laney, "3-D Data Management: Controlling Data Volume, Velocity and Variety", *META Group Research Note*, February 6, 2001, http://gtnr.it/1bKflKH; Mark Beyer, Douglas Laney, *The Importance of "Big Data": A Definition*, Gartner Inc., 2012, https://www.gartner.com/en/documents/2057415/the-importance-of-big-data-a-definition; Ian Foster, Rayid Ghani, Ron S. Jarmin, Frauke Kreuter, Julia Lane (ed.), *Big Data and Social Sciences: A Practical Guide to Methods and Tools*, Boca Raton: CRC Press, 2017, p. 3.
⑥ Lilli Japec, Frauke Kreuter, Marcus Berg, Paul Biemer, Paul Decker, Cliff Lampe, Julia Lane, Cathy O'Neil, Abe Usher, "Big Data in Survey Research: AAPOR Task Force Report", *Public Opinion Quarterly*, Vol. 79, No. 4, 2015, pp. 839-880.

杂、来源广泛,对于大数据而言,其数据采集、分析和应用都是借由各种算法来进行的。一般而言,算法的定义即旨在解决某个问题的方式或进程。如果问题可以被看作一个需要求解的数学题,那么,算法就是解决该问题的方程式,将输入的选项通过一系列的解决方法,得出输出结果。① 对于大数据而言,算法在其中起到了不可替代的作用。搜索引擎运用特定的算法,对海量的数据进行采集、过滤、分类和索引;数据分析技术则依赖算法,对采集到的数据进行清洗、结构化处理和运算;最终,当数据分析结果需要呈现的时候,算法又对这些结果进行可视化的处理或者显示优先顺序的排列。② 大数据虽然是关乎数据的整个价值链,但是,算法是贯穿始终的。离开了算法,大数据就无法以一种以人类思维"可理解"的方式呈现出来。对于大数据与社会科学研究之间的关系,乐观派的人士认为,数据收集和大数据挖掘能够让我们获得全样本数据,避免数据采集过程中因为无法获得足够样本量而导致数据偏差。正是因为大数据本身在数据采集过程中的大样本优势,所以,它可以帮助我们避免因为人为偏好而导致误差。但是,大数据中的算法,只有在数据来源本身优良、高质量的情况下,才能真正发挥出上述优势,如果数据本身是有缺陷的,或者不够完美,那么,技术乐观派的那种理想主义假设就无法落到实处。现实的情况是我们所收集到的数据很多时候都是不完美的,这些数据有可能是之前决策者基于人为偏好而得到的,因此,此类数据本身就包含了偏见、不平等、排斥。而且,设备和资源使用的分布不均衡,也会导致我们在采集数据的过程中,那些占有更多数据资源的使用者的偏好更有可能进入数据,如此一来,我们所得到的数据就会与社会上广泛存在的偏好、偏见重叠在一起。在数据挖掘的过程中,有可能会出现的情况是它与此前业已存在的排斥、不平等现象呈现出惊人的相似性或者一致性,都以同样的规律来呈现。因此,如果我们对数据分析结果本身不加反思、不加批判地接受,这就会让我们无视那些在过去的历史发展中被边缘化、处于弱势地位或者岌岌可危的群体所遭受的不公,这就相当于拒斥这些群体完全融入我们的公共生活之中。程序员或者编程人员在开发软件、设计算法的时候,可能并没有想到这些问题,而这些偏见都是人们在使用算法的过程中才出现的,因此,它是一个非意图的后果,如此一来,要想真切地发现并纠正此类算法所带来的偏见和不正义,就显得尤其困难。③

---

① C. A. Shaffer, *A Practical Introduction to Data Structures and Algorithm Analysis (3rd Edition)*, Department of Computer Science Virginia Tech., 2010, p. 18, https://people.cs.vt.edu/~shaffer/Book/C++3e20100119.pdf.
② T. Gillespie, "The Relevance of Algorithms", in T. Gillespie, P. J. Boczkowski and K. A. Foot (ed.), *Media Technologies: Essays on Communication, Materiality and Society*, Cambridge, MA: MIT Press, 2014, pp. 167-168.
③ S. Barocas, A. D. Selbst, "Big Data's Disparate Impact", *California Law Review*, No. 104, 2016, pp. 1-62.

对于大数据而言,经常会出现的一个迷思就是公众认为大数据是以"客观、公正、去意识形态化"的面貌出现的。大数据否认自身存在意识形态或者偏见,这本身就是大数据的一个"意识形态"①。这其实是无视了一个事实,即大数据在数据收集的过程中,常常由商业公司来操作、带有商业目的或者追逐商业利益,由此而得来的数据难免会产生偏见或者偏好。不同类型的大数据,其内在的偏好有可能是不一样的,比如,在社交应用软件或者社交媒体网站上,一般在用户加入之前,都会在条款中要求用户同意对方使用该用户录入的数据,如果有人对自己的隐私比较看重,不愿意接受这些条款,那么,这样的用户就无法在这些网站上注册。通过这些社交媒体网站或者应用软件而得到的大数据,很难宣称自己的数据结果是无偏见的,因为,这些数据在收集伊始,就已经排除了那些对自己隐私更加看重的用户。②

因此,对大数据在形成公众认知和社会科学研究当中所起到的作用进行一个正义伦理维度的检视就显得重要。大数据不仅仅关乎技术,更重要的是它已经变成一整套的知识生产和建构体系,改变了我们对理论和实践的认知。③ 因此,本文就从这一知识体系入手,希望能够从大数据知识如何得以建构的运行体系中,发现大数据及其算法、运算、数据流通背后可能被人忽略的不正义层面。为此,我们有必要从整个大数据知识建构体系来进行逐一分析。这个体系大致包含三个方面,涵盖数据收集、数据分析和数据应用。数据收集过程中,在确定了相应的"数据源头"(Source)之后,相应的技术会对其中的数据进行捕获或者抓取,这些数据汇总起来就形成了对"数据源头"或者数据用

---

① 科恩首先提到了大数据中可能隐藏的"意识形态承诺",她认为,现在大数据把自己包装成真理,并宣称大数据所包含的信息即真理,否认信息本身可能就携带着各种"意识形态承诺",参见 Julie E. Cohen,"What Privacy is For", *Harvard Law Review*, Vol. 126, No. 7, 2013, pp. 1904-1933; Vincent Mosco, *To the Cloud: Big Data in a Turbulent World*, Boulder, London: Paradigm, 2015, p. 62,作者提到了大数据所承诺的"开放性"也是一种意识形态;Jose van Dijck, "Datafication, Dataism and Dataveillance: Big Data Between Scientific Paradigm and Ideology", *Surveillance & Society*, Vol. 12, No. 2, 2014, pp. 197-208,作者将大数据所包含的"数据主义"(Dataism)当成一种意识形态,即大家相信只要是量化,那么结果就必然是客观的;Lemi Baruh, Mihaela Popescu, "Big Data Analytics and the Limits of Privacy Self-Management", *New Media & Society*, Vol. 19, No. 4, 2017, pp. 579-596,作者认为,大数据有双重的"意识形态",一方面是"市场意识形态",强调大数据是一场革命,能够给我们的生活和商业带来翻天覆地的变革,另一方面强调"大数据即真理"。
② Lemi Baruh, Mihaela Popescu, "Big Data Analytics and the Limits of Privacy Self-Management", *New Media & Society*, Vol. 19, No. 4, 2017, p. 592.
③ 比如,博伊德和克劳福德两位学者就旗帜鲜明地认为,大数据改变了我们做社会科学研究的思维方式,参见 D. Boyd 2017, K. Crawford, "Critical Questions for Big Data: Provocations for a Cultural, Technological and Scholarly Phenomenon", *Information, Communication & Society*, Vol. 15, No. 5, 2012, pp. 665-666; Berry 则认为,大数据所蕴含的"可计算性"(Computationality)成为了一种新的"本体论"哲学,成为人类"可理解性"的关键,参见 D. Berry, "The Computational Turn: Thinking about the Digital Humanities", *Culture Machine*, Vol. 12, 2011, http://people.cs.vt.edu/~kafura/CS6604/Papers/Digital-Humanities.pdf;这场由大数据发动的"知识论革命",需要社会科学和人文研究的学者进行批判性的检视,参见 R. Kitchin, "Big data, New Epistemologies and Paradigm Shifts", *Big Data & Society*, No. 1, 2014, pp. 1-12。

户的一个"代表"(Representation)。在收集数据的基础上,还需要对这些数据进行清洗、分门别类、结构化处理,由此完成一个"用户画像"(Profile),形成对数据的初步分析,并在此基础上进行相应的算法分析。数据分析所得出的结果以一定的形式呈现出来,并可以被运用到各个层面,用以支持公共决策或对行动进行干预。[1] 这些数据的收集、分析和应用,又会反过来为整个大数据知识体系添砖加瓦,推动整个体系在增量和存量层面的积累。下文对大数据正义伦理所进行的探讨,也将以这个结构来展开,笔者将逐一讨论这一大数据知识建构体系中所可能出现的不正义场景。

一、数据收集

对于大数据而言,收集或采集数据是数据挖掘至关重要的一环,后续的数据分析和应用都取决于所收集或采集到的数据质量。数据收集主要涉及两个方面的问题:"采集"和"捕获"。大数据集合首先需要确认被收集或采集的对象,即所谓的"数据源头"。不同类型的数据源头决定了数据收集或者采集方式的差异,比如,数据源头是温度、气压、空气质量等,则较有可能通过物联网传感器进行收集;相比之下,如果数据源头与人类行为有关,则很可能通过各种社交网络、互联网站或便携移动设备来进行收集。以智能交通为例,如果数据源头是实时的路况信息,则数据采集会通过全球定位系统(GPS)定位信息、分布在交通网络上的摄像头以及交通关卡的车辆统计等方式来进行。[2] 本文主要讨论社会科学视域下的大数据,因此,笔者将主要讨论以人类行为为源头的大数据收集。

(一) 源头:从"数字鸿沟"到"大数据鸿沟"

针对以人类行为为源头的数据采集,有一点是毫无疑问的,即不同人群在使用数字设备和技术方面千差万别,其中,有些差异是结构性的。正如有些学者担心的那

---

[1] See Lilli Japec, Frauke Kreuter, Marcus Berg, Paul Biemer, Paul Decker, Cliff Lampe, Julia Lane, Cathy O'Neil, Abe Usher, "Big Data in Survey Research: AAPOR Task Force Report", *Public Opinion Quarterly*, Vol. 79, No. 4, 2015, pp. 839-880;希克斯则提出了一个"信息价值链"的说法。See Richard Heeks, *A Structural Model and Manifesto for Data Justice for International Development*, GDI Development Informatics Working Paper, No. 69, Manchester: University of Manchester, 2017a, p. 2, http://hummedia.manchester.ac.uk/institutes/gdi/publications/workingpapers/di/di_wp69.pdf; *Informationand Communication Technology for Development (ICT4D)*, London: Routledge, 2017b; R. Heeks and S. Shekhar, "Datafication, Development and Marginalised Urban Communities: An Applied Data Justice Framework", *Information Communication & Society*, Vol. 22, No. 7, 2019, p. 996.

[2] 相关讨论参见李联宁:《大数据技术及应用教程》,清华大学出版社2016年版;肖乐、丛天伟、严卫:《基于Python的Web大数据采集和数据分析》,载《电脑知识与技术》2018年第22期。

样,在数据集中,有不少与发展相关的问题或者社会群体,其代表程度是偏低的、不够的。如果以这种数据作为决策的依据,那么,就有可能对那些代表程度偏低的问题或人群造成不公。造成这种不公的原因可能包括"数字鸿沟"①(Digital Divide)、"大数据鸿沟"(Big Data Divide)、数据质量问题、数据收集的程序、在发展中国家和地区与数据相关的能力建设不足等。② 所谓的"大数据鸿沟",即不同群体或实体(比如公司、企业、高校)在创建、购买、存储、使用大型数据集层面存在的能力和知识等方面的差距。③ 这一"大数据鸿沟"与之前的"数字鸿沟"存在着千丝万缕的联系。

最开始研究"数字鸿沟"的学者主要聚焦于数字有产与数字无产之间的区别,这些研究认为,在数字基础设施(比如计算机、互联网接入)的占有层面,会存在相应的社会经济不平等。④ 后来,随着互联网的普及,因为基础设施占有而引起的数字不平等在逐步缩小,⑤研究人员转而更加关注其他层次的不平等。⑥ 研究者发现,"数字鸿沟"会沿着传统的不平等而展开,比如收入、教育、种族、性别、居住区域等。⑦ 这些

---

① 诺里斯是最早一批研究"数字鸿沟"的学者。See P. Norris, *Digital Divide: Civic Engagement, Information Poverty and the Internet Worldwide*, New York: Cambridge University Press, 2001, pp. 3-38.
② 希伯特从以下几个维度讨论"鸿沟"的形成:(1) 技术种类;(2) 使用主体;(3) 主体所具备的特征;(4) 使用方法. See M. Hilbert, "The End Justifies the Definition: The Manifold Outlooks on the Digital Divide and Their Practical Usefulness for Policy-Making", *Telecommunications Policy*, No. 35, 2011, pp. 715-736.
③ D. Boyd, K. Crawford, "Six Provocations for Big Data", September, 2011, pp. 12-13, http://dx.doi.org/10.2139/ss-rn.1926431,作者讨论了"大数据有产"(Big Data Rich)与"大数据无产"(Big Data Poor)之间的区别;M. Andrejevic, "Big Data, Big Questions: The Big Data Divide", *International Journal of Communication*, No. 8, 2014, p. 1675,作者主要从技术能力的角度分析了"大数据鸿沟"的表现形式。
④ 比如在农村地区,由于建设费用居高不下,用户又比较少,难以达到规模效益,所以电信公司不愿意为农村地区修建数字基础设施。See S. Strover, "Rural Internet Connectivity", *Telecommunications Policy*, Vol. 25, No. 5, 2001, pp. 331-347.
⑤ Pew Research Center, "Generations Online in 2009", http://www.pewinternet.org/2009/01/28/generations-online-in-2009/.
⑥ See N. Zillien, E. Hargittai, "Digital Distinction: Status-Specific Types of Internet Usage", *Social Science Quarterly*, NO. 90, 2009, pp. 274-291; J. van Dijk, K. Hacker, "The Digital Divide as a Complex and Dynamic Phenomenon", *The Information Society*, Vol. 19, No. 4, 2003, pp. 315-326; J. van Dijk, *The Deepening Divide: Inequality in the Information Society*, Thousand Oaks, CA: Sage, 2005,在本书中,作者主要从关系主义的视角来看待"数字鸿沟"。
⑦ P. Attewell, "Comment: The First and Second Digital Divides", *Sociology of Education*, No. 74, 2001, pp. 252-259,作者区分了两类"数字鸿沟":第一代"数字鸿沟"主要是在技术使用和基础设施的可及性层面,第二代"数字鸿沟"则是数字能力和从计算机使用中获益的能力;J. Chakraborty, M. Bosman, "Measuring the Digital Divide in the United States: Race, Income and Personal Computer Ownership", *The Professional Geographer*, No. 57, 2005, pp. 395-410,作者主要讨论了家庭收入、种族与拥有个人电脑之间的关系,其认为,美国的"数字鸿沟"有鲜明的种族特征,即黑人和有色人群与白人群体在数字设备拥有上存在明显差距;有关"数字鸿沟"和"数字不平等"的研究,see P. DiMaggio, E. Hargittai, "From the 'Digital Divide' to 'Digital Inequality': Studying Internet Use as Penetration Increases", 2001, https://culturalpolicy.princeton.edu/sites/culturalpolicy/files/wp15_dimaggio_hargittai.pdf; E. Hargittai, "Whose Space? Differences among Users and Non-Users of Social Network Sites", *Journal of Computer-Mediated Communication*, No. 13, 2008, pp. 276-297; E. Hargittai, A. Hinnant, "Digital Inequality: Differences in Young Adults' Use of the Internet", *Communication Research*, No. 35, 2008, pp. 602-621.

"信息层面上的被剥夺者",他们处在一个更加劣势的发展和经济位置上。[1] 后来,学者的注意力主要转向了"数字技能"和"数字素养"上的差距,不同用户在内容生产能力上具有显著的差异,并且,这种差异与一些地理上的区隔、差异,[2]以及与用户在健康状况、健康效应上的差别重叠在一起。[3] 因此,数字不平等本身关乎人们接受、获取、使用某种新技术的倾向和能力,这样的倾向和能力又与用户在社会网络中的位置及其在该位置上所积累的各种资本相关。所以,数字不平等不仅仅是一个简单的、个体差异意义上的不平等,同时,它也彰显着个体背后的社会结构中的不平等,比如资源的分配、获取和使用技术的机会、训练数字技能的成本等。即便给不同群体赋予同等的获取技术的机会,仍然会存在其他的限制性条件,继而影响到个体对这些技术的实际使用,这些限制性条件包括语言、"媒体素养"(Media Literacy)以及其他结构性的影响因素。[4]

从"数字鸿沟"的文献中汲取了相当养分的"大数据鸿沟"研究学者,则关注那些大规模、分布式数据集中的数据有产和数据无产之间的差异。[5]"大数据鸿沟"体现在以下两个群体不对称的关系上:一方是那些有能力收集、储存、挖掘海量数据的主体,另一方是那些被收集数据的对象。[6] 对数据的获取,有些是依赖技术手段,有些则与经济资源有关,看谁有支付的能力。比如,推特只给一部分公司开放了完全访问

---

[1] C. A. Cilan, A. B. Bilge, E. Coskun, "Analyzing the Digital Divide within and between Member and Candidate Countriesof the European Union", *Government In formation Quarterly*, No. 26, 2009, pp. 98-105,作者在文中呼吁,在欧盟层面,需要通过"信息社会"来提高成员国的数字化水平,并将其作为加入欧盟的准入条件之一。

[2] L. Robinson, "A Taste for the Necessary: A Bourdieuian Approach to Digital Inequality", *Information, Communication and Society*, No. 12, 2009, pp. 488-507,作者主要通过布尔迪厄的"闲暇"(Skholè)概念,分析那些更具数字优势的人群运用数字设备做休闲、探索的应用,而处于数字劣势的群体则必须依靠数字设备进行谋生;L. Robinson, *et al.*, "Digital Inequalities and Why They Matter", *Information, Communication & Society*, Vol. 18, No. 5, 2015, pp. 569-582,作者论证了数字不平等和其他形式不平等之间的重叠和交叉关系。

[3] E. Z. Kontos, K. M. Emmons, E. Puleo, "Communication Inequalities and Public Health Implications of Adult Social Networking Site Use in the United States", *Journal of Health Communication*, No. 15, 2010, pp. 216-235.

[4] M. Warschauer, "Reconceptualizing the Digital Divide", 2002, http://cybra. p. lodz. pl/Content/1081/issues/issue7_7/warschauer/index. html;在"The Literacy Divide"部分,格雷厄姆从时间和空间的维度讨论"数字鸿沟",see M. Graham, "Time Machines and Virtual Portals: The Spatialities of the Digital Divide", *Progress in Development Studies*, Vol. 11, No. 3, 2011, p. 211-227。

[5] D. Boyd, K. Crawford, "Critical Questions for Big Data: Provocations for a Cultural, Technological and Scholarly Phenomenon", *Information, Communication & Society*, Vol. 15, No. 5, 2012, pp. 662-667; C. L. McNeely, J. Hahm, "The Big (Data) Bang: Policy, Prospects and Challenges", *Review of Policy Research*, Vol. 31, No. 4, 2014, pp. 304-310.

[6] M. Andrejevic, "Big Data, Big Questions: The Big Data Divide", *International Journal of Communication*, No. 8, 2014, pp. 1673-1689.

其数据的权限,公众则只具备相当有限的访问权限。① 同时,大数据也是一柄双刃剑,本身也会带来一些和数据相关的问题,比如无处不在的监控、丧失隐私、发展收益被私人企业占了大头、日益增长的不平等。②

以城市规划为例,放眼全球,各个国家在城市规划和管理的过程中,会越来越多地用到各种各样的数据,这形成了一种"新型的城市日程",旨在指引未来的城市规划和发展。③ 对于许多发展中国家而言,包括中国在内,④政府都会有意识地力推"智慧城市"项目。⑤ 在这些政府看来,"智慧城市"和可持续发展、绿色发展等诸理念存在紧密的联系,数字技术也让城市规划部门能够运用更多的技术、智能和数据来协助其进行规划。比如,现在在各地应用非常广泛的远程感应就是通过在地面上布置的感应器来搜集环境数据。在这个过程中,还涌现了"数字孪生"(Digital Twin)技术⑥,即通过物联网、数据平台、信息模型平台等技术手段,把现实世界中的客体映射到虚拟空间,在虚拟世界中创造出一个与现实世界相对应的"孪生"客体⑦。因此,顾名思义,"数字孪生"技术就是在虚拟世界中复刻和模拟现实世界中的具体对象,比如,现实中的地理空间、人口等信息,可以通过大数据在虚拟世界中进行相应呈现。⑧ 这一技术现在也被广泛地应用到城市规划中。⑨ 但是,有学者发现,在城市规划过程中,

---

① D. Boyd, K. Crawford, "Critical Questions for Big Data: Provocations for a Cultural, Technological and Scholarly Phenomenon", *Information, Communication & Society*, Vol. 15, No. 5, 2012, p. 669,作者区分了几个级别的数据访问:从理论上讲,推特提供了一个名为"消防水带"(Firehose)的数据集,这里面包含的推文数量最多,能够访问的主体也最少;其次是"花园水管"(Gardenhose)数据集,包含大约公共推文的十分之一;再次就是"汽酒"(Spritzer)数据集,里面只包含了推文的百分之一。
② L. Taylor, "What is Data Justice? The Case for Connecting Digital Rights and Freedoms Globally", *Big Data & Society*, No. 4, 2017, pp. 1-14.
③ UN-Habitat, *New Urban Agenda*, 2017, https://unhabitat.org/sites/default/files/2019/05/nua-english.pdf.
④ 参见祖田峥:《基于大数据云平台的智慧城市建设的思考》,载《绿色环保建材》2020年第6期;滕丰耘、杜松茂、史丹:《城乡规划过程中智慧城市及大数据技术的应用》,《智能建筑与智能城市》2020年第5期;王伟、王瑛、刘静楠:《我国大数据研究综述及其在城乡规划领域应用机制探索》,《北京规划建设》2017年第6期。
⑤ Privacy International, *Smart Cities: Utopian Vision, Dystopian Reality*, 2017, https://www.privacyinternational.org/sites/default/files/2017-12/smart%20Cities-Utopian%20Vision%2C%20Dystopian%20Reality.pdf.
⑥ 对于"数字孪生"的文献回顾, see David Jones, Chris Snider, Aydin Nassehi, Jason Yon, Ben Hicks, "Characterising the Digital Twin: A Systematic Literature Review", *CIRP Journal of Manufacturing Science and Technology*, 2020, https://doi.org/10.1016/i.cirpj.2020.02.002.
⑦ 苗田、张旭、熊辉、庄存波、赵浩然、吕卓、刘检华:《数字孪生技术在产品生命周期中的应用与展望》,载《计算机集成制造系统》2019年第6期。
⑧ S. Lokanathan, G. E. Kreindler, N. N. de Silva, Y. Miyauchi, D. Dhananjaya, R. Samarajiva, "The Potential of Mobile Network Big Data as a Tool in Colombo's Transportation and Urban Planning", *Information Technologies & International Development*, Vol. 12, No. 2, 2016, pp. 63-73.
⑨ 参见魏勇、吕聪敏:《利用复杂自适应系统理论探索数字孪生智能城市的发展模式》,载《电子世界》2020年第9期;中国城市规划设计研究院信息中心:《基于"数字孪生"的智慧城市发展建设思路》,载《人民论坛·学术前沿》2020年第4期。

大数据所产生的影响,对那些已经在现实生活中被边缘化的群体而言,可能并不见得都是积极的。对于那些低收入、无固定住所的人群而言,他们缺乏获取数据的途径,并且,他们的存在状态在各种大数据或由此产生的"数字孪生"模型中也很难呈现出来。① 从程序上讲,如果大数据的采集或者"数字孪生"的创建过程不能很好地考虑到那些被遮蔽的群体,无法实现既定目标,不尊重居民的数据权利,或者在发展中国家和地区对那些已经被边缘化的群体造成"二度伤害"、排斥,②那么,其最终的成果也无法满足分配正义的要求。③

我们之所以在这里提到"大数据鸿沟"及"数字素养"问题,乃是因为这涉及一个数据源头的用户代表性问题,即所收集到的数据在多大程度上能够代表现实人口中的多样性和族群比例。不同的社会群体在数据中所获得的能见度和曝光度,是不是能够与现实中的实际情况相匹配。有研究表明,城市中那些被边缘化的群体,他们在数据权利上长期以来遭受一些不公正的待遇,一个最突出的问题就是在现实中他们被边缘化,然后到了虚拟世界,在数字呈现中,他们同样是被边缘化的,这两个边缘化之间是相互映射的关系。因此,尽管基于大数据的"数字孪生"技术被寄予了打造智慧城市的厚望,但是,虚拟世界中的技术或数据亦可能复制、模拟、映射现实世界中的各种不平等和不公平。从数据来讲,这些群体不可见或者能见度很低,不仅仅是因为这些群体所处的区域并未在数字地图上被标注出来,同时,在以数据为基础的资产和服务之中,这些群体是集体失声的。比如,在印度的金奈市和浦那市,虽然会有各方利益相关者(比如民间组织、学者、地方政府等)在收集有关被边缘化群体的数据,但是,这些数据并不能符合相应的数据标准,包括开放、完整、准确、相关、以正确的方式呈现。④ 而且,即便这些数据被收集起来,收集者也会认为这些数据是自己的私有财产。因此,这些被收集的对象以及其他利益相关方,反而看不到、无法获取这些数据。即便这些数据被开放出来供公众获取使用,很多时候,数据仅仅覆盖被边缘化人群所处区域的一部分,或者数据老化、未得到及时更新,还有一种情况就是数据并未电子

---

① 参见 D. Mitlin, D. Satterthwaite, *Urban Poverty in the Global South*, London, NY: Routledge, 2013,尤其是第 5 章和第 6 章。
② K. Pfeffer, H. Verrest, "Perspectives on the Role of Geo-Technologies for Addressing Contemporary Urban Issues", *European Journal of Development Research*, Vol. 28, No. 2, 2016, pp. 154-166,作者讨论了使用诸如远程感应成像和空间模拟等地理技术时会遇到的诸多挑战。
③ R. Kitchin, *The Data Revolution: Big Data, Open Data, Data Infrastructures & Their Consequences*, Los Angeles, CA: Sage, 2014, Chapter 10; L. Taylor, C. Richter, "Big Data and Urban Governance", in J. Gupta, K. Pfeffer, H. Verrest, M. Ros-Tonen (ed.), *Geographies of Urban Governance*, Cham: Springer, 2015, pp. 175-182.
④ R. Heeks, "Information and Communication Technology for Development", Abingdon: Routledge, 2018, pp. 51-53,这里将这些标准简称为"OCARA"标准对照清单。

化,而是以纸质记录的方式,分散在各个政府部门。这样一种状况直接导致政府部门在公共设施规划和维护上表现不佳,也无法提供有效的公共产品。①

当然,这里的能见度和曝光度,不仅关乎被呈现的权利,其硬币的另一面也与个体的隐私紧密勾连在一起。虽然个体获得了能见度和曝光度,但是,这样的能见度和曝光度是不是以个体喜闻乐见的方式来呈现的？并且,这种能见度和曝光度要持续多长时间,以何种形式储存、访问和索引,所有这些问题都与能见度、曝光度纠缠在一起,而并非一个简单的赋权或者失去权利的问题。这就涉及用户在数据集合中的呈现方式,也与数据在捕获过程中所经历的数据化过程勾连在一起。为此,我们将在下一节考察数据捕获过程中的相关议题。

(二) 捕获:"平台单一性"

在确定了源头或者采集对象之后,大数据的采集就进入"数据捕获"(Data Capture)的环节。从定义上看,"数据捕获"主要是与"数据输入"(Data Entry)相区别,采用自动化的方式收集、抓取和获取信息,而不依赖人工的方式进行信息输入的行为。在大数据时代,依靠人工的方式手动输入数据到某个信息处理系统之中,这样的方式既耗时又低效。因此,大数据时代的数据产生,基本上依赖于自动化的方式进行"数据捕获",比如,通过智能或者便携设备收集用户在使用过程中所产生的信息,或者使用编程软件在互联网上依靠某种算法自动抓取、汇编信息,这些都是"数据捕获"的手段和方式。②

在"数据捕获"的过程中,前文所讨论的"大数据鸿沟"会在用户的"数字素养"(Digital Literacy)上体现出来,即受访者所掌握的数字技能熟练程度,这种素养对于受访者使用智能设备或者某种应用软件的方式有显著影响。③ 数字技能更加熟练的群体,比起那些数字技能弱或者差的群体,就拥有了在数据呈现和代表这个维度更多

---

① S. Shekhar, V. Padmanabhan, *The Quality of Civic Data in India and the Implications on the Push for Open Data*, 2015, p. 3, https://idl-bnc-idrc.dspacedirect.org/bitstream/handle/10625/55352/IDL-55352.pdf；相关评论参见 R. Heeks, S. Shekhar, "Datafication, Development and Marginalised Urban Communities: An Applied Data Justice Frame-work", *Information Communication & Society*, Vol. 22, No. 7, 2019, p. 998。
② 参见肖乐、丛天伟、严卫:《基于 Python 的 Web 大数据采集和数据分析》,载《电脑知识与技术》2018 年第 22 期；David A. Lloyd Owen, *Smart Water Technologies and Techniques: Data Capture and Analysis for Sustainable Water Management*, Chichester: Wiley-Blackwell, 2018。
③ 比如,Correa 的研究审视了大学生群体的不同数字技能及群体的内部差异,参见 Teresa Correa, "The Participation Divide among 'Online Experts': Experience, Skills and Psychological Factors as Predictors of College Students' Web Content Creation", *Journal of Computer-Mediated Communication*, Vol. 16, No. 1, 2010, pp. 71-92；另外一项研究也关注了年轻人在数字技能上的差异,参见 Eszter Hargittai, Amanda Hinnant, "Digital Inequality: Differences in Young Adults' Use of the Internet", *Communication Research*, Vol. 35, No. 5, 2008, pp. 602-621。

的话语权。并且,除了这一由"大数据鸿沟"所带来的"素养差距"(Literacy Gap)之外,还存在一个"平台单一性"的问题,即如果大数据研究针对的只是某个软件应用、网站或者服务,那么,在这个研究里面所呈现出来的人员数据(行为、看法)就是某个时刻正在使用该应用、网站或者服务的那些人。取样的样本对象就是该应用、网站或者服务的使用者。如果某个用户并没有使用该应用、网站或者服务,那么,该用户就被排除在取样的样本对象范围之外,该用户的特征、行为、看法也就无法进入研究者的视野。如果我们取样的样本量很大,达到成千上万乃至上百万,因为体量巨大,我们会倾向于认为,对这些样本进行考察后的研究发现就具备了一定的普遍化特性,在这些人身上所得出的研究结论,可以推广到社会上更加广泛的人群。但是,现实中的情况并非如此。光是数字并不代表着可推广性。① 比如,年轻人更容易使用脸书,而且年轻人的政治倾向、行为、看法都会与年长的人有所差别。因此,我们假设有一项研究是针对脸书上群体的特定政治看法,那么,这种政治看法其实就很难推广到社会上更加广泛的人群,尤其是年龄偏大的人群,他们不但可能较少使用脸书,而且他们的政治倾向、行为、看法都可能与使用脸书的年轻人相差很大。② 曾经有学者做了一项研究,在脸书上考察超过1 500万个状态更新,探讨性格和词汇使用之间的关系。这个研究的结论其实都是从那些使用了应用"我的性格"(My Personality)的人那里得出的,而并不是从脸书里面随机抽样。这个研究会产生偏差的地方在于,研究者所选取的对象本身就已经对"性格"这一选项表现出浓厚的兴趣,使用了和性格相关的应用软件,这其实大大限制了这个研究推广到其他人群的有效性。③

在"数据捕获"的过程中,也有可能出现的情况是我们过于关注某个应用软件或者平台,从而让我们忽略了人们通过其他渠道进行人际交往的可能性,比如其他的线上服务平台或者打电话。而且,单纯依靠单一平台,其实是假设人们在日常生活中基本上都是在使用这个平台,很少或者没有通过其他渠道进行人际交往,这个假设与实

---

① 比如,博伊德和克劳福德的研究就指出了"大数据"与"全数据"之间的区别,参见 D. Boyd, K. Crawford, "Critical Questions for Big Data: Provocations for a Cultural, Technological and Scholarly Phenomenon", *Information, Communication & Society*, No. 15, 2012, p. 669。
② Joanna Brenner, Aaron Smith, "72% of Online Adults are Social Networking Site Users", 2013, https://www.pewresearch.org/internet/2013/08/05/72-of-online-adults-are-social-networking-site-users/.
③ 有关该研究的数据收集,参见 Schwartz, H. Andrew, Johannes C. Eichstaedt, Margaret L. Kern, Lukasz Dziurzynski, Stephanie M. Ramones, Megha Agrawal, Achal Shah, Michal Kosinski, David Stillwell, Martin E. P. Seligman, "Personality, Gender and Age in the Language of Social Media: The Open-Vocabulary Approach", *PLOSONE*, Vol. 8, No. 9, 2013, p. 6;相关评论参见 Eszter Hargittai, "Is Bigger Always Better? Potential Biases of Big Data Derived from Social Network Sites", *Annals of the American Academy of Political and Social Science*, Vol. 659, No. 1, 2015, p. 65。

际情况可能存在较大差异。① 使用某个应用软件,其实具有很强烈的行为型塑功能,会带来不一样的结果和行为模式。某个特定的社交软件或者网站,人们对其进行使用并不是随机的,而是与人口学、社会经济背景有关联,②而且,"数字素养""数字技能"也与人口学、社会经济背景相关③。因此,不同的社交软件、服务或者网站吸引了不同的用户人群,针对某一特定社交软件、服务或者网站用户而进行的研究发现,就很难被推广到其他社交软件、服务或者网站用户身上。

"数据捕获"还涉及国家运用公权力进行社会控制这一层面,这就涉及一个问题,即不同的人群以何种形式被变成"数据"。这个将不同用户群体进行"数据化"的过程涉及"可读性"(Legibility)概念。在斯科特看来,国家会通过一系列的技术、测量、绘图等手段,让公民和社会变得"可读",运用标准化的方法,对公民进行征税、征兵、防止动乱,就好比一个养蜂人,通过特定的布局和技术安排,让蜂巢变得井井有条、便于管理,从这个意义上讲,蜂巢之于养蜂人,正如社会之于国家,其都是通过一系列的手段,让前者能够被后者"读取"和"理解",以便实施管理和控制。④ 多诺万(Donovan)将这一概念应用于大数据的研究,他指出,"可读性"打破了公民自身对数据和知识的控制,国家对公民和社会搜集大数据,有可能会用于强化自己的行政控制。这一点对于社会中被边缘化的群体而言,尤其如此。本来,被边缘化群体自身会发展出一套自治的理解、知识体系,这样的体系对这些群体而言是赋权性的、有价值的,但是,国家权力干预进来,这可能对地方社群所具备的地方性知识和力量构成挑战和破坏。因此,"可读性"所可能带来的一个隐患就是控制权的丧失。⑤ 多诺万以肯尼亚内罗毕市区的基贝拉贫民窟为例,讨论当地被边缘化群体是如何抗拒国家对他们进行"可读化"的"数据捕获"。在基贝拉,有些机构(学校或者药店)不愿意在地图上被呈现出来,它们担心自己会遭遇"见光死",即数据上的能见度有可能带来

---

① 比如有学者探讨,与其他的社会成员相比,使用脸书的用户会不会采用不同的人际关系"连接策略",并以此验证和社会资本之间的关系,参见 Nicole E. Ellison, Charles Steinfield, Cliff Lampe, "Connection Strategies: Social Capital Implications of Facebook-Enabled Communication Practices", *New Media & Society*, Vol. 13, No. 6, 2011, pp. 873-892;另外一项研究则对比了更经常使用社交网络的用户与不经常使用者之间的区别,参见 E. Hargittai, Yuli Patrick Hsieh, "Predictors and Consequences of Differentiated Practices on Social Network Sites", *Information, Communication & Society*, Vol. 13, No. 4, 2010, pp. 515-536。
② Eszter Hargittai, "Is Bigger Always Better? Potential Biases of Big Data Derived from Social Network Sites", *Annals of the American Academy of Political and Social Science*, Vol. 659, No. 1, 2015, p. 73.
③ Eszter Hargittai, Yuli Patrick Hsieh, "Digital Inequality", in W. H. Dutton (ed.), *Oxford Handbook for Internet Studies*, Oxford: Oxford University Press, 2013, p. 134.
④ See J. C. Scott, *Seeing Like a State*, New Haven, CT: Yale University Press, 1998, pp. 2-3, 11-52,斯科特讨论了现代国家建构是如何通过各种社会事实测量和编纂技术来实现的。
⑤ 参见 K. Donovan, "Seeing Like a Slum", *Georgetown Journal of International Affairs*, Vol. 13, No. 1, 2012, pp. 97-104,尤其是第三部分"可读性、简化和权力"。

国家的强势干预,而干预的结果就是它们被关闭,因为这些机构本身就是非正式的存在,并未履行相关的手续、登记程序,但是却实实在在地为地方社群提供不可或缺的公共产品。[1] 无独有偶,同样的场景也发生在印度的金奈市,一些地方社群拒绝参与数据收集过程,他们觉得通过数据收集让大家都关注到自己的存在,反而弊大于利,因为别人一下子就会看到他们是"非正规"的存在,如果因为数据收集而"暴露在国家的视野中",那就得不偿失了,很有可能会带来被驱逐、关停的风险。为了解决这个问题,一些非政府组织在印度金奈市收集那些编外、没有登记在案的捡垃圾者的信息之时,就会在数据上稍作处理,不提供这些人的地点或者法律身份,以便保护这些人免受国家行为的强势干预。[2]

通过对"数据源头"和"数据捕获"这两方面的考察,我们可以看到,上述的研究指向了数据收集过程中的一个重要伦理维度,即数据收集可能会忽视甚至强化已有的不平等和不正义。在城市规划的过程中,如果运用大数据来建造空间和建筑物,有可能会复制城市空间中已有的不平等。数据的采集和整理都有可能复制甚至增加现有的社会鸿沟,而不是弱化或者降低。而且,现在的城市规划用到了很多自动化的设备和联网的计算器,它们采集和整理大量的数据,我们在拿到这些源数据之后,有必要检视其中所隐藏的那些协议和技术偏好,尤其是算法按照什么样的规则进行分门别类和数据管理。因此,我们在检视大数据的过程中,有必要将技术的结构与现有的社会结构放在一起,进行比对和相互印证,看技术结构是否与社会结构相重叠,并且复制、强化了已有或者历史存留的不平等、不公正现象。[3]

二、数据处理

在采集数据之后,就过渡到数据知识生产的第二个环节,即数据处理环节。被收集到的海量数据,经过一系列的技术手段和程序,变成有意义的信息。[4] 实际上,我们前文所讨论的"大数据鸿沟",在数据处理环节同样也有相应的呈现。面对海量数据,只有那些拥有相关基础设施、数据技能的利益相关方,才能从中获取更大的收益,

---

[1] E. Berdou, "Mediating Voices and Communicating Realities", 2011, p. 16, https://assets.publishing.service.gov.uk/media/57a08ab7e5274a31e000072e/IDS_MediatingVoices_FinalReport.pdf.
[2] R. Heeks, S. Shekhar, "Datafication, Development and Marginalised Urban Communities: An Applied Data Justice Framework", *Information Communication & Society*, Vol. 22, No. 7, 2019, p. 1001.
[3] M. M. Brannon, "Datafied and Divided: Techno-Dimensions of Inequality in American Cities", *City & Community*, Vol. 16, No. 1, 2017, pp. 20-24.
[4] Kuan-Ching Li, Hai Jiang, Albert Y. Zomaya, *Big Data Management and Processing*, New York: CRC Press, 2017, Introduction.

这被学者称为"数据分析鸿沟"①。因此,"大数据鸿沟"本身也应当包括数据分析能力上的对比和差异。所以,我们可以看到,那些有技术手段、经济资源、分析能力的一方,总是能够从数据中获取更多的收益。② 为了更好地检视这一"数据分析鸿沟"所造成的影响,本节将围绕数据处理的两个核心环节展开,即"用户画像"和算法分析。

(一)"用户画像":数据处理中对不平等的复制

公司在挖掘数据的时候,使用大数据的方式,有可能会进行一些社会分类,即所谓"用户画像"。企业在进行数据挖掘的时候,其实是把不同的人群进行分类,给他们分别赋予不同的值,用以表明其风险程度、商业价值,并且会按照已有的分类和不平等体系来对用户进行分组。这可能在一定程度上削弱个体在数据层面上的自主性,而且,建立数据库相当于创建另一个搜索索引,把用户进行分类管理,③这其实是把用户当成商品来进行制造,且整个过程是不透明的。④ 在这个过程中,"大数据鸿沟"有可能沿着以下几个方面来体现:第一,数据有产和数据无产;第二,数据分析能力;第三,结构性鸿沟,与技术基础设施相关;第四,创建者与被客体化的群体,即前者有能力创建各种身份和有用处的知识,后者只能是前者的客体、对象,前者可以很好地隐藏自己的身份,而后者处在被监测、被客体化的境地之中,在大数据中无所遁形。⑤ 这种"大数据鸿沟"会带来几个方面的后果。首先,数据化对用户身份、数据对象的自主权产生影响。⑥ 个体在数据中被客体化为一个个的数据对象,被分门别类,然后算法会自动决定这些数据对象的特征、性质和值。这就导致用户身份不再由用户自行进行定义。同时,用户也失去了定义和阐释身份范畴意义的自主权。在这个

---

① L. Manovich, "Trending: The Promises and the Challenges of Big Social Data", in M. K. Gold (ed.), *Debates in the Digital Humanities*, Minneapolis, MN: The University of Minnesota Press, 2011, p. 461.
② M. T. McCarthy, "The Big Data Divide and Its Consequences", *Sociology Compass*, Vol. 10, No. 12, 2016, pp. 1132-1133.
③ 参见 F. Stadler, C. Mayer, *The Second Index: Search Engines, Personalization and Surveillance*, 2010, http://felix.openflows.com/node/113,尤其是"Surveillance and Personalization"一节的讨论。
④ D. Zwick, J. D. Knott, "Manufacturing Customers", *Journal of Consumer Culture*, No. 9, 2009, pp. 221-223; S. Coll, Power, "Knowledge and the Subjects of Privacy: Understanding Privacy as the Ally of Surveillance", *Information Communication & Society*, Vol. 17, No. 10, 2014, pp. 1260-1261.
⑤ M. T. McCarthy, "The Big Data Divide and Its Consequences", *Sociology Compass*, Vol. 10, No. 12, 2016, p. 1133.
⑥ J. Cheney-Lippold, "A New Algorithmic Identity: Soft Biopolitics and the Modulation of Control", *Theory, Culture & Society*, Vol. 28, No. 6, 2011, pp. 164-181; T. Gillespie, "The Relevance of Algorithms", in T. Gillespie, P. J. Boczkowski, K. A. Foot (ed.), *Media Technologies: Essays on Communication, Materiality and Society*, Cambridge, MA: MIT Press, 2014, pp. 167-194; H. Kennedy, G. Moss, "Known or Knowing Publics? Social Media Data Mining and the Question of Public Agency", *Big Data & Society*, No. 2, 2015, pp. 1-11,作者呼吁要让整个数据挖掘过程更加具有"参与性"。

过程中,这些公司、机构、企业所用到的算法、数据库,完全不对公众开放,由此我们也无法检视其正当性和合理性。这就势必造成整个数据化过程缺乏"透明度"。被客体化的数据对象完全意识不到从自己身上收集到的数据是用于何种用途,是如何分类,是如何对他们进行画像,这些数据又是怎么进行分析,然后在此基础上公司又采取了何种行为和措施。尽管这种"不透明"在有些时候是公司有意为之(比如涉及商业机密),但是,有些时候其来源是结构性的,嵌入在大数据运行的基础设施之中。[1]

按照布兰农(M. M. Brannon)的研究[2],在密苏里州的堪萨斯城,政府一直使用大数据进行治安和人员监测,这些自动控制系统会针对被监测对象的行为进行数据收集,即被监测对象在大数据上的呈现和表达。正如我们此前所讨论的那样,通过这一数据化的过程,被监测对象在政府部门眼里具备了"可读性",这其实也增加了个体的脆弱性,由于个体的活动被系统自动收集并在数据集里呈现出来,政府部门或者建制机关就有可能针对这种个体活动展开控制。反过来,如果一个个体的行为并没有在监测网络里面被收集,那么,对该个体而言,这就意味着他在这个数据集里面不存在,这就构成了"代表性偏低、不足或者缺失"的问题,这通常会加深那些被边缘化群体本就不可见或者能见度过低的历史性问题。所以,在数据收集的过程中,特定算法背后的指导意识形态,所针对的地理区域范围,用户的基本信息,这些都必须加以考察,才能看到自动控制的信息系统、数据生产机制如何复制现实生活中的不平等。

"用户画像"背后所体现的"大数据鸿沟",会围绕着已有地理空间的阶层区隔展开。堪萨斯城的东边历来犯罪频发,有着居高不下的刑事案件发生率。为了降低犯罪率,政府部门运用社交网络分析软件来识别和定位那些最有可能在未来涉足刑事犯罪的人员。基于这样的一份人员名单,包括线人提供的情报、交通站点、刑事犯罪记录,算法会自动在这些人员之间勾画出他们的社交路线,放置在同一个社交网络结构中加以监测。如此一来,许多与他们有社交往来的人员就会成为被重点监测的对象,形成了一种"蛇鼠一窝便是有罪"(Guilt by Association)的局面。这样一种预防性的分析技术,让个体深深陷入刑事犯罪系统而不能自拔。

与此相对比,在堪萨斯城的市中心、商业发达地带,有一个"智慧城市"项目,布置了多种感应器相互支持的数据收集网络系统,形成了"万物互联"。这些数据的目

---

[1] S. Coll, "Power, Knowledge and the Subjects of Privacy: Understanding Privacy as the Ally of Surveillance", *Information Communication & Society*, No. 17, 2014, pp. 1258–1259.
[2] M. M. Brannon, "Datafied and Divided: Techno-Dimensions of Inequality in American Cities", *City & Community*, Vol. 16, No. 1, 2017, pp. 20–21.

的是让企业家能够更好地进行商业活动。① 政府部门宣称,他们将数据作为支点,提高生活质量,增加资本投资和民众消费。② 这里的用语给公众形成了一种强烈的暗示,即人人都可以参与到一个新兴的知识型经济中,并过上一种以技术创新为基础的新兴生活方式。③ 通过科技和数据,这个"智慧城市"项目承诺解决我们在城市生活中所遇到的各种难题,其方式就是自动控制系统的反馈以及基于大数据的自动化干预措施。

如果我们详细审视上述两个项目,则不难发现,这两个项目的共同之处在于人们的行为都被量化为各种数据,输入到自动控制系统里面,经由算法加以分类、运算。只不过一个项目是用来监测高犯罪可能性的人群,而另一个项目则是用来推动营销和商业活动。不管是哪一个项目,我们在其中所看到的都不是活生生的、自主的、独一无二的、有创造力的公民个体,而是一系列可量化的数据标签。这些数据标签让城市居民变成了一个个可追溯、可预测的数据。在这个过程中,数据是如何收集和运算的,个人的信息是如何被分类的,这些都不是个体能够自主应对和控制的。政府部门也没有想过要打开这样的"数据黑箱",引导公民进行讨论,共同建立一套公平公正的数据收集、分析和存储体系。从这个意义上讲,我们的算法自我、数据自我压倒了肉身自我、现实中的自我,成为个人身份的决定性因素,我们的主体建构现在要交由一套不经我们控制和检验的自动控制系统来进行,我们生活在一个经由"技术过滤的主体建构"存在状态之中。而且,这两个项目依据不同的地理位置信息,对同样的人类行为进行不同的赋值和解读。仅仅因为我们身处某个地理位置,就把我们的行为强制性地往某个分类体系和身份标签上靠,这事实上构成对特定人群的歧视。同一个城市中的居民,其在地理空间上的区隔也毫无二致地在数字世界、数据集合(即"数字孪生")中得到了复制和体现。毫无疑问,这样的一套分类和身份标注体系,本身对人类而言是一种矮化和化约,去除了人类行为中的多意义性、复调性和多种阐释的可能性,而且是简单粗暴地复制现实生活中的不平等、阶层差异。这势必会引发在

---

① 比如,有研究者乐观地认为,大数据会成为基础设施的一部分,就像水电煤一样,成为我们日常生活中不可或缺的部分,参见 N. Thrift, "The Promise of Urban Informatics: Some Speculations", *Environment and Planning A*, No.46, 2014, pp.1264-1265。
② M. M. Brannon, "Datafied and Divided: Techno-Dimensions of Inequality in American Cities", *City & Community*, Vol.16, No.1, 2017, p.21.
③ 甘迪尼认为,这样一种心理暗示正是通过数字媒体上我们各种"被客体化的情感"表达来实现,参见 Alessandro Gandini, "Neoliberalism and ICTs: Late Capitalism and Technoscience in Cultural Perspective", in M. Ylönen, L. Pellizzoni (ed.), *Neoliberalism and Technoscience: Critical Assessments*, Burlington, VT: Ashgate, 2016, p.86。

房地产价值、商业投资、社会资本等一系列因素上的不平等的强化。①

在这个过程中,还有不容忽视的一点就是这样一种对现实生活中"城市鸿沟"(Urban Divide)简单粗暴的复制,还会强化那些经由历史遗留下来的歧视和不平等问题。上述的两个项目,不光是在阶层差异的背景下展开,同时,其背后也体现了深刻的种族对立和在区域上事实性的种族隔离问题。② 有色人种居住的区域,通常也和居高不下的犯罪率、贫困率重叠在一起。③ 通过对这两个项目的对比,我们可以看到,大数据的权力沿着社会地理学的维度展开。技术本身并不能做到它们所宣称的那样,可以"无偏见地对空间进行测量";恰恰相反,技术、数据和运算沿着现有以及历史遗留下来的种族、阶层差异而展开,往往强化了社会结构中既有的歧视和不平等。④

(二)算法分析:被隐藏的历史偏见

前文的讨论表明,将用户进行分门别类,以此为基础而得出的所谓"原始数据"其实并不"原始"(Raw),相反,其总是嵌入在各种社会—技术的语境之中,这些数据本身也会携带着生产这些数据的那些结构之中存在的各种等级、不平等、偏见和歧视。有时候,这些偏见和歧视是通过一些"未意图的后果"(Unintended Consequences)而体现出来的。我们首先可以看"目标变量"(Target Variables)的创建过程和分类标签是如何被定义的。在分类上,总有一些信息是受到重视的,而另外一些信息则是被忽略或不受待见的。因此,对目标变量和分类标签的定义,会直接决定数据挖掘的结果以何种面貌呈现出来。⑤ 如果以这样的数据为基础进行分析,那么,分析结果也会将上述的不平等、偏见和歧视原封不动地保留下来。⑥ 更加令人担心的是,这种分析结果在被做出来之后,往往又被宣称是"客观、中立、公正、不偏不倚"的,这

---

① M. M. Brannon, "Datafied and Divided: Techno-Dimensions of Inequality in American Cities", *City & Community*, Vol. 16, No. 1, 2017, p. 22.
② K. F. Gotham, *Race, Real Estate and Uneven Development: The Kansas City Experience, 1900-2010*, Albany: State University of New York Press, 2014, pp. 27-50.
③ D. S. Massey, N. Denton, *American Apartheid: Segregation and the Making of the Underclass*, Cambridge, MA: Harvard University Press, 1993, pp. 118-128.
④ M. M. Brannon, "Datafied and Divided: Techno-Dimensions of Inequality in American Cities", *City & Community*, Vol. 16, No. 1, 2017, p. 23.
⑤ 参见 G. C. Bowker, "Big Data, Big Questions: The Theory/Data Thing", *International Journal of Communication*, No. 8, 2014, pp. 1795-1799; G. C. Bowker, S. L. Star, *Sorting Things Out: Classification and Its Consequences*, Cambridge, MA: The MIT Press, 2000, 尤其是第 2 章和第 6 章。
⑥ Geoffrey C. Bowker, "Data Flakes", in L. Gitelman (ed.), *"Raw Data" is an Oxymoron*, Cambridge, MA: MIT Press, 2013, pp. 168-169; J. Thatcher, "Living on Fumes: Digital Footprints, Data Fumes and the Limitations of Spatial Big Data", *International Journal of Communication*, No. 8, 2014, pp. 1775-1777.

样一种被数据构建出来的新现实,实质上掩盖了数据生产和分析背后的不平等、偏见和歧视。克劳福德(K. Crawford)将这种现象称为"数据原教旨主义"(Data Fundamentalism),即认为海量数据集和预测分析技术反映的都是客观事实。①

大数据的一个工作过程就是导入大量的数据来训练程序。工程师会开发各种机器学习的算法,这些算法在发展过程中需要用海量的数据来训练模型,从中学习,以便按照某种特定的方式来处理数据。可以想象得到,如果模型所使用的数据本身就带有各种偏见、偏好和歧视,那么,机器学习算法输出的结果也会相应地携带这些数据之中所包含的"偏见基因"。数据本身无法独立于生产该数据的社会系统而存在,我们社会中各种不平等也会进入到数据结果之中。比如在美国,如果我们要使用现有的逮捕数据来预测未来的犯罪率,那么,这有可能会强化一些种族偏见,因为非裔美国人街区的逮捕率会高于其他街区,这基本上是强化了现有体系里面的种族偏见。② 因此,在用海量数据训练算法、开展机器学习的过程中,也容易出现结果上的偏见,导致统计学上对特定人群的歧视。③

再者,看分析特性的选择过程。算法在对大数据进行分析的时候,需要对一些边缘化组别所包含的数据差异进行考量,如果没有这些考量,那就会导致这些组别被排除在结果之外,从而造成系统性的偏差和偏见。有些时候,人们在处理大数据的过程中,还会使用到"代理变量"(Proxy Variables),这些"代理变量"要么无法准确地代表目标变量,要么无法考虑到目标变量背后所包含的历史遗留下来的偏见问题。这种情况尤其在大数据分析中可以看到,因为大数据分析是全样本分析,而非代表性样本分析,这些全样本里面所包含的偏见及其背后所承载的历史遗留问题,有可能都会在大数据分析的结果中得以体现。④

当下,在我们的城市建设中,有越来越多的自动设备、感应器和联网计算器,会自动产生海量数据。⑤ 这些技术依托数字平台和网络基础设施,发挥着自主生产数据的作用。它们指挥着我们的社会运作,并在我们的社会中建立秩序,让越来越多的计量运算在我们日用而不知的情况下不停地运转。在我们看不见的地方,这些

---

① K. Crawford, "The Hidden Biases in Big Data", *Harvard Business Review*, 2013, http://blogs.hbr.org/cs/2013/04/the_hidden_biases_in_big_data.html.
② R. Weitzer, "Race and Policing in Different Ecological Contexts", in S. K. Rice, M. D. White (ed.), *Race, Ethnicity and Policing: New and Essential Readings*, New York: NYU Press, 2010, p. 125.
③ B. A. Williams, C. F. Brooks, Y. Shmargad, "How Algorithms Discriminate Based on Data They Lack: Challenges, Solutions and Policy Implications", *Journal of Information Policy*, No. 8, 2018, pp. 78 – 115.
④ R. Kitchin, *The Data Revolution: Big Data, Open Data, Data Infrastructures & Their Consequences*, Los Angeles, CA: Sage, 2014, Chapter 10.
⑤ N. Thrift, S. French, "The Automatic Production of Space", *Transactions of the Institute of British Geographers*, No. 27, 2002, p. 315.

复杂的运算不知疲倦地进行着分类、标准化、标记和索引,对象包括公民的权利、特权,谁被包括进来、谁被排斥出去、谁对谁错的规范价值判断,几乎我们生活的各个领域都被涉及。① 这样的技术,布兰农称之为"数据黑箱"。这些由私人企业操控的软件和基础设施,其实自动携带了许多不为人知、由个人形成的决断和准则。这些未经检验的个人决断和准则,成为编写算法的基础、规范算法运作的意识形态、分配算法结果的指导原则。然后,这些数据带着"客观、不偏不倚"的背景光环,又反过来影响到我们的世界观和决策过程。② 我们经常忘记警惕一点,即算法既然是商业公司编写的,那么,其背后肯定也要符合公司追逐私利、创造商业利润的逻辑和要求。因此,算法的背后往往隐藏着那些不为人知、未经检验的商业目的。③ 我们需要深思其背后所隐藏的规则、意识形态,正是这样的规则或者意识形态,主导了人们所编写出来的算法,而这些算法所进行的排序、分类和索引就是数据被结构化的初始入口。

我们在使用各种媒体、技术来进行互动的时候,这些技术设备之间也会进行相互的沟通,这都会产生一系列的数据,这些数据事实上构成了人所共知的"信息公地"(Information Publics)。这些公地实际上又可以用来形成可行动的知识,大数据分析就是从这些公地之中挖掘与用户有关的各种数据。但是这样的一个分析过程,本身是不对称的,用户没有能力也没有权限去决定自己被赋予了什么身份、类别和范畴,而对以此为基础的相关行为、决策,我们也毫不知情。因此,尽管我们共同拥有着一大片"信息公地",但是,这些公地作为数据富矿被公司和企业挖掘的时候,我们是无法控制这个过程的,从公地中挖掘出来的数据及其相应的分析,我们并没有发言权。④ 并且,在算法上,自动控制系统建立起一套自我参照的体系,完全不需要与外界的用户进行沟通和协商,而这种自我指涉的体系,倾向于加重、强化现有社会生活中的分类、分化、不平等和差距。⑤

---

① S. D. N. Graham, "Software-Sorted Geographies", *Progress in Human Geography*, Vol. 29, No. 5, 2005, p. 563.
② M. Brannon, "Standardized Spaces: Satellite Imagery in the Age of Big Data", *Configurations*, Vol. 21, No. 3, 2013, p. 282, 287, 291.
③ M. Brannon, "Datafied and Divided: Techno-Dimensions of Inequality in American Cities", *City & Community*, Vol. 16, No. 1, 2017, p. 20.
④ D. Beer, "Power through the Algorithm? Participatory Web Cultures and the Technological Unconscious", *New Media & Society*, Vol. 11, No. 6, 2009, pp. 987-991,作者提出了"技术无意识"(Technological Unconscious)概念,即信息技术在不知不觉中形塑着我们的日常生活。
⑤ T. Gillespie, "The Relevance of Algorithms", in T. Gillespie, P. J. Boczkowski, K. A. Foot (ed.), *Media Technologies: Essays on Communication, Materiality and Society*, Cambridge, MA: MIT Press, 2014, p. 171.

三、数据应用

经过一系列技术手段和程序处理的数据,最终将以一种被清洗过的、结构化甚至可视化的分析结果呈现出来。这些数据结果会被直接用于各种用途,包括商业决策、公共决策、行动干预等。以城市管理为例,近年来,地方政府越来越依赖大数据进行城市管理。① 虽然以前城市规划也会使用测绘和地理绘图科技,②但是,运用大数据以及地理信息系统作为城市规划的基础,这样的技术是随着近些年来"智慧城市"的相关项目进行推动的。③ 随着社交媒体以及各种各样手机应用软件的开发,有相当多的数据被产生出来,而且这些数据都携带有相应的地理位置信息,比如微博、大众点评、高德地图等,这些平台和应用软件都是基于城市生活而产生大量社交型数据。④ 许多之前被忽略的地点,也有可能通过这些平台的数据而被挖掘出来。⑤ 最关键的是,这些带有地理位置信息的社交媒体数据,可以帮助研究者看到,在城市空间中,这些数据是如何通过线上、线下的各种活动而产生。当然,各种线下、现实生活中的社会不平等,仍然会型塑我们在虚拟空间中所产生的数据。这些数据不会平等地把每个人都包括进去,也不会无差别地对每个人进行呈现和表达。⑥ 即便源数据是某一群体自己创造的,该数据仍然可能被自动分类的软件算法边缘化,如果该算法认为这个数据仅拥有较低的值。⑦

---

① K. Crawford, "The Hidden Biases in Big Data", *Harvard Business Review*, 2013, http://blogs.hbr.org/cs/2013/04/the_hidden_biases_in_big_data.html.
② R. H. Schein, "Representing Urban America: 19th-Century Views of Landscape, Space and Power", *Environment and Planning D: Society and Space*, No. 11, 1993, pp. 7-21; O. Söderström, "Paper Cities: Visual Thinking in Urban Planning", *Cultural Geographies*, Vol. 3, No. 3, 1996, pp. 249-281.
③ R. Kitchin, "The Real-Time City? Big Data and Smart Urbanism", *Geojournal*, No. 79, 2014, pp. 1-14.
④ D. Arribas-Bel, "Accidental, Open and Everywhere: Emerging Data Sources for the Understanding of Cities", *Applied Geography*, No. 49, 2014, pp. 46-49.
⑤ S. Elwood, A. Leszczynski, "New Spatial Media, New Knowledge Politics", *Transactions of the Institute of British Geographers*, No. 38, 2013, pp. 544-559; B. Warf, D. Sui, "From GIS to Neogeography: Ontological Implications and Theories of Truth", *Annals of GIS*, No. 16, 2010, pp. 197-20, 作者称新的数字绘图技术和基于 Web 2.0 的社交网络信息为"新地理学"(Neogeography)。
⑥ M. Crutcher, M. Zook, "Placemarks and Waterlines: Racialized Cyberscapes in Post-Katrina Google Earth", *Geoforum*, Vol. 40, No. 4, 2009, pp. 523-534; M. Graham, B. Hogan, R. K. Straumann, A. Medhat, "Uneven Geographies of User-Generated Information: Patterns of Increasing Informational Poverty", *Annals of the Association of American Geographers*, Vol. 104, No. 4, 2014, pp. 747-748; M. Graham, M. Zook, "Visualizing Global Cyberscapes: Mapping User-Generated Place-mark", *Journal of Urban Technology*, Vol. 18, No. 1, 2011, pp. 120-123.
⑦ M. Zook, M. Graham, "The Creative Reconstruction of the Internet: Google and the Privatization of Cyberspace and Digiplace", *Geoforum*, Vol. 38, No. 6, 2007, p. 1323, 1326.

（一）决策支持

正如我们在此前讨论"智慧城市"中所看到的，大数据越来越多地被应用于公共决策过程之中。在数据的应用过程中，经常会发生的一个情况是那些在金钱以及其他各种形式的资本上具有优势地位的群体，会"俘获""垄断"或"主导"决策过程，事实上造成对其他阶层尤其是边缘化群体的排斥。这个过程凸显的一个问题即参与决策过程不光需要时间和精力，更重要的是还需要掌握一套话语体系（即所谓的"Political Literacy"，政治素养），而这些能力都是需要学习和培养的。对于边缘化群体而言，他们可能迫于生计，无暇他顾。如果在制度设计上不能为这些群体设置特别的通道，那么，很有可能这些群体就会在决策过程中被无视和排斥，即便他们拥有参与、列席的机会。①

克劳福德曾举了一个例子，2012年10月底11月初，飓风"桑迪"袭击了纽约，有学者分析了从10月27日至11月1日之间两千多万条推文和发布在Fourquare（一家使用用户地理位置信息的手机软件服务）上的信息，对比推文和Foursquare的信息是否有交叉重叠或相互印证。② 对此，克劳福德的批评是，大部分与飓风"桑迪"有关的推文都是从纽约的曼哈顿区发出的，这会给人造成一个错觉，即曼哈顿才是整个纽约受灾最严重的地区。但实际上，还有其他区域比曼哈顿的受灾情况更严重，比如微风点、康尼岛、洛克威。而且，由于受灾严重的地区遭遇停电，许多人无法给手机充电，从而无法在社交媒体上发文。这些情况汇总在一起，就会挑战之前研究给人们造成的一个错误印象。许多受灾严重的地区，人们根本就无法使用社交媒体，从而在数据上就无法体现出来，这其实形成了一个"信号问题"。我们都假设，海量的数据会准确地反映现实世界的情况，但是实际上，从数据到现实，中间还横亘着一个鸿沟。这个鸿沟最大的根源在于，有些社群无法发送任何数据信号或者只是发送了少量的数据信号，从而导致在数据呈现、数据表达上的"失真"。从公共政策、公正行政的角度看，如果政府部门根据网民发布有关飓风"桑迪"的推文数量来分配灾害纾困资金，那会造成相当大的问题。③

无独有偶，在波士顿，市政府开发了一个智能手机应用软件——"街道颠簸"

---

① R. Heeks, S. Shekhar, "Datafication, Development and Marginalised Urban Communities: An Applied Data Justice Framework", *Information Communication & Society*, Vol. 22, No. 7, 2019, p. 999.
② Nir Grinberg, Mor Naaman, Blake Shaw, Gilad Lotan, "Extracting Diurnal Patterns of Real World Activity from Social Media", 2013, http://www.nirg.net/papers/grinberg-icwsm2013-extracting.pdf.
③ K. Crawford, "The Hidden Biases in Big Data", *Harvard Business Review*, http://blogs.hbr.org/cs/2013/04/the_hidden_biases_in_big_data.html.

(Street Bump),市民在波士顿遇到路面坑洼、颠簸或者坑洞时,可以打开这个手机应用软件,通过 GPS 定位信息,向市政工程部门汇报这些情况,方便这些部门采取措施,修补路面。但是,在现实生活中,这个手机应用软件也会面临一个使用或者应用不平等的问题。低收入人群持有智能手机的数量较少,而且,上了年纪的公民智能手机普及率也较低。这就导致如果市政府通过智能手机应用软件来提供公共服务,那么,那些低收入、上了年纪或者数字技能不熟练的公民,就无法通过这一渠道来享有公共服务的供给。① 实际上,在布鲁塞尔,市政府也开发了一款相似的软件,叫"修我的街道"(Fix My Street),允许市民向市政府报告需要修补的路面位置和情况。但是,研究发现,这类应用软件会把那些低收入、有色人群社区边缘化。②

从上述两个例子可以看出,当大数据在政府的公共决策中得到应用时,其基础是数据在其中发挥的功能,即数据具备某种特定效用或者价值。这里每一步都包含了与数据有关的权利,而且,这些不同的步骤、部分都与下列因素相互关联、"互相型塑"(Mutual Shaping),即社会结构中的主要组成部分,涵盖正式与非正式的制度、社会和技术资源、社会关系、知识资源(知识和话语)。③ 可以看出,学者们关心的是大数据在应用过程中所可能出现的不正义情形,有可能更多的是与数据的形式、流动、使用有关,而不仅仅是技术本身。④ 而且,关于数据,有学者提出了"数据集合体"(Data Assemblage)的概念,即这是一个复杂的社会—技术体系,其包含技术、设备和各种元素,比如话语、制度(建制)、物质资源等,旨在生产、管理、分析和应用数据以及由此衍生出的信息产品;换言之,数据不仅仅是技术或者数据本身,而是一个大的集合体,形成了一个大数据体系。⑤ 如果我们借用福柯(Foucault)的"话语分析",或者知识社会学的视角,那么,我们就可以看到,在不同的话语之间,其实存在"互文性",不同的话语相互交织起来,构建了一个何为正当、何为不正当的话语体系,政府部门可以用这套话语体系进行政治—社会控制和治理。相应地,现在的数据治理技术其实也遵循了同样的道理。这些技术让大数据弥散在不同的结构之中,然后通过

---

① K. Crawford, "The Hidden Biases in Big Data", *Harvard Business Review*, http://blogs.hbr.org/cs/2013/04/the_hidden_biases_in_big_data.html.
② B. Pak, A. Chua, A. Vande Moere, "FixMyStreet Brussels: Socio-Demographic Inequality in Crowdsourced Civic Participation", *Journal of Urban Technology*, Vol. 24, No. 2, 2017, pp. 65-87.
③ R. Heeks, S. Shekhar, "Datafication, Development and Marginalised Urban Communities: An Applied Data Justice Framework", *Information Communication & Society*, Vol. 22, No. 7, 2019, p. 995.
④ G. Neff, A. Tanweer, B. Fiore-Gartland, L. Osburn, "Critique and Contribute", *Big Data*, Vol. 5, No. 2, 2017, pp. 85-97; L. Taylor, D. Broeders, "In the Name of Development", *Geoforum: Journal of Physical, Human and Regional Geosciences*, No. 64, 2015, pp. 229-237.
⑤ R. Kitchin, T. Lauriault, "Towards Critical Data Studies", in J. Thatcher, J. Eckert, A. Shears (ed.), *Thinking BigData in Geography*, Lincoln, NE: University of Nebraska Press, 2018, pp. 15-17.

不同话语之间的相互交叉和相互印证，形成一个"互文集合体"，赋予大数据不断强化的正当性。那些不正义、不平等的层面，则很有可能在这个得到强化和互文的网络中被遮蔽或隐藏起来，变得"不可见"。

（二）行动干预

除了用于支持公共决策，分析处理的数据结果还可用于干预社会行动。最直接的一个例子就是通过搜索引擎，实现对自杀行为的干预和预防。互联网在自杀预防上所起到的作用，在最近十年也得到越来越多学者的关注。[1] 搜索引擎在这方面发挥了急先锋的作用，因为许多潜在需要帮助的人群，会首先通过搜索引擎寻找相关信息。如果能够在这一时刻为这些群体提供足够、有效的帮助信息，那么，许多自杀完全是可以预防的。[2] 因此，在互联网上，能够在搜索引擎结果中设置及时、有效的信息提醒就显得尤其重要。[3]

在自杀预防上，作为全球第一大搜索引擎服务提供商，谷歌也有所动作。在最初的时候，有一位谷歌雇员发现，在搜索引擎结果中，很容易获取与自杀相关、具有潜在危害性的信息（比如自杀方法）。这可能意味着进行该搜索的用户，正在面临一场自杀危机。因此，谷歌在用户搜索与自杀相关、具有潜在危害性的信息时，就会在搜索结果上面提供自杀预防热线电话，最初的版本包含了14个国家。这个功能上线之后，谷歌发现在美国拨打自杀预防热线的数量上升了9%。于是，谷歌决定将这一功能推广至全球其他国家。[4] 谷歌还对自己的搜索引擎结果页面进行优化，让用户能

---

[1] L. Biddle, J. Derges, B. Mars, "Suicide and the Internet: Changes in the Accessibility of Suicide-Related Information between 2007 and 2014", *Journal of Affective Disorders*, No. 190, 2016, pp. 370-375; J. F. Gunn, D. Lester, "Using Google Searches on the Internet to Monitor Suicidal Behavior", *Journal of Affective Disorders*, Vol. 148, No. 2-3, 2013, pp. 411-412; L. Mehlum, "The Internet, Suicide and Suicide Prevention", *Crisis: The Journal of Crisis Intervention and Suicide Prevention*, Vol. 21, No. 4, 2000, pp. 186-188.

[2] 关于自杀是可预防的研究，参见 D. Wasserman, *Suicide: An Unnecessary Death*, Oxford: Oxford University Press, 2016；搜索引擎作为人们接触信息的入口，包括与自杀相关、有潜在危害性的信息，参见 F. Arendt, S. Scherr, "Optimizing Online Suicide Prevention: A Search Engine-Based Tailored Approach", *Health Communication*, Vol. 32, No. 11, 2016, pp. 1403-1408.

[3] C. G. Kemp, S. C. Collings, "Hyperlinked Suicide: Assessing the Prominence and Accessibility of Suicide Websites", *Crisis: The Journal of Crisis Intervention and Suicide Prevention*, No. 32, 2011, pp. 143-151; P. R. Recupero, S. E. Harms, J. M. Noble, "Googling Suicide: Surfing for Suicide Information on the Internet", *Journal of Clinical Psychiatry*, Vol. 69, No. 6, 2008, pp. 878-888; L. Thornton, T. Handley, F. Kay-Lambkin, "Is a Person Thinking about Suicide Likely to Find Help on the Internet? An Evaluation of Google Search Results", *Suicide and Life-Threatening Behavior*, Vol. 47, No. 1, 2017, pp. 48-53.

[4] N. Cohen, "'Suicide', Query Prompts Google to Offer Hotline", 2010, http://www.nytimes.com/2010/04/05/technology/05google.html.

够更好地获取信息,预防自杀。① 后来,谷歌又实施了一个"自杀预防结果"(Suicide-prevention Result),即那些预防自杀的搜索引擎结果会被置顶在结果显示页面上,包括线上和线下的自杀预防信息,比如,以国别分类的自杀预防热线、聊天室、网站等。从表面上看,这是一个具备相当社会效益和社会价值的项目,一旦用户在搜索引擎上输入与自杀相关的词汇,搜索那些具有潜在危害性的信息,谷歌的这一提醒功能就能在第一时间、在有潜在自杀倾向群体最需要的时刻,呈现在他们搜索页面的最上端。② 谷歌的这些"自杀预防结果",比起传统的自杀干预措施,具有一些数字时代的优势,比如,这些结果是自动生成并贴合用户的搜索关键词的,能够更有针对性,其出现也更加及时,尤其是在用户面临巨大认知和情感危机的时刻。③

但是,对于谷歌而言,这样一个看上去具有巨大社会效益的项目,同样会产生一些技术上和伦理上的两难境地。一方面,自杀预防自然有其社会价值,谷歌也一直将其视为自己"有社会担当"、承担企业社会责任的一个标志;另一方面,这涉及用户隐私。如果要大规模地应用和推广这个服务、算法,那么,势必会触及许多地方性、保护个人隐私的法律法规,这与谷歌自身的用户数据隐私保护条款也多有抵牾,因为有效的自杀预防和对算法的优化,离不开对用户数据的获取和分析,即便法律法规或者谷歌的条款允许这么做,长此以往,这一做法也会损害用户对谷歌的信任。④

对于谷歌而言,这一项目最大的挑战还不是用户的隐私权问题,而是运用不同语言导致算法输出结果的显著差异。此前有一个研究表明,在德语地区,谷歌的"自杀预防结果"即便对于那些需要潜在帮助的个体而言,其显示的频率也不是非常高。研究人员设置了一个网上搜索行为的模型,动用了 1200 个虚拟代理人,在搜索引擎上进行操作。如果在谷歌搜索引擎里面输入对自杀预防有帮助的信息(比如"如何克服自杀念头"),那么,十次里面有一次会触发谷歌的"自杀预防结果"(研究统计结果是 11%);如果输入具有潜在危害性的关键词(比如"最佳的自杀方法"),那么,四

---

① Roni Zeiger, "Helping You Find Emergency Information When You Need It", *Google Official Blog*, November 11, 2010, https://googleblog.blogspot.de/2010/11/helping-you-find-emergency-information.html.
② S. Scherr, M. Haim, F. Arendt, "Equal Access to Online Information? Google's Suicide-Prevention Disparities May Amplify a Global Digital Divide", *New Media & Society*, Vol. 21, No. 3, 2019, p. 563.
③ T. Niederkrotenthaler, M. Voracek, A. Herberth, "Role of Media Reports in Completed and Prevented Suicide: Werther vs. Papageno Effects", *British Journal of Psychiatry*, Vol. 197, No. 3, 2010, pp. 234-243.
④ T. Dinev, P. Hart, "Internet Privacy Concerns and Social Awareness as Determinants of Intention to Transact", *International Journal of Electronic Commerce*, Vol. 10, No. 2, 2005, pp. 7-29; S. S. Sundar, S. S. Marathe, "Personalization Versus Customization: The Importance of Agency, Privacy, and Power Usage", *Human Communication Research*, Vol. 36, No. 3, 2010, pp. 298-322; S. Scherr, M. Haim, F. Arendt, "Equal Access to Online Information? Google's Suicide-Prevention Disparities may Amplify a Global Digital Divide", *New Media & Society*, Vol. 21, No. 3, 2019, p. 563.

次里面有一次会触发这个功能(统计结果是25%)。对于德国或者德语用户而言,谷歌的"自杀预防结果"出现的比例偏低。①

受这个研究的启发,在全球层面,有学者运用了更多的虚拟代理人,对全球不同地区使用谷歌进行自杀或者自杀预防的搜索进行研究。学者发现,谷歌的搜索引擎结果会随着地区而呈现出一些差异,比如在澳大利亚、爱尔兰、英国、美国这几个国家,如果搜索与自杀相关、具有潜在危害性的信息,那么,会有92%的概率出现"自杀预防结果"。但是,在其他国家,比如日本、德国、巴西、韩国和印度,这个结果出现的概率就低得多,不到40%,其中印度最低,只有11%。如果输入与自杀预防相关的求助信息,美国和英国会有60%以上的概率出现"自杀预防结果",德国最低,只有13%。② 显然,谷歌的算法是把英语的搜索结果设置成与"自杀预防结果"相关的优先语言或者默认语言。这一发现也在研究者对同一个国家或地区的对照实验中得到证实,在那些官方语言不止一种的国家(比如新加坡和印度),研究者发现,使用英语搜索与自杀相关的信息,无论是具有潜在危害性信息还是求助信息,都会触发"自杀预防结果"的显示。但是在新加坡,用中文进行搜索,或者在印度,用印地语和泰卢固语进行搜索,则"自杀预防结果"显示的几率大大低于用英语搜索时显示的几率。③ 这事实上造成全球不同区域、不同语言在搜索引擎结果上的不平等,这会导致全球在健康信息上的"数字鸿沟"。④ 通过机器学习来提高的算法,本身就会产生国家、地区和语言之间的差异,经由该算法而得出的结果,在缺乏人为介入的情况下,很难消除该算法分析结果中所蕴含的差异,由此而导致的行动干预也会呈现出相应的不平等。⑤

因此,当我们准备将大数据的结果应用于行动干预的时候,其实有必要事先对这些数据结果进行一番检视,把这个干预过程的黑箱打开。唯有如此,我们才能看到并理解技术本身所携带的不平等、偏见、歧视及其他不可欲的后果。⑥ 正因为算法处于

---

① M. Haim, F. Arendt, S. Scherr, "Abyss or Shelter? On the Relevance of Web Search Engines Search Results When People Google for Suicide", *Health Communication*, Vol. 32, No. 2, 2017, pp. 253−258.
② S. Scherr, M. Haim, F. Arendt, "Equal Access to Online Information? Google's Suicide-Prevention Disparities may Amplify a Global Digital Divide", *New Media & Society*, Vol. 21, No. 3, 2019, pp. 569−572.
③ S. Scherr, M. Haim, F. Arendt, "Equal Access to Online Information? Google's Suicide-Prevention Disparities may Amplify a Global Digital Divide", *New Media & Society*, Vol. 21, No. 3, 2019, pp. 572−573;相关理论研究参见 M. Warschauer, *Reconceptualizing Big Data*, 2002, http://cybra.p.lodz.pl/Content/1081/issues/issue7_7/warschauer/index.html。
④ P. Norris, *Digital Divide: Civic Engagement. Information Poverty and the Internet Worldwide*, Cambridge University Press, 2001. 在第 1 章中,作者提到了全球在不同层面上存在的"数字鸿沟"。
⑤ B. A. Williams, C. F. Brooks, Y. Shmargad, "How Algorithms Discriminate Based on Data They Lack: Challenges, Solutions and Policy Implications", *Journal of Information Policy*, No. 8, 2018, pp. 78−115.
⑥ D. Beer, "The Social Power of Algorithms", *Information, Communication & Society*, Vol. 20, No. 1, 2017, pp. 1−13,作者着重讨论算法所具有的社会影响力。

公众的视线之外，人们对算法看不见、摸不着，因此，很难对那些运用算法进行决策的企业展开问责，①我们的社会治理在很大程度上变得愈发依靠技术官僚或者算法治理。② 从算法偏见和数字不平等的批判研究来看，公司不见得有意编写一些带有歧视或者偏见的算法。只不过问题的关键在于，在实施这些算法之后，一旦出现了歧视或者偏见的结果，公司却常常没有投入时间、人力、财力和资源来解决这些问题。如果运用算法比没有算法的时候产生一些看得见摸得着的成果和效益，那么，公司就没有动力去进一步地完善。比如，对于谷歌而言，在设置了"自杀预防结果"这一功能之后，在美国，人们拨打全国自杀预防救助热线的比率提高了，对于谷歌而言就已经足够了。要想让谷歌在没有商业回报的项目上投入更多的资源和成本，这也不太现实。

四、结语

本文主要从数据收集、数据处理和数据应用这三个环节来讨论我们的社会安排中与大数据相关的知识体系，其有可能会在不同的环节"埋伏"着相应的正义与不正义的伦理议题。从"数据源头"可以观察到的"大数据鸿沟"，主要沿着以下几个维度展开：经济资源、技术设施、分析能力、行动能力、组织化程度（被对象化的个体和手握各种资源的公司或者机构）。③ 那些"数字素养"更高的群体一般都是更加年轻、教育水平更高的中产阶级，一个人的"信息或者数据惯习"（Information or Data Habitus）是与其阶层、社会地位存在高度关联的。④ 很多时候，人们会认为信息技术促进了民主参与，不过，对这些信息技术成果的享有和分配却仍然是不平等的，媒体平台其实还是复制了那些处于更高阶层和社会地位的人的观点。⑤ 而且，这些拥有数字优势的群体，本身在现实生活中也处在优势的权力地位上，更加有可能对其他在数字上处

---

① D. R. Brake, "The Invisible Hand of the Unaccountable Algorithm: How Google, Facebook and Other Tech Companies are Changing Journalism", in Jingrong Tong, Shih-Hung Lo (ed.), *Digital Technology and Journalism: An International Comparative Perspective*, Palgrave Macmillan, 2017, pp. 25-46; M. Janssen, G. Kuk, "The Challenges and Limits of Big Data Algorithms in Technocratic Governance", *Government Information Quarterly*, Vol. 33, No. 3, 2016, pp. 371-377.
② N. Just, M. Latzer, "Governance by Algorithms: Reality Construction by Algorithmic Selection on the Internet", *Media, Culture & Society*, Vol. 39, No. 2, 2016, pp. 238-258.
③ M. T. McCarthy, "The Big Data Divide and Its Consequences", *Sociology Compass*, Vol. 10, No. 12, 2016, pp. 1134-1135.
④ L. Robinson, "A Taste for the Necessary: A Bourdieuian Approach to Digital Inequality", *Information, Communication and Society*, No. 12, 2009, pp. 488-507.
⑤ M. Hindman, *The Myth of Digital Democracy*, Princeton, Princeton University Press, 2009, pp. 38-57.

于弱势地位的群体施加影响。① 即便是我们现在所欢呼的"用户生产数据"(User-generated Data),本身也嵌入在整个信息资本主义的框架之中。② 用户记录自己的身体健康数据、运动数据,网页浏览、社交媒体上的互动,这些都创造了大量的内容和数据,这些用户其实是参与了一定形式的无报酬数字劳动,公司管理、储存这些内容和数据,对其进行商业化处理,从中获利。③ 在这个过程中,用户并不能对其生产的数据主张所有权和控制权。

在"大数据鸿沟"的背景下,考虑到在全球范围内不平等都是一个普遍的现象,④有学者呼吁,要开展那些"促进平等的数据倡议"(Pro-equity Data Initiatives, PEDIs),这些倡议旨在为那些以前"无数据历史"(Historical Datalessness)的人群创造条件,让他们可以进入大数据的视野,在城市数据中获得代表性,并且可以获取和使用这些数据。⑤ 这样的一些倡议包括在社区里面布置无线网络接入点,让数据能够在这些低收入、居住环境欠佳的区域进入自由流动的状态,让原本被边缘化的人群获得自己的数据、信息权,创建数据集、数据库,进行社区画像,让这些被边缘化的社区同样能够进入决策者的视野。⑥

而且,有些国家和地区还出现了一个自下而上的"量化自我"(Quantified Self)运动,参与者旨在主张自己对数据的所有权,通过这种方式,"软性地对抗"公司、企业和政府部门对大数据的垄断。这场运动里面的参与者旨在夺回自己对数据的所有权,并在数据收集和分析的过程中发挥积极主动的作用,这样参与者就不再被动地被各种建制从自己身上收集、分析和应用数据。反过来,他们可以主动参与针对自己的数据收集、分析和行为,在里面主动地构建与数据有关的意义和行为。⑦ 也有学者讨

---

① C. Fuchs, "Labor in Informational Capitalism and on the Internet", *The Information Society*, Vol. 26, No. 3, 2010, pp. 179-196; D. Lupton, "APPs as Artefacts: Towards a Critical Perspective on Mobile Health and Medical APPs", *Societies*, Vol. 4, No. 4, 2014a, pp. 606-622; D. Lupton, "The Commodification of Patient Opinion: The Digital Patient Experience Economy in the Age of Big Data", *Sociology of Health and Illness*, Vol. 36, No. 6, 2014b, pp. 856-869.

② C. Fuchs, "Web 2.0, Prosumption and Surveillance", *Surveillance & Society*, Vol. 8, No. 3, 2011, pp. 288-309; C. Till, "Exercise as Labour: Quantified Self and the Transformation of Exercise into Labour", *Societies*, Vol. 4, No. 3, 2014, pp. 446-462.

③ M. T. McCarthy, "The Big Data Divide and Its Consequences", *Sociology Compass*, Vol. 10, No. 12, 2016, p. 1137.

④ D. Mitlin, D. Satterthwaite, *Urban Poverty in the Global South*, London, Routledge, 2013, pp. 7-9.

⑤ S. Patel and C. Baptist, "Documenting by the Undocumented", *Environment and Urbanization*, Vol. 24, No. 1, 2012, pp. 3-12.

⑥ R. Heeks, S. Shekhar, "Datafication, Development and Marginalised Urban Communities: An Applied Data Justice Framework", *Information Communication & Society*, Vol. 22, No, 7, 2019, pp. 994-995.

⑦ D. Nafus, J. Sherman, "This One Does not Go up to 11: The Quantified Self Movement as An Alternative Big Data Practice", *International Journal of Communication*, No. 8, 2014, p. 1785.

论我们如何构建数据体系,从而促进社区参与和公民赋权。① 随着民众"数字素养"的提高,我们也可以通过数据收集方式的创新,赋权民众,这一过程被称为"数据制造"(Data Making),与传统数据收集方式相比,差异点主要在于个体不再只是被动、等待被收集数据的对象,②而是在适当资源的支持下,成为积极主动的数据生产者和消费者,在大数据中发挥更多的主观能动性。③

当然,从世界体系的角度来看,我们也应当注意到与数据收集、处理和应用相关的不正义议题,不光会发生在一个国家、地区或者族群内部,也会在国家与国家、地区与地区、全球南部与北部之间发生。为此,有学者呼吁,我们需要对全球南部地区、发展中国家和地区的大数据应用有更多了解。在欧美国家被批判对待的数据收集和分析方式,有可能在发展中国家是作为赋权、发展目标的形式而存在的,会有不少的发展中国家视大数据为发展目标和推动本国、本地区发展的有力助手。对这些认识上和应用上的差异,也需要进行对比和分析,以防学者不自主地携带"殖民主义"或"后殖民主义"的眼光,把全部的北部和南部地区一视同仁、无差别地进行对待和处理。如果不能从地方的语境中对大数据所可能产生的问题进行一个更为在地化的理解,那么,就有可能复制这些议题从欧美传输到发展中国家时所产生的殖民主义困境。④ 当然,这中间还有一个语言问题,以算法和大数据为基础的不平等其实还体现在网页内容上,因为这些内容是以不同的语言作为载体的。⑤ 因此,在信息的获取上,不同国家和地区的用户存在语言上的差异以及由这种差异而产生的数据应用的"等级制"。我们在制定与大数据相应的发展政策时,必须要充分考虑到不同地区和国家之间的差异。总而言之,与大数据相关的不正义情形,需要学者进行更多的研究和探讨,唯有如此,我们才能在政策和实施层面推动"大数据的平权"。

(林曦、郭苏建/文)*

---

① K. Shilton, "Participatory Sensing: Building Empowering Surveillance", *Surveillance & Society*, Vol. 8, No. 2, 2010, pp. 131-150; A. Ellerbrok, "Empowerment: Analyzing Technologies of Multiple Variable Visibility", *Surveillance & Society*, Vol. 8, No. 2, 2010, pp. 200-220.
② H. Kennedy, T. Poell, J. Dijck, "Data and Agency", *Big Data & Society*, July-Dec., 2015, p. 4.
③ J. Pybus, M. Cote, T. Blanke, "Hacking the Social Life of Big Data", *Big Data & Society*, July-Dec., 2015, pp. 3-5.
④ P. Arora, "Bottom of the Data Pyramid: Big Data and the Global South", *International Journal of Communication*, No. 10, 2016, p. 1682.
⑤ Pip Thornton, "Geographies of (Con) Text: Language and Structure in a Digital Age", *Computational Culture*, November 28, 2017, http://computationalculture.net/geographies-of-context-language-and-structure-in-a-digital-age/.

* 林曦,复旦大学社会科学高等研究院教授;郭苏建,复旦大学社会科学高等研究院教授。本文原刊于《社会科学》2020年第8期。

用户画像、个性化推荐与个人信息保护

随着网络技术与信息技术的高速发展,用户画像与个性化推荐已经越来越普遍。在商业领域,越来越多的企业开始收集个人的浏览记录、购买记录、交易方式等信息,依据这些信息来分析用户行为,对网络用户进行用户画像和精准营销。如果说早期的互联网是"人找信息",那么随着用户画像与个性化推荐的普遍化,如今的互联网开始越来越多地迈向"信息找人"的阶段。

网络经济中普遍存在的用户画像与个性化推荐促进了互联网经济的发展,在很多情形下,用户画像与个性化推荐使得商家可以更为精准地投放广告,避免了无效广告;同时,用户画像与个性化推荐也使得消费者可以获取更为有效的商品信息,可以更为快捷有效地获取自己希望购买的产品的信息。例如,电商网站常常根据消费者的消费记录推荐相关产品,很多消费者常常能在这些推荐的产品中找到自己希望购买的商品。

网络经济的用户画像与个性化推荐也对用户相关权益的保护提出了挑战。很多专家指出,个人消费行为信息属于个人信息的范畴,在未经个体明确同意与授权的情形下,对于此类个人信息的收集与利用侵犯了用户的相关隐私权益。早在2013年,一位百度用户就已经据此提起诉讼。在使用"减肥""丰胸"等关键词在百度网站上进行搜索后,当她登录其他网站时,这些网站都出现了与"减肥""丰胸"等相关的广告。这位用户因此向法院提起诉讼,认为百度公司未经其同意,收集和保存自己的搜索记录并根据这些记录与信息投放广告,对她的生活造成了困扰。

在国外,对于用户画像与个性化推荐也存在争议。在美国,对于网络用户的消费行为信息是否属于个人信息,一直存在不同的观点。在有的企业看来,用户的消费习惯信息不属于个人信息,因为不能根据此类信息来识别特定的个体。而且,企业在收集了此类信息后,一般会将此类信息进行匿名化处理。但在其他人看来,此类信息属于个人信息,因为此类信息本身就是对个人的识别,而且结合其他信息,此类信息甚至经常可以定位到具体的个体。

欧洲对于用户画像的法律定位与规制更为明确。欧洲对于个人信息的界定范围较为宽泛,而且相关法律直接将用户画像纳入了其法律规制的范围,例如 2018 年生效的《一般数据保护条例》(本段简称《条例》)第 4 条第(4)款规定,"为了评估自然人的某些条件而对个人数据进行的任何自动化处理,特别是为了评估自然人的工作表现、经济状况、健康、个人偏好、兴趣、可靠性、行为方式、位置或行踪而进行的处理"都属于用户画像,都受《条例》的管辖。[①] 但如何解释《条例》中的相关条款,以及如何从原理层面分析这些条款,仍然有待进一步讨论。

本文对于用户画像和个性化推荐中个人信息的保护问题进行了较为全面的探讨。通过对技术的介绍与对相关理论问题的探讨,本文指出,一方面,用户画像与个性化推荐中的用户匿名行为信息应当被纳入个人信息保护法的规制范畴,应当赋予消费者充分的知情权和拒绝权。但另一方面,应当将此类信息视为一种特殊种类的个人信息,应当根据此类信息可能带来的风险要求企业承担相应的治理责任,避免施加过多的企业责任和赋予消费者过多类型的信息权利。过多的企业责任与过多的信息权利不但可能给企业造成不合理的负担,而且可能不利于个人信息保护,也不利于企业为用户提供更好的服务。

本文首先在第一部分介绍当前信息技术条件下网站如何收集与追踪个人信息。第二部分分析了全球主要经济体,即中国、美国与欧洲,如何从法律上看待用户画像与个性化推荐。第三部分介绍了对用户画像与个性化推荐进行规制的支持意见与反对意见,并对支持意见与反对意见进行了思辨。第四部分借鉴两位信息隐私法权威学者的理论,从原理层面反思了个人信息概念,指出应当将匿名化用户信息作为单独的一类信息加以规制。第五部分在前面几部分分析的基础上,对信息收集、数据融合与用户画像、信息利用与个性化推荐的法律规制框架进行了反思。第六部分对全文进行了总结。

一、网站如何收集与利用信息:技术问题与法律挑战

在展开对用户画像与个性化推荐的法律分析之前,有必要首先对网站如何收集个人信息与个人信息的技术进行简单介绍。在企业对个人信息的收集中,通过网站来收集个人信息是极为重要的一种途径。了解网站收集个人信息的途径,这将为思考用户画像、个性化推荐与个人信息保护问题打好基础,保证相关理论探讨更具有现实关切。

[①] 参见《一般数据保护条例》,丁晓东译,中国宪治网,2018 年 9 月 23 日最后访问。

(一) 网站收集个人信息的技术

就网站获取用户信息的方式来说,其首选是要求用户进行注册,通过用户的注册、登录来创建用户数据库,标记所有的用户。通过此种方式,网站可以很好地对用户的个人信息进行管理,例如网站常常会生成一个含有唯一标示符的信息,并通过这个信息将用户的所有行为关联起来。如用户浏览的网站、点击的行为、购买的商品,网站可以对这些信息进行收集与追踪,并对个体进行用户画像与精准营销。

但一般来说,以用户名的方式来收集用户的信息比较适用于需要登录才能实现完整服务的网站或软件(例如微信、淘宝、QQ)。对于很多没有形成完整闭环的网站或软件(例如搜索引擎类网站和新闻类网站),用户常常不会主动注册和登录,因此网站就很难使用用户登录的方式对个体进行信息的收集与追踪。此外,即使是一些形成闭环的网站,用户也可能仅仅使用浏览功能,此时网站也无法经由用户登录而收集信息。

但网络用户常常会有这样的体验,即使用户没有注册或登录某个网站,网站也常常可以实现个性化推荐或营销。当用户在某个电商网站上搜索和浏览了某些产品后,在"你可能感兴趣"的一栏中就会出现和用户之前搜索与浏览记录相关的产品。此类个性化推荐和营销之所以可能,是因为网站具备了很多技术手段,可以实现对非注册用户的追踪与管理。综合而言,比较常用的技术包括了如下几种:

1. HTTP Cookie

网站跟踪和收集用户信息的最常用方式是 HTTP Cookie 或 Cookie 技术。Cookie 技术之所以被广泛应用,最主要的原因是 Cookie 技术可以帮助服务器知道用户上一次的操作是什么,从而帮助交互式 Web 应用程序的功能实现。例如当用户在某个页面上将购买的商品放入了购物车,然后点击结算页面跳入到下一个网页,此时如果没有 Cookie 技术,服务器就不知道用户放入购物车的物品是什么。但在 Cookie 技术的帮助下,这种难题就解决了。在用户开启 Cookie 的情况下,网站可以在用户计算机上设置一个跟踪的 Cookie,以某个特定的标记来识别某台计算机(例如 1234abcd),这样,当用户进入到结算页面,网站也可以知道用户此前放入购物车的商品是什么。①

由于 Cookie 技术可以在用户计算机上设置文件,维持用户与网站的对话,网站也就因此获得了收集与追踪用户行为信息的机会。只要用户开启 Cookie,并且没有

---

① 具体实现方式:Cookie 由服务器端生成(webserver 或者 cgi),反馈给用户的浏览器,用户浏览器会将 Cookie 的 key/value 保存到某个目录下的文本文件内,下次请求同一网站时就发送该 Cookie 给服务器(前提是浏览器设置为启用 Cookie)。

删除浏览器中保持的 Cookie ID,网站就可以持续性地访问 Cookie 并获取保存在 Cookie 中的信息。当然,一旦用户关闭 Cookie,网站就无法通过 Cookie 技术来为用户提供服务/收集 Cookie 信息;当用户删除浏览器中的 Cookie ID 时,网站也无法访问之前 Cookie 中所保持的信息。

当然,这里必须注意的是,对于 Cookie 的利用常常并不来自同一个网站。[①] 从用户的角度来说,用户往往会误以为网站都是单一构成的,某个网站都是由同一家网络公司所提供的。但事实上,网站常常由不同的网络公司提供。例如一家新闻类的网站,其天气预报的内容可能是由某天气预报网站提供的,其广告可能是由某家网络广告商提供的。在收集与追踪用户的信息时,不仅用户访问的网站,而且天气预报网站与网络广告商都可能访问用户电脑中的 Cookie 文件,收集 Cookie 中的信息,并对用户进行画像。[②]

2. Flash Cookie

HTTP Cookie 或普通 Cookie 技术可以实现网站对登录 ID、使用偏好、习惯的收集,但一旦用户行使网页浏览器中的"删除历史记录"时,网站就无法持续地追踪用户。此外,对于网络用户没有访问过的网站,此类网站也不可能通过 HTTP Cookie 技术收集用户信息。要在以上情形中仍然实现对用户信息的收集与追踪,需要借用 Flash Cookie 技术。

所谓"Flash Cookie",技术上又可以称为"本地共享对象"(local shared objects),是由 Adobe Flash 开发人员使用用户的计算机存储数据的文件。[③] 开发者可以使用 Flash Cookie 存储用户的各种偏好信息。相比起普通 Cookie 技术,Flash Cookie 技术的存储空间更大,[④]储存时间更长,[⑤]储存位置对于普通人来说更难发现。[⑥]

Flash Cookie 的这些技术特征使得其在追踪与收集用户信息方面更具有优势。

---

① Güneş Acar et al., "Facebook Tracking Through Social Plug-ins", https://securehomes.esat.kuleuven.be/~gacar/fb_tracking/fb_plugins.pdf (last visited on 2018-09-25).
② See Interactive Advertising Bureau, *A Guide to Online Behavioral Advertising*, www.iabuk.net/sites/default/files/publication-download/OnlineBehaviouralAdvertisingHandbook_5455.pdf (last visited on 2018-09-25).
③ See Ashkan Soltani et al., "Flash Cookies and Privacy", http://ssrn.com/abstract=1446862 (last visited on 2018-09-28).
④ Cookie 仅允许存储 4KB,而 Flash Cookie 则允许存储 100 KB。此外,Flash Cookie 还可以自行调整存储空间大小。
⑤ Cookie 有消亡期,它会在一段时间后自动消失;而 Flash Cookie 如果没有主动删除,则会永久保持在用户电脑上。
⑥ 用户并不需要 Cookie 的位置即可删除 Cookie,可以有很多方式和软件对其进行一次性删除,所有浏览器本身都内置了这一功能。而 Flash Cookie 则是存储在 C:\Documents and Settings\用户名\Application Data\Macromedia\Flash Player 文件夹下。其中#sharedobjects 文件夹用于存储 Flash Cookie,macromedia.com 存储 Flash Cookie 的全局设置。对此,一般用户很难知晓。

在普通 HTTP Cookie 技术中,用户可以通过删除他们的 Cookie 来避免网站跟踪其信息,一旦用户删除其 Cookie,服务器就将假定下一次的访问用户为新用户,例如会将用户标示从 1234abcd 更换为 4321dcba。但在使用 Flash Cookie 的情形下,即使用户删除了其历史浏览记录,或者改用了不同的浏览器来访问网站,被访问的网站将仍然可以追踪和收集个人信息。

3. Ever Cookie

Ever Cookie 是另一种追踪与收集用户信息的技术。正如其名字所表明的,这种技术可以更多地对 Cookie 进行储存,而且相比起普通 HTTP Cookie 与 Flash Cookie,这种技术将使得网络用户更难删除其 Cookie,可以使网站能够更准确地辨识用户,对用户进行更为持续、稳定与准确的画像。

从技术手段来看,Ever Cookie 的手段主要在于尽可能地在用户电脑里进行备份,利用不同的储存机制来不断自我复制 Cookie,以及在副本丢失或到期后确保 Cookie 可以重新复活。① 这样,即使用户删除了其历史浏览记录,甚至删除了储存在电脑某个文件夹中的 Cookie 文件,网站也仍然可以在其他文件里发现 Cookie 的备份。通过 Ever Cookie 技术,可以让网站所标示的个人 Cookie ID 具有更高的稳定性和可识别性,排除算法本身随机性的影响。

基于 Ever Cookie 的此种特征,Ever Cookie 也被有的专家称为"僵尸 Cookie"(Zombie Cookie)。② 因为一旦使用 Ever Cookie 技术来追踪和收集用户的信息,用户就很难通过对 Cookie 的删除来防止自己的信息被收集。

4. Fingerprinting

最后一类收集与追踪用户信息的方法是通过交叉比对关键信息验证来识别计算机。就像在现实社会中人们可以通过指纹来识别特殊的个体一样,服务器在传输过程中可以利用传输的关键信息来识别某台计算机。③ 例如某个网站可以识别用户使用的浏览器类型、用户使用的字体,以及网站在计算机上安装的插件。这些信息可能

---

① 具体来说,Ever Cookie 在创建 Cookie 时会使用如下存储机制:标准 HTTP Cookie;Local Shared Objects (Flash Cookie);Silverlight Isolated Storage;以自动生成、强制缓存的 PNG 像素图片的 RGB 值形式保存 Cookie,使用 HTML5 Canvas 标签读取像素图片(Cookie);在浏览器历史记录中存储 Cookie;在 HTTP ETag 中存储 Cookie;在浏览器缓存中存储 Cookie;window. name 缓存;Internet Explorer user Data;HTML5 Session Storage;HTML5 Local Storage;HTML5 Global Storage;HTML5 Database Storage(SQLite)。

② See Christian Olsen, "Supercookies: What You Need to Know About the Web's Latest Tracking Device (Mashable)", http://mashable.com/2011/09/02/supercookies-internet-privacy(last visited on 2018 – 09 – 28)。

③ See Gunes Acar et al. , "FPDetective: Dusting the Web for Fingerprinters", *ACM Conference on Computer and Communications Security*, November 2013.

都不是唯一的,但是结合起来,它们可能可以识别唯一的个体。①

与以上几种 Cookie 技术不同的是,Fingerprinting 技术不直接在用户的电脑上储存文件。也因此,用户往往更难发现基于 Fingerprinting 技术的信息收集与追踪,也更难采取措施来避免此类信息收集与追踪。为了避免 Fingerprinting 技术对相关信息的收集与追踪,人们必须禁用网站的关键功能,例如 Java Script 和 Adobe 的 Flash。

(二)法律争议

在介绍了网站收集用户匿名信息的技术后,一个首要的问题是:网站对于个人信息的各种收集与追踪技术合法吗,需要受到法律的规制吗?无疑,一般认为 HTTP Cookie 技术是合法的,是实现用户与网站对话的必要技术,但诸如 Flash Cookie、Ever Cookie 与 Fingerprinting 这类收集用户匿名信息的技术呢?是否应当对其进行禁用?或者在允许其使用的情形下,是否应当对其进行一定程度的法律规制?

除了收集阶段,此类信息的汇聚也存在法律争议。当网站通过各种技术手段收集到此类信息后,它们就会在数据管理平台对此类信息进行同源化处理和分析,通过海量的数据实现信息的汇合,最终形成关联到具体用户或识别码的用户画像。② 对于此类数据融合,法律是否应当完全予以允许,还是应当对其加以一定的规制?

最后,信息利用阶段也具有法律争议。当网站利用消费者匿名信息和用户画像进行个性化推荐,此类个性化推荐是否应当受到法律的某种规制?在这一过程中,需要注意的是,互联网企业所进行的个性化推荐可能是用户访问平台的推荐,也可能是第三方平台进行的推荐。当用户登录某个网站或手机 APP,这个网站或 APP 上可能就有一个广告位,可能很多互联网商家都会参与这个广告位的竞拍,利用这个广告位和网站所进行的用户画像来进行个性化推荐。因此,当用户在淘宝或京东上浏览过某类商品,然后再登录抖音或知乎时,此时淘宝或京东就有可能购得这个广告位,对用户进行个性化推荐。③

要回答和解释这些问题,需要对其中最为核心的问题进行思考:用户的匿名行为信息是否属于个人信息?法律对于用户画像与个性化推荐应当采取何种立场?法律如何从个人信息保护的角度对待此类问题,将在很大程度上决定上述问题的答案。

---

① See Peter Eckersley, "How Unique Is Your Web Browser?", *Lecture Notes in Computer Science*, Vol. 18, Issue 1, 2010, p. 6205.
② 专业数据管理平台的出现,意味着各个网络服务提供者所收集的信息可以实现数据融合。
③ 此类跨平台的个性化推送往往伴随着对个人设备信息(例如硬件型号、操作系统版本、设备配置、唯一设备标识符、国际移动设备身份码 IMEI、网络设备硬件地址 MAC、广告标识符 IDFA 等)的收集,对个人设备信息的收集使得互联网商家在用户跨平台的情形中仍然能够追踪客户。

同样,如果法律对于用户画像与个性化推荐已经明确立场,那么上述法律争议也会有更为明确的答案。

二、比较法视野下的问题分析

从比较法的视野出发,可以发现针对网站利用消费者行为信息进行的用户画像与个性化推荐,全球不同国家和地区采取了不同的规制方式。对于匿名化的消费者行为信息是否属于个人信息,不同规制机构、专家与学者也给出了不同的观点。

(一)中国

我国目前对于网络用户画像和个性化推荐并没有直接的法律规定。对于网站使用 Cookie 等技术收集用户的行为信息,并且利用此类信息为个体进行个性化推荐的行为,我国的法律并没有明确禁止。2018 年通过的《电子商务法》第 18 条规定:"电子商务经营者根据消费者的兴趣爱好、消费习惯等特征向其提供商品或者服务的搜索结果的,应当同时向该消费者提供不针对其个人特征的选项,尊重和平等保护消费者合法权益。"但这一规定并未直接规定网站收集与处理个人消费行为信息是否合法,而且对于这一规定应当如何解读,也还存在很大的争议。

事实上,从以往的司法判决来看,网站收集与利用消费者行为信息的行为大体上受到了法院判决的支持。2013 年,在朱烨诉百度公司隐私权纠纷案中,朱烨起诉百度公司,认为其在百度公司搜索"减肥""丰胸"等关键词后,会在浏览相应的网页时出现诸如"减肥""丰胸""人工流产"等广告,因此百度公司对于其消费行为信息的收集和利用侵犯了其隐私权。对于这个案件,一审法院支持了朱烨的主张,[①]但二审法院认为,百度公司收集的是不能识别用户个人身份的信息,此类数据不符合"个人信息"的可识别性要求。而且,相关网页只是对特定的用户进行推送,并没有公开用户的消费行为及其偏好,因此并没有打扰用户的安宁或对用户产生实质性损害。[②]

从个人信息的界定来看,我国的现行法律也并未完全明确消费者的行为数据是否属于个人信息。2016 年通过的《网络安全法》第 76 条规定:"个人信息,是指以电子或者其他方式记录的能够单独或者与其他信息结合识别自然人个人身份的各种信息,包括但不限于自然人的姓名、出生日期、身份证件号码、个人生物识别信息、住址、

---

① 江苏省南京市鼓楼区人民法院(2013)鼓民初字第 3031 号民事判决书。
② 江苏省南京市中级人民法院(2014)宁民终字第 5028 号民事判决书。

电话号码等。"从这一条的规定来看,似乎可以将用户的消费行为信息界定为个人信息,因为结合其他信息,此类信息很可能可以识别个体。但该法第42条又规定:"网络运营者不得泄露、篡改、毁损其收集的个人信息;未经被收集者同意,不得向他人提供个人信息。但是,经过处理无法识别特定个人且不能复原的除外。"对于匿名化的消费者行为信息,这条规定似乎又希望将其与其他可直接识别的个人信息进行区别对待。

在技术标准层面,一些技术标准似乎采取了较为宽泛的个人信息定义,将消费者的行为信息也纳入到个人信息的范畴。例如《信息安全技术个人信息安全规范》规定,个人信息是指"以电子或者其他方式记录的能够单独或者与其他信息结合识别特定自然人身份或者反映特定自然人活动情况的各种信息,如姓名、出生日期、身份证件号码、个人生物识别信息、住址、通信联系方式、通信记录和内容、账号密码、财产信息、征信信息、行踪轨迹、住宿信息、健康生理信息、交易信息等"。根据这一定义,除了能够通过具体信息"识别"个人,"关联"也可以成为个人信息的范畴。"由特定自然人在其活动中产生的信息(如个人位置信息、个人通话记录、个人浏览记录)"也应当被视为个人信息。①

(二) 美国

长期以来,美国没有个人信息保护的统一立法,也没有联邦层面针对网站利用消费者行为的数据进行用户画像与个性化推荐的法律规制。但自从20世纪90年代以来,美国的监管机构美国联邦贸易委员会(FTC)开始逐渐关注信息隐私的问题。1998年,联邦贸易委员会发布了一份报告,对商业网站披露用户隐私的做法进行了全面审查,并制定了"公平信息实践原则"(Fair Information Practices Principles)②。根据这一原则,在收集个人信息时,"网站需要向消费者提供关于其信息实践的清晰和明显的通知,包括他们收集什么信息、他们如何收集信息(例如,直接或通过非显而易见的方式,例如Cookie)、他们如何使用它、他们如何向消费者提供选择、可访问性与安全,他们是否向其他实体披露收集的信息,以及其他实体是否正在通过网站收集信息"③。

在公平信息实践原则的指引下,联邦贸易委员会采取了基于透明性的监管原

---

① GB/T 35273—2017《信息安全技术个人信息安全规范》,附录A。
② 公平信息实践原则早在20世纪六七十年代就已经被提出,而且奠定了现代信息隐私法的基本框架。参见丁晓东:《论个人信息法律保护的思想渊源与基本原理》,载《现代法学》2019年第3期。
③ See FTC, Privacy Online: A Report to Congress 7 (1998), http://www.ftc.gov/sites/default/files/documents/public_events/exploring-privacy-roundtable-series/priv-23a_0.pdf (last visited on 2018-10-08).

则,即当网站违反隐私政策而收集个人信息,或者网站对个人信息收集不透明的情形下,联邦贸易委员会可以要求网站遵守信息收集透明的要求。例如2009年,联邦贸易委员会调查了零售商 Sears 公司。联邦贸易委员会认为,尽管零售商 Sears 公司已经向用户提供了一个隐私政策协议,但没有充分披露其对付费客户的跟踪程度,没有告知其网站程序可能会跟踪和记录客户的浏览记录和习惯,因此已经构成了对消费者的欺骗。① 联邦贸易委员会要求,Sears 公司在其隐私政策协议中清晰地描述网站软件"将监视、记录或传输的数据类型"。② 2010年,联邦贸易委员会又对 Echo Metrix 公司进行了调查。在所设计的一款"家长控制"软件中,Echo Metrix 公司对儿童电脑活动的数据进行了偷偷跟踪,并将此类数据传输给了营销人员。③ 联邦贸易委员会认为,此类对于儿童信息的追踪与披露是不透明的,没有获取消费者的同意。④

在2010年12月的一份报告中,联邦贸易委员会又提出了新的消费者数据隐私监管框架,主张设立一个统一和全面的"不跟踪"(DO NOT TRACK)机制。⑤ 根据该机制,当网站追踪和收集消费者的行为信息时,应当为消费者提供"统一和全面的消费者选择机制",赋予消费者以拒绝用户画像与个性化推荐的权利。具体来说,应当在"消费者的浏览器上放置持久性的 Cookie 设置,并将该设置传送至消费者所访问的网站,以明确地确定消费者是否希望被跟踪或收到个性化的广告"⑥。联邦贸易委员会认为,"不跟踪"机制将优于现有的基于浏览器的 Cookie 设置,因为它"更清晰、更容易找到和更有效",而且它直接将选择退出的机制设置在被访问的网站上。⑦

但需要注意的是,联邦贸易委员会的监管建议并未上升为立法。联邦贸易委员会曾经在2011年左右在国会听证,建议采取更严格的措施以规制未经授权的用户画像与个性化推荐,包括主张采取"不跟踪"机制。⑧ 但国会并未采纳贸易委员会的主

---

① See Sears Holdings Mgmt. Corp., F.T.C. Docket, No. C-4264 (Aug. 31, 2009).
② "Decision and Order at IA", Sears Holdings Mgmt. Corp., F.T.C. Docket, No. C-4264 (Aug. 31, 2009).
③ See *FTC v. EchoMetrix, Inc.*, No. CV10-5516 (E.D.N.Y. Nov. 30, 2010).
④ See *FTC v. EchoMetrix, Inc.*, No. CV10-5516 (E.D.N.Y. Nov. 30, 2010), pp. 16-18.
⑤ See FTC, "Protecting Consumer Privacy in an Era of Rapid Change: A Proposed Framework for Businesses and Policymakers" (December 1, 2010), http://www.ftc.gov/os/2010/12/101201privacyreport.pdf (last visited on 2018-10-08).
⑥ FTC, "Protecting Consumer Privacy in an Era of Rapid Change: A Proposed Framework for Businesses and Policymakers", p. 66.
⑦ FTC, "Protecting Consumer Privacy in an Era of Rapid Change: A Proposed Framework for Businesses and Policymakers", p. 67.
⑧ See Shelton, Clinton J. McCord, "How to Respond to Recent Developments in Consumer Information Regulation", http://www.wildman.com/bulletin/3232011/ (last visited on 2018-11-08).

张。此外,国会提出过的一些法案虽然都主张对用户画像和个性化推荐进行监管,但最终也都未能成为法律。例如《2011年禁止在线跟踪我法案》(Do Not Track Me Online Act of 2011)要求在线广告商和网站允许用户拒绝跟踪他们的在线活动,[1]《2011年克里/麦凯恩商业隐私法案》(Kerry/McCain Commercial Privacy Bill of Rights Act of 2011)也专门对用户画像或在线定向广告行为做出了规定。[2] 由于种种原因,这两个提案都未成为正式法律。

在支持对网络用户画像与个性化推荐进行规制之外,也有反对的声音。有的观点认为,消费者的行为数据并不属于个人信息,因为此类数据并不包括消费者的姓名、身份证号或类似的可识别信息。因此,对于此类信息的收集并不需要遵守信息隐私法或数据隐私法的基本法律框架。此外,还有观点认为,只要网站在其隐私政策里告知了消费者存在对其行为数据的追踪与收集,那么此类行为就是合法与合理的。在某些广告业的从业者看来,网络追踪行为与用户画像行为"并不侵犯任何人的隐私,因为出售的数据并不按姓名识别人,而且追踪行为已经在隐私政策中进行了告知"[3]。

(三) 欧盟

欧盟对于网络用户画像与个性化的规制要明确很多。自2009年起,《电子隐私指令》(e-Privacy Directive)就对Cookie的使用做出了详细的规定,该指令规定,凡是在用户的电脑上储存信息,或者访问用户电脑上的信息,不论此类数据是否属于个人数据,都必须获得用户的同意。[4] 例外的情形只有为了传输数据所必要,或者为了用户提出服务所必要。而且,专门负责对欧洲数据隐私提出建议的第29号工作小组指出,用户的同意必须是明确同意,[5]不能是默认同意。[6] 2017年,欧盟又提出以《电子隐私条例》(e-Privacy Regulation,以下简称《条例》)替代《电子隐私指令》,[7]但对于使

---

[1] See Rep. Jackie Speier (D-CA), *Do Not Track Me Online Act of 2011* (last visited on 2018-11-08).
[2] See Sen. John Kerry (D-MA), Cosponsor Sen. John McCain (R-AZ), *Commercial Privacy Bill of Rights Act of 2011*, http://kerry.senate.gov/work/issues/issue/? id=74638d00-002c-4f5e-9709-1cb51c6759e6&CFID=86949172&CFTOKEN=10485539 (last visited on 2018-11-08).
[3] Julia Angwin, Tom McGinty, "Sites Feed Personal Details to New Tracking Industry", http://online.wsj.com/article/SB10001424052748703977004575393173432219064.html (last visited on 2018-11-09).
[4] *Privacy and Electronic Communications Directive 2009/136/EC*, article 5(3).
[5] See Article 29 Working Party, Opinion 15/2011 on the Definition of Consent (WP 187), p. 32, 35, https://www.pdpjournals.com/docs/88081.pdf (last visited on 2018-11-11).
[6] 对此也存在争议。See Eleni Kosta, "Peeking into the Cookie Jar: The European Approach towards the Regulation of Cookies", *International Journal of Law and Information Technology*, Vol. 21, Issue 4, 2013, p. 17.
[7] See *Regulation on Privacy and Electronic Communications*, https://ec.europa.eu/digital-single-market/en/news/proposal-regulation-privacy-and-electronic-communications (last visited on 2018-12-08).

用 Cookie 等技术获取信息的行为,《条例》延续了之前的规制立场,只是在某些方面做出了调整。①

此外,《条例》也规定了用户画像与个性化推荐的限制。《条例》第 21 条第 1 款规定,当处理数据主体的数据时,"包括根据这些条款而进行的用户画像,数据主体应当有权随时反对"②。第 21 条第 2 款和第 3 款进一步规定:"当因为直接营销目的而处理个人数据,数据主体有权随时反对为了此类营销而处理相关个人数据,包括反对和此类直接营销相关的用户画像";"当数据主体反对为了直接营销目的而处理,将不能为了此类目的而处理个人数据"。③根据《条例》第 21 条的规定,也可以比较明确地确定网站收集与处理个人的行为信息属于法律调整的范围,网站的此类活动必须明确获得用户的同意,而且应当保证用户随时反对和拒绝网站对其进行画像与个性化推荐。

就个人信息的界定来看,欧盟 1995 年制定的《数据保护指令》(以下简称《指令》)指出,个人数据指的是"任何已识别或可识别的自然人('数据主体')相关的信息,一个可识别的自然人是一个能够被直接或间接识别的个体,特别是通过诸如身份编号或个体的身体性、生理性、精神性、经济性、文化性或社会性身份而可以直接识别或间接识别"。④对于这一定义,欧盟法院(The Court of Justice of the European Union)曾经依据《指令》明确做出解释,指出没有姓名的信息也可以构成个人数据。⑤而第 29 号工作小组在其对个人数据的解释中,也明确采取了对个人信息进行扩张性解释的立场,将可能识别个人的消费行为数据也纳入了个人数据的范畴。⑥

《条例》替代了《指令》。但就个人数据的范围而言,其范围反而比之前的《指令》更广了。《条例》除了延续《指令》的定义,还把"姓名、身份编号、地址数据、网上

---

① 《电子隐私条例》对于 Cookies 的规定要更简洁,而且要求 Cookies 获取用户同意的方式应当更便捷。See Regulation on Privacy and Electronic Communications, article 10.
② 例外情形是:"除非控制者证明,相比数据主体的利益、权利和自由,存在压倒性的正当理由需要进行处理,或者处理是为了提起、行使或辩护法律性主张。"参见《条例》第 21 条第 1 款。
③ 《条例》第 4 款进一步规定了用户的知情权:"至晚在和数据主体所进行的第一次沟通中,第 1 款和第 2 款所规定的权利应当让数据主体明确知晓,且应当与其他信息区分开来,清晰地告知数据主体。"参见《条例》第 21 条第 4 款。
④ *The Data Protection Directive 95/46*, 2(a).
⑤ See Case C‑101/01, Lindqvist, EU:C:2003:596, par 27, Case C‑92/09 and C‑93/09, Volker und Markus Schecke and Eifert, EU:C:2010:662; Case C‑468/10 and C 469/10, ASNEF, EU:C:2011:777, para. 27.
⑥ 第 29 号工作小组曾经以四项关键词来界定某项信息是否属于个人信息,第一,任何信息;第二,相关;第三,已识别或可识别;第四,自然人。See Article 29 Working Party, Opinion 4/2007 on the Concept of Personal Data' (WP 136), https://www.clinicalstudydatarequest.com/Documents/Privacy‑European‑guidance.pdf (last visited on 2018‑12‑09).

标识"等数据明确列入个人数据的范畴。① 而且,《条例》条文的详述明确指出,只要采取"所有可能合理使用的手段来直接或间接挑出"个体,此类个体就属于可识别的个体。即使某些数据被匿名化处理,但"只要通过额外的信息可以追踪到个体,此类数据就可以被视为一个可识别自然人的信息"。② 由此可见,在欧洲,基本的共识是匿名化的用户消费者数据应当属于个人信息。③

三、支持理由与反对理由

对于法律是否应当规制用户画像与个性化推荐,是否应当将用户的匿名行为信息纳入个人信息的范畴,支持者和反对者各自提出了若干理由。④

(一) 支持理由

支持者的理由归纳起来有如下几点。第一,用户行为信息本身就是识别个体的方式,通过行为来筛选个体,这本身就是一种"识别"。根据这种观点,当网站对个体进行用户画像,向个体推送广告,其活动本身就是一种筛选或识别个体的活动。传统对于识别的定义往往将识别等同于联系到个体的姓名或地址,但事实上,姓名本身只是识别的方式之一。在网络社会,姓名甚至不是最有效的识别方式,相比起姓名,通过Cookie等技术收集的用户行为信息更容易"识别"个体,更能对个体产生影响。⑤

第二,很多研究和实例表明,在大数据时代,人们常常可以轻易地通过用户匿名化的行为信息识别个体的姓名。例如《纽约时报》曾经通过美国在线(AOL)网站所公布的匿名搜索记录很快识别了具体的个体。⑥ 正如乔治城大学法学院的保罗·欧姆(Paul Ohm)教授在其著名的《未兑现的承诺》一文中所指出,匿名化是一种神话,

---

① 《条例》第4条第1款。
② 《条例》重述(recital)第23条。
③ See Ronald Leenes, "Do They Know Me? Deconstructing Identifiability", *University of Ottawa Law and Technology Journa*, Vol. 4, Issue. 1-2, p. 135(2008); Paul De Hert, Serge Gutwirth, "Regulating Profiling in a Democratic Constitutional State", in Mireille Hildebrandt and Serge Gutwirth (ed.), *Profiling the European Citizen*, Springer, 2008, pp. 272-293.
④ 本部分对于支持者与反对者的理由综述受到了有关文献的启发。See Frederik J. Zuiderveen Borgesius, "Singling Out People Without Knowing Their Names—Behavioural Targeting, Pseudonymous Data, and the New Data Protection Regulation", *Computer Law & Security Review*, Vol. 32, Issue 2, 2016.
⑤ See Brian Lesser, "How to Use Data to Deliver the Right Ad to the Right Person at the Right Time", http://adage.com/article/digitalnext/data-deliver-ad-person-time/235734/ (last visited on 2018-12-19).
⑥ See Michael Barbarom, Tom Zeller, "A Face Is Exposed for AOL Searcher", No. 4417749, www.nytimes.com/2006/08/09/technology/09aol.html (last visited on 2018-12-19).

伴随着大数据时代的到来,传统匿名化的手段已经基本失败,技术专家可以轻易地实现匿名化个人信息的再识别(Re-identify)或者去匿名化(De-anonymize)。① 欧姆教授除了引用美国在线的案例,还引用了其他案例来说明匿名化的信息如何被重新识别,②以及在原理上为何匿名化不可能完全实现。③

第三,支持者认为,个人信息保护的要义不一定是侵犯传统意义上的隐私,个人数据保护法的另一重要功能还在于规制风险,④而网站大规模收集与汇集消费者行为信息所隐含的许多风险与信息是否匿名无关。很多研究者指出,即使消费者的行为信息属于没有姓名的匿名信息,但此类信息一旦泄露,还是可能给公民个体带来很多风险。⑤ 例如某些非法网站可能会利用此类信息来对个体进行诈骗,或者利用此类信息来销售违法产品。

第四,支持者还指出,未经用户同意与法律规制的用户画像与个性化推荐还可能导致寒蝉效应。⑥ 很多研究指出,当用户发现自己的信息有可能在不知情的情况下被收集,那么用户就可能放弃搜索与查询相关信息。用户可能会感到自己对自身信息如何被收集与利用丧失了控制与预期,对网络产生不信任情绪。因此,支持者认为,即使网站的某些行为不像传统隐私侵权那样侵犯了用户的安宁或独处,这些行为也应当受到法律的约束。⑦

(二) 反对理由

反对者的理由归纳起来有几点。第一,如果个人信息保护法或相关法律将匿名化的行为信息也视为个人信息加以规制,那么企业和其他数据控制者将丧失匿名化的动力。既然匿名化的数据也将受到同等的法律约束,那么数据控制者可能会从减

---

① See Paul Ohm, "Broken Promises of Privacy", *UCLA Law Review*, Vol. 57, p. 1701(2010).
② 另两个案件分别是马萨诸塞州的"团体保险委员会(GIC)"案和"Netflix 奖励撞库再识别"案。See Paul Ohm, "Broken Promises of Privacy", *UCLA Law Review*, Vol. 57, p. 1701, 1719-1722(2010).
③ See Paul Ohm, "Broken Promises of Privacy", *UCLA Law Review*, Vol. 57, p. 1701, 1723-1727(2010).
④ 从风险角度解读个人信息保护,参见丁晓东:《什么是数据权利?——从欧洲〈一般数据保护条例〉看数据隐私的保护》,载《华东政法大学学报》2018 年第 4 期。
⑤ See Solon Barocas, Helen Nissenbaum, "Big Data's End Run around Anonymity and Consent", in Julia Lane et al. (ed.), *Privacy, Big Data, and the Public Good: Frameworks for Engagement*, Cambridge University Press, 2014, pp. 44-75.
⑥ See Aleecia McDonald, Lorrie F. Cranor, "Beliefs and Behaviors: Internet Users' Understanding of Behavioral Advertising", https://www.researchgate.net/publication/228237033_Beliefs_and_Behaviors_Internet_Users'_Understanding_of_Behavioral_Advertising (last visited on 2018-12-19).
⑦ See Ryan Calo, "The Boundaries of Privacy Harm", *Indiana Law Journal*, Vol. 86, Issue 3, 2011, p. 1131.

少成本的角度考虑放弃匿名化的努力。①

第二,有的反对者认为,将匿名化的行为信息纳入个人信息范围,对用户画像与个性化推荐进行法律规制,此种做法将妨碍社会的创新与网络经济的发展。这种观点认为,网站对用户行为信息的收集将可以为消费者提供更好的服务,也可以使得网站与广告公司进行更为有效的营销,减少商家与消费者之间的信息不对称。② 因此,用户画像与个性化推荐本质上是一种基于算法的正常商业活动。③

第三,有的反对者认为,如果将消费者的行为信息也纳入个人信息范围,这会导致个人信息的范围会变得非常宽泛,可能任何信息都有可能变为个人信息。④ 而一旦个人信息的范围界定得如此宽泛,就可能会导致对真正需要保护的个人信息保护不足。毕竟,无论是企业还是公共机构,其保护个人信息的能力都是有限的,而且这些机构也都有对个人信息进行利用的需求。不加区分地将各类信息都视为个人信息,可能会导致企业或公共机构对真正需要保护的个人信息保护不足。

(三) 支持与反对理由的再思考

考察支持者与反对者的理由,可以发现支持者的有些观点有相当说服力。支持者正确地指出,消费者的匿名化行为信息既可以挑出或筛选出不具有姓名的个体,也可以帮助某些主体识别出个人的姓名等可识别性信息。无论是从风险控制、满足消费者预期、消除寒蝉效应还是从保护消费者的角度,都有必要采取一定的法律措施,对网站收集与利用用户的匿名化行为数据和对消费者进行用户画像的行为进行法律规制。

但有些反对意见也有很强的说服力。第二点反对意见正确地指出,对用户匿名行为信息的合理利用将有效地促进商业活动。毕竟,所有的商业活动都依赖于信息的自由流通与有效利用。从消费者的角度来看,个性化推荐可以帮助消费者更快地获取自己想要的产品,节省信息搜寻成本。从商家的角度来看,个性化推荐可以帮助

---

① See Leslie Stevens, "The Proposed Data Protection Regulation and Its Potential Impact on Social Sciences Research in the UK", *European Data Protection Law Review*, Vol. 97, No. 2, 2015.
② See Nick Stringer, "IAB UK: Could 'Pseudonymous Data' be the Compromise Where the Privacy Battle is Settled?", www.exchangewire.com/blog/2013/03/14/iab-uk-could-pseudonymous-data-be-the-compromise-where-the-privacy-battle-is-settled (last visited on 2018-12-29).
③ See Michal S. Gal, Niva Elkin-Koren, "Algorithmic Consumers", *Harvard Journal of Law & Technology*, Vol. 30, Issue 1, 2017.
④ 联邦贸易委员会也承认,可识别的个人信息与不可识别的个人信息的界限变得愈来愈模糊。See FTC, "Protecting Consumer Privacy in an Era of Rapid Change: A Proposed Framework for Businesses and Policymakers", pp. 18-19.

企业更有效地利用企业资源,避免企业资源的浪费。对于中小企业而言,这尤其重要。在互联网经济中,个性化推荐可以帮助小企业的产品有效地为消费者所知晓。如果没有个性化推荐,那么互联网平台的流量就可能长期为少数大型企业所占据,消费者所能接触到的广告或推荐就可能永远是一些大企业的产品。从这个角度来看,互联网经济对于用户匿名行为的合理使用其实可以真正地惠及商家和顾客。互联网企业对于用户匿名行为信息的不合理使用当然会引起消费者不信任,最终损害互联网经济,但法律对于这种不信任的规制应当是促进信任,而非因噎废食地禁止用户画像与个性化推荐。

此外,对第三点的异议也值得重视。[①] 将用户的匿名行为信息都纳入个人信息的范畴,这固然有利于进一步保护用户权益,但这种扩张性解释却可能导致所有信息都变为个人信息的困境。而一旦个人信息的概念界定过宽,这就不仅不利于某些信息的合理收集与使用,而且也可能导致个人信息保护相关资源分配不均的情形,导致真正需要保护的某些个人信息得不到充分的保护。在当前个人信息保护面临严峻挑战的背景下,这一点尤其突出。无论是在中国还是在欧美,个人信息保护都面临着执法力量不足、新技术新挑战层出不穷的问题,在这种背景下,如果将用户画像的法律规制等同于个人信息保护,将用户匿名行为信息视为一般的个人信息保护问题,这有可能导致监管的重心出现偏差。

四、个人信息概念的反思

用户画像与匿名化的用户行为信息之所以成为争议点,与个人信息的概念有关。全球的信息隐私法或数据隐私法的框架都以个人信息为核心,当某类信息属于个人信息时,对其进行收集与处理就受法律的保护;相反,当某类信息不属于个人信息时,对其进行收集与处理就不受法律保护。[②] 但现实表明,个人信息与非个人信息的界限并非如想象的那样清晰,同时,这一二元划分的框架存在着一定的问题。

就个人信息与非个人信息的界分来说,个人信息的范围常常会随着时代与科技

[①] 对第三点理由的反对意见,参见 Frederik J. Zuiderveen Borgesius, "Singling Out People Without Knowing Their Names—Behavioural Targeting, Pseudonymous Data, and the New Data Protection Regulation", *Computer Law & Security Review*, Vol. 32, Issue 2, 2016, pp. 38-39。
[②] 一个非常典型的例子是欧盟对于个人信息与非个人信息的立法。对于个人信息,欧盟形成了以《条例》为代表的法律规制,但对于非个人信息,欧盟则形成了以《非个人数据自由流动框架条例》为代表的法律规制。前者以严格保护为基本原则,后者则以自由流动为基本原则。参见姚佳:《〈非个人数据自由流动条例〉能振兴欧洲数字经济吗?》,http://www.sohu.com/a/329568872_257489,2019 年 1 月 2 日最后访问。

的变化而变化。在信息隐私法发展之初的20世纪六七十年代,个人信息的范围曾经相对确定。在那个时期,政府或企业主要收集的是个人的档案类信息,即个人的姓名、肖像、地址等能够直接识别个人的信息。对于公民个人的行为信息,例如个人在商场中的购物习惯、消费偏好,政府或企业并没有大规模收集,也并未将它们纳入个人信息的范畴。但随着时代的变迁、网络与信息技术的发展,对于公民行为信息的收集变得越来越多,越来越普遍,和公民个体相关的公开信息也越来越多。而悖论是,信息越多,成为个人信息的信息种类也越多。因为信息越多,就越可能通过信息的分析与交叉比对而识别具体个人。有的学者甚至认为,随着整个社会的信息以指数级别的速度增长,未来可能所有或大部分信息都会变成个人信息,很多之前被认为与个人无关的信息,都可能和其他信息建立相关性,指向一个特定的个体。①

在这种背景下,以个人信息/非个人信息的二元划分来设计相关法律与制度,就可能存在问题。就像上文的反对意见与支持意见所指出的,一旦此类信息被列入个人信息,就可能导致企业匿名化信息动力不足、不能合理利用个人信息、法律保护资源分配不合理等问题,而一旦此类信息不被列入个人信息,又可能导致个人信息保护力度不够、用户知情权丧失、寒蝉效应等问题。

在本文看来,较为合理的解决方案是隐私法权威学者保罗·施瓦茨(Paul Schwartz)与丹尼尔·索洛夫(Daniel Solove)所提出的"个人信息2.0"的概念。在《个人信息问题:隐私与新的可识别个人信息概念》一文中,②两位学者首先指出了个人信息与非个人信息边界的模糊化,指出个人信息的范围常常会随着科技的变化而变化,因为场景变化而变化,因而以个人信息为基础保护公民的相关隐私权益,常常会面临上文所提到的种种问题。③ 但二位学者同时指出,如果彻底放弃个人信息的概念,完全通过成本—收益与风险预防的进路来保护个人信息,又可能造成整个信息隐私法框架的重构,无论是监管机构还是个人信息的收集者与处理者,可能都会面临无所适从的困境。④ 两位学者提出,替代方案是设计一个"个人可识别信息2.0"的分类,并根据这种新的分类适用不同的规则。

具体来说,两位学者认为可以将可识别个人信息分为三类:已识别个人的信息

---

① See Nadezhda Purtova, "The Law of Everything. Broad Concept of Personal Data and Future of EU Data Protection Law", *Law, Innovation and Technology*, Vol. 10, Issue 1, 2018, pp. 40-81.
② See Paul Schwartz, Dan Solove, "The PII Problem: Privacy and a New Concept of Personally Identifiable Information", *New York University Law Quarterly Review*, Vol. 86, Issue 6, 2011, p. 1814.
③ See Paul Schwartz, Dan Solove, "The PII Problem: Privacy and a New Concept of Personally Identifiable Information", *New York University Law Quarterly Review*, Vol. 86, Issue 6, 2011, p. 1814, 1836-1848.
④ See Paul Schwartz, Dan Solove, "The PII Problem: Privacy and a New Concept of Personally Identifiable Information", *New York University Law Quarterly Review*, Vol. 86, Issue 6, 2011, p. 1814, 1865-1870.

(identified information)、可识别个人的信息(identifiable information)、不可识别个人的信息(non-identifiable information)。已识别个人的信息是指已经确定能从人群中识别出某个人的信息;可识别个人的信息是指可能根据这些信息或结合其他信息而识别某个人的信息;不可识别的信息则是不可能识别到某个人的信息。① 二位学者认为,对于已识别个人的信息,应当要求信息的收集者与处理者严格遵守相关信息隐私法所规定的一系列责任,不允许有例外;而对于可识别个人信息,则应当根据可识别个人信息可能带来的风险,对信息收集者与处理者施加不同程度的责任。②

以信息隐私法的基石"公平信息实践"(Fair Information Practices)原则为例,两位学者认为,如果相关信息属于已识别个人信息,那么个体应当有一系列完整的信息权利,信息收集者与处理者应当承担一系列责任:第一,个人信息使用限制;第二,个人信息收集限制;第三,个人信息披露限制;第四,个人信息质量原则;第五,个人的被通知权,访问权和更正权;第六,透明性;第七,个人信息安全保护。③ 但如果相关信息属于可识别的个人信息,那么信息收集者与处理者应当承担公平信息实践中的部分责任,例如第四点的保障个人信息质量安全的责任、第六点的透明性责任和第七点的个人信息安全保护责任。而有的责任,例如第五点中用户的被通知权、访问权与更正权,则不应当作为信息收集者与处理者的责任。

对于责任要求,两位学者给出的理由是,首先,个人可识别信息可能给个人带来风险,因此,对个人可识别信息的收集与使用不能放任自流,必须要求信息的收集者与处理者承担个人信息质量保证与个人信息安全保护的责任。个人可识别信息的收集者与处理者应当评估被收集信息的潜在风险,建立起一套"跟踪—审查"的模型,对信息收集、储存、处理与流转建立全流程跟踪与保障的机制。④ 其次,两位学者指出,透明性的责任有利于加强消费者、信息收集者与处理者的个人信息保护意识,同时赋予消费者以一定的选择权。⑤

对于豁免的责任,两位学者给出的理由是,赋予个体以被通知权、访问权、更正权等权利首先会造成用户隐私泄露的风险。为了保障个体的此类权利,信息的收集者

---

① See Paul Schwartz, Dan Solove, "The PII Problem: Privacy and a New Concept of Personally Identifiable Information", *New York University Law Quarterly Review*, Vol. 86, Issue 6, 2011, p. 1814, 1877.
② See Paul Schwartz, Dan Solove, "The PII Problem: Privacy and a New Concept of Personally Identifiable Information", *New York University Law Quarterly Review*, Vol. 86, Issue 6, 2011, p. 1814, 1880.
③ See Daniel J. Solove, Paul M. Schwartz, *Information Privacy Law*, 3d ed., Wolters Kluwer, 2009, p. 907.
④ See Paul Schwartz, Dan Solove, "The PII Problem: Privacy and a New Concept of Personally Identifiable Information", *New York University Law Quarterly Review*, Vol. 86, Issue 6, 2011, p. 1814, 1883.
⑤ See Paul Schwartz, Dan Solove, "The PII Problem: Privacy and a New Concept of Personally Identifiable Information", *New York University Law Quarterly Review*, Vol. 86, Issue 6, 2011, p. 1814, 1882.

与处理者必须在个人与相关信息之间建立直接联系,以确保个体能够行使此类权利。但悖论是,这种直接联系反而会造成个体被直接识别,从而对个体的信息隐私造成直接威胁。此外,由于此类信息并不能直接识别个体,为了满足此类权利要求,信息的收集者与处理者也需要付出较大的成本与努力,这与此类信息可能带来的风险并不相称。①

总之,施瓦茨与索洛夫给出了较为中道的解决方案。这一解决方案既没有采取美国较为狭隘的个人信息定义,将匿名化的行为信息等信息排除在个人信息的范围之外,也没有采取欧洲较为宽泛的个人信息定义,将匿名化的行为信息和其他已识别个人的信息同等对待。施瓦茨与索洛夫将可识别个人信息视为一个单独类型的个人信息种类,并且提出了区别于已识别个人信息的特殊规制方式。

五、规制框架的反思

通过比较法的分析、对正反意见的思辨和个人信息概念的反思,现在可以对本文第一部分所提出的技术合法性问题进行分析。在用户匿名行为信息的收集阶段、融合阶段与利用阶段,法律应当根据不同技术所涉及的不同风险采取不同的规制进路。

在信息收集阶段,应当要求信息收集符合透明性要求。信息的收集应当符合消费者和用户的合理预期,应当给予消费者以拒绝信息收集的权利,避免秘密和不合理的收集。② 这是因为,尽管用户的匿名行为信息不能直接定位或识别具体个人,但此类信息的收集、聚合与利用仍然可能给人带来相应的风险。在这种前提下,在信息收集阶段保障消费者的知情权与选择权,仍然有其必要性。毕竟,消费者的知情权与选择权不仅可以为消费者提供一定程度的警示与选择自由,而且也可以减少消费者被冒犯的可能,帮助互联网企业赢得消费者更多的信任。

具体就本文在第一部分所提到的信息收集方式而言,利用 HTTP Cookie 进行的信息收集应当被允许,因为一般的网站浏览器都提供了 HTTP Cookie 的删除选项,而且 HTTP Cookie 技术也已经为广大消费者所熟知,符合一般消费者的合理预期。这里可能需要注意的是,如果是第三方平台利用 HTTP Cookie 技术收集用户行为信息,此时用户访问的相关网站应该在网站隐私政策中进行明确的告知,确保消费者意识

---

① See Paul Schwartz, Dan Solove, "The PII Problem: Privacy and a New Concept of Personally Identifiable Information", *New York University Law Quarterly Review*, Vol. 86, Issue 6, 2011, pp. 1814, 1880.
② 类似的观点,参见朱芸阳:《定向广告中个人信息的法律保护研究——兼评"Cookie 隐私第一案"两审判决》,载《社会科学》2016 年第 1 期。

到,存在第三方收集用户消费行为信息。

而对于利用 Flash Cookie、Ever Cookie、Fingerprinting 技术收集用户行为信息的行为,则应当要求互联网企业对用户进行更为明确的告知,并且只有在用户明确选择同意加入的前提下,这几种技术才能被法律允许。[1] 这是因为,Flash Cookie 和 Ever Cookie、Fingerprinting 技术使得用户很难或无法拒绝网站对其信息的收集,即使用户删除了网站浏览器自带的 HTTP Cookie,网站也仍然可以继续收集其用户行为信息。Fingerprinting 技术虽然未在用户电脑中隐藏或不断复制 Cookie,但由于其比对功能也很容易通过关键信息的比对来识别特定电脑,因此也应当保持透明性,应当获得用户的明确授权。这里尤其需要强调的是 Ever Cookie 技术,由于 Ever Cookie 技术在一定程度上剥夺了用户的删除权,而且具有非常隐蔽的性质,因此更应当获取用户明确无误的同意。除非获取用户明确无误的同意,否则不应当允许企业运用此种技术来收集用户匿名行为信息。[2]

在用户匿名行为信息的融合汇聚阶段,应当从总体上允许企业利用其合法收集到的信息与数据进行用户画像。毕竟,信息与数据的融合与利用是互联网与大数据的本质所在,允许此类用户行为信息与数据的融合及"化学反应"可以给商家和消费者带来双赢。在这一阶段所需要注意的问题是,数据的融合汇聚应当注意防范相应的风险,进行数据融合的数据管理平台应当承担数据的安全保障义务。[3] 因为此类数据一旦泄露或被不法分子利用,就可能造成重大负面社会效应。

最后在信息利用阶段,对于用户匿名行为信息的利用应当遵循上文提到的风险规制原则,即根据用户匿名行为信息的潜在风险不同向信息处理者施加不同的责任。相关网站可以利用用户的消费偏好与习惯进行个性化推荐,但不应利用敏感类信息进行个性化推荐。在前文提到的朱烨案中,虽然此案终审判决认定百度的个性化推荐合法,但随着网络安全法的生效以及个人信息保护法的起草,未来应当禁止利用敏感信息进行用户画像与个性化推荐。不同于其他匿名行为信息,敏感类的匿名行为信息可能给个体带来很多困扰。因此即使个人授权网站收集其所有行为信息,也应当限制网站对敏感信息进行个性化推送。[4]

---

[1] 参见万方:《隐私政策中的告知同意原则及其异化》,载《法律科学》2019 年 02 期。
[2] 技术并非中立,在个人信息保护中,技术设计应当符合信息伦理,参见郑志峰:《通过设计的个人信息保护》,载《华东政法大学学报》2018 年第 6 期。
[3] 关于网络平台的安全保障义务,参见梅夏英、杨晓娜:《网络服务提供者信息安全保障义务的公共性基础》,载《烟台大学学报》(哲学社会科学版)2014 年第 6 期。
[4] 毕竟,个人并不一定能够对自己的隐私利益做出合理的判断。参见 Daniel Solove, "Privacy Self-Management and the Consent Dilemma", *Harvard Law Review*, Vol. 126, Issue 7, 2013, p. 1880;丁晓东:《个人信息私法保护的困境与出路》,载《法学研究》2018 年第 6 期。

总之，用户画像与个性化推荐的法律规制框架可以借鉴与适当沿用个人信息法律保护的框架。法律应当将用户匿名行为信息纳入个人信息的范围，但应当将此类信息视为一个单独的类别，将其视为可识别的个人信息。法律应当对于此类信息采取基于标准的规制方式，对其进行风险评估。当收集与处理此类信息隐含较高风险时，应当对其进行较为严格的法律规制，要求互联网企业遵循个人信息保护的相关责任。而当收集与处理此类信息的风险较低时，则应当对其进行相对宽松的法律规制，要求信息的收集者与处理者承担部分责任。

六、结语

用户画像与个性化推荐是伴随互联网经济发展而兴起的重要商业模式，在这一过程中，新的技术问题与法律问题层出不穷。尤其是通过个人信息保护的视角来看待用户画像与个性化推荐问题，可以发现互联网企业对于用户匿名行为信息的收集、融合与利用的行为还存在很多争议。何种技术应当被允许？法律应当采取何种框架应对相应问题？这需要同时从技术与法律两个方向进行深入分析。

本文认为，应对用户画像与个性化推荐提出的挑战，应当对现有的法律规制框架进行反思。法律既不能直接将匿名化的用户行为信息视为非个人信息，也不能将此类信息等同于可直接识别的个人信息而加以对待。对于用户画像与个性化推荐，应当在赋予消费者以知情权和拒绝权的同时，更多要求企业承担相应的治理责任与信息伦理责任，真正保证用户画像与个性化推荐是为了为消费者提供更好的服务，符合消费者在具体场景中的合理预期与信息的合理利用。从这种规制框架出发，[①]既可以对现有的各种技术问题进行分析与反思，也可以为未来新出现的技术手段与新问题提供理论框架与规制基础。

（丁晓东/文）[*]

[①] 从个人信息保护的责任模式来说，这意味着应当要求企业承担更多的治理责任与信托责任。参见周汉华：《探索激励相容的个人数据治理之道——中国个人信息保护法的立法方向》，载《法学研究》2018年第2期；Jack M. Balkin, "Information Fiduciaries and the First Amendment", *UC Davis Law Review*, Vol. 49, Issue 4, 2016, p. 1183.

[*] 丁晓东，中国人民大学法学院教授。本文原刊于《环球法律评论》2019年第5期。

公共卫生领域算法治理的实现途径及法律保障

一、问题与方法

监管部门长期以来面临的主要矛盾,是日益增长的监管对象和监管资源不平衡不充分之间的矛盾;公共卫生领域尤其如此。截至 2020 年 10 月底,我国共有医院 3.5 万个,医院之外的医疗卫生机构,更是多达 102.6 万个。[①] 与上百万家机构及动辄数千万名从业人员形成鲜明对比的是,行使监管权的中央和地方卫生健康委员会(以下简称"卫健委")[②]、疾病预防控制中心和医疗保障局等,虽在长期摸索中逐渐形成了"国家主导、地方联动"的动态监管体系,但这些一线监管机构无论是在人力配比还是在资源储备方面,均难随行业的爆发式增长水涨船高,使得"心有余而力不足"的监管困局一直存在。由于合规成本乃人力成本之外的头号开销,部分医疗保健机构监管套利之心尤其。于是乎,但凡有监管部门力所不逮之处,定然行业乱象丛生,医患关系持续恶化,法律底线节节败退。在经济发展趋缓的大形势下,监管部门合理开源的渠道渐次萎缩,自身禀赋不足以支撑宏伟抱负的情形愈发严重。既然不能无节制地扩充编制和规模,监管部门只能竭尽所能,将有限的资源利用到极致。伴随着新公共治理理论的崛起,风险评估先行的监管路径应运而生:监管部门一改过去"出现问题—解决问题—因解决问题造成新问题"的被动路径依赖,通过"减轻或豁免对低风险对象的监管,将更多的资源和注意力用于对高风险对象的监管"[③],在更有效遏制风险发生的同时却不额外加重监管部门和低风险对象的负担。

[①] 数据来源:《2020 年 10 月底全国医疗卫生机构数》,中国卫生健康委员会 2020 年 12 月 31 日。
[②] 卫健委的前身可以追溯至中华人民共和国卫生部。2013 年,国务院将卫生部、人口和计划生育委员会整合后,组建了国家卫生和计划生育委员会(以下简称"卫计委")。2018 年,卫计委改制为卫健委。
[③] See Robert Baldwin, Martin Lodge, Martin Cave, *Understanding Regulation: Theory, Strategy and Practice*, Oxford University Press, 2012, pp.22-31.

我国公共卫生领域风险评估先行监管路径的探索,始于改革开放初期,彼时我国医院按照行政区划、隶属关系、部门所有、条块分割体制设立和管理,长期存在机构布局不合理和资源分配不均衡等问题。为"打破由于基层薄弱,造成医疗系统结构不合理以致削弱整体功能的恶性循环",卫生部于1989年发布《关于实施医院分级管理的通知》,启动了第一轮医院分级评审工作。《医疗机构管理条例》第41条规定:"国家实行医疗机构评审制度……对医疗机构的执业活动、医疗服务质量等进行综合评价……评审办法和评审标准由国务院卫生行政部门制定。"虽历经30年"上下求索",评审标准、评审方式也屡经变革,医院分级评审工作至今未能实现风险评估先行的监管路径本应带来的提质增效,几乎完全沦为民间寻医问诊的声誉参考。

新冠疫情发生后,习近平总书记在统筹推进新型冠状病毒(以下简称"新冠")肺炎疫情防控和经济社会发展工作部署会议上提出了"科学防治、精准施策"的工作要求,足见风险评估先行的监管路径在重大公共卫生突发事件中的应对意义。先前的医院分级评审结果未能助力政府"问题导向、目标导向和结果导向"的精准施策,也无助于苗头性和趋势性问题的化解,反倒是横空出世的健康码和各类居家隔离APP,在大数据和人工智能技术的加持下,有望根据个体风险特征和区域风险程度,协助有关部门计算与防控目标相称的监管投入。数字抗疫的稳步推进,给下一轮医院分级评审带来了方法论上的启示:以算法为核心的人工智能技术能否助推风险评估先行的监管路径?如果能,其取代传统评审方式的正当性依据何在?兼具授权性规则和义务性规则的双重意味,帕洛夫斯基(Hans-Martin Pawlowski)将评审定义为"以比较式的类型构建取得法的认识"[1],那么,从法诠释学和类型构造的角度出发,公共卫生领域的算法治理应如何构建?公共卫生领域的科技进步,关乎民生、关乎产业发展、关乎国家安全和社会稳定,是国家治理体系和治理能力现代化的重要组成部分。技术普惠既需要宏观层面的产业政策作为支撑,也需要中观层面的法律法规确立价值导向,更需要微观层面的规范指引矫正实践偏误。在"支撑、引导和矫正"的语境下,本文着重探讨公共卫生领域算法治理不可或缺的法律保障,以期为智慧医疗、数字抗疫之实现明确途径。

二、医院评审制度的法律沿革与算法治理的先行实践

凡对"卫生法律关系主体所实施的行为进行道德维度的评价或审查的依据,及

---

[1] Hans-Martin Pawlowski, *Einführung in Die Juristische Methodenlehre*, C.F. Müller, 1974, p.418.

其所构成的规则体系",均属于卫生法下的伦理范畴。① 从规则意义来看,伦理对卫生法影响深刻,且常因科技的发展不断生发出新伦理,又反过来推动卫生法的修改。在漫长的实践过程中,为实现风险评估先行的监管路径,公共管理部门大致演化出了三种对卫生法律关系主体进行评价或审查的路径,②由远及近分别为基于既定规则的等级评审、基于统计回归的专家排序以及基于机器学习的算法治理。

(一) 基于既定规则的等级评审

基于既定规则的等级评审,盛行于 20 世纪 60 年代美国各州公共卫生署对本州餐馆的卫生安全评级。监察员依照既定的评审标准对餐馆进行周期性检查,各餐馆也依照公共卫生署制定的食品卫生标准改善自身的营业环境,评审结果以 A(高信誉度低风险)、B(中等信誉度一般风险)、C(低信誉度高风险)和 D(强制取缔)公示于餐馆门口,直接影响市民的就餐意愿。③ 公共卫生署根据受评餐馆的风险级别,确定下一轮卫生检查的间隔周期,在降低自身监管成本的同时也减少了高信誉低风险餐馆的合规成本。

公共卫生署的评审标准并非一成不变,而是随时根据监察员与受评餐馆的反馈进行修改和完善,积年累月的规则变迁充分反映了公共卫生署与受评餐馆博弈背后的"参与者多数同意",成为等级评审所依赖的具体规则的合法性根源。然而,这种基于既定规则的等级评审方式过于简单,存在诸多问题。其一,评审标准由监管部门根据先验知识而非普查或调研结果设计,部分规则不可避免地建立在有缺陷的假设之上。其二,历次评审标准的改进,虽广泛听取了被监管者的意见,但在"资本多数决"之下,最终形成的标准,只能反映"最主流"被监管者的意志,致使部分被监管对象在规则的演进过程中不断被边缘化。这些问题在卫生安全评级上的直接体现为规则对特定餐馆的优待或歧视:因高度流程化,大型连锁快餐店的卫生评级甚至高于高档餐馆;因原料和烹饪方式不同于主流西餐,中餐馆难以获得较高评级。

我国早期的医院分级评审,即采取了基于既定规则的等级评审方式。依据 1989 年《医院分级管理办法(试行草案)》,全国范围内的医院将按照不同功能和任务统一划分为"一、二、三"三级,分别对应面向一定人口社区的基层卫生院、面向多个社区的综合医疗卫生服务机构和面向多个地区的高水平综合医院,由省级委员会评审。

---

① 参见解志勇:《卫生法基本原则论要》,载《比较法研究》2019 年第 3 期。
② 现实中的医院分级评审未必以道德为单一维度,但必然围绕道德维度展开。
③ See Hilborn, R. A. Y., et al., "Defining Tradeoffs among Conservation, Profitability, and Food Security in The California Current Bottom Trawl Fishery", *Conservation Biology*, Vol. 26, Issue 2, 2012, pp. 257-268.

每级别再根据分级管理标准划分为"甲、乙、丙"三等,由地(市)级委员会评审;三级医院增设特等级别,由部级委员会评审。如果说,"一、二、三级别划分"还算有明确的医院规模作为参照标准,那么,"甲、乙、丙"等级则在国务院授权卫生部制定的指导文件中找不到任何依据。地(市)级委员会在评审中要么想当然地随意制定标准,要么再次机械重复以医院规模为唯一考察依据的既定标准,致使"以成分论英雄"的歧视现象屡见不鲜:大型精神病院或妇幼保健医院多被划分至丙等、县级以下医院基本同甲等无缘。

1998年8月,卫生部发布《关于医院评审工作的通知》,紧急叫停全国医院分级管理与评审工作。在此后长达13年的调整期内,卫生部先后开展了"医院管理年""质量万里行"等小型评审活动,动态探寻更加规范和科学的医院评审标准。2011年,卫生部遵循国际PDCA循环原理,①重新制定了《三级综合医院评审标准》,开始了第二轮全国医院分级评审工作。虽然同样采取基于既定规则的等级评审进路,但新一轮的评审标准较之前有了长足的进步——总计391条标准与监测指标,以医院公益性(32条)、医院服务(35条)、患者安全(27条)、医疗质量安全管理(167条)、护理质量持续改进(31条)和医院管理(62条)为重点考察对象,兼顾37条专门对医院进行风险监测和追踪评价的日常统计学评价指标。在其他方法阙如的背景下,新一轮分级评审极大地促进了医疗保健机构的合理定位与分级发展,但其弊病也显而易见:标准越明确,就越容易被破解。据不完全统计,在第二轮医院分级评审工作开展不到一年半的时间内,共有240家地方医院从二级晋升为三级,并且多数直接晋升为甲等医院。面对接踵而至的"升级"势头,2012年6月,卫生部发布《关于规范医院评审工作的通知》,一举推翻了此前的分级结论,并对获得二级及以上评审结果的医院展开复核评审工作。

一直以来,《三级综合医院评审标准实施细则》要求评审委员会秉承"不降低标准,保证质量安全"的原则从严评审,工作量大、任务繁重,监管部门和受评医院可谓双双不堪重负,风险评估先行的监管路径更是无从谈起:如果前一轮分级评审已经客观、准确地对全国医院的质量和风险进行了有效评估,那么推倒重来的新一轮评审工作自然毫无必要——监管部门只需重点关注此前评审结果不佳的医院即可,在给低风险医院喘息空间的同时,也减少自身的监管负担。

(二)基于统计回归的专家排序

2017年9月,国务院印发了《关于取消一批行政许可事项的决定》(以下简称《决

---

① P为Plan(计划),D为Do(执行),C为Check(检查),A为Act(行动)。

定》),取消了国家卫计委对各省、市、自治区三级综合医院评审结果的复核与评价权,并要求各级评审委员会真正做到"去行政化";《决定》还进一步要求监管部门要尽快实现从评审主体向监督主体的法律关系转换,将规则制定和维护的"裁判员"角色让渡给第三方。评审权下放是出于同国际接轨的综合考虑:目前,世界主流的医院评审体系多采纳了基于统计回归的专家排序路径,部分由政府监管部门主导,部分由第三方机构进行。

回顾我国此前医院分级评审制度的演进历程,在管办不分的医疗保健服务供给体制下,自上而下的规则设计存在指标不合理、过程不透明、结果不公平等问题。基于统计回归的专家排序,则试图以"更合理的指标"和"更透明的专家决策",来达到"更公平的结果",其理论渊源可以追溯至唐娜贝蒂安(Donabedian)于1966年提出的三维质量评价理论,认为医疗保健服务中结构、过程和结果三者之间呈线性关系——健全的结构可以改良过程,而良好的过程能够促进良好的结果。[①] 在唐氏理论的指导下,各发达国家根据自身公共卫生领域现状,创造出了不尽相同的基于统计回归的专家排序方法,有些还成为国际规范。例如,将质量管理和持续绩效提升贯穿始终的美国JCI认证、完全依赖测评工具和可比性资料的澳大利亚EQuIP评审、重视现场勘查和专家解读的日本医院机能评价等。

基于统计回归的专家排序的实践摸索,早于国务院发文之前。2008年,海南省医院评鉴暨医疗质量监管中心在全国率先实践"独立第三方"外部评审和风险监管的创新机制,以"围评价期"理论作为指导,融合了追踪方法学(TM)、根本原因分析(RCA)、品质管理圈(QCC)和平衡计分卡(BSC)等多重品质管理工具,构建了前期、中期和后期"耦合、联动、持续、循环"的长效医院评审模式,并在全国范围内推广。[②] 2016年,卫计委颁布《医疗质量管理办法》,以行政法规的方式鼓励采取全面质量管理(TQC)和疾病诊断相关组绩效评价(DRGs)等统计回归方式,促进医疗质量的持续改进。[③] 与狂热追捧统计回归方式并行不悖的是,第三方评审机构空前强调"专家排序"的重要性。

从唐氏三维质量评价理论来看,基于统计回归的专家排序明显优于基于既定规则的等级评审,因为后者的各类风险指标过度集中于结果层面,缺少对结构和过程两

---

① See Donabedian, Avedis, "Evaluating the Quality of Medical Care", *The Milbank Memorial Fund Quarterly*, Vol. 44, No. 3, pp. 166-206(1966).
② 参见梁铭会、董四平、刘庭芳:《追踪方法学(TM)在医院评价工作中的应用研究》,载《中国医院管理》2012年第1期。
③ See Wu, Cheng-Ru, Che-Wei Chang, Hung-Lung Lin, "A Fuzzy ANP-Based Approach to Evaluate Medical Organizational Performance", *Information and Management Sciences*, Vol. 19, No. 1, pp. 53-74(2008).

大维度的评价。多维度统计回归工具的使用和跟踪长效机制的引入,在一定程度上促进了"以评促建、以评促改、评建并举",但许多问题也由此产生。其一,在医院评审"去行政化"的大背景下,基于统计回归的专家排序得到监管部门默许甚至推崇,以至于各类统计方法和结果可以不经审查就直接公之于众,毫无程序正当可言,指标的可行性、有效性及稳定性经不起信度及效度检验。其二,虽然多重统计回归工具和品质管理工具得以充分应用,但几乎所有第三方机构,都存在调研能力不足的状况,无力使用失效模式与效应分析(FMEA)、负向标杆管理(N-BMK)等风控工具对医院安全隐患进行预测,使得医疗服务中结果和结构之间的线性关联链条被打断,唐氏理论良好适用的逻辑基础不复存在。其三,基于统计回归的专家排序产生了新的"过程不透明"问题。

针对专家排序的最有力质疑,聚焦于专家决策的一致性和准确性。之所以引入专家决策,是因为统计回归模型的各项指标难以吸收医疗领域的各类默会知识。例如,医生出诊率较高说明医院管理更好吗?未必,因为医生在出诊之外,还必须有充足的时间进行医学实验和学术研究,这些都是医生的本职工作。从诠释法学的视角来看,专家决策可以避免因数据误导造成的统计结果偏差,还能从资深业内人士角度使结果和数据的解释获得必要的弹性。即便如此,近20年的实证研究几乎一边倒地证明,无论是何种类型的评审或排序、无论对经验和隐性知识的需求有多高,专家决策都不能带来比普通统计预测模型更优的结果,这在突发心脏病预防、精神病学和神经心理学诊断等方面班班可考。[1] 2020年,复旦大学医院管理研究所在医院排序时共向4173位专家发出挂号信,收到有效回执2657份,回复率为63%,比2010年44%的回复率有了显著提升,[2]但是,这些分布在不同地区和不同临床专业的专家们,真的能够代表上亿名患者对全国范围内的医院给出具有可比性的评分吗?考虑到这些医院排行没有严格遵守古典德尔菲法要求的"多轮双向匿名反馈"的调查方法,答案显然是否定的。

(三) 基于机器学习的算法治理

医院的分级评审的初衷,在于优化医疗资源配置:通过促进医院间的病理分流和多向转诊,让区域病疫风险"可防可控"。然而,无论是基于既定规则的等级评审,还

---

[1] Leli, Dano A., Susan B. Filskov, "Clinical Detection of Intellectual Deterioration Associated with Brain Damage", *Journal of Clinical Psychology*, Vol. 40, No. 6, 1984, p. 1435.
[2] 数据来源:复旦大学医院管理研究所官网,http://www.fudanmed.com/institute/news222.aspx,2021年1月12日最后访问。

是基于统计回归的专家排序,显然在效果上背离了上述初衷。医疗服务的效果具有不可逆的特征,关乎患者的"生死存亡",在市场信息严重不对等的情况下,政府主导的分级评审结果和第三方机构给出的专家排序成为广大病患唯一可以抓住的"救命稻草",使得三甲医院门庭若市,基层医疗机构门可罗雀,排行榜之外的医院完全无人问津,只能通过购买搜索引擎关键字的方式获取流量。在新冠疫情爆发初期,大量疑似患者涌入武汉市中心医院或金银潭医院,造成了医院内部的聚集式"人传人";社区卫生服务中心和小型诊所均可进行核酸检测及一般发热隔离,但直到大型医院无力继续接诊后,它们才逐渐发挥作用。

在指标选取方面,基于统计回归的专家排序和基于既定规则的等级评审相差无几,两种路径都充斥着大量仅凭直觉或约定俗成的先验指标:对医院的硬件规模和科研实力过于重视,却长期忽略患者的真实就医体验。在看清了评审的实质后,各地方医院为"争级上等"可谓不遗余力,投机性地通过增加医疗设备数量、引入正高职称人才的方式左右评审和排序结果,甚至将发表高影响因子的论文视为比救死扶伤更重要的工作。为了避免上述惯性延误抗击新冠肺炎的最佳时机,科技部 2020 年 1 月 29 日专门发文,要求各医疗单位及其科研人员"把论文'写在祖国大地上',把研究成果应用到疫情防控中,在疫情防控任务完成之前,不把精力放在论文发表上"①。

综上所述,如果我国下一轮医院评审只是在形式上实现了从政府向第三方机构"放管服"、只是在方法论上完成了从基于既定规则的等级评审向基于统计回归的专家排序的转变,将无助于"推进卫生健康基本公共服务均等化、普惠化、便捷化和公共资源向基层延伸",更不能在实质上提升监管部门应对"突发公共卫生事件"的能力。说到底,若评审不科学,则结果无意义——迄今为止的各种努力,最终都陷入了"形式主义"和"唯方法论"的窘境。

近年来,大数据和人工智能等技术的发展,为公共治理领域的监管提供了独树一帜的解决方案。② 理论界和实务界的共同乐观并非痴人说梦。③ 其一,大数据的"自然积累"或彻底颠覆统计学意义上的"数据搜集"。例如,用户只需授权联通、移动或电信集团查询疫情期间的行程数据,就能展示在过去 30 天内到达或途经的敏感地区;返岗人员可以在网上自行填报,获取属于自己的二维健康码,作为特殊时期通行出入的电子凭证。在"数据多跑腿、群众少跑路"共识下,过去通行的"填表抗疫"等

---

① 科技部办公厅:《关于加强新型冠状病毒肺炎科技攻关项目管理有关事项的通知》,2020 年 1 月 30 日。
② 参见邢会强:《大数据交易背景下个人信息财产权的分配与实现机制》,载《法学评论》2019 年第 6 期。
③ 参见韩水法:《人工智能时代的人文主义》,载《中国社会科学》2019 年第 6 期。

病理统计方法,被指责"官僚色彩严重",①已逐渐退出历史舞台。其二,机器学习技术的发展,促进了风险评估的"自动化"。透过合理的算法,机器学习模型可以从海量的大数据中识别出隐藏的模式、规律和倾向,并输出具有明确指向性的预测或评估。例如,将千万人的行程轨迹载入机器学习模型,结合不同区域的确诊分布,就能粗略评估个体感染的风险概率。其三,卷积神经网络方法进一步提升了机器学习模型的层次和复杂程度,使得内建分层网络获取多层次特征信息成为可能,有望攻破过去需要人工确定指标的重要难题——相互叠加的算法可以根据不同维度的输入信息和各类变量自行探寻能够获得最合理输出的风险指标。② 外于语言、超乎实证,算法在诠释法学的意义上属于即便通过各种解释之间的冲突也难以被解释的存在,其复杂性远超任何既定规则和统计回归方法,无法用普通人的逻辑和语言进行表达,自然,专家决策也就被排除在外。

算法治理的核心在于,从对规整对象既存状态的分级评审,转化为根据文本片段和规范数据进行的动态评价计算,目的是将主观与客观因素、偶然与必然结果之间的盖然性一览无余,促进监管部门的正面价值取向和技术规制的中立精神相互增益。与此同时,其思维本质从决定论向概率论的跳跃,将使算法治理内在的解释与商谈,从"利益主导话语权"的批判法学主张,向"各方互动合力"的、具有民主色彩的实验主义法学迈进。机器学习模型不会拘泥于主观价值判断,甚至不会受制于过往经验与事实造就的充满内在矛盾和主观间性的现有评价体系,而是在海量的大数据和文本中筛选出最能显示风险特征的维度或论题,对其进行逻辑嵌套与循环递归以寻求建立全新共识的种种可能性。这种评价的自创生实属破坏性创新,目的是要挣脱既定规则的相互掣肘,也或多或少具有彭加乐(Poincaré)"约定主义"的特征,主张经验中出现的事实可以融会到无限不同假设构造中的任何一种。在公共卫生领域,英国医院分级评审率先步入算法治理的轨道:英国监理质量委员会从2013年开始着手建立智能评级系统,利用算法每4至6个月更新一次风险指标库。③ 从能力范围来看,算法治理超越传统医院分级评审,不仅能借助"互联网+"重塑分级诊疗机制,还能同时促进国家医疗战略物资储备制度的构建和疫情防控预警预测机制的完善。

公共卫生领域风险评估方式的嬗变,印证了"以缺陷为代价的解决方案不能长

---

① 国家发改委:《严格杜绝"填表抗疫"等形式主义》,载新华网2020年2月11日,http://www.xinhuanet.com/politics/2020-02/11/c_1125558141.htm,2021年1月21日最后访问。
② C. Coglianese, D. Lehr, "Regulating by Robot: Administrative Decision Making in the Machine-Learning Era", *Georgetown Law Journal*, Vol. 105, 2016, p. 1147.
③ Beaussier, Anne-Laure, *et al.*, "Accounting for Failure: Risk-Based Regulation and The Problems of Ensuring Healthcare Quality in the NHS", *Health, Risk & Society*, Vol. 18, No. 3-4, 2016, pp. 205-206.

久"的法伦理,在谨慎乐观的同时,我们不得不心生警惕,以公共目标为导向的算法治理是否存在边界?算法治理不可能完美无瑕,究竟遵循怎样的信息化程序,才能更好兑现公共卫生领域风险评估先行的监管承诺?进而言之,法律将如何影响算法?算法代码的字里行间又将如何体现法律?

三、公共卫生领域算法治理的规范性分析及实现路径

本质上,风险指标的选取是一个关涉"规范内涵和事实结构"的法律命题,从未跳出"价值判断标准客观化"的藩篱。就像法官在寻求案件适用的法律规范时,需要通过准确无误的判断和联想找到适当的规范禀赋那般,我们期望机器学习模型在将大量规范、解释和事实都纳入运算范围之后,通过对数据和文本的交互参考来模拟自然人的理性判断,逐步筛选出(甚至创造出)可以被解释的规范所涵摄的各项指标。这正是算法治理的智能所在——它不依赖于既定的经验和知识,而是在机器学习过程中形成对底层数据的独特理解,它顺从又超越法律概念涵摄和类型归属,进行拉伦茨所称的"一种为获得知识而进行的、有计划的活动"——法律续造。[1]

(一)算法治理的正当性依据

一般而言,只要传统医院分级评审方式的指标选取具有显著缺陷,通过算法选择更优指标的行为就具有合理性,更何况,机器学习模型还能通过对大数据的挖掘识别一般人根本不会注意到的隐性规律和模式。诚然,基于统计回归的专家排序和基于既定规则的等级评审皆因指标的先验性饱受诟病,但这种诟病足以被视为对其规整范围内的特定事实缺乏适当规范的规则性漏洞吗?毕竟,从历次医院审查中沿袭下来的惯用指标,以及在世界范围内通行的支配性判定标准,都可被视为经过对话和论证程序的、经得起时间考验的共识,符合法哲学家所界定的"正义的标准"。[2] 问题的本源在于,机器通过学习所获得的"知识"是否一定优于自然人从过往经验和社会生活中获得的"知识"?

遍览现行所有公共卫生领域的风险评估指标,可以将其大致划分为三类:(1)投入类指标,例如,规模床位、设施设备、科研积累等;(2)服务类指标,例如,营养人员与床位比、技术操作规范、收费标准等;(3)结果类指标,例如,入院诊断与出院诊断

---

[1] 〔德〕卡尔·拉伦茨:《法学方法论》,陈爱娥译,商务印书馆2003年版,第19页。
[2] 〔奥〕伊尔玛·塔麦洛:《现代逻辑在法律中的应用》,李振江等译,中国法制出版社2012年版,第1—6页。

符合率、无菌手术切口甲级愈合率、医院感染漏报率等。单从常识就能看出,投入类指标本身就可视为服务类指标的最佳预测性指标:规模更大、设施更齐全、科研实力更强的医院,必然能够提供更好的医疗服务。同理,投入类指标和服务类指标同时将对结果类指标产生重大影响:无论是什么疑难杂症,综合医院定然比社区卫生服务机构具有更高的抢救成功率,此间的逻辑关系,是更好的医院具有提供更好医疗服务的禀赋,而非医院因为提供了更好的服务从而被评审为级别更高的医院。算法治理优于自然人评价的可能之处,就在于能够跳出既有标准的重叠指涉,摆脱"感觉主义和先验的唯理主义强加的负担",根据要"履行的操作以及由这些操作的结果对观念有效性的检验",①颠覆现有的评价体系。

在这个意义上,人们对算法治理抱有的普遍期待是,机器学习模型能够在海量大数据中"眼光往返流转",不受既有规则的遮蔽、忽视重复细节对结果处理的现实意义,通过高频次的拟合甚至仿生尝试,求解出堪称圆满的整体性规则。这种续造规则的圆满性,以之前规则——即各项传统风险指标——已被证明的重叠指涉性为合法依据。然而,经验表明,在风险评估方面,并非全知全能的指标选择,才能得到符合法律规范的"正确"结果。甚至有学者指出,衡量质量的唯一有意义的方法是评估"收益",即患者在医疗服务中获得的"价值",②这意味着将完全剔除投入类指标和结果类指标,唯"服务类指标"是举。即便可以证明,机器学习模型将更多的数据纳入其考量范围,在算法中也确实囊括了更多维度的风险指标,我们也无法因此得出算法相对于既定规则或专家排序具有更高规则圆满性的结论,因为,至少在适配性和可解释性方面,算法治理并没有明显的优势,甚至会因为可解释性的匮乏导致被撤销的法律效果。③ 反对的观点指出,从波纳西茨中心度的方法来看,卷积神经网络不过是一种"指数级地将既定规则复杂化"的方式罢了。④

在规则圆满性无法验证的情况下,基于机器学习的算法治理就只能从监管目的及监管效果中寻求正当性根源。从过往经验来看,无论是基于既定规则的等级评审,还是基于统计回归的专家排序,在结果上均不能清晰而准确地反映公共卫生领域的资源失衡状况和潜在风险指数,全然无助于风险评估先行的监管实践。本来旨在优化医疗资源配置的评审工作反而导致了医疗机构的盲目扩张和重复建设,本来有望促进监管部门进行分级管理的医院排序最终沦为了广大病患的声誉参考,其准确性

---

① 〔美〕约翰·杜威:《追求确定性》,傅统先译,上海人民出版社 2005 年版,第 114 页。
② See Graham Gibbs, *Dimensions of Quality*, York: Higher Education Academy, 2010, pp. 1-11.
③ 参见丁晓东:《论算法的法律规制》,载《中国社会科学》2020 年第 12 期。
④ Tim Miller, Piers Howe, Liz Sonenberg, *Explainable AI: Beware of Inmates Running the Asylum*, Arxiv Preprint Arxiv, 2017, p. 1712.

和客观性还有待进一步考证。因此,只有在结果上成为监管部门风险评估先行监管路径的"最优解",或至少成为相对于基于既定规则的等级审评和基于统计回归的专家排序的"更优解",基于机器学习的算法治理才具有正当性。

(二) 模型求解过程与规范续造边界

为了在公共卫生领域达成上述目标,基于机器学习的算法治理应当如何构建呢? 纵观机器学习的历史,从20世纪80年代以仿生学为基础的感知机(Perceptron)到90年代完全基于数理逻辑的支持向量机(Support Vector Machine)再到21世纪基于神经网络的深度学习(Deep Learning),大致契合了从既定规则向统计回归再向机器自动化的跃迁轨迹,这背后是符号主义和连接主义从正面冲突走向对立统一的艰苦历程。当下机器学习模型"生成式学习"和"判别式学习"的两种基本架构,正对应着连接主义和符号主义的不同思维模式:前者通过对自然人思维和感官的"仿生"映射出具有指向性的标签化结果,后者则在生成对抗网络的支持下反复"左右互搏",不断刺激生成器和判别器拟合出全新结果。①

在求解指标的运算过程中,机器学习模型并非将既存一般性规范局限到特定指标,而是在给定范围的区间内,创造出具有一般性规范特征的全新指标。在这个意义上,机器学习模型的独特价值在于实现自然人力所不逮的"温故而知新"——在看似毫无关联的海量数据和文本中,挖掘出具有重大意义的内在规律,以人机共同作业的方式来构筑成文法体制下逻辑法学式的推理和演绎,并在此基础上适度创新。由此可见,较之于"判别式学习"构架,"生成式学习"构架不仅能在既有资源下穷尽一切指标搭配组合,还能通过"眼光往返流转"的过程真正实现"知识创造",更能够满足公共卫生领域的算法治理所需。

机器学习模型进行类似于"法律续造"的规范性风险指标求解,模拟的其实是法诠释学上从特殊性事务到一般性事务的推论过程。② 所有被求解出的指标,其共通的价值理由不仅适用于拟被纳入评价体系的所有医疗保健机构,反之,也同样适用于类似的情境或具有相近要件构成的风险评估体系中。就此而论,机器学习模型的求解过程具有"目的论扩张"的特性,反过来也必然受到"目的性考量"的拘束:人工智能技术应当致力于推进,而非借助技术优势推翻长期达成的、普遍承认的价值思考方式,更不能在代码程序中"夹带私货"。就像行政官员必须以"社会中具有支配力的

---

① 参见栗峥:《人工智能与事实认定》,载《法学研究》2020年第1期。
② Claus-Wilhelm, *Die Feststellung von Lücken im Gesetz*, Duncker und Humblot, 1983, p.97.

法伦理"为其行为标准一样,人工智能介入公共卫生领域的风险评估,首先应该尊重传统评审机制所保留的"共同意识",即哈特曼(Hartmann)所称的"客观精神";[1]机器学习模型进一步的评估行为以及规范续造,在很大界限内,必须以先决的价值规范为基准。齐佩利乌斯(Zippelius)指出:"一致的价值规范是认识正义的基础。"[2]这将要求机器学习模型在"生成式学习"的操作层面,采用大致类似的自动化处理流程,确保对实现规范所定条件的数据和文本,以及依照对这些数据和文本进行解释取得的概念界定,给予具备横向可比性且前后啮合的处理方式。在上述认知的基础上,算法治理的问题就又转化为,指导机器学习模型运作的算法应当如何选择?

(三) 合规导向的算法构建思路

考虑到算法治理的正当性源于能够更好地促进风险评估先行监管实践,而公共卫生领域风险评估的规整意向、计划及其内含目的拘束已经为机器学习模型的"法律续造"划定了边界,各类风险指标的求解和生成,务必要回归医院分级评审的"初心",以科学性、规范性和中立性的彼此调和为其"实践理性";法律和算法之间的互动从中可以窥见一斑。从基于既定规则的等级评审到基于统计回归的专家排序,再到基于机器学习算法治理,风险指标的选取由自然人向自动化机器过渡,但所有的风险指标"依其位阶衡量轻重"的评估逻辑,始终没有发生改变。有鉴于此,用于缩小增量排序的希尔排序算法,或能有效提升风险指标加权排序的效率,筛选出能更精确映射正常价值秩序的指标组合。

1. 希尔排序算法

希尔排序算法的基本思想是:假设待排序的指标序列有多个指标,根据拟构建的风险排序模型的复杂程度,取一个整数 n 作为间隔,将全部指标分为 n 个子序列。所有距离为 n 的指标将被归于同一个子序列,在每个子序列中分别进行直接插入排序。随着大数据的增长,监管部门可以通过缩小间隔 n 的方式,不断重复子序列的划分和排序过程,以求得"颗粒度更细"的风险排序方式。希尔排序算法的优点在于,可以根据可用数据的多少,灵活控制间隔差值且不会影响排序速度。n 的值越大,风险指标的子序列分类越少,模型具有更高的稳定性;n 的值越小,风险指标的子序列分类越多,模型具有更强的风险预测能力。不过,依照此算法构建的模型可解释性极低:对希尔排序算法的时间复杂度分析非常困难,只在极少的情况下,专业人士可以从运

---

[1] Roberto Poli, Carlo Scognamiglio, Frederic Tremblay (ed.), *The Philosophy of Nicolai Hartmann*, Walter de Gruyter, 2011, p.66.
[2] Reinhold Zippelius, *Das Wesen des Rechts: eine Einführung in die Rechtsphilosophie*, CH Beck, 1997, p.116.

算结果反向推算排序码的比较次数和元素的移动情况。除此之外,想要弄明白排序码比较次数和元素移动情况与增量选择之间的线性关系,并给出完整的数学分析,基本不可能。①

缺乏可解释性是公共治理领域人工智能应用的大忌,究其根源,我们处在一个公众问责空前加强的年代,保障公众"知情权、参与权、表达权、监督权"的施政理念是推进社会主义民主法制建设重中之重。任何新技术的部署都必然被置于传媒与社会持续性互动的场域之中,算法可解释性既是世界各国人工智能法律法规的核心要旨,②也是机器学习时代"对抗数据个体的主体性和自治性沦陷和丧失的内在之善"。③

无论是基于统计回归的专家排序,还是基于既定规则的等级评审,其背后的"指标之法"早已被拟规整、与之相关的自然或社会关系所预先限定。作为行业"内法",医院评审的各项隐性或显性指标,是医疗从业者需要去遵守和维护的柔性指引(例如,事故率、就诊病人综合满意度),是同行业发展息息相关的硬性要求(例如,卫生技术人员学位数、重症医学科床位数),是约束医疗机构健康发展的良性规定(例如,行风建设、平均住院日)。简言之,这些指标是以构成性规定作为产生特定行为方式的前提条件的行业规则,是规范而非随意的陈述。想要通过规范来实现准确风险评估的医疗监管部门,必然将受到规整的企图、合目的性考量的影响,最终又将以评价为基础。因此,要正确选取评审指标就必须充分挖掘各项指标所潜藏的评价及该评价的作用范围。进而,在医院评审中,样本数据拟归向的规则或规范本身须经解释,以确定该指标就该数据的精确意义为何。在这样的可解释性要求下,用于公共卫生领域的风险评估算法必然将从难以解释的排序路径向易于解释的聚类或分类路径转换。

2. 聚类算法

英国监理质量委员会并未公布其智能评级系统的元算法,但是根据描述,其可能是最容易操作的 K 均值聚类算法,因为只有这类算法才能为监理质量委员会的风险评估结果提供合乎情理的解释,确保智能评级系统符合英国政府推行的《数据伦理框架》。K 均值聚类算法的目的是最小化群集惯性因子,它利用机器学习模型识别出大数据中潜在的结构或模式,使相同聚类或组别的元素彼此之间比来自不同聚类或组别的元素更相似,借此来凸显具有更高响应度的风险指标。④ 在商业上,K 均值聚类算法常用于消费者行为模式的辨识,而患者亦是医疗服务中的消费者。顺着这个

---

① 参见唐林垚:《"脱离算法自动化决策权"的虚幻承诺》,载《东方法学》2020 年第 6 期。
② 参见沈伟伟:《算法透明原则的迷思——算法规制理论的批判》,载《环球法律评论》2019 年第 6 期。
③ 参见张欣:《算法解释权与算法治理路径研究》,载《中外法学》2019 年第 6 期。
④ 参见〔美〕迈克尔·西普塞:《计算理论导引》,段磊等译,机械工业出版社 2015 年版,第 96—114 页。

思路,监管部门可以以医疗数据库为基础,找到不同种类疾病的最佳质心,从而决定患者样本的簇类别,利用平方欧几里得距离将病患数据分配给各个类别,并多次重复初始化过程以解决非凸函数难以收敛到局部最优的问题。然而,K均值聚类算法对非球形群体的识别效果欠佳,难以适用于我国公共卫生领域的算法治理。我国医疗数据库中现有的各类可量化指标主要来自各医院的填报,监管部门虽有审核权限却不具备一一现场核实的能力,使得虚报和瞒报等机会主义行为层出不穷。打个不恰当的比喻,各地粮仓历年向中央汇报都是库存充足、米面无忧,缘何一开展大清查、巡视组入驻,就频频"火烧连营"呢?[1]

3. C4.5分类算法

相较于聚类算法,分类算法可以更好地解决群体识别问题,且不以算法可解释性的牺牲为代价。应用最广泛的分类算法是C4.5算法,由ID3算法拓展而来。C4.5算法可以用于将具有多维特征的多个指标分配进不同类别中,以"投影"的方式,将多样属性指标类别标签化。可以将分类的过程视为一棵"决策树",每次通过选择不同的属性,来进行分叉。例如,在医院风险评估中,可以分别建立一个反映各类风险指标的属性集A={依法执业,医疗安全,诚信执业,行风建设,重大事件,指令性任务,突发公共卫生事件,病理学指标},一个类别集合L={提高风险评级,降低风险评级,维持评级,勒令整改},属性和类别集合划分越细,模型的复杂程度越高。C4.5算法的第一步是分别计算每个属性和每种类别的信息熵,即各种属性和类别各自可能出现的不确定性之和。信息熵的值越大,表明该属性或类别的样本越不纯,将数据厘清所需的信息量就越大。第二步,计算信息增益,确定特征指标。信息增益为类别信息熵和属性信息熵的差值,反映了信息不确定性减少的程度。一个属性信息增益越大,说明利用该属性进行样本划分能更好地降低不确定性。在这一步,算法模型对医院风险评估中的可用指标,进行了自己的判断和抉择,部分指标被剔除或维持在"有意义的沉默"状态。第三步,计算属性的分裂信息度量,即将各属性"上树",开始分叉的过程。根据数据量的大小和数据搜集周期的不同,不同的属性有着不同的数量和尺寸,这些信息是属性的内在信息。信息增益和内在信息的比值,为信息增益率,反映了属性的重要性随内在信息的增大而减少。算法模型将筛选出信息增益率最高的指标作为"叶子节点",利用不"纯"的节点进行继续分裂,就像构建一棵树那样,完成对各个风险指标的吸收与积累,进而兑现合理归类的承诺。

---

[1] 吕方锐、陈锋:《全国多地粮库传言失火 均否认与粮库大清查有关》,载华夏时报网2018年8月3日,https://www.chinatimes.net.cn/article/79046.html,2021年1月21日最后访问。

从上述拆解来看,算法可解释性要求或其他任何法律意义上的合规限制,已经完全可以深入机器学习模型和算法的构造层面而非仅仅停留于以概括形式固定法规范的一般性规则层面。算法治理的构建路径不一而足,但其本质是经由多个彼此之间相互"卷积"的机器学习模型——其函数联结和指标生成满足起码的、可被检验的一致性和规范性要求——所构成的治理体系。需要关注的是,算法治理在理论上的可以实现,并不等同于现实意义上的有效实现。"操作方式"需与"法律保障"相辅相成,才能逐级克服算法治理的潜在缺陷,最大化风险评估先行治理路径可能带来的社会效益。

四、从价值秩序到法律保障:
公共卫生领域的多元共治体系

和一般的法条并无二致,医院评审的各项规则首先是陈述性的,因为它们指出了受评医院在理想状态下之应然;同时,这些规则又是规范性的,直接规定给予或拒否的表示。相较于规范性功能而言,规则的陈述性功能居于次要地位。机器学习模型所依赖的算法,无论是 K 均值聚类算法、希尔排序还是 C4.5 算法,本身不具备陈述性,也不具备规范性,但它们一旦结构性地嵌入社会权力运行系统,就将以"持续控制形式"干预、引导和改造日常社会互动,[1]可见"算法即法律"之洞见所言不虚。[2]法律关系的根本性重塑呼唤"构建一体融合的法律体系,探索新型的代码规制方式,塑造高度自主的精细化治理秩序"[3],这也是公共卫生领域算法治理所必需的基本法律保障。概而论之,利用算法实现风险评估先行的监管路径,所面临的法律挑战不仅仅是"更复杂的技术"以及"更多的数据"对个人权利的侵蚀乃至剥夺,更是在监管职能和数据归属日趋分散的背景下,[4]如何构建适当的法律制度来避免算法外部性的弥散和不合理转嫁。

(一)宏观政策法规保障行业联动

理想的情况下,准确的医院分级评审结果或具有多样化的用途。对于参评的各医疗保健机构而言,它是可以用于改良医疗服务、提升应急能力的实时综合评价;对

---

[1] 参见张凌寒:《算法权力的兴起、异化及法律规制》,载《法商研究》2019 年第 4 期。
[2] 参见蒋舸:《作为算法的法律》,载《清华法学》2019 年第 1 期。
[3] 参见马长山:《智能互联网时代的法律变革》,载《法学研究》2018 年第 4 期。
[4] 参见苏宇:《算法规制的谱系》,载《中国法学》2020 年第 3 期。

于中央监管部门和地方监管部门而言,它是卫生执法监督体系中监管资源调配的辅助工具,也是突发公共卫生事件中掌握疫情动态、明确防控重点的决策依据;当然,对于广大病患而言,它也可以是入院就诊的声誉参考。无论被重点作为哪一种用途,医疗保健机构的风险评估结果都具有消费的不排他性、效用的不可分割性以及受益的不可阻止性,即在给定的生产水平下,作为信息使用者的医疗机构、监管部门和患者额外获取或使用此类信息的边际成本为零,任何人对它的使用都不会减少或排斥其他人的使用。

众所周知,公共物品只能由政府来提供,因为消费者一旦认识到自己的机会成本为零,他就会尽可能减少换取消费公共物品权利的对价,使得市场机制分配给公共物品生产的资源处于帕累托最优之下。当消费者的给付不足以弥补公共物品的生产成本时,将诱发公共物品提供者变相创收的道德窘境,这势必会削弱公共物品的品质。政府主导医院分级评审的合法性正源于此,而且,公共物品的生产成本越高昂,就越需要有公信力的政府发挥效用。基于既定规则的等级评审和基于统计回归的专家排序尚可以交由第三方机构以立项获取财政拨款的形式完成,基于机器学习的算法治理则只能由政府部门牵头,推动不同的公共管理部门同私营部门紧密合作,才有可能取得成功。公共卫生领域算法治理的实现,必须以规模足够庞大的医疗数据库以及分布相对均匀的病患样本作为基础,必须依靠完整的、实时的、多渠道的数据信息链才能获得可靠的风险评估结果。尤其是,医疗服务中的诸多细枝末节也必须要包括在内,例如一次完整的就诊过程中各个时间节点的评价与互动、历次预防保健工作中已经司空见惯的临床流行病学调查结果等,否则机器学习模型的潜力将无法完全发挥。但是,符合国家统一标准、超大型数据库的建立以及在相当长一段时间内合格患者的样本采集,定然是一项任重而道远的社会工程,需要强有力的政策、法律和国家财政支持。

作为化危机为契机的重要手段,算法治理必然带来政府职能的结构性转变。虽说"政府主导",但国务院《决定》等文件中的"简政放权"精神依然应当得到贯彻和落实——在基于既定规则的等级评审中是"政府主导评审",在基于机器学习的算法治理中就应当转变为"政府主导扶持"。

其一,算法治理的兴起必然催生新型的监管分析师职业。机器学习模型虽然具有指数级优于自然人的算力,但由于大数据的结构化处理尚不能自动完成,监管部门的人力资源上限将成为阻碍机器学习模型发挥实力的瓶颈。英国监理质量委员会智能评级系统常因处理数据旷日持久而备受非议,如果不能依照即时数据"以变应变",算法治理充其量只能算作用计算机化的手段模拟基于统计回归的专家排序而已;与其无休止地规定数据的"真实性",不如为数据的"及时性"提供法律保障。

其二,算法治理需要大范围、多部门、众行业的数据共享,以便更完整地覆盖同公共卫生相关的活动、业务和流程。新冠病毒的高变异性、强传染性和深度潜伏性使其超越了一般健康事件的范畴,上升至"公共道德事件",以行政手段带来的"社会共律"是对社会个体普遍自律不足的必要补充,健康码作为算法治理一个可能的切入点具有了合法性根据。我国战"疫"的阶段性成功,正是因为群防群治、联防联控下沉到社区,对潜在危险人群进行了"饱和式追踪"。① 扩大数据挖掘范围、拓展算法应用场景,将有助于达成精确的"网格化管理"、提升疫情管控能力、消除密闭空间内人与人之间的相互不信任。

需要指出的是,"政府主导、各数据所有者积极配合"的治理结构,意味着传统权力专属原则和正当程序原则极有可能因"权力外包"被架空。掌握数据的企业和平台寡头横亘在政府与公众之间,形成了公权力、私权力和私权利的多方博弈格局,②对外溢出来的准公权力必须予以规制,否则将带来权力私有化和商品化的异化风险。政府部门应当限定与之合作的企业和平台的数据采集类型、渠道和使用方式,制定数据共享责任清单,并对相对敏感的隐私信息采取加密储存、限制传输、访问控制等安全措施。③ 受政府委托进行数据加工、处理和分析的企业和平台,必须要严格遵守相关法律和分工,不得违反协议约定私自备份、二次利用或将医疗数据提供给第三方。数据分级保护的思路还预示着对域外数据规制法律长臂管辖权的适度阻断,④应以国家立法的方式合理构建数据所有人(公众)、数据采集方(企业或平台)与数据处理使用方(政府部门)之间的信息权益体系,完善科技支撑的社会治理体系。⑤

(二)中观价值谱系重构评审规范

从规则形成的角度来看,所有公共卫生领域的风险评估方式,无论是基于既定规则的等级评审,还是基于统计回归的专家排序,甚至是基于机器学习的算法治理,均是人们在繁复又未必令人满意的价值导向的思考之上,生发出价值判断形成的契机,

---

① 参见张文宏:《科学防治战胜疫情》,载《人民日报》2020 年 2 月 21 日。
② 参见马长山:《智能互联网时代的法律变革》,载《法学研究》2018 年第 4 期。
③ 参见周汉华:《习近平互联网法治思想研究》,载《中国法学》2017 年第 3 期。
④ 参见叶开儒:《数据跨境流动规制中的"长臂管辖"——对欧盟 GDPR 的原旨主义考察》,载《法学评论》2020 年第 1 期。
⑤ 值得一提的是,2020 年 4 月 9 日,国务院发布《关于构建更加完善的要素市场化配置体制机制的意见》,首次将数据作为新型要素写入中央文件,意味着数据权属将成为市场资源配置的重要前提。但文件中的概念界定,采用了经济学中的产权观念而非法学中的财产观念,可见我国数据立法依然"任重而道远"。

又通过监管部门的采纳和批复,成为具有指导意义的风险评估方式。在实现风险评估先行的监管路径的首要价值取向之外,监管部门也同时追寻并维护着现行有效的价值规范。这些价值规范彼此之间有着与时俱进的阶层秩序,多数时候完全取决于政策制定者的偏好,但它们决定了机器学习模型的规范续造边界,是算法程序设计和运行必须遵守的元规则。将现行主流评价体系进行梳理和整合,可以发现公共卫生领域世界通行的基本价值结构(如图 1 所示)。

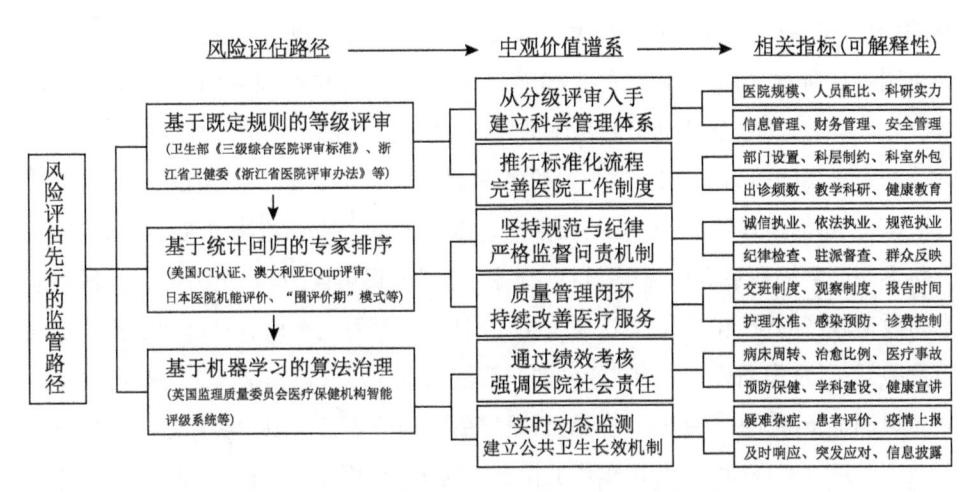

风险评估路径	中观价值谱系	相关指标(可解释性)
基于既定规则的等级评审(卫生部《三级综合医院评审标准》、浙江省卫健委《浙江省医院评审办法》等)	从分级评审入手建立科学管理体系	医院规模、人员配比、科研实力 / 信息管理、财务管理、安全管理
	推行标准化流程完善医院工作制度	部门设置、科层制约、科室外包 / 出诊频数、教学科研、健康教育
基于统计回归的专家排序(美国JCI认证、澳大利亚EQuip评审、日本医院机能评价、"围评价期"模式等)	坚持规范与纪律严格监督问责机制	诚信执业、依法执业、规范执业 / 纪律检查、驻派督查、群众反映
	质量管理闭环持续改善医疗服务	交班制度、观察制度、报告时间 / 护理水准、感染预防、诊疗控制
基于机器学习的算法治理(英国监理质量委员会医疗保健机构智能评级系统等)	通过绩效考核强调医院社会责任	病床周转、治愈比例、医疗事故 / 预防保健、学科建设、健康宣讲
	实时动态监测建立公共卫生长效机制	疑难杂症、患者评价、疫情上报 / 及时响应、突发应对、信息披露

图 1　公共卫生领域世界通行的基本价值结构

上述价值谱系体现出了各国在公共卫生领域为实现风险评估先行的监管路径所做的各项努力。虽然在不同时期各有侧重,但这些价值规范体现出的对指标合理性、目的明确性、评价中立性、审查科学性、标准一贯性以及将临床和预防结合的追求,反映了各国监管部门基于公共卫生领域内在秩序不断将外部实践所得真理融合成一致价值规范的孜孜不倦的努力。近年来,由于基于统计回归的专家排序的盛行,公共卫生领域的多数高阶价值,已经完成了相关数据的稳定搜集和结构化改造。对于部分算法无法直接读取和使用的非结构化信息,例如过于主观的患者评价、标准不一的并发症预防规范、难以言传的康复治疗过程等,机器学习模型也可以通过对原始数据和文本的深度挖掘,提取关键特征,通过分布式处理逐渐抽象出甚至将其重构为结构化数据。无论采取哪种算法,卷积神经网络能够以组合底层指标、提炼高层指标的方式计算风险指标的权重差值,利用多层级的结构叠列与前后输入的逐步拆解,完成各价值规范之间的阶层排序。就此而论,卷积神经网络确非只是"指数级地将既定规则复杂化",而是在价值元规则的基础之上周而复始地构建出决定价值阶层秩序的衍生规则。

亟待解决的问题是,当下对算法可解释性的硬性要求,虽使得机器模型的求解过程看似可审查,却不足以确保算法将重要的自然人价值规范一以贯之;相关的法律规定只是迫使监管部门加大寻求正当化算法治理的力度的理由而已。在技术黑箱的面纱之下,许多算法治理的尝试并未真正排除监管者和立法者的肆意妄为——在美国,用于家暴防范的儿童保护系统不仅没有大幅降低虐童事件的发生概率,还造成了上万正常父母同其子女的被迫分离;在法国,银行间通用的客户资信考察系统,曾一度拒绝为单亲家庭成员提供住房贷款——对算法治理的解释是事后添加的,[①]而解释说理的方式完全取决于政治目标。即便监管者和立法者的意志被排除在外,谁能保证编码算法的程序员不将自我价值负载强行写入代码之中呢?"法官对于法律用语不可附加任何意义,毋宁须以受法律及立法者拘束的方式,来发现法律的语义内容"[②],而未经过系统法律训练的程序员,却只能依照自己对价值元规则的见解以及对立法者意志的揣测,完成机器学习的建模,致使计算机语言不仅不能精确地转译法律规范,还会因为理解偏差使之与正常含义相去甚远。例如,将法律规则编入美国科罗拉多州公共福利系统时,程序员将"无家可归"错误解读为"行乞为生",使得本应获得政府救济的流浪汉们被算法系统拒之门外。[③] 面对这种语言理解和事实认定的巨大差异,以过失和疏忽为构成要件的一般侵权责任以及以信义义务为核心的事后审查机制都于事无补。那么,我们能否通过更精确的语言来减少转译过程的偏差和耗散呢?透过解释确实可以将模糊的概念精确化,但逻辑上的连锁推论,未必就能更好地适用于意义涵摄,因为中间步骤越多,就越不能终局地定义概念。[④] 在价值陈述方面要做到这一点更是难上加难,正如考夫曼(Arthur Kaufmann)指出的那样:"语言的极端精确常以内容意义的极端空洞作为代价。"[⑤]

对算法可解释性的法律规定进行补强的解决方案之一,是以成文法的方式,强行要求在机器学习模型环节引入同行评议,由外部同行对模型和算法构建进行审查。《英国政府数据伦理框架》已将法定同行评议视为算法治理的"质量保障",但从未给出切实可行的操作方案。技术优势方常以专利保护为由,对自己的"算法秘方"三缄其口,但受控文本处理方式下的"适当开源",在技术上完全可以实现。公共治理学者在"后常态科学"的语境下提出了"同行社区"的概念,以"利益相关者的对话参与"取代过去"个体偏好简单叠加"的治理范式。[⑥] 但将机器学习模型的外部审查权

[①] See Frank Pasquale, *The Black Box Society*, Harvard University Press, 2015, pp. 21-53.
[②] 〔德〕卡尔·拉伦茨:《法学方法论》,陈爱娥译,商务印书馆 2003 年版,第 34 页。
[③] See Frank Pasquale, *The Black Box Society*, Harvard University Press, 2015, p. 165.
[④] Hans-Joachim Koch, Helmut Rüßmann, *Juristische Begründungslehre: eine Einführung in Grundprobleme der Rechtswissenschaft*, Beck, 1982, p. 67.
[⑤] Arthur Kaufmann, Analogie Und "Natur der Sache", Zugleich Ein Beitrag Zur Lehre Vom Typus, 1982, p. 73.
[⑥] See Martin Lodge, Kai Wegrich (ed.), *The Problem-Solving Capacity of The Modern State: Governance Challenges and Administrative Capacities*, Hertie Governance Report, 2014, pp. 1-3.

限拓展至同算法治理休戚相关的所有人,似乎有些矫枉过正,甚至会对技术开发方造成反向激励。无论机器学习模型多么强大,自然人须固守的底线是贯彻"独立并超越机器判断的、客观真实反映基本价值"的标准。在公共卫生领域,法定同行评议的重点审查方向,是本节图表中的各项基础价值在算法代码中是否得以表达以及不同价值的权重和规则秩序是否符合当下的实际需求。具体而言,同行评议应对算法求得的风险指标进行有目的的审查,一是"向上"回溯机器学习模型的求解路径是否具体化了特定的社会价值理念,二是"向下"检视各风险指标的加权与赋值是否与实证的具体结论大致相符。除了应具备规范性、满足一定程度的社会实效性之外,机器模型试图构建的风险评估先行的算法监管路径,还应当反映出在伦理方面最低程度的正当化努力。

(三) 微观法律规则消弭算法歧视

机器学习模型不以实物或现象所有的构成部分及其组合或排列而成的丰盈具象来把握自然人通过感官和思维来认识的客体,易言之,不是将其作为独一无二的整体来进行理解和对待,而是透过对数据和文本的深度挖掘以掌握其中的个别特征或要素,并借助这些个别特征或要素去理解其他的特征或要素,以及它们之间可能存在的线性关联。这种"升格推演"的求解路径决定了,相较于基于既定规则的等级评审和基于统计回归的专家排序,基于机器学习的算法治理在受评医院的歧视方面,有过之而无不及:法学家们称为算法的"自反性现象"或"诺米克博弈"。[①] 例如,机器学习模型根据人群聚集密度和高危人员流动轨迹推算出某一区域可能存在大量的无症状感染者,从而触发更高频度的核酸检测;更多的检测必然"揪出"更多的感染者,这将反向刺激针对该区域施行更高强度的算法监管,"越关注越感染、越忽视越'安全'"的自反性悖论由此产生。由此引出的重要问题是,在医疗保健机构的风险评估方面,如何才能跳出传统评价体系导致受评医院"强者恒强、弱者恒弱"的自反性悖论呢?规范法学给我们的教义是,根据拟衡量的要求或标准所具有的准则性和拘束性探求规则的规范性效力——逻辑上的统一来自系统化,而系统化的前提是对知识进行联结化处理。具体到医疗数据的结构化处理过程中,监管部门应当出台相关的操作规范指引,要求搜集、处理和分析数据的企业或平台通过指数调整等阈值方式确保:(1)民营医院、私人医疗卫生机构和公立医院在管理方法、评价标准和评审周期方面具有可比性;(2)各医疗服务机构在目标使命、科室设置、人员配比、行风建设、病患

---

① 参见季卫东:《人工智能时代的法律议论》,载《法学研究》2019年第6期。

负担、资源分配方面具有可比性;(3)大型医疗设备在引进目的、使用频率、换代频率、维护成本、工作负荷、闲置周期等方面具有可比性;(4)专业技术人员在职称评审难度、授予机构差异以及发文硬性指标方面具有可比性;(5)同种类型的病症在感染比例、处理方式、收费方式、复诊标准和痊愈判定方面具有可比性;(6)患者的评价和判断在有效性、可靠性、一致性和公正性方面具有可比性。

确实,在权益保护方面,微观层面的操作规则比国家层面的政策和中观层面的法律更加有效,因为基层公共部门能更贴近事物的本质实现"适当的规整",同时还能站在相关人的角度兼顾各项规则可能引发的信赖利益。简政放权下沉到基层的自由裁量权,或将有助于一线公务员对国家宏观政策不折不扣地落实以及同中观价值谱系严丝合缝地衔接,这着实意味深远。

五、结语

疫情并未远去。面对严峻复杂的世界政治经济形势,统筹推进疫情防控和经济发展,将更有赖于风险评估先行的监管路径。技术飞跃与治理提升之间的关联通常被人们假定,也早已被政策捕捉,却通常缺乏学理上的解释和要素上的证成。算法治理之实现,方法论的纯净并非不可或缺,为求中立步入规则机械化的歧途必不可取。监管精细化的前提是治理平台化、价值秩序化和正义场景化,纯粹理性和实践理性的平衡有赖于制度化的法律安排,避免公共决策走向"纯粹恣意的个人主张"和"空洞无情的公式理性"两个极端。公共卫生领域如此,其他公共治理领域也概莫能外。

法律的终极原因是社会福利,技术亦然。后疫情时代,公共卫生领域算法治理的"成与不成",取决于三重假设的交互:其一,程式设计者能在多大程度上将妥当的考量结构性转化为机器模型可执行的问题和任务,并有足够的数据样本和试错余地作为支撑;其二,行业监管部门有多大能力确保算法程序严守价值规范秩序,且辅之以必要的技术人力资源;其三,立法者有多大智慧平衡社会公共利益和个人隐私保护,在不牺牲政策透明度的情况下取得"多数人同意"。良法得到普遍遵从乃法治,技术壁垒或将日益加大算法可解释性的鸿沟,但倘若能将法治思维贯穿于算法治理的各个流程,那便是以看得见的方式实现了以个人健康促进社会健康的最大正义。

(唐林垚/文)*

---

* 唐林垚,中国社会科学院法学研究所助理研究员。本文原刊于《法学评论》2021年第3期。

算法自动化决策与行政
正当程序制度的冲突与调和

自20世纪50年代起,算法自动化决策即开始被应用于政府的公共行政。[①] 在人工智能时代,自动化决策借助深度学习、大数据等技术,以辅助行政裁量、预测调配资源的方式,嵌入了政府的行政治理中,这从深层撼动了传统行政活动的运行规律和基本范式。更重要的是,这种变化不仅体现在政府行政流程、效率的角度,也体现在了以保障公民权利为核心的行政正当程序层面。

围绕具体行政行为构建的行政程序从"人"的行为出发,而非机器。算法自动化决策对传统行政正当程序带来了诸多挑战。例如,早在2005年,杜宝良案中行政相对人反复在同一地点违章105次却未收到行政机关通知[②],引发了对于全自动行政行为正当程序缺失的广泛关注。更重要的是,算法可以提前预测风险而调配行政资源,这一活动却完全不受正当程序的控制。以禁飞名单为例,算法根据既往违法人员的特征,预测高风险人群并禁止其登上飞机。换句话说,被禁飞的人并非已经违法而是有违法风险。但是,直到被阻止登上飞机之前,公民并不知晓其被列入名单,也不知晓列入名单的原因与过程。保证行政活动可信和正当的行政正当程序面临失灵的风险。

在算法自动化决策逐步广泛深度嵌入行政活动的背景下,如何坚持、修正和发展正当程序原则是亟待研究的重大议题。笔者从保证公民实体权利与程序性权利、通过正当程序限制公权力滥用的基本立场出发,在行政权力与公民权利互动的理论框架下,剖析算法自动化决策对行政正当程序的挑战,以及立法者应如何应对行政正当程序实现的制度障碍与技术障碍。

[①] 自动化决策系统被用于公共行政的历史长达几十年,早在1958年德国就有电子自决立法,直至今天,荷兰税收管理部门仍然在使用一些20世纪70年代的税务自主处理系统。
[②] 2005年5月23日,杜宝良偶然查询得知其于2004年7月20日至2005年5月23日在驾驶小货车运菜时,在每天必经的北京市西城区真武庙路头条西口被"电子眼"拍下闯禁行105次,被罚款10 500元。此前,从未有交管部门告知他有违法行为。

一、算法治理嵌入行政活动的双重效应

算法自动化决策从信息输入、信息处理与信息输出三个层面嵌入行政活动,并改变了行政活动的范式,使得行政机关可以通过风险预测提前配置行政资源。这极大地加强了行政机关对治理对象信息的分析处理能力,产生了行政权力的增强效应。但与此同时,算法自动化决策压缩行政活动环节,架空了行政正当程序,并且以内部决策的角色参与行政活动,使正当程序控制失灵。此消彼长下,形成了"权力—权利"失衡的格局。

(一)算法嵌入行政治理的行政权力增强效应

行政活动中一直存在着行政机关与治理对象的信息不对称,即政府对社会活动和治理对象信息掌握不足的情况。许多行政制度是为了缓解信息不足的矛盾而建立起来的。例如,由于行政机关检查与发现违法的情况有限,无法获知所有违法行为,所以罚款额度既要有效惩罚被发现的违法人,也要威慑潜在违法者。著名经济学家加里·贝克(Gary Becker)指出,最佳的惩罚额度应等于损害除以发现的概率。即,如果只有 1/4 的发现机会,那么最佳罚款应该是损害的四倍。[①] 在现实生活中,如果闯红灯的交通违法行为的罚款金额 200 元是以被发现概率为 1/4 而设立的,那么当交通管理部门设置的闯红灯摄像可以实现违法行为 100% 被发现时,罚款金额应相对降低。

算法自动化决策的应用使得这种信息不对称得到了极大缓解,有效增强了政府权力运行的广度、深度和密度。信息技术在我国行政活动中应用已久。[②] 2019年以来,以算法为代表的信息技术应用进一步扩展,甚至参与裁量活动领域并进行风险预测,改变了行政活动的范式。2019 年 1 月发布的《国务院办公厅关于全面推行行政执法公示制度执法全过程记录制度重大执法决定法制审核制度的指导意见》明确提出:"一是要推动行政执法裁量的决策辅助系统,规范行政自由裁量权,确保执法尺度统一;二是要开发风险预测系统,提前预警、检测、研判,及时履行政府职能、提

[①] 参见〔美〕罗伯特·考特、托马斯·尤伦:《法和经济学》(第 6 版),史晋川、董雪兵等译,格致出版社、上海三联书店、上海人民出版社 2012 年版,第 456 页。
[②] 信息技术嵌入我国行政治理活动的前两个阶段:第一阶段,以提高效率为目标,致力于政府信息工具基础设施建设并培训技术,实现办公无纸化与自动化,以"三金工程"为代表;第二阶段,以推进政府行政流程改革为目标,大力推行"互联网+政务",以各地政府上网、开通政务公众号、开发政务 APP 的广泛使用为代表。

高行政精准性。"① 在算法自动化决策的推动下,政府对信息的处理能力发生质的飞跃。

首先,政府收集信息的数量和质量得到了极大提高。如 2016 年上海市政府搭建的事中事后综合监管平台实现了各部门收集信息的共享,已汇集各类信息 247 万余条、累计提请联合惩戒 156 万余条。② 海量信息有效助力于行政检查、行政命令等多种行政活动。如我国《道路交通安全法实施条例》要求营运客车、货车安装使用行驶记录仪,为行政执法提供行驶速度、连续驾驶时间等信息。其次,政府处理、输出信息能力增强,因此行政执法力度与强度也远强于过去。算法自动化决策可直接统筹信息收集、分析处理与输出环节,直接做出对行政相对人产生效力的命令、裁决等活动。以广东省食品药品监督管理局为例,互联网药品信息服务资格证书核发、变更、换发等项都已实现电子化。③ 最后也最重要的是,政府通过算法自动化决策对行政活动大数据的分析,可以预测评估行政相对人的风险指标,在违规发生之前干预。如北京市城市管理综合行政执法局通过对全部投诉举报电话进行定量分析,得出每年夏季晚上某固定时段占道经营违法行为上升的结论,结合指挥系统的位置信息,调配执法力量。④

作为一个信息函数,行政效能受到信息采集、传输和使用质量的影响。算法自动化决策有效缓解了政府与治理对象的信息不对称,成为行政权力实现和有效运行的能源和催化剂,也在此基础上强化了其说服权力行使对象的能力。

(二)算法应用导致的行政正当程序失灵效应

算法自动化决策如何造成了行政正当程序失灵?如前所述,算法增强行政活动中收集、处理和输出信息的各个环节,从两方面改变了行政活动的传统范式:其一,反应型算法自动化决策压缩行政活动各环节,直接实现行政活动的半自动化与自动化。自动化行政在系统内部瞬间完成,无法分离活动的程序、步骤和方式,而是将所有信息与内容糅杂进既定的算法之中得出结果。其二,预测型算法改变传统认知范式,根据过去的历史数据推断出未来的趋势。算法可以用来预测风险,先发制人地对行政资源进行调配,事先引导和部署行政活动。

---

① 《国务院办公厅关于全面推行行政执法公示制度执法全过程记录制度重大执法决定法制审核制度的指导意见》第 17 条。
② 上海市政府:《2016 年上海市法治政府建设情况的报告》,http://www.shanghai.gov.cn/nw2/nw2314/nw2319/nw12344/u26aw52470.html,2020 年 3 月 12 日最后访问。
③ 宋华琳、孟李冕:《人工智能在行政治理中的作用及其法律控制》,载《湖南科技大学学报》(社会科学版)2018 年第 6 期,第 82—90 页。
④ 袁雪石:《建构"互联网+"行政执法的新生态》,载《行政管理改革》2016 年第 3 期。

首先，反应型算法对行政活动环节的压缩，使得正当程序制度无用武之地。反应型算法是算法自动化决策应用于行政活动的常见模式，其基本模型为"收集数据—匹配条件—做出决策"，具有较强的工具性特征。例如，最简单的反应型算法为登录邮箱时输入密码—密码错误—拒绝登录。在行政活动中，名为专家系统、业务规则引擎、决策支持工具等的算法均为反应型算法。通常这些系统包含三个主要组件：其一，相关业务规则（即立法、政策或程序性业务规则）的知识库或规则库；其二，一个独立的推理引擎，该引擎使用推理得出结论；其三，用户界面，向用户呈现信息，并将用户相应提供给推理引擎以得出结论。行政机关可实现行政行为的半自动化或者自动化，甚至如果能梳理好行政执法依据、行政裁量基准、行政执法流程，将行政文书整合入人工智能系统，则有可能做出自动化的行政执法决定。①

较为常见和简单的例子是交通违章的自动识别。算法自动化决策可对监控设备采集的数据进行智能识别和分析，按照技术标准形成车辆违法数据，继而经过交警部门的审核，对违法车辆进行处理，以违法处理单的形式将处罚通知送至违法者。除了人为加入的审核环节，其他环节技术上均可在瞬间糅杂完成。由于算法对行政活动程序的压缩，原有的按照人的活动环节设立的诸多行政正当程序发送信息的步骤均被省略。

其次，预测型算法对治理对象的预测，实质上架空了行政正当程序。算法自动化决策给信息技术带来的改变，根本上在于对信息认知方式的变化。传统认知方式下，信息技术围绕特定认知对象或假设进行信息搜集，对已有的信息做出特定反应，仍具有较强的工具化特征。人工智能时代的信息认知方式下，算法自动化决策具有数据挖掘功能，一方面提高了数据计算能力，能够从不完全信息中提炼出更多有效信息，另一方面可以进行趋势风险的研判和预测。算法自动化决策信息认知方式的改变，产生了可以预测风险的预测型算法。

预测型算法与反应型算法有着逻辑上的根本区别。虽然反应型算法的动态特性使得一旦违规发生，算法就可立即进行干预。但是预测性算法可以在风险发生之前调配资源进行规避，实现"好钢用在刀刃上"。② 例如，江苏省税务机关运用大数据技术预测税务风险较高的行政相对人，据统计一年稽查次数减少97%，合计8000多次。③ 在此类行政活动中，预测型算法已成为事实上的行政活动核心流程。

---

① 袁雪石：《建构"互联网+"行政执法的新生态》，载《行政管理改革》2016年第3期。
② 宋华琳、孟李冕：《人工智能在行政治理中的作用及其法律控制》，载《湖南科技大学学报》（社会科学版）2018年第6期。
③ 宋华琳、孟李冕：《人工智能在行政治理中的作用及其法律控制》，载《湖南科技大学学报》（社会科学版）2018年第6期。

然而,预测型算法由于其仅仅是内部行政决策,无法受到正当程序的控制。从时间点上来说,决策发生在具体行政行为发生之前,从外形上来说并不具备具体行政行为的要件,显然也并非抽象行政行为,只能作为行政机关的内部决策。内部行政决策本身即缺乏正当程序的控制,由于行政决策更多地与政治过程相关联,导致它并未被纳入法治的轨道。① 近年来,行政决策亦要被纳入法制化轨道已经成为国务院和地方各级政府的基本共识,各方提出要以正当程序控制行政决策。② 预测型算法依靠运算在算法黑箱内部得出结果,完全规避了公众参与、专家论证等信息交换和披露的正当程序控制。

算法自动化决策一方面增强了行政权力,另一方面却侵蚀了正当程序制度。行政正当程序的缺失,不仅可能造成行政相对人实体权利消减的结果,更直接损害了其程序性权利。在行政活动中,行政程序具有不同的价值位阶,可分为"工具性价值"与"构成性价值"。③ 工具性行政程序关注行为活动的整体流程,目的在于提高行政效率,例如针对行为做出期限和方式的规定;构成性行政程序指的是具有特殊价值追求的制度构造,如听证、理由明示等。④ 日本学者认为:"违反程序法上所规定的四项主要原则(即告知和听证、文书阅览、理由附记、审查基准的设定与公布),至少应解释为构成撤销事由。"⑤在我国行政法上,进行陈述、申辩或者参加听证是我国《行政诉讼法》规定的具有构成性价值的正当程序,此类程序的缺失即使不影响行政相对人的实体权利,也具有效力瑕疵。⑥

毫无疑问,无论行政活动如何借助科技的力量变得便捷与高效,这类构成性行政正当程序都不应该成为被省略的对象。这不仅造成了行政相对人实体权利的损害,

---

① 参见肖北庚、王伟:《行政决策法治化研究》,法律出版社 2015 年版,第 1 页。
② 截至 2013 年 3 月,共有 20 部地方政府规章和 258 个地方政府规范性文件对行政决策程序做出规定。例如《四川省人民政府重大决策专家咨询论证实施办法(试行)》(2004)、《成都市重大决策事项专家咨询论证实施办法(试行)》(2004))、《武汉市人民政府重大决策事项专家咨询论证实施办法(试行)》(2006)、《长沙市人民政府重大决策事项专家咨询论证评估制度》(2007)、《银川市人民政府重大决策事项专家咨询论证评估制度》(2008)、《广东省重大行政决策专家咨询论证办法(试行)》(2012)等。转引自湛中乐、高俊杰:《作为"过程"的行政决策及其正当性逻辑》,载《苏州大学学报》(哲学社会科学版)2013 年第 3 期。
③ 美国学者萨摩斯提出,工具性价值的行政程序对实现好的结果具有意义,而构成性价值的行政程序在实体结果之外,将行政程序区分为"过程性"与"装置性"。参见姜明安:《正当法律程序:扼制腐败的屏障》,载《中国法学》2008 第 3 期。
④ 〔日〕盐野宏、闫尔宝:《法治主义与行政法——在日本的展开》,载《中山大学法律评论》2011 年第 1 期。
⑤ 〔日〕盐野宏:《行政法》,杨建顺译,法律出版社 1999 年版,第 230 页。
⑥ 2018 年 2 月发布的《最高人民法院关于适用〈中华人民共和国行政诉讼法〉的解释》第 96 条明确指出:原告的听证、陈述、申辩等属于重要程序性权利,不得造成实质损害;而处理期限轻微违法或者通知、送达等属于程序轻微违法。

也是程序性权利的缺失。行政相对人在行政活动中知情、陈述申辩、得到理由说明的各项权利无法得到保证,此消彼长下"权力—权利"格局严重失衡。

二、算法自动化决策与行政正当程序的冲突

从信息论的角度看,行政正当程序本质是行政机关向行政相对人发送信息的工具。无论是行政活动前的行政公开、听证,行政活动中的通知、听取申述与申辩,还是事后的说明理由,其目的都是在行政机关与行政相对人之间建立信息沟通机制。算法自动化决策的不透明性遮蔽了行政公开原则,算法设计运行的技术垄断架空了公众参与原则,算法决策黑箱无法为相对人提供理由说明,算法自动化决策与行政正当程序产生了严重冲突。

(一)行政正当程序制度的信息工具功能

正当程序制度一向被认为是规范行政权力运行、保障公民合法权利的重要制度。从信息论角度观察,正当程序制度实际上是一种信息工具,目的是在政府与行政相对人之间建立信息沟通机制,以缓解行政相对人的信息不对称,从而达到保障权利的制度目的。行政正当程序具有信息发送的功能,可缓解行政相对人的信息不对称,本身就是独立于实体权利的程序性权利,蕴含着实现诸如参与性通知、程序理性和人道性等效能。

正当程序的基本含义是当行政机关做出影响行政当事人权益的行政行为时必须遵循法律的正当程序,包括事先告知相对人,向相对人说明行为的根据、理由,听取相对人的陈述、申辩,事后为相对人提供救济路径等。[①] 从信息工具的角度观察,正当程序制度的几项核心内容均系为了解决行政机关与行政相对人的信息不对称问题。如果把行政行为的过程分为做出前和做出后两个阶段,正当程序制度在行政行为做出前要求行政机关对相对人发送足够的信息,在做出后亦要求提供纠正信息的路径。

第一,正当程序制度包含着行政活动前的"信息发送"工具。例如,要求行政机关对相对人有合理的告知。所谓合理的告知,不仅是指相对人应得到被处理事项的合理说明,也包括其在合理的时间内被告知。没有告知或不恰当的告知,将影响相对人行使程序和实体上的权利。还要求说明理由,即行政机关做出任何行

---

① 参见姜明安:《行政法与行政诉讼法》(第2版),北京大学出版社2005年版,第72页。

政行为,特别是做出对行政相对人不利的行政行为,除非有法定保密的要求,否则都必须说明理由。①

第二,正当程序制度包括行政活动中的"信息沟通"工具。即,强制要求行政机关必须获取行政相对人的信息。例如,要求行政机关做出任何行政行为,特别是做出对行政相对人不利的行政行为,必须听取相对人的陈述和申辩。行政机关做出严重影响行政相对人合法权益的行政行为,还应依相对人的申请或依法主动举行听证。

第三,正当程序制度包括行政行为后的"信息纠正"工具。例如,要求行政机关事后为相对人提供相应的救济途径,其目的是防止行政行为错误,给相对人获得"信息纠正"的机会。以上种种正当程序制度的要求,都是力图解决行政机关与相对人信息不对称的情况。而只有符合正当程序的行政行为方为合法有效,也充分说明了信息工具的缺失会直接影响行政行为的法律效力。尽管行政机关与相对人之间的信息不对称无法最终消除,但通过正当程序"发送信息"是法律对行政行为的基本合法性要求。

从这个角度去理解正当程序制度,会发现政府信息公开制度、行政听证制度、说明理由制度、公众参与制度等本质上均为信息工具。通过程序来强制性要求政府对公众披露行政活动中的信息,达到控制公权力保障公民权利的目的。20世纪中期以后,随着各国行政程序立法的发展,正当程序原则在世界许多国家如奥地利、意大利、西班牙、德国等得到了确立和广泛使用。以程序控权取代实体控权,从注重行政行为的合乎实体法规则向注重行政行为的合乎程序性转变,以正当程序模式的行政法来弥补严格规则模式之不足,已经成为当代行政法的主流。② 其背后的考量,是行政行为所需的信息越来越庞杂,依靠实体法规则已经无法囊括,只能退而要求在程序法规则上满足"发送信息"的要求,由具体行政活动中相对人获得的信息来保障公权力在合法范围内运行。

行政正当程序的信息发送功能由于算法自动化决策阻碍无法实现。无论是反应型算法压缩行政程序各个环节造成行政正当程序的缺省,还是预测型算法直接作为内部决策规避行政正当程序,最终均导致行政相对人无法接收到行政机关通过行政正当程序发送的信息。具体而言,尤其以对行政公开原则、公众参与原则与说明理由规则的影响为甚。

---

① 参见姜明安:《行政法与行政诉讼法》(第2版),北京大学出版社2005年版,第73页。
② 参见周佑勇:《行政法的正当程序原则》,载《中国社会科学》2004年第4期。

(二)算法不透明遮蔽行政公开原则

20世纪中期以后,公开、透明、公众参与已构成现代正当法律程序的基本的甚至是不可或缺的内容。① 美国、欧盟诸多成员国及世界其他近50个国家和地区,都在20世纪60年代以后或21世纪初陆续制定了信息公开法和与美国"阳光法"类似的透明政府法。② 行政公开指的是行政机关的活动要坚持信息公开,除国家秘密、商业秘密与个人隐私以外的内容,应由行政机关向社会公众进行公开。③

算法导致的行政公开原则缺失的原因可分为两类:不愿公开与公开不能。具体而言,第一类原因是有关算法的采购、设计与运行,甚至算法的存在本身,政府基于各种考虑可公开而不愿公开。私营公司主张公开算法侵害商业秘密,政府官员可能会担心公开披露的算法会被篡改或规避,阻碍行政目的实现。④ 2017年年底纽约市政府开展的世界首次算法监管活动堪称典型。纽约市算法监管工作组召开了三次会议,直到2019年4月仍未就"算法自动化决策"的定义与范围达成共识,各政府部门也拒绝提供使用的算法清单,仅肯提供示例。⑤ 此次监管活动也因未取得成效而受到了广泛批评。

第二种是"算法黑箱"造成的公开不能。"算法黑箱"是指在算法决策数据输入、计算和输出的三个环节中,分别面临着三个难题:数据收集由于公共利益豁免知情同意规则而不透明、算法决策过程由于商业秘密保护而不公开、数据分析结果与决策之间的转换不公布。

算法不透明可与政府严重的技术依赖形成一个恶性循环。政府不仅需要购买算法系统,还需要私营公司提供长期技术支持以便对算法系统运行进行维护和改造。私营公司为了垄断相关技术领域,会更加排斥将算法软件技术开源或公布。这进一步导致了某个专门的算法系统长期垄断某行政部门的行政活动的技术支持部分,更加缺乏来自社会公众的监督。2014年美国一项针对政府工作人员的调查显示:"联邦政府工作人员没有足够的数据分析技能将复杂的数据集转化为决

---

① 姜明安:《公众参与与行政法治》,载《中国法学》2004第2期。
② 美国于1967年制定《信息自由法》,1976年制定《阳光下的政府法》,此两法之后均归入1946年制定的《行政程序法》作为正当法律程序的组成部分。参见姜明安:《正当法律程序:扼制腐败的屏障》,载《中国法学》2008第3期。
③ 胡建淼、马良骥:《政府管理与信息公开之法理基础》,载《法学论坛》2005年第4期。
④ Pavel Laskov, Richard Lippmann, "Machine Learning in Adversarial Environments", *Machine Learning*, Vol. 81, Issue. 2, 2010, pp. 115-119.
⑤ 张凌寒、李荣:《纽约算法监管遇挫启示录》,载《法治周末》2020年1月16日。

策者所需要的信息……高达96%的受访者认为他们所在部门存在数据技能短板。"[1]因此,调和算法自动化决策与行政信息公开的原则需平衡三组利益:要求企业披露算法的相关信息,同时又不损害商业秘密和竞争优势,同时又能够确保公众监督。

(三) 技术垄断架空公众参与原则

行政正当程序中的公众参与原则极为重要,"某种形式的听证"被认为是程序正当性过程最基本的要求,是行政机关提供正当程序的最低限度。[2] 然而,算法自动化决策系统由私营公司"技术垄断",公众的参与权难以得到保障。

公众参与原则的核心理念是"听取公众意见"。具体而言,包括两个层面:第一,公众应有权利参与行政活动,这体现了正当程序的公共意志形成功能;第二,在具体行政行为中,应充分听取当事人的陈述和申辩。在公众参与的过程中,要设置专门的程序如听证保证公众能够参与,并要保证参与各方信息的对称性。公民的有效参与,意在通过自己的行为影响某种结果的形成,而不是作为一个消极的客体被动地接受某一结果。在算法广泛嵌入行政活动的背景下,公众参与原则面临多重障碍。

第一,公众参与行政活动面临私营企业技术垄断的障碍。算法自动化决策的本质是对于行政资源的分配,但这一过程改变了政府资源分配和监督行政相对人的一贯做法,转而由私营企业承担核心角色。在此次疫情防控期间,各地政府依靠私营公司的技术力量进行健康码的设计和运行工作,并大有将健康码运用于社区、企业、群体评价等社会公共活动中的趋势。[3] "智慧城市"也极好地体现了"公共权力私有化"这一趋势。政府部门的数据、权力和私营公司的技术力量结合,发展出了主宰城市运行的智能系统。[4] 技术公司垄断了硬件与算法系统的开发、设计和使用,却拒绝对公

---

[1] Sarah Giest, "Big Data for Policymaking: Fad or Fasttrack?", *Policy Science*, Vol. 50, Issue. 3, 2017, pp. 267-382.
[2] 王锡锌:《正当法律程序与"最低限度的公正"——基于行政程序角度之考察》,载《法学评论》2002年第2期。
[3] 2020年5月22日,杭州市卫健委提出健康码"一码知健"的思路,亦即"通过集成电子病历、健康体检、生活方式管理的相关数据,在关联健康指标和健康码颜色的基础上,探索建立个人健康指数排行榜。同时,也可以通过大数据对楼道、社区、企业等健康群体进行评价"。参见《杭州健康码未来可能出"渐变色" 可对个人与企业实现百分量化》,https://www.cnbeta.com/articles/tech/982717.htm,2020年5月28日最后访问。
[4] Alberto Vanolo, "Smartmentality: the Smart City as Disciplinary Strategy", *Urban Studies*, Vo. 51, Issue. 5, 2014, pp. 883-898.

众公布算法收集处理数据的权限和过程。① 如迈阿密市政府与某照明技术公司签订为期30年的合同,使该公司可以免费安装装有摄像头和牌照读取器的灯杆,为迈阿密警察局收集和处理信息,而该公司可以使用这些数据。② 政府大多数情况下需要以技术服务合同的方式向私营企业购买算法系统的设计和运营服务,因此算法自动化决策(例如专家系统、自动行政)的采购和设计处于不透明的状态,缺乏公众参与的听证环节。公众没有机会在行政活动中融入自身的价值判断和权利主张,更无法实现对行政权力滥用的程序性控制。

第二,自动化(半自动)行政行为根据算法设定的规则运行,这一过程由行政机关与技术公司垄断,没有为行政相对人提供陈述与申辩的机会。由于缺乏有意义的通知,并且政府倾向于预设算法结论是正确的,这共同造成了相对人陈述与申辩环节的缺失。当反应型算法应用于行政处罚等可能产生不利于行政相对人法律后果的行政行为时,缺乏陈述与申辩环节是严重的程序瑕疵。

由此可见,算法自动化决策既回避了行政决策的公众参与和听证,也消解了具体行政行为层面的当事人陈述和申辩的程序,造成了公众参与原则的缺失。如果一项技术服务于社会中的大多数群体,那么政府的作用就不可替代,无论作为社会系统的设计者还是行业领域技术创新的监管者,政府都应承担起责任,打破技术中心主义的局限。③

(四)算法黑箱无法提供理由说明

正当程序中的说明理由制度是指公权力机关在做出决定或者裁决时,应向其他利害关系人说明法律依据和事实状态,及通过相关法律和事实状态进行推理或裁量而做出结论的过程,从而表明理由与最终做出该决定的内在联系。④ 尤其是行政机关做出不利于行政相对人的行政行为时,除非有法定保密的要求,否则都必须说明理由。我国《行政处罚法》《行政许可法》等法律法规均明确规定了行政行为说明理由的要求。⑤ 说明理由制度是正当程序中的重要构成要素,违反说明理由义务可能直

---

① Karen Bartko, "Over 160 Properties Join Red Deer Surveillance Camera Registry in First 4 Months", Global News, 2019-11-13, https://globalnews.ca/news/6163354/red-deer-surveillance-camera-registry/. (Last visited on 2020-06-19).
② Daniel Rivero, "Miami Could Let Company Put Surveillance Poles on Public Property for Free", WLRN, 2019-10-9, https://www.wlrn.org/post/miami-could-let-company-put-surveillance-poles-public-property-free#stream/0 (Last visited on 2020-06-19).
③ 陈姿含:《公共领域算法决策的几个问题探讨》,载《理论探索》2020年第3期。
④ 王立勇:《论正当程序中的说明理由制度》,载《行政法学研究》2008年第2期。
⑤ 参见《行政处罚法》第31条,《行政许可法》第38条。

接影响到决定或者裁决的效力。①

预测型算法做出行政决策的时点是在行政对象做出行为之前,依据是大数据的相关关系而非因果关系,因此无法提供理由说明。大部分深度学习推荐算法将数据变换到一个隐含空间,可以计算如何无限接近算法设定的目标,但是很难提供直接的决策理由。② 尤其是预测型算法在行政治理中的应用,它将行政对象的目标与既有数据对比,应用数据分析来发现特征和结果之间的相关性,并利用这个分析来生成可能不容易解释或理解的预测。③ 一个正当的行政行为要求理由的公开,并公布做出行政行为的证据。而由于预测型算法的时间点在事件发生之前,所以尚无证据存在。这种先验性使得合法正当行为所需要的具有证明力的证据不可能存在。

算法预测指导的行政活动对行政对象挑选并进行甄别,却无法提供实质性证据。这实际上构成了对行政对象区别性的不利对待,可能违反法律面前人人平等的原则。④ 典型的预测型算法应用为"预测警务",如北京市公安局怀柔分局的"犯罪数据分析和趋势预测系统"收录了怀柔9年来一万余件犯罪案件数据。2014年5月,该系统预测提示:近期泉河派出所辖区北斜街发生盗窃案的可能性较高,派出所加大对该区域的巡逻,并于5月7日抓获一名盗窃汽车内财物的嫌疑人。⑤ 预测型算法会令治安高风险地区相应投入更多警力,使得该地区的治安违法行为更容易被查到,导致风险级别进一步提高,可能形成一个失真的回馈环路。

算法预测准确率无法保证,一旦出错可能造成无法挽回的损失。2017年12月,美国伊利诺伊州儿童和家庭服务部宣布,终止评估儿童安全和风险的预测系统,因为算法预测不准确造成了父母与子女错误分离的后果。同年早些时候,美国洛杉矶郡也由于预测型算法的黑箱问题与高误报率终止了预测型算法用于儿童受虐风险的评估项目。⑥

算法深度学习与可能存在的相关预测失真问题,由于算法自动化决策而无法提供理由说明。算法决策缺乏有效的法律程序控制,易于不断自我肯定与强化,造成行

---

① 王立勇:《论正当程序中的说明理由制度》,载《行政法学研究》2008年第2期。
② Adnan Masood, "On Explainability of Deep Neural Networks", http://www.csdn.net/article/2015-08-17/2825471 (Last visited on 2017-07-20).
③ See Antoinette Rouvroy, Thomas Berns, "Algorithmic Governmentality and Emancipation Perspectives", *Réseaux*, Vol.177, Issue.1, 2013, pp.163-196.
④ Citron, D. K., "Technological Due Process", *Washington University Law Review*, Vol 85, 2007, p.1249.
⑤ 李涛:《北京怀柔建"犯罪预测系统"收录9年案件数据》,载中国新闻网,http://www.chinanews.com/fz/2014/06-17/6287303.shtml,2020年6月2日最后访问。
⑥ Brown A, Chouldechova A, Putnam-Hornstein E, et al., "Toward Algorithmic Accountability in Public Services: A Qualitative Study of Affected Community Perspectives on Algorithmic Decision-making in Child Welfare Services", *Proceedings of the 2019 CHI Conference on Human Factors in Computing Systems*, 2019, pp.1-12.

政行为持续性错误与相对人权利受损。

三、基于行政信息公开原则增强算法自动化决策透明度

（一）算法嵌入行政活动背景下行政信息公开原则的回归

现有算法自动化参与的行政活动中,我国法律做出了一定调整,但某些领域仍需要行政信息公开规则的回归。例如,在算法自动化决策参与的行政许可行为中,我国《行政许可法》第33条规定,可以数据电文方式提出行政许可,行政机关应在网站公布许可事项,①作为行政信息公开在算法治理时代的因应性调整。然而,在算法自动化决策参与的行政活动中,尚有行政信息公开原则的一些基本规则未得到满足。

首先,应增强算法自动化决策的可见性,作为行政信息公开的基本要求。我国政府部门中,算法自动化决策系统多以"秒批""智能交通""智慧司法"为名。我国不仅对于人工智能算法应用于政府部门并无清晰的规划与分类,现有的电子政务的公示与通知也并不完善。2018年第十七届中国政府网站绩效评估显示,超过15%的政府网站的办事指南存在权力清单与行政事项不对应,35%的政府网站办事内容不准确,80%存在办理材料详单不清晰。② 政府不应仅将算法系统看作办公辅助系统,而是应公布政府部门自动化决策清单,让公众知晓哪些行政活动有自动化决策的参与,了解算法自动化决策可能带来的权利影响。

其次,算法做出决策的基本规则和因素权重,应该对公众与社会公开。形式的改变并不能豁免政府信息公开的义务。算法参与的行政行为并不会因为缺乏意思表示要素而不受行政法的拘束。原因在于,各类智能机器、评估模型等自动化设备的设置及启用以及运作方式,都是由行政机关发出指示,行政机关仍是行政程序的主宰,其所做出的表示或决定,都是行政机关的行为,具有法效意思及规制效力,性质上仍为具体行政行为。③ 如果政府机构采用一条规则,仅仅因为算法运行不能直观地做出解释,就拒绝向公众公开,则违反了行政行为应公开透明的基本原则。早在1992年

---

① 《行政许可法》第30条规定,"行政机关应当将法律、法规、规章规定的有关行政许可的事项、依据、条件、数量、程序、期限以及需要提交的全部材料的目录和申请书示范文本在办公场所公示"。在现代信息社会下,或可对"办公场所"予以功能意义的理解,"办公场所"已不限于行政机关的办公地点、办公室、办公窗口、办事大厅,行政机关的网站在功能上也扮演了"办公场所"的作用,应通过行政机关的网站,对行政许可事项、依据、程序、期限等加以公开。
② 北京大学课题组:《平台驱动的数字政府:能力、转型与现代化》,载《电子政务》2020年第7期。
③ 陈敏:《行政法总论》,台湾新学林出版股份有限公司2016年版,第699页。

的一起案件中,美国联邦公路管理局就曾拒绝披露用于计算运营商安全评级的算法,但法庭认为这违反了《信息自由法》中政府披露政府记录和数据的要求,判决联邦公路管理局必须披露计算中所用因素的权重。①

以上是行政信息公开原则对算法自动化决策应用于行政活动的基本要求。除此之外,行政信息公开原则面临着"算法黑箱"的挑战,需做出相应的调整。

(二)行政信息公开原则在算法数据收集环节的贯彻

算法治理时代,人类将被降格为信息存在,以便接受机器的计算,方便企业获得利润和政府监督管理。② 行政机关可大量收集公民数据,不仅基于公共利益豁免"知情同意"规则的限制③,还可要求私营公司报送数据④。这就导致,行政相对人并无机会知晓,嵌入在行政活动中的算法自动化决策通过哪些个人数据做出了决定。为遵循行政信息公开原则:

首先,行政机关收集数据同样受到"合法、正当、必要"原则限制,应在行政活动中逐渐将此类规则细化。⑤ 从行为性质上梳理,行政机关对个人信息的收集行为属于内部行政程序,仅仅作为后续行政行为的必要前置活动,并不受到具体行政行为的相关法律限制。但是,作为数据收集行为,仍需严格遵循正当目的的原则与必要原则。以2020年新冠疫情防控为例,无论是健康码对个人敏感数据的大规模收集与使用,还是大数据对公民的追踪定位,包括社区出入居民的信息登记,均应有公共卫生紧急状态作为正当性基础。在紧急状态恢复成日常状态之后,即使疫情防控常态化,也应避免对公民个人数据的收集与追踪常态化。

其次,尽管基于公共利益考虑无法要求政府再次获得数据个体的知情同意,但起码应在平台向个体收集数据时,做出"不利行为"通知。即,如果政府可能根据第三方的信息做出行政的自动化决策,对行政相对人有负面不利影响,则应要求平台在收

---

① *Don Ray Drive-A-Way Co. v. Skinner*, 785 F. Supp. 198 (D.D.C. 1992).
② Luciano Floridi, "The Fourth Revolution: How the Infosphere is Reshaping Human Reality", *OUP Oxford*, 2014, p. 32.
③ 《网络安全法》第41条第1款:"网络运营者收集、使用个人信息,应当遵循合法、正当、必要的原则,公开收集、使用规则,明示收集、使用信息的目的、方式和范围,并经被收集者同意";《上海社会信用条例》第14条规定,采集市场信用信息的,涉及个人信息的,应当经信息主体本人同意,但依照法律、行政法规规定公开的信息除外。
④ 例如《电子商务法》第28条规定电商平台应向税务部门报送平台内经营者的"身份信息"和"与纳税有关的信息"。《网络交易监督管理办法(征求意见稿)》第26条规定,网络交易经营者应按要求报送"特定时段、特定品类、特定区域的商品或者服务的销量、销售额等统计资料",第40条要求"在每一个公历年度内至少每半年"报送一次平台内经营者的身份信息。
⑤ 《数据安全法(草案)》第35条:"国家机关为履行法定职责的需要收集、使用数据,应当在其履行法定职责的范围内依照法律、行政法规规定的条件和程序进行。"

集数据之时就告知数据个体。例如,应提示行政相对人,自动化决策结果参考了个人的公开信息、犯罪记录、信息记录,甚至社交媒体使用情况。美国学者欧内斯特·格尔霍恩(Ernest Gelhorn)指出,政府机构实施的不利公布行为之基本功能就是通知,目的在于告知公布对象相关政策或情况,以便他们在行为选择时可以利用这些信息。①

此外,法律应及时划定政府获取第三方平台数据的边界,防止政府以公共利益为名无限度获取平台通过知情同意收集的用户数据,并规定政府做好相关的数据安全保障工作。

(三) 行政信息公开原则与保护算法商业秘密的平衡

应平衡算法自动化决策的模型公开与保护私营企业商业秘密之间的冲突,适度增加算法自动化决策的透明度。一直以来,公开算法模型都被开发设计算法的私营公司以"保护商业秘密"为由反对。例如,美国法学教授要求纽约州和纽约市公布教师评分的算法,遭到了纽约州教育部的拒绝,因其算法技术供应合同规定,承包商提供的方法或措施是"专有信息",教育部门不能公开。② 这引发疑问,私营企业的商业秘密可否凌驾于行政正当程序对信息公开的要求之上?

坚持行政公开原则,必须平衡商业秘密保护与公民正当权利之间的价值位阶。行政信息公开是一种集体语境下的程序正义,算法自动化决策普遍适用于行政相对人,本质是一般规则。算法的开发设计过程类似于起草和通过一项即将适用于一大批案件的一般证据规则。一套算法系统可对多个行政相对人产生法律效力,一旦发生错误可能产生弥散化的损害后果。而具备正当性的规则应具有可预测性,即人们可以根据规定,事先估计到当事人双方将如何行为及行为的后果,从而对自己的行为做出合理的安排。③ 这种对规则的知情权既是一种人权,也是可依据我国《宪法》推导出的公民权利,④相对于私营公司的商业秘密保护,显然价值位阶更高。

退一步论证,要求公布算法决策要素及权重,并不是要求公布技术源代码,而是要求公布被代码化的法律规则。当前,有学者认为算法的透明既非必要也不可能,其

---

① Ernest Gelhorn, "Adverse Publicity by Administrative Agencies", *Harvard Law Review*, Vol. 86, 1973, pp. 1380-1441.
② 纽约州用"增值模式"(VAM)算法来评估和评分教师的表现。法学教授罗伯特·布劳尼斯和埃伦·古德曼向城市和州提交了公共记录请求,以获取有关算法决策模型的信息,但遭到了拒绝。R. Brauneis, E. P. Goodman, "Algorithmic Transparency for the Smart City", *Yale Journal of Law & Technology*, Vol. 20, 2018, p. 103.
③ 又称为可预测性、安定性。参见雷磊:《法律方法、法的安定性与法治》,载《法学家》2015年第4期。
④ 胡建淼、马良骥:《政府管理与信息公开之法理基础》,载《法学论坛》2005年第4期。

至存在一定的害处。① 这将算法透明视作单一的、绝对的源代码披露,忽视了算法的透明具有多层次性、多种方式、多种对象。

算法自动化决策系统信息公开的不足会导致对政府公权力信任的不足,民众信任的缺失可能导致更多的上诉,抵消掉算法系统带来的行政效率提高效应。鉴于算法的技术性,美国学者尝试发展"技术性正当程序"的制度来解决这一问题,即通过强调编码公开、开发公众参与程序、系统软件测试等来实现程序所要求的透明化、公开和可问责等要求。② 因此,未来在政府内部增加专业力量,由既懂行政规则又懂技术的人员来监督算法的设计运行,方为解决之道。

(四)行政信息公开与算法决策输出的说明

行政信息公开应包括关于行政决策结果在何种程度参考了算法自动化决策结果的信息。对于某个具体的行政行为,算法自动化决策可能起到不同程度的作用。有可能算法自动化决策直接成为生效的行政行为,如深圳市政府的"秒批"事项在2020年已达212个③;有可能需要进行进一步人工审核,如再犯风险评估软件的法官审核。在此意义上,应向行政相对人公开算法自动化决策对具体行政行为的干预程度和行政决策的可逆性。即使算法自动化决策已经开始深度嵌入行政活动,但考虑到行政权力有着诸多不可让渡的空间,并且涉及国家等基本概念的存系,应尽量减少算法直接做出行政决定的情况。④

与此同时,应尤其注意算法自动化决策结果对技术弱势群体的说明方式。我国《政府信息公开条例》第43条规定:"申请公开政府信息的公民存在阅读困难或者视听障碍的,行政机关应当为其提供必要的帮助。"⑤依此立法精神,应在信息公开环节同样照顾老人、受教育程度较低人群等技术弱势群体,以简明、图画方式对公众说明算法自动化决策。

综上所述,行政部门应用算法自动化决策既应符合行政信息公开的基本要求,也应在输入数据、决策过程和最终决策层面遵循行政信息公开原则的要求。德国第三十六届信息官员自由会议通过一项文件——《算法在公共管理中的透明度》。根据

---

① 沈伟伟:《算法透明原则的迷思——算法规制理论的批判》,载《环球法律评论》2019年第6期。
② Danielle Keats Citron, "Technological Due Process", *Washington University Law Review*, Vol. 85, 2007, p. 1249.
③ 佚名:《深圳网上政务服务能力蝉联全国第一》,载《计算机与网络》2020年第11期。
④ 胡敏洁:《自动化行政的法律控制》,载《行政法学研究》2019年第2期。
⑤ 《中华人民共和国政府信息公开条例》(2007年4月5日中华人民共和国国务院令第492号公布,2019年4月3日中华人民共和国国务院令第711号修订)。

此文件,德国政府部门使用的算法必须要公布:(1)有关程序输入和输出数据的数据类别的信息;(2)算法所涉的逻辑,尤其是使用的计算公式,包括输入数据的权重,基本的专业知识以及用户部署的个人配置;(3)最终决策的范围以及程序可能产生的后果。政府使用算法决策如不遵循行政信息公开原则,算法自动化决策的公平、可问责则无从谈起。

四、基于公众参与原则进行算法影响评估

行政正当程序中的公众参与原则具有重要的实体权利保障功能,应从加强公众参与与恢复相对人陈述和申辩权利两个方面,发展算法治理时代的行政正当程序。

(一)以算法影响评估保证公众参与算法系统订购与使用

行政一般规则的制定需要公众参与的审议,然而技术力量垄断主导的采购与设计流程架空了这一过程。公众参与原则要求算法自动化决策系统在被用于决策和影响行政相对人之前,公众有权了解、评估和参与其对于自身和社会的影响。

算法影响评估是既有行政制度资源的发展,可参考环境影响评估等类似的相关制度。这一制度的目的在于让政府使用算法自动化决策前,能够创造机会使得行政相对人、研究人员和决策者共同参与影响评估。这为公众提供了算法系统部署前发现问题、表达诉求主张,甚至反对使用算法的机会,本身就是向社会提供算法系统信息的机制,能够让公众更加了解情况,增加算法透明度,并让政府部门、算法研发人员和公众进行富有成效的对话。体现出行政程序不应是行政主体单方用来约束公民、组织的工具,更是要体现出民主、责任、参与、法治的诉求。

目前,我国各级警务部门的算法系统上线过程基本采用"个别试点后全面上线运行"的模式。这种模式可以视为试运行阶段的算法影响测评,但上线前此类算法系统并无明确的评估程序,公众无法借助参与过程提出自身的诉求。为了保证算法自动化决策系统被安全地部署于政府部门,欧洲议会提出了"算法影响评估"(AIA)的制度框架,即对于可能对公民权利造成影响的算法自动化决策系统,应允许社区和利益相关者进行评估,以确定是否可以以及在什么领域使用算法。[1] 一些国家则已经将算法影响评估制度从倡议落实为制度。加拿大在 2020 年生效的《自动决策指

---

[1] Ansgar Koene, Chris Clifton, Yohko Hatada, et al., "A Governance Framework for Algorithmic Accountability and Transparency", https://www.europarl.europa.eu/RegData/etudes/STUD/2019/624262/EPRS_STU (2019)624262_EN.pdf. (Last visited on 2020-6-19).

令》中，提出了对算法影响的评估制度。① 美国华盛顿州通过了众议院和参议院针对公共部门算法系统的 HB165 法案，②要求政府部门的算法系统在使用之前必须由政府在公共网站上公布，"并邀请公众就算法问责报告发表评论，时间不得少于 30 天"。③ 实际上，欧盟《一般数据保护条例》（以下简称"GDPR"）中规定的"数据处理活动影响评估"制度也是类似的算法自动化决策系统影响评估制度，而且既适用于私营公司也适用于公共部门。④

算法自动化决策的评估程序，不仅是公众参与的有效路径，也是算法设计者和使用者（平台或政府）进行自我监管的重要方式。例如，我国中央网信办将某些算法应用定义为"具有舆论属性或社会动员能力的互联网信息服务"，并要求其进行自我安全评估。⑤ 举轻以明重，由政府部门购买使用的算法自动化决策，也不应被置于秘密黑箱之中，而应在投入使用并切实影响公民权利之前，经过公众参与的算法评估程序。我国 2020 年 7 月发布的《数据安全法（草案）征求意见稿》，提出了重要数据处理者的风险评估制度，以及政务数据委托处理的批准程序，但此类规定主要是为了保护数据安全，基于保护公民权利的程序制度尚付诸阙如。

（二）将通知与申辩环节作为算法决策生效必经程序

第一，应避免全自动行政行为直接对当事人发生法律效力，保证行政相对人可以收到算法自动化决策的有效通知，作为行政行为生效的必经程序。为保障行政效率，很多的算法做出具体行政行为时完全无须任何人工干预。但是，当算法做出了不利于当事人的决定时，按照正当程序更应该提供有效通知。例如，我国荣成市将个人信用评分的计算和评级分为指标得分和直接判级两种，前者是按照信用信息评价标准予以加（减）分，后者则是针对严重失信行为，将自然人的信用级别直接降级，被降级的自然人可能面临如限制出境、限制高消费、公布姓名等惩戒行为。这类算法自动化决策应以对相对人的及时通知作为后续行政活动展开的基础，公民可以主张相关内

---

① Government of Canada, *Directive on Automated Decision-Making*, https://www.tbs-sct.gc.ca/pol/doc-eng.aspx? id=32592. (Last visited on 2020-05-12)
② Washington House Bill 1655, https://legiscan.com/WA/bill/HB1655/2019. 2020-04-13. (Last visited on 2020-05-28)
③ Washington House Bill 1655, Article 5., https://legiscan.com/WA/drafts/HB1655/2019. (Last visited on 2020-05-30)
④ See TAP Staff, "How the GDPR Approaches Algorithmic Accountability", *Technology Academics Policy*, https://www.techpolicy.com/Blog/November-2019/How-the-GDPR-Approaches-Algorithmic-Accountability.aspx. (Last visited on 2020-06-12)
⑤ 国家互联网信息办公室和公安部《具有舆论属性或社会动员能力的互联网信息服务安全评估规定》，2018 年 11 月 15 日发布。

容的更改、撤销或者无效,方可为公民提供后续的救济路径。基于这种考虑,德国行政程序法上对完全自动化行政的适用规定了两个条件:其一,法律保留,即仅当法律法规允许时方可适用;其二,行政机关不存在裁量和判断余地时方可适用。

第二,应保证当事人有陈述和申辩的权利,确保公民获得人工干预算法自动化决策的权利。心理学的认知实验表明,人类将算法自动化系统看作防错系统,当算法与人的决策出现分歧时,自动化系统的操作员倾向于相信计算机的回答。[①] 因为解码算法自动化决策的成本过高,而验证该算法做出的某个具体决策是否准确相比之下收益变得极小。这导致算法自动化决策做出具体行政行为的情况下,具体个案的听证成本极高,并不符合成本收益分析。GDPR 第 22 条为类似境遇的相对人提供了出路:不受完全的自动化决策支配的权利,以及获得人为干预的权利。官方的解释性文本指出,该条款的目的旨在保护数据主体的利益,保障数据主体可以参与对其重要的决策。强有力的行政部门对个人使用数据进行自动化决策的行为,使数据主体活在"数据阴影"之下,剥夺了个人影响决策过程的能力。

五、基于说明理由规则创设算法解释权

由于数据来源的不透明、算法黑箱等因素,算法自动化决策的结果是如何得出的难以为个体所知晓。算法治理时代应在适用算法自动化决策时坚持并修正行政行为说明理由的制度。

(一)发展算法解释权说明具体行政行为的理由

各国的立法者与学界达成共识,即自动化决策的算法应当具备可解释性,使得用户有权知晓决策的原因。[②] 如法国数字事务部长表示:"如果政府不能解释其决定,政府就不应该使用算法。"[③]如果对于相对人不利的行政活动缺乏理由的说明,这不仅会造成严重的程序性权利损害,更会使得行政相对人因不知晓理由而无法获得行政法上的救济。

如果将算法自动化决策看作专家论证,行政决策的科学性也必然要求建立行政

[①] Nicholas Carr, *The Glass Cage: Where Automation is Taking Us*, Random House, 2015, p. 71.
[②] See "Association for Computing Machinery US Public Policy Council (USACM)", *Statement on Algorithmic Transparency and Accountability*, https://www.acm.org/articles/bulletins/2017/january/usacm-statement-algorithmic-accountability, (Last visited on 2020-06-27).
[③] See Joshua New, Daniel Castro, "How Policymakers Can Foster Algorithmic Accountability", http://www2.datainnovation.org/2018-algorithmic-accountability.pdf 2019-05-12. (Last visited on 2020-06-27)

决策专家咨询的说明理由制度。算法自动化决策经常以"专家决策辅助系统"的形式参与行政决策,行政部门应以其理性解释回应公众疑问,这既是对行政决策理性内涵的解释,也是对公众的一种负责任的回应。① 无法提供理由说明的专家意见直接影响行政决策的效力。司法实践中,以专家咨询结论说理不充分为由否定行政决策的个案并不鲜见。②

算法解释权已经从理论逐步发展为各国的具体制度,但其面目一直模糊难辨。以最早提出算法解释概念的 GDPR 为例,其第 13 条、15 条提出的应使数据主体了解"有意义的信息""参与决策的逻辑"等规则,可以被法官宽泛或限制性解释,也可能由于算法决策并非"完全基于自动化处理的决策"而被规避。

法国 2017 年颁布实施的《数字共和国法案》则规定了较为具体的针对公共部门的算法解释权。第一,所针对的算法自动化决策范围扩大,不再要求是"完全基于自动化处理的决策",而涵盖了行政机关的决策支持算法系统。第二,法国的算法解释权仅适用于行政决定,因公共部门披露算法决策更具有理论正当性,并且没有商业算法决策的商业秘密障碍。第三,披露的内容具体、范围明确。要求提供的具体解释内容包括算法在行政决策中所起的作用与模式,算法处理的数据及来源,以及算法做出决策的权重,以及其如何适用于个体。无独有偶,加拿大公共部门算法的《自动化决策指令》在 2020 年 4 月生效,要求使用算法决策的公共部门,应就其决策向受影响的个人提供有意义的解释,甚至包括决策中使用的变量。可见,向行政相对人个体提供具体的算法解释具有不可替代的制度价值,逐渐成为各国实践。算法影响评估制度并不能代替算法解释权制度,因为其旨在事前风险的规避,而非事后的个体救济。

(二)行政行为算法解释的内容和标准

理由说明的目的不仅限于知情,更在于提供救济路径。换句话说,理由说明不仅要使相对人知晓决定是如何做出的,同时还应提供相对人可修正自动化决策的方法。具体的自动化决策算法解释的理由说明包括具体决策的理由和产生决策结果的个人数据,例如每种指标的功能权重、机器定义的特定案例决策规则、起参考辅助作用的信息等。③ 在决策涉及相对人实体权利、程序权利及救济权利,涉及"最低限度的公正"时,应就自动化决策系统的运营过程、运营结果、做出行为的推理,给出理由说

---

① 成协中:《科学理性导向下的行政正当程序》,载《华东政法大学学报》2013 年第 5 期。
② 成协中:《科学理性导向下的行政正当程序》,载《华东政法大学学报》2013 年第 5 期。
③ See Aravindh Mahendranand Vedaldi Andrea, "Understanding Deep Image Representations by Inverting Them", *2015 IEEE Conference on Computer Vision and Pattern Recognition (CVPR)*, IEEE, 2015.

明。政府部门提供的算法解释应遵循以下标准：

第一，解释的客体完整。自动化决策的算法解释应由监管部门统一提供格式解释文本，保证算法设计者和使用者提供的解释客体完整且无遗漏，否则应视为无效的解释。第二，政府具体行政行为的理由说明，如不能提供理由则应视为没有理由，[1]可能直接导致政府算法自动化决策的行为失效。第三，解释语言清晰平实，以书面形式做出。自动化决策算法解释本质是由信息占有优势一方做出的"信号发送"行为。由于政府与行政相对人权力与技术力量的差距，应要求自动化决策算法解释必须以清晰平实的语言做出，否则会导致解释徒具形式而无法被理解。[2] 行政机关的算法解释应遵循具体行政行为说明理由的要求，或以书面形式做出，或在做出行政行为时必须说明，方便为日后行政诉讼与算法问责留存证据。

不透明的自动化决策应具备可解释性而受到公众监督，使相对人有权知晓决策的原因，这已经成为算法自动化决策治理机制的共识。[3] 如果要求政府使用的算法自动化决策必须提供解释和理由说明，还可以限制政府使用过于复杂的机器学习的算法系统。

六、结语

在世界各国的已有立法中，政府使用的算法自动化决策都被优先作为监管的对象。公民有权利期待国家使用现有的最佳技术来履行其行政管理职责，这既来源于政府机构有直接义务维护行政相对人的各项权利，更来源于行政机关应为整个国家树立榜样。试想，如果被民众信赖的、拥有最多社会资源的政府尚不能在算法自动化决策中保障公民权利，又如何指望私营的互联网企业同样公开、透明呢？算法治理时代，亟须遵循行政正当程序的制度精神以改变对算法"技术中立"的错误认识，避免"算法监狱"与"算法暴政"的产生。[4] 在算法治理时代，坚持、修正与发展正当程序的具体制度，是政府负责任地应用算法自动化决策的基本要求。

（张凌寒/文）*

---

[1] 姜明安：《行政的现代化与行政程序制度》，载《中外法学》1998年第1期。
[2] 欧洲《一般数据保护条例》第12条提出：数据主体获得的这些信息需要以"透明的，可理解的和容易获得的方式，以清晰和平实的语言做出"。
[3] 张凌寒：《商业自动化决策的算法解释权研究》，载《法律科学（西北政法大学学报）》2018年第3期。
[4] 徐凤：《人工智能算法黑箱的法律规制——以智能投顾为例展开》，载《东方法学》2019年第6期。
* 张凌寒，中国政法大学数据法治研究院教授。本文原刊于《东方法学》2020年第6期。

解释论视角下《电商法》定制搜索结果条款的规范目的及限制适用

一、问题的提出

随着计算机技术的发展,海量交易从线下转向线上。越来越多的经营者开始在交易过程中搜集个人信息,建立用户画像,通过技术手段更为精准地捕捉消费者需求,继而提供个性化搜索结果,实现与消费者的双赢。比如,"一家在线药店会根据以前的记录,给不同的顾客呈现不同的初始页面。那些过去倾向于购买全国性知名品牌药品的顾客会看到根据品牌分类的页面;而那些经常购买促销药品或者普通品牌的消费者则会看到根据价格和折扣程度分类的页面"[①]。对消费者来说,这可以大大减少搜索的时间成本;对平台经营者来说,则可以通过提高达成交易的概率来获取更多商业利益。

定制搜索结果带来的不只有便利,也有争议。"算法价格歧视"(俗称"大数据杀熟")即为典型。它是指通过算法为不同消费者提供不同价格,实现"千人千价"。其本质是经营者通过大数据技术追踪消费者的线上行为、搜集历史交易记录等个人信息,并针对消费者的特征和类型作区分,从而精准掌握每一个消费者的最高支付意愿,为他们定制不同的交易价格。早在2000年,有报道称亚马逊为购买相同光碟的美国消费者定制了不同价格。在此之后,出行订票网站Orbitz、Cheap Tickets,折扣网站Coupon.com,保险公司Allstate等,也相继卷入算法价格歧视争议。[②] 2018年3月,我国某著名网约车平台陷入大数据杀熟风波。算法价格歧视开始进入公众视野,并引起广泛关注。在此之后,大量电商、出行、外卖平台经营者被曝出存在大数据杀熟

[①] 〔美〕利昂·希夫曼、约瑟夫·维森布利特:《消费者行为学》(第11版),江林、张恩忠等译,中国人民大学出版社2014年版,第14页。

[②] 参见〔美〕阿里尔·扎拉奇、莫里斯·E.斯图克:《算法的陷阱:超级平台、算法垄断与场景欺骗》,余潇译,中信出版社2018年版,第120—126页。

现象。① 社会各界人士普遍认为,基于消费者个人特征定制搜索结果的经营行为——尤其是实施差别定价——应受到法律的规制。②

我国 2019 年 1 月 1 日生效的《电子商务法》(以下简称《电商法》)对此给予了直接回应。《电商法》规定:电子商务经营者根据消费者的兴趣爱好、消费习惯等特征向其提供商品或者服务的搜索结果的,应当同时向该消费者提供不针对其个人特征的选项,尊重和平等保护消费者合法权益(第 18 条第 1 款)。若违反本条,市场监督管理部门有权责令电商经营者改正、没收违法所得,或处罚款(《电商法》第 77 条)。

虽然第 18 条第 1 款规定的"自然搜索结果提供义务"③被媒体认为是《电商法》的一大亮点,且可有效遏止大数据杀熟现象,④但是,这一义务模式与其他法域处理此类行为主要采取的拒绝权与免受自动化决策权模式及反对实质性歧视模式不尽相同,⑤比较法借鉴意义有限。而且,由于立法较新,我国学界还没有给予足够关注。⑥迄今为止,也鲜有市场监管部门依据该条文做出行政处罚。因此,围绕《电商法》第 18 条第 1 款,仍有大量解释论工作亟待完成。其中,"如何确定该条款的适用范围"乃最为重要的问题之一——在实践中,"是否所有定制行为均须同时提供自然搜索结果,否则便须承担《电商法》第 77 条规定的违法后果"这一问题关涉众多市场主体的日常经营活动,亦为市监部门执法人员的核心关切。

---

① 参见徐晶卉:《大数据"杀熟":懂你的"人"伤你最深》,载《文汇报》2018 年 3 月 31 日。
② 见诸公共媒体的相关讨论,可参考陆峰:《大数据"杀熟"呼唤行业深度治理》,载《中国经济时报》2018 年 4 月 24 日;吴学安:《大数据"杀熟"需法律规制》,载《中国审计报》2018 年 6 月 27 日;江德斌:《对电商平台"大数据杀熟"就应立法禁止》,载《民主与法制时报》2017 年 7 月 7 日。
③ 参见张凌寒:《〈电子商务法〉中的算法责任及其完善》,载《北京航空航天大学学报》(社会科学版) 2018 年第 6 期。
④ 参见蕊红:《电商法正式实施,这些与你我有关》,载《中国审计报》2019 年 1 月 7 日。
⑤ 欧盟如今是通过《一般数据保护条例》(Regulation [EU] 2016/679 of the European Parliament and of the Council of 27 April 2016 on the protection of natural persons with regard to the processing of personal data and on the free movement of such data, and repealing Directive 95/46/EC [General Data Protection Regulation, 2016] OJL 119.)处理自动化决策问题。比如,第 21 条第 2 款规定:倘若为市场营销目的处理个人信息,信息主体有权随时拒绝对与此营销相关的个人信息处理,包括与此直接营销有关的用户画像。第 22 条第 1 款规定:倘若仅凭自动化处理或用户画像做出之决策会对数据主体产生法律效力,或造成类似的重大影响,数据主体有权不受该决策的约束。
⑥ 针对"利用算法定制搜索结果"这一现象,我国既有研究的重心在于立法论。比如,有观点认为应当在立法中规定可供消费者行使的算法解释权。参见张凌寒:《商业自动化决策的算法解释权研究》,载《法律科学》(西北政法大学学报) 2018 年第 3 期。有观点认为应当设立专门监管算法及自动化决策的政府职能部门,或建立第三方算法伦理委员会,辅助市场监督管理部门监管搜索结果定制行为,参见於兴中:《算法社会与人的秉性》,载《中国法律评论》2018 年第 2 期。还有观点认为监管机构应制定基础的定价算法,作为底层算法支持,从而直接植入到所有被监管的定价算法当中,确保算法规则的基本稳定性,参见施春风:《定价算法在网络交易中的反垄断法律规制》,载《河北法学》2018 年第 11 期。

以下，本文将就该问题意识做解释论分析——通过文义解释指出当前立法表达中存在的问题，并讨论限制适用的必要性；通过目的解释说明定制搜索结果条文本欲达致的规范效果，指出其与当下实际适用范围存在的龃龉，并探明限制适用的可能路径；通过体系解释提出由该路径引申出的具体制度安排，为未来行政执法提供可参考、可操作的评价标准。

二、文义解释视角下限制适用的必要性考察

从《电商法》第 18 条第 1 款的文义来看，电商基于"个人特征"定制"搜索结果"的行为是本条的规制对象——若有上述行为，则电商须履行提供自然搜索结果的法定义务。因此，"个人特征"与"搜索结果"是需要进一步解释的两大关键词。

所谓"搜索结果"，即消费者在搜索商品或服务过程中所获得的结果反馈——这里不仅包括单个商品或服务的价格、规格、产地等信息，也包括多个商品或服务的呈现方式，比如列表形式的排序、在页面显示的具体位置等。"个人特征"一词则因其意涵的丰富性而在解释时显得较为复杂。在《电商法》之前，我国从未有过使用"个人特征"一词的立法，故无参考其他立法或规范性文件的余地。[①] 因此，应结合实践中的典型应用场景探知其真意。

（一）适用范围的确定：以"个人特征"为中心

本文认为，个人特征可被归纳为以下四大类：消费者的设备信息、服务记录、主体身份与行为偏好。

设备信息指向基于消费者使用的设备所能够推知的消费者特征，比如消费者所使用的设备品牌、系统架构、设备所在地、设备语言等。在被媒体广泛报道的、被认为属于"大数据杀熟"的大部分案例中，电商都是基于设备信息来定制搜索结果。比如，手机操作系统为苹果（iOS）的用户与操作系统为安卓的用户在搜索同一段行程费用时却收到了不同的报价。[②] 服务记录指向消费者在电商平台留下的浏览或消费痕迹，比如买过的店铺、品牌、具体商品款式等。主体身份指向消费者能够为外部所

---

① 在其他规范性文件中，1988 年《人民检察院法医工作细则（试行）》第 13 条使用了"个人特征"一词，指向被害人的性别、年龄、血型和其他生理、病理特征，但这显然对解释《电商法》第 18 条并无太大参考价值；2014 年《住房和城乡建设部关于印发城市综合交通体系规划交通调查导则的通知》（建城〔2014〕141 号）附录第 3.1.2 条将"个人特征"定义为"性别、年龄、户籍、与户主关系、职业、文化程度、有无驾照等信息"，但这也是与规范性文件本身的制定目的关联密切，并不能为解释《电商法》提供更多参考。
② 参见徐晶卉：《大数据"杀熟"：懂你的"人"伤你最深》，载《文汇报》2018 年 3 月 31 日。

获知的客观个人信息,比如消费者的年龄、性别、职业、民族、籍贯、户口所在地、社会身份,包括消费者的经济状况与社会信用表现等。行为偏好指向反映在消费行为中的、不易为外部所获知的个性化信息,比如消费者的性格、兴趣爱好、消费习惯等。消费习惯又包括做出决策的时间长短、对价格的敏感度等。①

在上述四种特征中,设备信息的客观化程度最高,行为偏好最低;前者最易于获取,后者最难以得到。在传统消费语境下,消费者的主体身份与行为偏好均有较高的隐秘性,但这些信息在电商大量搜集消费者设备信息、服务记录的语境下已不再难以获知,且成为定制搜索结果的重要依据。从《电商法》第 18 条第 1 款所使用的语词("兴趣爱好"与"消费习惯")来看,个人特征似乎主要是指消费者的行为偏好。但由于《电商法》使用了"等"字作为兜底,故设备信息、服务记录和主体身份也应包括在内。②

总的来说,《电商法》第 18 条第 1 款的文义无甚模糊之处,乍看之下并无使用其他解释方法的必要性。基于此,似乎只要是电商基于上述四种类型的消费者个人特征而给出个性化搜索结果,就必须同时提供去个性化选项,否则,电商就将面临可能的改正要求及罚款。如前所述,如果作为搜索结果的产品价格因消费者使用 iOS 或安卓系统而有所区别,则电商必须提供一个不区分使用 iOS 或安卓系统的价格供消费者选择。更加常见的场景是,如果电商根据消费者的服务记录将其"曾经购买过的商品"置于结果排序中的靠前位置,则必须提供"关闭"按钮,允许消费者收取完全随机排序的商品信息。

问题是,这样的结论真的合适吗?

(二) 限制适用的必要性考察

关于《电商法》第 18 条第 1 款的适用范围,本文认为,基于法律文义推出的"在每一个基于个人特征定制搜索结果的场合,经营者都应提供自然搜索结果,否则即承担法律责任"的立场是不妥当的。这可以从以下四个方面予以说明。

首先,"自然搜索结果提供义务"不具有可操作性。正如学者所说,立法者的本意是希望消费者能够在电商平台上搜索到不受干扰的结果,但是,这种"自然"的、不

---

① 对"个人特征"的解释又见王佳琪:《大数据"杀熟"的法律应对》,载《人民法院报》2019 年 6 月 11 日。该文将特征分为"设备""消费场所""消费频率"三类。
② 由比较法的视角,欧盟《一般数据保护条例》第 4 条第 4 款在定义作为自动化决策依据的用户画像时列举了工作表现、经济状况、健康状况、个人偏好、兴趣、信誉、行为、位置或行踪(performance at work, economic situation, health, personal preferences, interests, reliability, behaviour, location or movements)这几个因素,可资借鉴。

受干预的搜索结果可能并不存在——搜索算法中的个性化搜索总是首先发挥作用，排名高于其他任何因素。用户的互联网协议（IP）地址，搜索引擎所在国家和正在使用的语言等组件就已经构成了个性化推荐。① 若依严格的文义解释，电商需要提供一个连 IP 地址、消费者设备所在地都不考虑的自然结果，这本身就与"搜索"的工作机理相悖。此外，当产品或服务的定价系统已经将个性化因素——比如软件于不同系统架构下的开发成本差异，或商品于不同地域的仓储成本差异——考虑在内，那么不同的消费者势必会因使用不同设备或处于不同地域的缘故，就同一产品搜索到不同的最终价格。可见，由设备信息出发，完全自然的搜索结果在许多场合根本无从给出。

其次，"自然搜索结果提供义务"不具有经济理性。从规范性质来看，《电商法》第 18 条第 1 款的文本中没有"当事人另有约定的除外"的表述，即该条款属于强制性规范而非任意性规范——"自然搜索结果提供义务"属于法律课加于经营者的、不得与消费者约定排除的强制性义务。如此一来，企业的经营成本势必增加——只要部署了算法搜集消费者信息，无论是前述四种个人特征中的哪一种，如今都必须提供自然搜索结果。这无疑将增加企业的技术成本与合规成本。② 与此同时，这种法律规范对企业的强制性要求促使企业必须在一定程度上放弃原来的精准营销策略，进而增加企业的宣传成本。上述成本最终都会转换为价格的组成部分，由消费者承担。除显性成本外，在一些交易场景中设置强制性规范还会产生"挤出效应"（crowding-out effect），消解商家原本可能释出的善意，最终使消费者蒙受损失。③

再次，"自然搜索结果提供义务"与商业传统完全背离。从主体身份的角度说，诸如学生与高龄老人优惠这种基于消费者身份与年龄特征的价格决定因素（三级价格歧视）古已有之，但从来不被认为属于法律调整的范围，那为何当交易转为线上，这一立场就应改弦更张？即便以"生/熟"衡量，中国消费者所反感的"大数据杀熟"（对熟客收取更高的价格）被认为是对熟人之间信任的背叛，故比一般的价格歧视听

---

① 参见张凌寒：《〈电子商务法〉中的算法责任及其完善》，载《北京航空航天大学学报》（社会科学版）2018 年第 6 期。
② "被遗忘权"是立法要求电子商务经营者承担对消费者的保护责任会导致经营者人力与资金成本增加的典型例子。"在欧洲树立被遗忘权或擦除权之后的一年多内，谷歌等公司就收到了数十万的请求，要求对一百多万条网页信息进行删除。而在收到这些请求后，谷歌公司又不可以以自动化的方式对所有这些信息进行一键删除。为了保证公众的知情权和其他权利，谷歌公司必须采取个案式的审查，区分具有正当性基础和不具有正当性基础的信息删除。这为谷歌公司增加了不小的负担。"参见丁晓东：《什么是数据权利？——从欧洲〈一般数据保护条例〉看数据隐私的保护》，载《华东政法大学学报》2018 年第 4 期。
③ See Jan M. Smits, "Rethinking the Usefulness of Mandatory Rights of Withdrawal in Consumer Contract Law: The Right to Change Your Mind?", *Penn State International Law Review*, Vol. 29, No. 3, 2011, pp. 679-683.

上去更加负面,给人一种欺诈、没有人情味的感觉,①但是,"对熟客收取更高价格"和"给予生客更大优惠"的含义其实是一样的——消费者对"新用户可领取优惠券"的做法向来宽容。从行为偏好的角度说,根据消费者个性需求区分商品价格(需求量越大则价格越低)的做法司空见惯(二级价格歧视);商家给予决策缜密的人更大优惠也是常态——更会讨价还价的人总是能拿到更低的价格。针对这种"个性定制",法律也从未介入。正如学者所说,"从历史文化的角度来看,根据用户需要来提供商品和服务一直是成为商业典范的关键。没有任何针对性的搜索结果很可能仅仅是一种形式化的存在,而对保护消费者利益并无实际意义"②。

最后,"自然搜索结果提供义务"不符合现行商业实践。即便在《电子商务法》颁布施行后,各大电商并未放弃将消费者"曾经购买的商品"置于搜索结果靠前位置的做法,也没有提供关闭按钮,而是在售后服务协议中说明"在您使用我们提供的站内搜索服务时,我们也同时提供了不针对您个人特征的选项"。③ 事实上,这种将"曾经购买的商品"置于搜索结果前列,同时呈现其他并未购买过的商品的做法,并不构成"提供去个性化选项"——提供不考虑服务记录的、完全随机的排序方式才合乎法律要求。但是,这种看上去违反《电商法》第18条第1款的行为并没有引起执法部门的注意,各大电商似乎也无意改变这样的做法。

归根结底,本来消费者对于搜索结果就有精准的预期,那么为何要强制商家提供一个"以使任何人来进行搜索都得到相同结果"④的自然搜索结果呢?因此,若严守文义,认为本章第一节所总结的个人特征均属于法律规制范围,显然将不当扩大法律介入或干预的范围,对企业在正常范围内的合理经营造成负面影响,脱离《电商法》的立法原意。由此,限制《电商法》第18条第1款的适用范围,明确并坚持"并非所有的定制行为均会因未提供自然搜索结果而承担违法责任"这一立场,殊为必要。

(三) 小结

"《电商法》要求所有根据消费者四类特征定制搜索结果的电商均须提供自然搜

---

① 参见孙亚程:《如何应对"大数据杀熟"?》,载新浪网,http://tech.sina.com.cn/csj/2018 - 05 - 31/doc-ihcffhsw0486304.shtml,2019年9月17日最后访问。
② 张凌寒:《〈电子商务法〉中的算法责任及其完善》,载《北京航空航天大学学报》(社会科学版)2018年第6期。
③ 《隐私权政策》,载淘宝网,https://terms.alicdn.com/legal-agreement/terms/suit_bu1_taobao/suit_bu1_taobao201703241622_61002.html? spm = a21bo.2017.1997523009.38.5af911d9sAHF02,2019年11月11日最后访问。
④ 电子商务法起草组编著:《中华人民共和国电子商务法解读》,中国法制出版社2018年版,第104页。

索结果,否则即属违法"的判断虽可由《电商法》第18条第1款的文义解释得出,但由可操作性、经济理性、商业传统与当下实践的四重维度均可推知,这一判断将导致相关条文的适用范围过宽。正因如此,《电商法》颁布至今,鲜有市场监管部门依据该条款做出处罚,电商的搜索结果定制行为也未见收敛——根据过往消费经历对搜索结果进行排序仍是主流,差别定价也未完全销声匿迹。

因此,是否适用《电商法》第18条第1款不能仅仅考察是否存在定制搜索结果的行为,而应将更多因素纳入考量范围,以限制其实践适用。

三、目的解释视角下限制适用的路径推演

由于《电商法》第18条第1款的文义过于宽泛,其适用范围在实践中可能被不合理地扩大。因此,为限制该条文的适用,应探求其他可能的解释路径。

在现行司法实务与法学理论框架下,对于规范目的的考察至关重要:通过对规范目的的挖掘,不仅可以在文义相对模糊时明确条文的真实含义与应用场景(目的解释、扩大与缩小解释),甚至可以在文义相对清晰的情况下,通过探求规范目的的方法,把本不应属于规制对象的情况排除出适用范围(目的性限缩),反之亦然(目的性扩张)。对于《电商法》第18条第1款来说,其规范目的具有同样的功用:在目前文义过于宽泛的语境下,只有识别出那些紧密贴合规范目的的场景,方能确定该条款的适用范围。反过来说,假如适用该条款完全无益于规范目的的实现,那么该场景就不应属于该条款的规制范围。

(一)作为规范目的的"尊重和平等保护消费者合法权益"

欲由规范目的推演限制适用的具体路径,其逻辑起点在于厘清何为规范目的。本文认为,《电商法》第18条第1款的规范目的在于保护消费者权益。这可以从以下两个方面予以说明。

第一,《电商法》第18条第1款并不只有根据个人特征定制搜索结果者须负担自然搜索结果提供义务的内容——在条文最后还有"尊重和平等保护消费者合法权益"这一句话。虽然这种表达在一般情况下很容易被认为是倡导性规范,并不影响法律行为的效力,也不产生具体的权力(权利)义务,[①]但事实上,《电商法》中的这段

---

① 我国立法中的类似表述,可见《税收征收管理法》第9条第2款:税务机关、税务人员必须秉公执法,忠于职守,清正廉洁,礼貌待人,文明服务,尊重和保护纳税人、扣缴义务人的权利,依法接受监督。《侵权责任法》第84条:饲养动物应当遵守法律,尊重社会公德,不得妨害他人生活。

文字具有宣示规范目的,进而限制适用场景的功能:首先,它旗帜鲜明地表明,《电商法》第18条第1款乃为保护消费者合法权益而设;其次,在本文看来,它也由此为《电商法》第77条所规定的法律责任设置了一项独立于"存在定制行为"与"未履行自然结果提供义务"的构成要件——只有电商实施了侵害消费者合法权益的定制行为,法律才要求其承担不履行自然搜索结果提供义务的法律责任。通过这样的方法,即可实现依规范目的限制适用范围的目标——关于这一点,本文第四章将作进一步论述。

第二,"规范目的在于保护消费者合法权益"的结论亦可由法意解释的路径获得:第18条第1款并非在一开始就被写入了《电商法》,它首次出现于草案三次审议稿第19条第1款。起草者之所以加入该条文,是因为一些参与立法的相关人士提出,在目前的实践中,存在一些电子商务经营者在定向推送商品、服务信息时误导消费者的情况,侵害了消费者权益,故应做出有针对性的规范。① 不难看出,立法者的初衷是为了规制实践中电商在定向推送商品时的误导行为——从本质上说,这是为了保障消费者在消费过程中获得真实、全面信息的权利。

由上可知,我国《电商法》乃为保障消费者合法权益而规制定制搜索结果行为。接下来需要讨论的是,第18条第1款所尊重和保护的,究竟有哪些"消费者合法权益"?与此同时,又有哪些权益因不属于被保护对象而应当排除该条款的适用?值得一提的是,此处的"权益"应与《消费者权益保护法》语境下的"权益"做同等理解,即对调整对象受保护的权利与利益作一体把握,而不需要像侵权法领域一样区分权利与利益,并设置不同的保护程度。② 此外,消费者合法权益既包括消费者在交易中直接享有的、由法律赋予的个体或社会性权益,又包括法律通过调整经营者行为、维护竞争秩序间接提供给消费者的"反射利益"③。故本文将区分直接保护与间接保护二重视角,对应适用第18条第1款予以保护的具体权益展开分析。

---

① 《全国人民代表大会宪法和法律委员会关于〈中华人民共和国电子商务法(草案)〉修改情况的汇报(2018年6月19日)》,载郭锋主编:《中华人民共和国电子商务法法律适用与案例指引》,人民法院出版社2018年版,第482页。
② 参见程啸:《侵权责任法》(第2版),法律出版社2015年版,第113—117页。
③ "反射利益"多见于行政诉讼,指不特定多数受益人中的某一个,经由权利的反射而非自己的权利而受有利益。如,"为防止出现民众诉讼,法律并不认可作为公众的一部分、仅具有反射利益的个人具有诉权"出自李百勤诉郑州市二七区人民政府不履行法定职责案,最高人民法院(2018)最高法行申2975号行政裁定书。在法律调整竞争关系的场合,消费者无疑也会经由经营者公平竞争权的反射而受有利益。关于竞争法的目标之一在于保护消费者福祉的论述,参见 Richard Whish, David Bailey, *Competition Law*, 8th Edition, Oxford University Press, 2015, pp. 19-21。

（二）直接保护视角下的合法权益界定

首先，《电商法》第18条第1款旨在保护消费者的知情权。[①] 在消费者权利的概念被提出时，"有权获得正确资料"即为其中重要一项。[②] 时至今日，知情权被认为是消费者正确判断和选择商品或服务的前提。消费者若要做出明智的选择，不仅需要获得真实的信息，而且要拥有充分或足量的信息。在电子商务场合，由于每一块屏幕均构成消费者之间的天然区隔、消费者能看到什么样的内容几乎完全由算法决定，[③] 故定制搜索结果的提供往往在消费者不知情的情况下完成。换言之，搜索结果被呈现在某个消费者面前时，作为其内容的商品种类、选项数量与单品价格其实与其他消费者并不相同，但出于电子商务的特殊性，个体消费者完全不知道这一点，只能被动接受。且不说商品种类与选项数量，价格毫无疑问是最基本、最重要的交易信息，有关价格的信息历来是消费者知情权保障的对象。若如前例，电商对消费者实施差别定价，又故意将消费者蒙在鼓中，诱使其在意思表示不真实的情况下接受要约、做出承诺，这毫无疑问属于立法者要求《电商法》予以回应的"经营者定向推送商品、服务信息存在误导"之范畴，亦将构成对消费者知情权的侵害。[④] 此外，定制的搜索结果乃因电商所搜集的个人数据产生，而针对数据的知情权也被认为是数据权利中非常重要的组成部分。[⑤] 因此，无论是针对交易信息还是数据使用，其知情权均应属第18条第1款的保护对象——若有侵害，应适用该条款。

其次，第18条第1款旨在保护消费者的人格尊严——在我国消费者权利语境下则被表述为"受尊重权"。申言之，即便消费者完全知晓商家针对其个人特征定制搜索结果，这种定制行为也可能因其依据的特征类型——尤其是前文提及的主体身份信息，如种族、民族、性别等——输出带有侮辱或歧视意味的搜索结果，从而损害消费者的人格尊严。有学者指出，由于"偏见进，则偏见出""大小样本的地位悬殊""无处可藏的敏感属性"等原因，无论从文化、技术哲学，还是心理学角度，都会得出"大数据算法并不是中性的，而是具有歧视性本质"的结论。[⑥] 算法黑箱中所包含的社会偏

[①] 参见郭锋主编：《中华人民共和国电子商务法法律适用与案例指引》，人民法院出版社2018年版，第345—347页。
[②] 参见陈燕红：《论消费者知情权的权利实现》，载《暨南学报》（哲学社会科学版）2013年第11期。
[③] 参见朱巍：《网络直播推荐分发算法应纳入法治轨道》，载《检察日报》2018年1月24日。
[④] 参见邹开亮、刘佳明：《大数据"杀熟"的法律规制困境与出路——仅从〈消费者权益保护法〉的角度考量》，载《价格理论与实践》2018年第8期。
[⑤] 参见程啸：《论大数据时代的个人数据权利》，载《中国社会科学》2018年第3期。
[⑥] 参见张玉宏、秦志光、肖乐：《大数据算法的歧视本质》，载《自然辩证法研究》2017年第5期。

见将不可避免地作用于消费者,①加剧针对被保护人群的实质性歧视。② 这也是国外与自动化决策有关的案例主要集中在这个领域,③学者普遍认为应在这一领域设置处理禁区④的原因。正是由于消费者受尊重权在定制搜索结果场合的易受侵害性,此种权利亦应属《电商法》第18条第1款的保护对象。

在知情权与受尊重权之外,还有观点认为定制搜索结果可能侵害消费者的选择权⑤与公平交易权⑥。然而,消费者选择权的真意在于自由选择交易对象与商品,倘若电商不具有强迫消费者交易的市场地位(如出国旅行的导游、行业垄断者等),⑦选择权一说似乎无从谈起——即便经营者部署的算法使某些交易选项排序靠后或不可见,消费者失去选择的本质原因还是没有掌握足够信息,而非强迫交易。公平交易权亦然——既然提供个性化搜索结果的行为本身无可厚非,针对不同用户提供差异化价格与商品/服务内容原则上并不为法律秩序所禁止,那其真意最终只会落实到知悉真情与反对歧视上。

(三) 间接保护视角下的合法权益界定

下一个需要讨论的问题是,经由法律保护竞争秩序而作用于消费者的反射利益,是否也属于《电商法》第18条第1款保护的"消费者合法权益"? 申言之,通过损害竞争造成社会整体福利下降而导致消费者利益受损的定制搜索结果行为,是否属于本条的适用对象? 本文认为,回答应当是否定的。理由可从如下两个方面予以说明。

1. 定制行为不一定具有反竞争性或损害社会整体福利

倘若消费者合法权益因定制行为害及竞争秩序或社会整体福利而受损,那么其前提须为定制行为侵害上述两种法益,因此需要考察定制行为的竞争性与反竞争性

---

① 参见於兴中:《算法社会与人的秉性》,载《中国法律评论》2018年第2期。
② See Ariel Ezrachi, Maurice E. Stucke, "The Rise of Behavioural Discrimination", *European Competition Law Review*, Vol. 37, No. 12, 2016, p. 491.
③ 对美国有关算法歧视相关案例的介绍,可见郑智航、徐昭曦:《大数据时代算法歧视的法律规制与司法审查——以美国法律实践为例》,载《比较法研究》2019年第4期。又见刘友华:《算法偏见及其规制路径研究》,载《法学杂志》2019年第6期。
④ 学者认为,个人信息有敏感信息与一般信息之分,前者与人们隐私关系重大,理当以特别保护,应设置自动化决策处理禁区。例如,1981年欧洲理事会《有关个人数据自动化处理之个人保护公约》第6条就明确规定,禁止对泄露种族血缘、政治见解、宗教或其他信仰、健康或性生活、犯罪记录等个人信息的数据进行自动化处理。此外,欧盟、加拿大以及我国澳门、台湾地区的法律也存在类似的规则。参见郑志峰:《人工智能时代的隐私保护》,载《法律科学》(西北政法大学学报)2019年第2期。
⑤ 参见电子商务法起草组编著:《中华人民共和国电子商务法解读》,中国法制出版社2018年版,第104页。
⑥ 参见姚佳:《消费者法理念与技术的重构》,法律出版社2019年版,第92页。
⑦ 参见李适时主编:《中华人民共和国消费者权益保护法释义》,法律出版社2013年版,第34—37页。

意涵,以及对社会整体福利的影响。

对此,既有讨论主要是围绕其中最有争议的一种类型——算法价格歧视行为——展开的。从市场竞争的角度说,有观点认为,这种行为具有排挤或消灭竞争对手的反竞争性。① 就对社会整体福利的影响而言,学者指出,消费者在决策受到个性化定制引导的情况下,更容易做出盲目的消费选择,以致不能把手中的资金投入真正能够提高社会生活水平的项目(比如养老、储蓄、慈善、保险)上去,②导致社会整体福利的下降。还有学者认为,那些主张一级价格歧视在经济上具有效率性的观点往往忽略了企业在实施歧视的过程中所需要负担的包括细分客户、识别需求弹性、防止转售在内的种种开支,而这些开支的存在可能导致歧视行为的不效率。③ 当交易信息愈发庞杂,定制行为也有助于实现对那些警惕性较弱的消费者的欺诈。此外,价格歧视被认为与消费者所追求的社会公平相悖,也会间接导致商家与消费者之间信任的丧失:④消费者其实并不愿意在实施价格歧视的商家处消费。⑤ 从这个意义上说,价格歧视还有潜在的抑制交易的后果。

如果上述与"额外开支""欺诈""抑制交易"有关的论述成立,那通过定制搜索结果方式实现的价格歧视显然具有反竞争性,且害及社会整体福利,从而需要法律的规制。但实际上,规制定制行为——哪怕是争议最大的算法价格歧视——的正当性并不能在理论上得到证实。

与前述立场针锋相对的是,不少学者认为算法价格歧视的负面影响被夸大了——在他们看来,利用消费者基本个人信息和网页浏览记录提供不同价格并不必然损害竞争。⑥ 从事实上看,价格歧视广泛存在且一定程度上被市场接受——例如批发价格低于零售价格、给予学生群体以学生价优惠都是常见的价格歧视,但消费者却并不排斥此类价格歧视,法律通常也并不会对其进行规制。从理论上看,经济学家

---

① 参见施春风:《定价算法在网络交易中的反垄断法律规制》,载《河北法学》2018年第11期。
② See Ariel Ezrachi, Maurice E. Stucke, "The Rise of Behavioural Discrimination", *European Competition Law Review*, Vol. 37, No. 12, 2016, p. 490.
③ See Peter T. Leeson, R. Sobel, "Costly Price Discrimination", *Economic Letters*, Vol. 99, Issue 1, 2008, pp. 206-208.
④ 问卷调查显示,英美等国消费者对基于消费者个人特征的区别定价态度十分负面。See Office of Fair Trading, "Online targeting of advertising and prices: A market study", http://webarchive.nationalarchives.gov.uk/20140402142426/http://www.oft.gov.uk/shared_oft/business_leaflets/659703/OFT1231.pdf, pp. 40-41, last visited: 2019/11/19.
⑤ See Ellen Garbarino, Sarah Maxwell, "Consumer Response to Norm-Breaking Pricing Events in E-Commerce", *Journal of Business Research*, Vol. 63, Issues 9-10, 2010, pp. 1066-1072.
⑥ See Christopher Townley, Eric Morrison, KarenYeung, "Big Data and Personalised Price Discrimination in EU Competition Law", *King's College London Law School Research Paper*, No. 2017-38, available at SSRN: https://ssrn.com/abstract=3048688 or http://dx.doi.org/10.2139/ssrn.3048688 (last visited on 2019-11-15).

认为一定程度的价格歧视有利于有效率地配置市场资源,增加社会整体福利。比如,一级价格歧视的实现"与完全竞争一样具有资源配置效率",此时,生产者通过侵占消费者剩余使"生产者剩余达到最大,消费者剩余等于零,社会福利净损失也下降为零",①从而实现了社会福利的增加。而且,价格歧视具有相当的收入转移效应,通过对价格敏感度较低的消费者收取更高的价格,对价格敏感度较高的消费者收取更低的价格,满足了多层次消费者的需求,这反而会促进社会公平。对企业来说,通过精准定位提供更好的价格可以促进企业的发展壮大,从而使整个社会受惠。②

事实上,在大数据算法出现之前,社会上很少出现一级价格歧视的情形。在经济学领域,这种价格歧视对社会整体福利的影响还存有争论。③ 其中认为一级价格歧视有利于社会总体福利提高的观点并不能被忽略。从竞争性与整体福利的角度出发,得出"消费者利益因算法价格歧视害及竞争与社会福利而受损"的结论略显仓促,遑论一般意义上的定制搜索结果。即便从朴素法感情的角度出发,恐怕也很难认为把"您浏览过的商品"放在搜索结果前列,就会损害竞争秩序、带来整体福利的下降。

2. 执法工具箱以竞争法为已足

虽然一般意义上的定制行为不一定具有反竞争性或损害社会整体福利,但从理论与域外实践来看,那些具有强大市场地位乃至市场支配地位的经营者若实施定制行为,还是会引起执法者的特别关注。比如,美国多州针对谷歌的广告与搜索业务曾发起反垄断调查,其中一项重要原因即谷歌搜集并占有大量有关广告主、广告公司与消费者的个性化数据,从而能更好地利用用户的搜索发布广告,为其自身谋求利润。④ 那么,当具有强大市场地位的经营者实施定制行为时,消费者合法权益是否应当受到反射性保护,从而推出定制行为应属于《电商法》第 18 条第 1 款的适用范围呢?

本文对此持否定立场。从域外实践来看,法律介入的根本原因并不是经营者实施了定制行为,而是这些互联网巨头占据着重要的市场地位。与传统企业不同,数据一方

---

① 何娟、李映东:《价格歧视对社会福利影响的探讨》,载《价格理论与实践》2003 年第 10 期。
② 假设销量不变的情况下,一般价格上涨 1%的话,相应的营业利润会增加 8.7%,而每年成千上万的定价决策公司中,有 30%的企业未能提供最好的价格,这是一笔很大的损失。差异化定价策略利用海量数据帮助企业洞察到会影响价格的因素,可以找到客户更愿意支付的最优价格。参见〔美〕沃尔特·L. 贝克、迈克尔·V. 马恩、克雷格·C. 扎瓦达:《麦肯锡定价》,赵银德译,机械工业出版社 2017 年版,第 4 页。
③ 一方面,一级价格歧视有可能同时使商家与消费者受惠,并将之前未获有效服务的消费者纳入服务范围,从而增强市场力量(market power)、增加社会整体福利;另一方面,它也可能将福利由消费者转移至商家,并导致整体社会福利水准的下降——尤其是对那些支付意愿较高的消费者而言,情况将越来越糟。See Frederik Zuiderveen Borgesius, Joost Poort, "Online Price Discrimination and EU Data Privacy Law", Journal of Consumer Policy, Vol. 40, Issue 3, 2017, pp. 353-355.
④ See Christopher Varga, "Tech Giant Google Faces Additional Antitrust Probe", https://news.yahoo.com/tech-giant-google-googl-faces-170605978.html (last visited on 2019-9-17).

面是这些巨头提供的产品,另一方面又构成它们享有的核心资源。当网站规模达到一定程度时,数据会天然地向它们汇集,并且排斥后来的竞争者——"只要网络巨头公司的数据优势不断加强,就不会有新生产品可以替代它们。"[①]正是这种排斥竞争的天然属性,决定了法律规制的工具箱应由竞争法——尤其是反垄断法——提供。

值得注意的是,这种竞争法规制不能推导出对象行为在一般意义上具有违法性,故不应在非竞争法语境下予以禁止。我国法对搭售行为的处理即属此类:《反垄断法》第17条第1款禁止具有市场支配地位的经营者"没有正当理由搭售商品",而《电商法》第19条却并不禁止搭售行为,只是要求电商"应当以显著方式提请消费者注意,不得将搭售商品或者服务作为默认同意的选项"。同样的逻辑亦可类推适用于定制搜索结果:假如定制行为因实施者具有市场支配地位而产生反竞争性,应交由《反垄断法》第17条处理,且此种处置不能证明定制行为存在一般意义上的反竞争性,亦不能证成对其他立法予以一般性规制的必要性。总之,竞争法在相关领域已提供足够的制度性资源,并不需要《电商法》的额外介入——这种场合的消费者利益就算值得保护,其规范目的的实现也并不依托于《电商法》,它并不属于第18条第1款的适用范围。[②]

(四)小结

从解释论出发,我国《电商法》规制定制搜索结果行为的规范目的在于保护消费者合法权益。故可通过界定"合法权益"的方式明确《电商法》第18条第1款的保护对象,从而确定该条款真正的适用范围。从定制行为的本质特征出发,完全自由生长的定制行为会导致消费者知情权与受尊重权受有损害,因此应适用保护上述两类权利的规则。然而,它未必损及市场竞争与社会整体福利,故此种语境下并无须得到反射性保护的消费者合法权益。即便实施者具有市场支配地位,《反垄断法》之执法工具箱已提供足够制度资源,无须借助《电商法》的力量。由此,只有知情权与受尊重权才是《电商法》第18条第1款中规定的合法权益——只有侵害这两种权利的定制行为需要《电商法》的规制。除此之外的定制行为,《电商法》不应干涉。

那么,上述结论若置于我国法语境之下,可否获得规范的进一步支撑?在实践中又应如何确定具体的评价标准和适用机制呢?

---

① 〔美〕弗兰克·帕斯奎尔:《黑箱社会:控制金钱和信息的数据法则》,赵亚男译,中信出版集团2015年版,第120页。
② 我国学者认为处理算法歧视问题可从反垄断法视角入手,在一定程度上突破对其是否具有市场支配地位之考察的,可见施春风:《定价算法在网络交易中的反垄断法律规制》,载《河北法学》2018年第11期。

四、体系解释视角下限制适用的具体制度安排

正如前述,我国《电商法》第 18 条第 1 款的规制目的在于保护消费者的知情权与受尊重权。因此,搜索结果定制行为只有在损害这两种权利的情况下才需要法律的介入,而非所有基于个人特征的定制行为都应使电商背负法定义务与因不履行义务而导致的行政处罚。然而,仅明确规范目的是不够的。欲通过规范目的限制适用范围,须在解释论层面找到依据,并结合实践中的具体案型确定更加细化的评价标准。

(一) 作为责任构成要件的"侵害消费者合法权益"

本文认为,条文中"尊重和平等保护消费者合法权益"的表述不仅仅具有宣示立法目的的功能,同时也提供了电商是否需要承担法律责任的评价依据。申言之,侵害本条所意图保护的合法权益是违反自然搜索结果提供义务之法律责任的构成要件之一。须同时满足《电商法》第 18 条第 1 款规定的"电商经营者根据个人特征定制搜索结果""违反自然结果提供义务"及"侵害消费者合法权益"三项要件,方能适用《电商法》第 77 条规定的法律责任。① 也就是说,只有那些侵害消费者知情权、受尊重权的定制行为,才有法律介入的必要性,才会引起法律责任。②

与此同时,这样的表述直接将适用者对于责任构成的判断引向我国《消费者权益保护法》(以下简称《消法》)第 8 条(知情权)和第 14 条(受尊重权)等规定。申言之,欲理解条文中的"消费者合法权益"一词,应当立足于我国《消法》相关条文的体系解释——正如学者所说,"平台算法责任的标准与后果直接链接了《消费者权益保护法》与其他法律法规"③。

值得说明的是,虽然《电商法》与《消法》不具有法典意义上的体系性,但上述体系解释并非不可行:从规制对象上说,《电商法》与《消法》在为电商经营者设定法定义务、针对电商消费者合同做出特别规定等方面存在重合——《消法》提供了适用于消费者

---

① 事实上,在法条中设置相对抽象的、体现规范目的的构成要件表达在我国立法中并不罕见。比如,在格式条款规制领域,我国《消法》第 26 条不仅列举了三种典型的无效条款,同时还设置了"不公平、不合理"限定性要件:并不是所有的免责或限责条款都是无效的,只有其中不公平、不合理的条款才是。无论"公平"抑或"合理",均属于价值意义上的抽象标准,需要适用者在实践中予以具体化。
② 有学者认为,第 18 条第 1 款写明的"尊重和平等保护消费者合法权益"是法律在自然搜索结果提供义务之外,为个性化算法设置的一条底线。参见张凌寒:《〈电子商务法〉中的算法责任及其完善》,载《北京航空航天大学学报》(社会科学版)2018 年第 6 期。从与《消法》第 26 条的对比中便可看出,这里"底线"的意义和消法限制适用范围的"不公平、不合理"是一样的。
③ 参见张凌寒:《〈电子商务法〉中的算法责任及其完善》,载《北京航空航天大学学报》(社会科学版)2018 年第 6 期。

与经营者这一组对象关系的一般规范,而《电商法》提供了这组对象关系在电子商务领域的特别规定。① 在电商领域,《电商法》有特别规定的,应适用《电商法》;《电商法》没有规定或规定不明确的,应从《消法》的一般规范出发,理解《电商法》相关条文。

从性质上说,《电商法》包含了相当一部分与民事责任有关的规定,比如《电商法》第 38 条对电商平台经营者资质审核义务及安全保障义务的规定。但是,这部立法无疑也具有经济法的性质,规定了国家介入经济生活与市场交易的场景与手段,具有公法与私法的二重性。正如学者所说,平台责任其实是民事、行政、刑事责任——甚至还包括社会责任——叠加在一起的一种责任,因此将《电商法》归入任何一个传统意义上的法律部门可能都是不准确的。② 这种性质其实和《消法》十分相似:后者虽然一般被认为是政策型特别民法,③但在我国的语境下,《消法》的公法色彩较之其他法域更为浓重。申言之,它并非从民法体系中析出,而是"遵循一条独特的产生路径"。④ 它不仅在立法技术上和民事基本法存在差异——法律责任单设一章,且十分倚重以责令改正、没收违法所得与罚款为中心的行政处罚,而且,从实证的角度说,法律的实现(enforcement)在很大程度上也更加依靠以市场监督管理机构干预为代表的公力实现(public enforcement),而非以普通消费者诉讼行为为代表的私力实现(private enforcement)——旧《消法》在普通消费者(而非职业打假人)中几乎处于无用状态的惩罚性赔偿条款就是极好的例子。⑤

由我国《消法》出发,结合本文第三章总结的规范目的,实践中侵害消费者权益的定制行为可分为"侵害知情权型"与"侵害受尊重权型"两大类。

(二) 侵害消费者知情权的搜索结果定制行为

我国《消法》保护消费者知情权的核心机制是课加于经营者的信息提供义务。⑥

---

① 由比较法的角度观察,欧盟针对电子商务做出专门规定的指令,如《远程交易指令》(97/7/EC)、《消费者权益指令》(2011/83/EU),均属于消费者法领域。
② 参见薛军:《电子商务法平台责任的初步解读》,载《中国市场监管研究》2019 年第 1 期。
③ 参见谢鸿飞:《民法典与特别民法关系的建构》,载《中国社会科学》2013 年第 2 期。
④ 参见姚佳:《消费者法理念与技术的重构》,法律出版社 2019 年版,第 72 页。
⑤ 参见应飞虎:《知假买假行为适用惩罚性赔偿的思考——基于法经济学和法社会学的视角》,载《中国法学》2004 年第 6 期。
⑥ 出于保护消费者知情权的特别要求,《消法》规定的信息提供义务相比《合同法》中作为附随义务的告知义务适用范围更大、内容更丰富。在一些场合,哪怕经营者提供的信息已经达到了国家或行业标准,仍有可能因不能全面实现消费者的知情权而会被认定为违反《消法》上的信息提供义务。针对这种知情权与信息提供义务互动关系的讨论,可见李友根:《论经济法权利的生成——以知情权为例》,载《法制与社会发展》2008 年第 6 期;又见万方:《我国〈消费者权益保护法〉经营者告知义务之法律适用》,载《政治与法律》2017 年第 5 期。对《消法》知情权与信息提供义务相关条文的梳理,及与《合同法》中未履行义务之法律效果相关条文的体系整合,可见陆青:《论消费者保护法上的告知义务——兼评最高人民法院第 17 号指导性案例》,载《清华法学》2014 年第 4 期。

根据我国《消法》第 20 条第 1 款,经营者在向消费者提供有关商品或者服务的质量、性能、用途、有效期限等信息时,应当满足"真实"与"全面"的要求。① 若比较两者,真实性要求的解释空间相对较小,即经营者不得作虚假或引人误解的陈述。否则,不仅消费者享有基于民事基本法规范的撤销合同的权利(《合同法》第 54 条)、基于《消法》主张惩罚性赔偿的权利(《消法》第 55 条),市场监管部门亦可对经营者做出行政处罚决定(《消法》第 56 条)。全面性要求则相对复杂——这一要求乃为救济信息不对称而提出,但消费者所获信息在何种情况下可谓"全面、充分"这一问题却并不好回答。② 从《消法》第 28 条来看,全面性要求与商品或服务本身的复杂程度和对消费者人身财产利益的影响程度成正比关系:越是复杂的,或是对消费者财产和人身利益影响越大的商品或服务,法律对经营者提供信息的全面性要求就越高。

  落实到搜索结果定制行为,根据真实性要求,经营者须在为消费者定制搜索结果时提供真实无误的信息,不得有误导消费者决策、使消费者违背真实意思做出意思表示的情形,否则即构成对消费者知情权的侵害。这样的立场与《消法》《反不正当竞争法》《广告法》对虚假宣传、欺诈消费者行为的规制完全一致,在判断上也可参考上述情形。比如,电商平台不得在定制搜索结果中为支付能力更强的消费者虚构一个根本不存在的最高价选项作为对比,诱使他们选择远高于市场价格的次高价选项(Use of Decoys)。③ 不过,在此类情形中要求经营者提供去个性化选项实属多余,直接依据虚假宣传、欺诈消费者等规则处理即可。

  根据全面性要求,经营者不仅需要保证自己提供的信息全然无误,还需要确保消费者知晓自己所获得的搜索结果乃基于个性化定制产生。④ 这样的思路还可确保与第 18 条第 2 款的规制目的保持一致:在四次审议稿公布之后,一些参与立法的相关人士认为对电商向消费者发布广告的行为应做出相应规定,故如今的第 2 款取代了原先搭售条款的位置——这本质上也是为了向消费者提供更加全面的信息。⑤

  参考《消法》对于信息提供全面性的规定,个性化定制的程度愈高,消费者愈不容易发现自己的决策会受到潜在影响,作为搜索结果的商品与服务对消费者决策、财

---

① 由立法论的角度,有学者认为我国《消法》对于信息提供义务的规定缺少了"及时"的要求。参见王宏:《消费者知情权研究》,山东人民出版社 2015 年版,第 186 页。
② 参见姚佳:《消费者法理念与技术的重构》,法律出版社 2019 年版,第 87 页。
③ See Ariel Ezrachi, Maurice E. Stucke, "The Rise of Behavioural Discrimination", *European Competition Law Review*, Vol. 37, No. 12, 2016, pp. 487-488.
④ See Frederik Zuiderveen Borgesius, Joost Poort, "Online Price Discrimination and EU Data Privacy Law", *Journal of Consumer Policy*, Vol. 40, Issue 3, 2017, p. 356.
⑤ 参见《全国人民代表大会宪法和法律委员会关于〈中华人民共和国电子商务法(草案四次审议稿)〉修改情况的汇报》(2018 年 8 月 31 日),载郭锋主编:《中华人民共和国电子商务法法律适用与案例指引》,人民法院出版社 2018 年版,第 474 页。

产与人身利益的影响愈大,经营者提供信息的方式就应愈显著,需要提供的信息内容就应愈翔实。比如说,如果经营者只是根据设备信息和服务记录,将消费者曾经消费过的店铺放在搜索结果的较前位置,并标记"您购买过的店铺",那么就可以认定经营者已经履行了信息提供义务——即便经营者未提供随机排序,也因未侵害消费者合法权益而不承担法律责任。但如果是根据设备信息、主体身份或消费习惯实施差别定价,或给予某些支付意愿低、保留价格低的消费者以更大优惠(imperfect willpower,包括取消那些支付意愿高、保留价格高的消费者的优惠券等),[1]或根据自动化决策对某些价值较大的商品或服务做出某种结论性意见(比如只对一部分消费者可见),前述一般性的标记就不够了。

在这些场合,就披露方式来说,经营者惯用的在隐私政策中利用格式条款告知的方式并不足以满足全面性要求,因为绝大多数消费者根本不会阅读隐私政策。正如学者所说,"网站的隐私政策往往非常专业,即使是专业性的学者,要想完全理解可能都需要花费很大精力,就更不用说一般读者了。一般读者在面对此类隐私政策时,往往是一头雾水,难以对其进行准确判断"[2]。因此,经营者必须根据不同交易类型,充分利用其电子化平台,利用互动式文本或弹窗等方式进行披露。比如,针对在智能投顾过程中可能产生的算法歧视问题,学者提出,对算法在特定情形下可能产生的利益偏离风险、算法中所暗含的可能引起智能投顾运营者与投资者之间利益冲突的信息等内容的披露,必须以合理的方式做出,必须以投资者易于获取和理解的方式进行。[3]

就披露内容来说,在与消费者决策、人身与财产利益密切相关的领域,经营者不仅需要告知消费者个性化定制的事实,还需要就具体算法中的考量因素——例如本文第一章所归纳的四种"个人特征"中究竟哪几种被列入考量范围,以及对消费者可能产生的影响及风险等信息向消费者说明。与此同时,倘若消费者要求经营者解释定制结果,基于全面性要求,经营者亦有义务向消费者开示定制理由,否则即不得以该结果约束消费者。这样的立场与涉消费者知情权的指导案例64号一致,[4]也与

---

[1] See Ariel Ezrachi, Maurice E. Stucke, "The Rise of Behavioural Discrimination", *European Competition Law Review*, Vol.37, No.12, 2016, p.488.
[2] 丁晓东:《什么是数据权利?——从欧洲〈一般数据保护条例〉看数据隐私的保护》,载《华东政法大学学报》2018年第4期。
[3] 参见郑佳宁:《论智能投顾运营者民事责任——以信义义务为中心的展开》,载《法学杂志》2018年第10期。
[4] 指导案例64号:刘超捷诉中国移动通信集团江苏有限公司徐州分公司电信服务合同纠纷案。该案裁判要点为:经营者在格式合同中未明确规定对某项商品或服务的限制条件,且未能证明在订立合同时已将该限制条件明确告知消费者并获得消费者同意的,该限制条件对消费者不产生效力。

学者们主张的算法解释权内涵一致。① 需要说明的是,披露内容应聚焦于影响商品或服务价格的考量因素而非技术层面的算法。这是因为,一方面,算法本身可能属于经营者的商业秘密,被牺牲以换取消费者的知悉收益不大,也不符合"规范性期待";② 另一方面,算法有时是极难解释的,当算法的自动学习向深层架构发展时,其规则和运作方式可能连开发者都无法理解,其内部机制和决策过程甚至对其开发者和使用者都不再完全透明,遑论消费者。③

除经营者须依真实与全面标准向消费者提供信息外,《消法》对于消费者知情权的保障还体现在经营者不得对消费者自发搜集信息设置障碍——根据《消法》第9条,消费者有权对商品进行比较。④ 具体到本文语境,如果经营者根据消费者个人特征定制搜索结果,且该定制涉及价格等交易核心要素,或对消费者决策影响较大,则不得以技术手段限制消费者使用比价软件,也不得使用其他手段在实质上限制消费者的比较机会——比如对某一笔交易设置极短的承诺期限(向所有消费者开放的秒杀当然不在此限),或是营造极具压迫感的竞争购买关系("只剩一间空房,其他二十五人正在看")。正如前述,行为歧视在传统上需要强大的行业控制甚至垄断能力才能维持,但数字经济时代的新技术已经改变了这样的状态。因此,倘若经营者存在上述限制行为,又没有提供去个性化选项,则需要承担《电商法》第77条规定的法律责任。

(三) 侵害消费者受尊重权的搜索结果定制行为

即便经营者就定制搜索结果履行了法律要求的信息义务,未损及消费者知情权,其仍有可能因定制行为害及消费者的人格尊严而需要承担额外的法律后果,甚至包括罚款等行政处罚。根据我国《消法》第14条,消费者在购买、使用商品和接受服务时,其"人格尊严"和"民族风俗习惯"理应得到商家的尊重——《消法》对于消费者人格尊严的保护,乃通过此所谓"受尊重权"之路径。与侵权法或人格权法保护人格尊严一致,《消法》规定的人格尊严受保护同样源于我国《宪法》第37条的规定。落

---

① 根据学者对于算法解释权的论述,消费者有权了解自动化决策的规则和因素,这既可以排查具体决策适用的规则是否包含歧视性、非法性问题,又可以让相对人知晓具体不利决策做出的原因。参见张凌寒:《商业自动化决策的算法解释权研究》,载《法律科学》(西北政法大学学报)2018年第3期。
② 参见林洹民:《自动决策算法的法律规制:以数据活动顾问为核心的二元监管路径》,载《法律科学》(西北政法大学学报)2019年第3期。
③ 参见张凌寒:《风险防范下算法的监管路径研究》,载《交大法学》2018年第4期。
④ 此处,虽然有权比较被置于"自主选择权"项下,但其实质仍是保障消费者能在选择过程中获取更多信息、做出更理性的决策,与自主选择权通过反对指定消费场所、反对强制交易所保护的法益并不一致。

实到消费场景，则不仅包括由民事基本法保护的、可能引发权利主体损害赔偿请求权的情形——比如经营者侮辱消费者，也包括经营者通过格式条款赋予自身强行搜查消费者身体、行李之权利等较难引起损害赔偿请求权，或是损害赔偿数额较低的情形。对于民族风俗习惯的特别强调则是因为我国的国情——我国是一个统一的多民族国家，各民族的风土人情、饮食习惯、居住方式、衣着服饰、婚丧嫁娶、礼节禁忌等存在诸多不同，而这些都与消费行为密切相关。

不难看出，我国《消法》对于消费者受尊重权的规定主要着眼于消费者的内部名誉。其中，少数民族人民的风俗、习惯尤其需要经营者予以尊重。对于此种法益的保护，民事基本法乃通过"人格尊严权—侵权损害赔偿"的路径实现。但在《消法》的语境下，公力救济并不以消费者的民事权利受到侵害为前提。比如，针对群体或不特定人的歧视在民事基本法的语境下一般不会引起损害赔偿请求权，但市场监督管理部门却有权基于《消法》要求其改正(《消法》第 56 条第 1 款第 9 项)。比如，某健身会所销售总监在公开平台发表地域歧视言论，当地市监部门即责令涉事企业停业整顿，并协助对需要办理退卡的会员进行登记。[①]

落实到定制搜索结果的场合，本文认为亦应持相同立场：倘若定制搜索结果害及消费者内部名誉，则可认定为未尊重消费者合法权益。由于定制搜索结果所依据的特征中涉及内部名誉的大多是主体身份特征，即性别、民族、种族、职业、健康状况等，故引起内部名誉损害的主要是歧视行为。针对此类歧视，既有研究主要集中于讨论"问题是如何产生的"[②]"在哪个环节处理""可使用何种手段处理"相关问题，[③]而对于究竟何种歧视可谓侵害消费者受尊重权的讨论较少。棘手的是，与知情权权利意识的日益觉醒不同，我国消费者的歧视敏感度素来较低——何谓《消法》意义上的"歧视"或侵害受尊重权在实践中往往较难判断。本文认为，对此问题可参考比较法上的"差别性影响标准"，[④]即通过对行为与决策是否构成对特定群体的差别性负面影响的考察，判断是否存在歧视。[⑤]申言之，应从客观角度观察是否存在不合理的区别待遇，区别待遇的类型和理由是否为法律所禁止，以及客观上是否由于区别待遇造

---

① 参见雷燕超、张熙廷：《发布涉地域歧视不当言论，河南一健身会所被停业整顿》，载新京报网，http://www.bjnews.com.cn/news/2019/03/15/556495.html，2019 年 11 月 5 日最后访问。
② 参见崔靖梓：《算法歧视挑战下平等权保护的危机与应对》，载《法律科学》(西北政法大学学报)2019 年第 3 期。
③ 参见刘友华：《算法偏见及其规制路径研究》，载《法学杂志》2019 年第 6 期。
④ 参见郑智航、徐昭曦：《大数据时代算法歧视的法律规制与司法审查——以美国法律实践为例》，载《比较法研究》2019 年第 4 期。
⑤ 参见卜素：《人工智能中的"算法歧视问题"及其审查标准》，载《山西大学学报》(哲学社会科学版)2019 年第 4 期。

成了不公平、不公正的不良后果。①

综上,如果定制搜索结果的考量因素中包括性别、民族、种族、职业、健康状况等主体身份特征中较为敏感的部分,则其因涉嫌歧视、有侵害受尊重权之虞而需要额外评价。倘若该考量因素在实质意义上存在歧视,则经营者必须提供去个性化选项。②比如,求职平台若因使用者为女性便在搜索结果中主动筛选、尽力呈现以女性为主体从业人员的岗位,应允许使用者清除这种"个性定制",从而使得平台不优先呈现以性别为筛选依据的岗位,否则就需要承担《电商法》第 77 条规定的法律责任。

(四) 小结

由解释论出发,《电商法》第 18 条第 1 款"尊重和平等保护消费者合法权益"的表述应理解为定制搜索结果法律责任的构成要件,即只有同时满足"根据个人特征提供搜索结果""未履行自然搜索结果提供义务""侵害消费者合法权益"三项要件,方适用《电商法》第 77 条所规定的法律责任。

满足构成要件的行为主要可区分为侵害消费者知情权、侵害消费者受尊重权两大类。前者应以"真实""全面"为标准,评核定制搜索结果的经营者是否履行了信息义务——对消费者决策、人身与财产权益的影响越大,提供信息的方式就应越显著、内容就应越翔实;与此同时,经营者不得使用技术手段妨碍消费者自行搜集信息,比如使用比价软件。后者主要指向实质性歧视性结果,包括性别、民族、种族、职业和健康状况等类型。

五、结语

在本文看来,对《电商法》第 18 条第 1 款的理解应采如下立场:针对消费者个性特征提供差异化搜索结果本身无可厚非,真正值得保障的法益,是消费者对于真实、全面信息的知悉,以及在磋商、交易过程中所获得的尊重。只有将条文中具有宣示规范目的意义的"尊重和平等保护消费者合法权益"实化,以该规范目的作为限制适用的路径起点,继而结合《消法》对于知情权与受尊重权保护的规定,方能准确定位该条款的应用场景——在有效回应实践痛点的同时,不至于打击面过大,使经营者乃至整个社会承受不必要的合规成本。

---

① 参见徐琳:《人工智能推算技术中的平等权问题之探讨》,载《法学评论》2019 年第 3 期。
② 参见施春风:《定价算法在网络交易中的反垄断法律规制》,载《河北法学》2018 年第 11 期。

除《电商法》之外,政府向社会公布的《在线旅游经营服务管理暂行规定(征求意见稿)》(以下简称《征求意见稿》)也涉及对定制搜索结果的规制。《征求意见稿》第16条规定:在线旅游经营者不得利用大数据等技术手段,针对不同消费特征的旅游者,对同一产品或服务在相同条件下设置差异化的价格。本文认为,对类似规范亦应作如是观:在信息透明、竞争充分的市场条件下,消费者对于不公对待与弄虚作假的厌恶自然会把无良的经营者赶出去。因此,只有那些蒙蔽甚至欺骗消费者、在实质上歧视甚至侮辱消费者的定制行为,才值得法律的评价。

总的来说,定制搜索结果大行其道有其内在的经济理性,相关制度资源在实践中亦有不能发挥太大作用之虞。因此,这需要研究者反思规范定制搜索结果的必要性与具体场景,以弥合既有规制路径与实践存在的割裂,在保障消费者合法权益与技术创新、企业正常生产经营之间求得平衡。

(葛江虬/文)[*]

---

[*] 葛江虬,复旦大学法学院副教授。本文原刊于《法律科学》(西北政法大学学报)2021年第3期。

第三部分 人权与技术规制

数字人权时代人脸识别技术应用的治理

随着科技的进步和社会的发展，人脸识别在学术研究和技术发展方面都取得了重大进步。在学术方面，人脸识别的研究成果越来越多，①其中很多成果已经走入人们的生活。② 人脸识别的理论研究逐步深入，从传统的人脸特征提取并针对特征进行高性能的分类器设计，发展到通过卷积神经网络自动学习。③ 在技术方面，通过使用局部二值模式（local binary pattern，简称"LBP"）的强度影像（intensity images）技术、视频训练的图像序列（video sequences）技术和三维（3D）特征提取的3D信息技术，人脸信息识别、提取技术越来越实用和高效。④ 人脸识别技术已经嵌入到人们生产生活的各个方面，在财务行为、工作场所监督、安全防控等领域得到普遍应用。

相较于以往身份认证软件、传统生物特征识别（如指纹、虹膜识别等）等技术而言，人脸识别具有无须接触、符合人类识别习惯、交互性强、不易被盗取、高效迅速等诸多优势，且被认为在保障公共安全、信息安全和金融安全方面卓有成效且潜力巨大。⑤ 但是，我们身处技术急剧进步而"国家治理体系和治理能力现代化"整体水平仍然不高、风险控制难度日趋增大的新时代，人脸识别技术固然可以提高某些方面的治理水平，可能会提高这些方面和领域的安全性，但其在风险社会⑥中面临的潜在风险却有可能伴随着技术的发展，尤其是大数据技术的发展而进一步发酵，给个人信息、隐私权、信息安全、金融安全乃至公共安全带来巨大的威胁和隐患。因此，作为人

---

① 比如，仅仅在中国知网收集有关人脸识别的中文文献，每年都有数百篇文章，近5年有3 000余篇，且呈逐年递增之势，其中2014年534篇，2015年601篇，2016年577篇，2017年727篇，2018年872篇。
② 如在工作场所的签到、支付软件和银行APP的刷脸验证、机场的安检等。具体参见赵劲松：《炫酷升级："刷人"技术来了！》，载《南国早报》2018年10月25日。
③ 参见陈耀丹、王连明：《基于卷积神经网络的人脸识别方法》，载《东北师大学报》（自然科学版）2016年第2期。
④ Prasad K. K., P. S. Aithal, "A Conceptual Study on User Identification and Verification Process Using Face Recognition Techniques", *International Journal of Applied Engineering and Management Letters* (IJAEML), Vol. 1, Issue 1, 2017, pp. 6-17.
⑤ 参见景晨凯等：《基于深度卷积神经网络的人脸识别技术综述》，载《计算机应用与软件》2018年第1期。
⑥ 参见〔德〕乌尔里希·贝克：《风险社会》，何博闻译，译林出版社2004年版，第15—47页。

工智能和大数据发展重大成果的人脸识别技术,应该被"认真对待",在考虑扩充其使用范围以便利人们生活的同时,也应将之置于风险社会的背景和框架中进行审视,并对其在某些领域的应用持审慎态度。

一、人脸信息的学理与规范意涵

在日常生活中,要确定一个人的身份,往往需要书面材料、实物证据或其他证据证明,但是在验证这些证据材料的时候,大都需要通过校验人脸的方式确认是否为本人。从生活常识和直觉的角度来看,人脸是最重要的个人信息之一。然而,这种信息与我国民法、经济法、社会法、刑法、行政法乃至宪法等规范意义上的个人信息在何种程度上相关,则需要从法理层面进行观察和论证。

(一)个人信息的规范沿革

从法学的角度看,个人信息及与之具有家族相似性的概念在最近半个世纪才得以产生并日渐受到关注。这一概念在产生之初即与隐私具有密切的关联。在美国《隐私法》(The Privacy Act of 1974)中,个人信息被纳入"个人记录"(records maintained on individuals)名下,这里的"记录"是指"由专门机构保存的任何有关个人的信息的项目、集合或归类。其中包括但不限于其教育背景、财务往来记录、病史、犯罪或受雇记录,还包括其名字或特别分配给个人的识别号码、符号或其他识别特征,例如手指或声纹或照片"。[①] 从该法的名称也可看出,这里的个人信息或个人记录从属于隐私。对个人信息的保护,意在限制联邦机构,防范公权力对具有识别性的个人信息的滥用和传播以保护个人隐私。在此之后,经济合作与发展组织(OECD)于1980年颁布《隐私保护与个人数据跨境流通指南》(以下简称《指南》)。《指南》把个人信息纳入到"个人数据"(personal data)这一术语名下,寄望在数据自动化处理技术迅速发展的背景下,既保护个人信息和隐私,又不过分影响国际数据流动。[②] "个人信息"(personal information)这一法律概念源于澳大利亚1988年发布的《隐私法》,该法将其定义为"可识别或理论上可识别身份的信息及观点",且强调无论个人信息是否

[①] 《美国隐私法》(The Privacy Act of 1974)的立法背景资料可参见美国国会图书馆官网:http://www.loc.gov/rr/frd/Military_Law/pdf/LH_privacy_act-1974.pdf,2019年11月5日最后访问。
[②] 参见经济合作与发展组织的官网:http://www.oecd.org/sti/ieconomy/oecdguidelinesontheprotectionofprivacyandtransborderflow Sofpersonaldata.htm,2019年11月5日最后访问。

真实、是否以物质形式记录,均属于该法所规定的个人信息。① 此后,欧盟《个人数据处理保护与自由流动指令》、英国《数据保护法》、日韩《个人信息保护法》与新加坡《个人数据保护法》等均对个人数据、个人信息等概念做出法律界定。

我国法律文件中有关个人信息规定的内容出现较晚。它最早出现在工信部于2011年12月颁布的《规范互联网信息服务市场秩序若干规定》(以下简称《规定》)。《规定》第11条强调未经用户同意,互联网信息服务提供者不得收集与用户相关、能够单独或者与其他信息结合识别用户的信息,并将这些信息称为"用户个人信息"。2013年4月发布的《最高人民法院、最高人民检察院、公安部关于依法惩处侵害公民个人信息犯罪活动的通知》(以下简称《通知》)首次对"公民个人信息"的内容做出规定,即"包括公民的姓名、年龄、有效证件号码、婚姻状况、工作单位、学历、履历、家庭住址、电话号码等能够识别公民个人身份或者涉及公民个人隐私的信息、数据资料"。2016年11月颁布的《网络安全法》首次对个人信息的概念做出法律规定,即"以电子或其他方式记录的能够单独或者与其他信息结合识别自然人个人身份的各种信息"。2017年通过的我国《民法典》第111条则明确规定"自然人的个人信息受法律保护。任何组织和个人需要获取他人个人信息的,应当依法取得并确保信息安全,不得非法收集、使用、加工、传输他人个人信息,不得非法买卖、提供或者公开他人个人信息"。时至今日,据不完全统计,我国大陆地区已经有3部民事法律、21部宪法和行政法领域法律、16部经济法和社会法领域法律、3部诉讼法、2个刑法修正案、11部行政法规和数十个国务院规范性文件和部门规章对个人信息予以规制。②

(二) 人脸信息的规范属性

从生活常识来看,人脸是重要的个人信息。人脸附有与个人和身份相伴随的一系列标签和属性,并直接或间接地表达着属于特定个体的权利与义务、权力与职责,甚至是性格与行为特征。从规范的角度来看,这些信息是否属于个人信息则有待于进一步确认。从前述所列的关于个人信息的规范看,它们均没有在个人信息的定义

---

① 有关《澳大利亚隐私法》(*Privacy Act 1988*)的立法背景资料,参见澳大利亚政府网:https://www.legislation.gov.au/Details/C2014C00076,2019年11月5日最后访问。
② 笔者以中国人大网的"中国法律法规信息库"为基础,结合北大法宝、威科先行等法律数据库,全文检索现行的法律、行政法规、部门规章等中有关个人信息保护的内容,通过在中国法律法规信息库中检索"个人信息",共命中宪法性法律123部,行政法规及文件187部,但由于系统默认检索"个人""信息""个人信息",经排查,规定"个人信息"及有关内容的法律有50多部,行政法规和部门规章数十部,具体参见中国人大网的"中国法律法规信息库":http://law.npc.gov.cn:8081/FLFG/flfgByID.action?flfgID=38065940&keyword=%E4%B8%AA%E4%BA%BA%E4%BF%A1%E6%81%AF&zlsxid=01,2019年11月5日最后访问。

中直接列举人脸。这就需要基于相关条文对人脸识别及人脸的规范属性予以分析。前述的相关规范均将"可识别性"作为界定个人信息的核心要素。且在《通知》中,以列举的方式确定个人信息的外延,同时用"等"把其他能够识别公民个人身份或者涉及公民个人隐私的信息、数据资料进行概括式界定。相对于有效证件号码、电话号码和学历等信息,人脸无疑是更容易识别和确定个人身份的个人信息。在熟人社会里,一个人的年龄、身份证号或者家庭住址可能不为人知,但一看脸就能识别出其身份。在陌生人社会里,即便知道前述诸多信息,仍需要比照人脸,进行验证和确认。因此,从立法技术看,"等"中内在包含着人脸信息。从法律解释看,对"等"可以运用当然解释的方法,即"等"中当然包含着人脸信息。将这种理解和解释延伸到法律层面,则意味着《民法典》和其他相关法律法规、规章中的个人信息应当包括人脸。

从我国法律对个人信息概念的界定来看,人脸信息属于个人生物识别信息范畴,是个人信息的重要组成部分。根据《网络安全法》第76条第5款的规定,个人信息包括但不限于"自然人的姓名、出生日期、身份证件号码、个人生物识别信息、住址、电话号码等"。生物识别信息是指与自然人的身体、生理或行为特征有关的基于特定技术处理产生的个人数据,这些数据可以确认该自然人的独特身份。[①] 生物识别信息一般分为两类,一类是基于人的身体或生理特征的信息,如虹膜信息、指纹信息、人脸信息、声音信息、体味信息等;另一类是基于行为的信息,如移动方式、手写签名、步态分析等。[②] 我国相关规定明确指出,个人生物识别信息包括"个人基因、指纹、声纹、掌纹、耳廓、虹膜、面部特征等"。[③] 这就在规范层面认可了人脸信息的生物识别信息属性,表明其应当受到个人信息保护立法的规制。

受到法律规制的人脸信息包括参考模板和数字图像两部分。其中,参考模板根据个人图像制作而成,将人脸面部具有代表性的部位的相对位置和相对大小作为特征予以提取,再辅之以人脸轮廓的形象信息,把人脸图像转化成紧凑且可识别的特征向量,[④]然后储存在后台数据库系统内供日后的识别和认证。而数字图像则是在视频或图像中用以比对的人脸形象。数字图像要成为个人信息,必须具备两个特征:一是必须蕴含个人清晰可见的脸。如果该数字图像包含的是远处或模糊的场景数据,

---

① See Article 4 of General Data Protection Regulation, 2012/0011 (COD), Regulation (EU) 2016/679 of the European Parliament and of Council of 27 April 2016.
② See Article 29 Data Protection Working Party, Opinion 3/2012 on Developments in Biometric Technologies, WP193.
③ 参见《信息安全技术个人信息安全规范》附录A,表A.1。
④ See Daniel Saez Trigueros, Li Meng, "Face Recognition: From Traditional to Deep Learning Methods", https://arxiv.org/pdf/1811.00116.pdf (last visited on 2019-11-05).

则不大可能被视为个人信息。二是必须使该人能够被识别,这是数字图像得以成为个人信息的实质性要素。而参考模板因蕴含个人面部特征,能够与特定的个人相关联,因此也应当被视为个人信息。① 可见,在对人脸识别规制的过程中,不仅需要对数字图像的采集、比对、储存等环节予以针对性调整,还需要对储存在自动识别系统中的参考模板予以规制。

(三) 人脸信息与隐私交叠

在进行人脸识别时,将所采集到的人脸图像与后台数据库中的样本模板进行比对,不仅能对特定个体进行识别,而且在某些情况下能够进一步追踪到个体的活动轨迹、人际关系、财产状况等隐秘性信息,使个人隐私暴露于他人的视野中。人脸信息是重要的个人信息,但能否将人脸信息置于隐私的保护之下,需要从学理和规范层面思考个人信息与隐私权的关系。

有关个人信息和隐私权之间的学理关系,大致有三类观点,分别是隐私权包含说、个人信息包含说与交叠关系说。隐私权包含说认为,隐私权具有消极和积极两个面向,前者意指传统意义上私生活不被打扰的独处甚至"遗世而独立"的权利,②后者则是信息社会中对自身信息的自我决定权。

隐私权主体不仅有权不被干扰,而且可以通过"有所为"的方式决定和使用个人信息。此时,个人信息是隐私的内在组成部分,保护个人信息的目的就是捍卫隐私权。③ 个人信息包含说认为个人信息包含隐私。该学说认为,我国法律确认个人信息具有识别性,个人隐私由于也具有识别性,因此应内涵地被纳入个人信息之中。④ 交叠关系说认为个人信息和隐私之间既有联系也有区别,两者在权利主体和客体方面有相同或相似性,但在属性和保护方式等方面存在差异。⑤ 也有学者认为隐私权主要涉及不同的民事主体之间的利益衡量问题,而个人信息不仅涉及民事主体之间的关系,还涉及国家利益,需要在权利主体、信息从业者和国家之间寻找新的平衡。⑥ 还有学者认为传统的隐私权保护模式所能保护的个人信息仅仅是一小部分,有更多

---

① See Article 29 Data Protection Working Party, Opinion 02/2012 on facial recognition in online and mobile services, WP192.
② 参见郭春镇:《论两种人权偏好之关系及中国人权的积极面向》,载《法学评论》2012 年第 2 期。
③ 参见王泽鉴:《人格权的具体化及其保护范围:隐私权篇(中)》,载《比较法研究》2008 年第 6 期;杨立新、陶盈:《公民个人电子信息保护的法理基础》,载《法律适用》2013 年第 3 期。
④ 参见"侵犯公民人格权犯罪问题"课题组:《论侵犯公民个人信息犯罪的司法认定》,载《政治与法律》2012 年第 11 期。
⑤ 参见王利明:《论个人信息权的法律保护——从个人信息与隐私的界分为中心》,载《现代法学》2013 年第 4 期。
⑥ 参见张新宝:《从隐私到个人信息:利益再衡量的理论与制度安排》,载《中国法学》2015 年第 3 期。

需要被保护的个人信息在当前背景下无法得到这一模式的有效保护。个人信息保护的现实需求,需要超越现有的隐私权保护模式。①

从规范与学理角度看,包括人脸信息在内的个人信息与隐私权之间存在交叠关系。从我国《民法典》第110条和第111条的规定来看,至少在私主体之间,个人信息和隐私权是相关联又有所区别的术语。② 从两者在《民法典》中的位置来看,它们前后相互衔接,都处于第五章"民事权利"之中,且其后的诸条均规定各种具体权利及其救济问题。然而,在权利林立的第五章中,个人信息仍没有被表述为"个人信息权",其自身到底是一项权利还是一种利益,则有待于进一步思考和确认。因此,从规范角度看,个人信息和隐私确实不同且有密切的相关性。从学理来看,虽然个人信息与隐私权的关系存在三种迥异的观点,但个人信息和隐私权的语义"射程"存在较多的交错地带,仅凭其中的任何一个,均无法涵盖对另一内容的保护和保障。可见,两者处于一种复杂的交叠关系。人脸信息作为个人信息的重要构成部分,其与隐私权亦处于交叠关系中。因而,对人脸信息的收集和使用既有可能侵害到公民的隐私权,也有可能侵害到公民的个人信息。

二、"数字人权"时代人脸信息的风险

(一) 新时代是"数字人权"时代

新时代是一个"数字人权"③日益彰显的时代。"数字人权"是一个崭新的术语,是在兼容大数据时代特征的基础上所孕育并诞生的新兴人权,它有着积极和消极双重面向。数字人权的积极面向意味着国家对数字人权的推进和实现应有所作为。在人们几乎无法回避和逃逸出网络化生存④的背景下,互联网如同交通、电力、自来水等一样,成为一项公众必不可少的基础设施。因此,数字人权要求国家要有所作为,国家有义务和责任建设好互联网基础设施,做好所关涉的硬件和软件工程建设工作,

---

① 参见谢远扬:《信息论视角下个人信息的价值——兼对隐私权保护模式的检讨》,载《清华法学》2015年第3期。
② 我国《民法典》第110条规定"自然人享有生命权、身体权、健康权、姓名权、肖像权、名誉权、荣誉权、隐私权、婚姻自主权等权利";第111条规定"自然人的个人信息受法律保护。任何组织和个人需要获取他人个人信息的,应当依法取得并确保信息安全,不得非法收集、使用、加工、传输他人个人信息,不得非法买卖、提供或者公开他人个人信息"。
③ 张文显:《"数字人权"这个概念有着坚实的法理基础、现实需要和重大意义——"无数字不人权"》,载《北京日报》2019年9月2日。
④ 蒋建国:《网络化生存、网络孤独症蔓延与心理危机》,载《探索与争鸣》2013年第10期。

以及提供基于这些软硬件而延伸和发展起来的各项"互联网+"公共服务。

数字人权的消极面向意味着人们在大数据时代"独处的权利"。在每个网民都接入互联网并拓展自己的生活空间的时候,人们仍有不被审视和窥探的权利、自己的身份在无关国家和社会安全的情况下不被识别的权利、自己的生活方式不被干预的权利以及自己的人格利益不被侵犯的权利,并在此基础上,在不侵犯国家、社会和他人利益的前提下,提升做自己想做事情的能力。①

人脸信息是数字人权所关切的重要内容,它所面临的风险需要我们审慎对待。人脸识别技术是随着网络化生存而产生的技术,数字人权的积极面向促成了它的产生和越来越普遍的应用。同时,人脸是重要的个人信息,对人脸信息进行采集和应用的行动,关涉数字人权的保护、保障和实现,这在数字人权的消极面向体现得更为明显。新时代是一个与风险社会在时空上交错的时代,在对自然或社会的控制日趋完美的愿望下,风险社会的诸多风险被掌握相关知识和话语权的专业人士界定和建构。②然而,他们在制造这些风险后,又将风险移转到社会民众、特定或不特定群体身上,使得这些风险被全社会或某些群体分担,最终导致在这些群体的利益或权利被侵害之后,难以甚至根本无法找到承担法律甚至道义责任的主体。因此,在数字化的风险社会中,人脸信息面临着巨大的风险。

(二)人脸信息所面临的隐私威胁和财产风险

在不同的文化和社会传统中,人脸之于人都有特殊的意义。在风险社会中,人脸信息被广泛收集并形成大数据之后,可能会对个人隐私、个人安全、社会与国家安全带来风险和威胁。这种风险和威胁可能贯穿于人脸信息大数据形成与应用的始终。

一方面,对人脸信息的收集可能会侵犯个人隐私。人脸不是隐私的直接载体,但它是重要的个人信息,与隐私有密切的关联。从隐私的定义来看,无论是把隐私界定为"不愿告诉人或不愿公开的个人的事",③还是对抗公权力搜查和逮捕意义上的权利,抑或"半宪法性"的且与言论自由相关的自由,④人脸都难称得上是隐私。否则在日常生活中的每一天,每个人都面带隐私出行,人们一露面就相当于隐私被主动泄露。虽然人脸自身并不是隐私,但人脸本身无疑携带着重要的个人信息。若将"可

---

① 参见〔印〕阿马蒂亚·森:《以自由看待发展》,任赜、于真译,中国人民大学出版社2002年版,第13页。
② 参见〔德〕乌尔里希·贝克:《风险社会》,何博闻译,译林出版社2004年版,第20页。
③ 《现代汉语词典(第7版)》,商务印书馆2016年版,第1567页。
④ See Ken Gormley, "One Hundred Years of Privacy", *Wisconsin Law Review*, Issue 5, 1992, pp. 1335-1442.

识别性"作为个人信息及其保护的标准的话,人脸甚至是最具有代表性的个人信息。如果按照传统的立场和观点,把隐私界定为包括私人信息、私人活动和私人空间在内的个人私生活秘密,①那么即便人脸自身不属于个人隐私,但其所携带的个人信息和它所出现的时间、空间等信息结合在一起,却可能构成隐私。在面对真实世界中的问题时,我们需要一副"思想的眼镜",以敏锐的洞察力去发现我们周围世界复杂现象背后的真相。② 大数据的处理方式类似于向数据处理者提供一副特殊的眼镜,使其可以发现零碎纷乱的个人信息背后某个人真实的面貌乃至思想,对某个个体形成全方位洞察。由此,大数据技术创造了一个穿越信息迷雾、全面掌控个人信息的"大数据眼镜"。

另一方面,对人脸信息的收集和应用有可能会给个人的人身财产安全带来不可预测的风险,甚至威胁到公共利益和国家安全。对于生活中纷繁复杂和支离破碎的信息,有哲学家敏锐地洞察到:"有些人听到的只是噪音,而有些人却从中听出了旋律。"③个人信息似乎也是如此。碎片化的个人信息相当于噪音,但"有心人"通过技术手段整合个人信息,就像把噪音中的音律排列组合后形成旋律。那些生活中以分散乃至散乱的形式置于各个不同摄像头下的人脸,对某个单独看到这张人脸的人来说可能只是一张普通的、与自己无关的人脸,就像无意中听到的某个或某段无意义的噪音。但在经过大数据整合之后,这些"噪音"有可能变成"旋律",通过挖掘,可以从中得到很多个体不想为人所知的信息、秘密和隐私,甚至是事关社会稳定和国家安全的重要信息。对于个人来说,很多银行或网络金融产品的支付行为,小区门禁乃至私宅房门的开启,都会应用到人脸识别技术,而这些人脸信息被人脸识别设备生产商、小区物业机构获取后,难以保证其不被泄露而致滥用。同时,这些机构的网络安全设施、相关人员的网络安全意识和技术等也难以保障人脸信息长期处于安全状态,人脸信息一旦被非相关主体收集使用后,可能会给个人带来不可预测的风险。如果人脸信息过多地被收集,对社会秩序和国家安全都可能会带来消极影响。④

当然,这里的风险只是意味着隐私或财产受侵害的可能性,并不意味着它一定会

---

① 参见杨立新:《隐私权,不容侵犯》,载《人民日报》1999 年 9 月 8 日。
② 〔英〕阿利斯特·麦格拉斯:《意义的惊现:科学、信仰以及如何理解事物的意义》,孙为鲲译,上海三联书店 2014 年版,第 19 页。
③ 〔英〕阿利斯特·麦格拉斯:《意义的惊现:科学、信仰以及如何理解事物的意义》,孙为鲲译,上海三联书店 2014 年版,第 18 页。
④ 比如,通过大数据获得某个或某些安保人员的人脸活动信息及其运动轨迹,有可能会做出近期是否有重大安保事项的推测。如果这些信息被恐怖分子获取,可能会对公共安全和国家安全带来重大风险。

发生。运用人脸识别技术的企业或机构也在采取部分措施预防风险。① 在实践中,已有在人脸识别中通过活体检测发现欺骗行为的案例,如某网贷 APP 中通过人脸识别活体检测发现欺诈事实,并因此发现冒充检测者的犯罪行为。② 与此同时,破解人脸识别的研究一直在进行,且诸多进展也让人们对人脸识别技术的安全性保持足够慎重的态度。有研究成果表明,通过对抗性贴纸,可以在 49.6% 的时间里骗过人脸识别镜头。③ 而来自莫斯科国立大学和华为莫斯科研究院的科学家们研发出一种特殊纹路的纸,可以在纸上生成对抗攻击图像,让其显示为三维立体图像,进而可以干扰和欺骗人工智能,将这张纸贴在头上,人脸识别系统就无法识别当事人真正的图像。④ 即便是活体测试,也已产生通过 3D 人脸建模进行破解的思路和方法。⑤ 这些都充分表明:种种人脸识别欺骗性技术和手段在不断挑战包括企业、社会组织乃至国家的认证能力,人脸识别技术在应用过程中存在相当大的风险。

(三) 人脸信息面临的尊严贬损风险

有时候对人脸信息的收集,并不直接侵犯个人的隐私,却有可能直接侵犯人的尊严,贬损这一人们享有的所有权利的价值核心。人的尊严是人类所珍视和追求的价值,人们不仅因在意自身的安全而进行自我保护,因关注自己物质生活条件的提高而追求财富,也对"自身价值有本能的和微妙的感觉,对这一点的贬损不亚于对身体和财物的损害"⑥,甚至在很多情况下人们对这一价值的追求超越了生命和财产,这才有了"视不义富贵若浮云"和"舍生取义"之类的行为。因此,"在人这个名义中,有某种被感受到的尊严存在"⑦。人的尊严这一核心价值已经在世界范围内得到普遍尊

---

① 企业采取的人脸识别风险预防措施主要有两大类,第一类是二维识别,要求被识别人通过网络或应用程序提供身份证进行人脸对比,其中部分服务提供者在对比后再与权威数据源(通常是经过应用程序编程接口与公安部门的数据)进行核验;第二类则除了前述要求之外,还要求在权威数据源校验之前进行活体检测,通过眨眼、张嘴等来确认是否为"真人",以排除作弊行为,具体参见谭红春等:《一种高效的人脸三维点云超分辨率融合技术》,载《光学技术》2016 年第 6 期。
② 参见彭菲:《女友提分手他竟下狠手》,载《厦门晚报》2019 年 8 月 18 日。
③ See Li J., Schmidt F. R., Kolter J. Z., "Adversarial Camera Stickers: A Physical Camera-based Attack on Deep Learning Systems", https://arxiv.org/abs/1904.00759 (last visited on 2019-11-05).
④ Stepan Komkov, Aleksandr Petiushko, "AdvHat: Real-world Adversarial Attack on ArcFace Face ID system-at", https://arxiv.org/abs/1908.08705 (last visited on 2019-11-05).
⑤ 参见杨玮玥等:《3D 建模的多姿态人脸合成方法》,载《中国科技论文》2018 年第 14 期,第 1573—1577 页。
⑥ 〔德〕萨缪尔·普芬道夫:《论人与公民在自然法上的责任》,支振锋译,北京大学出版社 2010 年版,第 61 页。
⑦ 〔德〕萨缪尔·普芬道夫:《论人与公民在自然法上的责任》,支振锋译,北京大学出版社 2010 年版,第 61 页。

重和肯定,并体现在诸多法律规范中。① 我国在私法和公法层面同样做出此类规定。② 人脸识别技术的迅速发展,不断拓展其被适用的空间与范围,并在这一过程中迅速降低设备运行和使用成本。③ 随着成本的降低,人脸识别设备的销量会增加,可能会在更大的范围内被应用。在享受人脸识别这一先进技术带来的便利的同时,我们也面临着一些基础性法律价值可能被侵蚀的难题。在某些情况下,人脸识别的应用直接关涉到人的尊严问题。

"脸"在社会文化中的意义和功能,使其内在蕴含着人的尊严。相对于其他种类的个人信息,我们要注意到"脸"自身的文化属性及其对个人的心理影响。打卡、指纹签到(此时我们暂且不考虑指纹中的个人信息保护问题)、刷脸签到都是一种签到方式,但无疑刷脸签到更容易在心理上产生被冒犯的感觉。脸在中国文化图景中具有特殊的意涵,④它不仅是一个人五官的排列和集成,而且带有丰富的社会文化功能,具有明显的规范性和辐射性,与"一定的社会情境中表现出的一系列规格性的行为"密切相关,包含着"经过印象整饰后表现出来的认同性的心理和行为"。⑤ 脸在世界各个文化体系中也都承载着深刻的社会意义,人脸不仅意味着一个人类的器官,更映射出某种情感、性格和人格。⑥ "脸"不仅仅是生理意义上的"脸",还是一种心理意义上的"脸",它蕴含着一些可用于判断主体情感、观点、态度的非语言信息。它还与"尊敬"在抽象的认知层面相关联,意味着个人、家庭等从别人那里得到的尊敬。⑦ 因此,"脸"不仅是身体的一部分,它还代表甚至等同于包括精神在内的整个个人,并与一种稳定人格形成连接关系,以或显或隐的方式表征着人格。⑧

---

① 如《德国基本法》第 1 条明确规定"人的尊严不可侵犯,尊重和保护人的尊严是全部国家权力的义务",日本《宪法》第 24 条明确规定婚姻和家庭有关事项的法律必须以人的尊严与两性平等为基础。此外,《联合国宪章》《世界人权宣言》《公民权利与政治权利国际公约》《欧盟基本权利宪章》等国际条约也明确保护人的尊严。
② 如《中华人民共和国民法典》第 109 条规定,"自然人的人身自由、人格尊严受法律保护"。《中华人民共和国宪法》第 33 条第 3 款规定:"国家尊重和保障人权",虽然我国宪法没有在该条文中直接明确表述人的尊严,但公法学的通说认为,人权的核心即是人的尊严。参见郑贤君:《宪法"人格尊严"条款的规范地位之辩》,载《中国法学》2012 年第 2 期。
③ 在 2018 年上半年,笔者曾率队参观某一以网络安全为核心业务的上市公司并与其法务和技术人员座谈,该公司的相关人员在展示了自己技术的同时,还对人脸识别技术的准确性及其适用的便捷性与范围做出了较为稳健保守的陈述。但一年以后,笔者所在的事业单位就以适宜的价格安装上了人脸识别系统。
④ 参见翟学伟:《中国人的脸面观:形式主义的心理动因与社会表征》,北京大学出版社 2011 年版,第 33—35 页。
⑤ 翟学伟:《人情、面子与权力的再生产——情理社会中的社会交换方式》,载《社会学研究》2004 年第 5 期。
⑥ 参见文旭、吴淑琼:《英汉"脸、面"词汇的隐喻认知特点》,载《西南大学学报》(社会科学版)2007 年第 6 期。
⑦ 参见钱建成:《"脸"的跨文化隐喻认知》,载《扬州大学学报》(人文社会科学版)2011 年第 5 期。
⑧ 参见徐艳东:《"脸"的道德形而上学——阿甘本哲学中的"脸、人、物"思想研究》,载《哲学动态》2015 年第 2 期。

在生活实践中,很多人脸识别设备的安装,并未得到当事人的知情同意,其中既包括由于当事人认知能力不足或信息不对称而没有在真正意义上知情,也包括知情之后未能发自内心表示同意或反对。具体而言,有以下几种方式:第一,有的人并不知道人脸识别对个体而言意味着什么,仅仅是觉得"刷一下脸而已,自己又没少什么东西";第二,有的人不知道被刷脸之后自己的信息存储是否安全,更不知道自己的人脸信息今后将被什么机构用于何种用途,这些用途是否有害于自己的经济利益和人格尊严;第三,有的人知道或能预感到被刷脸之后可能会产生对自己不利的后果,或者对后果并不了解但认为刷脸本身就是一种对自己的冒犯,只是由于自己是某个单位的员工或社区成员,不好意思反对或担心反对会让自己被所在群体疏离;第四,当事人知道人脸识别的可能风险并反对,但是迫于直接的压力,诸如失去工作或受到减薪、降低待遇乃至暴力威胁的不利后果,而不得不接受人脸识别。无论是哪一种情况,这都是对知情同意原则的违反,更是对当事人自由意志和人格尊严的侵犯。

或许有人会认为,没有经过知情同意而进行刷脸是对人的尊严的冒犯,那么知情同意后的刷脸就不冒犯人的尊严了。这种观点强调意思自治的重要性,认为基于知情的同意体现当事人通过自己的真实意思为自己设定权利义务,使得个人信息被使用或被刷脸的行为具有正当性基础。然而,这种认知可能忽略了"真实意思"中的"真实"一词。首先,人们可能只是"知道",而非真正意义上知情。囿于人们对信息的理解能力和自己对事物的判断力,以及外部环境的影响,很多时候人们可能知道与自己相关的某事件的存在,却不知道这个事件与自己真切的利害关系,因此有可能在缺乏理解或考量的情况下就"同意"。其次,即便真正"知情",也可能不得不"同意"。这种同意,在形式意义上符合现行法律法规的要求,但未必真正体现其自由意志,因而也难称得上是真正的同意。有时候,人们受制于强制力(coerce)而不得不同意,就像某些强买强卖在形式上合法一样。有时候人们可能并不面临直接或间接的武力威胁,而且清楚地知道自己的同意会带来什么样的后果,只是迫于形势与现实而不得不同意,就像一个亟须养活家人的劳动者不得不签订一个内容对其非常苛刻且待遇微薄的劳动合同那样。此时,他可能知道自己的最大利益所在,但受制于现实而被迫(compelled)同意。可以想见,在面临就业或与之类似的压力时,一个人很难拒绝刷脸签到、刷脸领工资等制度安排。

"脸"作为个人社会身份的象征,是人际交往和构建信任的通行证。但在刷脸时代,人脸被摄像头等设备自动抓取后生成数字图像以识别、认证或核实特定个体,成为识别与被识别的工具。由此,未经当事人真正知情同意的"刷脸"行为成为一种权力与服从行为——不管这种权力是国家权力还是社会权力。人脸背后的人格因素及其所承载的信任与尊严等价值被稀释,被技术俘获并遮蔽。计算机技术和新型的测量手段,成功地将一个具有独立人格的人,变成一系列的数字和符码,将活生生的人转化为一行行数据。此时,识别的是人脸,得到的是数据,失去的或被贬损的则是人的主体性及其尊严。

三、人脸识别技术应用中的利益衡量

由于人脸识别技术在应用时涉及重要的个人信息,且直接影响数字人权的实现,因此应审慎适用。慎用首先意味着要"用",要以积极的态度面对科技的进步,使其有利于国家治理体系和治理能力的现代化,有利于满足人们的美好生活需要。慎用强调要慎重地面对,尤其是在充满新风险的现代社会,既不能让技术自身不受任何限制地发展,也不能让应用该技术的产业"野蛮生长"。因为被"野蛮生长"的产业所挟裹的人脸信息,一旦流失或被滥用,就难以得到有效救济,更难于完全恢复原态。如果说手机号码、家庭住址甚至姓名都可以更换,进而避免使个人的利益和权利受到更大的侵害,那么由于人脸不能更换,人脸信息流失或被滥用的侵害则可能是长期甚至永久性的,其补救的难度也会呈指数级上升。因此,在应用人脸识别技术时需要科学、严肃的评估,对信息所有人、企业、政府等不同主体的风险、成本和收益等进行衡量。

(一)人脸识别技术应用进行利益衡量的必要性

利益衡量这一术语往往用于司法中。[①] 但在对某些行为进行规制时,也可以通过立法的形式对不同主体的相关风险、成本和收益进行衡量从而制定出更为合理的规则。[②] 对人脸识别技术应用进行治理时,可以在利益衡量的基础上制定相应的规则,以实现不同主体间权利和义务的均衡。

在风险社会,需要对新技术带来的风险与收益进行衡量。新技术和与其相伴而生的制度所带来的风险是一种"人造风险",它们有可能会超越自然风险而成为风险社会的主要内容。[③] 有些技术和制度安排,其初衷是为了让我们的生活更加有确定性和可预测性。在其运行初期也确实达到其预期目的,但最终却可能带来与初衷相

[①] 参见梁上上:《利益的层次结构与利益衡量的展开——兼评加藤一郎的利益衡量论》,载《法学研究》2002年第1期;熊琦:《正当防卫中法益衡量问题的客观归责之解》,载《环球法律评论》2019年第3期。
[②] 参见张新宝:《从隐私到个人信息:利益再衡量的理论与制度安排》,载《中国法学》2015年第3期。
[③] 参见范如国:《"全球风险社会"治理:复杂性范式与中国参与》,载《中国社会科学》2017年第2期。

反的结果。相对于那种传统或自然的不变性和固定性所带来的外部风险,这种与科技发展和知识进步相伴而生的风险是一种被制造出来的风险。① 且过去的生活经验、技术手段和组织制度,已不足以使我们防止、规避和应对新的社会风险的威胁。② 人脸识别技术应用所带来的就是这样一种风险。它可以提供便利的支付方式、比以往更可靠的身份识别、更有序的交通秩序和更安全的社会环境,能全方位、整体性地提升我们的生活品质。同时,它所带来的风险也同样体现在前述领域中。这些风险对人们生活的影响难以预料,有时可能非常巨大,以至于连乐于收集个人信息并从中获取巨大收益的微软公司,都要求加大对生物识别隐私的监管力度以应对或避免此类风险。③ 因此,我们在对人脸识别技术进行评估时,必须置身于风险社会及其相伴而生的"人造风险"的语境中,衡量不同主体在人脸识别应用中所面临的风险和收益,合理分配相关主体之间的权利和义务。

(二) 人脸识别应用中利益衡量的内容

在评估一项人脸识别技术的应用时,应对其成本和收益进行评估并对所涉各方的成本和收益进行合理的分配。笔者无意在本文中给出评估的指标及其体系,因为这是一个极其复杂的工作,需要一个强有力的团队通过长时间的努力才有可能完成此项任务。如果我们认同法律的本质是某种"计划",④那么在评估时至少应考虑如下因素:主体、成本、风险、收益,并考虑如何在不同主体间公平分担成本、风险和收益。此外,在讨论理性行为和制度约束两者的关系时,不能忽略社会生活中固有的政治社会因素。⑤ 如不同国家受历史文化和社会制度的影响和约束,其人民对不同种类的价值有不同的偏好。⑥

1. 关于不同主体的衡量

人脸识别技术应用的风险收益评估应该考量信息收集者、信息被收集者这两大

---

① 参见〔英〕安东尼·吉登斯:《失控的世界:全球化如何重塑我们的生活》,周红云译,江西人民出版社2001年版,第22页。
② 参见姜方炳:《"网络暴力":概念、根源及其应对——基于风险社会的分析视角》,载《浙江学刊》2011年第6期。
③ Drew Harwell, "Microsoft Calls for Regulation of Facial Recognition, Saying It's Too Risky to Leave to Tech Industry Alone", WASH. POST, (July 13, 2018),转引自 Matthew B. Kugler, "From Identification to Identity Theft: Public Perceptions of Biometric Privacy Harms", *UC Irvine Law Review* (Forthcoming).
④ 杰克·巴尔金和耶鲁大学法学院的另一位教授各特·夏皮罗(Scott Shapiro)一样,都将法律的本质视为一种"计划"(plan),Scott J. Shapiro, *Legality*, The Belknap Press of Harvard University Press, 2011. 转引自丁晓东:《宗教视野下的美国宪法解释——评巴尔金的〈活原旨主义〉》,载《政法论坛》2015年第5期。
⑤ 参见〔美〕杰克·奈特:《制度与社会冲突》,周伟林译,上海人民出版社2009年版,第17—18页。
⑥ 参见郭春镇:《论两种人权偏好之关系及中国人权的积极面向》,载《法学评论》2012年第2期。

类主体,以及代表公共利益的社会和国家。信息收集者既包括应用这一技术的个人、企业、政府等主体,也包括开发这一应用技术的企业。这些主体能够在销售技术和服务之后获取源自前述主体的人脸信息。信息被收集者是个人,不仅包括在单位被要求进行人脸识别的员工,也包括在机场、地铁站、汽车站等场所的旅客,还包括在商场购物的顾客、在公共服务机关办理事务的行政相对人、在医院就诊的患者乃至街头的行人等。当然,这些人之间也可能存在着身份的交叠。

2. 风险与成本的衡量

需要强调的是,成本和风险是一体的,除了现实的支出或损失外,风险的大小及其发生的概率也是确定成本的方式,甚至仅仅风险自身也构成一项重要的成本。当然,这种成本既包括具体的物质财富的损失,也包括权利丧失所带来的情感与精神损害,以及由此而来的对人的尊严的贬损。相应地,收益也有客观和主观的方面。如果把物质财富视为一种客观利益的话,那么情感和精神方面的利益可以被称为主观利益。主观利益具有主观性和难以认定的特点。不同的生活空间、生活方式乃至个体的生活经历,都可能影响到对这种利益的感觉和判断。比如,农村和城市的人们、违法犯罪行为的加害人和受害人,可能对牵涉隐私、表达、"面子"等内容的行为会有不同的利益感知,对于刷脸是否侵害及多大程度上侵害自己的主观利益也有不同的感受。此外,主观利益与客观利益如何衡量在技术上也存在着需要进一步研究的空间。比如,当人们面对不公平的分配方案时,前脑岛和背外侧前额叶皮质被显著激活。而前脑岛负责的是情绪加工,与厌恶和愤怒的情绪相关,背外侧前额叶皮质则负责认知系统对情绪的抑制控制。[①] 这说明此时人们对于公平和公平感这种主观利益的追求超越了经济利益。即便主客观利益在当前背景下尚无有效的通约计算与衡量的方法与机制,但至少在评估时应考虑这两方面的因素。[②] 对于尚未造成损害或难以预测损害程度的风险,已经有现实的案例对其进行规制,以保护风险主体的权利和利益。比如,2008年美国伊利诺伊州颁布《生物识别信息隐私法案》(Biometric Information Privacy Act,即BIPA),该法案规定了数据的收集、存储和处理规则,这些数据包括对视网膜或虹膜扫描、指纹、声纹、手或脸几何扫描产生的数据,也包括来自公众的其他生物信息或生物识别数据。消费者可以因其信息被不当存储或使用,或未经授权被披露而起诉侵权行为人,而不管是否造成实质性的损害,这在

---

① 参见贺熙、朱滢:《社会认知神经科学关于自我的研究》,载《北京大学学报》(自然科学版)2010年第6期。
② 关于主客观利益通约的问题,也有学者进行了初步的探讨。参见郭春镇:《当法律责任理论遭遇认知神经科学》,载《现代法治研究》2016年第1期。

2019 年 1 月 25 日伊利诺伊州最高法院 Rosenbach v. Six Flags Entertainment Corp 一案的判决中得到充分体现。①

3. 公共秩序与安全的衡量

此外,还有一部分收益体现为公共秩序和公共安全。这种公共产品的收益尽管难以定价,但至少在制定公共政策的时候应予以考量。公共秩序和公共安全包括线上线下两个领域。线上领域是指网络安全。按照我国《网络安全法》第 76 条第 2 款规定,"网络安全,是指通过采取必要措施,防范对网络的攻击、侵入、干扰、破坏和非法使用以及意外事故,使网络处于稳定可靠运行的状态,以及保障网络数据的完整性、保密性、可用性的能力"。这意味着网络安全涉及网络产品和服务安全、网络运行安全、网络数据安全、网络信息安全等主要方面。② 网络安全既是国家也是公民所需要的基本公共物品。因为,"公民希望他们的政府能使他们免于网络上的彼此伤害、防范来自国外的损害。公司需要能保障网络的稳定性、令互联网商务繁荣发展的法律环境"③。线下领域是指互联网之外的真实生活中的安全,它包括良好的治安、安全的交通、有序的社会生活和可预期的行为模式与结果。这部分收益虽然不是针对特定的个体,但为所有社会主体所享有。它既能使得每个个体现实的安全得到保护,又为其长远的发展提供保障,因而是不可或缺的公共利益。

四、人脸识别技术应用的治理路径

2019 年 6 月,我国工业和信息化部正式向中国电信、中国移动、中国联通、中国广电发放第五代移动通信技术(5G)商用牌照。这意味着我国将正式进入 5G 商用元年。④ 随着我们和 5G 时代的距离拉近,万物互联给新技术、新应用、新业务的产生和发展带来无限可能性,人脸识别技术的应用范围、方式、方法等也存在着各种可能。但愈是如此,我们就愈要注意人脸识别所带来的风险。在推动新技术应用和新产业

---

① Six Flags 游乐园把采集原告儿子的指纹作为其购买主题公园季票的一项附加要求,原告认为自己及其儿子均未被告知其指纹收集的具体目的和保留期限,且他们都没有签署任何关于取指纹的书面通知,也没有同意收集或使用该生物识别数据。虽然原告没有说他的儿子受到任何实际伤害,但仍主张游乐园的行为违反了 BIPA 的要求,寻求金钱赔偿和禁令救济。具体参见 Rosenbach v. Six Flags Entertainment Corp, 2019 IL 123186.
② 参见郎胜:《关于〈中华人民共和国网络安全法(草案)〉的说明》,载《中国通信安全》2015 年第 8 期;杨合庆主编:《中华人民共和国网络安全法解读》,中国法制出版社 2017 年版,第 191—194 页。
③ Jack Goldsmith, Tim Wu, Who Controls the Internet? Illusions of a Borderless World, Oxford University Press, 2006, p. VIII.
④ 新华网:《工业和信息化部将于近期发放 5G 商用牌照》,http://www.xinhuanet.com/2019-06/03/c_1124577284.htm,2019 年 11 月 5 日最后访问。

发展的同时,尊重和保护人的尊严,从而确保数字人权在新时代的实现。

(一) 形塑具有"数字理性"的主体

人的理性是一个复杂的学术论题。在当前信息流动极为迅速的大数据时代,在包括人在内的万物都是数据链上一环的背景下,我们需要重新认识人的理性,对人的理解需要从关注个体(以及由个体组成的群体)转向关注"关系",关注互动和流动性,而这种互动和流动性还应当"有温度、有气息、有情感"。① 因此,"我们不能再仅仅把自己当作谨慎决策的个体,必须要考虑那些影响个人决策,驱动经济泡沫、政治革命和互联网经济的动态社会效应"②。在万物互联的时代语境下,我们应当从关注独立个体的经济理性或社会理性,转向关注人与人之间交换性或互依性的关系理性。③ 这种理性,可以称为"数字理性"。"数字理性"的养成,既需要人们自身不断的学习与更新,也需要公权力机构和国家的有所作为。

1. "数字理性"主体的自我修养

主体首先应有互联网思维。这意味着主体在互动过程中基于关系理性看待个人和网络上的商品与服务提供者之间的关系、个人信息使用和产业发展之间的关系,理解自己为享受的服务所面临的成本和风险,了解自己和相关主体的基本的权利义务。从互联网初创至今,无论是在包括自媒体在内各种传媒所宣传的广告中,还是在个人使用互联网的实践中,"免费"和"分享"都是一种共识性的判断,好像人们没有付钱购买就能免费使用某些网站、软件和APP。实际上,只要与互联网上此类服务商产生连接,虚拟或实体生产就发生了。各种平台企业"通过各种方式搜集到更多的数据,通过精妙的算法预测和塑造经济消费习惯,提供精准的个性化服务,控制交易和生产渠道,捕获更多的消费者剩余和生产者剩余"④。因此,"数字理性"主体不应把享受服务视为无成本消费或搭便车,而应该理解为提供包括人脸识别在内的个人信息是支付这些服务的对价,而这种对价不仅提供了互联网企业所需要的生产力,为互联网产业的发展提供直接动力,还给自己未来的生活带来各种潜在的风险。他还应该意识到,在享受看似免费的互联网服务的时候,要明了自己、服务商各自的权利和义务,在真正知情同意的基础上使用网络服务,而不是完全忽略知情同意书或由于其过于

---

① 段永朝:《测量,还是感知》,载〔美〕阿莱克斯·彭特兰:《智慧社会:大数据与社会物理学》,汪小凡、汪荣译,浙江人民出版社2015年版,序言第XV页。
② 〔美〕阿莱克斯·彭特兰:《智慧社会:大数据与社会物理学》,汪小凡、汪荣译,浙江人民出版社2015年版,第6页。
③ 参见贺来:《"关系理性"与真实的"共同体"》,载《中国社会科学》2015年第6期。
④ 胡凌:《人工智能视阈下的网络法核心问题》,载《中国法律评论》2018年第2期。

复杂而无视它。此外,他还应基于法律和公序良俗在互联网上进行活动,同时知晓网络主管部门和相关机关具有治理互联网的权力和职责,其中包括为避免个人信息被滥用而进行有效监管的职权。

"数字理性"主体还应不断提高其理性社会认知能力,消除认知偏差。提高理性社会认知能力是一个不断学习和习得的过程。就像焦虑、无助等负面情感和认知可以习得一样,乐观和理性也可以通过习得而成为个体对社会进行认知的能力,在这个基础上,甚至产生了"积极心理学"这样的学科,且此类研究得到高度的社会评价。[①] 同样,就像人们可以选择以悲观或乐观的态度对待世界一样,人们也可以选择以理性的态度对待社会问题和社会现象,消除认知偏差,理性对待人脸识别带来的积极与消极影响。能够从诸如徐玉玉案这样的案件中认识到保护本人信息的重要性,也能够从诸多对泄露个人信息的网络平台和个人进行追责的案件中,认识到自我保护和国家采取措施保护个人信息的必要性,从而避免夸大其中的某一面并产生认知偏差。这样他就可以既不沉迷于网络所带来的便利和效率,也能谨慎持重地评估其带来的隐私风险、安全风险和金融风险。

2. 公权力机构对"数字理性"的推动

理性社会认知能力的提高,不仅仅来自公民自我素养的习得与提升,更需要公权力机构通过温情与冷峻的行动与制度安排有所为和有所不为。首先,公权力机构应该以负责的态度对待包括人脸在内的个人信息,这既包括对收集到的信息要采取严密的安防措施以免泄露,也包括让公众知晓收集、应用此类信息的风险;不能只宣传人脸识别或安装设备对于公共安全和管理的便利,有意无意忽视公开相关信息,使得公众无法得知、了解和理解这些措施对自身所产生的潜在风险与消极影响。其次,国家应该更有效地实施法律法规,消减公众对个人信息泄露的不安全感。通过对网络诈骗、电话诈骗的有力打击,对网络平台和其他握有个人信息的公权力机关和企事业单位进行有效监管,让人们真正享有免于个人信息泄露之恐惧的自由。再次,做好舆情引领、心理干预工作,合理引导并优化社会认知。当人们持续或长期暴露于某种刺激下,会对这种刺激产生反应钝化现象,并导致认知、情绪和行为的长期变化,甚至形成具有某种负面特征的人格。[②] 基于这种人格和行为模式,从负面阅历的积累中获得的"潜意识知识储备"[③]可能会"自然"形成某些负面直觉反应。因此,公权力机构

---

① 如积极心理学的创始人 Seligman 获得 2006 年美国心理学会(APA)颁发的杰出科学贡献奖。See M. E. P. Seligman, "Award for Distinguished Scientific Contributions", *American Psychologist*, Vol. 61, Issue 8, 2006, pp. 772-788.
② 参见滕召军等:《媒体暴力与攻击性:社会认知神经科学视角》,载《心理发展与教育》2013 年第 6 期。
③ 〔美〕波斯纳:《法官如何思考》,苏力译,北京大学出版社 2009 年版,第 100 页。

应做好舆情引导工作,避免公众对某种负面行为的脱敏。就刷脸或个人信息而言,就是要避免形成"被侵权脱敏",避免让人们形成被侵权而不救济的内隐性社会认知。①

(二)建构合理的规范体系

对于个人信息保护,我国已经有多部相关法律、法规、规章和司法解释以直接或间接的方式予以规定。如我国《宪法》第33条和第38条、《中华人民共和国民法典》第111条、《中华人民共和国消费者权益保护法》第14条和第29条、《中华人民共和国电子商务法》第23条等。由此形成从宪法行政法到民法经济法和社会法乃至刑法的一整套个人信息保护规范体系。② 在人脸识别规制上,除《国务院办公厅关于压缩不动产登记办理时间的通知》以规范性文件的方式直接提倡人脸识别完成身份认证外,还有43部部门规章对人脸识别进行规范,这些规章的内容主要分为两大类,即运用人脸识别技术实现身份认证和明确人脸识别的技术或图像标准,其中更多的规范重在推行对人脸识别技术的应用。此外,还有至少近百部地方性法规、规章和规范性文件涉及对人脸识别的治理。③ 值得注意的是,位阶越低的规范越关注人脸识别技术的应用,反而在法律层级的文本更能体现出对包括人脸识别在内的个人信息的尊重和保护。这或许是因为越是在地方层面和部门层面,越注重公众直接关切的现实利益,以及其所辖地区和部门的业绩。④ 比如,在公租房中运用人脸识别等技术和门禁措施以实现非承租人员不得随意出入、对流浪乞讨人员人脸识别以便于寻找其家人、对医疗人员和患者进行人脸识别以打击欺诈骗取医保基金,等等。

总的来看,现行关于个人信息保护的规范整体呈现出形式上散乱不统一、内容上价值定位游离不定的特点。这就需要制定一部个人信息保护法。该法律应该在立法理念和原则方面体现出对公民利益和权利的尊重、保护和保障,对公共利益的强化和推进,以及对新兴产业发展的重视和引领。同时,能与现行宪法和法律相互协调,保持法律体系的融贯性。有了这样一部法律才能纲举目张,让关于个人信息的低位阶

---

① 参见陈娟等:《政府辟谣信息的用户评论及其情感倾向的影响因素研究》,载《情报科学》2017年第12期。
② 在民事立法方面,我国有关个人信息保护的主要有《民法典》《电子商务法》《消费者权益保护法》;在宪法行政法领域,主要有《宪法》《公务员法》《网络安全法》《公共图书馆法》《反恐怖主义法》等法律;在经济法领域,主要有《广告法》《旅游法》《统计法》等法律;在社会法领域主要有《未成年人保护法》《反家庭暴力法》《慈善法》等,此外在刑法领域还有《刑法修正案(九)》等,这些法律共同构成我国的个人信息保护体系。
③ 笔者以北大法宝为基础,以"人脸识别"为关键词全文检索,共命中379部地方法规规章,其中福建省38部,广东省25部,北京市20部,上海市18部。具体参见北大法宝网:http://www.pkulaw.cn/cluster_call_form.aspx?menu_item=law&Db=lar,2019年11月5日最后访问。
④ 如地方政府运用人脸识别技术来保障公共安全和提高行政机关的效率,减少行政机关的工作量。

规范在正确的价值和方向引导下,通过更具体的实施规范使前述利益和权利等价值得以实现。

未来的个人信息保护法应当以知情同意作为基本架构。相对于"场景理论"注重场景和信息流动性[①]、"社会控制"强调个人信息的社会属性[②]等模式,知情同意模式似乎显得较为"传统",它在理论方面看起来似乎也不如那些模式显得更具有"大数据"特色。但是,从理论的接受度与可操作性而言,知情同意模式似乎更具竞争力。首先,知情同意模式及其理论基础在社会认知方面更具有可接受性。知情同意模式的理论基础在于对人的尊严的尊重和保护,它强调个人的理性,尊重个人的自治和自决,并将此视为人的尊严的核心内容。这一模式强调人的理性,预设人们知道自己的最大利益所在且能够自主地去追求,这与近代民法对人的认知一致并符合法学的基本立场。其次,在制度方面更具有可操作性并与既有的制度体系有更高的契合度。"场景理论"和"社会控制"模式具有理论说服力和适应社会需求的优势。但从操作层面来看,"社会控制"模式提供的方案更偏重于理念和原则。"场景理论"虽然在美国奥巴马任总统时形成了《消费者隐私保护法(草案)》,但并没有最终形成法律,它的实效并没有得到现实的检验。而且即便能够产生积极效果,也要考虑该法所依存的美国判例法制度体系对其产生的影响,而这一制度体系是我国所不具有的。再次,知情同意模式是个人信息保护的核心和基础,是信息主体意思自治的体现。虽然知情同意框架在学理上存在诸多可争议之处,但"不完美的自主总比没有机会自主好,认为用户行使不好权利就不赋予其权利的逻辑显然存在严重问题"[③]。未来个人信息保护立法应当在坚持知情同意框架的同时提升其兼容性,吸纳对个人信息保护的一些新理念,力求兼容"场景理论"和"社会控制",从而为与其相应的制度安排都留下空间,形成一个有整合性的基本法律架构,同时又有实施细则和不同层级具体实施规范的多重治理机制,那么我们就有更大的可能性对个人信息保护问题进行有效治理。

(三) 基于责任和参与的多重治理机制

对于包括人脸在内的个人信息的使用和保护,应形成多重治理机制,强化数据监管者、掌控者和使用者的责任,并通过这种机制分配数据提供者、控制者和监管者之

---

① 范为:《大数据时代个人信息保护的路径重构》,载《环球法律评论》2016年第5期。
② 参见高富平:《个人信息保护:从个人控制到社会控制》,载《法学研究》2018年第3期。
③ 田野:《大数据时代知情同意原则的困境与出路——以生物资料库的个人信息保护为例》,载《法制与社会发展》2018年第6期。

间的利益、权利和责任。这种机制立足于现有的制度框架,通过多主体参与和互动形成公意,形成具有实际操作性的实施方式,实现个人信息使用的产业化和数字人权保护的目的和功能。

1. 数据监管者和掌控者的责任

这种机制强调监管者和数据掌控者的责任。这是因为,从成本控制的角度来看,让所有参与数据生产的用户基于知情同意来决定是否同意个人数据被收集将耗费大量成本。由于人们的理解能力、情绪影响、信息不对称和认知偏差,虽然提高人们的数字理性十分必要,但将每一个人培养成完全理性的主体并不现实,也是边际收益很低的工作。因此,在培养公众理性的同时,将注意力放在如何对数据监管者和掌控者配置义务是成本更低也更有效的工作,这更有利于进行有效的数据治理和保护公民个人信息与数字人权。我们可以参考经济合作与发展组织《隐私保护和个人数据跨境流动指南》所确定的责任原则,[①]授权或委托个人信息的数据监管者制定相应的规则,要求数据控制者和掌控者在符合法律原则、规则和监管理念与措施的前提下,制定行业规程并采取具体措施。比如,规定数据控制者和使用者在知情同意条款中有义务确保所收集个人信息的安全性,只要其所收集或掌握的个人信息被泄露,哪怕没有造成实际损害,也要承担相应的责任。通过这样的制度安排,我们可以确保个人信息的安全性,个人信息的使用不侵害当事人的利益和权利,且符合公共利益和公序良俗。

2. 公众和专业人士的有效参与

这种机制强调规则制定和决策的公开、民主和包容,同时强调专业人士有效参与。即便仅谈现在而非未来的5G时代,个人信息的使用及其脱敏后的销售,仍然是一桩大生意。[②] 对于这样一项数额巨大且事关几乎所有人的信息利益和权利、公共利益乃至国家安全的事业,必须要以公开、民主的方式进行治理。公开意味着避免"暗箱操作",而是采用公布议程、发表记录、准许旁听等方式,并将这些方式与互联网结合起来,让人们能够了解和知晓此类问题的处理,让事关所有人利益和权利的规则与决策能够被知晓,这是后续民主参与的前提与基础。这里所说的民主,既包括传统民主中的"共同核心"——公民参与,[③]也包括数字化时代民主自身的特征——发出的声音应该被听到而非淹没在信息过载的海洋中。

---

① A. Cavoukian, M. E. Taylor Sand Abrams, "Privacy by Design: Essential for Organizational Accountability and Strong Business Practices", *Identity in the Information Society*, Vol. 3, Issue 2, 2010, pp. 405-413.
② 参见〔美〕迈克尔·费蒂克、戴维·C. 汤普森:《信誉经济:大数据时代的个人信息价值与商业变革》,王臻译,中信出版社2016年版,第9—17页。
③ 参见郭秋永:《当代三大民主理论》,新星出版社2006年版,第9—11页。

在互联网时代,往往是极小部分网站占据了绝大多数的链接数与访问量,更多的网站及其承载的信息难以被看到。搜索引擎在链接和流量分配中起着重要引导作用,有人直接把这种不平等秩序称为"谷歌政体"(Googlearchy)。① 此时,互联网时代的信息超载和信息不足(公众看不到想看到或应该看到的信息)共存,我们需要更优质的过滤工具滤除垃圾信息以获得有效信息。与此同时,个人信息与数据的治理需要有专业人士的参与。虽然每个人都能就个人信息问题表达自己的观点,但对这些信息和数据的重要性、对处理它们所需要的技术工具、对于其所产生的后果这些重要和复杂的问题,需要包括互联网、大数据、产业家和法律人等不同专业群体的共同参与。听取来自不同行业的各种声音,可以让我们在理解和认识到问题复杂性的同时,也避免单一行业专家讨论和决策时的"扎堆犯傻"。②

3. 提高"柔韧化"知情同意的兼容性

"柔韧化"的知情同意模式形式上具有对经典和传统的坚守,但通过文字处理和相应的制度安排可以兼容乃至融合"场景理论"甚至"社会控制"模式的某些需求。因此,多重治理机制可以在"柔韧化"知情同意模式中得以实现。具体而言:

首先,兼顾并强调监管者和掌控者的责任。如规定个人信息保护的监管制度及监管体制,强调对个人信息保护的国家义务,规定信息业者的社会责任、行业组织和个人信息保护组织基于公益对个人信息保护的社会义务,以及围绕这些主体而形成个人信息保护的社会化服务体系。

其次,在保持对人的个体理性尊重的同时考虑人的理性不足问题。通过对知情和同意进行"柔韧化"处理,为当事人通过合同重新配置个人与国家、信息业者三者之间的权利义务提供了空间。在信息不对称、个人认知能力不足或受制于场景而无暇详细知情的情况下,人们往往会"不得不"知情和同意。草案制定者意识到了这种可能性并进行一定程度的补救,要求"信息业者、政务部门应当以清晰、易懂的用语,全面、准确、及时地告知信息主体其个人信息处理的目的、方式、范围等相关事项",同时排除"推定同意",规定"信息主体的同意应当以明确的意思表示或者行为做出","信息主体未予拒绝的沉默不被视为同意"。③

最后,提高与场景理论的兼容度。场景理论注重"根据具体场景的不同采取差

---

① 〔美〕马修·辛德曼:《数字民主的迷思》,唐杰译,中国政法大学出版社 2016 年版,第 71 页。
② Adrian Vermeule, *The Constitution of Risk*, Cambridge University Press, 2014, pp. 164-165. 转引自郑戈:《迈向生命宪制——法律如何回应基因编辑技术应用中的风险》,载《法商研究》2019 年第 2 期。
③ 张新宝、葛鑫:《个人信息保护法(专家建议稿)》,中国民商法律网:http://www.civillaw.com.cn/lw/l/?id=36127,2019 年 11 月 5 日最后访问。

异化保障措施,变信息处理前的静态合规遵循为信息使用中的动态风险控制"。① 通过规定"默示不被视为同意"的例外条款,强调在"法律、行政法规另有规定或与信息主体另有约定"的时候,可以推定主体的同意。这有助于各利益相关主体就个人信息收集、存储、使用、交易和利益分配等问题,形成多样化、情景化的权益安排。这同样有助于形成以合同和交易机制为中心的个人信息制度,能更灵活地照顾到个人信息问题在不同时空语境中的不同特性,也使监管部门能够同时借力于对格式合同的集中审查和对合同争议的分散裁判,使这些制度获得更有效的落实。

4. 多重治理机制的实现方式

基于责任和主体参与的多重治理机制,可以通过机构设置、制度安排、规范对接等措施得以实现。首先,设置专门的数据保护机构。在网络信息安全领域,我国已形成以中共中央网络安全和信息化委员会牵头抓总的统一领导体制。但在具体工作机制层面,仍缺乏统一筹划、部署、协调,导致许多已经订立的原则性规范难以落实、监管对象缺乏合规指导。为强化该领域监管工作的权责统一,保障相关政策思维和实践具有整体性,可参照欧盟和欧洲各国设立专门数据保护机构的思路,在中央统一领导下,设置或选定一个部门统筹个人信息保护领域的政策制定和执法协调工作。

其次,制定多重制度以规制多方主体,实现从公权力机关到私人机构、从法律到社会规范、从交易到保险机制的立体化治理。包括人脸在内的个人信息是识别与确认个人身份的认证信息,刷脸及其他对个人信息进行识别与认证的权力是一种安全认证权力。公共机构和私人机构在认证个人信息时有不同的资格与权限,其刷脸行为也应当相应地具有不同的规范依据或合同约定,否则会模糊公共服务和私人服务的界线,形成不同身份与权限的混同。② 因此,未来个人信息保护制度建设的重点,除了在法律层面确定权利,还应推动社会规范的形成、进行较为细致的合同和交易机制设计。通过社会规范对政府和商业主体的数据行为进行制约,通过合同与交易机制促成各利益相关主体就个人信息收集、存储、使用、交易和利益分配等问题形成多样化、情景化的权益安排。此外,还应加强对个人信息损害保险机制的研究与设计,充分利用保险机制,弥补民事诉讼在风险管理和损失修复方面的不足。

最后,对接不同部门法规范实现对个人信息一体化保护。为了对个人信息进行有效保护,除了在民事领域合理配置权利、尊重对个人信息使用的市场创新并进行有效规制外,还应该与行政法、刑法的相关规则进行有效对接,对那些突破道德底线、性

---

① 范为:《大数据时代个人信息保护的路径重构》,载《环球法律评论》2016 年第 5 期。
② 参见胡凌:《刷脸:认证、去身份化与法律规制》,"明理计算法学沙龙第 3 期:人脸识别技术的发展、趋势与应对"会议论文,清华大学 2019 年 9 月 19 日,第 1—12 页。

质恶劣的侵犯个人信息行为,如对个人敏感信息、未成年人信息的收集、买卖甚至用于诈骗等行为,进行严厉惩处并长期保持高压态势。

在人脸识别技术已经普遍应用的时代,我们既要对新技术的应用和新产业的发展保持开放包容心态,也要注重对数字人权的保护和保障。人脸信息是人们(至少是短时间内)不可取代的生物识别信息,是个人信息重要乃至最重要的组成部分,是数字人权所应关切的基础性权益,我们理应"慎用"。

在对人脸识别技术的应用进行治理时,要对大数据时代背景下的风险收益进行合理分配。要对生物信息被采集人、生物信息使用者和控制者、监管者之间的权利义务和职责进行合理划分,强化数据监管者、掌控者和使用者的责任。基于这一理念和原则,我们可以在权利主体、规范体系与多重治理机制方面做出相应的努力。首先,我们应在开放包容的心态下采取措施,形塑数字人权主体的数字理性,使其能够对新技术带来的便利和惊喜保持理性,对随之而来的风险收益有基本的认知。其次,制定一部架构和内容都合理的个人信息保护法并建构一系列与之配套的、具有可操作性的多重规范体系。最后,通过公开、民主、专业化的方式,形成基于责任和参与的社会规范集合和多重治理机制。通过塑造新时代的数字理性主体、完善法律规范体系和多重治理机制,以多层次、多面向的方式提高国家和社会治理体系和治理能力的现代化。

(郭春镇/文)[*]

---

[*] 郭春镇,厦门大学法学院教授。本文原刊于《现代法学》2020 年第 4 期。

理解技术规制的一般模式:以脑机接口为例

一、引言

自从信息技术普及以来,创业者不断投入催生更多"革命性"的技术,例如人工智能、区块链、虚拟现实、数字孪生、脑机接口等,并吸引相当多的投资进行研发与推广,也不断引发法律和伦理思考。按照法学思维的一般路径,研究者会谨慎评估该种技术的应用,对技术使用过程中出现的问题尝试在现有法律框架下进行解释和解决,例如通过设定外部技术标准、监管使用场景或通过用户协议自治的方式进行分析。这一思路容易忽视某种通用性技术带来的社会生产问题,即如果一种技术不仅仅是可以随意装卸分拆的单一功能的物品,而是以通用功能构成了使用者活动于其中的系统,并不断在系统中通过信息反馈而组织行为主体进行价值生产的活动,那么对于技术的监管就不能单纯集中在其本身的设计和标准上,而是涉及生产方式和生产关系等更为核心和实质的问题。

在诸多新技术不断兴起的时代,笔者意在基于经验理解法律如何一般性地回应通用性技术带来的新问题,并进行研究路径的反思。鉴于已经有大量研究围绕人工智能、区块链、虚拟现实等技术应用的规制进行了讨论,[①]笔者试图选取一个尚未进入主流法学研究者视野,但在神经医学和生物工程领域中研发较为活跃且有广泛应用前景的技术——脑机接口(Brain Computer Interface, BCI),以此为例作进一步思考。目前选择这一技术进行讨论显然存在着风险:如果以悲观态度讨论,容易被诟病为外行,在某种技术尚未成熟的情况下就进行非专业判断、夸大技术风险,甚至可能影响技术发展和舆论,而容易忽视其重要社会价值,事实上大量技术的使用都是"先兴起,后治理"。如果以乐观态度讨论,又会被批评对尚未发生(也无法预测是否可

[①] 这在当下法学研究中已经成为无可回避的热点,但较少有研究将诸多技术问题联系在一起,并上升到理论高度进行反思。

能发生)的未来场景进行幻想,而法学研究往往是经验性的,现在少有直接经验可借鉴;更不用说会直接被批评为仅仅是在蹭热点,而相关讨论很快就伴随技术的不断更新或场景的碎片化而消失,无法积累有意义的知识。

此外,在脑机接口发展早期,很多时候伦理问题显得较为突出,科技伦理研究者倾向于从安全风险、自由意志、身份认同、隐私、公平等角度进行讨论,[①]而法律尚无法给出普遍性回应,最多只能在发生纠纷时进行个案处理,这也给目前开展深入法律研究带来了困难。然而,选取脑机接口切入讨论一般性法律理论问题也有优势,这不仅可以在技术开发之初未雨绸缪,更重要的是可以通过脑机接口展示出通用性技术的潜能,与现有关于其他在先的信息技术核心问题讨论结合起来,进而推进我们对从网络法到人工智能法等学科领域的连续性观察,提炼核心的法律理论问题域,而这些问题虽然在过去二十多年中逐渐稳定成型,却较少有系统性分析。有必要对互联网发展以来的技术应用与规制模式进行总结,并尝试将其应用至新兴技术中,及早发现既有模式问题并加以改进。

脑机接口指在人或动物脑(或者脑细胞的培养物)与计算机或其他电子设备之间建立的不依赖于常规大脑信息输出通路(外周神经和肌肉组织)的一种全新通信和控制技术。[②] 它可以在概念上进行狭义与广义的区分,前者指仅限于作用在颅骨周围的脑机接口技术、装置和系统,而后者包括"人工耳蜗""人工视网膜"和"人工视觉"等信息输入系统。[③] 从接口对人脑的进入程度看,脑机接口按照风险高低可以分为"侵入式""半侵入式"和"非侵入式",目前的实验研究主要集中在"半侵入式"和"非侵入式"。脑机接口从20世纪中期开始得到研发,目前发展迅速,在生物医学、教育、游戏、军事等领域的潜在应用十分广泛。[④] 虽然从目前应用场景看仍然是围绕单一功能展开的技术,但未来可能会进一步扩展至更多领域。[⑤] 笔者并不试图(也没有能力)面面俱到地涉及在那些尚未发生领域中的法律回应与监管措施,也无意替代未来立法者进行基于大量专业信息的判断,而仍然是从已有技术进展水平和法律

[①] 参见李佩瑄、薛贵:《脑机接口的伦理问题及对策》,载《科技导报》2018年7月13日;唐远雄、孙嘉伟:《审视脑机接口:后人类未来的技术演化与治理》,载《科学·经济·社会》2021年第1期;魏郡一:《脑机接口技术:人的自主性问题及其伦理思考》,载《医学与哲学》2021年第4期。
[②] 于淑月等:《脑机接口技术的发展与展望》,载《计算机测量与控制》2019年第10期;Jonathan R. Wolpaw et al., "Braincomputer Interface Technology: A Review of the First International Meeting", *IEEE Transactions on Rehabilitation Engineering*, Vol. 8, No. 2, 2000, pp. 164-173.
[③] 葛松等:《脑机接口:现状,问题与展望》,载《生物化学与生物物理进展》2020年第12期。
[④] 1924年德国精神科医生汉斯·贝格尔发现了脑电波,发现意识可以转化成电子信号被读取,由此出现围绕BCI技术的研究。
[⑤] 赵新刚:《面向生命健康领域的脑机接口技术展望》,载中国科学院创新发展研究中心、中国生命健康技术预见研究组:《中国生命健康2035技术预见》,科学出版社2020年版。

理论框架为出发点展开讨论,将脑机接口置于生产性的法律理论中观察其可能的特殊性,分析其是否能够延伸这一理论框架。从这个意义上讲,笔者既是展望式的也是经验性的,甚至对技术应用的理解是肤浅和暂时性的,但希望通过现有问题意识对脑机接口进行透视,理解技术想要什么,期待未来的政策与制度设计能够回应现有框架提出的理论问题。

生产性的法律理论源于信息技术带来的新的生产方式再造,并不断影响作为上层建筑的法律与知识生产。信息技术不仅仅是一种专用技术性物品,而是一种服务,并通过特定媒介演化成生产组织,通过对虚拟"架构"的创设而拥有自身独立的利益主张。① 脑机接口作为通过有线或无线方式开展人机交互的技术实际上是信息媒介的深层次延伸,进一步拓展了基于信息交换的生产方式,将使用者纳入生产过程,并在使用者与技术提供者(平台)的关系中围绕核心法律概念与制度重新塑造法律关系,最终确立新型生产方式的合法性。笔者将按照如下顺序展开讨论:第二部分在介绍脑机接口相关观念和发展过程的基础上区分作为单一工具性技术和通用系统性技术的脑机接口,认为该种技术和人工智能技术一样,在经过"非法兴起"后,其大量应用和功能可以嫁接在现有平台经济模式中,从而可以置于生产性的法律理论框架下分析,特别是该技术会进一步创设出新的虚拟架构,要求特定法律制度发生改变。第三部分详细讨论脑机接口架构如何通过新型基础设施建设成为一个控制/生产过程,其权力运作的微观机制同样通过"账户—数据—算法"影响用户的行为。第四部分在综合历史上各种信息技术发展实践的基础上,对法律如何规制技术的路径进行反思,认为每一次作为系统性生产方式的技术兴起,都更多地解决了生产要素的创制和流通问题,但对劳动价值分配的关注较为缓慢,脑机接口提供了反思技术公共性的机会。

二、从单一技术到生产方式变革

(一) 技术原理与法律想象

脑机接口技术最初源于脑科学研究,并迅速扩展至相关交叉学科领域,被认为是21世纪充满前景的技术之一,也是国家技术竞争的重要面向。从2016年起我国启

---

① 从这个意义上说,技术是"自主"的,有自己的演化路径。参见〔美〕兰登·温纳:《自主性技术——作为政治思想主题的失控技术》,杨洛燕译,北京大学出版社2014年版;〔美〕凯文·凯利:《技术想要什么》,熊祥译,中信出版社2011年版。

动"脑计划",次年"脑科学和类脑研究"被列入《"十三五"国家基础研究专项规划》,其核心问题包括脑与认知、脑机智能和脑的健康等。美国政府在 1989 年提出全国性脑科学计划,[1]2013 年提出"白宫脑计划",目的是探索人类大脑工作机制、绘制脑活动全图、推动神经科学研究、针对目前无法治愈的大脑疾病开发新疗法。美国军方也十分重视脑机接口的创新研究及医疗、军事应用,探索神经控制和恢复,脑机接口与外骨骼机器人、无人机、无人车等设备的联用等,以研发医疗救治和康复新途径、增强和开拓脑功能和人体效能、拓展训练方式和作战环境。[2] 2013 年欧盟启动了规划周期为 10 年的欧盟脑计划,包含 12 个子项目,侧重研究超级计算机技术来模拟脑功能。[3]

从技术原理看,脑机接口通过信号采集设备从大脑皮层采集脑电信号,经过放大、滤波、模拟—数字(A/D)转换等处理转换为可以被计算机识别的信号,然后对信号进行预处理,提取特征信号,再利用这些特征进行模式识别,最后转化为控制外部设备的具体指令,实现对外部设备的控制。典型的脑机接口系统主要包含信号采集、信号处理、控制设备和反馈四个部分。其中信号处理包括神经信息的预处理、特征提取、特征分类三个环节。[4] 如果将该过程与现有通过智能终端进行信息生产与反馈的过程相比,会发现在抽象意义上它们都是一个信息控制的闭环系统,只是脑机接口会更加个人化和精细化,甚至可能提供因人而异的信息反馈。

和人工智能一样,脑机接口的开发与媒介形象也经历了不同的社会想象。[5] 如果放在人机交互的控制论背景下就不难发现,脑机接口不过是人机共生系统"赛博格"(cyborg)的最前沿的表现方式,其理念早已出现在科幻文学和影视作品中。[6] 人脑通过机器实现远程控制,并能够将意识转化为更加具象的形态,进而在更加自由和解放性的"赛博空间"(cyberspace)中不受约束地活动。这种想象和新自由主义思潮下商业力量对国家监管的排斥一脉相承,并最终形成了我们目前看到的全球互联网。其后不论是虚拟现实、人工智能、加密货币还是脑机接口,都可以追溯到早期这种无政府主义意识形态。[7] 文艺作品的广泛普及,又会使公众对脑机接口的出现不会感

---

[1] 程中和等:《关于大力加强我国脑科学研究的建议》,载《中国科学院院刊》1997 年第 6 期。
[2] 参见高越:《美国脑机接口技术研究及应用进展》,载《信息通信技术与政策》2020 年第 12 期。
[3] T. L. Neurology, "The Human Brain Project: Mutiny on the Flagship", *Lancet Neurology*, Vol. 13, Issue 9, 2014, p. 855.
[4] 李静雯、王秀梅:《脑机接口技术在医疗领域的应用》,载《信息通信技术与政策》2021 年第 2 期。
[5] 胡凌:《人工智能的法律想象》,载《文化纵横》2017 年 4 月。
[6] 唐远雄、孙嘉伟:《审视脑机接口:后人类未来的技术演化与治理》,载《科学·经济·社会》2021 年第 1 期。
[7] 但吊诡的是,除加密货币外,这些技术基本上都是依托国家力量研发的,并在成熟后从军事领域转向民用商业领域。

到极端恐慌或反感,从而为其未来的大规模应用逐渐打下社会认知基础。

一般而言,法律处理新兴技术问题的方式往往放在现有法律框架下进行解释和延伸,以确保法律体系本身的完整性(例如将虚拟物品解释为财产、将网约车解释为出租车),但也会受到一般社会大众想象的影响,做出不符合当下认知和法律规则的判断(例如将人工智能体解释为法律主体,进而使其拥有各类拟制权利)。类似地,早期脑机接口可能停留在纯粹医学和健康领域,无法影响大众的普遍认知,而一旦和现有各类虚拟服务相结合大规模推广至社会,就会重新以增强用户控制力和体验、去中心化服务或宣称创设一个更美好的虚拟世界等名义出现。互联网兴起的经验告诉我们,以信息自由流通名义出现的信息技术创设出的虚拟"架构",往往在微观上对用户行为形成更加深入的控制。[1]

目前,我国法律并没有特别针对此类技术进行规范,重要的法律理论问题是:法律在多大程度上能够准确回应技术及商业应用想要什么,如何通过不同的法律关系掩盖或揭示背后的价值生产过程。首先,脑机接口看起来是一种单一的医疗康复技术,更接近一般的医疗器械和健康监测终端,它可以从神经层面触发和修正人脑特定功能的运作,从而潜在地取代其他人类器官的交流辅助功能。[2] 这种技术对感官残疾患者是一个福音,一旦成熟也可以进一步扩展至其他普通人,即允许他们通过脑机接口分析其脑信号,进而以意念的方式在虚拟空间中操纵和实现特定服务。其次,如果初级阶段的脑机接口延伸到诸如虚拟现实环境下的娱乐和内容产业,就不难看出其重点在于以更加便捷的方式使用户进入服务领域,摆脱感官和四肢的操控。由此脑机接口就成为一种媒介和入口,在特定应用程序中实现中介的功能。最后,一旦用户开始习惯于通过这种方式接入互联网,就可以沿用传统商业模式开展创新,这体现出脑机接口还将成为一个进入系统性的生产组织的连接点,只有通过双边市场模式才能调动各类社会化资源和市场要素通过平台化进行精确匹配。[3] 不同层次的视角有助于预判脑机接口服务可能使用的各类流行话术,并以完全不同的法律关系看待它:(1)技术中立,主张脑机接口仅仅是一个接口、管道或信息中介,起到连接器的功能;(2)用户自由和解放,主张用户可以将双手和五官解放出来,并通过大脑开发无限功能和创意;(3)控制,主张用户拥有对技术使用的控制能力,更加便利。它们都可能掩盖其背后通过生产性平台进行的生产组织活动,以及对用户活动空间的压缩。

---

[1] 这就是"代码即法律"的意思,见 Lawrence Lessig, *Code and Other Laws of Cyberspace*, Basic Books, 1999。
[2] 关于一般性的医疗器械监管,见国务院最新修订的《医疗器械监督管理条例》(2021年)。
[3] 双边市场模式构成了平台经济的核心,也是认定竞争关系和相关市场的重要考量因素。

由此看来,表面上单一的技术可能本质上是生产组织,进而为通过此类技术进行的行为承担不同类型的责任。如果说以往的法律研究更倾向于将技术看成可以独立存在并交由用户进行自主使用的物品,那么一旦认识到技术本身通过商业模式可以包装成服务,并以低成本获取使用服务的信息,逐渐引导和动员用户进行更有效率的价值生产活动,并最终通过商品化过程获利,形成一个有效信息闭环时,那就可以说通用型技术是一种生产方式和组织形式,能够有效地动员生产、调配生产要素。通常我们强调技术创新仅仅局限于特定种类的工具性发明创造,而技术背后的模式创新则将具体技术嵌入在无处不在的服务过程中。

(二)理论框架:生产性的法律

鉴于我们对人脑的认识仍在不断深化,脑机接口何时以及能否成为一种通用型技术,笔者尚无法预测。从法律视角而言,最好避免对某种无法预料的指数型技术创新进行过早判断(例如何时从弱人工智能实现强人工智能,到达"奇点"),而是关注当下的实际问题。事实上,法律并不特别关注单一功能的特定技术的外部性问题,它们可以通过在风险评估基础上事前设定技术和质量标准、事后进行侵权损害赔偿救济得到解决。[①] 只有当脑机接口成为构成系统性信息反馈与控制的技术,并嫁接在现有平台商业模式之上,才会引发法律体系的广泛调整,形成具有特定内核的规则集群。从这个意义上说,法律更容易受特定技术的使用和扩散过程的影响,特别是当这一过程能够体现并扩展为普遍性的生产方式的时候。这表明,法律除了对社会主体进行行为控制和调整预期的基本功能外,还有重要的生产性的面向,作为上层建筑需要在深层次上对新型生产方式和生产关系进行回应,能够起到推动先进生产力发展的功能。人工智能技术的广泛应用已经证明了这一点,以单一功能视角孤立地看待某种智能终端不足以认识背后主导和组织经济活动的力量,因此需要将智能算法嵌入数字平台的自动化生产过程进行考察。[②]

当一种新型生产方式兴起的时候,就会涉及谁在生产、生产什么、如何生产、如何分配等一些基础问题,法律必须对这些问题做出回应,否则该种生产方式可能处于"非法"状态,无法稳定,并会持续给社会和市场秩序带来影响。互联网的早期历史

---

① 这也是为什么早期网络法被称为"马法",即认为一种具体或独特领域在法律看来并不重要,重要的是一般性抽象出来的法律原理。而后续的人工智能、数据都试图在知识上生成看似独立的法律部门和学科。参见 F. Easterbrook, "Cyberspace and the Law of the Horse", *University of Chicago Legal Forum*, 1996, pp. 207-216。
② 例如,张凌寒:《〈个人信息保护法〉(草案)中的平台算法问责制及其完善》,载《经贸法律评论》2021年第1期。

表明,"非法兴起"对低成本获取生产要素以便形成新商业模式至关重要,①这一过程在随后的移动互联网阶段反复不断出现,如分享经济、人工智能、区块链和无人驾驶等模式和技术创新都或多或少经历了这一过程。② 类似地,脑机接口技术一旦成熟,广泛应用最便利的方式就是逐步嵌入已有互联网服务的场景中,并通过特殊的硬件和软件重新创设新的虚拟空间入口,或者整合进现有信息基础设施当中加以适当改造。对脑机接口服务提供者而言,仍可能会按照既有免费与补贴的商业模式对该种技术进行推广,以便低成本获取大量人脑脑波信息,培育开发相关智能算法,并尽可能以低成本获取生产资料,盗版、侵权、不正当竞争也会不断发生,直至这一新型生产方式拥有足够多的流量、趋于稳定并与既有平台开展合作。

  生产性的法律理论认为,法律对系统性技术变革回应的方式往往通过两个方面展开:(1)确认新兴技术的合法性;(2)协调新旧生产组织的利益冲突。这一过程包含对新型生产方式、生产工具、生产过程和生产关系等问题的全面审视。应该认识到,对于特定技术而言,生产方式视角意味着超越使用者—工具的关系,而是看到使用者如何被一种外在权力机制纳入一整套系统中,系统权力通过微观机制展示出来并影响人的行为。一旦确立了合法性,体现新生产方式和内容的法律体系才会逐渐扩展,趋于稳定。

  法律在确认这一过程合法性的时候,逐渐形成和保护"架构"这种主要通过技术和商业模式建构起来的利益形态。③ 架构本质上是通过信息生产、收集、储存、加工、分析、反馈等活动产生、衍生的集合性价值的闭环控制系统,也代表了新型权力的运作方式。用户在特定架构中注册独一无二的账户,形成虚拟身份进行在线活动,无论是在架构内生产的内容数据还是其活动的元数据都可以被追踪,并通过各种算法集中分析,形成更为多元的数字身份,进而在不同场景下通过评分、推荐等方式刺激用户进一步按照架构的目标开展活动。不难看出,脑机接口架构作为一种新型信息控制系统实际上也是按照这一逻辑发挥其功能的:用户需要以真实身份注册账户以使用脑机接口,并通过大脑电信号发出指令,机器通过算法模式识别脑波后实现架构中的特定功能操作,并积累行为数据。这无论在速度上还是效能上都可能超过传统上通过肢体或语音等进行人机交互的方式,从而大大便利了价值生产。

---

① 胡凌:《非法兴起:理解中国互联网演进的一个框架》,载《文化纵横》2016年第5期。
② 胡凌:《互联网"非法兴起"2.0:以数据财产权为例》,载《地方立法研究》2021年第3期。
③ 胡凌:《论赛博空间的架构及其法律意蕴》,载《东方法学》2018年第3期。

(三) 脑机接口架构想要什么

从历史上看,任何一种生产性的系统技术都会依托于现有商业模式进行迅速扩张,但其基本原理没有显著变化,即试图对社会主体进行认证,创制出新型生产空间,并以低成本组织它们进行生产活动。空间的创制是系统技术的精髓,依赖于使用对用户持续而低成本追踪的技术,也便利了生产要素的流动性。一旦架构开始形成,就需要通过技术、商业模式和法律不断保护其逐渐扩张但封闭的边界。实际上,架构本身也要求在确立自身地位的同时改变某些法律关系的适用,主张自己是反映旧生产关系法律规则的"例外",一旦这一非法兴起过程完成,这些例外就迅速变成常态和默认设置,新的规则和生产秩序会逐渐稳定。

基于过去二十余年的历史经验总结,生产性系统技术形成的架构从以下方面不断要求法律进行相应调整,以维护架构本身的权益,但法律内容本身并没有明显改变:[①]①数字身份:要求通过账户为用户创设虚拟身份,在架构中持续追踪账户行为,不断识别用户的真实性和唯一性,确保账户追踪的精准和管理便利。②虚拟财产:要求用户只能使用特定服务中的虚拟道具或装备,未经许可不得转让或处分,用户仅能获得一种有限的使用权而非绝对所有权。③知识财产:要求用户在架构中的公开区域生产的信息内容授权架构以非排他、永久且免费的使用权;用户无权改造或破解下载到个人电脑上的终端软件架构(如添加外挂)。④个人信息:要求用户在架构内的一切行为数据被记录和分析,以满足特定商业模式(如定向广告),或者改进服务(如个性化推荐)。⑤劳动:要求用户和平台之间是使用、合作关系,而非劳动关系,因此灵活劳动者无法依照劳动合同法要求平台承担雇主责任,也不享有劳动法规定的各项基本权利。⑥秩序管理:架构有权对用户的不当行为和言论进行一定程度的管理,防止竞争对手入侵架构进行不正当竞争。

按照这些主张,我们也可以根据脑机接口技术特殊性合乎逻辑地推导出脑机接口架构需要法律进行何种改变以确保其生产性权益:[②]①唯一身份:为用户创设唯一真实的账户,用户特定区域的脑波可以被用来形成唯一独特的身份,使用脑机接口的过程既是真实身份创设和认证过程,也是多元身份创设和识别过程。②虚拟财产:用户通过脑机接口在架构中生成的信息以非排他、永久、免费的方式授权给服务提供

---

① 本段基于对以下论文相关部分的改写:胡凌:《合同视角下算法治理的启示与边界》,载《电子政务》2021年第7期。
② 需要提醒读者注意的是,这些要求并非某个特定脑机接口服务提供者单独提出来的,而是作为一个整体经过与既有平台不断竞争后实现的稳定状态。

者,形成集合性价值,但无权处分架构中提供的虚拟物品,仅能使用。③个人信息:通过算法解读出的人脑电信号属于个人敏感信息,需要用户明确授权同意使用,以不断改进服务体验,但会通过去标识化技术降低隐私泄露风险。④知识财产:用户不得尝试自行破解相关硬件或软件进行自我调整,需要根据脑机接口服务提供者的指引进行使用,否则可能侵犯相关知识产权,并自行承担所有可能的安全风险。⑤算法黑箱:用于识别用户脑信号的算法是一项服务,可以以可视化的方式向用户展示部分功能,或通过服务人员加以解释,脑机接口服务提供者有权随时进行更新和调整,但算法代码本身不向用户及公众披露。⑥行为规制:用户脑波一旦被算法解读,形成可供识别的外在行为或操作过程,就不再是用户思想的一部分,因此需要对其后果负责。平台有权对用户行为基于信息安全或市场秩序需要进行管理。⑦合同关系:用户与脑机接口服务提供者的法律关系按照用户协议性质是合作关系或技术服务使用关系,脑机接口仅仅是一种技术接口,并非劳动活动的组织者。⑧商业模式:用户需要容忍定向广告等基于用户个人特征自动推送的服务,不得使用第三方工具屏蔽。⑨竞争秩序:在脑机接口架构非法兴起过程中,要求法律确认适用既有法律的特殊性和例外性,保护其创新地位,但不允许后续竞争者以同样方式获取架构内的数据、内容和流量,维护架构的封闭性。

需要再次强调,笔者无法设计脑机接口服务场景及具体的用户协议内容,但基于已有的生产性架构实践,完全可以合理推断出脑机接口架构会延续已有法律对平台经济合法性的确认需求。只有先解决了生产行为的合法性,才可能进一步讨论更为具体的稳定状态下的法律问题。

三、脑机接口架构的微观机制

本部分将进一步讨论脑机接口架构中的微观控制和生产机制,试图理解围绕这种新型技术的法律结构如何展开。这一新型架构起作用的方式会延续以往互联网宏观架构的构成,并继续通过"账户—算法—数据"的微观结构对使用者发生作用,最终通过其他配套的信息基础设施进行扩展。① 例如,脑机接口可以接入现有在线视频、游戏或自动驾驶服务,通过特定终端硬件、软件和虚拟现实技术结合在一起提供网络服务,不断延伸至各类场景。

---

① 一般性的讨论,见胡凌:《超越代码:从赛博空间到物理世界的控制/生产机制》,载《华东政法大学学报》2018年第1期。

(一) 通过账户的认证

在虚拟空间中实现对使用者的身份认证已经成为网络治理的重要环节。① 账户是赛博空间与现实世界的连接点,用户通过用户名与密码进行登录,以唯一账户身份行动。通过对用户真实身份的认证,可以最终定位到具体个人,也可以持续在架构中追踪用户,积累数据并画像,进而生成多元的社会身份。由此账户就成了具有获取(access)在线服务权利的个人化权限和资质。平台企业有能力进一步将用户按照各种标准分类和预测,通过引入更多生产性资源实现商业创新,进而构建更多新型网络,将用户不断纳入更加复杂的网络中,促成了用户新的社会身份生产与再生产。②

从历史上看,账户的法律演进原理在于将赛博空间中的账户和物理世界中的用户(及其数字身份)在法律上尽可能分离,即强调账户是一种属于平台的服务,用户对产生在账户中的有价值的数据不拥有财产性权利,这意味着平台企业使用用户数据的一切分析挖掘试验都只会关联到账户,而不会直接关联到物理世界中的本人,产生的价值也与用户在分配意义上无关。在既有生产关系下,法律关系的松散反而有利于平台对用户价值的获取。直接结果便是,匿名或去标识化的数据分析仍然可以对用户产生影响,持续地进行监控,并通过账户将其纳入生产体系。

脑机接口在实现人脑与机器交换信息的过程中,实际上也为用户开启了一个账户。这一账户的特点是:首先,算法通过识别不同用户的脑波,可以为其创设一个独一无二的基于生物信息的标识符,使用起来会比传统的身份证件更加便利,也可以避免像人脸这类标识符的社会争议,因此也将成为身份法律制度的一部分,但其推广使用有赖于国家制定统一的技术标准。其次,这一账户需要通过特殊的硬件和软件才能登录访问,从而进一步确保了该账户密切的人身属性,无法转让,这在技术上确保了用户协议规定的账户只能向唯一用户提供服务的要求,但也会产生账户内积累数据的转移和继承问题。最后,脑机接口服务提供者对账户的管理形式可能不会发生较大变化,仍然会开发出一整套管理用户的行为(如封号、禁言等),也会通过展示经验等方式为这一在线身份赋予声誉价值,进而实现劳动管理和交易匹配。

---

① 《网络安全法》第 24 条规定,网络运营者为用户办理网络接入、域名注册服务,办理固定电话、移动电话等入网手续,或者为用户提供信息发布、即时通信等服务,在与用户签订协议或者确认提供服务时,应当要求用户提供真实身份信息。用户不提供真实身份信息的,网络运营者不得为其提供相关服务。国家实施网络可信身份战略,支持研究开发安全、方便的电子身份认证技术,推动不同电子身份认证之间的互认。
② Jim Harper, *Identity Crisis: How Identification is Overused and Misunderstood*, Cato Institute, 2006.

（二）算法与黑箱

脑机接口技术及其服务的算法实际上存在三类功能，一是上述识别到特定大脑信号进行身份认证，二是将大脑信号转化为机器识别的信息并发出操作指令，三是通过身份识别创设多元虚拟身份并进行自动化服务推送和决策。这三重算法功能紧密结合在一起，更为有效地组织生产，将用户纳入价值生产活动。

这里可能存在的问题是，第二阶段的算法模型在多大程度上能够反映用户大脑真实的活动和意志，进而影响用户意思表示的准确程度。实际上对脑机接口服务提供者而言，用户的意志是否独立真实作为一个科学问题并不重要，就像人工智能究竟是否真的有"意识"的哲学问题一样，法律完全可以设定外在标准加以确认。重要的是平台算法会确立一套计算机语言进行转译，用户要做的只是接受用户协议并按照算法给出的功能——确认使用，最终转化为可以生产价值的操作行为即可，如果发生了认知错误或非入侵脑机接口情况下解析颗粒度较低等情况，还可以不断调整算法予以修正，但不会影响正常服务流程。

随着算法监管越来越倾向于将算法视为平台经济运转中的重要环节，越来越多的资源也已经投入到针对各领域的算法功能与外部性上，如内容审查[①]、自动化决策与推荐[②]、定价机制[③]等。对未来脑机接口的发展而言，也将存在类似针对算法黑箱的外部监管与信息披露问题，在制度上可以不断衔接，限于篇幅笔者不加详述。

（三）开发神经数据推动生产

类似于人脸数据，经过脑机接口转化过的神经数据也是一种新型生物信息，除了生物伦理争议外，也会引发更进一步的数据权属问题。个人信息从来都依托于特定技术的开发，只有当脑机接口终端变得更加普及，经由此类技术开发出的神经数据才可能逐渐变得敏感。鉴于脑机接口已经十分接近人的大脑，可以预见会有社会利益群体主张用户应当有权控制其神经数据，要求创设一系列新型民事权利或消费者权利。而在脑机接口服务提供者看来，大脑信号只有通过专门硬件和软件的生产和解读才能成为有意义的信息，平台投入了资本和劳动，仍然希望按照用户协议规定免费

---

① 《网络信息内容生态治理规定》第12条规定，网络信息内容服务平台采用个性化算法推荐技术推送信息的，应当设置符合要求的推荐模型，建立健全人工干预和用户自主选择机制。
② 《个人信息保护法》（草案二次审议稿）第25条规定，利用个人信息进行自动化决策，应当保证决策的透明度和结果公平合理。
③ 例如，交通运输新业态协同监管部际联席会议讨论决定，2021年督促网约车平台公司公开定价机制，保障消费者合法权益。

收集此类新型生产要素,形成稳定的集合性数据资源池,进而开发出更加符合人脑真实运作的算法模型,其财产性价值与用户个人无关。由于脑机接口操作需要大量脑波信息,由此产生的生物信息在处理过程中势必变得更加敏感。为避免可能的麻烦和纠纷,脑机接口服务提供者会大力开发个人数据的去标识化处理,或者主张自己有能力证明去标识化技术手段使得重标识风险较低,不具备识别特定自然人的能力,那么一旦用户通过身份认证,脑波数据被算法转化为操作信息后就接受去标识化处理,使其仅仅能够关联到账户而非个人,从而在个人和架构之间架设起适当的防火墙。

四、反思技术规制的研究路径

(一) 法律如何规制技术

笔者对脑机接口技术讨论的前提是:假定脑机接口技术未来能够成为一种通用的系统性技术,能够被广泛地应用,这需要新的基础设施进行配套和生产方式变革,而且其演进路径也可能需要长时间与其他技术应用的融合,甚至冲突。如果这一假定成立,那么脑机接口会被逐渐嫁接在现有的平台经济模式当中,在嵌入过程里进一步调整和加强社会成员和互联网的生产关系;因此该技术不仅不是研发者所宣称的革命性技术,反而是借助创新之名对现有生产方式的强化,而非偏离。与此同时,在此过程中,会出现利用该种技术非法兴起形成的新平台,和既有平台一起推动脑机接口应用的合法化,并通过各类意识形态和话术要求法律进行调整。法律在形式上仍然会保持稳定性和连续性,但其背后所反映的生产过程和方式则发生了激烈的不断变化。从这个意义上说,笔者并不特别关注脑机接口本身的特殊性问题(这需要时间观察并通过实践来解决),而是关注其反映的法律与技术关系的普遍性问题。

传统法律处理法律与技术的关系这一议题时,往往倾向于将技术视为可以独立存在的人造物,在法律上体现为某种客体。但最近二十余年的网络法发展经验告诉我们,将技术看成孤立物品的视角在 21 世纪无法持续,也不反映真实世界,特别是在物联网时代,任何小型的边际上的技术设计或终端都可能被嵌入一个芯片,向中心服务器传输数据,从而和一个更大的信息网络与系统连在一起。因此,需要以一个更加广泛的角度看待技术系统,即不论技术本身还是技术的开发者、控制者、使用者,都共同存在于一个不断形成的系统中,在生产经济价值过程中具有不同的分工。技术系统通过对"空间"的拟制和想象,重新塑造新的空间和价值增长点,并主导形成平台,进行生产。这可能是 BCI 带来的真正法律问题的核心,即是否允许该种技术以扩展性的方式存在,以及一旦扩展,会如何在生产过程中扩展其权力,如何在与竞争对手的关系、与用户的关系中体现出来,等等。这些问题要比诸如赛博格一类的科幻问题更有社会价值。

无人驾驶技术规制的研究历史已经表明,将技术事物本身仅仅视为孤立存在和运作的物品无法把握系统性技术的核心。早期法律研究者对无人驾驶汽车的想象仅停留在智能汽车会单独卖给消费者随意上路,由此出现关于交通事故责任认定的讨论,这说明研究者实际上无法预测某种新兴技术的使用场景和商业模式,而且其预测往往是错的。其错误在于未能看到智能汽车实际上是一个生产平台的入口(后来改称为智能网联车),车体本身被转化为一个不断生产汇集数据的新型架构空间,通过网络不断与云端联系,并进行车路协同,从而带动新型基础设施的翻新改造;而且长期看更有效的方式是按照共享单车模式分时出租而非个人购买,既便于管理也降低了社会成本。因此,笔者没有就事论事地讨论脑机接口的具体法律问题,例如技术标准、风险与安全、侵权责任等,而是基于过去技术发展和应用模式进行分析。

法律与科技的关系是法学中持久的话题。如前所述,传统法律大部分时候应对的是单一功能的技术,因此需要事前设定技术和质量标准,并在事后通过落实侵权责任进行损害赔偿救济,或者保护特定专利的使用。但法律在应对系统性技术时往往无能为力,"只见树木不见林",这主要是因为系统性技术改变了生产方式和生产性资源的组织方式,加速了经济循环和生产效率,必然要求法律加以确认而非抵制。因此,针对单一功能技术创造的法律规范对系统性技术和生产组织主体并不适用,也是无效的,后者反而要求对这些规则进行例外适用。如果脑机接口仅仅是一个普通的专用型技术,那么它和其他神经医学上改进人的神经心理健康的技术和药品就没有区别,也会使笔者的研究变成一个单纯的医事法研究。而一旦看到脑机接口成为可以开展人机协作与互动的媒介和入口,就会发现相较以往的技术环境,其具有更强的组织力和控制力,也会重新塑造关于模式同意、认知行为的问题。

本着历史唯物主义的研究思路,笔者将技术视为一个不断演化的系统和组织形态,法律作为另一套相对独立的系统如何介入其运作过程将是十分持久的问题。法律究竟需要以反对不正当竞争的名义维护既得利益群体的生产方式及其相关利益,还是以保护创新的名义维护新兴创业者的生产方式及其相关利益,难以一概而论。我们已经看到,任何创造性破坏的技术本质上都是系统性技术,最终帮助确立有效组织生产的数字基础设施。互联网的非法兴起过程表明,法律需要认识到系统性技术的公共性维度,即数字基础设施建设和对流动性资源的集合性使用,如果新兴技术及其调配的生产要素无法在现有基础设施之上开展生产活动,法律就需要为该种技术保留一定的灰色空间,允许双方进行(某种"不正当")竞争,对其商业模式应当保持谦抑态度。

如果生产性的法律理论具有解释力,笔者就可以据此尝试总结出法律在面对新型技术时的一般性规制模式,并对我们过去的研究路径进行反思,还可以对脑机接口所处阶段进行预判。该模式事实上是一个历史和动态的过程。第一阶段可以观察某种新兴技术和服务在初始阶段的变化与发展,特别是它如何在现有新型经济模式下得到开发,以及如何与新兴商业模式加以融合,法律在这一过程中保持开放审慎态度(例如,无人驾驶技术)。第二阶段需要区分单一功能的技术和通用功能的技术,从而较早跟踪观察该种技术如何进一步扩展为平台经济模式,并在此过程中解决与既有经济利益之间发生的冲突与不正当竞争问题,如果出现通过网络扩散急速扩大的风险,则需要及时限制叫停(例如,虚拟币引发的非法集资)。第三阶段是逐步确认平台模式下的新兴技术的合法性,通过重新解释、修改现行法律或制定新的单行法律法规的方式加以确认,并推动新型基础设施的建立和完善。最后阶段则是在确认生产方式的基础上加强更细致的监管,包括制定技术标准、审查用户协议、推动日常监管等,充分利用其生产性优势,推动集合性经济价值在社会范围内的公平分配。而法律系统也正是在这一过程中发生变化,既在形式上保持着既有的原则和规则,也会逐渐更新内容,适应新技术的特殊性。不难发现,笔者正是按照这四个阶段对脑机接口的开发与应用轨迹,以及可能的法律影响进行讨论。这一框架也可以用来分析其他具有潜在平台经济系统能力的技术,从而更好地帮助我们规划与评估不同类型技术的开发。

(二) 增强技术的公共性

从早期互联网到人工智能到脑机接口,我们见证了一种新型生产方式的不断形成与扩展,并在既有基础设施的基础上开发调动新的生产要素,但同时也看到消费者权利的削弱、用户自主空间的压缩以及更为抽象意义上更加自动化的过程对人的主体性和自由意志的影响。在面对此类问题时,有必要识别和避免几类常见的理论性偏差:第一类是在哲学上讨论在人通过机器进行调适和改进过程中,人的主体性在不断丧失(例如,人工智能的自动化决策机制会让人降低判断力,或者脑机接口可能会允许机器过度介入人脑而最终取代人自身的判断和决策),这类讨论抽象而言似乎有道理,但如果放在具体时空条件下审视,则会发现实际上社会看待技术的方式本身也在不断调整变化,有了技术辅助,人们实际上可以做出更好的决策。有必要看到,人的主体性问题相当程度上需要放置在社会经济生活的生产关系中理解,即因为生产资料占有的不平等,人们的社会主体地位也保持了某种不平等状态,机器的出现反而加剧了这种情况。第二类是按照传统法学分析,简单以赋权的方式设定新型权利以反对歧视等问题,如数据权利、算法权利、神经权利等,[①]这些权利(或权能)可能在具体法律分析中构成形式上有效的说辞,但仍然没有能够看到背后的生产过程和分配机制(实际上是默认接受),因此可能只是在边际上解决问题。第三类是在面临政策选择时进行非黑即白的抉择,即倾向于夸大技术的风险(如鼓吹人工智能会控制或取代人类,或脑机接口会产生非人),这也同样没有看到脑机接口技术有推动生产效率的潜力,而且脑机接口技术展示了经济转型过程中机器换人的另一种可能性,即人与机器开展有效协作,增强人的主体性。第四类主张对技术使用的不同场景进行特殊规制,并努力寻找不同场景中的特殊性。"场景化规制"看起来较为合理,但一般很难厘清何为场景,仍然需要围绕技术的特殊性按照其在生产过程中所起到的功能加以剖析(如认证、行为评价、实现特定政策目标等)。综上所述,不能仅仅就技术本身开展讨论,而需要穿透技术背后代表的生产方式,合理认定使用者在这一生产过程中所处的地位。

如前所述,目前法律已经开始形成较为稳定的应对系统性技术的分步骤思路,而且在每一种新型技术出现之后,都会重复提出上一种系统技术带来的治理问题。按照目前的经验,在技术发展过程中需要继续思考改进如下核心问题:(1)如何持续推动生产要素的跨平台流动,抑制平台企业的垄断效应;(2)如何推动数字基础设施的建立,并加强互联互通;(3)如何强化对用户协议在边际上的司法审查,保护消费者权利;(4)如何以低成本推动个人信息逐渐转化为公共信息,鼓励基于公共数据的创新与开源;(5)如何加强劳动者权益保护,设计适应流动性的社会保障制度。笔者认为,未来关于脑机接口的讨论也应当遵循上述思路,既要看到该技术存在的问题,也需要在发展中不断探索改进,并通过大众媒体与教育过程逐渐达成关于技术使用的共识,避免数字鸿沟。特别是,我们不仅要看到新兴技术的循环开发模式和生产面向,也需要更加关注价值的分配面向。每一次系统性技术兴起的过程仅仅解决了生产要素的创制和流通问题,但对劳动价值的社会化分配的关注不足(或者认为市场环境下的流通本身就解决了分配)。类似地,在市场主导下的平台经济过程中,承认脑机接口场景中带来的碎片化数字劳动,推动多元的获取收入和报酬的机制十分关

---

① 《自然》杂志曾撰文提出围绕脑机接口的四个主要伦理问题:(1)隐私和知情同意,对个人神经信息和活动的保护甚至可能上升为一项神经权利;(2)个人身份和能动性,如何在技术赋能人类身心的同时确保人类自由和自主性;(3)增强人类,技术增强、赋能人类的边界问题需要更多探讨;(4)偏见,其他 AI 领域已经出现很多偏见,类似的偏见可能蔓延到脑机接口和神经科学领域,对人类身心造成影响。见 Rafael Yuste et al., "Four Ethical Priorities for Neurotechnologies and AI", Nature, Vol. 551, 2017, pp. 159-163。

键。仅仅依靠市场仍然会出现富者愈富的情形,因此有必要在现有灵活用工政策基础上采取一系列措施,包括推动流动性、允许用户个人积累数据性生产资料、推动建立一个更加具有公共性的平台、及时跟进和发现因脑机接口带来的新型工伤与劳动保障问题等等。

五、结语

生产性的法律理论认为,作为上层建筑的法律需要对新型生产方式进行回应,并确保生产资料与新生产关系的合法性。在此过程中,经济和社会价值被不断生产和再生产出来,通过以生产资料财产权利为核心的法律制度加以确认;同时,以技术为表现形态的生产系统逐渐嵌入市场与社会,成为我们日常生活的默认设置,直至下一次经由新的"破坏式创新"技术出现,不断以非法兴起的方式对既有稳定系统发起挑战。在每次挑战过程中,新型技术的特殊性被作为普遍性写入法律规范,自互联网以来的核心法律问题也会一直延伸,涉及身份认证、数据权属、算法黑箱、竞争政策、数字基础设施以及价值分配机制等,它们构成了我们所处信息时代的独有法律问题。历史带给我们的教训是,越来越需要在每种生产性技术开发之初就从深层次上对这些问题进行综合评估考量,思索能否在现有治理实践基础上进行政策和法律上的调整改进,推动新旧系统融合改造,从而在确保代表先进生产力的新生产方式得以快速兴起的同时,降低对市场秩序、消费者与劳动者权益的影响。

(胡凌/文)[*]

---

[*] 胡凌,北京大学法学院副教授。本文原刊于《东方法学》2021年第4期。

"被遗忘"的权利及其要旨
对"被遗忘权"规范性基础的批判性考察

一、问题的提出

互联网和大数据等计算机技术的大规模普及,从根本上改变了身处数字时代的人们存储、处理和获取信息的方式。在信息存储海量增长的同时,人类获取和处理信息的能力也随之急速提升。"数字化生存"成为人类存在方式的重要维度,[①]数字社会的诸多特征要求治理方式发生相应变革。[②] 数字社会的一个典型特征就是信息的持存性,为了应对永续存在且随查随有的"网络记忆",许多国家和地区引入了法律上的"被遗忘权"。被遗忘权相关法律制度最早可以追溯到法国或意大利刑事法上的"遗忘权"(right to oblivion),其通常是指被定罪的犯罪人在服刑并归化社会过程中可以要求官方不得公开其犯罪和服刑的记录。在当下,数字社会背景中的被遗忘权则起源于欧盟的法律实践。2014年,欧盟法院对"谷歌诉西班牙数据保护局案"作出判决,[③]要求谷歌在返回的搜索结果中删除该案当事人冈萨雷斯的相关个人信息。此判决首次在司法上确认了网络时代的被遗忘权。2018年生效实施的欧盟《一般数据保护条例》更是对"删除权(被遗忘权)"作了明确规定。在满足特定条件的情况下,个人信息主体要求信息控制者删除相关个人信息,信息控制者应立即删除。2015年,"任某诉百度案"被认为是我国被遗忘权第一案。[④] 该案中,任某要求百度删去索引其个人任职工作经历的搜索返回链接,但一、二审法院都驳回了任某的诉讼请求。

[①] 参见〔美〕尼古拉·尼葛洛庞蒂:《数字化生存》,胡泳、范海燕译,海南出版社1997年版,第191—200页。
[②] 参见马长山:《数字社会的治理逻辑及其法治化展开》,载《法律科学》(西北政法大学学报)2020年第5期。
[③] *Google Spain SL, Google Inc. v. AEPD, Mario Costeja González*, 2014.
[④] 北京市第一中级人民法院(2015)一中民终字第09558号民事判决书。

上文提及的被遗忘权是一种"法律权利",案件争议的解决取决于欧盟或我国现行实在法的规定以及对这些规定的妥当理解与适用。作为一种实在法内容上的法律权利,被遗忘权在相关国家或地区当然存在。但本文的问题意识并不在于此,我们所关心的是另一个相对独立的问题:从理论上看,被遗忘权是不是独立的法律(或道德)权利?换言之,被遗忘权是否具有独立于隐私权、名誉权等现有法律(或道德)权利的要旨(point)或价值,使得人们可以合理地将这种权利视作一种独立的新型权利。实在法可以规定"被遗忘权"或赋予被遗忘权以请求权基础,但这种权利可以和其他权利(比如隐私权)共享权利要旨或权利基础。就像"网络名誉侵权"不过就是"网络上的名誉侵权",我们或许也可以说,从权利辩护基础的角度看,被遗忘权并不是独立的法律权利,它只是其他权利的一部分。因此,"被遗忘权"是否为一种"新"权利或"新兴"权利取决于我们如何理解这里的"新"。

本文将首先初步澄清被遗忘权的概念,之后将依次处理有关被遗忘权权利要旨或基础的几种竞争性理论解说。最终,本文希望表明,这些权利要旨或价值要么站不住脚,要么被隐私权、名誉权等现有权利所吸收。结论是,被遗忘权不具有独立的要旨或规范性基础。在权利辩护要旨的意义上,被遗忘权并非一种新兴权利;但在制度性实在权利的意义上,被遗忘权并不能被我国的民事隐私权制度所吸收,因而可以是一种新兴权利。

二、遗忘的修辞及其初步辩护

(一)被遗忘权的两种权能

从字面上看,被遗忘权是权利主体要求人们"遗忘"其相关个人信息的权利。"遗忘"仅仅是出于便利的修辞方式,实践中的被遗忘权无关遗忘本身,而是指向个人相关信息的存储与获取;同时,这一权利的义务人也并非知晓或记得这些个人相关信息的个人,而是信息的存储或处理方。

对自然人而言,被遗忘权大致上指个人有权要求删除网络上存储的个人相关信息或终止对已经被存储信息的索引、访问和其他进一步处理。因此,宽泛地说,被遗忘权又可以进一步区分为两种权能:(1)删除内容权——个人信息主体有权要求网络服务商删去涉及其个人信息的网络内容;(2)解除对内容的索引权——个人信息主体有权要求搜索服务提供商停止索引涉及其个人信息的原始网络内容。在上文涉及的谷歌案及百度案中,个人信息主体都仅仅要求搜索服务提供商停止继续索引其已经在网络上由他人存储和开放访问的信息,而非直接删除这些信息源。在理论上,被遗忘权可以同时容纳上述两项权能。

(二) 适度遗忘的修辞及其论证

然而,"被遗忘"的"权利"这种修辞也隐含着一种辩护被遗忘权的可能方式。有些论者试图指出,由于人类天生就有遗忘的能力,因此,遗忘是人类理智决策的要求,这一要求间接地辩护了被遗忘权的制度。

首先,他们认为,"对于人类而言,遗忘一直是常态,而记忆才是例外"。但这种田园牧歌式的"平衡已经被打破了",因为对数字化生存的人来说,"遗忘已经变成了例外,而记忆却成了常态"。① 接着,这些论者进一步认为,数字化的记录永存且便于获取和处理的特点会"让时间失效,继而威胁到我们进行理智决策的能力"。② 然而,数字化记录的存在如何能够威胁"我们进行理智决策的能力"?持这种观点的论者让我们设想这样的典型事例:

多年未见的老友约翰给珍妮发来电子邮件相约叙旧,邮箱存档的往来信件却勾起她内心尘封的不快旧事。事情的重点是"并非珍妮想要看到那些邮件,而是数字化记忆再现了她原本已经记不起来的事情",从而"重新激活了我们原已淡忘了的与负面记忆的联系"。③

在论者看来,适度遗忘是理性决策的一个前提,让我们能够抛弃往日的负面记忆,从而"正确地评估我们过去发生的事件"。然而,这一诉诸事例的论证却犯了特设谬误(ad hoc fallacy)。在这个事例中,珍妮被激活的记忆恰好令人不快,从而无法和约翰畅快叙旧并重温友谊。然而,假如珍妮和约翰在过去几年间虽愈加疏远,但读取存档的邮件让她回忆起亲密无间的过往,情况又会如何?在这种情况下,"让时间失效"并且让记忆长存似乎刚好是论者所指出的"理智决策"本身所要求的。珍妮应该重温过往的快乐岁月并享受这份差点被淡忘的珍贵情谊。再换一种情况,或许被存档邮件勾起的记忆确实令人伤心甚至愤怒。珍妮原本已经忘却了旧友的劣迹,但邮件让她重温旧事并做出了与这位旧友断绝往来的决定。在这种情况下,我们能说珍妮的决策一定就是不理智的吗?也不会。我们会认为事情的关键在于旧友的劣迹究竟是否值得原谅;如果不值得原谅,淡忘并且与旧友重归于好才是"不理智"。到这里,我们看到,记忆伦理并不是整齐划一"应当淡忘"或"应当铭记"的定言指令,而

---

① 〔英〕维克托·迈尔-舍恩伯格:《删除》,袁杰译,浙江人民出版社2013年版,第6页。
② 〔英〕维克托·迈尔-舍恩伯格:《删除》,袁杰译,浙江人民出版社2013年版,第142页。
③ 〔英〕维克托·迈尔-舍恩伯格:《删除》,袁杰译,浙江人民出版社2013年版,第143—144页。

是高度敏感于记忆内容的要求:令人不快的记忆或许值得淡忘,但美好温暖的记忆却值得时时重温,甚至,令人绝望甚至愤怒的记忆也值得牢记在心。

持有这一观点的论者或许也会认同对上述从个例推论出一般结论的反驳,转而寻求某种以进化论为核心论点的自然主义(naturalist)辩护:

"人类几千年的进化,我们都未能发展出一种替代的认知能力,去正确地评估我们过去发生的事件。"因为,人类心理性状的进化是"实际而保守的过程","可能进化留给我们的就是生物性的遗忘,而不是详细感知理解过去时间的能力"。"而数字化记忆破坏了生物性的遗忘,使得我们更容易受到犹豫不决或者判断失策的影响。"①这种简单自然主义的论说隐含着"进化出来的生理和心理性状"或"人类事实上具有的稳健生理和心理性状"就是"好性状"的看法,但这一看法并不成立。人天生只能跑那么快并不意味着交通运输就应该以人类奔跑的速度为限,在记忆这里或许也是一样。我们需要更为可靠的记忆,个人日记或者公共档案就承载着这样的功能,但我们并不因此更为"犹豫不决"或"判断失策"。为何记忆的载体数字化和网络化之后,事情就变得一发不可收拾?结合上一部分的讨论,还值得追问的是,为什么我们通过数字存储和信息网络的方式来延展或者加强我们的记忆就一定是坏事?难道值得刻骨铭心的事件不应该被铭记在心?难道数字存储和信息网络没能帮助我们更好地去铭记经历的事件或获得的体验?

上述两种赋予"被遗忘权"要旨的看法来自对"被遗忘权"字面修辞的认同,仿佛"被遗忘权"真的和"被人们遗忘"的"权利"有关。然而,到此为止的简要讨论已足以表明:在概念上,被遗忘权并非被人们遗忘的权利,将这种权利与人类的心理遗忘机制相类比也无法辩护这种权利。再退一步,即便我们承认适度的遗忘是好的或值得追求的,承认上文中的珍妮应该淡忘一切过往事件——无论美好、悲伤甚至是令人愤怒的,一个活得蓬勃焕发的人应当学会淡忘——这也无法推论出其老友约翰具有某种权利主体的资格,能够理直气壮地要求珍妮淡忘过往或要求邮箱服务提供商删去和其个人有关的邮件,以便珍妮能够淡忘过往。权利主张所蕴含的"理直气壮"特点意味着权利能够辩护或证立义务主体所承担的义务,但"珍妮应当淡忘过往"并不能辩护"相关的人有义务配合珍妮淡忘过往"。

上述思路隐含着以下两个步骤的推论链条:(1)从人类遗忘的心理机制类比地推出应当引入被遗忘的社会制度;(2)由应当有被遗忘的社会制度得出信息主体具有删除网上信息或者解除搜索引擎信息索引的积极权能。但这两个推论都无法成

---

① 〔英〕维克托·迈尔-舍恩伯格:《删除》,袁杰译,浙江人民出版社2013年版,第147页。

立。讨论至此,将"被遗忘权"在字面修辞上理解为"被人们遗忘的权利"并不能赋予这一权利合理的权利要旨或者权利基础,我们将寻求其他的权利要旨来理解这一权利。

三、"自主"与对社会关系的控制

(一)从"个人相关信息"到"个人信息"权

在大多数支持"被遗忘权"的论述中,论者都预设着权利主体对其相关个人信息的某种私有财产权式"所有"和"支配"观。这种观点在匹配"被遗忘权"的法律实践时具有相当的吸引力。

如果个人相关信息就像个人财产一样归于个人所有和支配,那么作为信息相关主体的个人对于这些信息当然可以并且应当具有支配和掌控的权能。简单地说,如果我的个人相关信息就是"属于我的",那么,理所当然地,我可以决定这些个人相关信息向谁披露以及以何种方式被处理。我国立法和学界把"个人信息"相关权利认定为一种"人格权"。在"信息"前面加上定语"个人",在构词方式上与"个人财产"一致,隐含着"信息为信息主体个人所有"的看法;同时,在支配的绝对性上,"个人信息"也和"个人财产"一样受制于法律、行政法规以及公共利益的约束,不具有"生命权"这样的绝对性(absoluteness)或严格性(stringency)。[①]"被遗忘权"或信息删除权、解除索引权之所以成立,就衍生于每个人对于其"个人信息"所拥有的一般权利,只不过,"被遗忘权"处理的是"过去"的"个人信息"。

在这种解说中,难点在于如何辩护"个人信息"在初始条件下确实是一种理所当然地"为个人所拥有"的权益。我们的生命、身体天然地属于我们自己。原因在于,这两样东西与生俱来就是"我们的"且在我们的人生历程中无法割舍给他人,所以,对我们生命的侵犯和身体的侵入必然是"对我们的侵害"。这就足以说明我们对生命和身体具有绝对(或近乎绝对)的支配。在这里,我们或许可以说我们对生命和身体的支配"理所当然",但在个人信息的问题上似乎并不存在这样强健而直接的联系。设想:一个叫张三的人如何能够说明"张三昨天下午在河边走了一遭"这个命题或信息就"属于张三所有",并且其他人对这个命题的知晓或对信息的存储和处理就

[①] 对我国民法上个人信息保护制度的讨论可参见程啸:《论我国民法典中的个人信息合理使用制度》,载《中外法学》2020年第4期。

"侵占"了某种张三所拥有的"东西"。为了便于理解这个困惑,我们可以用"个人财产"面临的困难来类比。一个叫李四的人捡起河滩(无主地)上的一块鹅卵石,他如何能够说明这块鹅卵石就"属于李四所有",并且其他人在未经李四同意的情况下拿走或损毁这块鹅卵石就"侵占"了李四所拥有的"东西"?"财产为个人所有"这个看法需要进一步辩护;同样,"相关信息为个人所有"也需要进一步辩护。

财产权的辩护可以通过说明个人财产权的安排有助于解决合理协调的难题,防止"公地悲剧",促进人们的财富增长或对资源的有效开发,① 也可能诉诸财产对于个人自主的重要性。在现代社会中,人们难以想象一个人不拥有个人支配的财产如何能够获得个人的自主或自由。② 理论家还会主张人总体上的蓬勃焕发(human flourishing)需要个人财产。③ 再或者,其他单个人类价值——比如友谊——也可以间接地辩护个人财产的重要性,例如,我们难以想象友谊在不存在个人财产并因此就不存在馈赠的社会中是如何可能的。④

因此,通过"个人信息"来辩护"被遗忘权",必须首先论证个人信息究竟对于信息主体的个人或社会具有怎样的重要性或意义,通过这个意义来说明信息主体对于其相关信息具有某种类似财产权式的控制和支配权。

(二)通过"自主"价值来辩护个人信息自主权

最为直截了当的看法认为"自主"(autonomy)或"自我决定"(self-determination)价值就足以辩护个人信息权:"信息自主(informational autonomy)或信息自我决定意味着个人控制自身个人信息,也即,个人拥有权利决定哪些有关他们的信息向谁以及用于何种方式披露。"⑤如果我们简单地将被遗忘权理解为"在一段时间之后"删除其相关个人信息的权利,那么,只要我们承认人们的"自主"或"自我决定"包括某种程度上推翻自己先前决定的能力,被遗忘权就是"个人信息自我决定权"的一部分。然而,初步的反思告诉我们,在宽泛的意义上论说"自主"的价值要求"有关我们自身的信息"受控于我们自己并不够。自主论者必须告诉我们,在上文的例子中,"张三昨天下午在河边走了一遭"这一命题被他人所知晓究竟如何影响到一个人的自主性或

---

① See Garrett Hardin, "The Tragedy of the Commons", *Science*, Vol. 162, 1968, p. 1243, 1243-1248.
② See Jedediah S. Britton-Purdy, "A Freedom-Promoting Approach to Property: A Renewed Tradition for New Debates", *University of Chicago Law Review*, Vol. 72, 2005, p. 1237, 1237-1298.
③ See Gregory S. Alexander, *Property and Human Flourishing*, Oxford University Press, 2018.
④ See John Finnis, *Natural Law and Natural Right*, Oxford University Press, 2011, pp. 186-187.
⑤ Cécile de Terwangne, "The Right to be Forgotten and Informational Autonomy in the Digital Environment", in Alessia Ghezzi et al. (ed.), *The Ethics of Memory in a Digital Age*, Palgrave Macuillan, 2014, pp. 85-86.

自我决定,以至于必须赋予张三某种支配和控制这些相关信息的权利。更精确地说,持有自主决定论的论者必须说明的是,个人自主性的哪些重要方面要求我们能够控制和自己相关的信息。那些关于我们做了什么、说了什么以及我们具有何种个人特征的信息为人所知晓,究竟对我们的自主决定构成了哪种障碍?

大致上,对这个问题有两种回答方式:第一种回答方式考察有关我们自身的个人信息为人所知晓这一状态"本身"直接削弱了我们的哪种或哪几种自我决定的能力。第二种回答方式考察有关我们自身的个人信息为人所知晓可能带来间接的不利"后果",看这些后果如何削弱我们的自我决定能力。我们的讨论主要集中于第一种思路。[①]

(三) 消极"独处"的权利与自主决策的信息条件

我们的个人信息为人所知最直接的影响就是我们因为人们的侵扰而失去了独处(being let alone)的状态。[②] 在最初步的意义上,如果将"独处"的选项视作个人生活领域的一个重要选项,剥夺独处的机会本身就剥夺了我身为一个人的重要选项。在道德和法律领域的权利话语中,我们通常将保障这种个人独处安宁的权利称作"隐私权"。保护人们"独处"和"免于侵扰"也正是隐私权最经典的核心要旨。在这种理解中,个人相关信息需要以权利的方式被保护,其要点就在于"我们免于被以特定方式侵扰(intrusion)"。[③] 进一步追问这种"侵扰"本身所损害的自主性,可能包含我们无法选择"安宁地独处"这一选项本身,以及在社会压力下,我们所做出的任何个人决定都很难具有自主性。可以设想,如果有关一个人所有行为的信息最终都将公之于众,那么这肯定将极大地削弱其自主做出决定的能力。"众目睽睽"所造成的社会性压力足以让个人屈从于他人的评断。这种对隐私的理解通常被称作"决策隐私"(decisional privacy)。[④] 我们并不否认这种隐私的重要性,只不过,这种隐私的范围太过狭窄——仅仅涉及我们做出什么决定的相关个人信息,在概念上难以覆盖我们通常所理解的"个人信息",在此暂时不展开,我们仅仅处理"安宁地独处"的考虑。

在上文的例子中,如果张三仅仅希望自己能享有片刻的独处空间,安静地在河边走走,那么王五通过摄像机拍摄到"张三昨天下午在河边走了一遭"就构成了某种

---

① 个人相关信息的泄露可能带来许多的后果,其中可能包括被以欺骗、操控等方式侵害财产权甚至生命权等。这些当然也可以视作对于"自主"的侵害,但这和被遗忘权相关性似乎并不大,因此我们的讨论主要集中于第一种考察方式。
② See Samuel D. Warren, Louis D. Brandeis, "The Right to Privacy", *Harvard Law Review*, Vol. 4, 1890, pp. 193-220.
③ Thomas Scanlon, "Thomson on Privacy", *Philosophy and Public Affairs*, Vol. 4, No. 4, 1975, p. 315.
④ See Beate Roessler, "Privacy as a Human Right", *Aristotelian Society*, Vol. 117, 2017, p. 191.

"侵扰"。在这点上,这种侵扰与对土地或房屋的进占(trespassing)比较接近。隐私划定了个人的某种边界,①人们应当尊重这种边界,突破这个边界就侵犯了个人的隐私。② 上述讨论主要针对作为道德权利的隐私权,但这种对隐私权要点的理解同样也反映在隐私权的法律界定上。我国现行民法确认"隐私"这一法律概念定义的要点在于确保"私人生活安宁",而"隐私权"的重点在于保护权利人免于被"刺探、侵扰、泄露、公开"隐私。③

(四)积极建构社会关系的个人信息控制权

用个人信息不为人所知的"独处"或"安宁"这一价值来解说隐私以及隐私权的实践也存在难题。这一理论仅仅把握到个人与其个人相关信息之间的"消极"或"静态"联系,却无法阐明社会生活中赋予人们"积极"或"主动"控制这些个人信息在他人间传播的掌控能力的重要性。张三或许和他的好友聊到最近工作上遭遇的困境,他"昨天下午在河边走了一遭",但他并不希望他的同事们知晓这件事。对于个人隐私的尊重似乎也要求我们赋予张三一定的"控制权"(power of control),来确定哪些人可以获知或传播其个人相关信息。如果独处或"完全无法为人获知"(completely inaccessible to others)意味着隐私受到最完备的保护,④那么在荒岛上离群索居的人似乎就有了最为健全的隐私。根据这种隐私权理论,他拥有最多的隐私,他的隐私权也得到最完善的保护。然而,荒岛上的隐私权似乎没有意义——在一个无人可以交流的世界上,隐私权又有什么用?这种极端事例表明,以隐私权方式保护个人信息的要点或许并不仅仅是让人能享有"独处"或者"安宁"的空间,更重要的是,通过控制"隐私",控制那些与我们有关的个人信息向谁开放,我们可以塑造和维护各种各样的社会关系。这些社会关系本身具有内在价值,使得隐私也具有了价值,⑤并间接地

---

① 我们并不否认这种边界或许是社会或文化建构起来的。
② 需要注意的是,对如此理解的隐私权的侵犯并不需要反过去为隐私权人所知晓,也不必造成任何"实实在在"的损害结果。这种对隐私的"侵扰"或"侵入"重点在于侵扰隐私"本身",而不是其附带的间接后果。甚至隐私权人因其隐私被侵扰而造成的心理创伤或不快也属于这类附带后果,只需要侵扰事实存在,就侵犯隐私权。类似的论证可参见 Ripstein 对于"无损害的过错行为"的讨论。See Arthur Ripstein, "Beyond the Harm Principle", *Philosophy and Public Affair*, Vol. 34, 2006, pp. 215-245.
③ 参见《中华人民共和国民法典》第 1032 条。
④ See Ruth E. Gavison, "Privacy and the Limits of Law", *Yale Law Journal*, Vol. 89, 1980, p. 428.
⑤ 本文对这两种价值之间关系的性质保持开放态度,不拟给出明确界定。这种关系可能是工具性的,也就是说个人在这种社会关系中对其个人信息的控制间接地促成了各种社会关系的建立和维持;这种关系也可能是构成性的,也就是说个人在这种社会关系中对其个人信息的控制本身就是这种社会关系的一部分。在比较职业语境的正式工作性社会关系中,或许个人信息的披露是工具性的,比如某种专家身份与资质的披露有助于建立信任与合作;但在比较私密的个人性社会关系中,或许个人信息的披露是构成性的,比如我们会将最私密信息的披露视作友谊实践本身的一个部分,而不是外在地促进了友谊的实践。

辩护了道德或法律上的隐私权实践。在上文的例子中,正是张三愿意并希望朋友了解他"昨天下午在河边走了一遭"这一点将张三的好友与其他人区分开来。友谊以真诚分享私密个人信息为条件,通过分享高度私密性的个人信息,张三成功建立并维护着他和朋友之间的情谊。每一个人都建立并维系着各种各样的社会关系,比如亲情、友情、工作伙伴或商业合作等。一种社会关系不同于其他社会关系的关键差别在于"行为模式"(pattern of behavior),不同的行为模式界定了不同的关系;而在这些迥异的行为模式中,以不同程度分享和披露不同类型的个人信息恰好是其最重要的方面。① 换句话说,远近亲疏程度不同且分属于不同交往领域的社会关系以一定"隐私"空间的存在为前提——这里的"隐私"被理解为我们向他人披露个人信息的类型、程度以及方式;假如道德、习俗或者法律等规范性系统未能保护这种最低限度的"隐私",那么许多社会关系将无从建立。

到这里,出于"自主"这一要旨的权利论证框架就得到了更为强有力的辩护:恐怕没有人能够否认"自主地建立和维护社会关系"是人的自主或自我决定中最重要的一个方面。与父母子女建立紧密的情感依赖,和爱人结为生活上的亲密伴侣,同一些人成为无所不谈的挚友,而另一些只是泛泛之交。这些都是人生中最富有意义的关系。无论道德还是法律,都应当赋予我们权利以允许我们自己来做出选择去建构和维持这些关系。

从动态和积极的面向将个人信息的"控制"视作个人自主性条件的隐私保护理论,其同样能够拓展地解说静态和消极的隐私保护中"独处"或"免于侵扰"的重要性。正是由于我们能够享受安宁或独处的状态,免于他人的窥伺、窃听或者其他方式的刺探,才使得我们能够通过主动分享私密个人信息的方式来建立和维系各种社会关系。如果身处一个不存在私人空间的社会,人和人之间能够知晓彼此所有个人信息的社会,那么对各种社会关系的妥当维系似乎也变得非常困难。在一个没有个人财产因而也不存在财物馈赠或物质分享的社会,友谊依然可能,朋友之间仍旧能够享受彼此的陪伴;同样,在一个没有个人隐私因而朋友之间无法分享私密信息的社会,友谊或许仍然存在,因为朋友之间也仍然可以享受彼此的陪伴。但和不存在个人财产的情况类似,在不存在隐私的社会,友谊的表达或实践方式会因此而变得极为贫瘠。因此,我们可以看到,出于"控制"的考虑也可以涵盖"独处"或"免于侵扰"的考虑。

---

① 这一思路的有力辩护可参见 James Rachel, "Why Privacy is Important", *Philosophy and Public Affairs*, Vol. 4, 1975, pp. 327-328。

(五) 用隐私权初步解释被遗忘权的权利实践

但上述讨论和被遗忘权没有必然联系。"被遗忘权"之所以在网络时代才出现,原因就在于在网络时代,通过控制个人信息的流向来建构和维护各种独特社会关系变得困难重重。从社会关系自主控制的角度看,"被遗忘权"的重要性在于让人重新掌控个人信息的流向,以信息的定向披露来维护不同的社会关系。例如,在朋友面前,人们可以表现出"私底下"或"不正经"的人格特质或性情趋向;但在职业交往的领域,职业准则会要求我们仅仅披露那些"正式的"与职业伦理相符的个人信息。

为了说明这一点,让我们考虑被遗忘权呼吁者最乐于援引的"喝醉的海盗案"(*Snyder v. Millersville University*)①。斯泰西·斯奈德(Stacy Snyder)在 MySpace 主页上张贴了一张戴着海盗帽喝饮料的照片,并附文字"喝醉的海盗"。米勒斯维尔大学认为她将这部分个人信息展现给见习时所教学生的行为不妥,在毕业时拒绝授予其教育学位,使她无法成为教师。然而,或许会让被遗忘权呼吁者失望的是,这个事件的重点并非这张照片无法被遗忘或删除。因为斯奈德女士或许仍然认为对于她在 MySpace 上的"朋友圈"而言,这张照片确实是她想要披露的个人信息的一部分。她所遭遇的悲剧是在"通过控制个人相关信息来维护两种独立社会关系"时出现了失误,在控制师生职业关系和网上虚拟社交关系时出现了个人信息的"串线"。师生关系预设着对老师职业品格典范的某种要求,社交网络上的个人信息串线到了职业关系中。这个事件的真正重点是斯奈德女士控制其自身隐私的失败,而不是无法回溯地删除先前信息。

"喝醉的海盗案"悲剧的产生有当事人自身疏忽的原因,但这并非个例,它是生活在数字化生存时代的人们共有的悲剧。在网络时代,搜索引擎、大数据等技术的出现彻底地改变了局面,要严格控制不同社会关系下的信息以防"串线"变得愈加困难。但在许多情况下,对这个困难的解决和回溯性的"被遗忘"的权利无关,或即便有这个权利,也只不过是通过控制个人信息的流向来自主建立和维护社会关系这种权利的一部分。

四、"身份"与对个人形象的管理

(一) 个人社会形象管理与信息控制

那么,应该如何辩护这样一种回溯性的"被遗忘"的权利?另一种基于自主性的

---

① 实际上,这一案件本身争议的法律问题是美国宪法上的言论自由是否保护原告斯奈德女士。

论证诉诸人所拥有的建构身份认同(self-identity)的自主性或人们在社会交往中构建自我形象和身份的自由。通过回溯性地删除网络上原本就公开的陈旧个人信息,人们可以积极主动地塑造和管理自我的社会形象。①

在被遗忘权呼吁者看来,"谷歌西班牙案"背后似乎正蕴含着这样的原理。2010年,西班牙律师冈萨雷斯向西班牙数据保护局投诉,他声称在谷歌上搜索其姓名时会返回1998年《先锋报》两则刊载新闻的链接,其内容是因其未能清偿债务而被强制拍卖其财产的公告。冈萨雷斯认为拍卖早已结束,该信息已与其无关,遂请求数据保护局责令报社移除或修订页面内容以确保其拍卖公告信息无法经搜索引擎搜寻。此外,他还请求数据保护局责令谷歌西班牙公司删除有关他个人数据的索引链接。数据保护局驳回了针对《先锋报》的投诉,认为报社刊载有法律依据;但同时又支持了针对谷歌的投诉,要求谷歌删除相关链接。谷歌西班牙分部和谷歌公司随后提起诉讼,最后由欧盟法院审理。对于这个案件,我们将不过多纠结于具体欧盟法律适用的问题,而是主要关注案件背后的理论考量。

在个人身份建构理论的支持者看来,这一案件是被遗忘权得到运用的典型事例。他们首先会指出,这一案件的重点在于被遗忘权赋予了权利人积极主动塑造和管理自我社会形象的自主性,正是因为自我社会形象的管理对于权利人而言极为重要,才使得这一权利存在。初步看来,这一论证大致上能够成功,因为我们无法否认"社会身份"的自我塑造或者"自我形象"的自主管理对于人的重要性。然而,存有疑问的是,"积极主动"地塑造和管理社会形象是不是必然蕴含着人们有权对其原本以某种方式公开的"个人史"(personal history)相关信息进行回溯管理。在这种理解下,被遗忘权的功能很像《黑衣人》系列电影中的"记忆消除器"(neuralyzer),只不过,电影中的记忆消除器是用来清除亲历者脑神经系统中存储的信息,而被遗忘权是用来清除网络上的内容。其最终目的是一致的,都是使他人无法获取这些信息。然而,这一判决并不必然支持这样一种理解。

数据保护局驳回了冈萨雷斯针对《先锋报》的投诉,而仅仅支持解除搜索引擎对报纸相关内容的索引。隐私权的社会关系自主控制理论就足以支持冈萨雷斯的主张。冈萨雷斯的相关个人信息在1998年并没有上网,也不存在搜索能力如此强大的搜索引擎,有关其个人财产强制拍卖的个人信息仅能为极为有限的人所获取。但在十余年后的2010年,信息的获取变得极为便捷,任何人只需在谷歌中键入他的全名

---

① See Norberto N. G. de Andrade, "Oblivion: The Right to Be Different from Oneself-Reposing the Right to Be Forgotten", in Alessia Ghezzi et al. (ed.), *The Ethics of Memory in a Digital Age*, Palgrave Macuillan, 2014, pp. 65-81.

就能够回溯这些信息。技术的剧变赋予任何认识或不认识当事人的信息查询者同等获取信息的能力,这种近乎完全扁平、为所有人平等地持有的信息获取能力使他无法有效管理和控制向谁披露哪些个人信息。而同时,冈萨雷斯从事律师职业,"职业形象"的维护需要有效管控信息。这种信息失控所造成的"串线"显然极为严重地干扰和挫败了他的职业生涯——毕竟,没有人愿意聘用一位曾失信并导致房屋被强制拍卖的律师。因此,在这里,事情的重点并不是"回溯性"地删除原有的信息源头,而仅仅是"防止原有信息在当下和未来的信息传播失控",那么隐私权就已经提供了足够充分和完整的保护。

(二)"谷歌西班牙案"中的被遗忘权与隐私权解释之争

被遗忘权的支持者或许会指出,我们对于隐私权权能的最狭义理解仅仅是隐私权人拥有掌控其私生活相关"私密"信息以何种方式为哪些人所知的权利。但此案中的当事人冈萨雷斯的强制拍卖记录却属于公开的公共信息,不属于隐私权的保护范围。① 我们有两点回应。

首先,即便是在这一案件中,对隐私的"私密生活安宁"式狭义界定似乎也难以成立。该案判决书明确表明当事人冈萨雷斯的抗辩要点是"搜索引擎对其相关个人信息索引以及由此带来的传播(dissemination through the search engine)对他的损害和对他信息权和隐私权的侵害——包含'被遗忘权'——压倒了运营商的正当利益和信息自由所带来的一般利益"②。这就表明,判决作出时欧盟法律上的被遗忘权至少可以被部分地理解为隐私权的一部分,而这里涉及的强制拍卖信息当然是最典型的"公共信息"无疑,但这并不排斥隐私权的保护。

其次,如果承认上文对于隐私权的理解成立,那么我们并没有很强的理由来区别地对待"私密"的个人信息和"公开"的个人信息。无论是"私密"还是"公开"都仍然是人和人之间建立的不同社会关系,在建立和维护这些社会关系的过程中,尽管"远近亲疏"或许有别,我们仍然或多或少地拥有一些自主决定的权利。这些个人相关信息的私密程度或许会影响这些信息上具有的隐私权本身的严格性或分量。最终,"私密"与"公开"仅仅是程度的差别,而非两种完全不同性质的信息。我们在"谷歌西班牙案"中看到,即便是典型的公开记录,其获取方式和人群范围仍然在很大程度

---

① 在最狭窄意义上理解隐私权并将其与被遗忘权独立开的论述可参见 Norberto N. G. de Andrade, "Oblivion: The Right to Be Different from Oneself-Reproposing the Right to Be Forgotten", in Alessia Ghezzi et al. (ed.), *The Ethics of Memory in a Digital Age*, Palgrave Macuillan, 2014, pp. 67-68.
② *Google Spain SL, Google Inc. v. AEPD, Mario Costeja González*, 2014, SL, 91.

上取决于我们的自主决定;而在"喝醉的海盗案"中,同样难以界定社交网络上公开的信息到底是否属于严格意义上的"私密"信息。在信息相关主体的控制能力上,我们对"公开"与"私密"信息流向的控制有程度上的差别,一般来说,我们对于更为"私密"的信息有着更强的控制能力,但这仅是程度的差别。

  进一步的反思还会表明,自主掌控社会身份的"被遗忘权"和我们所理解的自主建立和维持社会关系的"隐私权"之间存在着更为实质的重叠。社会身份(social identity)中的"身份"是指和我建立起了社会关系的那些特定的"别人眼中的我",我们通过各种复杂的社会互动来建构别人眼中的"我",在这些互动中选择性地披露我的个人信息。人们经常会在社会脚本(social script)的引导下或刻意或下意识地披露信息以塑造特定的社会身份和个人形象。比如,在律师与当事人的关系中,律师通过披露相关信息来建构可靠、勤勉、尽职以及忠诚的个人形象。这些相关信息可能包括学业、职业训练的背景,但通常不包括其个人恋爱史或家庭史。此外,值得注意的是,社会身份并非唯一,而是取决于其依附的社会关系而具有相当的多样性。"一个人可能和孩子一起时亲昵风趣(尽管有时不乏严厉),与他公司的雇员不苟言笑,而和岳母在一起时则温良恭顺。但与朋友相处时他可能会显露出他人未曾见到的一面——他私底下是位诗人,但他比较害羞,少在人前提及,只是展露给最亲近的密友。"[1]"人父""雇主""人子"及"挚友"这些社会身份的建构很大程度上与自主控制个人信息的披露有关。因此,社会身份的构建本就是社会关系内生的一部分,通过自主掌控个人信息的披露来建立和维护社会关系的权利自然也就覆盖了建构和管理社会身份的权利。换句话说,个人对于社会身份的自主掌控和管理本来就已经包含在隐私权的功能中,并不需多此一举,发明额外"被遗忘"的权利。这种理解也解释了被遗忘权看上去具有的类似于电影中记忆消除器的"回溯性"删除权能,即"被遗忘"的权利看似是删除先前已有的公开信息。但根据上述理解,这种删除并不是真正的回溯,只不过是存储和处理信息的新技术改变了先前个人信息披露的范围和方式,而隐私权赋予了人们防止技术革新带来的信息"失控"或"串线"的能力。换句话说,如此理解的被遗忘权不过就是隐私权的一部分。

(三)三种个人身份及其不匹配关系

  一部分论者可能会反对这种化约式的分析,他们会试着辩护类似于记忆消除器的回溯性"被遗忘"的权利。他们会认为被遗忘权的要点在于人们有权回溯性地管

---

[1] James Rachel, "Why Privacy is Important", *Philosophy and Public Affairs*, Vol. 4, 1975, pp. 323, 326.

理(包括删除)已经公开的个人相关信息。我们将这种主张称作"被遗忘权"的强健主张。持这种强健主张的论者认为,个人身份并非变动不居:在漫长的人生历程中,人们常常会改换宗教信仰,持有不同的政治价值和偏好,甚至改变性别的取向。而"从不会遗忘"的互联网却未能反映这样的个人身份变迁,甚至阻碍了人们向社会表达全新的自我,这时让人们拥有自主决定权来删除过往个人相关信息就显得尤为迫切而重要。由于这种社会性的个人身份是我们自身和他人之间持续不断的谈判(continuous negotiation)的结果,①赋予人们"对人生历程中不再有现实意义的过往事件保持缄默的权利"就显得尤为重要。② 通过积极行使被遗忘权,人们能够回溯性地改写自己为人所知的个人史,从而匹配当下的真实个人身份。

这个论证能够成功吗?在展开实质讨论之前,我们似乎需要做一些概念上的准备。在上文的论说中,"个人身份"这个词在三种意义上被使用,我们首先得澄清这三种用法并揭示其差异。(1)对"个人身份"的第一种理解是指一个人在某种社会关系中"实际上是怎样的一个人",称之为"实际的个人身份"(actual identity):王五在朋友面前刻意营造慷慨大方的虚假形象,但实际上却可能是个自私的吝啬鬼。(2)对"个人身份"的第二种理解是指一个人在某种社会关系中"实际上如何被人认知",称之为"被认知的个人身份"(perceived identity):尽管王五确实是个自私的吝啬鬼,但由于其刻意维护形象,朋友们或许真的认为他慷慨大方。(3)对"个人身份"的第三种理解是指一个人在某种社会关系中"意图被人们如何认知",称之为"所意图的个人身份"(intended identity):王五希望人们看到自己慷慨大方的一面,无论他是否真诚。

上文对于被遗忘权强健主张的论证实际上是想要表明,在其他情况不变的情况下,应该赋予个人以他"所意图的个人身份"去"回溯性"地改写他在人们心目中"被认知的个人身份"的权利。这是一种与过去被认知的身份或"旧我"告别,即"和自己不一样的权利"(the right to be different from oneself)。③ 而隐私权仅仅赋予个人以他"所意图的个人身份"改写"未来"他在人们心目中"被认知的个人身份"的权利,仅仅承诺一个人能够通过掌控个人信息的流向来书写未来的"新我"。现在,真正的困

---

① Norberto N. G. de Andrade, "Oblivion: The Right to Be Different from Oneself-Reproposing the Right to Be Forgotten", in Alessia Ghezzi et al. (ed.), *The Ethics of Memory in a Digital Age*, Palgrave Macuillan, 2014, p. 73.
② Pino Giorgio, "The Right to Personal Identity in Italian Private Law", in M. Van Hoecke, F. Ost, (ed.), *The Harmonization of Private Law in Europe*, Hart Publishing, 2000, p. 236.
③ Norberto N. G. de Andrade, "Oblivion: The Right to Be Different from Oneself-Reproposing the Right to Be Forgotten", in Alessia Ghezzi et al. (ed.), *The Ethics of Memory in a Digital Age*, Palgrave Macuillan, 2014, p. 65.

难在于如何辩护这种"回溯性"?

假设一个人在过去某一时刻"被认知的个人身份"确实不同于那一时刻"实际的个人身份",那么他就有权要求信息被修正。我们可以设想,王五实际上是个慷慨大方的人,但有人却捏造虚假信息,恶意中伤说他是个吝啬鬼,这时候王五的"名誉权"受到了侵害。但这并非回溯性删除原有信息以删去原有被认知的个人身份的问题。

假设一个人在过去某一时刻"被认知的个人身份"确实和那一时刻"实际的个人身份"匹配,但与当下的"所意图的个人身份"不匹配,那么根据这种回溯性的被遗忘权的要求,个人有权删去过去相关个人信息,以便与当下"所意图的个人身份"匹配。我们的问题将是,这么做的必要性在哪里?

如果"被认知的个人身份"包含了某种"实事求是且恰如其分"的负面评价,难道"如其所是"地保留一个人的个人史不是最基本的正义要求吗?任何正义的要求都以事实为根基,原模原样地保留事实看上去就是最基本的正义要求。只有在实事求是的事实判断基础上,我们才能判断如何对待一个人才恰如其分或符合正义的要求。当然,可以论证的是,宽恕或者仁慈是一种美德。当事关自身的时候人们应当学会宽恕他人的过错,而在与己无涉的时候人们也应当对他人抱有仁慈,好让他们"改过自新"。① 然而,权利不能以"仁慈"或"宽容"的方式提出。作为积极权能的权利是"理直气壮"的正当主张或要求,要求宽恕或仁慈的对待更多是"乞求"而不是理直气壮的"要求"。更何况,在人类社会中,通过声誉的个人行为控制一直以来都是行之有效的执行道德标准方式之一,没有理由放弃这样一种执行方式。② 如果谁都可以随意改写个人史以免于道德批评与社会压力,人类社会最强健的道德激励机制也就失去了效果。

值得注意的是,过去"被认知的个人身份"也可能如实地反映了当时的"实际的个人身份",但其中并不包含任何负面性评价。只不过随着人生历程的展开,一个人的个人特质发生了巨大的变化,过去"实际的个人身份"不再匹配当下的"实际的个人身份"和"所意图的个人身份"。在这种情况下,是否应当赋予其回溯性改写个人史相关信息的权利?同样,我们依然看不到这样一种制度安排的必要性。如果一个社会的整体公共文化允许个体拥有较大的自主性,能够主动积极地塑造全新的自我,那么过去遗留的个人史信息并不会成为塑造新自我的障碍。另外,如果一个社会的

---

① 类似论证可以参见陈晓曦:《试论一种道德隐恕责任:从被遗忘权谈起》,载《华南理工大学学报》(社会科学版)2019 年第 3 期。
② 对声誉和创造行为约束动机的一般讨论,可参见 Dan Sperber, Nicolas Baumard, "Moral Reputation: An Evolutionary and Cognitive Perspective", *Mind & Language*, Vol. 27, 2012, pp. 495-518。

整体文化闭塞，我们需要做的似乎是改变这种公共文化本身，而不是赋予个人隐匿旧自我的权利。只有在这样一种开放的公共文化下，每个人才有充分的自主性来探寻和发展潜在的自我，"隐匿过去"只是一种没有太大意义的权宜之计。再或者说，过去的身份尽管实际上是中性的，但却因为偏见或其他的原因导致在社会交往的过程中遭遇了他人"不公的对待"或"歧视"。这时候被遗忘权的支持者会认为我们应当赋予人们删除原有公开个人信息的权利。然而，这依然是无效的推论。真正重要的是正式制度或者公共文化应当保护人们免于遭遇不公对待或歧视，而不是反过来去隐匿他们原本的个人相关信息。

到此为止的分析表明，出于社会身份自主性的论证也难以辩护一种强健的"回溯性"删除原有个人信息的被遗忘权。最根本的反对意见或许来自这样一种更为根本的看法：制度的安排应该帮助人们成为自己生活的主宰，其中包括和他人建立社会关系以及在这些关系中管理自我形象。这种宽泛的说法当然是成立的，但这种自我主宰的要求似乎同时也隐含着一种自我负责（self-responsibility）意义上的审慎责任：我们应当为自己过往的所作所为负责，而不能轻易地改写它，因为，归根结底，那就是我们的真实样貌，自我负责意味着接受这种真实性。

更严重的问题还不在于审慎责任本身，而是审慎责任的存在使得权利（及其相对应义务）的辩护难以成功。"被遗忘权"赋予了人们回溯地删除先前他们自身同意披露的相关个人信息的权利，将额外的义务（以及相应的成本）施加于信息的存储或处理者。这里的疑问将是，如何去证立这种义务或者成本？属于个人审慎领域的失误似乎并不能导出权利。张三同意将仅有的房产赠与李四，或许从审慎的角度看张三不应该做出这个赠与行为。然而，张三并没有权利要求事后撤销这一赠与行为。李四或许有出于仁慈的道德义务将房产归还张三，然而，处置这个义务的"权柄"（power）并不在张三手上，换句话说，张三不能理直气壮地来主张要求对方将房产归还给他自己。类似地，西班牙的律师冈萨雷斯有权要求谷歌不再索引原有公开个人信息，但他无权回溯性地要求报纸删去原有报道。这种权柄的差异就在于"被遗忘权"缺乏充分的正当性辩护力量。

五、余论："新兴权利"和被遗忘权的性质

到此为止，我们已经批判性地重构并反思了两种从个人自主的角度来理解"被遗忘权"要旨或独特价值的论证。本文的考察表明，这两种论证都无法给出"被遗忘权"的独特价值，相反，现有涉及"被遗忘权"的典型案例都能够在广义"隐私权"的要

旨下得到充分而完整的解释。"喝醉的海盗案"只不过表明网络时代给隐私的掌控构成了严峻的挑战,当事人因其自身失误而将不宜披露的私人信息泄露到了职业场景,这种个人信息的"串线"导致了其职业前景受挫的悲剧。在根本上,这是有关个人隐私管理的问题。而在"谷歌西班牙案"中,问题的焦点在于搜索引擎技术的出现使得原先储存的公开信息可获取方式发生了剧变,使得拥有当事人姓名信息的任何人都可以迅速搜寻到这些信息,信息的获取变得高度扁平化,这侵犯了当事人的隐私权,使他无法有效掌控个人信息的流向。

互联网、搜索引擎以及大数据技术颠覆性地改变人们存储和处理信息的方式。在这样的技术变革背景下,我们自主控制信息的能力受到了前所未有的冲击。"各种信息被收集和了解的情况甚至超过了其本人",但"普通公众基本无从知道自己在多大程度、多少数量上的个人数据和信息已被他人掌控",[1]赋予人们删除个人信息的积极权能势在必行。然而,上文分析已经表明,删除先前公开的相关个人信息或者从搜索引擎以及其他信息收录、索引和处理的方式中删除的权利只不过就是其他权利簇(cluster of rights)中积极权能的集合。它们可能分属不同的权利。

原本未在网上公开的个人信息可能被放到互联网上,使得更多的人有了直接访问的便捷方式。存放于网上供人公开查看的内容或许会被搜索引擎索引收录,使得每个人都能轻易搜索并查看。由于网络内容转载的便捷性,网络上的个人信息有可能"串线",被信息相关主体主观上不愿向其披露的人群所看到。通过零散搜集到的信息,大数据技术还可以从中挖掘出单个零散信息所不包含的相关个人信息,而这些信息并非人们原先所愿意披露的。这些挑战当然是全新的,但我们上文所理解的隐私权已经给人以充分的保护,来防止人们原先不愿为人知晓的个人信息被刺探或防止自己披露的信息"串线"。在这种情况下,个人信息的回溯性删除权实际上并非真正地对原先信息的删除,只不过是前瞻性地重申对信息在当下和将来被获取和处理方式控制权的"隐私权"。

互联网上的个人信息可能与事实不符,这时候人们就有权要求删除这一不实信息。类似的是,看上去行使了"被遗忘权",但实际上是"名誉权"。由于自媒体的兴盛,我们或许会在网上发表一些文字作品,而其中包含了个人性的倾向或特质。在文字作品发表后,我们不再认可其中的观点或具有倾向性的看法,这时候,我们也有权删除或撤回这些作品。这样的权能也类似于"被遗忘权",但究其实质,这属于著作

---

[1] 马长山:《智慧社会背景下的"第四代人权"及其保障》,载《中国法学》2019年第5期。

权上的"收回权"(right of withdrawal)。①

笔者相信"隐私权""名誉权"与"收回权"已经能够充分地解释当下热议的"被遗忘权"。② 如果一种新权利的权能已经被现有其他权利所包含,那么在实践上,这种新权利的存在就是一种冗余。更重要的是,从权利的规范性基础看,对被遗忘权的正面辩护很大程度上与隐私权的根本要旨相重叠。在"隐私权""名誉权"以及"收回权"之外,我们对"被认知的个人身份或形象"的看重很难构成"理直气壮"地要求他人承担额外成本对原有信息进行删除的有力理由。

如果上述论证成立,是否可以说并不存在"被遗忘权"?根据我们的界定,在辩护的层面上判定一个权利是否存在,依据是其是否拥有一个独立的要旨或价值,那么,目前的考察已给出了比较清楚的答案:并不存在独立且充分的"被遗忘权"辩护基础。或者更精确地说,目前人们所理解或实践的被遗忘权是"隐私权""名誉权"等权利中不同积极权能构成的松散权利簇,以至于表观上构成了一种"被遗忘"的权利,但在理论上并不存在一个独立的要旨或价值能够将这些权利簇整合收敛为一种真正的权利。

在这个意义上,"被遗忘权"或许并不存在,它是"新技术条件下的诸权利"的松散集合。权利具有动态性,在不同的经济、社会和历史条件下,一项权利在新的技术和社会条件下可能会赋予权利人新的权能。③ 如果我们从权利要旨或规范性基础的角度对新兴权利采取比较严苛的定义,那么它并非"新兴权利"。④ 当然,这并不意味着这一权利归类的标签本身应该被放弃,我们依然可以用"被遗忘权"这个词指称上述包括隐私权、名誉权和收回权在内的松散权利簇。

从另一个角度看,如果我们将"新兴权利"严格界定为"实在法上的新权利",那么"被遗忘权"当然是存在的。显然,它存在于其他国家和地区的立法和司法实践中,我国也应当引入这一法律权利。理由在于我国民法上的"隐私权"采取了一个极

---

① 对这种权利比较法上的考察可参见 Henry Hansmann, Marina Santilli, "Authors' and Artists' Moral Rights", *The Journal of Legal Studies*, Vol. 26, 1997, pp. 139-142。
② 或许身体权等其他权利也可能包含在这个松散权利簇中。由于人们对自己的身体拥有所有权,延伸地,因此而拥有"控制身体相关信息的权利",这一权利在性质上可能并不是单纯的隐私权。参见孙笑侠:《从〈民法典〉"身体权"到新技术进逼下的人权》,载《中国法律评论》2020年第6期。涉及财产权等其他权利讨论可进一步参见 Judith J. Thomson, "The Right to Privacy", *Philosophy & Public Affairs*, Vol. 4, 1975, pp. 295-314。
③ 有关权利动态性的讨论可参见 Joseph Raz, *The Morality of Freedom*, Oxford University Press, 1986, p. 171。
④ 对新兴权利与新情境下新权利现象的讨论,可参见朱振:《认真对待理由:关于新兴权之分类、证成与功能的分析》,载《求是学刊》2020年第2期;陈景辉:《权利可能新兴吗?——新兴权利的两个命题及其批判》,载《法制与社会发展》2021年第3期。

为狭窄的消极和静态的"隐私"界定,侧重保护的是自然人的"私密空间、私密活动、私密信息"和"私人生活的安宁"。在这种理解下,隐私权的要旨自然无法覆盖前面所提及的这些"被遗忘权"的权能。[①] 从完善权利保护相关制度的考虑来看,"被遗忘权"确实构成了一种新兴的制度性权利。在特定的制度与技术变革背景下,由于传统权利(隐私权、名誉权等)给出的保护不够充分,我们或许应当借鉴工程设计上的冗余(redundancy)设计原则:用多种途径来完成同一个规定功能,提高容错率,以实现工程产品可靠性的提升。在权利的机制设计上,面对个人信息的失控,也有必要考虑某种"并行冗余"的机制。这种冗余考虑或许构成了制度上创设"被遗忘权"的实用理由。[②] 在这个意义上,"被遗忘权"当然存在,我国也亟须建立这样一种权利保护的制度。

(王凌皞/文)*

[①] 参见丁晓东:《被遗忘权的基本原理与场景化界定》,载《清华法学》2018年第6期。
[②] 这个敏锐而富有想象力的看法来自李学尧对本文的评论,在此深表谢意。
* 王凌皞,浙江大学光华法学院副教授。本文原刊于《华东政法大学学报》2021年第5期。

论私法中数字货币的规范体系

一、问题的提出

自 2008 年中本聪提出比特币以来,数字货币、区块链等新技术带来的问题日益受到关注。尽管 2017 年中国人民银行等七部委发布的《关于防范代币发行融资风险的公告》第 1 条第 2 款否定了非央行发行"数字货币"在我国境内作为货币的流通性,但是,区块链、数字货币尤其是比特币是目前货币银行学和法学共同关注的热点问题。一方面,中国人民银行也一直致力于人民币的"虚拟化"。目前,数字人民币已经在苏州等地区进行内部封闭试点测试。与比特币相比,由央行发行的数字货币具备国家主权的担保。而在比特币之前,已经存在其他种类的数字货币,如 Q 币等。三者之间的区别引人关注。另一方面,因比特币而产生的案例逐渐显现。例如,不论是在我国还是在日本,均发生了比特币交易平台与比特币持有人之间的权利归属纠纷案件。[①] 在交易平台破产以后,在平台享有比特币的人对于平台是否享有取回权存在争议。此外,尽管我国央行禁止比特币的流通,但是我国法院并不禁止使用人民币购买比特币。[②]

由此可见,围绕数字货币大致存在两个层面的问题。第一,法律定性层面,法定数字货币和比特币等非法定数字货币在法律定性上是否存在差异;比特币等基于区块链技术的数字货币与 Q 币等非基于区块链技术的数字货币在法律定性上是否存在差异。第二,如果不同数字货币的法律定性存在差异,那么是否影响规范适用。这一问题的核心是货币之债在何种程度上可以类推适用于数字货币的交易。与这一问

---

① 我国案件参见"北京海淀法院发布 8 个涉互联网商事典型案例之八:冯某诉 A 公司合同纠纷案",北大法宝引证码 CLI.C.74261012;外国案件如日本 MTGOX 株式会社破产案,東京地方裁判所平成 26 年(ワ)第 33320 号平成 27 年 8 月 5 日民事第 28 部判决。
② 参见"陈某诉浙江某通信科技有限公司网络购物合同纠纷案",北大法宝引证码 CLI.C.84175716(杭州互联网法院成立两周年十大影响力案件之三)。

题相关,区块链作为一种新兴技术,对于传统货币之债、买卖合同等法律规则在何种程度上会造成影响,同样值得进一步深思。

二、技术与法律研究现状

(一)数字货币的技术现状

根据所采技术可以将数字货币分为两类,第一类为以区块链技术为基础的数字货币,第二类为不以区块链技术为基础的数字货币。

第一类以区块链技术为基础的数字货币,其典型代表为比特币,特点在于去中心化。此种去中心化体现在两个方面。第一,比特币没有发行机构;第二,比特币在移转过程中依赖区块链技术,没有中间商。前者的含义较为简单,后者则必须结合比特币交易过程加以理解。比特币是一种存在于点对点网络(P2P)中可以转让的价值单位,在移转过程中,比特币的交易双方需要使用"比特币钱包",钱包内有比特币地址,而地址是通过比特币公钥推导得出的。[1] 比特币公钥和比特币地址的概念基本重合,仅仅是不同的形式,[2]其作用在于受领比特币,类似于银行账户的功能。[3] 在公钥以外,比特币交易还需要私钥,私钥起到授权交易的作用,[4]持币人通过私钥对比特币进行加密,加密以后,得以证明交易真实,交易人对自己发出的交易信息不得抵赖。[5] 比特币的交易并非依赖传统的单个中间商,而是存在于整个比特币网络,记录于每台装有比特币程序的计算机。比特币此种去中心化的网络,每十分钟创建一个区块,内含这段时间内全球所发生的交易,并且也包括前一个区块的 ID,形成了完整的交易链条,因此被称为区块链。[6] 区块链可以分为公有链、联盟链和私有链,其区分标准是写入数据的权限:公有链对所有人开放权限,是完全的去中心化;联盟链次之,而私有链仅一家机构享有写入的权限。[7] 比特币所基于的区块链是公有链,但在未来也可能出现选用联盟链或私有链的数字货币。

区块链一方面使得所有的比特币交易均得到了完整的记录,另一方面也使得特

---

[1] Vgl. Beck/König, Bitcoins als Gegenstand von sekundären Leistungspflichten, AcP 215 (2015), 655, 658.
[2] 参见杨延超:《论数字货币的法律属性》,载《中国社会科学》2020 年第 1 期;杨晓晨、张明:《比特币:运行原理、典型特征与前景展望》,载《金融评论》2014 年第 1 期。
[3] Vgl. Beck/König, Bitcoins als Gegenstand von sekundären Leistungspflichten, AcP 215 (2015), 655, 658.
[4] Vgl. Beck/König, Bitcoins als Gegenstand von sekundären Leistungspflichten, AcP 215 (2015), 655, 658.
[5] 参见杨晓晨、张明:《比特币:运行原理、典型特征与前景展望》,载《金融评论》2014 年第 1 期。
[6] 参见杨晓晨、张明:《比特币:运行原理、典型特征与前景展望》,载《金融评论》2014 年第 1 期。
[7] 高航、俞学劢、王毛路:《区块链与人工智能》,电子工业出版社 2018 年版,第 245—246 页。

定交易得到了认可。例如,假设在交易 1 中,甲、乙、丙和丁各有 10 枚比特币,如果甲想要将自己的 1 枚比特币移转给丙,那么甲必须先填写丙的公钥和 1 枚比特币的来源,然后通过私钥对其加密,将该交易信息发送到全网(乙和丁),乙和丁收到该信息后进行解密,验证私钥等,如果符合,则认可该交易,丙随即取得 1 枚比特币。之后,发生交易 2,丙将 1 枚比特币移转给丁,丙填写的信息中,必须包括交易 1 的信息,随后加密并发送全网。最终的结果是,甲拥有 9 枚、乙拥有 10 枚、丙拥有 10 枚和丁拥有 11 枚。在交易 2 中既包括交易 1 的信息,也包括交易 2 的信息。也就是说,每个区块均与上一个区块相连,从一个区块可以溯源至最初的区块,由此形成所谓区块链。① 并且由于交易信息必须公示全网,在全网中,该交易信息由全网所有的其他用户按照比特币的基本规则("共识规则")进行审核,其中包括二重买卖(重复支付、"双花")等问题,最终根据多数决确认交易,由此,区块链也使得特定交易得到了认可。② 例如,甲同时用私钥加密同一枚比特币,用以完成两笔交易,两笔交易均同时发送至全网,那么,哪笔交易有效,取决于哪笔交易先取得全网 51% 的认可。

第二类不以区块链技术为基础的数字货币实际上早已存在于日常生活中。例如,腾讯公司发行的 Q 币,可以在腾讯商城中购买其他虚拟财产。此外,Q 币与人民币之间存在兑换关系。与比特币相比,二者之间最大的区别在于是否存在中心,Q 币等传统数字货币由腾讯等公司发行,存在中心发行人。2010 年文化部颁布的《网络游戏管理暂行办法》第 2 条第 3 款在定义网络数字货币时同样体现了中心发行的特点,该款指出网络数字货币由"网络游戏经营单位发行"。③

目前,我国法定数字货币的技术构建同样没有完全以区块链技术为基础。首先,法定数字货币是由我国人民银行发行的,④法定数字货币的发行仍然存在中心。⑤ 而在流通过程中,是否采用区块链技术,在何种程度上采用区块链技术仍然存在疑问。⑥ 而就目前试点的数字人民币技术来看,数字人民币交易采用与账户松耦合的

---

① 道垣内弘人「仮想通貨の法的性質——担保物としての適格性」道垣内弘人ほか編『近江幸治先生古稀記念社会の発展と民法学上卷』(成文堂,2019 年)493 頁参照。(该文的一部分已经翻译成了中文,参见道垣内弘人:《比特币的法律性质与交易所破产取回权的成立与否》,刘慧明译,载渠涛主编:《中日民商法研究》(第 16 卷),法律出版社 2017 年版,第 149—159 页。)
② Vgl. Langenbucher, Digitales Finanzwesen, AcP 218(2018), 385, 403.
③ 该部门规章已于 2019 年 6 月 28 日废止。
④ 李炳:《关于法定数字货币的研究共识与展望》,载《金融理论与实践》2018 年第 12 期。
⑤ 参见柯达:《论我国法定数字货币的法律属性》,载《科技与法律》2019 年第 4 期。
⑥ 2019 年 9 月 24 日,中国人民银行行长易纲在庆祝中华人民共和国成立 70 周年系列新闻发布会上回答记者提问时表示,对于数字人民币"会坚持中心化管理,在研发工作上不预设技术路线,可以在市场上公平竞争选优,既可以考虑区块链技术,也可采取在现有的电子支付基础上演变出来的新技术。",参见《以新发展理念为引领,推进中国经济平稳健康可持续发展》,载新华网,http://www.xinhuanet.com/politics/70zn/fbh2/zbsl.htm,2020 年 8 月 30 日最后访问。

方式,交易双方均离线的状态下也能交易,但交易数据仍需通过中间人(商业银行或者具备服务能力的商业机构)。① 这就意味着,尽管我国央行没有否定在流通层面引入区块链技术,但就目前所采用的技术来看,基本没有体现区块链技术所强调的去中心化构造。

(二) 数字货币的私法现状

我国目前关于数字货币私法问题的研究主要围绕其定性和货币规则的适用展开。我国目前的学界主流观点认为,不论是法定数字货币还是如比特币等非法定数字货币,在法律性质上,均属于货币②或者至少在私人之间认可其具备货币的属性。③ 其理由主要在于:第一,从比较法来看,各国均通过立法或者司法判例的形式,确定了比特币是法定货币。第二,数字货币本质上是一种记账符号,并且在区块链中具备信用。第三,出于交易便捷的需求,应当承认数字货币是货币。④ 第四,比特币等非法定货币固然没有强制流通性,但如果私人之间认可比特币的流通性,那么比特币至少在特定主体之间构成货币。⑤ 第五,如果不认定比特币是货币,则有保护不周之虞。⑥

对于央行发行的法定数字货币,将其认定为货币自然毫无争议。但是,对于Q币、比特币等非法定数字货币的定性,相比学说的激进态度,我国立法和司法实践仍持保守态度。针对Q币等传统非法定数字货币,2010年的《网络游戏管理暂行办法》第19条第1项限定了网络游戏数字货币的使用范围,禁止其在其他交易中充当货币的功能。此种立场延续到了对比特币等以区块链技术为基础的数字货币中。2013年颁发的《中国人民银行、工业和信息化部、中国银行业监督管理委员会、中国证券监督管理委员会、中国保险监督管理委员会关于防范比特币风险的通知》第1条一方面在公法层面否定了比特币的货币定性,另一方面明确了比特币是虚拟商品。而2017年的《关于防范代币发行融资风险的公告》第1条第2款又一次强调了比特币在我国境内不具备强制法偿性和流通性等货币属性。尽管如此,对于比特币能否作为商品买卖,持有比特币的人受到何种程度的保护,我国法院观点不一。有法院认为,由于比特币等非法定货币不是货币,因此买卖比特币等形成的债务是非法债务,

---

① 杨晓晨、张明:《Libra:概念原理、潜在影响及其与中国版数字货币的比较》,载《金融评论》2019年第4期。
② 参见杨延超:《论数字货币的法律属性》,载《中国社会科学》2020年第1期;赵天书:《比特币法律属性探析》,载《中国政法大学学报》2017年第5期。
③ 参见赵磊:《论比特币的法律属性》,载《法学》2018年第4期。
④ 参见杨延超:《论数字货币的法律属性》,载《中国社会科学》2020年第1期。
⑤ 参见赵磊:《论比特币的法律属性》,载《法学》2018年第4期。
⑥ 参见赵天书:《比特币法律属性探析》,载《中国政法大学学报》2017年第5期。

不受法律保护。在"金晨与北京火币天下网络技术有限公司网络侵权责任纠纷案"中,不论是一审法院还是二审法院,均根据《关于防范代币发行融资风险的公告》第1条第2款认定当事人所购买的数字货币并非货币,以其所形成的债务是非法债务为由,裁定驳回了原告请求赔偿投资损失的诉讼。① 相反,在部分典型案例中,法院认可了比特币买卖合同的效力。在"陈某诉浙江某通信科技有限公司网络购物合同纠纷案"中,浙江省杭州市中级人民法院认为尽管比特币不具备流通性,但比特币可以作为商品买卖,②换言之,当事人之间购买比特币的合同有效。在"冯某诉A公司合同纠纷案"中,法官在针对该案的"法官提示"部分中更明确表示,"比特币属于合同法上的交易对象,具有应当受到法律保护的'民事利益'"。③

相较于能否买卖比特币的问题,我国法院对于比特币的不当得利返还和侵权保护态度又是统一的。在"李建锋与北京葡萄科技有限责任公司居间合同纠纷案"中,法院认为,尽管交易平台系违法设立,但不影响比特币的不当得利返还。④ 而在比特币的侵权案中,法院同样认可了比特币是侵权的客体,例如在"北京乐酷达网络科技有限公司与绥化市华辰商贸有限公司,彭泉泉侵权责任纠纷案"中,原告起诉比特币交易平台不作为侵权导致其比特币被盗,法院认可了原告的主张。⑤ 而在上海第一中级人民法院审理的某比特币侵权案件中,法官同样认可了比特币作为"虚拟商品"受侵权法保护。⑥

综上所述,我国法学理论对于数字货币问题持较为开放的态度,主流观点认为不论是法定数字货币还是非法定数字货币,在法律定性上均为货币,适用货币之债的规则。相反,我国金融监管机关区分了法定数字货币与非法定数字货币,对于后者持谨慎的态度,否定其货币的流通性。此种态度继而影响了我国法院的司法裁判,而司法

---

① 参见"金晨与北京火币天下网络技术有限公司网络侵权责任纠纷案",江苏省徐州市中级人民法院(2019)苏03民终3461号;类似观点也参见"张琳琳与李彦钰民间借贷纠纷案",陕西省西安市中级人民法院(2019)陕01民终9832号;"济南凯歌网络科技有限公司、孙呈昊买卖合同纠纷案",安徽省合肥市中级人民法院(2019)皖01民终10232号。
② 参见"陈某诉浙江某通信科技有限公司网络购物合同纠纷案",北大法宝引证码CLI.C.84175716(杭州互联网法院成立两周年十大影响力案件之三)。
③ 参见"冯某诉A公司合同纠纷案",北大法宝引证码CLI.C.74261012(北京海淀法院发布8个涉互联网商事典型案例之八)。
④ 参见"李建锋与北京葡萄科技有限责任公司居间合同纠纷案",北京市第二中级人民法院(2018)京02民终7176号。
⑤ 参见"北京乐酷达网络科技有限公司与绥化市华辰商贸有限公司,彭泉泉侵权责任纠纷一案",黑龙江省高级人民法院(2016)黑民终274号。
⑥ 该案涉及以悖俗侵权方式获取比特币,根据中国法院网对案情的介绍,被告甲乙丙丁通过殴打等暴力方式,从原告处取得了比特币。参见"闫向东等与李圣艳等财产损害赔偿纠纷二审案",上海市第一中级人民法院(2019)沪01民终13689号。

实践中主要的争议点在于比特币买卖合同的效力,以及比特币的保护问题。

(三) 货币在物权法和债权法中的法教义学构造

1. 货币的定义与分类

对货币做法律上的定义存在困难,因为很难脱离货币的经济功能。基于侧重点的不同,可以对货币做不同的定义,其范围也有所不同。① 我国目前的通说综合了法律规定与经济功能两个方面的因素,将货币分为现金货币与存款货币。② 现金货币是因国家主权而具有货币功能,具备名义价值的动产。③ 现金以存款方式存入银行,同样具备交易媒介和支付结算的功能,因此,尽管存款货币在定性上是对银行的债权,但我国学说同样将其作为货币对待。④ 不论是从比较法角度,还是从经济学的角度来看,将存款货币归为货币均是妥当的。对于货币的法律定性,无法脱离货币的经济功能,在转账交易日趋频繁的时代背景下,存款货币具备交换工具、计价单位等现金货币的作用。此外,由于存款保护规则的存在,存款货币也没有给债权人带来额外的风险,因此,存款货币是去物质化的货币。

更进一步来说,存款货币的去物质化过程,也体现了抽象货币与具体货币的分离。从萨维尼(Savigny)开始,学理上就区分抽象货币与具体货币。抽象货币是可度量的财产权利(messbare Vermögensmacht),是具备价值的一般等价物。⑤ 具体货币则具备有体性的货币。二者在规范适用上,存在差异。存款货币是典型的抽象货币,相反,现金货币由于客体有体,因此属于具体货币。⑥

2. 货币在物权法中的教义学构造

学界通说认为,货币是特殊的动产,其所有权适用"占有即所有"的规则。具体而言,货币所有权变动与占有统一;对于货币,权利人无原物返还请求权;货币所有权的取得无须适用善意取得,而是由货币的占有人直接取得所有权;对于货币无法成立间接占有。⑦ 之所以如此的理由是货币是高度替代性的种类物,只是价值的体现。⑧ 当然,学界对此多有反思,新近有力学说认为,货币适用"占有即所有"的规则,本质

---

① Vgl. MüKoBGB/Grundmann, 8. Aufl. 2019, BGB § 245 Rn. 10.
② 参见朱晓喆:《存款货币的权利归属与返还请求权》,载《法学研究》2018 年第 2 期。
③ Vgl. Sebastian Omlor, Geldprivatrecht, Mohr Siebeck, 2014, S. 117.
④ 参见朱晓喆:《存款货币的权利归属与返还请求权》,载《法学研究》2018 年第 2 期;孙鹏:《金钱"占有即所有"原理批判及权利流转规则之重塑》,载《法学研究》2019 年第 5 期。
⑤ Vgl. Staudinger/Omlor (2016) Vorbemerkungen zu § § 244-248, A66 - A68.
⑥ Vgl. Staudinger/Omlor (2016) Vorbemerkungen zu § § 244-248, A62 - A87.
⑦ 梁慧星、陈华彬:《物权法》,法律出版社 2016 年第 6 版,第 208—209 页;王利明:《物权法研究》(上卷),中国人民大学出版社 2016 年第 4 版,第 481—482 页。
⑧ 参见梁慧星、陈华彬:《物权法》,法律出版社 2016 年第 6 版,第 208 页。

上是动产混合规则的适用,并且其适用领域也应当限于法律行为领域,在其他领域中,必须具体分析货币的特定性是否已经丧失。① 也有观点指出,货币的高度替代性不必然排除货币的特定性,这一方面体现在货币也可以有物理特定性,另一方面更体现为价值的特定性。②

3. 货币在债权法中的教义学构造(货币之债)

以给付一定数额之金钱为标的之债,是货币之债(金钱之债)。③ 尽管货币之债是重要的债法概念,但其规则散见于《民法典》、特别法、司法解释与学说中,有进一步整理的必要。

第一,《民法典》第514条规定了货币之债的基本内容,即除当事人另有约定以外,货币之债的给付内容是债务人所在地的法定货币。《中华人民共和国人民币管理条例》第3条规定了人民币的强制支付力。这就意味着,我国货币之债的给付客体是人民币。

第二,《民法典》第511条第3项第1句前半句规定,在约定不明的情况下,货币之债的债务人应当在受领货币一方的住所地提供货币。《最高人民法院关于适用〈中华人民共和国民事诉讼法〉的解释》第18条第2款同样认为受领货币一方所在地的法院具备管辖权。因此,货币之债在我国原则上是赴偿之债,④这就意味着债务人须承担货币的在途风险和迟延风险。例如,债务人在履行期届满之前转账,因银行过错导致履行期限届满以后,债权人才收到货币,债务人同样构成履行迟延。此外,由于货币之债无履行不能,因此,债务人无资力或者无法取得预期融资等原因也不构成不可抗力。⑤ 但学界少数说认为应当区分在途风险和迟延风险,债务人仅承担在途风险。⑥

第三,《民法典》第579条结合第580条规定了货币之债在履行方面的特殊性,即货币之债无履行不能。这一规则是货币之债最为特殊的规则。我国通说认为货币之债的特殊之处在于实际履行:一方面,货币作为特殊种类物,具备高度的可替代性和流通性,因此无不能;另一方面,货币作为可替代物和流通物,可以转化为违约金或损害赔偿等货币之债,但货币之债本身不能转化。⑦ 在此基础上,也有学说进一步认

---

① 参见朱晓喆:《存款货币的权利归属与返还请求权》,载《法学研究》2018年第2期。
② 参见孙鹏:《金钱"占有即所有"原理批判及权利流转规则之重塑》,载《法学研究》2019年第5期。
③ 王洪亮:《债法总论》,北京大学出版社2016年版。
④ 韩世远:《合同法总论》,法律出版社2018年版。
⑤ Vgl. Heermann, Geld und Geldgeschäfte, Mohr Siebeck, 2003, S. 44.
⑥ 参见王洪亮:《债法总论》,北京大学出版社2016年版,第108页。
⑦ 参见王利明:《合同法研究》(第2卷),中国人民大学出版社2015年版,第579页。

为,货币之债不是种类之债,不存在特定化的问题,故而无履行不能。①

由此可见,这一规则源自货币的特殊性。给付特定数额的货币,给付标的指向的是抽象货币,也即特定价值。我国学说正确地认识到了这一点。货币之债就其本质而言,不是种类之债或特定之债,而是提供一定数额的货币单位,以创造一定的价值为给付内容的债,学理上也将其称为"价值创造之债"。② 一方面,由于所有的货币是同一的,因此货币之债无客观不能,总有人拥有货币。另一方面,从概念来看,货币之债有主观不能的可能性。例如,债务人在订立合同以后,陷入经济困难而无法履行,由此构成嗣后主观不能,或者在侵权之债发生时,债务人无资力,由此构成自始主观不能。此种情况下,如果是种类之债或者特定之债,则原给付义务转化为损害赔偿的次义务,但货币之债没有转化的问题,因此主观不能原则上不影响货币之债的存续。③

第四,由于货币是统一的价值单位,因此,一方面,通常情况下,货币之债是有偿合同的主给付义务,例如,买卖合同、租赁合同等典型有偿合同均以货币之债为给付义务。另一方面,其他给付义务可转化为货币之债。例如,买卖合同中出卖人的给付义务,可以转化为损害赔偿之债。

第五,《最高人民法院关于审理民间借贷案件适用法律若干问题的规定》第24条至第30条作为借款合同的补充,规定了货币借贷的利息问题。具体而言,货币之债履行迟延,如果当事人约了利息,即使在约定不明的情况下,也可以参照当时一年期贷款市场报价利率标准计算的利息作为迟延损害,并且利息之债也受到利息规制的限制。

综上所述,货币在私法体系中的特殊规则受到其本身特性和法偿性的影响。就货币本身的特性而言,由于货币是一种同一的价值单位,个体之间的差异性微乎其微,因此,在物权变动中,货币之间极易发生混合,对于货币所有权人而言,也无利益取得与原来货币物理上完全一致的货币。货币之债不论是履行还是违约救济方面,也与给付物的债有所不同。就法偿性而言,货币是部分典型合同中法定的给付,并且迟延会产生利息。货币规则能否适用于数字货币均需要进一步检讨。对此的前提问

---

① 参见王洪亮:《债法总论》,北京大学出版社2016年版,第98页。
② Vgl. Heermann, Geld und Geldgeschäfte, Mohr Siebeck, 2003, S. 24.
③ Vgl. D. Medicus, Geld muss man haben, AcP 188 (1988), 489, 490. 梅迪库斯借助破产法的规定论证了债务人无资力(主观不能)不影响货币之债的效力。根据原《德国破产法》第164条第1款(目前《德国支付不能法》第201条)规定,在常规清偿程序终结以后,如果债权未获满足,那么债权人仍可向债务人主张。由此可见,债务人主观不能,不构成履行不能。Vgl. D. Medicus, Geld muss man haben, AcP 188 (1988), 489, 491f.

题则是三种数字货币的定性。

三、数字货币的私法定性、归属和保护

我国目前的学说将三种数字货币均归为(准)货币。其理论焦点有三,其一,法定数字货币属于货币自不待言,但其与传统货币分类之间、与非法定数字货币之间存在怎样的关系,有待明确;其二,非法定数字货币的法律定性是否妥当,需要进一步检讨;其三,不同的法律定性也决定了不同数字货币的归属和保护方式。

(一)数字货币的私法定性

与其他数字货币不同,我国目前试点数字人民币是中国人民银行发行的法定货币,不具备狭义上的"去中心化",而且存在国家信用的保障,因此,在私法定性上,数字人民币与其他人民币无异,均为货币。需要进一步思考的是,数字人民币与目前流行的其他支付方式中的货币(例如,微信、支付宝支付系统中的货币)和现金货币是否存在差别。

与其他支付方式中的货币相比,从目前中国人民银行的设计来看,数字人民币起到替代现金的作用,数字人民币的使用人在使用时,无须开设账户。这一点不同于目前流行的其他支付方式,并且直接影响了数字人民币的法律定性。从法律定性来看,金融机构的存款、其他支付方式中的货币属于存款货币。正如上文所述,存款货币是通过存款合同形成的,存款人对金融机构的债权,国家主权没有对此种债权的实现提供担保。在支付交易中,支付存款货币基于付款人和支付银行之间的支付委托合同、收款人和托收机构之间的托收委托合同发生。[①] 相反,数字人民币由央行发行,是主权货币,而非通过存款合同等民事法律行为形成的债权。根据目前的技术设计,在数字人民币的所有权方面,其采与账户松耦合的技术,也就是说,不要求数字人民币的持有人在商业银行开设账户。也就是说,数字货币的持有人与银行之间并无法律关系。在数字人民币的支付方面,数字货币的支付采双离线模式,付款人与收款人完成支付均无须联网。这就意味着,银行在支付过程中,不起到履行辅助人的作用。因此,数字人民币在定性上更类似现金,是具体货币。但是,与通常的现金货币相比,数字人民币的载体特殊,是以数据为载体的现金。

---

① Vgl. Tonner, Krügger, Bankrecht, Nomos, 2020, S.160f.

（二）非法定数字货币的私法定性

我国目前的学说将非法定数字货币，尤其是比特币同样定性为货币。诚然，基于意思自治，当事人可以约定以货币以外的标的物为给付对价，但是该说始终存在疑问：第一，货币的定义固然无法脱离其经济属性，但是，即使从社会认可角度定义货币，也没法赋予非法定货币作为法定支付手段的效力。① 第二，货币存在不同的表现形式，如果认定非法定货币同样属于货币，那么其与其他货币是怎样的关系，是否是一种新的货币表现形式有待明确。第三，将非法定货币定义为货币，进而认为货币之债的规则可以直接适用于非法定货币是概念法学的结论。货币之债的特殊性在于货币是法定的支付手段，在欠缺此种特性的情况下，认为非法定货币是货币，可以适用货币之债的规则欠缺检讨。货币之债的规则能否适用于以非法定货币为给付标的的情况，必须进行个案判断。第四，我国学说对于非法定货币的法律定性的意义并不明确。非法定货币的定性直接影响的是其能否受到侵权法保护。如果认为非法定货币非绝对权的客体，那么非法定货币不受一般侵权的保护。只有在这个意义上，讨论非法定货币的法律定性才是有意义的。鉴于上述疑虑，在非法定数字货币的流通性得到广泛认可以前，不应将其认定为货币，而应当从归属、保护和货币规范的适用三个方面，进行个案的检讨。②

1. Q 币等非基于区块链技术的非法定数字货币

非基于区块链的非法定数字货币存在中心化的发行人，以 Q 币为例，其发行主体为腾讯公司。《网络游戏管理暂行办法》第 19 条第 1 项将网络虚拟货币的使用范围限定于网络游戏运营企业自身的服务或网络游戏产品。除了网络游戏公司发行的数字货币以外，在 2017 年的《关于防范代币发行融资风险的公告》出台以前，我国虚拟货币交易平台也会以发行人的身份发行虚拟货币。③ 我国学说倾向于将 Q 币等传统数字货币归为虚拟财产，并认为虚拟财产构成数据。④ 此种观点或许对于其他虚拟财产，如游戏账号等有一定的意义，但对于传统数字货币意义不大。因为传统数字货币的价值源于作为发行人的认可，而非数字文件本身。换言之，数据文件本身对于

---

① A. Spiegel, Blockchain-basiertes virtuelles Geld, Mohr Siebeck, 2020, S. 46.
② 基于非法定数字货币欠缺法偿性，其流通性也尚未被交易现实广泛接受，实质问题应当货币之债的（类推）适用等理由，否定非法定数字货币（尤其是比特币）的货币定性的，参见〔德〕塞巴斯蒂安·欧姆勒：《德国法与欧盟法下的金钱、货币数字化》，张佳丽译，载《私法研究》2018 年第 1 期。
③ 例如，在"周丽君与中金国际投资控股（深圳）有限公司、翁家乐合同纠纷案"中，原告购买的数字货币是由被告交易平台发行的、由其他用户持有的数字货币。参见"周丽君与中金国际投资控股（深圳）有限公司、翁家乐合同纠纷一审民事判决书"，浙江省宁波市鄞州区人民法院（2019）浙 0212 民初 12175 号。
④ 参见梅夏英：《信息和数据概念区分的法律意义》，载《比较法研究》2020 年第 6 期。

持币人而言,没有价值。这一点与债权文书相同,债权文书之上虽然同样存在所有权,但债权文书的法律意义在于证明债权存在。在学理上,固然可以认为传统数字货币是数据,因此持币人可以基于数据文件请求发行人返还物权。这一点在法定数字人民币中具有重要意义,因为法定数字人民币的数据取回以后,该数据反映的信息仍为货币金额。但是,对于 Q 币等持币人而言,更为重要的是其因持有数字货币而对发行人享有的、请求提供服务或游戏产品的债权。① 在此意义上,网络虚拟货币之所以能够购买发行人的服务或游戏产品,是因为发行人对其价值的认可,换言之,网络虚拟货币是持币人对发行人的债权。②

2. 比特币等基于区块链技术的非法定数字货币

在对其定性之前,需要解决的前提问题是,我国央行否定了比特币等非法定数字货币的流通性,这是否意味着否定非法定数字货币的权利性。一方面,尽管罗马法将非流通物排除出了私法的客体,但目前民法学说均同样认可非流通物是民法的客体,只是其流通性受限。③ 另一方面,也有观点认为,比特币的持有人仅享有事实上的排他地位,无法进行法律上的处分。④ 此种观点的依据是,比特币的成立以比特币协议为事实根据,再寻找规范根据是无必要的重复。⑤ 如果以该说为前提,则比特币无法成为一般侵权保护的客体,对于比特币的利用会起到抑制作用。因此,有学者指出,此种观点是一种消极的态度。⑥ 事实上,即使持此种观点的学者也仅为了指出比特币不属于物或者其他知识产权,并非认为比特币不受保护。例如,其同样认为持有比特币和利用比特币的可能性构建了比特币具有财产价值的地位,而此种(事实)地位可以作为整体转让。⑦ 因此,没有理由否定比特币的归属的权利属性。

在此基础上,进一步考虑非法定货币的权利性。首先,非法定数字货币不是物,

---

① 在上述"周丽君与中金国际投资控股(深圳)有限公司、翁家乐合同纠纷案"中,原告指出由于监管部门关闭交易平台,原告所有的 CNYH 平台币失去了价值。由此可见,数字货币的价值源于发行人的允诺。
② 针对有发行人的电子货币(E-Geld),德国法通说认为其为债权。Vgl. MüKoBGB/Casper, 8. Aufl. 2020, BGB § 675c Rn. 30. 此种观点同样适用于有发行人的非法定数字货币。
③ Vgl. Wieling, Sachenrecht. 5. Aufl., Springer, 2007, S. 24.
④ Vgl. Beck/König, Bitcoin: Der Versuch einer vertragstypologischen Einordnung von kryptographischem Geld, JZ 2015, 130, 131.
⑤ 对于此种观点的评述也参见加毛明「仮想通貨の私法上の法的性質—ビットコインのプログラム・コードとその法的評価」金融法務研究会『仮想通貨に関する私法上・監督法上の諸問題の検討』https://www.zenginkyo.or.jp/fileadmin/res/news/news310339.pdf(2019)17 頁。
⑥ 加毛明「仮想通貨の私法上の法的性質—ビットコインのプログラム・コードとその法的評価」金融法務研究会『仮想通貨に関する私法上・監督法上の諸問題の検討』https://www.zenginkyo.or.jp/fileadmin/res/news/news310339.pdf(2019)17 頁。
⑦ Vgl. Beck/König, Bitcoin: Der Versuch einer vertragstypologischen Einordnung von kryptographischem Geld, JZ 2015, 130, 130f.

因为民法上的物限于有体物,①持有比特币也不构成所有权。有疑问的是,比特币等区块链技术支持的非法定数字货币是否等同于其他数据?在数据文件上成立所有权的前提是数据文件现实存在,并且可以通过技术手段控制数据文件,并使之与其他数据文件相区分。此外,普通的数据文件不论是存储于电脑还是存储于云端服务器,至少均有数据的本体。但比特币技术则非如此,比特币技术中的公钥和私钥均不是比特币本身,而仅仅是进入账户的手段,而账户内有多少比特币,则须在去中心化的区块链中读取。由于去中心化的设计,比特币的信息存在于区块链中,也存在于每一台安装了相关软件的电脑中。在这个意义上,比特币至少不是数据文件,在比特币上不成立所有权。②

其次,比特币与存款货币或传统非法定数字货币不同,不是债权。我国通说认为,区块链去中心化特质不要求发行人承担法律义务,因此不存在与发行人或者第三人之间的债之关系,比特币不是债权。此种观点是正确的。但是,学说上仍有观点认为,在私有链或者联盟链中,由于仅特定人有权限,因此,私有链或联盟链中所有的参与人之间具备共同的目的,形成了合伙关系,而相应数字货币是基于合伙关系产生的债权。③ 也有观点将比特币归为证券化的债权(所谓的"价值权"[Wertrecht]),其认为此种价值权是指作为支付手段,使用该数字货币的机会。并且该说考虑到区块链的去中心化设计,认为比特币的移转不同于证券,而是以债权让与的方式进行。④ 比特币债权说最大的问题在于无法与债权的定义相协调。债权是指对特定人得请求作为或不作为的权利。⑤ 债权说存在两个方面的问题:其一,即使是在私有链中,也很难认为所有的用户都有法律拘束之意思,因为用户只是希望将数字货币作为支付手段,而不愿彼此之间负担一物;⑥其二,无论在公有链还是私有链中,持有比特币的人均没有可以请求的对象。在公有链中,由于彻底的去中心化,没有数字货币的发行人,也即没有债务人。⑦ 在私有链或者联盟链中,即使存在发行人,发行人也并不担保数字货币的兑现,这一点与存款货币不同,存款货币之所以可以被认定为债权,是因为存款银行作为债务人负有支付现金的义务。因此,比特币不构成债权。

---

① 参见梁慧星、陈华彬:《物权法》,法律出版社 2016 年版,第 8 页。
② Vgl. Spindler/Bille, Rechtsprobleme von Bitcoins als virtuelle Währung, WM 2014, 1357, 1359.
③ 此种观点的介绍参见 Langenbucher, Digitales Finanzwesen, AcP 218(2018), 385, 406。
④ Vgl. BeckOGK/Köndgen, 15. 6. 2020, BGB § 675c Rn. 132ff.
⑤ Vgl. Neuner, Allgemeiner Teil des Bürgerlichen Rechts, 12. Aufl., C. H. Beck, 2020, S. 238f.
⑥ Vgl. Spindler/Bille, Rechtsprobleme von Bitcoins als virtuelle Währung, WM 2014, 1357, 1360.
⑦ 参见杨延超:《论数字货币的法律属性》,载《中国社会科学》2020 年第 1 期。

最后，比特币的价值本质上源自区块链全体成员的合意，比特币的本质是"受到他人认可而持有的单位数，此种单位可以移转给其他参与人"①。此种合意由于不具备拘束意思，固然不能等同于传统合同法意义上的合意，但是应当指出的有两点：一方面，此种合意更类似共同行为的合意，另一方面，此种合意不论范围如何，但基本的合意包括认可比特币的价值和可以将比特币移转给他人。② 此种类型的权利固然不属于债权或物权，但不容否认，比特币是民法中的客体，是所谓的"其他财产权"（或称为绝对权属性的虚拟财产），应当受到类似绝对权的保护。③

当然，对此也存在反对观点，其认为比特币等去中心化的数字货币不具排他性。此种观点体现在 2015 年日本法院在 MTGOX 株式会社破产案的判决中。作为被告的 MTGOX 是比特币交易平台的经营者，其于 2014 年 2 月 28 日提交破产重整申请。原告是该交易所的用户，主张基于所有权取回其在交易平台账号中的比特币。日本东京地方法院否定了原告的诉请，其理由一方面在于比特币不是物，不具备物权属性，另一方面更进一步否定了比特币具备排他性，因为比特币交易需要区块链中其他成员的参与解密，确认比特币交易的效力，换言之，与银行存款不同，某一账户内比特币的变化，是根据全网上与该账户相关的比特币全部交易的计算差额得出的。比特币也没有如同数据之类的记录。因此，即使是拥有私钥的人，也无法排他性支配账户中的比特币。④ 此种观点是存在疑问的，日本学者虽然均支持该判决的结论，但东京地方法院的说理没有受到学者的认可。⑤ 再者，否定用户取回权的原因不在于比特币本身不具备排他性，而在于用户与交易平台之间的法律关系。此外，按东京地方法院的观点推论，那么，其他需要登记变动归属的数据等均不具备排他性，因为这些数据同样存在于网络，移转须登记机关参与。

---

① 道垣内弘人「仮想通貨の法的性質——担保物としての適格性」道垣内弘人ほか編『近江幸治先生古稀記念社会の発展と民法学上巻』(成文堂、2019 年) 494 頁。
② 道垣内弘人「仮想通貨の法的性質——担保物としての適格性」道垣内弘人ほか編『近江幸治先生古稀記念社会の発展と民法学上巻』(成文堂、2019 年) 495 頁。
③ 道垣内弘人「仮想通貨の法的性質——担保物としての適格性」道垣内弘人ほか編『近江幸治先生古稀記念社会の発展と民法学上巻』(成文堂、2019 年) 494 頁；Spindler/Bille, Rechtsprobleme von Bitcoins als virtuelle Währung, WM 2014, 1357, 1360; Langenbucher, Digitales Finanzwesen, AcP 218(2018), 385, 407。
④ 東京地方裁判所平成 26 年 (ワ) 第 33320 号平成 27 年 8 月 5 日民事第 28 部判決参照。对于该案的介绍，参见罗勇：《论数字货币的私法性质》，载《重庆大学学报》(社会科学版) 2020 年第 2 期；赵磊：《数字货币的私法意义》，载《北京理工大学学报》(社会科学版) 2020 年第 6 期。
⑤ 例如，加毛明采以当事人合意为基础的权利说，加毛明「仮想通貨の私法上の法的性質—ビットコインのプログラム・コードとその法的評価」金融法務研究会『仮想通貨に関する私法上・監督法上の諸問題の検討』https://www.zenginkyo.or.jp/fileadmin/res/news/news310339.pdf(2019) 24 頁参照。道垣内弘人同様采合意为基础的财产权说，道垣内弘人「仮想通貨の法的性質——担保物としての適格性」道垣内弘人ほか編『近江幸治先生古稀記念社会の発展と民法学上巻』(成文堂、2019 年) 494、495 頁参照。

(三) 数字货币的归属与保护

三种数字货币的性质各不相同,也决定了其归属和侵权法保护的不同。就归属问题来看,实践中,三种数字货币的持币人均通常依赖交易平台的账号,那么在交易平台破产以后,是否能取回货币存在疑问。就侵权法保护问题来看,不论哪种数字货币均可能受到他人不法侵害。

1. 与现金货币相比,数字人民币是无体物,没有物理上的载体。但与比特币相比,数字人民币不存在去中心化设计,并且就目前的交易来看,没有采区块链技术。因此数字货币是以数据为基础的现金。我国学界有力说主张区分数据文件与数据信息,在数据文件上得成立所有权,因此,在云存储的情况下,如果提供云存储的公司破产,那么数据文件的所有人得行使取回权,取回数据文件。① 在这个意义上,数字人民币的权利人对于数据文件享有所有权,而该数据文件的信息则是货币的金额,相比之下,传统现金货币的物权载体是纸张。目前,数字人民币存储于各商业银行提供的账户中,但是正如上文所述,持币人和银行之间并无债之关系,因此,数字人民币直接归属于用户。这就意味着,在商业银行破产时,持币人无须通过《商业银行法》第 71 条第 2 款通过存款优先权获得保护,而是直接根据破产取回权,取回数字人民币。

在认定数字人民币是以数据为载体的现金货币以后,对其侵权法保护的问题也可以适用数据文件保护的规则。由于数据文件是绝对权,因此故意或过失侵害数据文件,均构成侵权。②

2. 在传统数字货币中,这一问题较为明确,持有数字货币人的用户与作为发行人的平台之间形成了债之关系,持币人是债权人。这就意味着,如果发行人破产,持币人只能作为一般债权人请求参与分配,而不能直接取回。此外,在是否受侵权法保护这一问题上,《民法典》第 1165 条第 1 款是我国侵权责任的一般条款,该条未区分权利与利益,进行一体保护。学界目前有力说认为,在《民法典》的解释论背景中,应当重视第 1165 条第 1 款提供的基础性评价框架进行整体衡量。③ 在此种见解下,债权固然不是绝对权,但是如果侵害行为的违法性极强或出现加害人故意的情况,就能构成第三人侵害债权。④ 司法实践中,仅有的侵害传统数字货币的案件均是以故意

---

① 参见纪海龙:《数据的私法定位与保护》,载《法学研究》2018 年第 6 期。
② 参见纪海龙:《数据的私法定位与保护》,载《法学研究》2018 年第 6 期。
③ 参见叶金强:《〈民法典〉第 1165 条第 1 款的展开路径》,载《法学》2020 年第 9 期。
④ 相同观点参见程啸:《侵权责任法》,法律出版社 2021 年版,第 179 页。

方式侵害其归属,①过失侵害传统虚拟货币的情况较为少见,也没必要通过侵权法保护。例如,在"李攀登、深圳市腾讯计算机系统有限公司网络侵权责任纠纷案"中,被告腾讯公司以原告使用外挂为由,冻结了原告的游戏账户,其中涉及相关虚拟货币。法院在审理腾讯公司是否有权冻结账户时,其裁判依据是双方的服务合同。② 由此可见,将虚拟货币定义为债权,在通常情况下,通过合同法保护,在例外情况下,通过第三人侵害债权制度保护已经足够。③

3. 基于区块链技术的数字货币则有所不同,其归属和保护问题有待明确。与日本 MTGOX 株式会社破产案反映的情况类似,我国实践中,大量的比特币交易同样通过比特币交易平台进行。北京海淀区法院发布的典型案例"冯某诉 A 公司合同纠纷案"同样涉及比特币在用户与交易平台之间的归属问题。该案中,由于比特币分叉,比特币的持有人可以获得与其持有的比特币数额相对应的比特币现金,因此,被告交易平台发出公告,承诺将给予用户相应的比特币现金,原告之后发现其未能取得相应的比特币现金,遂起诉被告履行合同。海淀区法院判决支持了原告的诉请,饶有趣味的是,法官在针对该案的说明中提到,比特币等虚拟财产不是物,基于物权法定原则,比特币上不成立物权,因此原告不得基于物权请求交付比特币现金,只能基于合同请求交付比特币现金。④ 此种理由与前述日本 MTGOX 株式会社破产案中东京地方法院的观点是类似的,只是我国法院没有进一步否定比特币的排他性,而是以物权法定为由,否定了原告享有物权性请求权。

上述中日两个案件中否定原告有物权性请求权的结论是正确的,但从该说明来看,法院否定原告原物返还请求权的理由在于比特币本身的性质,由于比特币不是物,故而无法适用原物返还请求权。正如上文所述,比特币固然不属于物权,但仍为"其他财产权",同样存在绝对权意义上的归属问题。因此,单纯从比特币的性质出发,否定原告的诉请存在疑问。

比特币等数字货币的实质是受他人认可并可移转给他人的持有单位数,而持币

---

① 例如,在"齐心月与苏雨彤网络购物合同纠纷一审民事裁定书"中,被告盗刷了原告 QQ 内的 Q 币。参见"齐心月与苏雨彤网络购物合同纠纷一审民事裁定书",山东省济宁高新技术产业开发区人民法院(2020)鲁 0891 民初 1407 号。
② 参见"李攀登、深圳市腾讯计算机系统有限公司网络侵权责任纠纷案",广东省广州市中级人民法院(2020)粤 01 民终 11815 号。
③ 相反,梅夏英则认为通过合同不足以保护虚拟财产,其理由有二:其一,用户与运营商之间的合同关系如果为免费合同关系,则很难成为民法上的合同关系,拘束力程度不明;其二,通过合同关系只能解决合同相对人之间的关系,无法解决第三人侵害的情况。参见梅夏英:《虚拟财产的范畴界定和民法保护模式》,载《华东政法大学学报》2017 年第 5 期。
④ 参见"冯某诉 A 公司合同纠纷案",北大法宝引证码 CLI. C. 74261012(北京海淀法院发布 8 个涉互联网商事典型案例之八)。

人通过公钥和私钥控制数字货币,其中,私钥起到加密移转比特币的功能,因此,私钥也是取得比特币权利的关键所在。就目前比特币交易平台和用户之间的关系来看,用户为了交易比特币,会在交易平台开设账户,之后的交易在平台上进行,此种情况下,即使用户账户里有比特币,但没有实际掌握比特币的私钥,因此,仅对交易平台享有权利,需要在交易平台中进行交易,换言之,此种交易实际没有在比特币的区块链中进行,在比特币交易的区块链中,只有交易平台是唯一享有私钥,享有排他性权利的人。相反,只有在用户提币并拥有私钥以后,比特币才真正归属于用户。而在这之前,用户仅享有对平台的债权。① 因此,不论是"冯某诉 A 公司合同纠纷案"还是日本 MTGOX 株式会社破产案,比特币均归属于交易平台。

按照本文观点,非法定数字货币是其他财产权,作为一种绝对权受侵权法的保护。当然,在常见的侵害比特币案型中,由于行为高度违法性和过错程度极高,因此,即使认为比特币不构成权利,也足以构成侵权。例如,在上海市第一中级人民法院公开宣判一起比特币涉外财产损害赔偿纠纷上诉案中,被告通过暴力殴打的方式,逼迫原告移转比特币等数字货币。此种情况下,被告的行为已经构成故意悖俗侵害他人,因此,必然构成侵权。此外,在通过暴力或非法拘禁手段侵害比特币的案件以外,更多的案件则是通过黑客技术获取比特币的私钥。我国刑法实务往往认定此种行为构成非法获取计算机信息系统数据、非法控制计算机信息系统罪。② 尽管法院定罪的前提是否定比特币等非法定数字货币的财产属性,但是刑法上数据的概念较为宽泛,同样可以涵盖比特币等非法定数字货币。由于非法获取计算机信息系统数据、非法控制计算机信息系统罪保护的是个别公民的利益,因此构成侵权法上的保护性法律,这就意味着侵权人的行为违法性极高。因此,构成犯罪的行为同时构成侵权行为。③ 在上述两种典型情形之外,比特币等作为其他财产权同样是一般过错侵权保护的客体。当然,由于比特币存于区块链,因此过失侵害他人非法定数字货币的情况较为少见。根据新闻报道,出现过比特币的持有人将私钥记录在纸上,但该纸被清洁工过失毁损,持有人因而无法进入比特币账户的情况。④ 由于私钥是控制比特币的唯一方

---

① 道垣内弘人「仮想通貨の法的性質——担保物としての適格性」道垣内弘人ほか編『近江幸治先生古稀記念社会の発展と民法学上巻』(成文堂、2019 年)496 頁参照。
② 例如参见"许武浩、朴敏哲非法获取计算机信息系统数据、非法控制计算机信息系统案",河南省南阳市中级人民法院(2018)豫 13 刑终 1204 号;"孟陈林、刘铸非法获取计算机信息系统数据、非法控制计算机信息系统罪",浙江省温州市中级人民法院(2019)浙 03 刑终 1117 号。
③ 当然,也有学者指出,这可能会使得民法的保护依赖于刑法的价值,而二者不一定总是并行不悖的。Vgl. Langenbucher, Digitales Finanzwesen, AcP 218(2018),385,408.
④ 《对不起,弄丢了私钥,只能怪你没有拥有比特币的这个命》,https://www.sohu.com/a/297594216_99978892,2021 年 1 月 5 日最后访问。

式,因此,此种情况下有构成侵权的可能。此时需要考虑两点:其一,清洁工是否构成过失;其二,用户将私钥记录在纸张上,未加妥善保管,致使清洁工过失侵权,此时是否有过失适用的空间。

四、货币私法规范在数字货币中的适用与类推适用

尽管从性质来看,只有法定数字货币是货币,非法定数字货币均不是货币,但正如上文所述,私法中货币规则不仅受到法偿性的影响,也受到货币本身特性的影响。在交易中,如果当事人以非法定货币结算或者以法定货币购买非法定货币时,两种非法定数字货币不论性质为何,对于当事人而言,同种类的非法定货币之间是没有区别的,例如,不同的Q币之间没有差异,均起到计价单位和支付手段等功能。因此,仍然需要考虑货币规则能否类推适用于非法定数字货币。此外,尽管数字人民币属于抽象货币,但是由于其载体特殊,因此在适用货币规则时是否存在例外也需要进一步检讨。

(一) 货币物权规则的适用

我国学说普遍认可货币的物权法规则可以适用于数字人民币和非法定数字货币,①尤其是货币"占有即所有"的规则同样适用于数字货币。这一规则又可细分为四个方面:其一,通过代码控制和支配数字货币的,即是数字货币的所有权人。其二,数字货币的返还请求权是债权性的价值返还请求权,而非原物返还请求权。其三,数字货币不能设立质权。其四,数字货币不适用执行异议。②

以上观点是存在疑问的。货币占有即所有的规则本身就存在争议。我国新近学说已经明确了货币"占有即所有"是对货币混合规则的简略说法,这一规则起源于德国,但被日本法误解,成为我国目前的通说。③ 事实上,与我国通说认为的不同,作为该规则来源的德国法,在货币被他人取得以后的返还问题上,并非绝对采混合后的债权性返还。第一,不论是现金货币还是存款货币,适用"占有即所有"的前提是发生混合,无法识别个体性。在一张100元的纸币和两张50元的纸币放在一起的情况下,仍然可以识别个体性,因此不发生混合。④ 此种情况下,100元纸币的所有权人可

---

① 参见柯达:《论我国法定数字货币的法律属性》,载《科技与法律》2019年第4期;杨延超:《论数字货币的法律属性》,载《中国社会科学》2020年第1期。
② 参见杨延超:《论数字货币的法律属性》,载《中国社会科学》2020年第1期。
③ 参见朱晓喆:《存款货币的权利归属与返还请求权》,载《法学研究》2018年第2期。
④ Vgl. MüKoInsO/Ganter, 4. Aufl. 2019, InsO § 47 Rn. 19, 19a.

以主张原物返还请求权,但是基于交易观念和诚实信用原则,返还义务人可以通过代物清偿,返还 2 张 50 元的纸币给 100 元的所有权人。在没有特殊返还利益的情况下,100 元的所有权人不得拒绝受领。① 第二,在混合以后,学界的通行观点认为,应当由主物的所有权人取得单独所有权,例如,在 100 块现金与收款机中的其他现金混合时,由收款机的所有权人取得单独所有权。② 但也有观点认为原则上应当由双方共有。③ 在共有以后,目前德国法通说的观点认为,如果混合导致共有所有权的观点不加变动,直接适用于货币,那么会导致与生活利益和生活观念相矛盾的观点。例如甲放了 4 枚硬币在乙的收银柜里,该收银柜里已经有 10 枚硬币。如果按照混合的观点,则甲和乙共有 14 枚硬币,必须进行分割,否则任何一方无法单独处分。混合的观点造成了利益状况失衡,没有必要如此复杂。甲应当享有"分割权(Sonderungsrecht)",无须乙的同意就可以取得 4 枚硬币。因为在现金这种可替代物的情况下,现金的价值和单个现金的本身的同一性无关。④ 由此可见,即使是在现金的情况下,"占有即所有"的观点也不成立。货币是否混合,须考虑其是否丧失个体性,混合以后,也应当赋予占有货币的一方单方的分割权。

在明确了"占有即所有"规则的本质是混合规则以后,判断其能否(类推)适用于数字货币,关键在于判断数字货币是否会因混合而丧失所有权,是否丧失个体性。在不同类型的数字货币中,判断标准不同。数字人民币作为无体物,其交易通过数据交换进行,因此在交易中具备可追踪性。⑤ 这就意味着,与现金相比,数字人民币不会丧失个体性,不存在混合的可能。假设甲与乙订立买卖合同,并以数字人民币支付。随后该合同无效,那么在物权变动采有因性的前提下,甲作为数字人民币的所有权人,可以主张原物返还。但与现金返还的情况相同,数字货币的所有权人如果对于数字货币的返还没有特殊利益,那么返还义务人可以给付其他货币。例如在上述返还的情况下,乙可以向甲原物返还数字人民币,也可以通过给付现金,或者转账支付记账货币的方式,进行代物清偿。此外,由于数字人民币的具备可追踪的性质,因此在其上也可以设定质权,数字人民币的所有权人也可以提出执行异议。需要进一步指出的是,由于数字人民币不会因混合而消灭

---

① Vgl. Sebastian Omlor, Geldprivatrecht, Mohr Siebeck, 2014, S. 149.
② Nur vgl. Medicus, Ansprüch auf Geld, Jus 1983, 897, 899.
③ Vgl. MüKoBGB/Füller, 8. Aufl. 2020, BGB § 948 Rn. 7.
④ 此种观点源自黑克(Heck),Vgl. Heck, Grundriß des Sachenrechts, 3 Aufl., 1930, Scientia Verlag Aaalen, 1994, S. 260f. 随后成为了德国的绝对通说,vgl. Palandt/Herrler, 79. Aufl. 2020, BGB § 948, Rn. 3. 对于黑克观点的质疑,vgl. Brehm/Berger, Sachenrecht, 3. Aufl., Mohr Siebeck, 2014 S. 459。其认为黑克举的例子不具普遍性,因此仍然应当坚持所有的共有人达成合意后分割的观点。
⑤ 参见何德旭、姚博:《人民币数字货币法定化的实践、影响及对策建议》,载《金融评论》2019 年第 5 期。

所有权,因此,在交易中,需要适用善意取得。①

上述观点在 Q 币等传统非法定数字货币中同样类推适用,其利益状况类似于存款货币的混合,是债权与债权的混合。② 有争议的是,比特币等基于区块链技术的非法定数字货币是否必然会因混合而丧失绝对权。比特币本质上是"受他人认可的可交易的单位数",有观点基于其技术特征,认为比特币必然适用"占有即所有",因为一旦比特币转入他人账户以后,区块链的其他用户达成了受让人取得该单位数新的合意,此种合意不能撤销。③ 但技术上的不能,并不意味着法律评价上的不能。即使是存款货币的转账交易中,如果发生原物返还,也很少通过撤销原交易进行。关键在于,是否赋予原权利人可以对抗第三人的物权性返还请求权。这一点不全然是技术问题。例如在上述案例中,甲与乙订立买卖合同,并以比特币支付,支付以后买卖合同无效,甲对乙享有物权性返还请求权,那么在乙的其他债权人扣押其比特币账户时,法院应当认可甲可以提出执行异议,并要求乙提供相应的比特币私钥。

(二) 货币之债规则的适用

数字人民币由于其法偿性,绝大多数情况下可以直接适用货币之债的规则。相反,非法定货币在一定程度上起到了货币的功能,也具备货币的部分特征,因此需要考虑在个案中能否类推适用。作为前提的问题是当事人之间订立的购买非法定数字货币或者以非法定数字货币结算的合同效力。

1. 购买非法定数字货币或以非法定数字货币结算的合同效力

与法定数字货币不同,《关于防范代币发行融资风险的公告》第 1 条第 2 款否定了非法定数字货币具备与货币相同的地位。已经失效的《网络游戏管理暂行办法》第 19 条第 1 项则明确规定,网络游戏虚拟货币除购买发行人提供的网络游戏产品和服务以外,不得用于支付、购买实物或者兑换其他单位的产品和服务。因此,在判断货币规范能否适用于非法定数字货币时,必须先考虑当事人购买非法定虚拟货币或者以非法定虚拟货币购买其他产品的合同效力。

我国司法实践为了扩大非法定数字货币的流通,在将其定性为"虚拟商品"的基

---

① 《德国民法典》第 935 条第 2 款规定善意取得同样适用于货币遗失物与盗赃物的情况,进一步强化了善意取得在货币中的运用,以保护交易安全。Vgl. MüKoBGB/Oechsler, 8. Aufl. 2020, BGB § 935 Rn. 14.
② 关于存款货币的返还应当如何评价,参见朱晓喆:《存款货币的权利归属与返还请求权》,载《法学研究》2018 年第 2 期。
③ 参见杨延超:《论数字货币的法律属性》,载《中国社会科学》2020 年第 1 期。

础上,认为《关于防范代币发行融资风险的公告》禁止的是以非法定数字货币购买其他产品,而不禁止以人民币购买非法定数字货币。[①] 此种论证更多是一种形式论证。《关于防范代币发行融资风险的公告》的前言和第 1 条第 1 款明确表明,该公告适用于代币发行融资、投机炒作的情况。投机炒作并非严格的法技术概念,根据该公告第 1 条第 2 款结合第 3 条、第 4 条来看,其同样应当适用于以人民币购买非法定数字货币的情形。不论是以人民币购买非法定数字货币,还是以非法定数字货币购买其他产品,当事人中的一方均负有提供非法定数字货币的给付义务,并且非法定数字货币均起到了计价单位的功能。在以非法定数字货币购买其他产品的情况中,这点毋庸置疑,在以人民币购买非法定数字货币时,我国司法实践认为非法定数字货币是买卖的标的物,但相反也可以认为是以非法定数字货币作为计价单位,衡量人民币的价值。

对于合同效力的判断仍然要回到实质的判断理由。从规范性质来看,《关于防范代币发行融资风险的公告》第 1 条和《网络游戏管理暂行办法》第 19 条属于公法规范。在公法层面上,上述条文限制非法定数字货币流通。但如果当事人之间约定了以非法定数字货币作为买卖合同(或者互易合同)的对价或者以人民币购买非法定数字货币的合同,是否必然无效,则取决于该条是否属于《民法典》第 153 条第 1 款第 1 句意义上的强制性规范。《全国法院民商事审判工作会议纪要》第 30 条第 2 款认为,应当基于保护法益、违法行为的后果和交易安全保护等因素综合判断其是否构成强制性规范。与《关于防范代币发行融资风险的公告》第 1 条和《网络游戏管理暂行办法》第 19 条类似,我国《外汇管理条例》第 8 条同样禁止外汇在我国境内作为货币流通。我国法院在认定以外币结算的合同效力时,呈现两种不同的观点,一种观点认为以外币结算的条款违反《外汇管理条例》第 8 条无效,因此当事人应当以人民币结算[②];另一种观点则认为《外汇管理条例》第 8 条不属于效力性强制规范,法院对于当事人约定以外币结算的条款不予干涉。[③] 两种观点均没有否认合同整体的效力,对于债权人而言,如果外币结算条款无效,其也能在获得相应比例的法定货币以后,自行兑换成外币。因此,对其利益状况影响不大。本文以为,从规范目的来看,上述规范均不应认定为效力性强制规范,其目的应当通过行政处罚或者刑罚方式实现,不

[①] 参见"陈某诉浙江某通信科技有限公司网络购物合同纠纷案",北大法宝引证码 CLI. C. 84175716(杭州互联网法院成立两周年十大影响力案件之三)。
[②] 例如参见"霸州市新思钢木家具有限公司诉东莞朗顺五金塑胶制品有限公司定作合同纠纷案",河北省霸州市人民法院(2008)霸民初字第 215 号。
[③] 例如参见"北京蓝狮金桥投资有限公司与北京市金诚同达律师事务所委托合同纠纷上诉案",北京市第二中级人民法院(2009)二中民终字第 17307 号。

应影响私法合同的效力。①

2. 货币之债规则的(类推)适用

(1) 法定数字货币与非法定数字货币的共通问题

法定数字货币和非法定数字货币由于其特殊形式,在构成典型合同给付标的和履行迟延规则上有一定的共性。

一方面,货币之债是买卖合同的给付义务。数字人民币具备法偿性,是货币之债的给付客体。因此,以数字人民币购买其他产品同样构成买卖合同。相反,由于非法定货币在定性上不属于货币,因此通说认为,如果当事人在买卖合同中,约定以非法定数字货币作为给付,构成互易,而非买卖。② 应当适用《民法典》第595条、第647条,构成易货交易,参照适用买卖合同的规定。少数说则认为,当事人可以约定法定货币以外的外国货币作为买卖合同的价款,例如在欧洲,当事人也可以约定以美元作为买卖合同的价款,这不影响该合同被归为买卖合同。那么,如果当事人约定以比特币作为买卖合同的价款,同样不应影响合同定性。③ 当然,由于互易合同参照适用买卖合同的规定,因此,二者之间是否存在实质上的区别是存在疑问的。④ 二者可能的区别在于,如果认为是互易,那么交付非法定数字货币之债可能发生瑕疵,适用瑕疵担保的规定。但我国瑕疵担保是违约责任的一种形态,因此,没有必要细分是买卖合同还是互易合同。

需要指出的是,不论是数字人民币还是非法定数字货币,在构成合同标的时,均需考虑当事人是否选择了数字货币作为给付客体。在非法定数字货币构成给付客体时,需要当事人明确约定。相反,数字人民币虽然具备法偿性,但是由于数字货币的技术特点,数字人民币的交易需要借助智能手机,在便利性方面不如现金,因此,在特殊情况下,基于交易观念和交易习惯,可以通过补充解释的方式认定当事人以默示方

---

① 此种观点也受到我国仲裁实践的支持,深圳国际仲裁院2018年公布的比特币仲裁案中,当事人之间订立以比特币理财协议,但随后理财受托人不愿返还比特币,并主张比特币理财合同无效。仲裁庭针对这一点认为,"并无法律法规明确禁止当事人持有比特币或者私人间进行比特币交易,而是提醒社会公众注意有关投资风险"。深圳国际仲裁院归纳的裁判要点同样提及,"私人间订立的比特币归还契约并未违反法律法规效力性强制性规定,不应认定为无效。中国法律法规并未禁止私人持有及合法流转比特币"。参见"深国仲案例精选比特币仲裁案",https://mp.weixin.qq.com/s/U_qDgQN9hceLBbpQ13eEdQ,2021年1月2日最后访问。当然,这一仲裁案件最终被我国法院以违反公序良俗为由而撤销。
② Vgl. Spindler/Bille, Rechtsprobleme von Bitcoins als virtuelle Währung, WM 2014, 1357, 1362; Erman/Grunewald, 15. Aufl. 2017, § 480 BGB Rn. 1.
③ Vgl. Beck/König, Bitcoin: Der Versuch einer vertragstypologischen Einordnung von kryptographischem Geld, JZ 2015, 130, 137;相同意见参见 G. Wagner 对 Langenbucher 提出的疑问,vgl. Hamann, Diskussionsbericht zum Referat von Katja Langenbucher, AcP 218 (2018), 430, 432。
④ 同样指出这一点的学者,如 Langenbucher, Digitales Finanzwesen, AcP 218(2018), 385, 413。

式排除了数字人民币作为给付客体。①

另一方面,货币之债是赴偿之债,这一规则同样适用于作为货币的数字人民币,但交付非法定货币之债是否同样为赴偿之债?货币之债之所以是赴偿之债(或者至少是债务人负担在途灭失风险的寄送之债),是因为目前寄送金钱比去陌生的地方收取金钱容易,因此,法律推定了当事人约定的是赴偿之债,由债务人承担在途风险。② 此种价值判断在非法定货币的移转中同样成立,相较债权人,债务人更能控制其移转,因此,交付非法定货币的债同样是赴偿之债。

在明确了这一点以后,不论是何种数字货币的交易均依赖交易平台,因此在履行迟延方面具备共性。如果以现金为给付客体,那么在债权人终局性取得对金钱的支配(完成交付并移转所有权)后,才构成履行并移转风险。但是,就目前数字人民币所采的技术路径来看,尽管离线状况下,同样可以进行数字人民币交易,但是受领数字人民币的一方取得的数字人民币必须经过商业银行系统的确认,才能真正使用。③ 这就意味着,债权人取得数字货币后,如果一直处于离线状态,则无法使用这些货币,此种情况下,如果严格适用现金货币之债的规则,那么,货币之债并未履行完毕,债务人可能陷入履行迟延,这就导致债务人的负担过重。因此,在这一问题上,更应当参考交付支票等进行支付时风险的移转。在货币之债中,债务人负有及时和按规定提供给付的义务。此种及时性与合规性不在于债务人必须将收款银行迟延记账的全部风险计算在内,而仅在于根据通常状况,考虑到银行记账的时间,以及所选择的转账方式符合约定或所处的情势。④ 数字人民币的履行迟延问题同样应当适用这一点。在履行期届满之前,债务人向债权人提供数字货币即完成给付,债权人是否及时联网向银行确认归属的风险不应当由债务人承担。这一点与支票方式清偿相同,债务人在履行期届满前交付支票即履行完毕,是否及时承兑的风险由债权人负担。⑤ 此种考量同样适用于非法定数字货币,尤其是比特币,债务人承担非法定数字货币移转中灭失的风险,并且在给付时间上,考虑到到账的时间。因为只有非法定数字货币完全到达债权人的账户以后,才完成给付。

---

① 法定货币的法偿性是其公法属性,这并不影响在私法中,当事人可以约定排除支付法定货币。Vgl. Staudinger/Omlor (2016) Vorbemerkungen zu §§244-248, B81.同样意识到这一问题的,如柯达:《论我国法定数字货币的法律属性》,载《科技与法律》2019 年第 4 期,但其混淆了货币的公法与私法属性。
② Vgl. P. Heck, Grundriß des Schuldrechts, Mohr, 1929, §6,6, S. 24.
③ 参见中国人民银行印制科学技术研究所:《使用数字货币芯片卡进行数字货币支付的方法和系统》,专利号:CN107230052A。
④ Vgl. MüKoBGB/Krüger, 8. Aufl. 2019, BGB §270 Rn. 18.
⑤ MüKoBGB/Krüger, 8. Aufl. 2019, BGB §270 Rn. 20.

(2) 非法定数字货币的特殊问题

在上述由于数字化带来的共通问题以外，非法定数字货币因为不是货币，所以也存在特殊性。

第一，如果当事人迟延交付非法定数字货币，是否同样产生利息。我国目前的实践基于非法定数字货币的法律性质不是货币，认为比特币之债即使迟延，也不产生利息。① 迟延利息的规则也无法类推适用于非法定数字货币，这一点与外币之债不同，外币之债中，外币在其母国有利息规则，因此尚有类推的余地。但非法定数字货币并无利息规则。这一问题本质上是迟延损害计算的问题，货币之债的迟延利息本质上是迟延支付造成的最低损害。② 因此，即使否定了利息规则在非法定数字货币之债中的类推适用，债权人仍可以主张履行迟延造成的损害，最为典型的是因债务人迟延，非法定数字货币价格下跌造成的损害。

第二，最为关键的货币之债无履行不能的问题。货币之债无履行不能的前提是货币之债的本质在于"价值创造之债"，货币之债的债务人提供的不是特定的货币。具体而言，债务人须提供相应数额的货币，此种情况与给付物的情况不同，在给付物的债中，物的种类与品质对于债权人而言具有重要意义，但货币之债中，品质和种类对于当事人而言并无意义。那么，无法想象市面上所有流通的货币均灭失，这就不会出现客观不能的情况。而主观不能原则上同样不适用货币之债，因为债务人目前无资力不构成主观不能，只有债务人将来也无获得可能性时才构成主观不能。③ 此外，其他的债务在不能的情况下，可以转化为损害赔偿之债，而货币之债无转化的必要，因为给付的标的物均为货币。

饶有趣味的是，针对以区块链技术为基础的数字货币，我国学说认为，由于区块链技术问题，比特币之债无法返还，换言之，比特币之债必返还不能，因此，须转化为法定货币的返还之债。④ 据此，则比特币之债不适用货币之债无履行不能的规则。就技术而言，比特币之债确实难以返还。但比特币作为一种虚拟资产，其品质或种类对于当事人而言，无特殊意义。因此，以比特币为标的物的债务中，固然无法返还原来的比特币，但是这并不意味着给付比特币的债务履行不能，重要的是比特币的数额，因此，债务人仍负有支付相同数额比特币的义务。此种比特币之债可等同于外币

---

① 参见"深国仲案例精选比特币仲裁案"，https://mp.weixin.qq.com/s/U_qDgQN9hceLBbpQ13eEdQ，2021年1月2日最后访问。
② Vgl. Jauernig/Stadler, 18. Aufl. 2021, BGB § 288 Rn. 2.
③ Vgl. Lorenz Kähler, Zur Entmythisierung der Geldschuld, AcP 206(2006), 805, 821f.
④ 当然，该说同样认为，应当允许债权人选择比特币之债抑或法定货币之债。参见杨延超：《论数字货币的法律属性》，载《中国社会科学》2020年第1期。

之债,只要当事人约定的意义是为了取得比特币的价值。① 因此,比特币之债与货币之债是类似的,原则上(类推)适用货币之债无履行不能的规则。一方面,比特币之债无客观不能,即使债务人所持有的比特币灭失,债务人仍能通过"挖矿"或者用法定货币购买的方式取得比特币。或有观点认为,比特币总量限定,因此存在全部灭失的可能性。② 当然,此种情况下,通过解释也可以认为债务人得提供他种给付,因此比特币之债没有履行不能。另一方面,货币之债无主观不能的论证也可以适用于比特币之债。

值得思考的是,债务人是否得因履行费用过高,拒绝履行比特币之债,转而通过法定货币进行损害赔偿。在本国法定货币之债中不存在这一问题,相反,在外币之债或比特币之债中会存在当事人约定币种突然升值的问题。但是,履行费用过高抗辩的前提是,债务人的履行费用与债权人的履行利益严重失衡,③在比特币升值中,债权人的履行利益同样因比特币升值而提高,因此不存在失衡。④

相反,在非基于区块链技术的非法定货币之债中,由于其性质为对发行人的债权,因此更有可能发生履行不能。例如,发行人破产以后,所有的债权因清算而消灭,那么此种非法定数字货币客观不能。而持币人的账户也可能被发行人永久封禁,而陷入主观不能,也即其再也无法取得此种货币。

五、结论

新技术的发展必然会对现有法律体系和法律理论带来冲击,但是通过体系解释、类推适用等法教义学方法,可以将新技术带来的问题纳入到既有的法学体系之中,以维持法律适用的稳定性与可预测性。数字货币的私法适用同样如此。在充分认识和明确数字货币的技术特征与法律定性以后,法学家的工作是考虑关于货币的既有规则能否适用的问题。

第一,法定数字货币属于法定货币,性质上类似于现金货币,但其特殊性在于数字人民币的载体是无体的数据,持币人对于数据文件享有所有权。因此,货币规范在适用时,需要考虑其载体的特殊性。"占有即所有"的规则在适用于数字人民币时,

---

① Vgl. Beck/König, Bitcoins als Gegenstand von sekundären Leistungspflichten, AcP 215 (2015), 655, 663f.
② 例如,Spiegel 举的例子是所有的比特币均被挖出,且持币人均不愿出售。Vgl. A. Spiegel, Blockchain-basiertes virtuelles Geld, Mohr Siebeck, 2020, S. 80.
③ Vgl. Looschelders, Schuldrecht Allgemeiner Teil, 16 Aufl., Vahlen, 2018, S. 167f.
④ Vgl. Beck/König, Bitcoins als Gegenstand von sekundären Leistungspflichten, AcP 215 (2015), 655, 673.

需要考虑到数字人民币具备可追踪性,因此,所有权人不会因混合而丧失所有权。在货币之债规则适用时,同样应当考虑到数字化技术的影响,在必要的情况下,通过对当事人合意的解释,排除以数字人民币作为货币之债的客体,并且在履行迟延等方面,考虑到技术迟延的影响。

第二,对于非法定数字货币而言,根据是否采区块链技术的不同,应当区分两类不同的非法定数字货币,非基于区块链技术的非法定数字货币是对发行人的债权,而基于区块链技术的非法定数字货币是持币人享有的受他人认可的绝对性财产权。两种非法定数字货币在交易中均起到货币的部分功能,而且本身也具备货币的部分特征,因此需要考虑货币规范的类推适用。一方面,货币的物权法规则"占有即所有"适用的前提是货币之间混合,这同样可能发生于非法定货币;另一方面,货币之债在类推适用时,非法定货币之债同样具备价值创造之债的特点,例如货币之债无履行不能的规则可以类推适用于给付比特币之债。

(冯洁语/文)*

---

* 冯洁语,南京大学法学院副教授。本文原刊于《政治与法律》2021年第7期。

第四部分 智慧司法

论司法信息化的人文"止境"

发展信息化技术很重要,它在我国司法应用中带来了司法公开、司法便利、司法效率提升等诸多良好效果。本文在梳理和肯定我国司法信息化带来的"好处"的同时,把重点放在谨慎的反思:司法信息化出于"善良"目的,是否就是理性价值观的全部? 司法信息技术如何才能不偏离司法规律和人的目的? 西方发达国家在司法信息化技术上,为什么没有达到与中国"匹敌"的程度呢? 是因为欧美信息科技不发达,还是另有原因? 本文审视我国司法信息技术应用,来反思和探讨司法科技路线下的司法人文问题。

一、我国司法信息化的价值演变

司法信息化最初是为了什么? 通过下列回顾我们可以发现,其最初并不是出于司法的固有价值,而是为了提高办公设备意义上的"效率"。

(一) 信息化建设的初衷是提高办公效率

政府工作信息化在中国的发展始于1986年。[①] 1998年后,随着政府机构改革,信息化工作主管部门有所调整,信息化工作主体部分还是政府行政系统。[②] 2001年

[①] 1986年2月国务院批复成立国家经济信息中心,负责建设国家经济信息系统。
[②] 1998年3月,随着国务院机构的进一步改革,原国务院信息化工作领导小组办公室整体建制并入新组建的信息产业部,成立了信息产业部信息化推进司(国家信息化办公室),负责推进国民经济和社会服务信息化的工作。1999年12月23日,国务院办公厅发出"关于成立国家信息化工作领导小组的通知"(国办发〔1999〕103号),国家信息化工作领导小组成立,由副总理任组长,并将国家信息化办公室改名为国家信息化推进工作办公室。进入新世纪后,信息化受到高度重视。2001年8月23日,中共中央、国务院决定重新组建国家信息化领导小组,由国务院总理朱镕基任组长,胡锦涛、李岚清、丁关根、吴邦国等为成员,同时单设办事机构——国务院信息化工作办公室,由国家发展计划委员会主任兼任国务院信息化工作办公室主任。国家信息化领导小组负责审议国家信息化的发展战略、宏观规划、有关规章、草案和重大的决策,综合协调信息化和信息安全的工作。

中央提出政府先行,因此电子政务得到较快发展。① 总体来看,信息化工作是由中央政府组织领导的,旨在提高行政效率。政府工作的性质和特点,"行政贵在神速",也决定了行政信息化可以没有太多忌讳,可大胆推进。

在政府系统信息化工作持续长达 10 年之后,司法系统也开始有信息化的举措——最高人民法院于 1996 年 6 月印发《全国法院计算机信息网络建设规划》。最初的法院信息化建设和政府信息化一样。2005 年 12 月 8 日最高人民法院发布《国家"十一五"规划期间人民法院物质建设规划》,其中把"审判信息化"仅仅作为办公设备配备,与档案配备、车辆配备、服装配备、警用装备配备等并列在一起,提到"各级人民法院应根据审判工作需要和审判信息化管理发展的需要,逐步配备常用的现代化办公设备,为实现办案办公信息化、无纸化奠定基础"②。这个规划中,要求三级法院分批实现办公信息化:高级人民法院应在 2007 年年底前、中级人民法院应在 2008 年年底前、基层人民法院应在 2010 年年底前,配备满足审判工作需要、与信息化建设相适应的办公设备;人民法庭的办公设备配置应纳入基层人民法院的配置计划,统一规划实施。③

2007 年的"十七大"报告把信息化建设提高到更重要位置,"我们必须……全面认识工业化、信息化、城镇化、市场化、国际化深入发展的新形势新任务……"。信息化在"五化"中排在第二位。2009 年第三个《人民法院五年改革纲要(2009—2013)》中提出"加强人民法院信息化建设"。法院信息化基本没有被当作司法公开的手段,而是被放在第四部分"经费保障"的位置,其第 24 点提出"加强人民法院信息化建设。促进信息化在人民法院行政管理、法官培训、案件信息管理、执行管理、信访管理等方面的应用。尽快完成覆盖全国各级人民法院的审判业务信息网络建设。研究制定关于改革庭审活动记录方式的实施意见。研究开发全国法院统一适用的案件管理流程软件和司法政务管理软件。加快建立信息安全基础设施。推进人民法院与其他国家机关之间电子政务协同办公的应用。构建全国法院案件信息数据库,加快案件信息查询系统建设"。可见,它仍然是被作为衡量工作效率、能力水平和物质保障的指标之一来看待。

2010 年,最高人民法院提出"科技强院"的目标和思路,有法院领导要求各级法院要充分运用信息化系统,"努力在公正、高效、便捷、为民上下工夫"。④ 这是最高人

---

① 2008 年 3 月,随着国家大部制改革启动,相关工作统一纳入新成立的"工业和信息化部",国家信息化领导小组的具体工作由工业和信息化部承担。
② 《国家"十一五"规划期间人民法院物质建设规划》,法发[2005]25 号。
③ 《国家"十一五"规划期间人民法院物质建设规划》,法发[2005]25 号。
④ 2010 年 10 月 14 日至 15 日,最高人民法院副院长苏泽林在四川调研法院信息化建设暨审判管理时讲的话,参见 http://www.court.gov.cn/zixun-xiangqing-1647.html,2017 年 11 月 6 日最后访问。

民法院领导首次把信息化与价值目标联系起来,但是没有正式确定下来,更没有提到司法公开与透明的价值问题。2011年1月1日,最高人民法院与京、津、沪、渝、川等五个高院的一级网案件信息共享与交换系统正式开通,开始通过法院专网传输案件基本信息、诉讼文书和电子卷宗,截至当日已通过该系统传输案件71件。同样是这位分管的最高人民法院领导只是强调:一级网案件信息共享与交换系统的正式开通,"必将提高服务审判执行工作的能力和水平"。① 可见其仍然是从法院工作效率、能力水平和物质保障的角度来认识信息化工程意义的。

2012年的"十八大"报告第三部分,首次明确把信息化纳入全面建成小康社会的目标中。"十八大"报告中有19处表述提及信息、信息化、信息技术、网络、信息安全与信息公开。此后的这轮司法改革,全力加强司法信息化技术的应用,推进司法的信息化和智能化。从2013年开始,最高人民法院加快推动司法信息化和智能化技术的应用。从2013年到2019年,最高人民法院召开了六次全国法院信息化工作会议。2013年10月10日,第一次信息化工作会议强调"加快推进人民法院信息化建设,是新时期人民法院提高履职能力、破解工作难题、服务经济社会发展的必然选择,也是实施国家信息化发展战略的必然要求"②。2013年之后,人民法院系统又举行了五次信息化会议。③

可以说,2012年以前的司法信息技术应用只是办公设备,其主导价值是法院和法官的工具性"效率",连今天所讲的司法为民的"效率"都不包括。然而,2013年是我国法院信息化建设的一个转折点,自此出现了主导价值的变化。

(二)司法信息化主导价值的凸显和放大

2013年制定的第四个《人民法院五年改革纲要(2014—2018)》中,明确提出了"公开"(或"透明")的要求,审判信息化建设包括:1.完善庭审公开制度。……推进庭审全程同步录音录像。规范以图文、视频等方式直播庭审的范围和程序。2.完善审判信息数据库,方便当事人自案件受理之日起,在线获取立案信息和审判流程节点信息。3.继续加强中国裁判文书网网站建设,严格按照"以公开为原则,不公开为例

---

① 《苏泽林在案件信息共享与交换系统演示汇报会上强调,继续完善技术和服务,提高信息化应用水平》,载《人民法院报》2011年1月29日。
② 2013年第一次信息化会议只是一次现场会议,最高人民法院一位分管副院长出席并讲话。参见《人民法院信息化工作会议在北京高院召开现场会》,http://www.court.gov.cn/zixun-xiangqing-5727.html,2020年8月4日最后访问。
③ 即2014年8月兰州会议、2015年11月长春会议、2017年5月济南会议、2018年4月河北会议和2019年9月广州会议。

外"的要求,实现四级人民法院依法应当公开的生效裁判文书统一在中国裁判文书网公布。4.整合各类执行信息,方便当事人在线了解执行工作进展,实现执行信息公开平台与各类征信平台的有效对接。

2015年最高人民法院第三次信息化会议,是提炼和凸显主导价值的一次转折性会议。会议提出了下一步的计划和目标:要实现全国法院信息化3.0版全面覆盖;要积极拓展司法公开和诉讼服务的移动应用,最大限度为法官办公办案提供便利;要探索实现人民法院与外部相关部门之间网络信息的横向联通;倡导"司法数据文化理念",推进"法院工作精细化管理";进一步完善司法公开三大平台,拓展"司法公开"的广度和深度。按照"两步走"分步实现2017年年底总体建成人民法院信息化3.0版,2020年年底人民法院信息化3.0版在全国法院深化完善。围绕一个总体目标,即"建成人民法院信息化3.0版、促进审判体系和审判能力现代化";坚持三个服务,即服务人民群众、服务审判执行、服务司法管理;着力在四个方面上下功夫,即加强顶层设计、加快系统建设、强化保障体系、提升应用成效;突出六项特征,即全面覆盖、移动互联、跨界融合、深度应用、透明便民、安全可控。①

2016年2月22日,最高人民法院召开专题会议(即最高法信息化建设工作领导小组第一次会议)研究通过《人民法院信息化建设五年发展规划(2016—2020)》和《最高人民法院信息化建设五年发展规划(2016—2020)》。十二五期间基本达到"互联互通"的2.0版,在数据集中管理平台上,有了法院专网、涉密网、办公内网、外部专网、互联网。其中互联网以五大网系为纽带的信息基础设施覆盖全国法院,有案例、运维、队伍三个保障体系。最高人民法院院长在会议上指出:最高人民法院要求各级法院要充分发挥信息化建设,定位在"服务人民群众、服务审判执行、服务司法管理"。② 最高人民法院其他领导的讲话也大致如此。比如最高人民法院一位领导在2016年5月4日的"中国—中东欧国家最高法院院长会议"主旨发言中说:中国法院利用信息系统和智能化服务,将法官从大量具体、繁琐的事务中解放出来,提升了法官的司法能力;利用远程视频技术,开展远程接访等工作,减轻了当事人和律师的讼累;利用互联网技术,实现审判流程、裁判文书、执行信息的全过程网上公开;利用互

---

① 最高人民法院贺荣副院长在全国法院第三次信息化工作会议上作专题报告强调"共同规划人民法院信息化建设'十三五'发展蓝图",http://www.court.gov.cn/zixun-xiangqing-15920.html,2017年11月4日最后访问。
② 2016年2月22日,最高人民法院召开专题会议,研究通过《人民法院信息化建设五年发展规划(2016—2020)》和《最高人民法院信息化建设五年发展规划(2016—2020)》,周强院长在讲话中对"十二五"期间法院信息化建设提出要求,http://www.court.gov.cn/zixun-xiangqing-16674.html,2017年11月4日最后访问。

联网技术,实现网上立案、网上质证、网上审理;利用信息系统,实现审判执行全程监督、全程留痕,促进了司法廉洁。① 从中可明显看到,审判信息化的"公开、便利、高效、规范"等"善"的主导价值已经固定下来,而"公开"和"便利"价值被高度重视并无限放大。

回顾至此,归纳一下,司法信息技术工程的主导价值的沿革,从原来办公设备的"效率",发展到"办事能力与水平",再发展到"公开、便利、高效、规范"的价值或"初心"。2016年之后,随着司法信息化基本设施的初步建成和成果应用,"公开"与"便利"价值开始被推到最大化。

(三) 司法信息化的技术成果

出于"公开"和"便利"等善良目的或"初心",我国把信息科技应用于司法,也在技术上取得了很多进展。

目前的司法信息技术进展,可从2017年至2020年的四年情况来看。截至2017年5月11日全国法院第四次信息化工作会议,"全国3 520个法院、9 238个人民法庭和39个海事法院派出法庭已全部接入法院专网,建成覆盖全国四级法院的执行流程信息管理系统、人事信息管理系统、数字图书馆等平台,实现了全国法院'一张网'。一批智能化辅助办案系统成功上线并推广应用,在辅助法官办案、方便当事人诉讼和服务党委政府决策等方面发挥了重要作用。以先后建成的裁判文书、审判流程、执行信息和庭审公开四大司法公开平台为依托,全方位推进司法为民、公正司法,较好地实现了现场、转述、可视正义"②。截至2018年3月,最高人民法院工作报告中提到,司法流程与结果的公开方式,还包括较有挑战性的"网上直播公开庭审"。同年,司法信息化建设被统一涵盖于"智慧司法"或"智慧法院"概念。③ 据2018年3月"两会"上发布的信息,累计直播66万余件案件。2019年,一半以上的民商事案件通过"移动微法院"立案,已在12个省市推广应用。以宁波移动微法院为代表的电子诉讼平台,集在线立案、送达、调解、证据交换、开庭、执行等功能于一体,极大减轻当事人的往返奔波。2020年,最高人民法院院长在工作报告中提到"探索互联网司法新

---

① 参见 http://www.court.gov.cn/zixun-xiangqing-20542.html,2020年8月20日最后访问。
② 《周强在全国法院第四次信息化工作会议上强调 加快智慧法院建设推进审判体系和审判能力现代化》,载《人民法院报》2017年5月12日。
③ 原来产生于某地方法院的"智慧法院"和"智能司法"的提法,于这一年被最高人民法院公开采纳并推广。在2018年5月25日第十三次上海合作组织成员国最高法院院长会议上,最高人民法院院长周强说,中国法院主动拥抱现代科技,推动现代科技与法院工作深度融合,探索信息时代审判运行新模式。如今,初步形成以网络化、阳光化、智能化为特征的智慧法院,有力促进了审判体系和审判能力现代化。

模式":发挥北京、杭州、广州互联网法院"引领"作用,推广"网上案件网上审理",完善在线诉讼规则,"让群众享受在线诉讼便利";全面推广"中国移动微法院",推动电子诉讼服务向移动端发展,引领世界移动电子诉讼发展潮流;中国庭审公开网直播案件 696 万件,观看量 237 亿人次。①

梳理司法信息科技的成绩,大致有三块:第一,司法信息科技提升司法的透明度。司法信息化和智能化的本意或初心,是解决司法的公开化和透明度问题,增强便民、快捷、效率,即司法为民的良好用意。通过程序的信息化建设,正义让民众"看得见"。第二,司法信息科技提高司法管理和办案的效率。诸如智能受理,智能分案,智能档案管理,简易案件类型化处理,辅助性智能化服务,用人工智能来适用法律,等等,带来一定的高效率。第三,司法信息科技一定程度上加强了司法公平。司法信息技术实现着司法更高程度的"标准化"和"形式化",辅助性智能办公系统的应用,类案推送给法官参考,进行同案同判,努力实现办案的公正性。

司法改革最初存在的一些难点或矛盾,也得到一定程度的缓解。尽管我们早就重视司法信息化技术,但许多人没有想到信息技术能针对这些难题起到作用。原先出于提高办公效率的初衷,通过司法信息科技,一定程度上找到解决司法改革难题的技术路径。这种"无心插柳柳成荫"的效果也是令人欣慰的。这主要表现在以下三方面:第一,司法职业性与人民性矛盾。司法程序的暗箱,过去没有技术手段来保障公开透明。现在,运用信息化科技手段,一定程度上增强甚至解决了公开化和透明度问题,也缓解了司法职业性与人民性矛盾。第二,公正与效率的矛盾。效率上,存在司法管理效率和办案效率问题,过去司法机关案件管理落后、内部行政事务繁重,管理效率低,管理工作占据法院半数人力。现在有法官感受到利用信息技术办案,既提高公正度,又提高办案效率,一定程度上体现了矛盾难题解决的技术路线希望。第三,案多人少矛盾。法官职业化的要义在于专业化和精英化。但是中国转型期社会存在的"案多"现象又是个难题,立案登记制又"雪上加霜"。"员额制"改革后,办案人员减少至 33%,立案实行登记制,案件增长 31.9%,形成了矛盾。② 语音自动生成文字、类案推送、自动生成裁判文书等弱人工智能科技,提高了办案效率,为司法管理和办案效率提供了技术支持,一定程度上缓解了案多人少的矛盾。

---

① 参见《最高人民法院工作报告》(2020 年 5 月 25 日),http://www.court.gov.cn/zixun-xiangqing-232991.html,2020 年 8 月 20 日最后访问。
② 司法改革实行员额制,法官、检察官(实际办案人员)减少至 33%,立案实行登记制,全国法院登记初审案件同比增长 31.9%,载人民网 2015 年 11 月 16 日"法治"栏目,http://legal.people.com.cn/n/2015/1117/c188502-27821975.html,2017 年 12 月 11 日最后访问。

二、司法信息技术的隐忧

司法信息技术发展之快出乎我们许多人的预料。技术快速进步的同时,或许令人来不及思考深层次的问题。因此,经过这些年的研发和应用,我们不能无视司法信息技术发展的奇怪模式及其隐忧。司法信息化的善良目的不等于理性的价值观。若应用科技工具的人缺乏专业理性,则科技工具也给人带来危险。

(一) 考察见闻与媒体报道

2013年以来,全国法院出现各省自主研发的态势。这是把"先行先试"的改革经验用到司法信息化建设上的一种表现。2017年6月,笔者受邀参加中央政法委首次组织的司法改革专家考察团,走访"长三角"以及贵州省的司法机关,考察司法改革与信息化建设,了解到一个基本现象:自2013年起,部分高级人民法院甚至基层法院,都在自主开展各自司法信息化工程的研发,项目不同,进展不同,工程名称也不同,比如上海叫"科技强院",江苏省有的法院叫"智慧法院"或"智慧审判建设",等等。目标也不同。上海法院2014年起进行的信息化建设规划,建设"网络法院、移动法院、数据法院",开始研发"同步数据化"转换。2015年起,江苏省高院就将司法信息化建设作为落实司法责任制的抓手,全省法院所有案件的审判流程和监督活动全部在统一的平台上运行,实现电子材料同步导入,"全景语音合议庭系统",纸质材料同步扫描,电子卷宗随案生成,上(抗)诉案件电子卷宗同步移送,做到全程留痕。笔者根据后来对浙江省高级法院的考察,了解到该院2016年3月开始研发"视频+音频+文字"的智能记录体系,8月底在浙江全省法院推广,该系统只需新增一台语音采集设备,便可以与审判信息系统、数字法庭管理系统实行无缝对接,自动导入当事人等信息,提高关键词识别率,自动生成的庭审笔录同步存储到审判系统,方便法官查阅、使用。借助互联网技术资源,以机器学习代替人工训练,可以提前导入案件起诉状等内容,提升当事人姓名、案件特定关键词的识别率,整体识别准确率可以达到95%以上。有的地方还有设计更大胆的司法信息化项目,比如贵州省早在2017年以前就开始自主研发一种统一公检法三家刑事证据标准和检测流程的信息技术。

笔者考察的现场感受是,我国司法信息技术研发和应用迅速,但多样化的信息技术项目在法院系统全面开花而又不保持相对统一。当地的负责同志兴奋地介绍其司法信息技术研发的成果,较少谈及或模糊回答技术应用中不符合既定制度、司法规律和司法效果的副作用问题。他们似乎更迫切期待领导和专家的好评、兄弟省市的效仿或上级的评比活动。总之,各省各地法院在早期是分别进行司法信息化建设的,各省之间呈现"竞赛式"状态,很难说没有过去常见的"攀比式"态势。

各省在自主研发,创新项目在地区之间呈多样化且不统一的态势。从经费来看,如何避免信息化建设成本重复投入?各省高级法院都采用政府采购形式,公布"信息化运维服务项目招标信息公告",每个项目经费动辄数十万、上百万。某西部省的法院系统"加大力度狠抓信息化建设,先后协调财政资金1.64亿元用于信息化建设,全省三级法院信息化建设总投入超过3亿元,确保了硬件建设和软件配套到位"。而且,司法信息化不是一次性建成的,正如该省法院所言,"信息化工作永远在路上,只有进行时没有完成时"①。其基础条件是:利用大数据、云计算、移动互联等信息技术,实现网上办案和卷宗同步数据化。许多信息化建设的基础项目是共同的,如果统一由最高人民法院进行规划,会节约多少成本呢?

再看科技市场,科技企业发觉司法对信息化技术的需求,遂加快司法科技研发,积极活跃地为司法信息化推波助澜。除了其产品被司法机关预订和购买之外,技术市场亦出现了快速的竞争效应。2016年10月,首款智能辅助型法律机器人出现,"无讼网络科技"推出"法小淘"。2017年8月19日,由律品网研发的"全国首个"法律咨询型"机器人"惊艳亮相昆明市公共法律服务智慧网络平台发布会。2017年8月,中国第一个人型智慧法律服务机器人,设计有两大服务系统:法律咨询服务系统、企业专项法律服务系统。它可以接待当事人咨询,用大数据和当事人面对面交流、引导当事人遇到法律问题时的流程处理,帮助当事人检索法律文件或合同模板、比对案情要素、预测案情的结果,融入法律经验与智慧,提供程序性和实质性法律服务。2018年和2019年,法治日报社举办了两届"全国政法智能化建设创新案例征集活动"评审,结果发布在《法治日报》及其官方微信公众号等平台,以便应用方即各地司法机关的关注和采购。2019年的征集活动共征集政法单位创新案例222个,企事业单位解决方案189个,创新产品151个,其中包括雪亮工程、智慧法院、智慧检务、智慧警务、智慧司法十大创新案例、十大解决方案提供商及十大创新产品。②

我们常说,科技本身是中性的工具,其应用效果取决于操纵工具的人。可是,即便这个人是基于善良的初心,如果缺乏理性价值观,科技工具的应用也会出问题。

---

① 《陕西三级法院全面实现网上办公办案》,载中央政法委主办"中国长安网"2014年11月18日,http://www.chinapeace.gov.cn/chinapeace/c28644/2014-11/18/content_11974919.shtml,2020年8月28日最后访问。
② 参见《法治日报》2019年6月12日相关报道。

(二) 两个"推动"和三个"需求"

司法信息化在外部有两个推动力:一是中央政治推动,这是以政治任务的形式出现,长达 10 多年的推进和强化;二是科技市场推动,在科技市场利润推动力作用下,目前以信息化技术为主业的公司和技术供给,均已呈爆炸性增长。司法信息化有三方面的需求:一是民众对司法的要求——公开和便利;二是司法管理者的要求——高效;三是司法"监督者"的要求——规范。因此,可以说公开、便利、高效、规范是司法信息化追求的价值目标,也是主导价值。与前述三个需求相适应,目前法院信息化技术应用的基本内容包括三大板块:一是通过信息技术实现司法流程与结果公开的常态化;二是通过信息技术保障司法管理,司法管理平台可视化;三是通过信息与人工智能技术提供司法辅助系统(如类案推送、审判的智能传译、判决自动生成),即办案辅助性服务的智能化。2017 年法院信息化 3.0 版和智慧法院建设,促进人民法院全业务办理网络化、全流程依法公开阳光化、全方位服务智能化。2017 年,全国法院均实现网上办案,42%的法院实现网上立案,90%的法院开通门户网站,77%的法院建成执行指挥中心。

从以上回顾可大体了解我国司法信息化技术发展的模式,其特点是:中央推动,地方自主,政商合作,市场竞争,全面开发。我们的司法信息技术正是基于前述两个推动和三个需求来开发的。这似乎有一个骄人的优势:不是为了模仿发达国家来发展司法信息化技术。的确,如果我们的法院模仿发达国家,那么我们就不可能有今天的成就,因为发达国家没有这么"发达"的先例。就其他领域而言,这个"不模仿"的经验是完全成立的。我国司法信息技术突飞猛进,我们无须为信息技术工程师的创造能力担忧,也无须担心人工智能发展的速度和程度。但是在司法领域的信息化,它会不会带来司法制度和司法规律的受冲击和被打破呢? 如此大胆地应用"创新",是值得商榷和质疑的。

随着信息技术与司法领域深度融合,司法规律的问题也会被深度触及。现在我们经常强调的"司法规律"实际上与司法权的判断权性质直接有关,也是司法权与行政权的区别所在。司法信息化如果不考虑司法权及其运行的特殊性,不与政府行政工作区别开来,就会陷入盲目境地。各地自主创新,会影响作为"国家事权"的司法权的实效。全国的司法应当遵循统一性规律,这是法制统一原则的要求。信息化技术往往根据司法机制进行创新设计,比如软件设计中的法律解释要统一、证据标准要统一、诉讼程序要统一、司法伦理要统一,等等,它们应当在全国的层面统一,而不应该各地方自行一套。可是我们把软件技术设计交给不同的公司之后,其统一性就会受影响。科技竞争无止境是因为有市场和利润的作用,而司法科技如果没有理性的统一规划,卷入科技竞争市场,就会以技术手段来违背既定制度和司法规律。

(三) 过度"技术化""公开化"和"大众化"的潜在危机

司法技术化本质上是符合当代技术发展趋势的,但是在对司法规律缺乏敬畏、对法官主体性缺乏尊重的技术路线下,司法会变成一百年前就被诟病的"自动售货机"式的司法,甚至会沦为大数据和算法底下的一场机器化的侥幸赌博。诉讼程序的亲历性、直接言词性会不会打折扣?线上法庭质证需要原件的情况怎么处理?传统程序理论所强调的"直观的"、"看得见的"、仪式化的程序正义,几乎是缺失的。从直观上看,有些在线直播的案件,画面上旁听席上空无一人,由于摄像镜头高高在上,视频上只看到法官和书记员各露出半个头,镜头斜角透视还导致法官变成头大身小的孤影,独坐在审判席上,忍受着冰冷镜头后面所有眼睛的"监视",几无法庭神圣感和法官尊严感可言。这样的技术化定然会损害司法的尊严。这是其一。

其二,司法信息科技的应用无限放大了司法公开的尺度,使司法公开有异化的迹象——司法公开可能异化为"过度曝光",司法透明可能变异为"司法裸露"。信息技术带来社交平台的便利,但往往导致人与人之间交往过度频繁和密集而失去必要的空间间隔。当事人可以随时联系主审法官,法官不接受这种便利而高频率的"联系"就可能会被举报,而接受这样的"联系"又有时间成本,还会踏入程序伦理的误区。某中级人民法院报道其视频接访室,当事人程某就自己的一起经济纠纷案成功与省高院主审法官通过网络面对面连线,用程某的话来说,"这样确实省去了我的长途奔波,解答了我心中的疑惑"。这显然不符合法官"不得单方接待当事人"的司法伦理要求。与司法公开化、平民化的主旨相匹配、相勾连的是,司法信息化也加剧了监督的外部化。司法专业性受外部化监督的侵蚀,这又加剧了对员额制改革后的职业化法官队伍的不信任。

其三,司法信息化使司法大众化和便利化,有加剧"滥讼"之嫌。在健全"以人民为中心"的诉讼服务制度体系的指导思想下,我们十分重视司法便民,包括立案登记制、设立诉讼服务中心、便宜的诉讼费以及起诉的便利性。当事人起诉立案只须在手机上操作,像在淘宝买日用品或下馆子点菜一样方便。这对有纠纷的百姓而言固然是非常便利的,但是否有鼓励诉讼之嫌呢?暂且不论中国古代"无讼"和"息讼"的优良传统,诉讼作为纠纷解决机制,其成本无疑是高昂的——包括国家负担的"审理成本"和当事人负担的"诉讼成本",甚至还可能包括当事人的"非法秘密开支"。[①] 把

---

① 方流芳:《民事诉讼收费考》,载《中国社会科学》1999年第3期。

纠纷都吸引到法院来,这不符合司法规律和原理。强化司法服务大众必然鼓励诉讼,它与司法成本或者说成本政策的关系是个"带有很大技术性的复杂体系",①面对这么复杂的问题,在当下的中国,却要求法院不计成本地去促进司法服务,其效果是值得怀疑的。在案多人少的情况下,这就逼得法院内部还搞"多元化"解决机制,法院设立"诉调对接中心",邀请常驻与临时的特邀调解员,设置人民调解室、律师调解室、行业性纠纷调解室等。另外也要提到公民诉讼观念与实践上的演变,从过去不懂诉讼,到今天发展成成本便宜化的滥诉。由此,我们对国民诉讼观念的教育还要从另一个角度来更新——诉讼是高成本的解纷方式,它不是最好的、唯一的纠纷解决途径。所以,需要培养考夫曼所讲的"成熟的国民"②,让国民明白不是所有的事务均可获得确保,不是所有的诉讼都能够令人满意地解决纠纷。国民的"成熟"表现在"依靠自己自我负责地作决定并有所行事"。③ 尤其在风险社会之下,正如"人类必须冒险行事"④一样,对诉讼风险要有所评估,对诉讼要有所节制。

过度技术化容易使责任制下的法官失去其主体性地位;过度公开化容易走向司法监督的外部化,走向司法裸露化;过度大众化则让司法更加便宜可取,容易造成滥诉。科技应用于司法,是出于善良的目的,但仍然会出问题——违背司法的规律性、专业性和人文性,即司法的理性价值观出现了问题。因此,我们不免产生忧虑:信息科技深度融入司法,是否需要有所限制? 司法信息科技的应用是否顾及司法的基本价值?

三、从照相机到信息技术:中外法院信息化的差异

在照相机发明以前的传统时代,司法公开主要是法庭的审判公开。有了照相机,司法公开要面对镜头,也就是媒体和大众。今天,司法公开主要有两条线索:一是法院与媒体的关系,即如何向媒体公开的问题;二是法院与信息化技术的关系。

(一) 司法如何面对媒体镜头?

在司法规律当中有一个非常重要的要求,就是司法要避免"过度曝光"。大家知道在许多欧美的国家法庭是不允许录像的,连照相机都不能带进去。为什么新闻在播报司法的时候,要用手绘的法庭现场呢? 这是因为法律和职业伦理不允许记者带

---

① 〔日〕棚濑孝雄:《纠纷的解决与审判制度》,王亚新译,中国政法大学出版社1994年版,第270页。
② 〔德〕考夫曼:《法律哲学》,刘幸义等译,法律出版社2011年版,第311页。
③ 〔德〕考夫曼:《法律哲学》,刘幸义等译,法律出版社2011年版,第311页。
④ 〔德〕考夫曼:《法律哲学》,刘幸义等译,法律出版社2011年版,第320页。

照相机、律师带手机进入法庭,更不允许现场录像和现场直播。因此在他们的法庭里面,培养了一种画家叫作法庭画师,在法庭上画现场。

照相机什么时候首次出现在美国法庭上,已经无法考证。但有两点是清楚的:20世纪20年代,法庭诉讼的照片出现在美国的一些小报上;从它们最早出现的时候,法庭照相机就引发了争议。据说早在1917年,伊利诺伊州最高法院就建议该州的法院不允许对审判进行静态或新闻摄影。8年后,45名法官听从伊利诺伊州律师协会的建议,投票禁止在法庭及其附近安装摄像头。1927年,巴尔的摩一名记者无视法庭针对拍照的禁令,被法官发了藐视法庭传票。① "如果今天对大型审判的大规模广播报道在任一单个事件有其根源,那就是一个审判可能是一个小城镇为寻求正义的宣传噱头。"②媒体镜头下的审判,在公开与其不利影响之间存在两难困境。

媒体介入法庭审判最直接最极端的形式,是法庭直播,只有极少数国家(比如巴西)在制度上允许法庭直播。法庭直播制度大致有两类:一是禁止直播,其代表是德、法、日等大陆法系国家。二是限制直播,其代表是英、美等国。先看大陆法系的禁止直播,最早有相关规定的国家是法国。自1881年以来,法国全面禁止媒体对法庭进行任何录音录像、保存或传播声音或图像。一百年之后的法国才有所松动,但也只允许对重罪法庭的辩论部分录音。③ 德国原则上禁止庭审直播。2013年的德国《法院组织法》规定:"审判法院应当公开宣布案件的判决或者裁定结果。录音和广播电视录制以及录音和电影录制以公开展示庭审或者公开庭审内容,是不允许的。"德国目前仅允许对宪法法院的案件庭审情况进行转播,而且拍摄范围仅限于"从法庭辩论程序至法院确认当事人到场为止以及公开宣示裁判"部分。德国联邦司法部、律师公会以及广播电信协会等机构,均不同意向社会转播法庭审理案件情况。日本严格到什么程度?1989年之前,对旁听人员做笔记也加以禁止,后来因最高人民法院介入而适度放宽。④ 大陆法系禁止

---

① Marjorie Cohn, David Dow, *Cameras in the Courtroom*, *Television and the Pursuit of Justice*, McFarland & Company, 1998, p.14.
② Marjorie Cohn, David Dow, *Cameras in the Courtroom*, *Television and the Pursuit of Justice*, McFarland & Company, 1998, p.14.
③ 法国全面禁止对庭审采取任何转播的方式,其法律依据是1881年7月29日有关新闻自由的法律第38(3)条规定:"行政法院或司法法院庭审开始后,禁止使用任何可以录音录像、保存或传播声音或图像的设备。"但如在庭审前提出申请,法院院长可以在当事人或他们的代理人和检察官同意的情形下,有权允许对辩论开始前的阶段进行拍摄。从1981年开始,出现了例外情形,规定于该条的第2款和第3款。然而,重罪法庭的庭审辩论,如在重罪上诉阶段,可在审判长的审查下进行录音,除非被告人全部明确表示放弃。参见金飞艳:《庭审直播制度的三种模式》,载《北华大学学报》(社会科学版)2018年第4期。
④ 日本禁止法庭旁听人员作笔记的这一做法,后来受到一名来到日本研究法的美国律师的挑战,才被取消。该美国律师在法庭连续7次向审判长请求作记录被拒绝,遂愤而提起诉讼,得到日本最高法院的支持——1989年3月,日本最高法院作出判决:"按照宪法的精神,作记录的自由应当受到尊敬。"金飞艳:《庭审直播制度的三种模式》,载《北华大学学报》(社会科学版)2018年第4期。

法庭直播，与德、法、日等国对待法律的教条式思维有关，但这种禁止传播的规定背后的理念是什么，值得关注。

英美法系有限直播的传统来自英国。尽管英国是最早发明照相技术的国家（1835年英国人发明第一台试验照相机并拍摄负片），但是在2010年以前，英国禁止任何形式的庭审直播。2010年，面对记者和普通民众要求庭审直播的呼声，英国法院曾短暂允许庭审直播，但很快又走向有限的相对开放。2011年，英国首席大法官签发了新的有关实时文字报道庭审情况的"正式指导意见"，其内容包括：由法官评估风险，确定在个案中是否允许微博庭审直播；限制普通民众的微博庭审直播；禁止法官和律师进行微博庭审直播；要求微博报道中须公正、准确地报道庭审且不得妨碍正常的司法秩序。① 美国对庭审直播的态度有过几次反复，从1946年的禁止，到部分州授权转播、1965年的反对直播、80年代联邦最高法院允许直播、90年代辛普森案的直播受到非议，从中也可以看到美国法院对庭审直播徘徊、纠结的谨慎态度。总的来看，限制直播模式说明英美法系法庭并不向全社会开放，只是到了21世纪以后才有所通融，从禁止走向谨慎放开。

从我国法院与媒体的关系来看，我国曾长期沿用1993年11月26日最高人民法院审判委员会第617次会议通过的《人民法院法庭规则》第9条关于旁听人员"不得录音、录像和摄影"的规定，以及第10条"新闻记者旁听应遵守本规则。未经审判长或者独任审判员许可，不得在庭审过程中录音、录像、摄影"。这个状态一直延续到21世纪初，这是一个谨慎保守的阶段。2009年出现了一个拐点，司法对媒体的开放出现了小小的"激进"倾向。这表现在2009年12月8日最高法院印发实施《关于人民法院接受新闻媒体舆论监督的若干规定》，其中第一段就申明，"为进一步落实公开审判的宪法原则，规范人民法院接受新闻媒体舆论监督工作，妥善处理法院与媒体的关系，保障公众的知情权、参与权、表达权和监督权，提高司法公信，制定本规定"。第1条规定"人民法院应当主动接受新闻媒体的舆论监督。对新闻媒体旁听案件庭审、采访报道法院工作、要求提供相关材料的，人民法院应当根据具体情况提供便利"。但同时第3条又规定"记者旁听庭审应当遵守法庭纪律，未经批准不得录音、录像和摄影"。与此同时，2009年12月出台的《最高人民法院关于司法公开的六项规定》，"六项公开"中的"庭审公开"规定"……因审判场所等客观因素所限，人民法院可以发放旁听证或者通过庭审视频、直播录播等方式满足公众和媒体了解庭审实况的需要"。2015年最高人民法院审判委员会第1673次会议修正《中华人民共和国

---

① 金飞艳：《庭审直播制度的三种模式》，载《北华大学学报》（社会科学版）2018年第4期。

人民法院法庭规则》(以下简称"现行 2016 年《法庭规则》")。现行 2016 年《法庭规则》第 3 条规定"有新闻媒体旁听或报道庭审活动时,旁听区可以设置专门的媒体记者席"。第 11 条规定"依法公开进行的庭审活动,具有下列情形之一的,人民法院可以通过电视、互联网或其他公共媒体进行图文、音频、视频直播或录播",涉及三种案件:(一)公众关注度较高;(二)社会影响较大;(三)法治宣传教育意义较强。当然直播和录播都是由法院主导和组织的。第 17 条规定全体人员在庭审活动中不得"对庭审活动进行录音、录像、拍照或使用移动通信工具等传播庭审活动"。就法庭的媒体镜头而论,中国和各国的相关规定尽管尺度大小不一,但基本上能根据司法规律和特点,总体持谨慎和保守态度。

但也存在问题。前述《法庭规则》第 11 条和第 17 条放在一起,意思是说,法院可以主动这么做,而其他人不可以。需要进一步质疑的是,法院遇到这三种情况真的可以单方面决定这么做吗?要不要从当事人角度来考虑?要不要考虑法官的感受和法庭的尊严和礼仪呢?大陆与英美两个法律传统,禁止直播也好,有限直播也好,这种规定背后的理念究竟是什么?或者说,他们的禁止和限制的理由是什么?司法独立与媒体自由的冲突中,限制媒体权利,是基于什么样的理由?现在有了信息化技术,《法庭规则》规定法院单方面决定公开直播的尺度,这些问题同样存在,并且被放大了。

(二) 美国司法信息技术的规划

人们早在两三年前就已发现,中国在司法信息化技术应用上似乎已经领先于欧美,中国已成为"世界上智慧司法的强国"。[①] 据笔者经比较后判断,这种技术意义上的领先的确是事实。问题在于,为什么西方发达国家并没有达到中国司法信息技术的应用水平。带着这个问题我们来看看美国。美国早在 20 世纪 60 年代就已开始将信息技术应用于诉讼程序。但目前较成熟的技术只局限于法律文档电子化处理、司法案例检索、裁判文书上网等工作。始于 2018 年的美国"联邦司法部门信息技术长期规划"(Long Range Plan for Information Technology in the Federal Judiciary)是一份分阶段的规划,内容涵盖了 2018 财年至 2022 财年。[②]

根据《美国法典》第 28 编第 612 条,美国法院行政办公室主任(AO)负责制定和

---

① 2018 年 3 月 10 日,"两会"上有政协委员非常乐观而自豪地表示,中国成为世界上智慧司法的强国,中国的智慧司法已经超过了美国,将大大确保司法公信力。参见华夏经纬网 2018 年 3 月 11 日,http://www.huaxia.com/xw/dlxw/2018/03/5669595.html。
② 参见和芫、韩静:《美国法院信息化现状和发展——概述近期联邦司法信息技术长期规划》,载《今日科苑》2018 年第 9 期。

每年修订联邦司法部门信息技术的长期规划。美国司法会议信息技术委员会为制定年度最新情况提供指导,并建议由司法会议批准的计划。计划经批准后,主任每年向国会提交该计划的最新情况。该长期规划的最新版本描述了未来三到五年信息技术计划的战略优先事项,并总结了司法部在2020至2024财政年度对IT资源的预期需求。该文件中讨论的战略优先事项整合了联邦司法系统的战略规划(2015年更新),与IT规划和预算编制过程以及司法范围的战略规划工作相结合。他们从AO的咨询过程中的讨论以及巡回司法和IT会议中得到了进一步的信息。该长期规划包括一些举措,这些举措是从2018财政年度开始的司法范围规划工作的一部分。司法机构的一组工作人员负责各法庭及国家的资讯科技工作,他们首先概述对司法机构的使命至关重要的资讯科技主题,然后确定及修订可在未来三年推行的措施,以达致预期的成效。①

该长期规划的主旨在于发掘信息技术在法院工作中的潜力,发现法院和社会对信息的需求并予以满足。在这一主旨之下,该信息技术建设由四个目标要素组成:(1)面向公众的技术,服务于普通公众、诉讼当事人、律师、州和地方法院、行政分支机构和其他利益相关者。(2)法官和分庭、法庭工作人员、缓刑和审前服务官员以及AO人员使用的内部司法系统。(3)技术基础设施,为所有利益相关者(包括内部和外部)提供和处理信息的基础框架。它包括硬件设备、相关政策措施、为保障司法技术信息服务质量和可信度的项目计划。(4)IT安全方法和流程,保护内部和外部司法系统、服务和数据,防止未经授权的使用、披露、修改、损毁、入侵和丢失。②

我们再来看美国2020财年的《联邦司法系统信息技术的长期规划》(以下简称《JITF规划》)。联邦司法系统的战略规划包括"利用技术的潜力来确定和满足法院使用者和公众对信息服务和进入法院的需求"的战略,以及构成战略优先事项的四个相关信息技术目标:

第一,继续建立和维持稳健和灵活的技术系统和应用,以预见和响应司法部门对有效通讯、记录保存、电子立案、案件归档、案件管理和行政支持方面的要求。《JITF规划》特别强调这些系统和应用程序需要持续的维护、改进、升级和更换,以便在不断变化的外部环境中继续运作,并符合司法机构当前的需要。基于生命周期管理流

---

① Fiscal Year 2020 Update, "Long Range Plan for Information Technology in the Federal Judiciary", Approved by the Judicial Conference of the United States, 2019, p.1.
② Fiscal Year 2020 Update, "Long Range Plan for Information Technology in the Federal Judiciary", Approved by the Judicial Conference of the United States, 2019, p.1.

程,司法机构会定期评估业务需要或新技术是否需要进行更广泛的系统升级,甚至更换系统。①

第二,从司法层面协调和整合国家信息技术系统和应用,并更充分地利用地方举措来改善服务。司法部门在其整套国家系统中管理着广泛的信息。与许多组织一样,这些系统是长期独立开发的,以支持各种业务,如案件管理和法院管理、缓刑和审前服务、人力资源和财务管理。虽然系统是单独开发的,但是业务线经常共享相同的信息,并且它们的工作过程是相互连接的。因此,系统套件存储了冗余的数据和文档,并且可能难以跨系统共享信息和协调工作流程。这方面效率低下的问题正在通过强调技术标准得到解决,这将建立一个框架,使投资与业务和技术优先级保持一致,并提供提高相互操作性技术的解决方案。② 其好处在于:消除多个数据库降低了数据输入成本,也使数据更加一致,使信息共享更轻松,跨业务线协调工作流程的能力提高了服务质量并提高了效率。此外,跨业务部门的全面和完整的数据的随时可用性,使得更有效地分析组织模式和趋势成为可能,从而产生更好的规划和决策。③

第三,发展全系统利用技术的方法,以提高性能和节约成本。在司法部已建立一个运营中心(EOC),该中心将提供全年365天、每周7天、每天24小时的全天候的国家基础设施、服务和应用程序的监控。EOC将支持来自一个操作中心的所有国家基础设施和应用,并作为与国家基础设施和应用相关的任何事务的单一服务台和接口。④ 司法部门在法庭技术方面进行了大量投资,以减少审判时间和诉讼费用,并改进事实调查,获得陪审团的理解,以及进入法庭程序。这些技术包括证据陈述、视频会议、辅助听力系统和语言口译系统。法院提供的证据陈述技术有助于法庭上的公平竞争,防止一方当事人有资源进行技术先进陈述而另一方没有资源的错配;这种不匹配可能会不公平地影响陪审员的看法和审判结果。⑤

第四,改进和更新安全措施,以确保与司法相关的记录和信息的机密性、完整性

---

① Fiscal Year 2020 Update, "Long Range Plan for Information Technology in the Federal Judiciary", Approved by the Judicial Conference of the United States, 2019, pp. 2-3.
② Fiscal Year 2020 Update, "Long Range Plan for Information Technology in the Federal Judiciary", Approved by the Judicial Conference of the United States, 2019, p. 5.
③ Fiscal Year 2020 Update, "Long Range Plan for Information Technology in the Federal Judiciary", Approved by the Judicial Conference of the United States, 2019, p. 5.
④ Fiscal Year 2020 Update, "Long Range Plan for Information Technology in the Federal Judiciary", Approved by the Judicial Conference of the United States, 2019, p. 8.
⑤ Fiscal Year 2020 Update, "Long Range Plan for Information Technology in the Federal Judiciary", Approved by the Judicial Conference of the United States, 2019, pp. 8-9.

和可用性。《JITF 规划》还强调了"新的安全工具",不断分析来自司法机构网络安全工作的数据,以评估修改或增加工具以解决漏洞的必要性。作为这项工作的一部分,以下领域的安全解决方案正在进行中:特权帐户管理、端点保护、文件完整性监控和应用程序"白名单"。许可、托管、培训和实现策略正在开发中,以优先考虑采购和有效部署安全工具。①

对应上述各个目标,战略重点部分详细说明了未来几年的发展规划。其关键词是:稳定而灵活、协调与整合、体系与高效、改善和安全。其中鲜见"司法公开""司法透明"或"司法民主"这样的词语。那么中美两国的司法信息化不同之处在哪里呢?

(三) 中美司法信息技术应用比较和反思

第一,价值观不同。我们特别强调司法大众化和平民化,重视司法公开化和透明化,法庭的网络直播成为我国法院智慧司法技术目前的重点和亮点。在美国的规划中没有特别提到这点,相反,2020 财年版的《JITF 规划》重申了《联邦司法战略规划》规定的司法机构的使命与核心价值:"美国法院是独立的国家司法机构,在宪法和国会赋予的管辖权范围内提供公平和公正的司法。作为国家的一个平等分支,联邦司法机构在法院满足不断变化的国家和地方需要的同时,保持和加强其核心价值。"② 这里强调"独立""公平""公正"与"核心价值",一定程度体现两国司法信息化的不同出发点和司法价值观。第二,我国所重视的司法智能化,或称"智慧司法",已在尝试智能化司法辅助系统,甚至尝试办案的机器人。而美国《JITF 规划》并没有如此前沿的发展迹象,但他们非常重视大数据统计的基础设施技术,突出的是建立业务术语表、概念数据模型、数据沿袭模型和数据资产清单。③ 第三,我国由地方法院各自采购和建设,缺乏全国资源的统一协调,而美国在强调"协调和整合"国内的信息技术系统和应用。其战略重点在于两点:一是协调和整合全国的信息技术系统和应用;二是更充分地利用现有的地方系统。④ 第四,美国目前已规划的一项数据策略和治理方案(Data Strategy and Governance Plan)将实施,这一方案具有识别性(识别数据信

---

① Fiscal Year 2020 Update, "Long Range Plan for Information Technology in the Federal Judiciary", Approved by the Judicial Conference of the United States, 2019, p. 12.
② Fiscal Year 2020 Update, "Long Range Plan for Information Technology in the Federal Judiciary", Approved by the Judicial Conference of the United States, 2019, p. 1.
③ Fiscal Year 2020 Update, "Long Range Plan for Information Technology in the Federal Judiciary", Approved by the Judicial Conference of the United States, 2019, p. 6.
④ 参见和芫、韩静:《美国法院信息化现状和发展——概述近期联邦司法信息技术长期规划》,载《今日科苑》2018 年第 9 期。

息共享中的关键活动、角色和责任)和评判性(判断诸如审判数据或资产设备数据这类内容是否达标)。它将帮助联邦司法机构更好地决策,减少数据收集管理的成本,并减轻司法人员的工作负担。① 第五,美国重视信息技术安全,中国目前尚未从制度与技术上强调这方面的措施。以上是目前中美两国在司法信息化上的差异。

我们今天面对司法信息技术,从性质上讲,相当于100多年前的司法遇到照相技术挑战一样,而在尺度或程度上,信息技术的开放性要远远超过摄像镜头。从法院谨慎主导和组织的电视"庭审直播"来看,这种直接把法庭审理全程传输给全社会的做法是否妥当,与我们这里所重点关注的法院信息化技术下的公开问题,实际上是同样性质的法理问题。法院自主下的庭审电视直播也好,法院自主下的信息化庭审网络直播也罢,从形式到实质都是同样的问题——司法公开的尺度问题。公开审判(public trial)不等于裸露审判(bare trial)。司法要避免"过度曝光"(highly publicized),公开审判是有度的。随着司法信息技术呈全面开花态势,人们对司法信息科技存在的疑问和担忧也日益增长。显然,美国在司法公开透明方面的信息公开化(包括人工智能化)是相当保守的,而在另外三个方面,则比我国考虑得更稳健、更周到,因此是值得借鉴的。美国《JITF规划》中提到要保持和加强司法的"核心价值",这不得不引起我们的重视,也不得不引起我们的反思:人类欲望无止境,科技发展无止境,面对这双重的"无止境",司法信息化和智能化有没有止境?值得深思的是,欧美一些科技大国,为什么会在法庭信息公开化和智能化技术上比中国保守?因为它设定了信息化技术的"止境"。

司法科技发达不等于司法文明的发达。作为科技意义上的技术效果,不等于作为司法专业意义上的司法效果。所以人文主义意义上的司法文明、司法文化,或司法人文,更需要从价值层面上进行顶层设计,更需要关注司法信息技术背后的深层价值,这就是一般的信息技术工程师所不了解的"止境"问题。在司法信息化技术应用上,除了公开、透明、效率、规范之外,还要关注哪些基本价值呢?

四、司法科技的"止境"在于司法人文

随着当代科技带给"人类能力增强技术"的无限进步,我们惊异地看到:机器人

---

① 参见和芫、韩静:《美国法院信息化现状和发展——概述近期联邦司法信息技术长期规划》,载《今日科苑》2018年第9期。

的能力在诸多领域已超过人类,①法律机器人正在开始从事法律咨询②或司法辅助性工作……从纯技术趋势上讲,我们有理由畅想,不远的将来,法律机器人能够取代人类法官的大部分工作。但我们不得不承认一个事实,即科技发展和人类欲望一样无止境,因此也避免不了"自作孽"。其实,未来法律机器人比人类更"能干"是一回事,达不达得到人对法律活动的专业要求和人文价值,则是另一回事。

科技所出现的负面效应,不是科技本身的问题,而是对科技人为的误用、滥用甚至恶用的结果。我们需要用人文价值来消解和平衡技术的误用、滥用和恶用。在司法领域也一样。过去法学理论常有"司法文明""司法文化""司法传统"的概念,其实相对于当下迅猛发展的司法科技,更应当提倡"司法人文"。司法人文是一种包括司法的传统、文化、文明内涵的价值观,它同时也是一种司法哲学,它既包括对诉讼当事人的尊重,包括对司法主体和司法活动规律的尊重,也包括对人类尊严和独特价值的尊重。

法庭从独立性的封闭,转向信息化的开放,需要怎样的"度"? 应当从当事人公平受审权、司法尊严、人类复杂命题三个方面来考问:第一,司法信息化与当事人公平受审权之间有什么样的紧张关系,如何协调? 第二,司法信息化技术,会不会对司法官尊严乃至司法权神圣性造成损害? 智慧司法打破了司法的神秘感之后,我们还需要维护司法的神圣感吗? 第三,人工智能是否真的可以取代人的作用? 智慧司法能否处理疑难案件? 或者说在哪些方面人工智能无法取代人力呢? 下文从司法人文的立场,重新强调三个原则。

(一) 从司法人文立场看,要避免对当事人公平受审权的威胁

直播与否,难道只由法院说了算吗? 法院的考量标准难道只有"司法独立"吗? 对于媒体和社会来说,这显然是不具有说服力的。因为媒体可以拿宪法上的新闻自由和监督权来说事。而社会民众,也可以以宪法上的言论权或言论自由为理由来对抗司法独立审判权。媒体的新闻自由权(或言论自由)与司法的独立审判权,都是宪

---

① 比如机器人下棋的能力。2017年10月19日,谷歌下属公司 Deepmind 在《自然》(Nature)刊文报告了新版也是终版围棋程序:AlphaGo Zero,这个程序可以从空白状态学起,在无任何人类输入的条件下,迅速自学围棋,并已经以100∶0的战绩击败老版 AlphaGo。
② 2015年 Next Law Labs 与 IBM 展开深度合作,开发一种基于 IBM Watson 的法律顾问——"Ross"。当律师用自然语言向 Ross 询问他们研究的问题时,Ross 可以在 Watson 的认知计算和自然语言处理能力支持下读取法律,收集支持的证据,在经过推论之后,提供一个以其收集的证据为基础的答案。Berwin Leighton Paisner(BLP),一家总部位于英国的国际律师事务所,2017年上半年已开发出英国首个"合同机器人"。这一机器人是 BLP 与一家叫作 RAVN 的初创科技公司共同开发的,它可以在数秒之内完成原来由专业律师团队几个月才能完成的法律工作。

法规定的,两者之间无解的争论会因此而无休止下去。如果把当事人作为另一种主体立场,情况就明显不同了。

20世纪90年代辛普森案审判期间,当时法庭上出现的摄像机"观察者"(observer)——实际上就是指法庭直播(broadcast of the Courtroom)。这导致了人们对法庭上安装摄像头的看法出现了不可避免的两极分化。记者们强烈认为他们应该能够报道他们认为合适的新闻。然而,许多法律人特别是刑事辩护律师却担心,一旦摄像机被允许进入法庭,他们所描述的行动将在实际上改变,从而损害客户的利益。《法庭上的摄像机》(Cameras in the Courtroom)一书的作者说,"当我们面对公众知情权和被告的公正受审权之间永恒的紧张关系时,我们各自立场上的矛盾似乎无可挽回"。"我们很快认识到,当一个问题像法庭上的摄像机一样复杂时,一个解决方案并不适用于所有问题。"①在笔者看来,禁止或限制直播的最有说服力的理由,不是别的,而是来自另一个方面的主体利益——被告人的公正受审权。受审,应当作为当事人的"权利"而不是作为当事人的"义务"被对待。这项权利尽管没有被各国法律明确地规定,但它是不言自明的应然权利,也是从司法原则中可推定的权利。

德国回答相关的问题时通常认为:一方面,转播庭审可能会侵犯当事人的一般人格权,尤其是隐私权,以及削弱法庭真实,致使被告人、证人和鉴定人遭受不利影响;另一方面,无法事先准确预测电视转播庭审的效果。转播庭审的效果只在播后才能判断,若有不利后果则已难以阻止和弥补。②美国则更明确,美国宪法第六修正案规定了保障刑事被告人有权获得迅速和公正的审判。1965年,最高人民法院法官明确强调了被告人公平受审权。时任州法官的汤姆·克拉克(Tom Clark)认为,庭审直播给审判带来了破坏性影响:一是对陪审团的干扰最为严重,会影响陪审员的判断力;二是庭审直播对公众的影响也会使其形成左右判决的偏见。因此,最高人民法院法官们对当时个案中直播的争议作出最后裁定,摄像机的使用严重违背被告人享有的获得公正审判的宪法权利。③联邦最高法院在1965年以5比4的结果发布了一项决定,冻结法庭上关于摄像机的辩论长达10多年。首席大法官厄尔·沃伦(Earl Warren)、大法官威廉·道格拉斯(William Douglas)和亚瑟·戈德堡(Arthur Goldberg)在他们的赞同意见中洞明了一个道理——人文价值难以证明,但需要呵护。他们写道:"我认为……电视对人的偏见可能是如此微妙,以至于超出了一般的证明方法,但它会逐渐

---

① Marjorie Cohn, David Dow, *Cameras in the Courtroom, Television and the Pursuit of Justice*, McFarland & Company, 1998, p. 1.
② 金飞艳:《庭审直播制度的三种模式》,载《北华大学学报》(社会科学版)2018年第4期。
③ 金飞艳:《庭审直播制度的三种模式》,载《北华大学学报》(社会科学版)2018年第4期。

侵蚀我们对审判的基本观念。被告可能无法证明电视直播的审判确实对他有偏见,就像他可能无法证明他在审判中受胁迫而招供,以致陪审团判定他有罪一样……"①的确,人文价值有时无法实证,但需要内心确信,小心呵护,在司法上也同样。

法院基于当事人权益的立场来限制媒体转播权,也是有国际共识的。比如《欧洲人权公约》第6条规定"在判定一个人的民事权利和义务或刑事犯罪时,每个人都有权在一定时间内、在一个依法建立的独立、公正的法庭受到公正、公开的审判"。世界刑法协会第十五届代表大会《关于刑事诉讼法中的人权问题的决议》第15条规定:"公众传媒对法庭审判的报道,必须避免产生预先定罪或者形成感性审判的效果。如果预期可能产生这种影响,可以限制或者禁止无线电台和电视台播送审判情形。"1994年通过的《媒体与司法独立关系的马德里准则》也规定媒体"在不妨害无罪推定原则的前提下,对审理前、审理中和审理后的案件加以评论"。"秘密保守的目的主要是为了实现对被怀疑和被控告的个人的无罪推定的实现。"另外,被告人或犯罪嫌疑人则可以向媒体披露有关自己受到侦查的情况。总之,要限制媒体,也都是从被告和当事人权益的角度来说理由的。

司法信息化技术远远超过常态下媒体对司法的曝光程度。尽管信息技术不会如媒体那样有人为剪辑和主观加工的因素,但有两点值得慎思:一是被直播的案件往往是社会关注的,而被关注就免不了被"戏剧化"和"娱乐化"。②二是就被告和当事人的权益来看,司法信息化必然把法庭从半封闭转向完全开放,让法庭不得不考虑那些行外人士所强调的法外因素和程序外的因素,这也必然给被告和当事人的公平受审权带来侵蚀或削减。既然媒体对法庭的报道需要限制,那么,举轻以明重,限制司法信息技术下的公开尺度就更有必要。所以,法院在决定必要的在线直播之前,应当以征求当事人意见为前提。这是人权观念,也是司法人文的价值所在。

(二) 从司法人文立场看,要避免信息技术对司法尊严和神圣性的侵蚀

我们擅长于利用科技来管理一切事物,因此信息采集技术广泛应用于社会管理,包括车站码头、街道里弄、课堂会议室等公共空间。这种应用固然具有有利的一面,比如侦查交通事故、偷窃行为等等。但是,监控探头瞄准人的时候,它至少触及(不

---

① Marjorie Cohn, David Dow, *Cameras in the Courtroom, Television and the Pursuit of Justice*, McFarland & Company, 1998, p.19.
② 美国学者在反思辛普森案件直播的时候,就提出"媒体事件有娱乐的作用",演变成"媒体审判"的案件,"拥有了娱乐节目同样的流行因素"。参见 Diane Furno-Lamude:《媒体奇观和O.J. Simpson案件》,载怀效锋主编《法院与媒体》,法律出版社2006年版,第437页。

一定都是侵犯)人的权益,肖像权、个人信息权以及人的尊严。这种监视设施在公共场所对于普通人,都具有正当性吗?也不见得。比如当会议室处在监视镜头下,在其中作报告的专家的言论是受到监督的。这还不包括监视数据的使用权问题——滥用监视得到的数据,应当同步得到规范。这就是所谓"科技肆意"现象,总之,对人进行监控,至少是触及和影响他人权益的,尤其是人的尊严。

2017年的那次考察中,有法院领导介绍说,法庭的摄像镜头直接通到互联网和院长办公室,让庭审法官的一举一动都在监督下一览无余。在司法信息化过程中,我们似乎嗅到了一股奇怪的气息——对法官的不信任。这些不信任包括了对司法能力的不信任,对"服务"态度的不信任,对廉洁品质的不信任。我们承认,目前法官素质的确参差不齐,但关键的问题在于,用技术手段监督法官在多大程度上能克服少数法官在能力、态度和品质上的不足呢?难以区别法官素质优劣的情况下,不加区分地以科技手段来公开,需不需要一个节制的尺度呢?机器和技术的监督虽然不像人监督人,但是,采用技术手段监督法官,这涉及法官的职业尊严,也涉及法庭的尊严。

在司法场域中,对法官和法庭进行监控,会有一种什么效果呢?比如法庭上,有人拿着摄像机、手机,把庭审现场直播出去,然后引起"媒体审判"和"舆论审判",这对法官来说无疑是一种干扰,也就是常说的"司法过度曝光"。同样,在法庭上用监控探头来监督法庭以及法官的言行,也会对法官的心理产生干扰。法官在法庭上面对双方当事人的同时,他自己却是被监督的对象,他会有独立感和尊严感吗?摄像探头下的法官和摄像探头下的工厂民工,他们的心理感受应是一样的。所以我们提出疑问:一方面,全面铺开的司法信息化会不会对法官尊严、法庭神圣性产生干扰和削减?是否会损害司法的神圣性?法官职业特性和司法伦理要求所有的社会主体维护法官职业尊严和法庭尊严,法院自身更要维护这两种尊严。另一方面,关于收集的主体、目的、用途、方法、范围、程序、使用等问题,法律法规没有做限定,也没有对违规收集或使用的行为规定相应的法律责任。

1937年9月27日美国律师协会毫无争议地通过了"职业伦理与申诉委员会"的第35条修正案。它呼吁全面禁止在法庭上拍照和广播。美国律师协会及其创立第35条准则的行动虽然缺乏法律效力,但在很大程度上阻碍了摄像头的进入。[①] 第35条准则的"不当公布法庭程序"内容被解读为:"法庭诉讼应以适当的尊严和礼仪进

---

① 1952年,"第35准则"被修订,禁止电视摄像。九年后,美国律师协会更进一步,将不允许在法庭上使用摄像机的做法扩大到法官在模拟庭审等法庭节目中露面的场合。1946年,美国国会介入其中,禁止在联邦法院用无线电和照片报道刑事案件。美国司法当局后来通过了一项决议,将电视列入被禁媒体名单。Marjorie Cohn, David Dow, *Cameras in the Courtroom, Television and the Pursuit of Justice*, McFarland & Company, 1998, p.17.

行。在法庭开庭期间或开庭间隙在法庭上拍照以及播放法庭程序,都是蓄意损害诉讼程序的基本尊严,贬低法庭,并在公众心目中造成对法庭的误解,是不允许的。"① 在这里,就特别突出法庭的尊严和礼仪。

目前,信息化技术的应用总体上方向是对的,效果是好的。比如南京中院研发并运用了信息技术应用,限于以下范围是合理的:督查督办、涉诉信访管理系统,规范案件督办,信访投诉办理及结论等,也归入法官档案并定期通报,完善事前事中事后监督。② 把信息技术的监督限定在这些司法执行领域,有其必要性。但也要注意到存在的问题,特别是技术力量运用要避免对人的不尊重,对法官职业规律的不尊重。比如数字法庭庭审核查系统,开庭是否迟到、早退、非正常离席、人数不正常、着装不规范、接打电话、不文明用语等行为,系统将能够自动识别,并通过短信发送给法官及纪律检查人员,规范法官庭审行为。这是针对法官职业纪律和伦理的监督,此设置有无必要,值得进一步研究。③ 本来我们的诉讼法和司法制度就是为了避免法官受外在压力的影响,可是技术手段却又把它引进回来了,这是要警惕的。法官是人,人在机器的压力之下,能有多大的承受力极限? 这是我们不得不认真思考的问题。

现在,要防止智慧司法"造神"的倾向。在有些人心目中,司法信息技术的目的已变异成这样:既然法官不完全被信任,那就换信息化机器和机器人来代替。就像今天从重复叠加的制度上加强对法官的各种监督一样,潜台词和出发点都是对法官的不信任。既然法官独立行使审判权有腐败风险,那就采取各种监督方式——包括科技手段来监督法官。从而让当事人和社会民众来相信司法是公平公正的。殊不知,通过"数据无法篡改"的区块链原理,便可达到人工智能司法的绝对中立吗? 难道可以把司法信息化技术当作一种自我安慰的心理暗示? 用大数据记录和储存法官的所有行为,可以监管法官的法庭言行,但它能取代复杂的审判推理和裁判心绪吗?

的确,我们发生过那么多法官枉法裁判的腐败司法案例,但是,要看到:对中国少数法官的不信任不应该转嫁到对这个职业整体的不信任;法官是否需要监督与如何监督,这是两个不同的问题。无论发生什么严重的情况,监督司法和法官都应当符合司法规律及其职业特点。不能因为有个别法官需要监督,而不拘一切方式和手段,以监督行政官的方式来监督司法官,从而损害整个司法的尊严和神圣性。

---

① Marjorie Cohn, David Dow, *Cameras in the Courtroom, Television and the Pursuit of Justice*, McFarland & Company, 1998, p.17.
② 南京市中级人民法院:《有序放权、有效监督、科学奖惩——以务实举措推动司法责任制改革落地生根》(2017年6月1日中央政法委司法改革一线专家考察小组会议的报告)。
③ 南京市中级人民法院:《有序放权、有效监督、科学奖惩——以务实举措推动司法责任制改革落地生根》(2017年6月1日中央政法委司法改革一线专家考察小组会议的报告)。

司法大众化和广场化的今天,司法的神圣性还有必要吗?如果换成国旗和国徽,大家一定会认同国旗和国徽的神圣性。通常是不该受侵害而又容易受侵害的事物,才会强调其神圣性。比如宗教生活中神的象征、神坛与器物,比如世俗生活中国家象征物和婚礼仪式等等。法庭和法官所代表的是司法尊严和国家尊严。如果在法庭上有轻蔑法庭和法官的言行,就是藐视法庭,在有些国家可能构成藐视法庭罪,其侵害的客体就是具有神圣性的法庭。所以笔者坚持认为应当设立此罪。我国目前没有此罪名,但不等于法庭没有神圣性。而且这种尊严直接关系到神圣性。强调神圣性不等于强调神秘性。一个人可以不信神,但不可以不相信神圣。司法的"公信力"是否包含"神圣感"?对于司法来讲,我们通常都重视司法的公正价值,而总是忽视司法的神圣价值,一般都不把神圣感作为公信力的要素。这是需要纠正的。

作为审判机关的法院与政府不同,法庭与政府办公场所也有区别。像要求政府的大众化、透明度一样来要求司法的大众化和透明度,是不合适的。最终会在本质上把法院当作政府对待,把司法活动当作行政活动对待。未来司法信息化和人工智能化(机器人),司法靠什么维持其神圣性呢?我们的法院近年来推进信息化过程中,是否已经意识到自己与政府的区别,以及两者在信息化上的区别?虽然神圣并不必然导致公正的结果,但是无神圣性的司法会动摇司法的根基,进而损害司法的权威和尊严。各国都把法庭直播与否的决定权给予各个案的审理法院,甚至使其掌握在法官手里。这是司法权独立行使原则下的当然解释。但这也可以理解为是司法尊严和神圣性的要求。

(三)从司法人文立场看,避免过度迷信和依赖信息技术和智慧司法而忽视人类的复杂命题

再来讨论一下人与机器的关系问题,做一个非事实的分析和判断。如果说人工智能可分为弱人工智能、强人工智能、超人工智能三个阶段,目前司法应用还处在"弱人工智能"运用阶段,比如语音转换为文字,类案智能推送,简单案件的同案同判,甚至简单案件的判决书自动生成。有人说英美法官的这套判例技术类推方法,通过互联网、大数据及人工智能,已进入中国审判的"同案同判"活动。看起来与判例法系的类推相似,但其法律推理(legal reasoning)的人工智能化只能限于高度类似的简单案件。事实上,从事实到规则的涵摄过程,差异性存在于绝大多数案件。从"司法信息化"到"智慧司法",我国法院十分期待人工智能深度参与司法。其潜在险境在于:其一,算法本身不透明就是一个违反司法公开原则的大问题。其二,算法歧视带来侵权。其三,以单纯的人工算法推理代替法律推理,可能违背司法公正的制度设

计目的。其四,对于疑难案件,机器不能胜任,会导致个案的实质不正义。如果我们不尊重这样一种司法规律的话,很容易让技术统治整个司法。

机器能替代法官做事,大致包括五类:法律文献检索、法务文书代拟系统、法律咨询与预判、类案推送与咨询、大小前提相对固定的自动判决。前四项是显而易见的,而第五项需要谨慎对待。大小前提相对固定的自动判决,是指人工智能取代法官的简单类比推理。但是仍然需要"自然人"法官对它做最终审查,以防机器出错。尤其是涉及道德判断的案件。还要提到,信息技术所谓的"算法"强调科学合理,到司法领域,算法就是"技术正义"(technical justice)问题,技术正义将来会与实体正义、程序正义并列为三种正义。

在未来是否可能由机器人法官来判断具有道德应然因素的"特例"的法律适用?今天人们给予信息化、人工智能和大数据以膜拜,希望能够创造一种代替人类法官的机器人法官。我们的技术设计不会有问题,但技术应用的决定者,像塑造泥菩萨用来膜拜的迷信者一样,可能是自欺欺人的。首先,法律"不存在这样的精确的语义学"。正如德国法学家齐佩利乌斯针对"演算体系化"的法律问题认为,"法律规范在很大程度上都是对经验内容的指称。然而,那些一般性地指称经验事实的语词都是以例示的方式被引入和使用的,因此其含义范围是不精确的,也就是说,这些语词存在一个'意义空间'。此外,即便有可能创造一种完全精确的法语言,这种语言是否值得追求也很有疑问"。① 其次,法律的命题很复杂,"法的命题是否可能被纳入一种演算体系?"方法论思考的形式不仅仅是描述性命题,比如连接描述事实的命题,"如p,则q"为真,则当p为真时,q亦为真。然而法律规范的通常形式是:如p已经实现,且q也已经实现,则应有r。法律命题的内容是"某一特定状态是应然的",而不是说它是真的。② 再次,遵循逻辑规则无疑是正确法律思维的要件,但是"法律方法的思考定然是要不断超越纯粹的逻辑结构,进入一个不确定的领域。只有在那里才有真正困难的问题。……对于漏洞问题的解决则更是如此。总而言之,整个法秩序,就其丰富的内容及其所面对的问题而言,并不仅仅是一个单纯借助公式化的推导即可解决具体法律问题的公理体系(Axiomensystem)","法律上的评价缺位的发现及其补正并非是单纯形式逻辑上的问题"。③ 所以,针对法律不确定和有漏洞的"特例"难题,由人类担任决定者比机器人担任决定者更合理。

复杂命题中的价值判断是人类特有的。机器解决得了所有案件中的复杂价值判

---

① 〔德〕齐佩利乌斯:《法学方法论》,法律出版社2009年版,第157页。
② 〔德〕齐佩利乌斯:《法学方法论》,法律出版社2009年版,第158页。
③ 〔德〕齐佩利乌斯:《法学方法论》,法律出版社2009年版,第160页。

断吗？智慧司法能否处理疑难案件？在个案正义的实现上，人工智能仍然无从着手，人类面对机器无法实现自己想要实现的目标和价值。复杂的案件是人工智能无法胜任的。"复杂案件"指什么？涉及价值冲突的判断、创造性思维、创立概念及下定义、需要人文关怀……律师和法官应该做这些更有价值的事，而不是重复"驴都能干的活"。所以有人说，新技术不是让人失业，而是让人做更有价值的事情。让人不去重复自己，而是去做更复杂更有意义的事，也保存人类容易失去的珍贵美好的一面，让社会往更好的方向进化。

中国历史文化优良传统，也导致了"有技术而无科学"的积弊。中国人在技术应用上具有超强模仿和应用的智慧，但是，科学理性、人文关怀和法治经验的缺失，往往会让技术膨胀失控，变异我们善良的初心，侵蚀我们的生活，危害人类的既有秩序和尊严。总之，本文的研究结论是：司法信息化和智能化是必要的，但不能无止境地走技术路线，还要考虑技术以外的司法人文价值的权衡。司法人文应当成为智慧司法的止境和标杆。

（孙笑侠/文）[*]

---

[*] 孙笑侠，复旦大学法学院教授。本文原刊于《法学评论》2021 年第 1 期。

"人工+智能":司法智能化改革的基本逻辑

一、导言

域外对人工智能的探讨已持续半个多世纪,1956 年一群年轻的科学家在达特茅斯学院(Dartmouth College)举办的会议上首次提出"人工智能(Artificial Intelligence,简称"AI")"这一术语。[①] 人工智能与法律结合的研究亦有数十年的历史,1970 年布坎南(Bruce G. Buchanan)等发表的《关于人工智能和法律推理若干问题的考察》一文[②]代表人工智能与法律结合的研究正式诞生,而真正进入我国热点话题讨论则是由于近年来的大力推广。[③] 在顶层设计的全面规划下,我国人工智能与法律结合的探索如火如荼地展开,当前人工智能在司法领域的运用主要还是工具化作用,通过对信息进行电子化处理实现对审判阶段事务性工作的简化,以提高司法效率。然而法院进行的智能化改革不仅是要实现传统司法的线上打造,更是在尝试智能化裁判之可能。传统信息的电子化改革无疑是为了减轻人工作业的负担,不会招致太多争议,但人工智能对司法裁判的介入在理论界引发了持续不断的争议和讨论,其可能取代人作为司法决策者的主体地位之风险是目前学界较为担忧的。在任何领域引入一项新的技术,无疑应是问题导向的,人工智能被引入司法领域也不例外。在推进以审判为中心的诉讼制度改革的主旋律下,司法的智能化改革旨在进一步促进司法效率的提高,实现司法资源的合理配置,继而将更多资源投入到审判阶段以达至庭审实质化

[①] Edwina L. Rissland, "Artificial Intelligence and Law: Stepping Stones to a Model of Legal Reasoning", *The Yale Law Journal*, Vol. 99, No. 8, 1990, pp. 1957-1981.

[②] Bruce G. Buchanan, Thomas E. Headrick, "Some Speculation about Artificial Intelligence and Legal Reasoning", *Stanford Law Review*, Vol. 23, No. 1, 1970, pp. 40-62.

[③] 详见 2016 年 7 月发布的《国家信息化发展战略纲要》和 12 月发布的《"十三五"国家信息化规划》,2017 年 4 月最高人民法院印发的《关于加快建设智慧法院的意见》,2017 年 7 月国务院出台的《新一代人工智能发展规划》以及 2020 年 7 月 31 日最高人民法院印发的《关于实施深化司法责任制综合配套改革实施意见》等。

要求。正因此,探讨人工智能司法运用的基本逻辑,充分发挥智能化高效对人性化公正的辅助作用是当下司法智能化改革的关键。

现有关于人工智能司法运用的研究更多集中于法院的审判阶段,鉴于当前司法改革的基本脉络是"推进以审判为中心的诉讼制度改革",①本文亦将论域集中于司法过程的审判阶段,基于人工智能介入司法的三种典型实践样态,分析人工智能与司法结合的局限性,进而在确保法官审判主体地位的前提下,针对裁判的不同阶段、不同要素以及不同类型案件划分人工与智能裁判的界限,构建人工与智能协同合作的裁判模式。

二、司法过程智能化发展的实践样态

人工智能研究的创始人之一明斯基(Marvin Minsky)在1968年用一句话集中概括了人工智能研究的实质:"让机器从事需要人的智能的工作的科学。"因此,所有需要人的智能行为都属于人工智能研究的范围,包括下棋、解题、进行数学发现、理解短篇小说、学习新的概念、解释视觉场景、诊断疾病等。② 虽然域外在人工智能的司法运用上先行一步,③但近年来在顶层设计的大力推广和地方积极响应下,国内人工智能与法律结合的发展已呈现超越域外之趋势。当前人工智能与法律结合的探索主要聚焦在法院的智能化建设,北京、上海、浙江、江苏、广东、贵州等地都推出了不同名称的人工智能法律系统。这些人工智能法律系统一方面旨在让法官从事务性工作中抽离出来,另一方面也尝试在类案推荐、裁判预测、风险预警等方面为法官提供审判辅助。上海和贵州在法院的智能化建设之外还尝试通过人工智能技术实现对公检法三家证据标准的统一规范。下文以浙江法院的"凤凰智审"系统、上海法院的"206系统"以及"同案不同判预警"系统三个"人工+智能"不同方向的实践样本,呈现当前

---

① 时任中央政法委书记孟建柱在上海调研时指出,要研发"推进以审判为中心的诉讼制度改革的软件",这一软件即为后来的上海刑事案件智能辅助办案系统("206系统")。可见人工智能介入刑事司法的初衷仍是"推进以审判为中心的诉讼制度改革",这也是十八届四中全会以来我国刑事司法改革所遵循的基本脉络。详见法制网:http://www.legaldaily.com.cn/zt/content/2018-01/25/content_7458140.htm? node=90866,2020年11月11日最后访问。
② 於兴中:《法理学前沿》,中国民主法制出版社2015年版,第102页。
③ 从域外的发展轨迹来看,人工智能与法律的结合已有数十年历史,其中如何运用人工智能的方法构建基于规则和案例的法律推理模型或专家系统是过去研究的重点。近年来研究的视角更加细微,亦有探索人工智能在法学知识之外对审判工作的可能帮助,例如专家机器人辅助法官采纳科学性专业证言以及人工智能产品的研发主体问题,例如司法过程中运用私人开发的人工智能产品可能存在的问题等。详见Pamela S. Katz, "Expert Robot: Using Artificial Intelligence to Assist Judges in Admitting Scientific Expert Testimony", *Albany Law Journal of Science and Technology*, Vol. 24, No. 1, 2014, pp. 1-45; Natalie Ram, "Innovating Criminal Justice", *Northwestern University Law Review*, Vol. 112, No. 4, 2018, pp. 659-724.

智能司法时代现代科技对异空审判模式的探索、对刑事证据标准的智能化规范以及对"类案类判"的审判辅助。

（一）"凤凰智审"：智能时代的异空审判

以"世界眼光"的站位和"整体智治"的理念，持续推进司法与科技深度融合，是浙江司法智能化改革的指导方针。① 在打造"智慧法院"的顶层设计下，浙江省各地法院积极推进试点工作，作为第二批"凤凰智审"试点法院，宁波镇海法院已实现金融纠纷案件的异空审判模式。② 异空审判模式借助人工智能技术，使诉讼当事人可以随时随地在不同空间内完成整个诉讼程序，包括运用人工智能技术实现远程立案、诉讼流程咨询和指引、异空庭审、当庭裁判生成等诉讼环节的全流程智能化。③ 而在其中发挥重要作用的是机器人"小智"。"小智"是以知识图谱和算法模型构建的机器人法官助理，通过模拟法官办案的思维路径，"小智"可完成立案审查、排期送达、证据分析、主持庭审、归纳争点、辅助裁判等工作。概言之，在机器深度学习下，"小智"不仅实现了诉讼全流程的人工作业替代，打破了传统诉讼在时间和空间上的限制，更在异空庭审上高效协助法官完成庭审工作，实现了人工智能时代的异空审判模式。

诚然，异空审判模式是以牺牲法庭仪式感来节约诉讼成本。法袍、法槌、天平等作为司法过程的形式化符号，是司法权威、司法独立的象征，司法人员和当事人共同置身于庄严肃穆的法庭上时，司法仪式感的打造不仅给人以威慑感，更是令人信任的一种司法公正的符号。④ 但在案多人少矛盾不断加剧的情况下，关于诉讼成本的考量也是必要的。浙江作为民间经济活动频繁、金融案件高发的省份，对于案件事实清楚、情节简单的金融借贷纠纷案件，效率是实现公正的重要保障。"凤凰智审"打造的智能化金融纠纷审判模式，不仅实现了金融类型案件的高效审理，发挥了金融审判职能作用，还及时为金融行业行为规范做出了指引。当然，在现代科技不断为司法机

---

① 李占国：《为建设"重要窗口"贡献法院力量》，载《法制日报》2020年7月23日。
② 2020年9月16日下午，宁波镇海法院谢法官运用"凤凰智审"高效审结了两起金融借款案件，当天除了法官，法庭内空无一人，短短半个小时里，实现了案件当庭智能生成判决、当庭宣判、当庭送达、当天一键归档。参见《宁波首例！镇海法院敲响人工智能辅助审判第一槌》，微信公众号"宁波镇海法院"，2020年9月17日。
③ 需要说明的是，异空审判模式有别于在线审判模式，异空审判对人工智能技术的运用要求更高，不仅是庭审的在线化，更包括了庭前诉讼环节和庭后生成裁判的全流程智能化。我国相继在杭州、北京、广州等地设立的互联网法院，在个别案件上所适用的在线审判模式可以理解为对异空审判模式的初步探索。参见杨延超：《人工智能应用于司法裁判的法理分析：价值、困惑及路径选择》，http://iolaw.cssn.cn/bwsf/202008/t20200805_5166326.shtml，2020年11月11日最后访问。
④ 张薇薇：《法袍与法文化》，载《法律科学》（西北政法大学学报）2000年第5期。

关和诉讼参与人提供便捷的诉讼环境时,我们也要警惕未来愈加完善的便捷化司法被机器所统治。

(二)"206系统":刑事证据标准的智能指引

2017年2月6日,上海高院开始研发"推进以审判为中心的诉讼制度改革的软件",这一软件即为后来的上海刑事案件智能辅助办案系统("206系统")。与主要适用于金融借款纠纷案件的浙江"凤凰智审"不同,"206系统"主要解决刑事案件办案中存在的证据标准适用不统一、办案程序不规范等问题。[①] "206系统"将统一适用的证据标准嵌入数据化的办案程序中,通过刑事诉讼各个环节的智能改革,更好地实现"分工负责、互相配合、互相制约"的刑事诉讼原则,它的问世不仅是人工智能在刑事诉讼领域的首次深度运用,更是推进以审判为中心的诉讼制度改革的重要落地举措。[②] 当前,人工智能对刑事证据的辅助审查主要是将结构化的证据标准嵌入办案系统,更多是通过形式上的指引对刑事诉讼全流程的证据规格[③]进行审查。但从"206系统"的研发初衷——设计推进以审判为中心的诉讼制度改革软件——来看,人工智能对刑事证据的审查辅助不仅要完善形式上的标准,更要在实质上起到证明辅助作用。[④]

诚然,我国刑事诉讼采一元化证明标准——"证据确实、充分",但不同诉讼阶段对"确实、充分"的具体要求不尽相同,人工智能对证据标准的办案指引不能僵化地理解为无差别的统一化。具体而言:在侦查阶段,证据收集的及时性和全面性应是主要要求,人工智能在侦查阶段对证据判断的辅助应侧重对形式的合法性和操作程序的规范化之审查;在逮捕和起诉阶段,检察机关不仅要再次审核取证的法定程序和操作规范,更要逐一对证据的证据能力和证明力展开核查,人工智能在此阶段应侧重协助检察人员发现证据是否存在瑕疵以及证据之间是否存在矛盾;最后的审判阶段对证据判断起到决定性作用,因此该阶段不仅要审查单一证据的证据规格问题,更要综合全案进行证据的对比分析,人工智能在审判阶段对证据的审查要侧重对全案证据

[①] 余东明:《研发"刑事案件智能辅助办案系统"避免冤错案》,载《法制日报》2017年10月13日。
[②] 关于"206系统"研发的相关资料参见《解读上海刑事案件智能辅助办案系统系列栏目》,https://www.sohu.com/a/243837949_100017141,2020年11月11日最后访问。
[③] 证据规格主要是指刑事诉讼中进行定罪量刑所需要的基本证据及各类证据的基本形式和取证要求。证据规格不同于证明标准:前者侧重说明应该收集哪些证据,是一种数量和形式的要求;后者侧重表述所收集证据的证明程度问题,是在前者的基础上人为判断是否达到法定的证据确实充分、排除合理怀疑的主客观统一的标准。参见纵博:《人工智能在刑事证据判断中的运用问题探析》,载《法律科学》(西北政法大学学报)2019年第1期。
[④] 谢澍:《人工智能如何"无偏见"地助力刑事司法——由"证据指引"转向"证明辅助"》,载《法律科学》(西北政法大学学报)2020年第5期。

是否形成完整证据链的综合性判断,辅助法官审查全案证据是否达到法定的证据确实充分、排除合理怀疑的主客观统一标准。显然,不同阶段的不同证据标准要求导致人工智能在其间的作用不尽相同,人工智能所能参与的程度也有所区别。刑事证明的过程不仅涉及证据规格的审查,更包括单个证据的证明力、证据能力以及全案证明标准、证明责任分配的问题,需要运用法律规则、证明逻辑、价值判断、经验法则等知识体系来完成。是故,人工智能在刑事案件审判中更多是一种辅助的角色。

(三) 人工智能对"类案类判"的促进作用

综合前述浙江"凤凰智审"和上海"206系统"的智能化功能,可以看到,当前智能审判系统在整体上都是朝着实现司法效率和司法公正的双重保障之目标努力,特别是庭前和庭审环节的智能化改革,有效减轻了重复性人工作业的压力。在具体的裁判阶段,智审系统主要在类案推荐、裁判预测、风险预警等方面辅助"类案类判"的审判工作。具体而言,浙江法院的"相似案例对比服务"系统和江苏法院的"同案不同判预警"系统,都着眼于实现同案同判的司法目标。首先,系统尽可能挖掘相似的案例推送给法官,供法官参照,协助法官判案。其次,系统根据海量裁判大数据的自动提取和智能学习,建立起具体的案件裁判模型,根据案件情节的相似匹配,预测类案判决结果,供法官参考。最后,系统还携带审判偏离度预警机制,在法官给出判决之前,系统会自动与历史案例的裁判尺度进行比对,减少主观因素,约束法官自由裁量权,方便院长、庭长行使审判监督管理职权。[①] 人工智能运用强大的检索和记忆能力为法官提供海量司法数据(法律、法规、历史判例),解放法官在检索上的脑力劳动,同时用人工智能的客观中立性在法律论证、推理、判断上提供技术性辅助。[②]

"同案不同判"始终是我国司法的历史遗留问题,[③]很多时候不同层级、不同区域甚至同一法院的不同法官在面对同一法律问题时亦有不同的见解,裁判的作出不仅是法律解释与法律推理的结果,更是法官主观意识与价值判断的呈现。诚然,在人工智能的协助下,要实现"类案裁判标准统一,法律适用统一"并不难,大数据可以为法

[①] 相关报道详见王涵:《"智慧法院"改革的浙江经验》,载《民主与法制时报》2019年12月1日。丁国锋:《苏州法官判案,8种"机器人"智慧平台当高参》,http://www.legaldaily.com.cn/zfzz/content/2017-04/17/content_7108999.htm,2020年9月16日最后访问。
[②] 季卫东:《人工智能时代的法律议论》,载《法学研究》2019年第6期。
[③] 最高人民法院《关于进一步落实司法责任制的实施意见》中提到,要在完善类案参考、裁判指引等工作机制的基础上,建立类案及关联案件强制检索机制,确保类案裁判标准统一,法律适用统一。存在法律适用争议或者"类案不同判"可能的案件,承办法官应当制作关联案件和类案检索报告,并在合议庭评议或者专业法官会议讨论时说明。参见中国法院网:https://www.chinacourt.org/article/detail/2018/12/id/3602449.shtml,2020年10月14日最后访问。

官提供一定量的类案和关联案件的判决参照,消减法官审判过程中主观意识与价值判断的影响。但倘若将这种判决参照作为一种强制性义务,非但无法提高司法裁判的效率,反而无形中增加了法官的压力和负担,与改革初衷相悖。① 无论是类案参照、裁判预测还是风险预警,都应该定位于裁判的辅助者。试图用智能审判系统替代法官的裁判,看似避免了人的主观行为臆断,确保了"类案类判"的司法规范性和形式上的公正,但是否符合司法公正的内涵有待商榷。

事实上,无论是类案推荐、裁判预测还是风险预警,均是系统将拥有的法律知识依据需求进行输出的过程。而人工智能在法律的学习上主要是采取知识图谱的半监督模式,这种模式的显著特征就是"有多少人工,方有多少智能"。② 因此,当前各地司法实践中对智能审判系统的探索也是定位在法官的辅助者,这不仅仅是因为司法的特殊属性限制了机器对人工的取代,更是因为在技术层面上,人工智能的司法运用也存在实践的技术困境和算法的局限性。

三、司法的复杂性与算法的局限性

(一) 人工智能与法律结合的技术困境

目前人工智能在司法中运用得较为成熟的领域是人脸识别、语音转换、数据电子化处理等通用领域,也正是因为这些技术在其他行业的运用业已成熟,故而"依葫芦画瓢"地运用到司法领域不难落地。有学者提出当前人工智能在司法中的运用应着力于从通用化走向专门化,避免人工智能在司法中运用的浅尝辄止。③ 虽然我国人工智能在司法领域的运用还处于弱人工智能阶段,但只要能够在传统司法流水线的人工作业上实现机器替代,充分发挥智能司法的高效率,并通过机器的技术理性在司法裁判上辅助法官整合自身经验知识与价值判断,实现司法效率与公正的双重保障,便是值得肯定的。

以人工智能在刑事案件审判中的运用为例。刑法罪名有 400 多条,相关的案情和量刑又差距甚远,如果从构建刑事案件的智能审判系统出发,基础的本体模型构建就存在极大困难。智能审判系统的打造需要提供足够多不同类型的优秀裁判样本让机器了解事实判断、证据认定、法律推理是怎样进行的,进而自我学习形成一套可以

---

① 孙海波:《反思智能化裁判的可能及限度》,载《国家检察官学院学报》2020 年第 5 期。
② 左卫民:《关于法律人工智能在中国运用前景的若干思考》,载《清华法学》2018 年第 2 期。
③ 详见左卫民:《从通用化走向专门化:反思中国司法人工智能的运用》,载《法学论坛》2020 年第 2 期。

模拟法官审判过程的模型。具体而言,就是要确定一套刑事案件的通用本体,首先要界定刑事审判中的主要概念及其关系作为本体设计的基础;其次要对刑事审判的实体裁判文本进行整理,形成刑事案件的"术语集",这一过程主要是自然语义分析的过程,采用的是自然语言处理技术(NLP),也是人工智能运用过程中最为困难的部分,如何让机器读懂人类的语言是实现让"机器像人类一样思考"的最初且最重要的步骤;接着在基础的"术语集"中,提炼抽取刑事审判的案件要素和概念关系。① 目前我们获取司法数据的主要公开途径是中国裁判文书网,尚不论我国裁判文书的上网率,②已上网公开的裁判文书大多也是经过固定格式化修饰的"模板式裁判",只反映了裁判结论,而真正决定裁判的决策信息无从知晓。此外,在法律语言的使用上我们并没有做出统一规定,许多相近意思的不同用词使得法律用语的结构化不足,无法直接被机器读取使用,还需要一个从"原始数据"到"训练数据"的人工标注过程。③ 可见,司法信息公开的不彻底以及司法数据的半结构化特征也进一步加大了数据输入的难度。

概言之,刑事案件通用本体的构建,在资源上,需要有丰富的数据基础;在人员上,需要具备专业的刑事审判知识和决策理论知识的研究人员;另外在技术上,还需要数据挖掘和实验软件的应用能力。显然,这一过程需要刑事领域专家、管理科学专家及信息技术专家的共同合作。④ 但现实是法律数据的不充分、不真实、结构化不足直接导致了人工智能与法律结合之初的输入困难,而人工智能与法律复合型人才的缺乏加剧了后期技术发展的困难,我们没有充足的"人工"来进行这场"智能"革命。正如调研中某法官所言:"现在的智能审判系统先不说技术上还不能稳定地维持正常运作,我们前期要花大量的人力物力去帮助系统学习断案。"⑤诚然,当前司法的智

---

① 余贵清:《基于规则和案例推理集成的刑事案件量刑决策支持研究》,电子工业出版社 2016 年版,第 60—75 页。
② 据统计,2013 年 7 月 1 日中国裁判文书网启用,2014 到 2015 年间,上网公开的文书仅占审结案件的 50%左右。参见马超、于晓虹、何海波:《大数据分析:中国司法裁判文书上网公开报告》,载《中国法律评论》2016 年第 4 期。
③ 王禄生:《论法律大数据"领域理论"的构建》,载《中国法学》2020 年第 2 期。
④ 余贵清:《基于规则和案例推理集成的刑事案件量刑决策支持研究》,电子工业出版社 2016 年版,第 60—75 页。
⑤ 笔者在与浙江法院基层一线办案法官的交流中,感知到目前智慧法院的改革存在硬件上的不完善与人的不适应问题。以浙江推行的无纸化办案为例,全程的无纸化办案一方面打破了传统阅读的习惯,造成许多办案人员全程电子屏幕阅卷的用眼压力;另一方面,针对类似案卷证据的电子编目问题,在将案卷导入系统时经常会缺页,并且这种多经过一道人工手续的做法增大了出错的可能性;同时系统的不稳定、经常性的故障也加剧了改革初期办案人员的不适应。用现代科技替代传统人工作业的改革,从提高效率层面固然无可厚非,但在技术尚未成熟的情况下,若盲目地推行现代科技化而一概摒弃传统方式,未必能真正实现"智能化"。故而,笔者以为当前完善智能审判系统的工具化效果,真正实现对法官办案的辅助才是现实之选。

能化改革亦是"摸着石头过河",完善现代科技在司法中的工具性辅助功能,实现人工智能之于我国司法的增效、减负、辅助、监督之定位是较为稳妥的可行举措。

(二) 司法的复杂性与人的主导性

抛开技术层面的问题,法律职业中的工作者主要是以语言为载体,处理复杂社会关系中人与人的纠纷,这项工作的性质很难被转化为某种程序为机器所运作。或许人们会被 AlphaGo 接连打败李世石、柯洁成为超越人类的围棋冠军事件所动摇,疑惑是否机器在其他方面也可以比人做得更好,是否可以有"阿尔法法官"来替代人类法官断案。先不论围棋和司法之间的不同,柯洁即使被 AlphaGo 所打败,但他作为人对围棋的热爱是再智能的机器也无法表达和呈现的。人类是情感的动物,是将各种社会关系联结起来的主体,或许冷冰冰的机器在复杂的算法之上可以演绎出完美的程式化结果,但它永远不能取代人作为社会主体进行各种角色演绎。更何况司法过程绝非简单的三段论演绎,裁判更不是一堆程式化公式便可以推演出的结果,司法裁判背后蕴含的是一种"情—理—法"架构下的多维知识谱系,涵盖了人情社会的道德情感、长期实践的司法经验、专业的法律知识等。人工智能作为现代科技进步的产物,在专业技术上或许可以为司法工作提供一定的便利,提高司法效率,但把握司法的公正,绝非通过设计复杂的算法可以演绎的。

法官作为司法领域的重要角色,亦具有机器的难以替代性,与社会生活中的任何主体一样具有社会组织本质和个性本质。法官的社会组织本质来源于立法规定、法律职业共同体的行业期望、社会公众(特别是涉讼主体)的愿望和要求;而法官的个性本质一方面由个人的利益要求与主观偏好、情感秉性倾向所决定,另一方面则由法官个人的行为能力,包括精通法理能力、判断能力、理解能力、劝导能力、辩论能力、协调能力、控制能力等所决定。[①] 法官的社会组织本质与个体本质的联结,在司法过程中便体现为法官的司法审判行为,倘若用人工智能的程式化算法取代法官的审判工作,实现类案类判的目标或许轻而易举,但机械化的算法无法穷尽的事实关系、无法涵盖的人情关系、无法呈现的情感表达会使看似公正的司法沦为形式化的法治,无法在实质上兼顾正义,获得法治的公信力。

司法权的特征也决定了审判过程中机器运用的局限性。司法权的中立性决定了法庭要对不同的利益诉求和价值判断采取兼容并蓄的态度;司法权的终局性决定了

[①] 参见顾培东:《社会冲突与诉讼机制》,法律出版社 2004 年版,第 114—116 页。

要通过设置严格的法庭辩论、质证机制选出一个最佳解决方案;① 最重要的是,司法权的独立性决定了其——不同于行政权、司法权的行使——具有不可替代性,与之相伴随的就是法官的高度职业化。这种职业化不仅要求法官具有较高的法律素养和专业的法律知识,还要严格遵守职业伦理准则。② 而司法责任制的提出,也赋予了法官责任制更多的内涵,同以往的错案责任追究制相比,更突出强调法官在独立行使职权的情况下承担司法责任。③ 近日,最高人民法院印发《关于实施深化司法责任制综合配套改革实施意见》,其中针对优化司法资源配置强调要通过健全多元化纠纷解决机制,深化案件繁简分流,推进审判辅助事务集约化、社会化管理,加强智慧数据中台建设等措施切实提升审判效能。④ 可见,通过智慧平台的建设减少法官事务性工作的负担亦是深化司法责任制改革的要求,而确保人民法院独立公正行使司法权则是司法责任制改革的前提。由是,作为司法权核心的裁判权亦需要法官把握最后一道防线,即使在高度智能化的现代法治下,司法裁判权的不可让渡仍是人工智能介入司法的基本原则。况且一旦让人工智能完全替代法官进行司法裁判,届时如何实现"让审理者裁判、让裁判者负责"亦是难题。

(三)机器的算法黑箱问题

人工智能领域主要有符号学派、联结学派、进化学派、贝叶斯学派与类推学派五种类型。⑤ 基于规则逻辑演绎的符号学派和基于经验归纳总结的联结学派是研究的主要方向。以裁判预测系统为例,将法律条文转换为计算机可识别的规则系统,并在此基础上执行推理,便是典型的符号学派之代表;而在联结学派的概率系统中,裁判预测是通过对海量裁判文书学习之后系统自我总结的裁判模型。⑥ 当前人工智能的司法运用本质上是让机器学习的过程,让机器将数据变成算法,算法随着数据的增加逐步精确,当拥有了足够多法律大数据,或许机器就可以"像法律人那样思考"。以机器的纯理性消除法官裁判中的人为偏差是我们对人工智能介入司法的希冀,但从域外实践来看,以美国司法中用以辅助量刑的风险评估软件为例,固有的人为偏见已

---

① 季卫东:《人工智能时代的司法权之变》,载《东方法学》2018年第1期。
② 陈瑞华:《司法体制改革导论》,法律出版社2018年版,第18页。
③ 陈卫东:《司法责任制改革研究》,载《法学杂志》2017年第8期。
④ 《关于深化司法责任制综合配套改革的实施意见》,https://www.chinacourt.org/article/detail/2020/08/id/5390951.shtml,2020年9月20日最后访问。
⑤ 关于人工智能各学派的详细论述参见〔美〕佩德罗·多明戈斯:《终极算法:机器人学习和人工智能如何重塑世界》,黄芳萍译,中信出版集团2017年版,第65页以下。
⑥ 王禄生:《论法律大数据"领域理论"的构建》,载《中国法学》2020年第2期。

然摇身一变体现在"客观中立"的算法中,即使美国明令不允许开发者在软件、算法和模型中写入种族等因素,但因为固有的一些评估因子与种族相关联,故而成了种族与风险预测相关联的媒介。[①] 事实上,算法偏见对司法不公正的影响较之人为偏见更加深刻,人工智能的复杂算法对于法官而言亦是司法知识之外的盲区,与司法鉴定意见类似,这种"专门知识"往往会支配司法裁判的生成,并获得权威性。正如福柯认为的,权力和知识是直接相互连带的,不相应地建构一种知识领域就不可能有权力关系。[②] 算法一旦作为一种"专门知识"作用于司法过程便获得了相应的符号权力,而这种复杂而隐秘的算法形成的"权力—知识"关系,极易导致算法偏见堂而皇之反映在司法裁判中。

算法作为人工智能的核心决定着智能化系统的行为,对于多数人(包括司法人员和当事人)来说,算法的隐秘性决定了它是一个"黑箱"般的存在,人们只看到了它做出的行为结果,却无法也无能力得知它的运作过程,特别是对于当事人而言,这无形中违背了司法的公开性、透明性,甚至损害了司法公正。近年来,在一些全国性的典型案例上,很多简单案件之所以会演变成"难办案件",[③]或是因为法官在裁判阶段的说理不充分,或是有些说理偏离了人们的生活常识和内心的自然正义,导致舆论一片哗然,对司法公信力[④]造成极大伤害。在民众对法治还未有足够的信心和信任的情况下,贸然用现代化技术取代法官的裁判说理,或许可以得到形式上不偏不倚的"公正裁判",但很多时候这并不符合人们对司法公正的期待,甚至造成机械化司法下自然正义的扭曲,损害司法公信力。法律的有限性决定了其不可能给出让所有人满意的判决(特别是在双方当事人平等参与的民事诉讼中),而法官的裁判说理就需要让败诉一方心服口服,最终才能使其息讼服判。我们的法治不是以权压人,更不能发展为以算法取胜,以理服人才是法律作为社会控制的主要手段。因此,在司法智能化改革中,必须以自身固有的知识体系结合人工智能的技术理性在社会合意上进行整合和解释,[⑤]这也是克服人工智能司法自限性的选择,更是确保法官司法主体性的要求。

---

① 李本:《美国司法实践中的人工智能:问题与挑战》,载《中国法律评论》2018年第2期。
② 参见〔法〕米歇尔·福柯:《规训与惩罚》,刘北成、杨远婴译,生活·读书·新知三联书店2012年版,第29页。
③ 此类案件以泸州遗赠案、许霆案、南京彭宇案为典型代表,是一类事实清楚却没有明确的法律可以适用,或适用结果不合情理或有悖"天理"的难办案件。关于此类典型案件的理论分析文献较多,此处不予赘述,关于"难办案件"的更多分析可参见苏力:《法条主义、民意与难办案件》,载《中外法学》2009年第1期。
④ 在自媒体时代,公众对司法裁判的影响显著提升,许多案件从普通案件上升为极具影响力的公案,看似民意左右了司法,实质上是司法公信力问题。详见胡铭:《司法公信力的理性解释与建构》,载《中国社会科学》2015年第4期。
⑤ 李飞:《人工智能与司法的裁判及解释》,载《法律科学》(西北政法大学学报)2018年第5期。

四、如何应对:人工与智能的应用分割线

虽然过去人工智能在我国司法领域的运用并不多,但近几年在中央和地方的积极推广下,已呈现迎头赶上甚至后来居上的发展趋势,不得不承认人工智能在司法领域的运用前景不可估量,为实现法院审判体系和审判能力的智能化,必然要抓住新一轮科技变革的技术红利。人工智能在促进司法效率提升、办案程序规范化、类案类判上的效果是显而易见的,但其自身存在的本质性缺陷亦不可忽视。[①] 在现代科技不断进攻以人为主体的社会场域的背景下,我们也要警惕被过热的技术风所吞噬,明确人工与智能在司法过程中的应用分割线,是探索人工与智能协同合作之前提。具体而言,包括但不限于审判过程整体上审判事务与非审判事务的界分,诉前纠纷多元化解的人工与智能途径,司法裁判阶段不同要素、不同环节以及不同案件类型的分工,最后确保法官对司法公正的人性化把握。

(一) 智能化机器替代传统人工作业

域外实践表明,人工智能技术在国外大型律师事务所的运用使律师们从繁杂的文书类工作中解脱,更好地从事更高阶层的专业工作。[②] 从公开报道可以看到,当前我国人工智能的实践主要是通过信息的电子化技术将传统司法辅助人员从事的事务性工作机器化,有效实现了法官非审判工作的剥离,从而提高了司法效率,[③]而具体的裁判仍然需要人工参与其中。人类社会历经了以土地为中心的农业社会、以市场为中心的工业社会、以网络为中心的信息社会,以及当下正在转型的以算法为中心的智能社会。[④] 为了保持"社会—司法"的良性互动,必然要打造一个新型的司法环境以适应社会的智能变革。从劳动分工和资源配置的角度出发,人类社会的智能化变革必然会改变传统司法人工作业的模式,作为"产品生产线"的司法过程也将伴随着

---

① 冯姣、胡铭:《智慧司法:实现司法公正的新路径及其局限》,载《浙江社会科学》2018 年第 6 期。
② 根据史蒂夫·洛尔(Steve Lohr)的研究,文书审查工作在国外大型律师事务所已不再占据律师大部分的时间,研究表明律师们仅花 4%的时间在文书审查上,剩下的文书审查工作都由外包和人工智能所替代。参见 Steve Lohr, "AI Is Doing Legal Work. But It Won't Replace Lawyers, Yet", *The New York Times* (March 19, 2017)。转引自 William J. Connell, "Artificial Intelligence in the Legal Profession-What You Might Want to Know", *The Computer & Internet Lawyer*, Vol. 35, No. 9, 2018, pp. 32-36。
③ 2016 年以降,全国各地法院在"智慧法院"的建设中纷纷推出各具特色的智能审判服务系统,以江苏法院为例,"智慧审判苏州模式"让法官事务性工作剥离约 40%,书记员事务性工作减少约 50%,案件平均审判效率提高 30%左右。参见丁国锋:《苏州法官判案,8 种"机器人"智慧平台当高参》,http://www.legal-daily.com.cn/zfzz/content/2017-04/17/content_7108999.htm,2020 年 10 月 16 日最后访问。
④ 张文显:《迎接算法法律秩序时代的到来》,载《东方法学》2020 年第 5 期。

新的劳动分工和资源配置。用科技让法官从非审判事务中抽身是实现"以审判为中心"的前提,而法院司法活动的劳动分工也将更加精细明确:一类是作为核心的"审判"工作,一类是作为"审判辅助"的工作。在"以审判为中心"的诉讼制度改革中,应当将审判辅助工作的边界扩大,并由人工智能取代,将法官从非审判事务中解放出来,实现司法内部资源的科学配置,从而达致司法效率与司法公正的实现。

在对一线办案人员的访谈中,笔者能感受到实务部门对司法的智能化转型方向大体上是认可的,毕竟提高司法效率、减轻司法人员的工作负担是所有办案人员之愿景。某法官在访谈中提到:"现在的电子送达比两三年前先进多了,移动微法院也让当事人和法官的沟通更加及时方便了,简单案件裁判的一键生成和智审系统的提取审判要素也为工作提供了便利。"可以想见,法官从繁琐的非审判事务工作中解脱后,可以将精力集中到法律专业的实质审判工作上来,这无疑契合司法改革道路上对司法人员专业性的要求。

(二)人工智能助力纠纷的多元化解

诉讼活动始于纠纷的发生,但从纠纷发展的轨迹可以洞见并非所有的纠纷都会发展到诉诸法院的阶段,若纠纷能在进入法院之前得到处理,未尝不是一种有效的分流机制。费斯蒂纳尔(William L. F. Felstiner)将纠纷的发展过程(dispute process)建构为命名(naming)、归责(blaming)和主张(claiming)三个阶段。首先当事人要对自身遭遇之不公平有所意识,接着意识到必须有人为此负责,最后诉诸法院寻求公平。[①] 诚然,并非所有的纠纷都会经过"naming-blaming-claiming"的发展历程,纠纷最终发展到诉诸法院是由于当事人对法律规则的不确定把握,需要诉诸法院"讨说法",其本质上是一种由法院确认行为规则的过程,而不是行为规则争议的过程。因此对于法官而言,针对此类诉讼的审判过程,事实上是一种普法的过程、规则确认的过程。[②] 随着社会文明的不断进步,人们的法意识愈加强烈,但对国家正式法律规则不甚熟悉,导致个体间的纠纷频发,全球范围都面临着诉讼爆炸的问题,以ODR(online dispute resolution)技术对纠纷解决方式的拓宽为例,[③] 目前很多国家的法院已经

[①] William L. F., Richard L. Abel, Austin Sarat, "The Emergence and Transformation of Disputes: Naming, Blaming, Claiming", *Law and Society Review*, Vol. 15, No. 3-4, 1980, pp. 631-654.

[②] 参见程金华:《人工、智能与法院大转型》,载《上海交通大学学报》(哲学社会科学版)2019年第6期。

[③] 域外实践表明,目前ODR技术已经成为纠纷解决的"第四方",该机制包括谈判、调解、仲裁以及其他纠纷解决流程。虽然在美国和其他国家,ODR主要还只是运用在eBay和阿里巴巴等电子商务纠纷中,多数场合的纠纷仍然还是遵循传统的线下解决方式。但ODR在特定案件(例如小额索赔纠纷和财产税纠纷)处理中,展示了通过技术可以实现司法效率的提高和诉讼途径的拓宽。参见 Amy J. Schmitz, "Expanding Access to Remedies through E-Court Initiatives", *Buffalo Law Review*, Vol. 67, No. 1, 2019, pp. 89-163.

广泛采用现代科技手段代替法官来进行这个普法、规则确认的工作。

当前浙江智慧法院建设推出在线矛盾纠纷多元化解决平台(ODR 平台),旨在通过打通纠纷多元化解决通道,充分利用现有的各类纠纷化解平台探索"网上枫桥模式",引导各类主体共同参与矛盾纠纷的多元化解。有学者指出当对于规则的确认可以更为便捷高效地从智能化平台获知时,人们对于法律的预期就会更加明确,人们可以在智能化平台上获得更为直观的处理结果时,或许也不会再纠缠于结果的形成过程,法律的推理也将更为形式理性化,此时即使人工可以进行更高难度的感性化解释,也很难对抗高度理性化的算法。① 显然,当人们足够信任在线纠纷解决平台的中立性与权威性时,智能化平台作为第三方机构可以为当事人在事实与规则的确认上提供可靠帮助,并解决双方当事人信息不对称的问题,从而为当事人提供纠纷化解的可能。即使不能在诉前调解解决,还可直接通过平台的诉讼服务栏目进入网上立案程序,获取"人工+智能"的诉讼服务。可见,智能平台的打造可以有效实现"人工+智能"的多元纠纷化解模式,促进案件的智能化分流。

(三) 人工与智能在司法裁判中的分工协作

前已述及,由于存在技术难题以及司法自我的复杂性,当前在人工智能与法律结合的探索中,明确人工智能在司法裁判中的辅助定位,探索人工与智能的协同合作模式而非全盘替代,是现实之选。在深化案件繁简分流的改革下,人工智能对司法裁判介入的程度应因案分配,正如针对认罪认罚案件的量刑协商程序,实质上也是通过当事人放弃部分诉讼权利,②司法机关让渡部分司法权,达成一种协商合作,以实现特定刑事案件的诉讼效率再提高。故而,人工智能介入司法裁判的过程,亦可根据司法裁判的不同要素、不同环节、不同案件类型明确人工与智能的界限,实现人工与智能协同合作的裁判模式。总体而言,在司法裁判中,可以明确经验/情感与法律要素的划分,事实认定与法律适用环节的划分,轻微共性案件与严重个性案件的划分。

司法裁判的说理部分是使当事人服判息讼的重要环节,运用法律规则、经验法则、价值权衡做出的符合大众情感的说理可以促进案结事了。司法裁判充斥着法律与情感的交织,承载着说服、教育、引导等多重法律功能,多数时候法官在判决理由中的情感表达也构成了说理论证的重要组成部分。③ 经验与情感是人类在社会关系与交往行为过程中产生的,是人类社会交往的重要组成部分,而依靠数学和统计学的算

---

① 李晟:《略论人工智能语境下的法律转型》,载《法学评论》2018 年第 1 期。
② 参见胡铭等:《认罪认罚从宽制度的实践逻辑》,浙江大学出版社 2020 年版,第 127—147 页。
③ 〔德〕菲利普·黑克:《利益法学》,傅广宇译,商务印书馆 2016 年版,第 20 页。

法擅长演绎推理,是故,由法官具体把握经验与情感的要素分析更为妥当,而对庞杂的法律条文中法律要素的把握,可以通过算法演绎由机器实现。

从经验/情感与法律要素的划分出发,可以进一步扩展到事实认定与法律适用的划分。司法裁判中的法律适用在我国是一个依据成文法进行逻辑推理的过程,大体上运用单一的线性逻辑;而事实认定通常属于非线性逻辑的范畴,需要运用法律规则、证明逻辑、价值判断、经验法则等知识体系来完成对待证事实的认定,需要综合全案的证据进行经验与理性的综合判断,这是目前人工神经网络的建构难以实现的。故而,由法官主要把握事实认定,由机器完成线性逻辑的法律适用较为妥当。

此外,在具体案件上,以刑事案件为例,可以根据案件的复杂与严重程度,将案件划分为轻微的共性案件与严重的个性案件。像故意杀人罪由于案件本身重大,且案件发生背景、人物关系、作案动机等都存在极强的个性化特征,采用数学原理和统计学原理都难以找到神经网络的建构规律,人工智能发挥的作用相当有限,最多是运用人工智能在技术层面上的优势协助法官进行证据认定,更好地完成司法裁判。[1] 而类似危险驾驶罪、交通肇事罪等案件,则属于轻微的共性案件,存在多发现象,特别是酒驾入刑后,危险驾驶罪的案件数量攀升,借助数学原理可以实现其神经网络的建构,机器学习效果较好,让机器介入此类案件的裁判具有一定的可行性。但针对最后系统生成的裁判文书,法官必须进行审核确认,并为之负责。当然,倘若法官认为机器裁判有所偏差亦可随时介入,把握司法裁判的最后一道防线。

诚然,人工智能对司法裁判的介入存在以"数据决策"替代"法官决策"的风险,[2] 但针对简单轻微案件而言,效率是实现公正的重要保障。当然针对最后裁判文书的制作,需要明确智能系统仅具有辅助法律文书生成之功能,[3]案件裁判权必须掌握在法官手中,抑或说针对系统自动生成的文书,法官具有最后的审核签署权并为之负责,以避免未来司法裁判的权威性落入高度便捷的算法之中。我国立案登记制和法官员额制的改革一方面加大了法院的案件量,另一方面又严格控制了法官数量,进一步加剧了"案多人少"的矛盾,通过智能化司法改革提高司法效率迫在眉睫。针对事实清楚、情节轻微案件的智能化高效处理,例如线上庭审、判决书自动生成,在严格意义上,必然会挑战司法的亲历性、独立性,甚至危及司法权威、司法公正。但在诉讼量

---

[1] 杨延超:《人工智能应用于司法裁判的法理分析:价值、困惑及路径选择》,http://iolaw.cssn.cn/bwsf/202008/t20200805_5166326.shtml,2020 年 10 月 16 日最后访问。
[2] 季卫东:《人工智能时代的司法权之变》,载《东方法学》2018 年第 1 期。
[3] 《关于深化司法责任制综合配套改革的实施意见》中也强调要探索现代科技在审判工作中的应用形态,推进法律文书的辅助生成。https://www.chinacourt.org/article/detail/2020/08/id/5390951.shtml,2020 年 10 月 20 日最后访问。

急剧增长和司法资源有限的矛盾下,要在每一个案件全面贯彻司法的亲历性、独立性,显然是不切实际的,罔顾效率的公正亦不是真正意义上的公正。在法治不断进步的环境下,诉讼的便利和法意识的增强必然会带来诉讼量的增加,只有构建有效的繁简分流机制,科学配置司法资源,侧重简单案件的效率和复杂案件的公正问题,才能真正实现司法公正的真谛。

(四) 把握司法裁判的人性化公正

显然,人工智能在司法效率的追求上占尽优势,但过度依赖人工智能,则会导致对司法其他价值的背离。如何把握效率之外的公正问题,则需要法官守住司法裁判最后一道防线。赫拉利(Yuval Harari)在《未来简史》中对人工智能与法律的未来进行了预测,他认为相较于人为判案的主观性和法官自身能力的局限性,算法作为一种精细化、具体化和绝对刚性的规则,将最大程度保证案件裁判的公正性。然而,算法的优劣与其使用数据的优劣有着密切关系,而数据通常是不完美的,这就导致算法会在不自觉中继承人类的某些偏见。[①] 在深度学习的场合,人工智能系统不仅按照算法进行数据处理,还能采取多层次脑神经网络的模型和方法,从大数据中自动发现和提取特征量,探知未知的问题、样式、结构及原理,其背后遵循的是一种相关关系,而不是因果关系。这也就意味着,在人工智能网络的相互作用及其连锁反应不断进行的情况下,预测、理解、验证、控制会变得更加困难,进而出现算法的黑箱化现象。[②] 因此,我们需要通过设计验证、证实、知情同意、算法的透明性、结果的可责性以及救济、责任等方面的完善机制,来避免算法偏见产生的不公正结果,[③]更要明确人工与智能在裁判中的分工界限,把握人性化的公正。

算法的复杂性和隐秘性导致裁判过程的黑箱化,算法的偏见和独裁引起机械化审判的实质不公正,司法公正的把握绝不仅仅是程式化算法演绎的技术理性下的形式公正,更需要法官运用经验理性、价值判断、利益衡量把握司法裁判背后可能引起的"司法—社会"效应。司法公正不是简单由静态的法律推理即可实现,司法公正的实现是由相关的制度、价值、组织、角色构成的一个与社会互动的结构,是一个动静结合的过程。[④] 在静态上不仅通过法袍、法槌、天平等工具打造法官个体的公正形象,更通过对法官准入机制的严格把控、对法官职业伦理的层层限制,以提高法官的职业

---

① 〔以色列〕尤瓦尔·赫拉利:《未来简史》,林俊宏译,中信出版社 2017 年版,第 335 页及以下。
② 季卫东:《人工智能时代的法律议论》,载《法学研究》2019 年第 6 期。
③ 参见高奇琦:《人工智能——驯服赛维坦》,上海交通大学出版社 2018 年版,第 38 页。
④ 王晨:《司法公正的内涵及其实现路径选择》,载《中国法学》2013 年第 3 期。

素养;在动态上,法官作为司法公正的践行者,与司法公正之间是一种互动的过程,法官在"司法—社会"的互动中,主要以语言为载体,处理复杂社会关系中的纠纷,司法裁判的形成与其说是是非曲直的判断结果,毋宁说是一场规范与实践之间互动商谈的对话结果,并以此为人们确立了未来的行动标准和行为方向。高效的算法得出的公正更像是法教义学理论勾勒的那种不偏不倚、同案同判;但实质上同案同判既非司法裁判的基本原则,也并非一项无法摆脱的法律义务,它可以轻而易举地被其他法律义务或道德要求所凌驾。[1] 司法公正更不能简单化为同等对待,它更需要法官在裁判过程中不断矫正以把握实质上的公正。

五、结语

现代社会各个行业的智能化是大势所趋,人工智能时代的法律大数据以一种前所未有的方式,通过对海量法律数据进行分析,对法律问题进行预判,获得新的认知、创造新的价值。[2] 然而,法律行业的特殊性和专属性否定了审判的智能化替代,让法官从繁重的非审判事务中解脱,探索人工与智能在司法裁判中的协同合作模式,将人工智能作为人类经验司法的补充和理性司法的强化,是现代科技助力司法效率和公正的现实路径。未来"智能+"的思维模式将会贯穿到人的行为特征上,我们要将"智能+"作为一种内化于心的认识论和方法论,不仅要意识到未来人工智能与法律的结合将会朝着彼此交融而不可分割的面向发展,更要警惕机器取代人的决策地位。假若未来算法不断化解人工智能司法运用的难题,"人工+智能"的协同合作模式也将不断深化,人工与智能的分工亦会不断改变,甚至界限模糊化,那便会引发机器取代人类的智能危机。因此,在不断深化智能改革的过程中,我们要时刻反思人工智能对司法过程的强势介入是否违反了法律的基本原则,所进行的司法智能化的改革项目是否突破了司法改革的权限。唯有清醒地把握科技的工具属性,明确人工与智能在司法运用中的分界线,探索它为司法服务的可能路径,确立人的主导地位,才能不被科技反噬。

(胡铭、宋灵珊/文)*

---

[1] 陈景辉:《同案同判:法律义务还是道德要求》,载《中国法学》2013年第3期。
[2] 〔英〕维克托·迈尔-舍恩伯格、肯尼思·库克耶:《大数据时代:生活、工作与思维的大变革》,盛杨燕、周涛译,浙江人民出版社2013年版,第9页。
* 胡铭,浙江大学光华法学院教授;宋灵珊,福建社会科学院法学研究所助理研究员。本文原刊于《浙江学刊》2021年第2期。

人工、智能与法院大转型

人类社会进入21世纪的第二个十年，信息科技、大数据与人工智能等新科技在司法过程中的应用，或者更加明确的"智慧司法"建设，已然成为法学理论与司法实践界探讨的前沿与热点领域。[①] 虽然科学家早在20世纪中叶就已经提出了人工智能的概念，但是真正大规模开发并实践司法系统中的人工智能，也是在大数据与其他技术条件日益成熟的当今阶段。对于既要解决"案多人少"这个世界性难题，也试图在体制与机制建设上实现针对西方法院系统"换道超车"的中国法院司法改革工作，司法过程的人工智能化，不失为一个不错的战略。也正因为如此，2019年2月发布的《人民法院第五个五年改革纲要（2019—2023）》把"坚持强化科技驱动"作为未来五年改革的八个基本原则之一，并把"建构顺应时代进步和科技发展的诉讼制度体系"作为改革总体目标的一部分。[②] 在2019年4月，最高人民法院发布《人民法院信息化建设五年发展规划（2019—2023）》，进一步明确"以促成审判体系和审判能力现代化为目标，建成人民法院信息化3.0版，形成支持全业务网络办理，全流程审判执行要素依法公开，面向法官、诉讼参与人、社会公众和政府部门提供全方位智能服务的智慧法院"。近期，最高人民法院院长周强更是提出"加强区块链、人工智能在司法领域应用"，全面提升智慧法院建设水平。[③] 与此同时，中国科技部在近两年历史上首次发布国家重点研发计划项目的"司法专题任务"，划拨巨额科研资金支持包括

[①] 参见季卫东：《人工智能时代的司法权之变》，载《东方法学》2018年第1期；左卫民：《关于法律人工智能在中国运用前景的若干思考》，载《清华法学》2018年第2期；左卫民：《热与冷：中国法律人工智能的再思考》，载《环球法律评论》2019年第2期；李本（Benjamin L. Liebman）：《美国司法实践中的人工智能：问题与挑战》，载《中国法律评论》2018年第2期；周尚君、伍茜：《人工智能司法决策的可能与限度》，载《华东政法大学学报》2019年第1期；王禄生：《司法大数据与人工智能技术应用的风险及伦理规制》，载《法商研究》2019年第2期。
[②] 参见《最高人民法院关于深化人民法院司法体制综合配套改革的意见——人民法院第五个五年改革纲要（2019—2023）》（法发〔2019〕8号）。
[③] 《加强区块链和人工智能应用全面提升智慧法院建设水平》，载《人民法院报》2019年11月10日。

法院在内的司法系统的科技创新。①

毫无疑问,在司法过程与审判活动中吸纳新的科技,是与人类司法制度同时出现的古老话题。但是,进入新世纪以来,新科技——尤其是大数据与人工智能——的广泛使用或者讨论,已经使得通过科技手段来实现司法创新,变成了一个超越法系、超越政治体制、超越诉讼文化的世界共同潮流。② 那么,问题是,新科技在司法体系中的广泛使用,是不是已经对司法体系的变化造成了某种意义上的"奇点",并潜在地促成法院功能与组织架构的转型? 以及,对于既要实现"缓解案多人少""提升司法公信力"这些传统难题的破解,又要试图在制度建设中形成出彩的"中国特色社会主义法院体系"的中国司法改革者而言,应当如何去做战略性的应对?

已有的研究对智慧司法或者智慧法院的思考不少,但是更多进行"技术性"思考。③ 本文试图对上述问题做一个更加体系化的思考,既关注其技术问题,也更强调法院的"软件系统"建设:一方面,希望中国理论与实务界同仁,能够避开司法改革"大跃进"的陷阱,接受"未来还未来"的现实,④采取一种更加务实的观念和立场来对待新科技在司法系统中的应用;另一方面,则主张务实地积极拥抱新科技在司法系统中的普及,并超越技术层面的思考,从更深的体制与机制建设层面探索法院司法改革的未来战略。本文分四个部分去回应上述问题。首先,第一部分将结合科技在司法程序中的应用程度,从劳动分工和资源配置的视角,对人类至今的司法体系做一个类型学的再思考,并尝试划分成"外行审判司法体系""专家审判司法体系""智能人工司法体系"和"人工智能司法体系"等四种类型。其次,第二部分聚焦中国的法院改革实践,说明人类当前的司法体系在经历着从"专家审判司法体系"到"智能人工司法体系"的大转型,以及这种大转型对法院核心功能的影响。再次,第三部分会讨论中国的司法改革所可能采取的战略应对,即建构"大审判管理格局"。最后的第四部分是简单的结论。

---

① 参见《科技部关于发布国家重点研究计划公共安全风险防控与技术装备重点专项(司法专题任务)2018年度第一批项目申报指南的通知》(国科发资〔2018〕9号),http://www.most.gov.cn/fggw/zfwj/zfwj2018/201802/t20180227_138255.htm,2019年10月10日最后访问。
② 比如,参见 Brian A. Jackson et al., *Fostering Innovation in the US Court System: Identifying High-Priority Technology and Other Needs for Improving Court Operations and Outcomes*, RAND Corporation, 2016; Tania Sourdin, "Judge v. Robot? Artificial Intelligence and Judicial Decision-Making", *UNSW Law Journal*, Vol. 41, Issue 4, 2018, pp. 1114-1133.
③ 比如参见冯娇、胡铭:《智慧司法:实现司法公正的新路径及其局限》,载《浙江社会科学》2018年第6期;赵志刚:《智慧检务的"五个A"》,载《中国检察官》2018年第6期;龙飞:《智慧法院建设给司法改革带来的十大变化》,载《人民法院报》2018年10月31日;胡昌明:《建设"智慧法院"配套司法体制改革的实践与展望》,载《中国应用法学》2019年第1期。
④ 参见程金华:《未来还未来:反思中国法律大数据的基础建设》,载《中国法律评论》2018年第2期。

一、再思司法体系的类型：劳动分工与资源配置的视角

人类的司法体系（本文仅指法院的司法体系而不含检察院的司法体系）多种多样。[①] 耶鲁大学法学院的比较法学者达玛什卡（Damaska）曾形象地指出，司法和国家权力的构造有"多种面孔"。[②] 毫无疑问，对司法体系和法院的分类，有多种进路。本文所谓的"再思"，指的是结合司法过程的科技使用，从法院人力资源配置的视角去对司法体系进行一个新的分类。

合理的劳动分工和人力资本配备是所有司法体系能否成功的核心前提之一。正如人类社会的工业产品有着越来越细化的劳动分工和人力资源的重新配置一样，作为"产品生产线"的司法体系发展也伴随着新的劳动分工和人力资源的重新配置。在"以审判为中心"的司法体系运作中，最基本的劳动分工是两类：一类是核心的"审判"工作，另一类是"审判辅助"工作。其中，"审判"工作又进而包括"审"，主要是通过审查，发现与案件纠纷相关的主要事实，以及"判"，主要是基于法律规则的裁决。审判辅助工作，是围绕"审"和"判"活动，提供辅助性的支持，比如送达文书、传唤当事人、保全财产、收集证据、安排庭审、保护证人、法律和案例检索等等。

本质上，审判及其辅助工作的分工，是决策和为了决策而进行的信息收集的分工。在整个审判流程中，绝大部分的审判辅助工作，都是案件相关信息的收集、存储、分析、流传等，而审判则是基于信息的决策——进一步分析，"审"是对信息的甄别，"判"是基于甄别的决策。在刑事司法过程中，公安机关的侦查工作，本质上都是针对犯罪嫌疑人和犯罪行为的信息收集；检察机关的起诉工作，则是由检察机关基于侦查所获取的信息，做初步决策，决定是否移送法院起诉——刑事诉讼程序到这个阶段的制度设置，都是试图保证刑事起诉方能够"多快好省"地收集案件与嫌疑人相关信息，同时又通过嫌疑人的权利保障设置避免公诉方获得的信息是不客观的、有偏见的。当检察院把案件起诉到法院，法官的立案、送达、回避、提审、庭前会议、律师辩护、庭审质证、证人出庭、上诉等等程序，无不是为了让法官有最大的机会获得全面和真实的案件信息。在民事诉讼程序中，整个审判流程也是大同小异，绝大部分的工作是为了法官获得全面和真实的纠纷信息，以便做出合理的裁判。当然，刑事和民事诉

[①] 参见周道鸾主编：《外国法院组织与法官制度》，人民法院出版社2000年版；张福森主编：《各国司法体制简介》，法律出版社2006年版。
[②] 〔美〕米尔伊安·R.达玛什卡：《司法和国家权力的多种面孔》（修订版），郑戈译，中国政法大学出版社2015年版。

讼程序存在差别:刑事案件涉及被告更为根本的人身权利,并且有更多的利益相关者(包括没有出庭的被害人、当事人家人以及社会大众),因此设定了更加严格的信息收集流程,以保证刑事法官在做出最终决策的时候,能够更加公允,也就是更加公平。反之,在民事诉讼程序中,原被告几乎能够代表整个案件所涉及的相关利益,因此民事诉讼程序可以容忍案件信息的模糊性,并给原被告双方更大的自主权利去影响或者改变诉讼流程(比如接受调解)。最后的"临门一脚"就是裁判的环节,即基于诉讼所有流程所获得的全部信息,由法官进行决策,对当事人的权利与义务做出裁定。

上文之所以对诉讼流程作普及性的分析,是想借此说明,所谓的"审判辅助"工作实际上可以非常宽泛,而作为内核的"审判"工作的范围实际上可以非常狭窄。换言之,"审判"和"审判辅助"工作的边界在历史上是动态变化的,并且对这两类工作的不同人力与其他资源配置,在很大程度上决定了司法体系的不同类型。在传统社会中,纠纷事实相对简单,规则体系也不那么复杂,因此审判过程相对简单,审判及其辅助工作通常混同在一起。而在现代社会中,纠纷与案件不仅量大,而且事实也越来越复杂,法律规则体系也很庞大,因此审判过程更加复杂,不仅审判辅助工作日益同审判工作分离,传统上连为一体的"审"与"判"也日益分离,发展成为不同的专业领域,并因此需要不同的劳动分工与资源配备。

在说明上述基本概念之后,我们现在来看一下因为不同劳动分工和资源配置而形成的不同司法体系类型。正如前述,在传统的司法过程中,由于案件相对简单,规则体系相对不复杂,因此不一定需要专业人士——或者不需要专职的专业人士——来承担审判工作,同时审判辅助工作也不是特别必要,因此未必存在专职的辅助人员,或者只有偶尔客串的辅助人员。这是一种"外行审判司法体系"。在古代中国的绝大部分时间里,我们都实行这样一种外行审判的司法体系,即主要由地方行政长官偶尔兼任法官来审理案件,也不存在专门的审判辅助人员,其最显著的特点是"诸法合体,刑民不分"。①

到了近当代以后,随着司法活动的量增质变,作为核心工作的"审"与"判"不得不由专业化和职业化的法官来进行,并且审判辅助工作日益从核心的"审"与"判"工作相分离,交由专门的书记员去负责文字资料、专门的法警负责审判秩序、专门的执行官员负责裁决执行等等——最为重要的是出现了专门负责审判,并且在不同程度

---

① 参见陈光中:《中国古代司法制度》,北京大学出版社2017年版。不过,也正如本书的内容所显示的那样,"外行审判"的司法体系运作也不是毫无章法,相反也会存在相对规范的程序,并且有相对专业的人士从事司法工作。简言之,"外行"是相对的。

上对众多法官实行科层式管理的法院组织。这是一种"专家审判司法体系"。

专家审判的司法体系在当前已经是世界各国的主流模式。但是,其渊源可以追溯到很早以前。在欧洲大陆,据达玛什卡的考证,早在11世纪末到12世纪,教会权力官僚化进程促成了"法官职务"(officium judicis)的出现,并且非常重要的是,教会法院中已经实现了审判职能和取证职能的分工,外行人参与审判活动的情况变得越来越罕见,"愚人法官"(judices idiotae)日益被受过训练的专业人士所取代;到17世纪以后,随着君主制和中央集权的官僚体制成为欧陆国家的主流政府组织模式,在欧洲大陆的绝大多数国家里,司法官员都变成了专业人士,外行人士参与司法已经变得无足轻重或者沦为一种仪式。① 有中国学者认为,相对于传统型法院的非专业性,现代型法院的专业性体现在如下几个方面:法官的司法活动具有独特的知识性和技术性,法官之任职与晋升有特有的职业标准,往往是通过司法考试制度来实现的,并且内部建有系统运作的职业培训制度,也养成了司法官员职业共同体的意识与制度。②

改革开放以来中国的多轮司法改革,均是朝着司法现代化的目标去的,即建立并完善专家审判的司法体系。当代世界上其他主要国家的司法改革,也主要是完善专家审判的司法体系。不过,无论是外行审判体系,还是专家审判体系,尽管劳动分工有所差异,但是从事审判及其辅助工作的主要资源还是自然人的人工。因此,从劳动分工和资源配置的角度,我们不妨把这两类审判体系都归纳为"自然人工司法体系"。可以讲,人类至今为止的司法体系,大体上还是自然人工司法体系。

与此同时,无论是在传统的外行审判体系运作中,还是在近当代的专家审判体系实践中,科技从来都没有缺席。但是大体上讲,在两类自然人工司法体系运作中,科技所起到的作用,并没有对司法的运作产生根本性的影响,相反更多是起到对审判的辅助作用,也就是,主要是通过科技的使用来提升审判辅助人员的工作效率。比如,机器打字替代了手写,使得庭审笔录更加精确、便捷;汽车替代了自行车,让文书送达更加有效率;诸如此类。

然而,在最近数十年里,尤其是互联网所带动的信息化革命以来,已经有越来越多的高科技手段用于审判流程,直接帮助提升审判的效率,并间接提升审判的公正性。在审判辅助工作的不同领域里,科技手段甚至替代了人力资源,直接从事简便有效的审判辅助工作。由此,司法体系就开始出现了"智能化"或者"智慧革命"。但

---

① 〔美〕米尔伊安·R.达玛什卡:《司法和国家权力的多种面孔》(修订版),郑戈译,中国政法大学出版社2015年版,第39—44页。
② 左卫民、周长军:《变迁与改革:法院制度现代化研究》,法律出版社2000年版,第106—116页。

是,这种司法过程的智能化,至今并没有实现由高科技手段(比如智能机器人)来替代专业法官做"审"或者"判"的工作,而只是让专业法官的工作变得更加有效、更加"智慧"。换句话说,高科技手段在现代司法体系中的应用与推广,让专业法官的工作如虎添翼,成为一种"智能人工",所以我们不妨把这种司法体系称为"智能人工司法体系"。

智能人工司法体系的本质还是由专业化和职业化的人工(即专业法官)进行审判决策,只不过案件与当事人信息的收集过程中很大程度、很大范围依赖了智慧的高科技手段,并提升了审判决策的效能。相对于自然人工司法体系的运作,智能人工司法体系的核心变化是"智慧法院"的建设,①但又超越了后者——因为在智能人工司法体系时代,从事裁判的主要资源还是专家法官,因此技术导向的智慧法院建设必须服务于专家法官的裁判活动。

可以猜想的是,当智能人工司法发展到一定阶段,高科技手段(主要是智能机器人)可能替代专业法官,直接从事核心的审判工作,尤其是适用法律规则的裁判工作。如此的话,技术手段在司法体系中的应用出现了从量变到质变的发展,智慧机器替代人类,进行司法活动的核心工作,于是演变出现了"人工智能司法体系"。在这个意义上讲,认定是否存在人工智能司法体系的核心标准是,智慧机器是否替代了人工从事了最核心的审判工作。

表1 劳动分工、资源配置与司法体系的类型

司法体系类型		审判工作的资源配置	审判辅助工作的资源配置
自然人工司法体系	外行审判体系	外行或者兼职的人士从事审判工作	没有辅助人员或者只有兼职的辅助人员
	专家审判体系	专业法官从事审判工作	配备专职或者兼职的辅助人员
智能人工司法体系		专业法官从事审判工作	审判辅助工作范围扩大并日益由高科技手段实现
人工智能司法体系		审判工作主要由智慧机器单独或者和人类共同承担	审判辅助工作基本上由高科技手段实现

根据上述标准和分析,表1对上述外行审判、专家审判、智能人工和人工智能司

---

① 关于"智慧法院"的内涵,参见蔡立东:《智慧法院建设:实施原则与制度支撑》,载《中国应用法学》2017年第2期。关于中国的"智慧法院"建设实践,参见中华人民共和国最高人民法院编:《中国法院的司法改革:2013—2018》,人民法院出版社2019年版,第59—62页。当然,在中国的司法实践中,检察系统的改革也被纳入司法改革的范畴,关于"智慧检务"的建设,参见赵志刚、金鸿浩:《智慧检务概论:检察机关法律监督的科技智慧》,中国检察出版社2018年版。

法体系的主要特征进行了归纳。尽管劳动分工和资源配置不一样,但是不同类型司法体系的目标都是一样的,即同时实现司法的公正与效率。可以这么讲,从外行审判体系发展到人工智能司法体系,在价值规范层面上呈现一定的"线性发展",也就是能够更好地提升司法体系的公正与效率。当然,在实然层面,人类的司法体系并非完全按照上述四类体系递进演化,有可能跳跃演化,也有可能曲折发展。

二、司法体系的"大转型"趋势

在上文对人类司法体系做类型化界定的基础上,我们接着要探讨的问题是:随着高科技在司法体系中的日益渗透和普遍使用,人类的司法体系是否也面临着一个发展的"奇点"? 本文的答案是肯定的,即人类的司法体系类型正面临着一个"大转型"趋势,出现了从专家审判司法体系向智能人工司法体系发展的诸多现象。

首先,在诉讼前阶段,法院广泛采用以当事人为服务对象的信息科技,实现当事人的纠纷解决便利化,包括促成当事人自行解决纠纷,鼓励当事人更多依靠非诉讼纠纷解决机制解决纠纷,以及为最后决定进入诉讼程序的当事人提供便利化服务。近几十年,全球范围发生的诉讼爆炸有多种原因,其中之一是现代化、城市化、全球化所带来的行为失范,导致日益陌生化的个体之间纠纷频发,并且在纠纷发生之后,又因对国家正式法律规则不甚熟悉,因此通过诉诸法院的方式来解决纠纷。在这种情况下,通过诉讼获取一个"说法",其本质上是一个行为规则确认的过程,而不是行为规则争议的过程。换言之,只要当事人事前知悉相关规则,要么纠纷不会发生,要么诉讼就不会发生。正如当代美国几位非常著名的法律社会学家威廉·费斯蒂纳尔、理查德·阿贝尔(Richard L. Abel)和奥斯汀·萨拉(Austin Sarat)等人的合作研究所发现的,纠纷是一个命名(naming)、归咎(blaming)、索赔(claiming)的升级过程。[①] 因此,对于法院和法官而言,针对此类诉讼的审判过程,实际上是个普法过程、规则确认过程,可以通过"熔断"纠纷的升级来化解纠纷。

目前,很多国家的法院已经广泛采用信息技术手段替代法官来实现这个普法、规则确认的工作。比如,在中国,相当一部分地方法院在立案大厅或者其他地方放置了不同版本的"机器人法官",以文字输入或者语音对话等方式,帮助当事人自行了解

---

① William L. F. Felstiner, Richard L. Abel, Austin Sarat, "The Emergence and Transformation of Disputes: Naming, Blaming, Claiming...", *Law & Society Review*, Vol. 15, Issue 3-4, 1980-1981, pp. 631-654.

自己涉及纠纷的相关法律规则,以及法院的可能裁判结果。① 当事人在"机器人法官"帮助之下,有些会选择放弃诉讼,或者自行和解。与通过物理的机器人实现该功能的同时,中国各地的法院也频繁利用微信公众号等网络平台来实现这个功能。②即便当事人选择诉讼,法院也通过"智慧法院"建设来把立案工作交由高科技机器设备或者通过外包给科技公司来做,以便把法官从立案这个繁琐的事务性工作中解放出来。

进一步讲,纠纷当事人虽然了解相关规则,但是很多时候就发生的个案争议存在信息不对称,或者缺乏一个中立、可信的第三方来为纠纷双方确认相关事实,难以解决信息的不对称问题。传统上,法官的调查取证就服务于这个目的。在解决全部或者部分信息不对称之后,有些案件的当事人容易达成和解,或者愿意通过调解解决纠纷。2015年,英联邦民事公正委员会(The UK Civil Justice Council)向政府提交了一个改革报告,建议在英国就争议低于2.5万英镑的民事纠纷设立"皇家线上法院"。根据这个报告的设想,线上法院是一个三层次的系统:第一个层次是鼓励当事人把纠纷信息上传之后,由法官进行类型化处理并告知当事人相应的权利义务,当事人根据法院反馈的信息自行解决问题——这类似纠纷解决的"自助餐"服务。第二个层次是基于上传的案件信息资料,由法院协调当事人通过调解等非诉讼纠纷解决机制解决纠纷。第三个层次是基于当事人在线提供的电子资料,法官进行在线审理裁定,并提供在线上诉的机制。③ 这个建议的设想已经在中国得到了实现。最近两年,随着互联网法院以及"移动微法院"的建立,在线立案、审理诉讼已经成为中国司法改革的一个亮点。④

此外,即便上述技术和机制没有在诉讼前化解掉纠纷,信息科技的使用也可以让进入诉讼环节的案件信息收集、整理、查找、调取等变得更加便利。就此,中国一些法院开始试点"无纸化"办公,从立案开始就将所有案件资料电子化,并进行标准化分

---

① 比如,四川省崇州市法院就研发了机器人法官"小崇",放置在法院的不同场所,帮助当事人在一些常见纠纷类型中自行查找相关的法律规则和类似案件的裁判结果。参见 http://sc.people.com.cn/n2/2017/0904/c379469-30690812.html,2019年10月15日最后访问。
② 比如,重庆第四中级人民法院开设了"无讼之道"案例公众号,设置"法律法规""理论解析""案例参考"三大栏目,采用通俗易懂的语言和图文并茂的形式,传授法律知识,讲述法律故事,化解矛盾纠纷,助力乡村振兴。参见谢春艳:《重庆四中院首创"无讼之道"案例公众号服务乡村振兴》,http://cqfy.chinacourt.gov.cn/article/detail/2018/08/id/3438886.shtml,2019年10月19日最后访问。
③ Online Dispute Resolution Advisory Group, Online Dispute Resolution for Low Value Civil Claims, Civil Justice Council, February 2015, https://www.judiciary.uk/wp-content/uploads/2015/02/Online-Dispute-Resolution-Final-Web-Version1.pdf (last visited on 2019-11-14).
④ 参见法制网的相关报道:《"移动微法院"全国版试运行》,http://www.legaldaily.com.cn/index/content/2018-08/18/content_7621881.htm? node=20908 (last visited on 2019-10-19)。

类归档,大大方便了法官调取案件资料,撰写法律文书(其至由机器实现文书的自动生成),大大节省了法官的工作时间,提升了诉讼效率。①

据统计,截至 2018 年,全中国有 95.22% 的法院建成了信息化程度较高的诉讼服务大厅,为当事人提供全方位的诉讼服务;82.67% 的法院开通诉讼服务网,为当事人、律师提供网上预约立案、案件查询、卷宗查阅、电子送达等服务;超过 44% 的法院开通诉讼服务 APP 或者微信小程序,提供司法服务的渠道。②

其次,纠纷立案并进入诉讼程序之后,法院的工作人员在"ABC"技术——人工智能(AI)、大数据(Big Data)和云计算(Cloud Computing)的支持下,对案件进行繁简分流,帮助法院通过优化专业法官的人员配置来大大提升审判工作效率。繁简分流是世界各国应对"案多人少"的传统做法。在自然人工司法体系时期,主要是通过法官的经验来分类,将大部分简单案件交由"简案审判团队"的集约审理,实现诉讼效率的提升。当前,高科技也被引入到这个流程来帮助法院实现繁简分流。

再次,当一部分案件在经过上述繁简分流之后,进入普通审判程序,法院利用现代信息科技手段,协助甚至替代专业法官进行事实认定工作,即进行"审"的工作。这是目前智慧科技用于审判工作的最前沿领域。其中,一个典型的例子是由上海法院系统主持研发并应用的"刑事办案智能辅助系统"(俗称"206 系统")。"206 系统"最重要的成就是对刑事审判过程中所依赖的证据,在侦查、起诉和审判的全流程上,进行了规范化、统一化、电子化、信息化,最终目的是服务于法官审查与证据认定,提高案件事实认定的效率与准确度。与早期的"智慧法院"相比,"206 系统"的创新在于,不仅仅把高科技应用于传统的审判辅助工作(比如"无纸化办公"),而且实现了(或者部分实现了)证据资料的智能审查,把针对案件事实的"审"的部分工作从法官的审判工作中分离,有助于刑事法官对案件事实的精准判断和高效判断,极大地提升了法官的审判效率,并通过信息科技降低冤假错案的发生概率,让专业的刑事法官升级为"超人法官"。③

最后,审判过程中的高科技使用还涉及法律规则的适用问题,也就是帮助(而非

---

① 这个方面的典型例子是智慧法院建设的"苏州模式"。在苏州市中级人民法院,经过近三年的探索,逐步形成以"电子卷宗随案同步生成""电子卷宗智能编目""材料流转云柜互联""庭审语音智能撰写""电子质证随讲随翻""文书制作左看右写""案例文献自动推送""简易判决一键生成""同案同判数据监测""数据工厂集约服务"等十个平台为主要内容,覆盖立案、审理、裁判整个诉讼流程的智慧审判苏州模式。据不完全共统计,通过智慧审判系统的有效运行,法官事务性工作可以剥离 40% 左右,书记员事务性工作可以减少约 50%,庭审时间平均缩短 20% 至 30%,复杂庭审时间缩短超过 50%,案件平均审判效率提高 30% 左右。参见江苏省苏州市中级人民法院:《大数据助推审判绩效的苏州法院实践》,2019 年 10 月 16 日,汇报稿件。
② 陈甦、田禾主编:《中国法院信息化发展报告 No.3(2019)》,社会科学文献出版社 2019 年版,第 5 页。
③ 参见崔亚东:《人工智能与司法现代化》,上海人民出版社 2019 年版。

替代)法官进行"判"的工作。在现阶段,这个方面的技术使用的主要目标是帮助法官在具体案件中实现大致的规则匹配,以及为实现"同案同判"做参考,而真正的规则适用还是由法官来决定。例如,由中国司法大数据研究院有限公司等合作开发的"法信"平台就已经开始为法官提供"同案智推"自动推送功能。[①] 同类案件的智能查找,已经超越了单纯的规则匹配和检索功能,并进入到规则适用的领域。当然,对于有经验的法官而言,此类推送的意义不是很大,因为完全可以根据经验法则来处理;但是,对于年轻法官或者新法官而言,这种规则和类案裁判结果的搜索和匹配功能就非常有意义。不过,在现阶段,通过信息科技实现类案的自动识别和智能推送,技术并未成熟——如果成熟,也势必为将来的人工智能司法体系建设打下良好的技术铺垫。

当然,近年来,智慧科技在纠纷解决中的使用,远远超越了上述范围。比如,诉讼过程中的语音识别与文字转换、人脸识别、电子质证、区块链取证存证、电子送达、电子卷宗和文书自动生成等技术,已经越来越普及。上述智慧科技的使用,促成了司法过程中劳动分工和资源配置的革命性变化,致使司法体系呈现了从专家审判到智能人工司法体系的革命性变化趋势。下图 1 和图 2 示意了上述变化趋势。

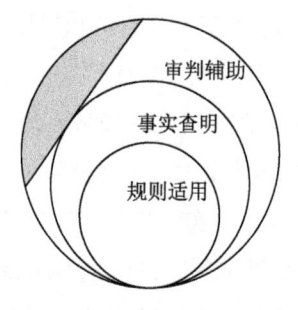

图 1　专家审判司法体系的劳动分工　　图 2　智能人工司法体系的劳动分工

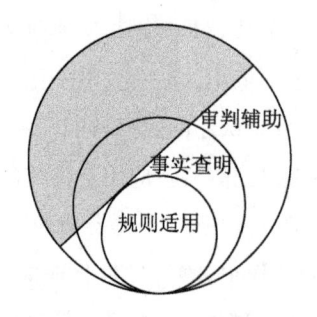

图 1 和图 2 用图示来说明从专家审判司法体系到智能人工司法体系的变化,区分的标准仍然是司法过程中的劳动分工与资源配置。正如前述,我们把司法过程的劳动分为外围的审判辅助工作,以及作为核心工作的审判工作,后者进而分为"审"的事实审查工作和"判"的规则适用工作。在图 1 和图 2 中,三个圆圈分别表示三类工作的范围,颜色表示劳动分工——其中底色为白色表示由人工承担,底色为灰色表示由智慧科技承担。从图 1 到图 2 的变化,显示了从专家审判体系向智能人工司法体系的两个重大变化:其一,智慧科技所承担的工作范围越来越宽,不仅可能承担相

---

① 参见"法信平台"的官网(http://www.faxin.cn/)介绍。

当部分的审判辅助工作,而且日益"染指"事实审查工作;其二,相对于审判工作而言,审判辅助工作的范围日益扩大。同时,正如前述,智慧科技还没有被用于替代法官从事最核心的规则适用工作。

三、法院核心功能的调整

当法院的司法体系从专家审判转向智能人工司法体系的时候,法院的核心功能也发生了重要的调整。古今中外,法院虽然具有多种功能,但其最核心的功能是纠纷解决。这个功能主要是通过法官审理并裁判案件实现的。但是,在进入智能人工司法体系之后,从上文的分析可以看出来,法院核心功能的实现方式从实施纠纷解决,转变成组织纠纷解决。

法院的核心功能从实施纠纷解决调整为组织纠纷解决,有如下几个方面的体现。其一,对于部分纠纷——比如前文提到的互联网审判的案件,法院只提供纠纷解决的平台(比如在线平台),宣示相关纠纷的规则,由当事人自行解决纠纷,法官不再参与裁定。这是一种法院纯粹组织纠纷解决,而不再直接实施解决纠纷的体现。

其二,法院对纠纷立案之后,把诉讼的程序进行切割,部分审判辅助工作或者事实查明工作,交由智慧科技、法院技术人员或者外包公司,按照"集约化生产"的方式完成。这一点事实上已经出现在诉讼的整个流程,尤其是立案环节和执行环节。在中国智慧法院建设的"苏州模式"中,整个立案流程已经基本实现无纸化,并且全部由技术人员或者外包公司完成。为了实现这个目标,苏州中级人民法院专门设置了"苏州法院数据工场",聘用了数十名外包公司的数据采集和校对人员,对所有立案材料进行数据化并且按照特定规则编目,以节省法官进行事实查明和规则适用的时间。[①]

不仅在立案环节,在实践中,"集约化"生产方式已经进入到审判的中间环节。比如,在成都中级人民法院,为解决传统审判辅助事务办理流程耗时长、节点统筹低、交接风险大等问题,首先在商事审判庭试点审判辅助事务再集约,组建分案排期、集中送达、卷宗流转等11个小微组织,负责商事审判庭所有案件辅助事务的处理。[②] 在江苏的判决执行工作中,全省已经采用"854模式",对执行流程分阶段来处理,把

---

① 参见江苏省苏州市中级人民法院:《大数据助推审判绩效的苏州法院实践》,2019年10月16日,汇报稿件。
② 参见成都市中级人民法院:《关于深化司法体制机制综合配套改革建构办案服务保障中心的报告》(成中法专报[2019]59号)。

员额法官从事务性工作中解放出来,只需要做执行的规则裁定工作。

其三,审判过程中的跨部门合作、跨法院合作更加普遍,通过组织协调来集中完成部分审判事务性工作,使得整个司法体系变得更加经济效率。最为典型的例子之一是当前比较流行的"跨域立案",即当事人可以在具有管辖权的法院之外的法院立案。据统计,自2017年3月最高人民法院在全国试点推行跨域立案诉讼服务开始,截至2018年年底,全国范围内实现跨域立案的法院已经达到1154家,占全国法院总数的31.85%。① 在重庆,第二中级人民法院开始试点升级版的跨域立案,即"全域立案",也就是当事人在重庆市第二中级人民法院辖区的所有基层人民法院及其乡镇人民法庭,均可提交向辖区内的同级任何一个人民法院提起诉讼的相关材料。② 在长三角地区,已经开始了跨省级区域的代理立案,也就是到江苏起诉的案子可以在上海立案,反之亦然。在苏州市,苏州中级人民法院在2019年11月启动的诉讼服务大厅,不仅可以高效、便捷地为到中级人民法院起诉的案件立案,而且可以为管辖权为苏州市各基层法院的案件立案。

从上述最近的实践变化可以看出来,因为组织纠纷解决日益重要,法院的组织方式也呈现了两个方面的显著变化。一个变化是在法院内部,如果传统的法院更像法官组合成的"合伙制企业",智能人工司法时代的法院在部分领域更类似高度组织化的"公司制企业"——至少在那些审判辅助领域的工作环节已经是如此。另一个变化是在法院之间,虽然传统的司法理念认为,上下级法院之间应该保持必要的独立性,否则会影响上诉纠错的可能性——但是在智能人工司法体系年代,一个法院或许可以"集约化生产"的方式为其他法院提供审判辅助工作,以组织协调方式来实现诉讼服务的经济性——前文提到的重庆和苏州等地的跨域立案例子就说明,法院之间在审判辅助事务方面呈现了一定的"联盟"特征。

在这里,我们还需要对两个相关的理论问题予以说明。一个理论问题是:法院纠纷解决这个核心功能的调整,与社会科学对法院具有多元功能的研究发现有何关联?已经有不少的研究说明,法院的功能也不仅限于纠纷解决。比如,达玛什卡就认为,司法体系可以分为纠纷解决模式和政策实施模式。③ 马丁·夏皮罗(Martin Shapiro)在其经典著作《法院:比较法上和政治学上的分析》中认为:"大多数法院中存在争议解决、社会控制和立法职能的混合,经常会在审判中将行政或者一般政治权力的行使

---

① 陈甦、田禾主编:《中国法院信息化发展报告 No.3(2019)》,社会科学文献出版社2019年版,第7页。
② 参见重庆市高级人民法院发布的新闻报道《重启法院试点全域立案免当事人异地立案奔波之累》,http://cqfy.chinacourt.gov.cn/article/detail/2017/09/id/3009176.shtml,2019年10月19日最后访问。
③ 〔美〕米尔伊安·R.达玛什卡:《司法和国家权力的多种面孔》(修订版),郑戈译,中国政法大学出版社2015年版。

结合在一起,从而法院和法官从事的部分工作在本质上是具有政治性的。"①卢荣荣在关于中国法院功能的研究中,也提到中国的法院至少有纠纷解决、社会控制、规则确立、权力制约的功能。②

本文的观点与上述法院具有多种功能的说法并不相悖,甚至可以说是互补的。近两年来,中国法院为解决"案多人少"的问题,推出了"诉源治理"的解决方案,核心目标是让进入法院的纠纷减少。在四川法院系统的实践中,诉源治理包括三个层次:一是止纠纷于未发,通过法制宣传、先例示范等方式,让纠纷不发生或少发生;二是化纠纷于诉外,即多元解纷,类似 ADR;三是定纠纷于诉内,提出一个纠纷一个案件,通过诉内的管理,减少衍生案件,即尽可能地一审结案,不产生二审、再审和执行。③ 这是法院从直接实施纠纷解决转变为组织纠纷解决的一个典型例子,同时也呼吁了法院具有政策实施和社会治理等超越纠纷解决的功能。

另一个理论问题是:当前中国法院结合高科技手段通过组织化的方式来化解纠纷,与中国法院解决纠纷的"本土资源"有何联系?在传统中国社会中,单独的法院并不存在,进入官府诉讼的案件(主要是刑事案件)基本上是通过组织化的行政通道来解决的。法"官"的称谓,在某种意义上可以折射出传统诉讼文化对当代中国法院司法体系的深刻影响。进而言之,作为"现代传统"最重要制度遗产的"马锡五审判方式",从一开始就依附于执政党的政法体系之中,也毫无疑问具有高度的组织化倾向,其影响依然延续至今。④ 进入新世纪以来,"大调解"和"能动司法"的流行,也充分说明了中国法院司法体系具有强大的"组织基因"。⑤ 因此,无论是从"古代传统"还是"现代传统"而言,当下中国法院把高科技引进司法过程,并通过组织化的途径来化解纠纷,都具有强大的制度基础,也是对传统的"组织基因"的当代嫁接。

随着法院核心功能的调整,可以预见,法院的组织架构也势必面临着重组:随着审判辅助性事务的日益扩展和剥离,未来的法院对于从事规则裁判的专家法官

---

① 马丁·夏皮罗:《法院:比较法上和政治学上的分析》,张生、李彤译,中国政法大学出版社 2005 年版,第 87 页。
② 卢荣荣:《中国法院功能研究》,法律出版社 2014 年版。另参见侯猛:《中国最高人民法院研究——以司法的影响力切入》,法律出版社 2007 年版;黄韬:《公共政策法院——中国金融法治变迁的司法维度》,法律出版社 2013 年版。
③ 郭彦:《内外并举全面深入推进诉源治理》,载《法制日报》2017 年 1 月 14 日;陈俊伶、胡宇、吴莹:《诉源治理实质化社会治理新格局》,载《人民法治》2019 年 6 月(上)。
④ 参见何永军:《断裂与延续:人民法院建设(1978—2005)》,中国社会科学出版社 2008 年版。
⑤ 参见苏力:《关于能动司法与大调解》,载《中国法学》2010 年第 1 期;顾培东:《能动司法若干问题研究》,载《中国法学》2010 年第 4 期。

的资源配备需求可能会日益精简,但是由于从事组织纠纷解决的功能日益扩展,只要诉讼案件的量不出现明显下降,那么法院的组织架构可能会日益庞大。简言之,当人类的司法体系出现了大转型之后,法院进行纠纷解决的核心功能也随之调整,并且会对法院的组织架构与人力资源配备提出新的需求。法官专家数量日益精简的同时,法院组织架构日益庞大,这两种相反的发展态势的同时出现,不是没有可能。

四、战略应对:建构"大审判管理"格局

那么,对于改革中的中国法院司法体系而言,如何面对这样一个大的格局转型?很显然,就高科技使用和"智慧法院"建设而言,中国已经走在世界前头。但是,如果只强调"科技强院",还是不够的。① 更为关键的是,如何因势利导地改革法院的"软件系统",以更好地把握司法体系大转型所带来的红利,既有效地解决"案多人少"的现实问题,又能创设出符合中国国情的、面向未来的法院司法体系?

要回答这个问题,我们需要回到中国法院的内部组织架构和运作机制,在现有制度资源的基础上去优化设置,去"套利"高科技在法院中应用所带来的技术红利。其核心思路是如何优化现有的审判管理机制。在学术讨论上,审判管理有多种定义,也是仁者见仁、智者见智。② 根据中国法院官方的定义,所谓审判管理,"就是人民法院通过组织、领导、指导、评价、监督、制约等方法,对审判工作进行合理安排,对司法过程进行严格规范,对审判质效进行科学考评,对司法资源进行有效整合,确保司法公正、廉洁、高效"③。2010年前后,全国的法院系统开始设立专司这项工作的审判管理办公室(简称"审管办"),到目前已经形成一个完整的全国审判管理组织体系,专门负责案件信息管理、案件质量评估、案件质量评查、审判流程管理、审判运行态势分析和审判绩效考核等基本职能。④ 当然,在实践中,不同层级、不同地域法院的审管办的职能有所差异,在遵循中央确定的基本方针前提下,形成了各自的审判管理工作模式。

---

① 关于法院建设中的"科技强院",参见王少南主编:《法院人才管理学》,人民法院出版社2007年版,第534—558页。
② 研究发现,当前关于审判管理的概念界定,至少有行为说、程序控制和事务辅助说、职能说、机制说、体系说等多种学说。参见沈志先主编:《法院管理》,法律出版社2013年版,第48—49页。
③ 王胜俊:《创新和加强审判管理确保司法公正高效》,载最高人民法院办公厅编:《大法官论审判管理》,法律出版社2011年版,第3页。
④ 参见最高人民法院:《关于新时期进一步加强人民法院审判管理工作的若干意见》(2014)。

从更好发挥高科技帮助组织纠纷解决的技术红利角度看,有"一反一正"两个问题值得思考:反面的问题是,当前审判管理的实践还存在哪些问题,以至于我们所期待的效果并没有实现?正面的问题是,当面向未来的智能人工司法体系时,如何优化审判管理的机制设计,以更好发挥其功效?在下文中,我们一并回答。

自创建伊始,审判管理已经在中国的法院司法体系里取得了长足的进展,[①]但是至今还存在很多问题,与最高人民法院对其职能定位与发展规划相比有距离。在现有的实践中,审判管理主要还是通过宏观的(针对整个法院或者某个业务部门)审判运行态势监控与微观的(针对法官及其辅助人员)审判绩效考核,实现"鞭打快马"的效果,激励法官及其辅助人员"多快好省"地办好案件。有研究形象地把当前审判管理的实践困境称为"上不去、下不来":"上不去"指审判管理没能跃升到审判战略规划、审判流程再造、审判组织设计、审判权责配置等宏观层次的管理水平;"下不来"指审判管理在微观职能领域徘徊,主要以案件评查、流程管理、绩效考核、统计分析等方式对审判活动进行管理。[②]

在专家审判司法体系的运作中,在法院不能得到外部投入更多的人力与其他资源的前提下,通过优化对机构与个人的激励机制来提升审判质效,不失为一种办法。但是,这是一种以机构与人为对象的审判管理,最终目的是直接或者间接激励法官及其辅助人员更好地办案,是一种比较适合专家审判司法体系的传统审判管理格局。

无论如何定义审判管理、如何配置审管办职权,我们认为,审判管理的最根本价值在于,当法院的人力与物力资源配置有限的前提下,通过合理的管理活动,让有限的资源实现最优的配置,并实现司法公正和司法效率的"帕累托最优"。如果资源并不稀缺,那么审判管理的价值与意义就不大。但是,现实是,资源是稀缺的——中国法院司法体系运行的资源更是稀缺。同时,虽然法院的审判管理和法官的审判活动都是为了提供司法公正和司法效率,但是前者并不涉及对具体案件的裁判。换言之,审判管理和审判活动的目标都是一样的,但是所采用的工作方式和内容并不一样。在向智能人工司法体系转变的过程中,我们有必要坚持上述基本价值观,通过理念、工作方式、机构设置等的转变,来建构面向未来的"大审判管理格局"。

首先,在理念上,面向未来、适应智能人工司法体系的审判管理要从原先的管机

---

① 参见胡昌明:《中国智慧法院建设的成就与展望——以审判管理的信息化建设为视角》,载《中国应用法学》2018 年第 2 期。
② 张述元主编:《司法改革形势下的审判管理基本理论研究》,人民法院出版社 2018 年版,第 169 页。

构、管人,回归到管事、服务人的初衷。① 管事,主要指审判管理要利用流程管理等来实现案件在不同诉讼节点、不同劳动分工之间的无缝对接,降低司法体系运作的"油耗",努力实现利用智慧科技来化解法官的事务性工作。服务人,主要指审判管理要做好服务法官及其辅助人员的功能。张文显教授认为,审判管理"本质上都是服务性的……应当从主要是评查案件、为领导决策服务转向为法官审判活动服务"。② 事实上,如果审判管理能够有效地"管事",尽量把法官从事务性工作中解放出来,那么也就间接地服务了法官。当然,审判管理还可以更主动、直接地通过下文提到的大数据分析手段,有效地、动态地发现法官在从事审判工作中所需要人力和物力资源配备的不足,及时地向法院的领导提出优化资源配备的管理建议,以达到服务法官的目的。简言之,在理念上,大审判管理格局有两个方面的转变:在人事上,从管理、激励法官及其辅助人员,转变为服务法官及其辅助人员;在物事上,强化对案件的管理,主要是夯实促进案件快速、有效流转的技术举措与工作机制。

其次,在工作手段上,未来的审判管理主要是采集案件/人员数据,分析案件/人员数据,并把基于数据分析的决策应用于上述的"管事"与"服务人",实现人力和物力资源在整个诉讼流程中的最优配置。在大数据的基础数据建设和分析手段日益成熟的今天,基于数据的精细化审判管理已经变得可能。打个比方,在智能人工司法体系时代,审判管理部门将变成一个法院案件与人员信息的"中央处理器",通过案件和人员的大数据动态分析,实现审判工作各个环节的最优资源配置,尤其是重新界定并扩大"审判辅助事务"范围,并以高科技或者外包服务的方式来完成。依托大数据分析与发达的数据展现技术,未来的审判管理应当是精细化的可视化审判管理。③ 不过,在实际的操作中,虽然大数据分析的概念已经深入人心,但是真正利用大数据形成分析报告以及决策的并不多。④ 其部分障碍在于大数据所要分析的对象和所要

---

① 2009 年,北京市高级人民法院决定在全市正式开展审判事务管理时,将审判实务管理工作的职能确定为服务和管理两大项。其中,服务职能包括服务当事人和服务法官。参见李少平主编:《人民法院诉讼服务理论与实践研究》,法律出版社 2014 年版,第 71 页。有研究者指出,当前中国的审判管理需要实现从"压制型"转向"服务型"。参见王晨编:《审判管理体制机制创新研究》,知识产权出版社 2013 年版,第 31—48 页。
② 张文显:《审判管理的若干理论与实践问题》,载最高人民法院办公厅编:《大法官论审判管理》,法律出版社 2011 年版,第 230 页。
③ 关于法院的可视化管理,参见邹碧华:《法院的可视化管理》,法律出版社 2017 年版。
④ 中国社科院法学所法治指数创新工作项目组对当前全国"智慧管理"建设的评估发现,截至 2018 年底,已经有 30 家高级法院(包括兵团法院)可以实现基于辖区法院案件信息资源,以案件、时间、人员等维度分析各类案件、罪名、案由的审判态势,但各地法院数据分析仍停留在简单的统计层面,很少做大数据分析并形成报告。陈甦、田禾主编:《中国法院信息化发展报告 No.3(2019)》,社会科学文献出版社 2019 年版,第 87 页。

解决的问题并不清楚。图 3 描述了面向未来的审判管理需要进行大数据研究分析的主要对象和处理的关系。

```
【升级供给】                    【升级需求】
高效率/高水平的      关系Ⅳ      高效率/高质量的裁判
法官或者法官团队

供给侧：人力资源    关系Ⅲ        关系Ⅱ        需求侧：案件

【基本供给】        关系Ⅰ      【基本需求】
所有审判人员                    审理所有案件
```

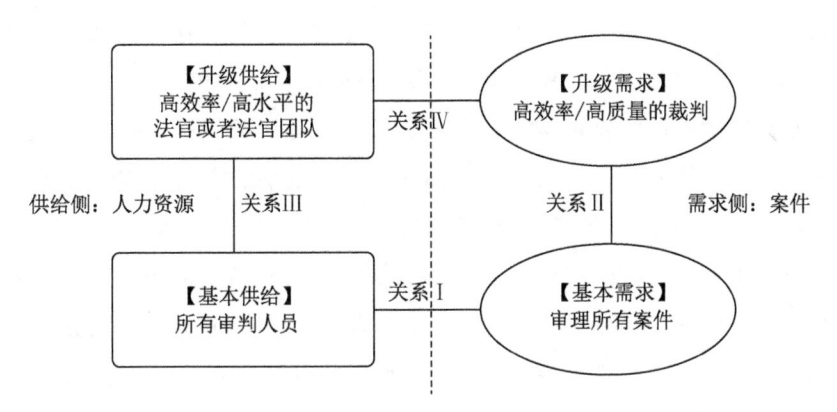

图 3　审判管理所需研究的对象与处理的关系

如图 3 所示，审判管理的核心价值在于优化有限的司法资源配置，因此需要对供给侧和需求侧进行精准数据分析，解决人案矛盾，以最大限度地满足人民群众对公正司法的需求。从需求侧来看，有两个层次，一个是基本需求，也就是要完成所有案件的审理裁判，另一个是升级需求，也就是实现所有的裁判都是公正并及时的。从供给侧来看，也有两个层次，一个基本供给，也就是能够用于案件审理的所有审判人员（包括员额法官、法官助理和辅助人员），另一个是升级供给，也就是能够高效审理并提供公正裁判的法官或者法官团队。审判管理的大数据分析，需要清晰地描述这四类需求和供给的基本特征。针对基本需求的所有案件审理，从资源配置的角度看，最基础、最重要的是要科学统计所有案件审理的工作量——这里的工作量，传统上是以"件"为单位的工作量，但是在智能人工司法体系时代，工作量单位应当是更加标准化、无量纲化的审理案件时间。与此相适应的是，传统上作为基本供给的法院雇用人员，也是以"多少个人"为单位的人力资源配备，但是在智能人工司法体系时代，所有审判人员的人力资源供给，应该细化成标准化、无量纲化的单位时间工作效能。也只有通过大数据的分析，才能实现对整个司法体系里基本需求和基本供给的科学测量，并清楚掌握整个司法体系、特定法院以及特定部门的人力资源配备情况，并最大可能地让基本供给和基本需求相匹配。这也是未来的审判管理需要依据大数据分析所解决的第一对关系（图 3 中的"关系Ⅰ"），也是解决最基本的供需矛盾。当然，对于任何司法体系而言，只是对案件进行了裁判，还是不够的。我们不仅需要"让人民群众在每个案件中感受到公平正义"，也要避免"迟到的正义"。所以，审判管理也得——利用大数据分析——对案件审理的质量和效率进行科学测算，对整个司法体系、特定法院、特定部门甚至特定个人的审判绩效进行科学评估,通过案件质量评查与评估、审判运行态势分析等手段精准测算整个司法体系的"升级需求"的满足情况,并通过流程管理、繁简分流等工作提升基本需求的满意度。这是未来审判管理需要处理的第二对关系(图3中的"关系Ⅱ")。同理,从供给侧来看,基于大数据的精细化审判管理不仅仅要精准测算人力资源的配备情况,还要进行类型化分析,了解不同法官个体或者团队的表现,对高效率、高水平的审判法官或者法官团队进行精准画像,并通过绩效考核、员额配置、团队重建等工作手段,提升法官个人及其团队的工作效能,以提升司法体系内部人力资源配置的能级。这是未来审判管理需要处理的第三对关系(图3中的"关系Ⅲ")。此外,审判管理大数据分析所要刻画并处理的第四对关系是高效率、高水平的审判法官或者法官团队与高效率、高质量的案件裁判之间的关联或者因果关系机制(图3中的"关系Ⅵ")。只有清楚地了解高水平法官或者法官团队"生产"高效率、高质量裁判的关联甚至因果关系机制,审判管理部门也才可能有的放矢,向上级领导以及有关部门提出优化司法体系中人力资源配置的科学方案。当然,在智能人工司法体系中,对人与案的分析与关系处理,既离不开对智慧科技的分析(以其为对象),也更离不开智慧科技的支持(以其为工具)。

最后,从上述理念和工作手段的转变看,大的审判管理格局应当配备综合性的审判管理办公室,并至少承担如下功能:案件/人员数据的采集与存储(传统上通常由信息技术部门和政工人事部门承担)、基于数据开展的政策研究(传统上通常由研究室来承担)以及对研究成果的使用(传统上通常由审管办和政工人事部门来承担)。

目前,就全中国各地审判管理的机构设置而言,可谓是五花八门。有些法院同时存在审管办、信息技术处和研究室,有些法院则进行了不同的两两组合(比如审管办合并信息技术处或者合并研究室),有些法院——尤其是内设机构改革之后的基层法院——则把绝大部分的综合业务部门糅合在一起,以减少法院内设机构的数量。常见的机构设置规律是,法院级别越高,内设机构越是分立;反之,法院级别越低,各种功能越是糅合在一起。在中、高级以上法院,能够与上述大审判管理格局相匹配的机构设置比较罕见,并因为功能在不同内设机构之间的分割,妨碍了基于案件/人员数据信息开展有效审判管理的实现,所以,尽管上述大审判管理格局在不少法院已经具备雏形,但真正能够实现让法院变成纠纷解决的组织者机构设置,还有待进一步的探索改革。在这方面,深圳前海合作区法院的内设机构设置具有很高的参考价值。目前,前海法院的组织架构分三个大部分,包括法官团队、司法政务处和审判事务处,其中的审判事务处的机构设置与职能,比较接近上文所提及的大审判管理格局。①

上文构想的大审判管理格局就是要打破当前审判管理"上不去、下不来"的实践困境。同时,以服务法官、优化法院审判资源配置为导向的大审判管理格局,也有树立正确价值导向的一面,以避免唯技术论、唯数据论的"智慧法院"建设可能带来的法院功能与法官工作的异化。② 其宗旨是顺应时代潮流,以扩大、优化内部管理的方式,助力法院组织纠纷解决的功能。

五、结论:建构中国法院建设的"一体两翼"

本文的研究出发点是一个当下世界诸国法院司法体系运作面对的普遍性难题,即法官太少、案件太多,以及一个共识性的解决方案,即加大法院对高科技——尤其是人工智能等智慧科技——的采用。③ 但是,本文的思考又超越技术层面的讨论,力图在对人类司法体系做一个新的理论归纳的同时,在实践层面则指向法院司法体系的"软件更新",即建议通过扩大并优化法院内部的审判管理来助推法院在信息化、大数据与人工智能时代的系统升级。

毫无疑问,强调法院系统的硬件建设热潮背后的软件滞后问题,在当前中国的司法改革语境中,具有重要的现实意义。对于在中国已经取得重大成就的"智慧法院"建设,孙笑侠教授曾经评论说是"无心插柳柳成荫"。④ 相对于法院司法的体制、机制与职业化改革的"有心栽花",中国法院在前些年的科技变革的确是"无心插柳"的。但是,至少从"四五改革"开始,中国法院的建设已经有了"车之两轮、鸟之两翼"的说法,即司法改革和信息化同步进行。其中围绕"信息化"所部署的一系列重大改革和大量资源投入,已经不再是"无心插柳"了,反而有更大的抱负和使命,用句通俗的话

---

① 参见蒋惠岭主编:《司法体制综合配套改革实践研究:以深圳前海合作区人民法院为样本》,人民法院出版社 2018 年版,第 89—114 页。此外,珠海横琴新区人民法院的组织建制中,审判管理办公室的职能也是较为宽泛的,包括了立案、信访、审判态势分析、司法统计、司法救助等,也值得参考。参见蔡美鸿:《新型法院机构设置的改革——横琴法院的探索与启示》,载蒋惠玲、郭彦主编:《法院内设机构与司法管理改革》,人民法院出版社 2018 年版,第 345—358 页。
② 高一飞和高建认为:在当前的智慧法院建设中,信息技术缺少价值判断机能,在信息技术给审判管理方式带来巨大正相关冲击的情况下,人们容易形成人工智能决定司法审判等偏颇观点,淡化了司法人员在审判活动中的主体地位,因此,智慧法院需要有相应的审判管理机制对信息技术进行调适。高一飞、高建:《智慧法院的审判管理改革》,载《法律适用》2018 年第 1 期。
③ 例如,参见美国纽约州法院关于建设高科技法庭的新闻发布,http://ww2.nycourts.gov/sites/default/files/document/files/2018-05/PR17_19.pdf;中国香港特别行政区司法机构官网对科技法庭的介绍,https://www.judiciary.hk/zh/court_services_facilities/pamphlet.html。
④ 孙笑侠教授曾经在上海交通大学凯原法学院于 2017 年 6 月 16 日举办的第 11 讲"张元济法学讲座"中,说明了这个观点,参见 http://law.sjtu.edu.cn/Detail18955.aspx,2019 年 10 月 20 日最后访问。

说,就是要实现"换道超车"。

但是,对于技术革命的技术性战略,越来越难以掩饰中国法院改革所面临的一个突出窘境,即传统的审判业务和技术建设的"两张皮"问题。近期,中国社科院法学所法治指数创新工作项目组对当前全中国"智慧法院"建设的评估发现:虽然法院在信息化建设过程中投入了大量的人力、物力,开发了大量的审判管理、执行、办公系统,但不少信息化系统与业务需求脱节,未能有效满足法院办案、管理的实际需求,导致信息化的系统效用难以显现,严重影响了法官、司法辅助人员运用信息化工具的热情,司法人员期待的信息查询功能、法条支撑、类案分析等在技术部门开发的审判系统中回应不够充分,信息化与审判工作"两张皮"现象突出。[1] 往深处想,这里的"两张皮"也在很大程度上暗示着,中国法院建设的"车之两轮"是分别跑的,"鸟之两翼"是分开飞的。道理其实很简单,任何体系,虽然硬件很"硬",但是操作系统没有更新、系统不能兼容,所有的硬件都将是"摆件"。

中国的法院建设需要有个中间轴来连接"车之两轮",需要有个躯体来协调"鸟之两翼",以更大地发挥"两轮"或者"两翼"的整体效能。而法院的审判管理不仅极其具有中国特色,而且有承担整体协调功能的巨大潜力。如果中国的审判管理能够摆脱"上不去、下不来"的困境,通过组织的管理协调,实现法院内部人财物资源的最优配置,则有可能与"以人为中心"的传统司法改革(法官职业化、分类管理、职业保障、司法责任制等)和"以科技为中心"的智慧法院建设一起,构成中国法院建设的"一体两翼"。这种"一体两翼"的整体构造与当下进行的法院"综合配套改革",在实践上是相匹配的,与前文提出的从专家审判司法体系向智能人工司法体系大转型,在理论上也是相呼应的。

作为本文的"余论"部分,此处还是要对如下几个方面的看法做出申明或者重申,避免读者对本文产生较大的误解,也为将来的研究做进一步的铺垫。其一,本文关于人类司法体系的类型划分,整体上是实然性的(positive),而不是规范性的(normative)。本文的类型归纳,虽然是针对"人类"而言的,但大部分的经验证据来自对当代中国法院运作和改革的观察,并且经验证据并不十足地体系化,所以相关理论的归纳和总结还有待完善。其二,本文提及司法体系从专家审判司法体系向智能人工司法体系的"大转型",部分是基于现实发生的事实,部分是基于现实的预测。并且,由于中国地域辽阔、地区发展极其不平衡,在部分地区、个别领域出现的"大转型",并不意味着全中国已然如此。事实上,中国的很多地方法院,在相当多的领域

---

[1] 陈甦、田禾主编:《中国法院信息化发展报告 No.3(2019)》,社会科学文献出版社 2019 年版,第 57 页。

里,还处于从外行审判司法体系"进化到"专家审判司法体系的过程中。因此,对信息化、大数据与人工智能的强调与重视,并不意味着中国法官的专业化、职业化、现代化建设并不重要。换言之,在当下中国,法院的"人工"建设的重要性,不亚于"智能"建设的重要性。其三,本文虽然强调审判管理的重要性,但并不主张审判管理要介入到法院司法活动中的所有领域。再强调一遍,本文所谓的"大审判管理格局",其核心理念之一是服务法官,是通过组织化途径(甚至一定程度的行政化途径)来化解法官的非审判性事务工作,以便法官更能集中精力去从事最核心的规则适用工作。我们要抛弃一种旧的观念,把法院管理或者审判管理视为"阿堵物",说不得。[①] 在这个意义上讲,智能人工司法体系与大审判管理格局,遵循了两个本位:在规则适用等核心审判工作领域,坚守"法官个体本位",以最大限度地追求司法公正,并在审判辅助等外围工作领域,遵循"法院整体本位",以最大限度地追求司法效率。这个"双本位"立场才能对法院的有限人力与物力资源实行最优配置。[②] 换言之,在智能人工的司法体系时代,司法体系的运作是"系统化"和"独立决策"的有机统一。如果过分强调系统化,有可能会对司法的核心功能造成伤害,如果过分强调"独立决策"就有可能损害司法的效率,不能应付"诉讼爆炸"的要求。当然,相关的研究还值得进一步深入开展。

(程金华/文)*

[①] 蒋惠岭提到:30多年前,各国法院仍然讳谈"法院管理"问题,即使出现了以"案件流程管理"为名的管理方式,也总是处在不断的争论之中。但是,在今天,司法管理、法院管理、审判管理等已经成为各国法院制度中的热门话题。蒋惠岭:《司法改革的知与行》,法律出版社 2018 年版,第 278—281 页。
[②] 关于"法官个体本位"与"法院整体本位"的讨论,参见顾培东:《法官个体本位抑或法院整体本位——我国法院建构与运行的基本模式选择》,载《法学研究》2019 年第 1 期。
* 程金华,上海交通大学凯原法学院教授。本文原刊于《上海交通大学学报》(哲学社会科学版)2019 年第 6 期。

司法大数据应用的法理冲突与价值平衡
从法国司法大数据禁令展开

2019年6月4日,知名杂志 Artificial Lawyer 刊登了一篇题为《法国禁止分析法官,违反者将被判处五年监禁》的文章①,引发全球科技界与法律界的高度关注。"法国禁止人工智能指引""法国禁止判决结果预测""法国禁止对法官进行大数据分析""法国禁止法律数据分析""法国禁止对公共数据合法使用"等多种解读充斥坊间,法律科技界寒冬将至的论调甚嚣尘上。摆在法律科技界和大数据研究人员面前的问题是:随着各国法院判决的数字化与公开化,司法大数据应用已经日益成为全球化的趋势,法国在此种背景下为何要逆势而上?这一选择会否产生多米诺骨牌效应而引发全球效仿?对于方兴未艾的中国司法大数据应用而言,又有何种启示?本文将以法国司法大数据禁令为切入点,从法理冲突与价值平衡的视角,分析其立法的成因及其制度背景,并结合我国司法大数据应用的现状提出应对之策。

一、文本解读:法国司法大数据禁令概述

2019年3月23日,法国立法机关基于2018—2022年的司法改革框架颁布了2019—222号法律(de programmation 2018‐2022 et de réforme pour la justice,以下简称《司法改革法》)②,其中就包括备受争议和误读的第33条。《司法改革法》主体部分

---

① "France Bans Judge Analytics, 5 Years in Prison for Rule Breakers", *Artificial Lawyer* (June 4, 2019), https://www.artificiallawyer.com/2019/06/04/france-bans-judge-analytics-5-years-in-prison-for-rule-breakers/,2020年2月21日最后访问。
② 法律原文请参见 LOI n°2019‐222 du 23 mars 2019 de programmation 2018‐2022 et de réforme pour la justice, https://www.legifrance.gouv.fr/affichTexte.do? cidTexte = JORFTEXT000038261631&categorieLien = id,2020年2月21日访问。英文世界通常将2019—222号法律翻译成《法国司法改革法》(*French Judicial Reform Act*),应该说该翻译与法条原文有一定出入。按照法文的原始含义,2019—222号法律的标题是"2019年3月23日第2019—222号关于'2018—2022规划及司法改革'的法律"而并非"司法改革法",它实际上是法国基于2018—2022年司法改革框架而制定的"2019—222号法律",核心内容包括"2018—2022规划"以及"司法改革"。关于该法案准确的翻译可参见施鹏鹏:《法国缘何禁止人工智能指引裁判》,载《检察日报》2019年10月30日。当然,本文为了理解方便与论述流畅,仍然将其简称为《司法改革法》。

可以被看作对法国国内已有的多部法律具体条款修订内容的详细说明,形式上类似法律修正案;附件报告部分则是司法改革的具体规划,形式上与我国司法改革纲要相仿,因此并非我们惯常所理解的标准意义上的法律。本文关注的第33条其实就是对《商法典》(code de commerce)、《行政司法法典》(code de justice administrative)、《司法组织法典》(code de l'organisation judiciaire)①等法律特定条款修改的说明。其中,司法大数据禁令主要体现在《司法改革法》第33条对《行政司法法典》第L.10条和《司法组织法典》第L.111-13条的修订中。由于两者修订的内容只有部分表述的细微差异,因此笔者仅展示有关前者的修订原文:②

>　　修改《行政司法法典》第L.10条,将第2款和第3款替换为如下3款:③
>　　在不违反有关查阅和公布司法判决的特别规定的情况下,法院作出的判决应以电子的形式免费提供给公众。
>　　作为对前一款的限制,判决中提及的自然人姓名,无论是当事方还是第三方,在向公众公开之前需要进行隐名处理。如果披露相关资料会损害相关人士或其身边人士的安全或隐私,任何可识别当事人、第三人、法官、书记官的身份信息亦需保密。
>　　法官和书记官处成员的身份资料不得用于评价、分析、比较或预测其实际或假定的专业做法。违反禁令者,应判处刑法228-18、226-24及226-31所规定的处罚,但不影响1978年1月6日第78-17号法律关于数据处理、归档的措施与制裁。

从立法文本来看,《司法改革法》第33条对《行政司法法典》第L.10条和《司法组织法典》第L.111-13条修订的核心内容包括三点:④第一点关注司法公开,根据

---

① 《行政司法法典》兼有组织法和程序法的内容,国内也有译作《法国行政诉讼法典》。参见王敬波、王秀丽:《法国行政诉讼法典(法律篇)》,载《行政法学研究》2007年第1期。
② LOI n°2019-222 du 23 mars 2019 de programmation 2018-2022 et de réforme pour la justice-Article 33, https://www.legifrance.gouv.fr/eli/loi/2019/3/23/2019-222/jo/article_33,2020年2月21日最后访问。
③ 《行政司法法典》第L.10条修订前有5款,因为《司法改革法》第33条将其第2、3款修订为第2—4款,因此新法条有6款。笔者在本文中只列出修改的2—4款,法条全文请见 https://www.legifrance.gouv.fr/affichCodeArticle.do?cidTexte=LEGITEXT000006070933&idArticle=LEGIARTI000038311171&dateTexte=&categorieLien=id,2020年2月21日最后访问。《司法组织法典》第L.111-13条修订前为4款,修订时将第1、2款修订为1—3款,因此新法条共5款,法条全文请见 https://www.legifrance.gouv.fr/affichCodeArticle.do?cidTexte=LEGITEXT000006071164&idArticle=LEGIARTI000038311162&dateTexte=&categorieLien=id,2020年2月21日最后访问。
④ 由于修订内容的第一点实际上分别是《行政司法法典》第L.10条的第2款和《司法组织法典》第L.111-13条的第1款,为了避免混淆,本文中没有使用"款"的表述,而是使用了"点"。

该款规定,法国所有法院的判决原则上都要电子化并向社会公众免费提供。这是对2016年法国司法公开改革的进一步深化。在相当长的时间内,法国司法判例的公布主要由最高法院(la cour cassation)和国务委员会(le conseil d'Etat)进行遴选,公开比例有限,并且呈现出零碎和不完整的状态。① 尽管2002年第2002—1064号法令颁布后,部分法院的判决书就开始在公共网站(legifrance.gouv.fr)上发布,然而,直到2016年,公开的比例也不到法国总判决数的1%。② 2016年《数字共和国法》(Loi République numérique,也称"勒梅尔法")力图改变判决书公开不足的现状。该法第20条和21条分别对《行政司法法典》和《司法组织法典》进行修订,要求在尊重有关人员隐私和评估再识别风险的基础上向公众免费提供所有法院的判决。③ 这无疑"剥夺"了法国最高法院和国务委员会选择性公开判决的权力,是法国司法改革进程中具有里程碑意义的事件。不过,"勒梅尔法"虽然规定需要"免费提供",但却没有明确提供的方式,在法律适用过程中发生了一定争议。④ 因此,2019年的《司法改革法》就进一步明确判决书以"电子形式"免费提供。第二点是对第一点的补充,即在文书充分公开的基础上对特定自然人姓名和身份信息进行必要保密。相较于"勒梅尔法",新法明确将判决书中法官与书记官的身份信息纳入了保护范围。第三点就是国内外法律科技界热议的司法大数据"禁令条款"(以下简称"禁令条款")。结合法国《刑法》第226-18、226-24和226-31条所列的惩罚措施可以发现,"禁令条款"的处罚颇为严厉,违反者最高可以被判处5年有期徒刑以及30万欧元的罚金。⑤ 仅从字面含义看,"禁令条款"没有限定分析方法和适用对象,因此,理论上可以涵盖所有从事法律文本大数据挖掘,甚至是小数据分析的个人、研究机构和技术公司,⑥然而,按照立法逻辑和立法原意,"禁令条款"主要针对的是大数据应用。在《司法改革

---

① Roseline Letteron, *L'accès numérique au droit*, Les Annales des Mines, No. 3, 2018, p. 69.
② Compte rendu analytique officiel du 27 avril 2016, Sénat, http://www.senat.fr/cra/s20160427/s20160427_mono.html#par_480,2020年2月21日最后访问。
③ LOI n°2016-1321 du 7 octobre 2016 pour une République numérique, https://www.legifrance.gouv.fr/affichTexte.do?cidTexte=JORFTEXT000033202746&categorieLien=id,2020年2月21日最后访问。
④ 在"勒梅尔法"的实施过程中,对"免费提供"的方式存在争议,因此除了线上的方式之外,还有主体要求法院以线下的方式免费提供判决。关于免费方式争议的讨论,参见 L'open data des décisions de justice, rapport of ministre de la Justice (Novembre 2017), pp. 41-42, http://www.justice.gouv.fr/publication/open_data_rapport.pdf,2020年2月21日最后访问。
⑤ 《法国刑法》第226—18条规定,通过欺诈、不公平或非法手段收集个人数据的,将被处以5年监禁和30万欧元罚款;第226—24条规定了对法人触犯上述罪名的处罚;第226—31条规定了触犯本章犯罪的自然人需要额外承担的费用。关于上述法条的原文,可参见 https://www.legal-tools.org/doc/418004/pdf/.
⑥ Jason Tashea, "France Bans Publishing of Judicial Analytics and Prompts Criminal Penalty", *ABA Journal* (June 7, 2019), http://www.abajournal.com/news/article/france-bans-and-creates-criminal-penalty-for-judicial-analytics,2020年2月21日最后访问。

法》颁布之前,法国的司法裁判文书并未完全电子化公开,法律科技企业无法获得足够的数据对所有法国法官/书记官进行精准的大数据分析,而在《司法改革法》出台之后,科技企业理论上可以获得接近法国全国法院判决全样本的数据集,由此就获得了大数据应用的数据基础。因此,"禁令条款"实际是立法机关对法国司法裁判文书全面网上公开之后所可能引发的司法大数据应用(评价、分析、比较、预测等)的直接限制。这也解释了为何对于"禁令条款"的关注主要来自各国的法律科技界。在此之前,欧盟国家司法机关在官方层面对智能技术虽然谈不上大力支持,但也不禁止科技公司、研究机构、律师事务所展开这方面的尝试与应用。"禁令条款"打破了上述平衡与默契,令整个法国乃至全球法律科技行业"哀鸿遍野"。

然而,若我们对"禁令条款"进行解释论意义上的分析就会发现,媒体的诸多报道并不准确,甚至存在一定误读。申言之,"禁令条款"有非常明确的指向性,即不得基于"法官和书记官处成员的身份(d'identité)"进行"评价、分析、比较或预测"。可见,如果相关的应用并非基于法官/书记官的身份展开,则是完全合法的,比如分析特定法院案件的处理效率、预测特定法院对具体案件的支持度等。从这个意义上讲,法国的立法并没有禁止判决预测,也没有禁止裁判文书的大数据分析,而是禁止基于身份的定向挖掘。用严格的技术术语来表述,"禁令条款"禁止的是基于法官/书记官"画像"的判决书大数据应用。① 从草案讨论过程来看,立法者重点关注的是基于判决书大数据所可能产生的围绕法官身份"复用"(réutilisation)与"画像"(profilage)的分析、预测、评价。② 按照司法大数据现有的应用场景来看,主要是禁止以下四种应用:(1)一致性分析:将特定法官办案数据与其他法官办理类似案件的大数据进行对比,分析特定法官特定案件与整个司法系统的一致性状况。(2)连续性分析:通过将特定法官特定在办案件与其历史相似案件的对比,分析法官判决标准是否具有连续性。(3)适法性分析:通过对特定法官办理案件的挖掘,分析其是否符合现行法律的相关规定。(4)预测性分析:通过对特定法官办理案件的挖掘,预测其在办案件可能的结果,也就是俗称的大数据判决预测。因此,"禁令条款"并未一刀切地禁止所有司法大数据应用,③

---

① "画像"是大数据技术领域的常见术语,是指针对特定对象进行大数据挖掘,添加多维的数据标签,从而实现精准分析与评价。"法官画像"中包含法官办理案件类型、支持比例、审理期限等诸多数据标签。"法官画像"是对法官行为进行预测的基础。尽管"禁令条款"还提及"书记官",但从应用角度出发主要以法官为分析对象。后文为了表述简介,统一只提及法官。
② Décision No. 2019-778 DC du 21 mars 2019, paras. 86, 93, https://www.conseil-constitutionnel.fr/decision/2019/2019778DC.htm,2020年2月21日最后访问。正如前文提及的那样,"画像"是典型的大数据技术。立法者对"画像"的关注与讨论也说明了"禁令条款"将大数据分析作为重要的规制对象。
③ 以笔者实际参与研发的量刑预测系统为例,该系统以判决书大数据作为分析样本,抽取特定量刑情节进行深度学习,形成不同情节随机组合的量刑模型(函数),从而实现预测分析。技术分析过程"对案不对人"。用户在使用系统时通过勾选情节的方式进行预测,也是"对案不对人"。

针对整个司法系统乃至特定法院的大数据应用仍然具有合法性。①

当然,"禁令条款"的出台过程并非一帆风顺,甚至一度引发宪法争议。反对者认为基于法官身份的司法数据分析有助于获得对司法实际运作更全面的认识。"禁令条款"侵犯了公民获得公平审判、获取法律的宪法权利。然而,在2019—778号决定中,法国宪法委员会(The Conseil Constitutionnel)裁定"禁令条款"并没有在当事人之间造成任何不合理的区别,也没有损害各方的平衡与获得平等程序的权利。以"禁令条款"违反1789年法国《人权和公民权宣言》第6条和第16条为理由的申诉必须予以驳回。②

二、法理冲突:法国司法大数据禁令的成因

尽管从技术逻辑上看,法国《司法改革法》并未完全禁止对司法裁判文书的大数据挖掘,但其对"法官画像"的禁令同样耐人寻味。毕竟,随着各国司法文书电子化与公开化的推进,基于文书大数据挖掘的法官判决结果预测已经成为法律大数据最为主流的应用之一,中国、美国、英国、法国等国科技界与学术界均有此类大数据预测平台,以法官判决预测为主题的学术论文也屡见不鲜。有人对法国国内164家法律科技公司统计后发现,有11%推出了基于法院判决的大数据与人工智能产品。③ 正因如此,"禁令"一经发布立刻引发了欧美科技界的关注,各类成因分析的文章充斥媒体的科技版块。令人遗憾的是,现有的相当一部分分析采取了"隔岸观火"的视角,并颇有阴谋论的意味。比如,有文章指出,法国禁止"法官画像"是因为大数据对法官判决可以作出准确的预测。由此,社会公众就会因为依赖大数据应用而降低对律师行业的需求。④ 还有分析认为,禁止"法官画像"主要是因为法官害怕大数据挖掘可以呈现他/她的判决历史轨迹,尤其会呈现判决与法律不相一致、与历史判决不连贯之处。对于法国的法官而言,AI的结果预测技术就好比吹哨人。因此,"禁令"

---

① 比如结合特定法院历史办案量以及所在地区的经济、社会情况,可以形成未来办案量的预测模型。
② Décision No. 2019-778 DC du 21 mars 2019, paras. 93-95, https://www.conseil-constitutionnel.fr/decision/2019/2019778DC.htm,2020年2月21日最后访问。
③ Marc Mossé, "La transformation digitale saisie par les juristes, histoire d'une opportunité à maîtriser", *Les Annales des Mines*, No. 3, 2018, p. 34.
④ Michael Livermore, Dan Rockmore, "France Kicks Data Scientists Out of Its Courts", *Slate* (June 21, 2019), https://slate.com/technology/2019/06/france-has-banned-judicial-analytics-to-analyze-the-courts.html, 2020年2月21日最后访问。

实际上是法官群体对吹哨人的集体抵制。① 不得不说，上述分析有一定的偏颇与误读之处，并未完全反映"禁令条款"背后的立法考量。实际上，在"禁令条款"出台之前，法国国内对此问题进行了深入的讨论。最终方案正是立法机关对司法数据分析与法官隐私、司法独立、司法权威、司法公正之间法理冲突的回应。

（一）与法官隐私的冲突

"禁令条款"的出台有相当部分是基于对法官隐私保护的考量。实际上，《司法改革法》法律文本的篇章布局也凸显了这一立法原意。从体例安排来看，第33条是在"协调法院判决公开性与隐私权"的章节之下。该章节下的所有内容理应从属于协调判决公开与隐私保护的叙事逻辑。回归文章第一部分的法律文本，《司法改革法》第33条对《行政司法法典》和《司法组织法典》修订的核心内容第一点实际上是司法公开的规定，要求法国所有法院判决书原则上应该免费在线公开。第二点则是对第一点的限定，在《司法改革法》对《行政司法法典》的立法文本修订上更是直接使用"作为对前一款的限制"的表述，要求在司法公开的过程中必须保障当事人、第三人的隐私（匿名化处理）。如果判决书的公开可能影响到当事人、第三人、法官与书记官的隐私，则上述主体的身份信息也需要从公开的裁判文书中隐去。实际上，在2016年"勒梅尔法"出台后，对该法第21条和第22条"在尊重有关人员隐私的同时，免费向公众提供法院的决定"的适用存在诸多争议。其中最为核心的争议就在于法条中"有关人员"是否包括法官。法国司法部组织的专家组在多次调研听证会之后得出了与会人员立场和观点差异巨大，完全无法达成共识的结论。② 然而，《司法改革法》的修订实际上认可了法官隐私权的存在。也就是说，按照《司法改革法》的规定，当事人姓名属于当然应隐去的隐私。同时，基于隐私考量，法国立法也允许判决书在网上公开时不出现法官姓名。《司法改革法》第三点的修订则进一步强化了第二点中提及的法官隐私保护。如果说，法官的姓名属于个人隐私的话，那么特定法官的所有历史判决的分析就属于"职业隐私"。"禁令条款"禁止了法官画像，也就是禁止公开特定法官"职业隐私"。换言之，对于部分特定案件，法官的姓名可以基于隐私的考量而在公开的判决书中隐去。对于没有隐去法官姓名的判决书，公众获取的

---

① Ian Connett, "France Resists Judicial AI Revolution", *Above the Law* (June 10, 2019), https://abovethelaw.com/legal-innovation-center/2019/06/10/france-resists-judicial-ai-revolution/? rf = 1，2020年2月21日最后访问。

② L'open data des décisions de justice, rapport of ministre de la Justice (Novembre 2017), p. 43, http://www.justice.gouv.fr/publication/open_data_rapport.pdf，2020年2月21日最后访问。

信息仅限于法官与特定判决的表面关联(法官署名)。至于法官对特定诉请的支持率、证据偏好、审判效率等职业信息则完全禁止进行数据分析,因此也就处于对公众保密的状态。

(二)与司法权威的冲突

前文已经提及,在法国对法官判决预测并非一个新鲜的事物。在该技术应用的过程中,它曾引发了法律界与科技界的论战。其中,一篇有关法国法官审理庇护案件的大数据挖掘报告是重要导火索。2016年,一位律师和机器学习专家贝内斯蒂(Michaël Benesty)通过大数据挖掘分析法国的庇护案件(asylum decision)。数据显示,法官在审理此类案件时存在显著的司法偏见。一些法官倾向于拒绝所有的庇护申请,而其他法官则只有相当低的拒绝比例。贝内斯蒂还创建了一个非营利性的网站"超级法庭"(Supra Legrem)来跟踪法官庇护案件的审理进展。公众可以通过软件来追踪上述案件中的司法偏见。法国司法系统对此反应迅速,有法官陆续发表了针对贝内斯蒂的批评文章。部分媒体也站在法官一边,将贝内斯蒂及其创建的网站视为一项激进的商业技术。[①] 无独有偶,还有研究显示,只要获知法官的姓名和难民的国籍,就可以准确预测80%申请庇护案件的结果。研究人员进一步指出,这些法官的判决之所以如此好预测,是因为他们的判决模式更依赖"瞬间判断"(snap judgment),而不是基于法律和事实的不带偏见的深思熟虑。当研究人员给相关法官指出他们判决中的"偏见"时,法官随后的判决会有显著的改善。[②] 还有研究显示,除庇护案件之外,法官在其他案件(如环境类案件)也存在显著的偏见。[③] 随着法官判决大数据挖掘的普及,对司法系统的批判嵌入了"高科技"的元素。在智能技术日益具备正当性的时代,司法体系需要不断面对技术话语的挑战与批评。然而,由于挖掘算法的专业性和不可解释性,司法系统往往无法进行有针对性的回应。这种现象加深了官方对于大数据挖掘可能影响司法权威的担忧。除此之外,有论者还认为,法官姓名的公开还可能被赋予性别、出身或宗教的关联。如果在大数据挖掘中将判决结果与上述敏感信息关联,可能产生实际错误但却极具传播力的批评。由此,在判决书中公开法官的姓名不但不会实现期待中的司法权威

---

① Malcolm Langford, Mikael R. Madsen,"France Criminalises Research on Judges", *Verfassungsblog* (June 22, 2019), https://verfassungsblog.de/france-criminalises-research-on-judges/,2020年2月21日最后访问。
② Matt Dunn et al., "Early Predictability of Asylum Court Decisions", https://users.nber.org/~dlchen/papers/Early_Predictability_of_Asylum_Court_Decisions.pdf,2020年2月21日最后访问。
③ Pierre Bentata, Yolande Hiriart, "Biased Judges: Evidence from French Environmental Cases", https://hal.archives-ouvertes.fr/hal-01377922/document,2020年2月21日最后访问。

的提升,反而极可能削弱公众对司法系统的信任。①

(三) 与司法独立的冲突

"禁令条款"的另一个有力支撑在于基于法官身份的判决预测很可能会对法官判决造成不当干预,进而影响司法独立,阻碍司法创新。按照法律大数据的应用逻辑,理论上通过对海量判决书的深度学习,可以形成对具备特定情节案件的判决预测模型。该模型不但可以对未决案件进行智能辅助,同样还可以对已决案件进行偏离度的测算。这就是本文第一部分提及的"一致性分析"和"连续性分析"。在"禁令条款"出台之前,法国司法系统于2017年在雷恩和杜埃两家上诉法院进行了司法人工智能判决结果预测软件Predictice的试点。经过试点后,法国司法系统得出的结论是软件并无显著价值,它无法判断案件中的细微差别,也无法充分考量一些案外因素。② 随后,法国政府于2017年成立公开数据委员会(Commission on Open Data)研究司法改革,并有了"禁令条款"的出台。从对各类报告的归纳来看,"禁令"的出台主要是基于几个方面的考量:第一,现有大数据挖掘技术精准性不足。"预测性分析" (predictive analytic)的基本目标是最优化,也就是在一系列备选方案中寻求最优解。其挖掘的结果只是一种概率的选择。基于法官大数据画像的判决结果预测和偏离度评估并非完全准确。第二,基于大数据挖掘所产生的最优判决(最优解)的压力,客观上可能潜在地形成一种要求法官向历史平均判决结果靠拢的压力。这不仅对法官判决形成不当干预,影响司法独立,还会抑制法律制度适应性和动态性所必须的较低层次的差异或异质性。过度地向平均数靠拢将会从根本上限制司法场景中基于价值变化或理念调整而进行的"创造性演变"。③ 第三,大数据还会给多数派判决以过高的权重,当法官受到大数据判决方案的影响,多数派判决就会被进一步强化,最终导致整个司法实践固化。④ 第四,法官大数据画像的应用可能引发管辖权兜售(forum selling)的行为。在司法实践中,出于不同的动机,包括名誉或地方利益,一些法官希望审理更多的案件。当原告有广泛的法院选择时,这些法官有动机使法律更有利于

---

① L'open data des décisions de justice, report of ministre de la Justice (Novembre 2017), pp. 47-48, http://www.justice.gouv.fr/publication/open_data_rapport.pdf,2020年2月21日最后访问。
② Roseline Letteron, "L'accès numérique au droit", *Les Annales des Mines*, No. 3, 2018, p. 71.
③ Caryn Devins et al., "The Law and Big Data", *Cornell Journal of Law and Public Policy*, Vol. 27, Issue 2, 2017, p. 359.
④ Jean-Marc Sauvé, "Le numérique et la justice administrative", *Les Annales des Mines*, No. 3, 2018, pp. 45-46.

原告,从而吸引更多的原告起诉。① 司法大数据分析的应用使得法官可能为了塑造良好的记录而有意识地向公众偏好倾斜,以便在管辖权竞合的诉讼案件中争取更多的案源,从而给法官判决形成了不当的诱导。因此,法国立法者在解释"禁令条款"时就强调,基于法官"画像"的数据分析,将会给法官履职带来压力并影响司法的正常运作。②

(四) 与司法公正的冲突

"禁令条款"还有避免诉讼投机行为,保障司法公正的考量。法国宪法委员会第2019—778号决定中明确提及法官大数据画像的应用可能会加剧策略性的管辖权选择行为(des stratégies de choix de juridiction),③也就是"择地诉讼"和"挑选法官"的诉讼投机行为。"择地诉讼"(forum shopping),又称"选择法院""挑选法院""选购法院",是指当事人为了获得有利于自己的判决结果而有意识地选择在特定法院进行诉讼的行为。《元照法律词典》对于"择地诉讼"的解释是"一方当事人选择某一特定法院进行诉讼,以获得最有利的判决"。④ 在美国,"择地诉讼"主要出现在联邦与州管辖竞合以及国家纠纷的案件中,它被认为是"一种事实活动和合理的诉讼策略"。⑤ 当然,这种认知更大程度上建立在传统诉讼模式的基础之上。在管辖权相对弹性的诉讼制度中,律师可以根据对不同法官的了解而灵活选择管辖法院,以此获得有利的判决。然而,随着大数据技术的普及和法官大数据画像的广泛应用,"择地诉讼"的成本和难度将大幅度下降。传统诉讼中少数人可以享受的"特权"可能走向普及。由此,小范围的"诉讼策略"也就可能潜在地转变为普遍性的"诉讼投机",进而影响司法公正。实际上,在2016年"勒梅尔法"颁布之后,法国国内关于判决的大数据分析就迅速发展。不少法国科技公司利用大数据与人工智能技术对法官进行"画像"、统计、排名,以此为基础预测诉讼的成功概率、可能获得的侵权赔偿金额,甚至是帮助当事人选择在赡养纠纷中更"慷慨"的法官。⑥

---

① Daniel M. Klerman, Greg Reilly, "Forum Selling", *Southern California Law Review*, Vol. 89, No. 2, 2016, p. 241.
② Décision No. 2019-778 DC du 21 mars 2019, para. 93, https://www.conseil-constitutionnel.fr/decision/2019/2019778DC.htm,2020年2月21日最后访问。
③ Décision No. 2019-778 DC du 21 mars 2019, para. 93, https://www.conseil-constitutionnel.fr/decision/2019/2019778DC.htm,2020年2月21日最后访问。
④ 参见薛波主编:《元照英美法律词典》(缩印版),北京大学出版社2013年版,第575页。
⑤ 赵相林、邢钢:《论国际民事诉讼中的挑选法院》,载《比较法研究》2002年第2期。
⑥ Roseline Letteron, "L'accès numérique au droit", *Les Annales des Mines*, No. 3, 2018, pp. 68-69.

三、价值平衡:法国司法大数据禁令的评析

无论是对法官隐私与安全的保护,还是避免法官遭遇不当干预,防止诉讼投机,其立法原因都和法国特定的制度背景紧密相关。脱离特定的制度背景,对于法国司法大数据分析禁令多少可能感到费解,比如中国读者就很难认同判决书在网上公开时需要保护法官的隐私。因此,要进一步加深对法国"禁令条款"的理解,还要从法国乃至欧盟特有的制度背景切入。实际上,"禁令条款"的出台是立法者调和司法公开与个人数据、司法权威与言论自由、司法独立与技术主义、法官个体与法院整体等多元价值冲突所做出的妥协与折中。

(一) 司法公开与个人数据的价值平衡

众所周知,《一般数据保护条例》(General Data Protection Regulation,以下简称GDPR)在2018年5月正式生效。作为欧盟区通行的数据保护规范,GDPR强化了数据主体对个人数据的控制导向,赋予数据主体以数据隐私权。[1] 因此,在法国制定《司法改革法》时,由于涉及当事人乃至法官、书记官的个人数据,如何符合GDPR的数据保护规范就成为需要重点讨论的内容。[2] 正因如此,在理解"禁令条款"时必须结合GDPR,否则难以理解为何在司法公开过程中还需要探讨法官的个人数据保护。当然,由于本文关注的是"禁令条款"的深层原因,其核心是"法官画像"问题,因此笔者将聚焦两方面:其一,法官出现在判决书上的姓名是否属于"个人数据"(personal data)? 其二,相关主体,如科技公司、研究机构是否有权基于法官姓名而进行大数据挖掘?

根据GDPR第4(1)条的规定,"个人数据"是一个已识别或可识别自然人的所有相关信息。其中,自然人姓名属于最为重要的"个人数据"。那么,法官履行公职的行为——依法在判决书署名——是否会使姓名由"个人数据"转换为"职务数据"? 对此,GDPR并没有明确提及。但是,从欧盟法院的相关判决我们可以推知,履行公共职责并不构成个人信息的排除。在2019年的布伊维兹案(Buivids)中,布伊维兹录制了一名警察在警察局履行职责时的录像,并将录像上传至视频网

---

[1] 参见丁晓东:《什么是数据权利?——从欧洲〈一般数据保护条例〉看数据隐私的保护》,载《华东政法大学学报》2018年第4期。
[2] Sam Clark, "France Limits Data Analysis of Judges' Decisions", *Global Data Review* (June 7, 2019), https://globaldatareview.com/article/1193795/france-limits-data-analysis-of-judges%E2%80%99-decisions, 2020年2月21日最后访问。

站。在判决中,法院认定,视频录像所记录的图像使警务人员易于辨认,因此毫无疑问是"个人数据"。布伊维兹的拍摄和上传行为也属于"个人数据"的"处理"。①可见,只要能够直接或间接识别个人的数据便是 GDPR 中的"个人数据",不受使用方式、数据来源影响。也就是说,法官在判决书上所署的姓名仍然属于个人数据,依法受到 GDPR 的保护。

在明确判决书上法官姓名属于个人数据后,我们需要讨论对科技公司、研究机构"法官画像"的禁止是否有 GDPR 的正当性基础。在 GDPR 的概念框架中,"数据处理"是指对个人数据或个人数据集合所做的任何一项或一组操作,包括但不限于收集、记录、储存、修改、结构化、排列或组合[第4(2)条]。对于"画像"行为属于处理"个人数据"并不存在争议。争议点就在于科技公司、研究机构是否有权利进行上述处理。一般而言,"数据处理"必须有合法性的基础,比如基于数据主体的明确同意与授权[第6(1)(a)条]。不过,也有例外,即基于"法律职责"[第6(1)(c)条]或"公共利益"[第6(1)(e)条]。可以肯定,科技公司、研究机构的"法官画像"行为不属于"职权行为"。同时,在法国立法者看来,基于法官身份的司法大数据分析不仅可能不是有助于"公共利益",反而有可能给司法独立、司法权威与司法公正带来负面影响。基于上述认识,在 GDPR 的框架下,科技公司、研究机构的"法官画像"的数据处理行为就必须要获得数据主体,也就是法官的明确授权。从《司法改革法》出台前法国法官群体对大数据挖掘的抵触情绪来看,这种授权很难以实现。因此,"禁令条款"实质上与 GDPR 的基本制度框架一脉相承。

综上所述,在明确 GDPR 的框架之后,我们可以清晰地知悉,法国"禁令条款"并非"突然出现",尽管在中国读者的视角中确实容易有这种"错觉"。"禁令条款"的实质是法国立法者在对司法公开与法官个人数据保护进行价值权衡之后的立法妥协:一方面,基于公共利益的需要,在司法公开中展示法官的姓名,从而对法官个人数据权进行限制。在判决上公开法官的姓名是司法公开的基本要求。司法判决中法官姓名的公开无疑有助于公众加深对法院判决的了解,还可以形成对司法更好的预期。在公开的判决书中隐去法官的信息,实际上隐去了作出判决最核心的角色,由此司法公开的可靠性及完整性会受到根本打击。② 另一方面,同样基于公共利益(司法独立、司法权威、司法公正等)的需要,对基于法官个人身份的数据挖掘及其预测予以

---

① C-345/17-Buivids(2019),http://curia.europa.eu/juris/document/document.jsf?docid=210766&pageIndex=0&doclang=EN,2020年2月21日最后访问。
② L'open data des décisions de justice, rapport of ministre de la Justice (Novembre 2017), p. 44, http://www.justice.gouv.fr/publication/open_data_rapport.pdf,2020年2月21日最后访问。

禁止。这一方面解释了为何第 33 条是放置在《司法改革法》"协调法院判决公开性与隐私权"的章节之下,另一方面也解释了法国《司法改革法》第 33 条其实并未禁止所有对裁判文书的大数据挖掘,只是不允许大数据挖掘指向法官个人。

(二)司法权威与言论自由的价值平衡

关于法国"禁令条款"的解读还需要放置在法国甚至欧盟的言论自由体系下来关注。《欧盟人权公约》第 10 条第 1 款明确规定了"言论自由"(free of expression)的权利——人人都有表达自由的权利。这项权利应包括发表意见、接受和传播信息和思想的自由。不过,第 10 条第 2 款还规定了基于维护司法权威可以对言论自由进行"合法限制"。[①] 在欧盟的法律环境中,对法官进行大数据画像、行为分析、判决预测进而对法官、法院、司法体制进行批评也是言论自由的范畴。因此,需要进一步讨论"禁令条款"是否违反了《欧盟人权公约》的规定。这就需要判定,"禁令条款"对言论自由(基于法官大数据画像的评估、分析、批判)所施加的限制是否具有"合法目的"(legitimate aim)。欧洲人权法院(The European Court of Human Rights)在"普拉格与奥伯施利克诉奥地利案"(Prager and Oberschlick v. Austria)一案中强调基于保护司法声誉和维护司法权威的目的而限制批评法官的言论具有合法性——司法系统必须受到特别保护,使其免受毫无根据的破坏性攻击。[②] 一个普遍被视为破坏司法权威的例子发生在 2016 年英国法官的第一个有关脱欧的判决——要求政府必须经过议会批准才能脱欧。判决出台后,英国高等法院(High Court of England and Wales)三位法官的照片出现在 2016 年 11 月 4 日《每日邮报》(Daily Mail)的头版,并配以"人民的敌人"的标题。[③] 正如本文第二部分提到的那样,"禁令条款"出台的背景之一就包括基于大数据挖掘而对法官判决随意性、不连贯性、不一致性的批判,认为法国的法官判决常常是"瞬间判断"、存在自己都没有意识到的"偏见"等。上述批判以智能技术为"外衣",获得了极大的关注和影响力。有些批判甚至已经可以在一定程度上被视为"人身攻击"。因此,法国"禁令条款"实际上是针对言论自由与司法权威之间张力的立法选择,旨在避免不实人身攻击,维护司法权威。当然,仅仅具备"合法目的"

---

① 相关讨论可参见 Dominika Bychawska-Siniarska, *Protecting the Right to Freedom of Expression under the European Convention on Human Rights: A Handbook for Legal Practitioners*, Council of Europe, 2017, pp. 72-75.
② *Prager and Oberschlick v. Austria*, ECHR, 1995.
③ James Slack, "Enemies of the People: Fury over 'out of Touch' Judges Who Have 'Declared War on Democracy' by Defying 17.4 m Brexit Voters and Who could Trigger Constitutional Crisis", Daily Mail (November 3, 2016), https://www.dailymail.co.uk/news/article-3903436/Enemies-people-Fury-touch-judges-defied-17-4m-Brexit-voters-trigger-constitutional-crisis.html, 2020 年 2 月 21 日最后访问。

还不足以构成正当的言论自由限制。根据欧盟的相关司法实践,基于合法理由对言论自由的限制还必须具有手段上的"恰当性"(比例原则)。为此,法国立法机关作了折中选择,将司法大数据的禁令限制在针对法官个人画像的范围之内。

(三) 司法独立与技术主义的价值平衡

在全球范围内,大数据与人工智能技术已经开始广泛影响政治、经济与文化生活。然而,不同国家对于智能技术的态度截然不同。美国采用了相对宽松的管理制度,对于大数据与人工智能技术在司法领域的应用也并不反对。Lex Machina、Premonition、Ravel Law 等知名的司法大数据挖掘平台都是基于海量裁判文书对法官进行画像,进而实现风险评估与结果预测。与美国形成鲜明对比,欧洲层面对于司法公开,尤其是判决书网上公开之后可能给司法系统带来的影响充满担忧,对于科技企业以市场为导向大规模使用上述数据更是心怀警惕。① 这就使得在欧盟范围内司法大数据与人工智能应用呈现出以下几点显著特征:第一,民间应用蓬勃发展。欧美国家司法领域大数据与人工智能的开发主要集中在私有主体(private sector),如科技公司、律师事务所。经过多年发展,已经在法律问答机器人、法律文书审查与生成、案件研究、判决预测等方面形成了一系列的应用。第二,官方应用相对有限。与民间蓬勃发展形成鲜明对比的是,欧美国家官方层面,以公共政策进行推广的司法智能化应用较为有限。近年来,欧美不少国家都推出了司法现代化的改革。上述改革也不乏对科学技术应用的强调,但相关措施仍然主要停留在传统信息化的维度,强调文书电子化、在线纠纷解决等。改革过程中对于大数据与人工智能技术的关注并不充分。欧洲司法效率委员会(European Commission for the Efficiency of Justice)在《关于在司法系统及其环境中使用人工智能的欧洲伦理宪章》中指出欧洲各国法律大数据与人工智能应用未受足够重视,并且主要来自私营部门,而未被纳入公共政策。② 可以说,法国"禁令条款"的出台与欧盟地区各国对大数据技术司法应用的警惕一脉相承,所不同的只是法国政府更进一步,由"谨慎"到部分"禁止"。

当然,对于智能技术在司法领域的警惕可能只是表象,潜藏其中的是司法自治与技术主义之间的话语冲突。③ 在传统社会,法官是司法系统的核心,法官判决的质量

---

① Yannick Meneceur, "Le numérique, levier essentiel d'une meilleure efficacité et qualité de la justice en Europe", *Les Annales des Mines*, No. 3, 2018, p. 14.
② European Commission for the Efficiency of Justice, *European Ethical Charter on the Use of Artificial Intelligence in Judicial Systems and their Environment*, Council of Europe, 2018, p. 16.
③ 关于司法大数据与人工智能应用过程中出现的话语冲突,可参见王禄生:《大数据与人工智能司法应用的话语冲突及其理论解读》,载《法学论坛》2018 年第 5 期。

取决于系统内部的同行评价。换言之,司法系统的独立性赋予司法系统以案件质量评价的自主性(autonomy)。司法系统掌握着评价的最终话语权。然而,随着智能技术的发展,技术开始作为法官案件质量评价的重要标准,并且由于"智能"的外衣在社会公众认知层面已经形成共识,技术话语对于案件质量的评价往往比法官乃至法院系统的自我评价更具有正当性和说服力。由此,案件评价的话语权就可能潜在地由系统内转向系统外。更进一步,随着技术对司法渗透范围的扩大,司法全过程都可能被纳入技术治理的视角之下,无远弗届、无处遁形。于是,司法独立与技术主义之间的张力在这个过程中就逐步加剧。因此,法国"禁令条款"正是价值平衡之后的折中处理。一方面,禁止对法官个人进行大数据挖掘,保留司法的独立性;另一方面,允许非个人化的大数据挖掘,保障技术的发展与应用。

(四)法官个人与法院整体的价值平衡

众所周知,英美法系的法官以个人名义作出判决,法官个人构成了司法判决的核心。而在法国,法理上认为法官并非以个人名义作出判决,而是以"法国人民"(au nom du peuple français)的名义。法国国务委员会副主席在表达对法官"画像"的反对立场时就表示,"在法国的概念中,法院的判决超越了法官个人"。[①] 一般而言,法国法院判决由三名法官组成的合议庭在评议之后作出,而评议过程是保密的。没有人知悉合议庭中特定法官对判决的意见。尤其是对判决持否定意见的法官,其也因为合议庭所呈现的"整体"面目而失去可辨识性。在这种背景下,法官个人是隐藏在法院组织之内的。换言之,在法国的司法系统中,法院(整体)和法官(个人)之间是有着显著差异的。如果不了解这一基本理念的话,中国的读者就很难理解法国《行政司法法典》第 L.10 条第一款为何要明确规定判决书必须公开,并且标明作出判决的法官姓名。在中国读者看来,规定法官要在判决中署名稍显多此一举。然而,在法国的司法实践中法官署名则属法律强制。也正因如此,在《司法改革法》修订的过程中,就有声音认为,既然判决是由合议庭以法院的名义作出的,那么在判决向社会全面公开的过程中就应该隐去法官的姓名。尽管立法者最终没有采纳这种稍显激进的建议,但也做出了一定的妥协,也就是在公开法官姓名的同时禁止针对法官个人的大数据挖掘。

---

① L'open data des décisions de justice, rapport of ministre de la Justice (Novembre 2017), p.48, http://www.justice.gouv.fr/publication/open_data_rapport.pdf,2020 年 2 月 21 日最后访问。

四、中国选择:法国司法大数据禁令的启示

当前,大数据与人工智能技术被普遍视为审判体系与审判能力现代化的重要动力。得益于顶层的大力推动,中国司法大数据与人工智能技术的应用不再是某一片断、局部场景的小范围运用,而是呈现出范围全面性、功能根本性、地位关键性与态度开放性等时代特征。① 《最高人民法院关于加快建设智慧法院的意见》就明确提到"挖掘利用海量司法案件资源,提供面向各类诉讼需求的相似案例推送、诉讼风险分析、诉讼结果预判"。实践中,"同案不同判预警""判决结果预测""诉讼风险评估"等基于司法大数据的智能应用已经完成开发,进入试点阶段。② 可见,相较于欧盟主要国家司法机关对于智能技术的应用而言,我国司法大数据的应用具有全场景、全业务、全流程的特征。因此,我们在推动司法大数据应用时"既要关注大数据技术给审判体系与审判能力现代化所带来的突破,更要关注大数据技术给传统司法理论带来的调整,明确大数据在司法场景内应用的限度"。③ 法国"禁令条款"出台的理由以及围绕它展开的讨论为我们理解司法大数据应用可能与司法独立、司法权威、司法公正之间形成的法理冲突提供了重要启示。同样,"禁令条款"出台过程中,立法者对各种价值进行权衡后的折中选择同样具有重要的参考价值。

当然,考虑到中国与法国在法律文化、制度体系和司法实践上的诸多差异性,对域外立法与实践也不能照抄照搬,而需要结合本土语境展开有选择的借鉴。众所周知,欧盟的 GDPR 高度倾向于个人保护,因此,其制度设计以扩大个人数据权能为典型特征。由此,就给数据控制者和数据处理者设定了较高的合规义务。科技公司、科研机构在基于公开判决书进行大数据分析时,仍然需要承担较高的个人数据保护义务。我国的个人信息保护则奉行利益均衡原则,在立法时强调保障与发展并重,在实践中关注信息主体与信息业者的平等保护。④ 理念差异的一个直接后果就是我国现有规范体系对于依法公开后的个人信息的使用设定了较为有弹性的空间。对此,尽

---

① 王禄生:《司法大数据与人工智能技术应用的风险及伦理规制》,载《法商研究》2019 年第 2 期。
② 我国司法大数据与人工智能应用的详细情形,可参见李林、田禾主编:《中国法院信息化发展报告 No.1(2017)》,社会科学文献出版社 2017 年版;李林、田禾主编:《中国法院信息化发展报告 No.2(2018)》,社会科学文献出版社 2018 年版;陈甦、田禾主编:《中国法院信息化发展报告 No.3(2019)》,社会科学文献出版社 2019 年版。
③ 刘艳红:《大数据时代审判体系和审判能力现代化的理论基础与实践展开》,载《安徽大学学报》(哲学社会科学版)2019 年第 3 期。
④ 参见张新宝:《从隐私到个人信息:利益再衡量的理论与制度安排》,载《中国法学》2015 年第 3 期;参见张新宝:《我国个人信息保护法立法主要矛盾研讨》,载《吉林大学社会科学学报》2018 年第 5 期。

管《网络安全法》等现行法律没有具体规定,但在我国的相关国家标准中却有明确体现。国家标准《信息安全技术个人信息安全规范》(GB/T 35273—2017)第5.4条规定,个人信息控制者"从合法公开披露的信息中收集个人信息"时不需要个人信息主体的授权。也就是说,无论是科技公司还是科研机构,从最高人民法院公开的裁判文书网上收集判决书并获取信息,无须经过个人信息主体授权。① 进而言之,由于个人信息保护制度通常是围绕信息收集的目的展开的,信息控制者的处理行为受目的限制。然而,依法从公开渠道获得信息的处理目的完全由数据控制者决定。由此,信息控制者后续的数据处理行为只是抽象地受"合法、正当、必要"原则的限制,只要不明确违反法律规定、损害公共利益、破坏公序良俗等,则无论是个人画像还是其他应用一般都不会遭遇明显的合规问题。可见,无论是理论认识还是法律规范,我国都不具备完全禁止司法大数据应用的可行性。与此同时,司法大数据的合理使用,确实也能够为司法系统带来显著的正面效应。对于法官而言,司法大数据可以为法官提供类案推荐、偏离预警等司法辅助工作。对于当事人而言,则可以获得诉讼风险评估、判决结果预测等智能化服务。对于整个司法系统而言,则有利于推动司法可预测性的实现,降低司法的不确定性。也正因如此,我国现阶段也不具备完全禁止司法大数据应用的必要性。

尽管如此,司法大数据应用并非完全不受限制。尤其应考虑到司法大数据滥用可能对司法独立、司法权威和司法公正造成的潜在危害。由于整体上缺乏司法大数据应用,尤其是与法官画像有关的大数据分析的风险评估,实践中,很多试点虽然是基于提高效率、保障司法公正等目的,但其执行的结果却可能会消解司法的固有属性、削弱法官的主体地位。比如有地方试点就采用大数据的理念,对法官历史办案数据进行分析,进而得出每位法官办案的效率、准确率、特定案由的支持率、擅长案由的范围等分析结果。在分析结果的基础之上,对法官进行绩效考评,甚至作为员额进出的参考依据。该试点由于将司法大数据分析与法官晋升相关联,使其对法官正常履行职权产生了实质影响。类似的地方试点并非孤例。因此,基于保障司法独立、维护司法权威和实现司法公正的需要,规范我国方兴未艾的司法大数据应用就显得刻不容缓。

第一,在司法大数据应用中引入个人信息保护理念。众所周知,司法机关在职权履行过程中会涉及大量个人信息,其中不仅有姓名、年龄、性别等一般意义的个人信

---

① 本文此处仅讨论科技公司、研究机构的收集行为是否需要经裁判文书载明的个人信息主体的授权。至于数据收集是否要获得网站的授权、爬虫使用是否有相关限制,则不在本文讨论之列。

息,还可能会涉及遗传或生物特征、健康数据等个人敏感信息。因此,个人信息保护理念是法院系统在大数据时代所必须遵循的理念。欧盟层面就高度重视将个人信息保护理念引入司法系统。"欧盟司法计划(2014—2020年)"专门资助成立了司法系统数据保护组织 INFORM,推动在欧盟层面司法系统中的个人数据保护改革。① 不同于法国以私有主体推动为特征的司法大数据应用,我国司法大数据应用呈现出鲜明的公共政策属性。法院系统本身就是司法大数据应用的最大推动者和应用者。因此,在应用开发时需要遵循个人信息保护的基本框架,在具备合法性的基础上重点考虑个人身份使用的必要性以及数据挖掘目的、手段和结果应用的正当性。一方面,在司法大数据应用中,如无必要不进行基于个人身份的数据挖掘。强调"对案不对人",淡化高度指向个人的定向开发。② 另一方面,如有个人信息在司法大数据应用中不可或缺,那么在处理时应当通过合理的技术或组织手段,保障个人信息的合理安全,包括防止未授权或非法的处理、预防意外损失或销毁等。

第二,破除司法大数据应用的片面技术主义误区。尽管司法大数据技术确实有相较于传统信息技术的优势,然而,我们必须认识到其尚处于初级阶段,技术仍有待完善。首先,司法大数据应用面临着图谱构建、情节抽取、模型构建等一系列技术难题,相关应用不仅深受案由的限制,也面临不同程度的对准确率的质疑。③ 其次,现有司法大数据的方法论强调情节与结果之间的函数关系挖掘,它实际上将法官案件审判工作简化为相关性的挖掘,忽视了司法判决过程中对政策背景、社会关系的考量,导致分析结果的机械主义与片面主义。再次,司法大数据高度依赖用以分析的判决数量。如果司法大数据挖掘仅针对法官个人办理的案件,考虑到我国的法官群体的数量和人均办案量,很难形成足够精准的数据挖掘模型,准确度则更加难以保障。因此,下一步需要赋予司法大数据应用主体以适当的释明义务,明确采用的路径、数据样本的数量、评估的准确性等关键信息,由此破除片面技术主义的迷思,形成对司法大数据应用的合理期待。

第三,推动司法大数据应用常规备案与伦理审查。在大数据日益发展的背景下,各国司法机关纷纷成立委员会对相关算法与应用进行规范。比如,2019年年初"英格兰与威尔士法律协会"成立了"公共政策、技术和法律委员会"(Public Policy Technology and Law Commission)。该委员会的核心任务是负责审查英格兰和威尔士司法

---

① 关注该组织的目标和主要活动,参见官方主页 http://informproject.eu/。
② 本文虽然围绕"法官画像"展开,但基于身份的判决大数据挖掘还可能涉及检察官、律师、诉讼代理人等,比如当前已经有科技公司利用裁判文书公开的律师信息进行"律师画像",统计律师擅长的职业领域和不同案由的胜诉率。
③ 参见王禄生:《司法大数据与人工智能开发的技术障碍》,载《中国法律评论》2018年第2期。

系统中算法的使用情况,以确定采用何种控制措施能够有效保护人权和维护对司法系统的信任。下一步我国最高人民法院可以尝试牵头成立由法学、伦理学、计算机科学等领域专家联合组成的"人民法院数据委员会",其核心工作有两个方面:其一,对全国范围内法院系统推动的司法大数据应用进行常规备案;其二,从司法独立、司法公正、司法权威角度出发,对全国范围内法院系统推动的司法大数据应用进行司法伦理审查。尽管工作组中有技术专家,但审查主要是从司法伦理角度出发,充分评估其应用可能给司法造成的影响。[1]

第四,明确司法大数据应用的非约束性适用原则。法国发布法官大数据画像禁令的目的在于避免法官受到不当的压力,维护司法独立。这一论点对中国同样具有启示意义。实践中,已经有部分试点可能潜在地影响了法官行使审判权。比如部分地区利用司法大数据评估法官办案的准确度,当法官在办案件与历史类案高度偏离时法官便无法作出判决,或是必须进行说明。此种司法大数据应用已经超出了单纯辅助性的功能,而具备了相当程度的强制性。因此,要避免司法大数据应用给法官带来的不当影响,就必须明确司法大数据应用的非约束性适用原则。对于涉及法官核心职权的实体问题,司法大数据应用仅具有辅助性质,法官有选择参考与否的自由。

第五,建立司法大数据应用的负面清单制度。负面清单制度的实质是为司法大数据应用划定禁区。换言之,在负面清单之外的应用,各地法院、科技公司、研究机构均可以自由地展开相关研发。正如前文所论及的那样,部分大数据的滥用,可能给司法独立、司法权威和司法公正带来负面影响。比如明显以诉讼投机为核心诉求的司法大数据应用,或者容易诱发民族歧视、地域歧视、性别歧视、宗教歧视的司法大数据分析。[2] 对此,"人民法院数据委员会"可以结合司法大数据应用的常规备案与伦理审查,适时出台并定期更新"司法大数据应用负面清单",以此为全国范围内的司法大数据应用提供指引。

五、结语

法国《司法改革法》第 33 条对《行政司法法典》和《司法组织法典》的修订最初是基于法官隐私、司法独立、司法权威与司法公正的考量。尽管官方对立法的出台作了正当化的论述,但在法国国内仍然存在不小的争议。举例而言,为了维护司法权威,

---

[1] 考虑到"人民法院数据委员会"由司法系统设立,因此其研究工作可以涵盖全国范围内的司法大数据应用,但就备案和审查而言则只能针对司法系统内部进行。
[2] 这样的司法大数据分析并不少见,比如分析哪个省的小偷多,哪个省的男人爱打老婆等等。

一定程度上限制或禁止法官大数据画像尚可以理解,但以刑事手段进行制裁则多少超出必要的限度。众所周知,适当的批评是司法机关作为公共机构所必须面对的挑战。在裁判大数据公布之前,学术界、实务界利用公开信息监督法院运作和法官行为业已成为常态。无论对于大陆法系还是英美法系,法官是否严格地遵守法律展开判决、法官个人判决是否遵循统一的尺度以及是否呈现出不当的偏见都是至关重要的问题。进入大数据时代,机器学习技术的发展使得大样本分析成为可能。由此,对于司法公正至关重要的问题可以获得大样本数据的支撑。合理利用对法官个人身份的大数据挖掘不仅不会损害司法权威,反而恰恰对于维持司法权威至关重要。当然,任何法律的修订与出台都是权利(权力)博弈的结果,因此必然无法得到各方的一致认可。但可以肯定的是,"禁令条款"的蝴蝶效应已然出现。在《司法改革法》出台后,法国律师通过"全国律师协会理事会"(Council of National Bar Associations)推动法律修订,要求赋予律师与法官相同的不受大数据挖掘的权利。[①] 结合 GDPR 对于"个人信息"的保护框架,律师群体的上述主张绝非毫无依据可言。总之,"禁令条款"这只蝴蝶的振翅已经导致了立法者可能不曾设想的结果。它对于法国司法大数据行业的发展究竟会形成怎样的影响,还需要我们耐心地观察。

(王禄生/文)*

[①] Dan Bindman, "French Law Banning Naming of Judges 'Will Not Stop Analytics'", Legalfutures (July 15, 2019), https://www.legalfutures.co.uk/latest-news/french-law-banning-naming-of-judges-will-not-stop-analytics,2020 年 2 月 21 日最后访问。

* 王禄生,东南大学法学院教授。本文原刊于《比较法研究》2020 年第 2 期。

司法区块链的复合风险及其双层规制

2019年中央政治局第十八次集体学习中,习近平总书记指出,"要把区块链作为核心技术自主创新的重要突破口"。作为智慧司法重要环节的区块链司法应用建设已经全面铺开。截至2019年年底,最高人民法院建设的"人民法院司法区块链统一平台",已完成超过1.94亿条数据上链存证固证。此外,以杭州互联网法院"区块链智能合约司法应用"、北京互联网法院"天平链"、广州互联网法院"网通法链"为代表的司法区块链系统亦先后上线运行。随着后疫情时代的到来,司法区块链的作用进一步凸显。2020年广州公检法司联合发布、司法鉴定机关直接接入的"公法链"即被司法部列为《第二批疫情防控和企业复工复产公共法律服务典型案例》之一。

正如复式记账法导致了现代会计学的诞生,作为新型加密算法账本的区块链技术也被认为"将成为最大的颠覆者"[①]。全新的司法区块链必将带来全新的问题。为了避免技术运用的"科林格里奇困境"[②],有必要从司法区块链的应用图景出发,深入探究其风险防控问题。

一、司法区块链的应用图景

根据司法机关的定义,司法区块链即"一种在司法环境下,通过透明和可信规则,构建不可伪造、不可篡改和可追溯的块链式数据结构,实现和管理法务事务处理的模式"[③]。司法区块链不同于一般的区块链纠纷解决机制,是"区块链+"智慧司法的产物。当前,司法区块链已远不是一句抽象的口号,而是一项切实的制度。在制度体系维度,区块链作为一种去中心、去中介的信任机制,推动了证据法的革新,影响了

[①] Michèle Finck, *Blockchain Regulation and Governance in Europe*, Cambridge University Press, 2019, pp.10-28.
[②] "科林格里奇困境"即若不能在技术发展初期对其进行规制,则随着技术的发展,规制将变得日益困难。
[③] 广州互联网法院:《广州互联网法院司法区块链标准:存证平台数据格式规范》,2019年1月31日发布,第15.2条。

证据资格认定、原件理论和证明范式。基于区块链的智能合约应用,还将为产权登记、诉源治理、智能诉讼等制度带来新的可能。

(一) 从区块链纠纷解决到司法区块链

司法区块链的话语体系是在司法场域中产生,并由司法机关主导的,不同于一般的区块链纠纷解决机制。早在区块链智能合约的数字加密货币应用中,随着去中心化自治组织(DAO)的建立,已经诞生出区块链纠纷解决应用。去中心化自治组织作为一种新型经济实体,其完全由代码组成,不存在中心化的决策权,且具有区块链的匿名化、自动化特征,这使传统司法管辖与救济面临困难。因此,区块链纠纷解决机制应运而生。如以太坊的阿拉贡纠纷解决机制(Aragon Network),也被称为"去中心化法庭"。① 在阿拉贡中,系统将在缴纳保证金的用户中随机选取五名"法官"让其以多数决的方式进行裁判,并对多数意见者给予代币激励,对少数意见者没收保证金。有意思的是,该机制还采取了"三审终审",最终由"声誉最高"的9人组成"最高法院"进行裁判。在此基础上,有学者进一步提出建立开源的区块链纠纷解决平台,即构建专业化、开放性的纠纷解决机制,允许"专业法官"在不同场合对不同类型纠纷进行裁判。② 甚至有学者提出,依托于区块链建设"计算法院"或"计算陪审团"。③

然而,这些区块链纠纷解决机制本质上都不属于司法活动。依据私人/公共、正式/非正式的两组概念,理论上可将纠纷解决方式分为四种模式。目前的司法区块链是在司法审判及审判辅助制度中发展出来的,属于公共/正式的纠纷解决模式,而区块链纠纷解决应用则属于公共/非正式的纠纷解决模式。事实上,互联网兴起后,以平台为代表的私人机构掌握了大量的"私权力",形成了"公权力—私权利—私权力"的新型结构。"私权力"典型体现在平台规则及其在线纠纷解决机制(ODR)之中。2012年淘宝网即推出"大众评审"项目。与基于区块链的阿拉贡类似,"大众评审"亦是用户组成的"法官"以多数决的方式对纠纷进行裁决。不同的是,阿拉贡的运行更去中心化,不受第三方(如淘宝平台)的干预,同时也更自动,以智能合约为依托而无须求助于国家强制力。但本质上,这种在线纠纷解决机制都不能替代司法。2013年欧盟《消费者替代性纠纷解决指令》(Directive 2013/11/EU)与《消费者在线纠纷解

---

① 高薇:《互联网争议解决中的执行问题——从司法、私人到去中心化数字执行》,载《法商研究》2018年第6期。
② Wulf A. Kaaland Craig Calcaterra, "Crypto Transaction Dispute Resolution", *Business Lawyer*, Vol 73, No. 1, 2017, pp.109-152.
③ 〔美〕凯文·沃巴赫:《信任,但需要验证:论区块链为何需要法律》,林少伟译,载《东方法学》2018年第4期。

决条例》(EU No. 524/2013)均明确规定,该种纠纷解决方式不可替代正式的司法程序,更不得剥夺消费者提起诉讼的权利。

反观司法区块链,则是正式司法活动的一部分。当前,司法机关已经将司法区块链作为智慧法院建设的重要环节。虽然,区块链曾被认作网络无政府主义思潮的复兴,[1]但如今算法已然成为一种新的权力,互联网话语也步入了国家权力的视野。借用"知识—权力—话语"共生的理论,国家早已洞察代码作为"不成文的'法典'"的权力,并积极主动地进行互联网规制。在司法区块链话语中即,司法权力通过拥抱区块链技术,利用区块链技术带来的新的生产力,在司法改革、智慧司法中发挥独特的作用,主动重塑司法权力。当下,智慧司法已经成为司法体制改革配套的重要环节,助力于实现从传统法院到在线法院,再到智慧法院、智能法院的转型升级。

(二)区块链存证的制度重塑

区块链存证应用前,我国电子证据存在采信度极低、高度依赖于国家公信力的问题。电子证据的无形性、隐蔽性、易破坏性特征使得司法机关难以直接确认其真实性。而区块链去中心、去信任的技术特征恰能弥补电子证据的缺陷。区块链基于去中心的特性,每个节点上的参与者都能掌握自动更新的分类账副本,从而产生出对算法的信任,摆脱了依赖于人的信任。针对数据交换不以人的信任为前提,区块链被认为是"去信任"的;而针对区块链创造出对技术的信任,其被称为"创造信任的机器",催生出"新的信任经济"。[2] 通过区块链验证事实,能有效避免中介机构的寻租,同时能降低运作成本与风险。

数年前,部分企业已推出了区块链存证产品。如2016年阿里云联合法大大推出了区块链邮箱存证服务。随后,区块链存证亦逐步走进司法视野。2018年杭州互联网法院在"华泰—媒诉同道科技案"中从存证平台资质、技术手段可信度和保存完整性三个方面对区块链存证进行审查,并确认了第三方区块链存证平台的证据效力。该院指出,对于区块链存证固定的证据,应作个案认定,"重点审核电子数据来源和内容的完整性、技术手段的安全性、方法的可靠性、形成的合法性,以及与其他证据相互印证的关联度,并由此认定证据效力"。[3] 同年,最高人民法院法释[2018]16号第11条第2款明确规定,"当事人提交的电子数据,通过电子签名、可信时间戳、哈希值校验、区块链等证据收集、固定和防篡改的技术手段或者通过电子取证存证平台认

---

[1] 〔英〕罗伯特·赫里安:《批判区块链》,王延川、郭明龙译,上海人民出版社2019年版,第1—3页。
[2] 赵磊:《区块链如何监管:应用场景与技术标准》,载《中国法律评论》2018年第6期。
[3] 杭州互联网法院(2018)浙0192民初81号民事判决书。

证,能够证明其真实性的,互联网法院应当确认"。

2019年以来,我国司法机关逐步推进司法区块链建设,并主要运用于证据存证领域。在证据资格认定的"证据三性"中,司法区块链存证天然满足了合法性与真实性(存在性)要求。一方面,司法区块链为司法机关所建设,确保了取证主体、证据形式、取证程序以及证据保全方式的合法性。值得注意的是,"华泰—媒诉同道科技案"中的存证平台的资质标准主要用以判断平台的中立性,并不能根据平台是否获得行政许可而直接判定证据合法性。若司法区块链与尚未取得相关行政许可的平台合作,也不能直接否定其合法性。在"全景诉康辉案"中,北京互联网法院即指出,"存证平台是否获得电子认证许可证书,属于行政管理法规调整的范畴,不能直接以此否定存证平台的资质以及存证平台存证的合法性、真实性"①。另一方面,可信时间戳、哈希值的验证,使迅速识别数据是否删改成为可能,从而确保了区块链证据本身的真实存在性。借用"华泰—媒诉同道科技案"的审查标准,即司法区块链通的建设确保了技术手段可信度和保存完整性,从而具有证据的真实性。当然,区块链只能证明证据被固定的状态(存在性),对于证据被固定前的状态,以及证据本身的真实性还需当事人举证证明。对此,2016年美国佛蒙特州的法案规定,区块链记录本身虽可"自证其真",但该属性不涉及记录的内容。

此外,司法区块链还推动了原件理论的革新。传统观点认为,电子证据原件与设备(原始载体)不可分离。因此,2019年以前,在涉区块链存证的案件中,高达83%的案件均因当事人无法证明链上证据为原件而不被采信。② 同时,区块链中的数据在各个节点同步更新,若认为其为原件,便可得出所有节点存储的数据均为原件的结论。对此,有学者主张借鉴英美法系的"复式原件说"或"认证说",更新原件理论。③事实上,根据《电子签名法》第5条,"能够有效地表现所载内容并可供随时调取查用","能够可靠地保证自最终形成时起,内容保持完整、未被更改",即符合数据电文的原件要求。区块链存证显然符合这一要件。然而,《电子签名法》无法直接适用在电子证据的判断之中。终于,在2019年最高人民法院《关于民事诉讼证据的若干规定》的修订中,该问题得到了回应。该规定新增的第15条第2款指出,"电子数据的制作者制作的与原件一致的副本,或者直接来源于电子数据的打印件或其他可以显示、识别的输出介质,视为电子数据的原件"。据此规定可直接判定区块链存证的原件属性。

---

① 北京互联网法院(2019)京0491民初797号民事判决书。
② 张春和、林北征:《司法区块链的网络诉源治理逻辑、困惑与进路》,载《中国应用法学》2019年第5期。
③ 陈全真:《区块链存证电子数据的司法适用》,载《人民司法》2019年第4期。

由此可见,司法区块链下的新型证据法证明范式已见雏形,逐渐形成了与传统证据规则相对分离的、包括区块链证据规则在内的线上证据规则。另外,这一证明范式的改变又直接导致了传统公证制度的颠覆。区块链存证获得认可,使得大量以前高度依赖公证固定的电子证据可直接通过"上链"的方式予以固定。实际上,公证机关早已主动参与司法区块链的制度革新。已有不少公证处作为司法区块链的合作建设单位,从司法区块链标准起草到节点运营,均深度参与其中。

(三) 司法区块链的多维效应

司法区块链本质上是"一次民事司法的生产力革命"[①],绝不限于区块链存证,其存在多种制度可能。在智慧司法建设布局中,司法区块链可被广泛运用到智慧审判、智慧执行、智慧服务、智慧管理的各个环节,从而助力于实现从传统法院到在线法院,再到智慧法院、智能法院的转型升级。在此,笔者将选取已经形成一定影响的产权登记、诉源治理、智能诉讼三个方面进行阐释。

第一,区块链可以提供有关资产的完整记录,司法区块链有应用到财产控制、证明、登记的可能。早在 20 多年前所提出的数字版权管理(DRM)中,即主张通过数字水印、数字签名、数字加密等技术手段,对音乐、电影和视频游戏的数字内容进行实际控制。而区块链又将进一步使得财产权的控制自动化。实践中,也已有唱片公司将智能合约应用到版权交易中,在购买人下载歌曲时,通过点对点的方式同时自动将款项支付给版权人。司法区块链也可通过该形式使用智能合约,将其广泛运用于物权登记、知识产权登记、企业登记、财产交易登记、股权登记等领域。目前,格鲁吉亚、瑞典等国家已将区块链技术运用于土地所有权登记之中。此外,与产权登记对应,司法区块链可应用于信息查验,作为信息审计的查验路径,通过连上信息迅速查明登记状态。其在电商交易、互联网金融、个人档案、企业信用、食品药品追溯、网络互助知识产权等领域均有适用的可能性。

第二,互联网法院在当前的司法区块链建设中已经关注到诉源治理的应用。如广州互联网法院即明确提出,通过司法区块链"实现信用评估追踪、风险智能把控"以"从小、从早化解纠纷"。[②] 事实上,区块链内在的共识机制本身即在于解决"双花"(即双重支出)问题。可以想象,在完善上述产权登记、信息查验应用后,房屋买卖中的"一房二卖"现象也能得到制止。同时,如前所述,区块链的"无信之信"源于对代

---

① 史明洲:《区块链时代的民事司法》,载《东方法学》2019 年第 3 期。
② 张春和、林北征:《司法区块链的网络诉源治理逻辑、困惑与进路》,载《中国应用法学》2019 年第 5 期。

码的信任,智能合约本身即有担保的功能,能保证合约仅按代码设定的方式履行。因此,有学者认为智能合约与独立担保有类似的法律构造。① 杭州互联网法院亦指出,通过司法区块链智能合约,可以直接触发违约后果,而无须法院接入。

第三,诚如《中国法院的互联网司法》白皮书所指,"数据上链"将对立案、调解、送达、庭审、举证、质证等诉讼环节都产生影响。杭州互联网法院的司法区块链智能合约,已经实现了在触发条件时诉讼的自动发起,并将司法区块链运用到"自愿签约—自动履行—智能立案—智能审判—智能执行"的全过程。如在执行环节,区块链已带来了革命性的影响。2019年北京互联网法院在一起网络侵权纠纷案件中,即首次采用区块链智能合约技术实现执行的"一键立案"。广州互联网法院更是上线了"E链智执"系统,支持执行立案审查、执行分案、文书生成等功能。研究表明,通过信息查验功能,司法区块链可大大节约执行成本;通过上链记录,又可倒逼执行行为规范。同时,司法区块链更可在执行联动机制、协同执行机制以及联合信用惩戒体系中发挥作用。由此可见,随着司法区块链的应用全面深化,其必将对多种制度造成冲击,带来全新的问题。

二、司法区块链的复合风险

区块链技术并不必然中立,也不必然"向善"。虽然区块链本质上是一种数据库、一种计算机程序、一个账本,但司法区块链属于智慧司法的重要环节,结合司法人工智能的应用,其必将负荷一定的价值,同时带来一定的风险。将司法区块链还原到算法/代码层面判断,认为其价值中立是没有意义的。正如人脑由细胞所组成,但不能因细胞没有思想而断定大脑没有思想。司法区块链不仅会负荷设计者的价值取向,而且会随着其智能化、自动化应用而产生新的风险。所谓"区块链向善",只是对区块链商业模式的广告宣传,并不符合现实,更无助于辨别风险。具体而言,由于司法区块链是"区块链+"智慧司法的产物,其必然结合了二者的风险。这并非风险的简单相加,而是智慧司法的制度性风险与区块链的内生性风险的有机组合。

(一) 功能危机上的制度性风险

作为智慧司法的重要环节,司法区块链带来了许多重要的制度革新,同时必然对

---

① 倪蕴帷:《区块链技术下智能合约的民法分析、应用与启示》,载《重庆大学学报》(社会科学版)2019年第3期。

既有制度形成一定冲击。若不能正确识别并应对相关制度性风险,将使司法区块链建设出现反效果,甚至导致法治功能危机。

宏观来看,司法区块链的不当运用,可能会与司法固有属性发生冲突,从而导致改革出现偏差。第一,司法必须保持被动中立性。然而,一方面,公检法司联合建设司法区块链,并以司法区块链主动提前介入纠纷,运用智能合约自动履行化解纠纷,或触发条件自动立案,将与司法权的本质属性相悖。另一方面,由于系统构建的复杂性以及司法系统计算机人才资源的薄弱性,诸多市场主体深度参与司法区块链系统的建设。如杭州互联网法院在司法区块链智能合约建设中与阿里巴巴合作,运用"e签宝"平台进行电子签名、人脸识别。而这些市场主体所设计的算法难免带有其自身价值追求。第二,司法应具有可获取性。智能往往不等于便民,若迷信司法区块链,则有可能忽视实际存在的"网络鸿沟",使无法或难以使用司法区块链的诉讼当事人所提交的电子证据难以被采信。第三,司法应保证透明度。但区块链算法亦存在"算法黑箱",具有算法透明、算法审计等问题。

就具体法律适用来看,虽然新型证据法证明范式已见雏形,但迷信区块链证据可能会陷入"法定证据制度"的误区。司法必须由法官而非算法进行裁判。有学者认为,"区块链技术可以在事实问题上实现对法官的完全替代"[1]。该主张实际上就是"法定证据制度"的现代版本。源于教会法的"法定证据制度"否认法官的自由心证。但即便是司法区块链也不能"忽视了证据判断所需要的经验法则、逻辑规则和理性良心等思辨性要素"[2]。法官至少应对证据来源的真实性、数据存储的可靠性、数据内容的完整性进行审查,并在直接、言辞、对审原则下,对案件事实作出评判。

此外,虽然有学者认为司法区块链通过匿名和密匙的结合,能有效保护个人信息安全,[3]但司法区块链的数据保护问题仍较为显著。部分欧洲议会议员认为,区块链难以符合欧盟《一般数据保护条例》的要求。[4] 区块链上的哈希加密信息只属于假名信息而非匿名信息,仍有被识别的风险,受个人信息保护规范约束。比特币之父中本聪就曾表示,区块链中写入的 IP 地址信息存在识别特定用户的可能。[5] 但由于去中心的结构,尤其是在公有链中,所有的节点都可能是数据控制者。又由于全链分布账

---

[1] 史明洲:《区块链时代的民事司法》,载《东方法学》2019 年第 3 期。
[2] 程凡卿:《我国司法人工智能建设的问题与应对》,载《东方法学》2018 年第 3 期。
[3] 张春和、林北征:《司法区块链的网络诉源治理逻辑、困惑与进路》,载《中国应用法学》2019 年第 5 期。
[4] Christopher Kuner, Fred Cate, *et al.*, "Blockchain Versus Data Protection", *International Data Privacy Law*, Vol. 8, Issue. 2, 2018, pp. 103-104.
[5] 〔美〕菲尔·尚帕涅:《区块链启示录:中本聪文集》,胡繁译,机械工业出版社 2018 版,第 113 页。

本的不可篡改属性,其又难以与数据最小化原则相兼容,难以保障数据主体的数据删除权、被遗忘权等权利。归根到底,区块链的结构天然地与数据主体的个人数据控制权相冲突。

最后,司法区块链的法律适用问题还表现为智能合约的属性、应用方法以及《电子签名法》的适用问题。司法区块链中广泛运用的智能合约究竟是否属于合同,存在较大争议。众多域外学者认为,智能合约只是合同履行的自动化,其本身不是合同。[①] 但国内学者则一般将其视为合同。[②] 事实上,智能合约如何应对长期开放性的合同事项,尤其是在合同修正补充时,如何在技术上调整亦存问题。同时,司法区块链智能合约的应用方式与限度亦不明确。司法区块链也无法当然适用《电子签名法》。根据《电子签名法》第 3 条,其适用范围限于民事活动中的文书,并无法包含司法活动。

(二) 安全挑战上的内生性风险

基于区块链的内在属性与结构,司法区块链至少面临着中心化风险、数据风险和系统风险,三者共同对司法区块链架构安全提出了挑战。

第一,司法区块链具有中心化风险。"区块链技术必须是去中心化的"[③],而司法机关主导、采取私有/许可型的司法区块链与去中心化自治组织(DAO)相距甚远。广州互联网法院"网通法链"的第一个层级即为"司法内部共享链",本质上属于法院内部信息化建设,可能与区块链去中心定义并不相符。北京互联网法院"天平链"的一级节点单位即均为各级法院、公证处、司法鉴定中心等官方机构,难以真正实现区块链应用的意义。事实上,由于区块链需要一个用户友好型界面以供社会公众使用,因此其本身也可能通过第三方中介机构实现中心化。[④] 2016 年 The DAO 事件即表明受黑客攻击后,以太坊可以自行决定实行硬分叉,从而形成原链与分叉链。以比特币为例,目前已经出现了比特钻石(BCD)、超级比特币(SBTC)、闪电比特币(LBTC)、比特币白金(BTP)、比特币上帝(God)等多种分叉币。也就是说,中介机构本身即具有中心化的权力。因此,有学者明确指出"去中心化是维护权力高度集中的最佳方式

---

① Michèle Finck, *Blockchain Regulation and Governance in Europe*, Cambridge University Press, 2018, pp.10-28.
② 许可:《决策十字阵中的智能合约》,载《东方法学》2019 年第 3 期。
③ 赵磊:《区块链如何监管:应用场景与技术标准》,载《中国法律评论》2018 年第 6 期。
④ 王延川:《"除魅"区块链:去中心化、新中心化与再中心化》,载《西安交通大学学报》(社会科学版) 2020 年第 3 期。

之一,因为它掩盖了个人自由背后的集中权力的本质"①。在"万物上链"的当下,极有必要审视司法区块链的中心化倾向。

第二,在数据风险上,最为突出的是司法区块链的数据主义倾向。数据主义表现为"数据的资源化、权力化和意识形态化"②。在区块链智能合约中表现为,人们更信任其中的信息,而忽视其他信息源,从而形成"自动化偏见"。在目前的司法区块链应用中,已经出现未经评估,而直接取信区块链信息的倾向。如在"苏某诉谢某名誉权纠纷案"中,昆明市中院即仅凭"原告所提供的电子数据存证证明系电子取证存证平台所认证"而直接认定区块链存证的真实性。③ 然而,司法区块链数据尚存在一定问题。首先,司法区块链的多种运用可能均与法律大数据紧密结合。而当前的法律大数据又存在数据不充分、不真实、不客观、结构化不足的问题。其次,法院各自建设的司法区块链系统,不仅有重复建设问题,而且导致系统内数据缺乏互联互通,形成"数据孤岛"。再次,如前所述,司法区块链存证仅是存在性证明。区块链的数据垃圾输入/输出(rubbish in/rubbish out)将导致数据失真的问题。链是保存方式,而非鉴真路径,若输入数据有误,其输出数据也将失真。尤其是司法区块链智能合约,更是依赖于预言机机制(oracles),以此作为区块链和现实世界的桥梁,由人或程序来验证相关条件是否成就,从而又引入了外部数据。

第三,在系统风险上,司法区块链的代码安全问题值得关注。没有任何一个系统是100%安全的,在目前的计算机软件中,一千行代码平均可能出现25个错误。④ 在某存证平台上,笔者曾发现上链时间"穿越"到1970年的明显错误。此外,区块链的"不可篡改"属性实为"难以篡改"。众所周知,对系统进行"51%攻击"即可实现对区块链的篡改。针对区块链中介平台的攻击则更为常见。Tradefortress, Mt. Gox, Bitstamp, Crypts, Gatecoin, Bitfinex, Coincheck 等众多数字加密货币交易平台均因黑客攻击而损失惨重。同时,区块链密匙分为公匙和私钥,存在私钥丢失无法获取数据的风险。已有的密匙管理软件也存在遭遇病毒感染的丢失密匙、泄露数字签名的风险。而密匙管理技术不完善、网络传输协议安全度低、计算机病毒扩散,则是这些系统存在安全风险的重要原因。同时,司法区块链同样亦存在区块链系统存储空间稀缺,运行效率低下,能耗高,难以解决通证(Token,又译"代币")方案等风险。特别是通证

---

① 〔英〕罗伯特·赫里安:《批判区块链》,王延川、郭明龙译,上海人民出版社2019年版,第1—3页。
② 李伦、黄关:《数据主义与人本主义数据伦理》,载《伦理学研究》2019年第2期。
③ 昆明市中级人民法院(2019)云01民终4038号民事判决书。
④ Kelvin FK. Low, Eliza Mik, "Pause the Blockchain Legal Revolution", *International & Comparative Law Quarterly*, Vol. 69, Issue 1, 2020, pp. 135-175.

问题,涉及司法区块链的整体制度设计。在数据加密货币的语境下,使用通证以补偿参与者的算力并形成激励,而衍生出"挖矿"的产业。但在"去币存链"的司法区块链系统中,便存在通证设计的困境。

三、司法区块链的双层规制

为应对司法区块链的复合风险,应明确司法区块链的规制模式。区块链规制模式可分为自主规制、利益相关人共同规制以及代码规制。借用"法律—社群规范—市场—架构"的经典网络规制框架,以及"代码即法律"的理念,司法区块链应采取传统法律规制与新型代码规制并行的双层规制模式,以覆盖事前规范与事后强制,充分发挥法律代码与技术代码之间的协同效应。具体而言,法律规制关注外在的制度保障,包括司法制度、证据法、数据信息制度、关键基础设施管理、智能合约相关制度、电子签名等制度的建设与适用。代码规制关注内在的架构设计,包括私有/许可型架构、"自设计保护隐私"、"隐私保护的默认设置"、"弱智能合约"、"超级节点"、平台建设、标准化建设等。

(一) 外在的法律规制与保障

司法区块链的运行首先要符合法治原则,不仅需要回应司法区块链运行中的法律适用问题,而且应围绕司法区块链的特性进行制度构建,为司法区块链设定法律边界、明确应用空间。

第一,遵循司法属性,实现数字正义。首先,必须明确司法区块链的工具属性,尊重法官的主体地位。法官的自由裁量不能"通过任何逻辑工具或演算框架被理性化"[①]。司法区块链不得以任何形式替代法官作出事实或法律判断。其次,即便从诉源治理的角度,司法区块链也必须保持被动中立。对接入的市场主体也应严加把控,在利益相关的案件中,排除市场主体自身或参与控制的链上证据。再次,在运用的维度上,应为智慧司法划设禁区。尤其是不得随意将广泛适用于民事案件的司法区块链制度,随意扩展到刑事领域,不允许司法区块链主动影响刑事案件的制度规则。

第二,引入算法解释权、算法审计制度,加强司法区块链体系建设。根据司法透明原则,司法区块链应引入算法解释权。借鉴欧盟的规定,算法解释权无须对算法本

---

① 冯洁:《人工智能对司法裁判理论的挑战:回应及其限度》,载《华东政法大学学报》2018年第2期。

身进行公开,只需通过简洁易懂的形式,给出"若非 A 则无 B"的说明。司法区块链建设标准的公开即可满足这一透明度要求。此外,司法机关应根据相关建设标准,对司法区块链算法进行风险评估与算法审计。如适用推荐性国标《分布式块存储系统总体技术要求》针对数据安全、系统安全等内容进行审计。同时,应加强司法区块链建设,不断提高司法区块链资源的可获取性。

第三,建立适合于区块链的电子证据鉴真规则。如前所述,根据《关于民事诉讼证据的若干规定》的最新条款,区块链存证应属原件。同时,必须明确存在性证明绝不等于真实性证明。对于存在性证明本身亦应结合数据的来源与完整性、数据安全与系统可靠性、计算机系统的技术条件、电子签名技术等方法进行判断。同时,应考察数据与案件的关联性,并考察数据的内容及其形成的合法性,排除非法证据的使用。

第四,明确数据保护制度的适用。首先,必须明确虽然利用密码学方法的区块链技术确实能起到数据保护作用,但其并未能实现个人信息匿名,其中普遍记录有 IP 地址数据。欧盟法院在多项判例中即明确指出,IP 地址信息是个人信息。[①] 其次,在具体的适用方法上,不应将司法区块链中的节点其至数据主体自身视为数据控制者。节点只承担信息处理者的角色,承担信息处理者的义务。而互联网法院本身作为司法区块链平台的运营者,应作为数据控制者,承担相应义务。再次,必须明确个人信息处理之上承载着数据主体利益、数据使用者利益与社会公共利益,不可将个人信息控制权绝对化。应在司法区块链中以系统安全、机密性作为实现数据最小、数据准确要求的工具,通过代码设计解决数据控制与删除的问题。

第五,明确司法区块链的关键信息基础设施地位,加强司法区块链中的重要数据保护。区块链本身就是一种应用基础设施。司法区块链也是智慧法院基础设施建设的重要部分。《北京互联网法院天平链标准》更明确规定了公钥基础设施的相关规范。从司法区块链的制度影响来看,其与国家安全、国计民生、公共利益息息相关,完全符合《网络安全法》第 31 条关键信息基础设施的范畴规定。人民法院作为运用司法区块链平台运营者,应根据相关规范,履行审查、备份、保密、评估、检测等特殊义务。同时,由于司法区块链建设的特殊性,又应通过公私合作治理的方式保护司法区块链关键信息基础设施。与之对应,司法区块链中也储存有

---

① See Case C-275/06 *Productores de Música de España* (*Promusicae*) *v. Telefónica de España SAU* (2008); Case C-70/10 *Scarlet Extended v. Société belge des auteurs, compositeurs et éditeurs SCRL* (*SABAM*) (2011); Case C-461/10 *Bonnier Audio AB and Others v. Perfect Communication Sweden AB* (2012); Case C-582/14 *Breyer v. Bundesrepublik Deutschland* (2016).

与国家安全、经济安全、社会稳定、公共健康安全密切相关的重要数据。对此,亦必须适用重要数据管理的特殊规范。

第六,司法区块链智能合约本身不能作为一种特殊合同,其应用必须符合比例原则。首先,智能合约本身只是代码,合同成立与生效需具备意思表示真实合法、权利义务对等、不违反法律禁止性规定等合同法要素。司法区块链智能合约只是法律义务履行方式的自动化应用。在这种自动化应用中必须注意合法的限度。机械地对财产进行自动化物理控制可能将导致不可接受的结果。如贷款人逾期还款时,对行驶中的汽车进行锁死,从而威胁到驾驶员和乘客的人身安全。美国阿肯色州法院即认可,债权人本可采取月度授权的方式,锁死装置因不合比例原则而违法。[①] 可见,司法区块链智能合约在设计时必须做出价值衡量,并充分考察是否存在损害更小的替代方法。

第七,通过修法或司法解释的方法,明确《电子签名法》的适用。一方面,司法区块链的发展事实上离不开电子签名法的适用。前述"华泰一媒诉同道科技案"中,杭州互联网法院即在适用《电子签名法》第 8 条的基础上,对电子存证效力进行审查。被列为"疫情防控和企业复工复产公共法律服务典型案例"的广州"公法链"亦在遵循《电子签名法》要求的基础上,签发相关电子司法鉴定书。另一方面,司法区块链依赖区块链分布式的算法技术,以密码学的方式识别签名人身份,并不易于篡改,亦已经符合了"可靠电子签名"的要求。为解决智慧司法普遍存在的困惑,《电子签名法》的适用范围应相应扩展到行政行为、司法活动之中。

(二)内在的代码规制与架构

司法区块链的代码规制要求将法律规范内嵌于代码之中,对具体技术架构提出更为精确和细致的要求,以实现事先的风险防控。根据塞勒(Thaler)和桑斯坦(Sunstein)提出的助推理论,架构设计可改变人们的行为。[②] 通过司法区块链的代码规制,司法区块链不仅是规制的对象,更成为规制工具,以其架构设计引导人们的行为,从而进一步回归司法区块链制度建设的初心,实现司法为民,让公平正义深入人心。

第一,坚持采取私有/许可型的司法区块链。根据节点开放程度,区块链分为公有链、私有链、联盟链;根据权限控制程度,又可分为许可型区块链、非许可型区块链

---

① See In re Hampton, 319 B. R. 163, 175 (Bankr. E. D. Ark. 2005).
② 〔美〕理查德·塞勒、卡斯·桑斯坦:《助推:如何作出有关健康、财富与幸福的最佳决策》,刘宁译,中信出版集团 2018 年版,第 1—18 页。

与混合链。可见,区块链的"去中心化"程度并非绝对的。采取私有/许可型区块链,即加入成为节点必须经过司法机关的授权,且各节点间的写入权限受到严格限制,只有特定的高级节点才具有管理权限。如北京互联网法院的"天平链"即对节点进行了分级管理。这种技术设计可以充分保证司法机关对区块链的主导,控制节点加入以及建立配套的机制,从而保证司法存证、产权记录等信息的有效性,同时有效避免遭遇不必要的网络攻击。此外,私有/许可型的司法区块链本身亦可作为规制工具,对内部数据进行审计,提高司法信息化的水平。

第二,强化司法区块链中的个人信息保护设计。为实现个人信息保护要求,需在司法区块链架构中采取"自设计保护隐私"和"隐私保护的默认设置"。"自设计保护隐私"即主动将隐私保护融入代码设计之中,倡导以用户隐私为中心的端对端安全。"隐私保护的默认设置"则强调在默认设置中采取最有利于隐私保护的设计。欧盟《一般数据保护条例》第25条对此作了明确规定。具体而言,可通过完善加密方法,使信息满足《网络安全法》第42条第1款"经过处理无法识别特定个人且不能复原"的匿名信息要求。无法满足匿名要求的,可以采取技术方案加强信息保护。目前,较为常见的技术处理方法有同态加密、限制分类存储、零知识证明、混合技术、模糊信息上链、环/群签名、侧链等。

第三,采取"弱智能合约"以及"超级节点"设计。为解决"强智能合约"无法撤销和修改的问题,可在司法区块链中采取"弱智能合约",允许在一定条件下的修订。① 同时,也可利用"弱智能合约"的"自毁"功能,实现数据的删除。由此可见,司法区块链应是一定程度上"可编辑的区块链"。② 而司法机关即成为其中的"超级节点",对某些链上信息进行控制,并通过验证变更的共识机制,保留相关记录以供日后审查和解释。此时,司法机关的地位已经超越一般私有/许可型区块链中的"监督观测节点",通过相关应用接口,允许司法机关对链上信息进行实质变更。

第四,优化平台架构建设,实现司法区块链的标准化。在"信用共治平台"中,虽然通证的运用必须放弃"代币"的功能,但通证本身仍可作为密匙并发挥记账功能,是共识机制中的重要环节。实际上,司法区块链对使用者的激励亦不需要通过通证实现,其高度自动化、便利化的应用本身就利于参与者。司法区块链平台建设中,更为重要的是标准化的建设。目前,国际标准化组织已经对区块链标准进行立项(ISO/TC307),我国也已经制定了与时间戳、数字签名、网络安全等级保

---

① 夏庆锋:《区块链智能合同的适用主张》,载《东方法学》2019年第3期。
② Lokke Moerel, "Blockchain & data protection... and Why They Are Not on a Collision Course", *European Review of Private Law*, Vol. 26, Issue. 6, 2018, pp. 825-851.

护、电子物证等内容相关的国家标准。互联网法院亦各自颁布了相关司法区块链标准。未来,应进一步对司法区块链标准进行统一,完善安全性要求、接入管理、技术架构、安全结构等核心标准。

(三) 双层规制的互动耦合

从结构功能来看,法律规制与代码规制并非割裂的二元结构,而是呈现出互动耦合的状态,共同实现风险防范的功能。一般认为,法律代码与技术代码的关系经历了"信息数字化""决策自动化""代码监管""法律代码化"四个发展阶段。①在"法律代码化"逻辑下,必然要求双层规制的互动结构。如前所述,司法区块链的复合风险源于区块链技术与智慧司法二者风险的有机结合,系链上技术代码与链下法律代码共同互动的结果。事实上,司法区块链作为智慧司法的重要环节,是一项现实的制度创新,本身就体现了链上与链下的交互关系。与之对应,在规制结构中,司法区块链中的法律规制与代码规制通常表现为一体之两面。代码规制是实现法律规制目标的技术条件,法律规制是呼唤代码规制设计的制度主张,二者的互动将产生整合效应。实际上,前文所列举的多种具体规制措施之间,均呈现出类似的互动耦合关系。

第一,技术代码上采取私有/许可型模式与法律代码中遵循司法属性的要求存在必然联系。私有/许可型模式确立了司法机关的主导并允许内部审计的进行,在代码中捍卫了司法区块链的司法属性,且为算法审计制度奠定了技术基础。也就是说,法官主导、被动中立、算法审计等直接作用于司法区块链的制度要求,最终又通过司法区块链的架构设计得以实现。

第二,技术代码上采取个人信息保护设计是法律代码中适用数据保护制度的必然结果。正是由于明确了司法区块链中数据保护制度的适用空间,才引入了个人信息保护设计。从域外立法经验来看,个人信息保护设计也是人工智能时代个人信息保护制度升级的重点之一。欧盟《一般数据保护条例》所规定的隐私保护的设计与默认设置、反自动化决策权、数据可携权等新型信息权利实际上均依赖于特定的架构设计。

第三,技术代码上采取"弱智能合约"与"超级节点"的设计,与法律代码中智能合约的规制模式存在内在联系。一方面,由于司法区块链智能合约并非合同,因此通

---

① 赵蕾、曹建峰:《从"代码即法律"到"法律即代码"——以区块链作为一种互联网监管技术为切入点》,载《科技与法律》2018 年第 5 期。

过技术实现链上信息的变更,只是对所记载的信息或所自动履行方式的变更,并不存在法律障碍。另一方面,这些技术上服务于司法区块链智能合约的限制性应用,回应了数据保护中数据删除权以及智能合约应用中比例原则的法律要求,且进一步加强了司法机关对司法区块链的控制力。

第四,技术代码上的平台架构建设是实现多项法律代码的重要途径。司法区块链平台架构建设及其标准化不仅可确保司法区块链符合《电子签名法》的技术要求,其本身也是区块链电子证据鉴真规则的考察对象,更可在技术上实现关键信息基础设施与重要数据保护等法律要求。同时,算法解释、算法审计等算法规制手段亦依赖于突破"算法黑箱"的架构设计。凡此种种,无一不表明了具体法律规制与代码规制之间的联系。

此外,双层规制的互动,更折射出司法区块链的新型治理理念。从传统法律规制到新型代码规制,本身即具有"技治主义"与"计算法学"面向。"技治主义"强调以科技手段和数量方法来进行治理决策。"计算法学"则是"计量法学"在人工智能时代的升级,强调"使用建模、模拟等计算方法来分析法律关系"。[①] 区块链智能合约本质上就是一种可自动执行的法律,这点尤为切合"技治主义"与"计算法学"的追求。然而,双层规制的互动并非简单地强调"法律治理"或"技术至上",而是既强调传统立法、司法、执法相关的制度构建,又强调司法区块链中的司法机关、代码架构设计者、多方参与者的协作设计。它表现为一种多方参与、共同依法防范风险的"法治主义与技治主义互动"[②],契合了新时代中"共建共治共享"的新型治理理念,有助于实现数字正义的目标。

四、结语

诚如本福拉多(Benforado)所指,"历史的弧线不会自动导向正义"[③]。必须警惕司法区块链中乌托邦式的愿景。诚然,司法区块链在此次疫情大考中扮演了独特的角色。在"共治共建共享"的理念下,司法区块链有望在后疫情时代继续发展,成为智慧司法的核心架构支撑之一,在区块链存证、产权登记、诉源治理、智能诉讼等方面进一步发挥重要作用。但是,必须正视司法区块链中智慧司法的制度性风险与区块

---

① 张妮、徐静村:《计算法学:法律与人工智能的交叉研究》,载《现代法学》2019年第6期。
② 张玉洁:《区块链技术的司法适用、体系难题与证据法革新》,载《东方法学》2019年第3期。
③ 〔美〕亚当·本福拉多:《公正何以难行:阻碍正义的心理之源》,刘静坤译,中国民主法制出版社2019年版,第336页。

链的内生性风险,前者主要包括司法属性偏差风险、法律适用风险,后者主要包括中心化风险、数据风险、系统安全风险。根据可知风险,司法区块链应采取法律规制与代码规制的双层规制结构。从外在的制度保障层面,完善司法区块链中的相关制度并解决法律适用难题。从内在的代码设计层面,将法律要求深入司法区块链代码以应对技术风险并实现权利保护。最终,在司法区块链中实现数字正义,且通过司法区块链进一步促进数字正义。

(韩旭至/文)*

---

* 韩旭至,华东政法大学法律学院副教授。本文原刊于《西安交通大学学报》(社会科学版)2021年第1期。

图书在版编目（CIP）数据

数字法治：人与科技间的秩序：科际法学.第二辑/孙笑侠主编. —北京：商务印书馆，2022
ISBN 978-7-100-21401-8

Ⅰ.①数… Ⅱ.①孙… Ⅲ.①互联网络—科学技术管理法规—中国—文集 Ⅳ.① D922.174-53

中国版本图书馆CIP数据核字（2022）第118024号

权利保留，侵权必究。

数字法治：人与科技间的秩序
科际法学第二辑
孙笑侠　主编

商　务　印　书　馆　出　版
（北京王府井大街36号　邮政编码100710）
商　务　印　书　馆　发　行
北京虎彩文化传播有限公司印刷
ISBN 978-7-100-21401-8

2022年11月第1版	开本 787×1092 1/16
2022年11月第1次印刷	印张 25

定价：119.00元